张 平◎著

中国的宏观经济叙事

（1978-2025）

历程、共识、逻辑和激励

经济管理出版社
ECONOMY & MANAGEMENT PUBLISHING HOUSE

图书在版编目（CIP）数据

中国的宏观经济叙事：1978-2025：历程、共识、逻辑和激励/张平著 . —北京：经济管理出版社，2023.4

ISBN 978-7-5096-8991-2

Ⅰ.①中… Ⅱ.①张… Ⅲ.①中国经济—宏观经济—研究—1978-2025 Ⅳ.①F123.16

中国国家版本馆 CIP 数据核字（2023）第 067987 号

组稿编辑：任爱清
责任编辑：任爱清
责任印制：黄章平
责任校对：王淑卿

出版发行：经济管理出版社
　　　　　（北京市海淀区北蜂窝 8 号中雅大厦 A 座 11 层　100038）
网　　址：www.E-mp.com.cn
电　　话：（010）51915602
印　　刷：北京晨旭印刷厂
经　　销：新华书店
开　　本：787mm×1092mm/16
印　　张：27.25
字　　数：597 千字
版　　次：2023 年 5 月第 1 版　　2023 年 5 月第 1 次印刷
书　　号：ISBN 978-7-5096-8991-2
定　　价：138.00 元

序

　　"叙事"（Narrative）就是讲故事，先在文学中使用，后在历史学中使用，其定义是在不断流变的，同时在流变中赋予了了新的含义。当代更是被广泛应用在社会学、人类学、商学、金融等各个领域，叙事被认为是统领人们思维价值观、思想传播和相互协作的"共同意识"，成为社会分工协作的关键。赫拉利在《人类简史》一书中认为，人的合作是从讲故事开始的，河边的狮子（there-is-a-lion-near-the-river）讲述威胁，八卦（gossip）则用于识别"不可信"的人，当人群扩大后，言语让威胁演变为共同虚构的故事，"狮子是我们部落的守护神"。"讨论虚构的事物"正是智人最独特的功能。"虚构"这件事的重点不只在于让人类能够拥有想象，更重要的是可以"一起"想象，编织出种种共同的虚构故事。这样的虚构故事赋予智人前所未有的能力，使人类得以集结大批人力，灵活合作。共同的"叙事"成为合作的关键。经济学家罗伯特·希勒出版的《叙事经济学》一书，将叙事传播引入了经济学，探讨了IS-LM模型、拉弗曲线等在人群中的病毒式传播构造了共同宏观行为特征的分析。叙事本质上是依据发展情景、人们相互共鸣而来的"共同意识"，其会协调和激励人们的行为。在金融投资领域面对不确定性时，更是要共同构造"价值"的叙事，进行"有意志"的投资。当代的大量活动都是在统一"叙事"下进行的，如全球防止气候变暖的零碳行动、责任投资等。叙事在研究历史成为绝对的主导者，历史是时间序贯的连续，但非因果的决定，历史只能是某一个时代共鸣出的价值的共同表述，并非绝对事实，只是确保理论框架具有共识（公理）基础的合理性。

　　本书以"宏观叙事"为题，通过大的历史跨度讨论宏观叙事的变化，特别是2022年以来的全球化转变已经构成了明显的趋势，以此展望到了2025年。我们从四个方面对中国宏观经济叙事进行梳理：一是以历史的时间序列为线索，要从系列的事实逐步来确定一个"发展阶段"，确认叙事的共同背景。二是在共同背景下，有着不同的叙事，相互共鸣逐步形成统一的协调性认同，即共识，有的经济学家也把共识称为价值观。20世纪80年代末，部分学者依据发展经济学的阶段理论，认为中国正处在"起飞"阶段，需要发展速度，过热是好的；另一些学者认为发展需要稳定，核心是控制"通胀"，就形成了大讨论，价格闯关试错后，最终共识了"稳定物价"的宏观调控是最重要的，启动了90年代的宏观管理体制改革。叙事要表述出人们相互协调共鸣后的共同认知，说服其内在逻辑，可进行讨论、实证和修订，形成共识性协调机制。三是经济学叙事中一定有激励机制叙述，在共识的价值观后加入一个最重要的修订机制就是激励。通过社会共鸣形成共识成为经济协作的关键，协作的成果的激励直接决定了共识的正反馈或负反馈，负反馈达到一定阈值后，就会修改共识。人类的经济行为遵循着"认知有限性"、功利性等独特特征，并不是只需要证明认知是"合理性"的即可，更重要的是要得到激励。现实中很多经济协调共识是经常发生变化的，不是单一逻辑决定，如计划经济、政府干预、自由市场经济都在某一个历史阶段取得了共识价值，一旦证伪，人们就开始了新共鸣的探索，形成新共识，重新协调人们的活动。四是宏观经济叙事隐含了宏观当局的主体责任，这个责任更显示出其整体性和跨期性，很多政策是从总体和跨期角度与微观协调的。宏观责任当局在微观主体一致性地陷入"自我强化"的过度乐观和悲观的循环状态时进行干预，打破"自我强化"循环陷阱，进行跨期救助等。宏观当局者通过更多的公共信息，如总量数据、市场信号、政策干预倾向等多方面信息与微观主体的"预期"进行信息交换，也起到相互形成共鸣、达到共识的效果。宏微观共识并非宏观者有"远见"，而是其有着稳定化的立场和职责，通过与微观充分交换信息降低行为主体一致化带来的波动。宏观叙事有着经济学共同叙事的逻辑自洽性，更重要的是对百姓解释的自洽，这个解释的自洽中包含了分配、规制表达和福利体验等多方面，涉及了各类主体的接受性，宏观经济学形成了经验主义式的叙事风格，更重视经济发展的时间序列特征，即一连串的事件组成的发展进程，非简单的因果逻辑的表达，在历史过程中人们相互共鸣形成了共同叙事，形成了相互协调的分工协作和协作稳定。

从中国改革开放的宏观历程来看，在改革开放之初我们依然是基于计划经济中的综合平衡认知的（见图1），计划经济的本质就是全国是一个大工厂，各个企业就是一个车间，全国资源由计划分配，没有宏微观之分。计划经济体系下的综合平衡不是宏观管理，而是全国的资源配置系统，在计划经济下，一个工厂建一个厕所的投资都需要层层上报到计划委员会进行审批。中国市场化改革的第一步就是将大工厂逐步小单元化，即承包，而后再引入激励，通过承包—激励方式打破计划经济体制的桎梏，通过"摸着石头过河"的边际改革推动中国经济逐步通向市场经济。与发展相一致的是认知革命，1984年有计划的商品经济正式提出，人们开始认知市场经济。经过几年的微观渐进式改革，在搞活微观的同时，1984年通货膨胀达到了11%，"过热"的发展特征开启了宏观叙事，宏观叙事于1985年的巴山轮中国宏观国际研讨会全面展开，当时仍以改革为主线，宏观认知开始在相互争论中产生共鸣、分歧，但新的宏观管理调控体系并没有形成。1985年后中国的"通货膨胀"不断阻碍中国的改革和发展，1988年物价闯关引发的高通胀和社会动荡，1994年通货膨胀再高达24%，新的宏观整体性、系统性认知形成和完善。到1994年社会主义市场经济理论的全面突破，与此阶段相匹配的宏观管理体制逐步建立，宏观学术讨论也成为主流研究，中国新的宏观叙事趋向成熟。1997年亚洲金融危机冲击，积极的财政政策登台，中国宏观体系的稳健、政府政策调控责任、自主独立的宏观政策操作全面展现出来。到21世纪，2001年中国加入WTO后全面融入全球化的进程中，中国与全球的宏观叙事融为一体。自此，中国的高速发展与物价稳定成为新的发展组合，2005年汇率改革，人民币升值，中国资产升值成为新的宏观线索，推动了中国的城市化发展。汇率和资产价格等开放、金融等新的变量纳入了宏观叙事中。2008年国际金融危机冲击，四万亿元积极财政政策标志着政府激励的宏观叙事达到顶峰，中国经济快速赶超。2012 年后中国经济从高速增长转向高质量增长，增长速度持续减缓，实体通缩和资产价格膨胀并行，实体经济与非实体经济的平衡被打破，宏观叙事从高速增长阶段转变为"新常态""中高速发展""高质量"等，涵盖了人口变量，如总体人口见顶、人口红利消失、城市化放缓和老龄化加速。全球化策略调整为双循环等，绿色转型强调了可持续性，政治经济社会文化生态五位一体的高质量发展等新的主题纳入了宏观叙事中。全球化带来的和平红利，分工效率推动的低通胀，全球主权信用扩张和高增长的繁荣时代渐行渐远。全球化新的相互连接的绿色转型新主题被纳入全球化的新叙事中。中国在历经 40 余年的努力后，在 21 世纪 20 年代将会跨入全球高收入国家行列，宏观叙事需探索高收入阶段的相互协调的共识，同时在加入 WTO 后，中国的发展共识与全球化共识是一致的，随着全球化共识的转变，中国新发展与宏观共识都要经历新的探索，形成新的协调和激励路径，保证可持续的高质量经济发展和社会福利扩张。

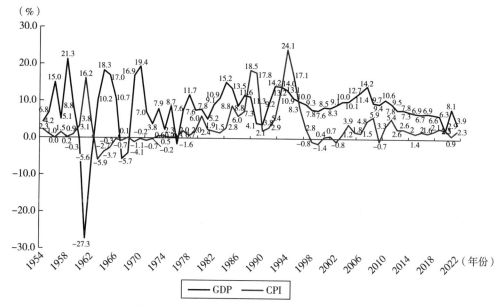

图 1   1954~2022 年中国经济增长与物价变化

注：2022 年 GDP 和 CPI 是预测值。

资料来源：国家统计局. 中国统计年鉴 2021［M］. 北京：中国统计出版社，2021.

一、从计划经济到改革开放初期的综合平衡理论（1953~1984 年）

中国从 1953 年到改革开放前处于计划经济时期，这一时期的经济增速平均为 6.2%，经济大起大落，为了控制物价，我国实行了长达 20 年的冻结工资与物价，计划经济不是一个管理的概念，而是一个经济体制概念，在此期间的宏观管理部门是国家计划经济委员会，主要管理资源自上而下的分配，其经济平稳化目标的叙事是"综合平衡"。从马克思主义的计划经济思想到经济学家兰格对计划经济的解释，其理论模型是所有资源通过中央计划的方式进行全面配置，按计算出来供需可以实现最优配置，消除了市场经济的盲目配置导致的资源浪费。社会主义实践上是苏联率先实践了这种计划经济模式，通过计划配置资源来消除市场配置资源的波动性和所有权导致的阶级矛盾，在苏联实践中根据马克思两大部类理论，斯大林提出了"优先发展重工业"的理论，这对于落后的苏联实现赶超起到了积极作用，苏联成了强大的工业国，在反法西斯战争中起到了决定性的作用。苏联计划经济模式成为20世纪30年代经济大危机后的全球经济发展的灯塔，在"二战"后更是建立了全球仅次于美国的经济—科技—军事的体系，建立了华约组织的社会主义大联盟。社会主义计划经济体制和优先发展重工业的战略思想和苏联成功的实践对后发国家有着内在的吸引力，很多国家都希望按照苏联的成功模式进行发展。中国更是全面接受了苏联的156个项目支持，积极实施了全国范围内的社会主义改造，全面实行计划经济与优先发展重工业，计划经济成为动员资源的有力工具，撬动了中国的重工业发展，中国走上了优先发展重工业的非平衡的赶超道路。计划经济与非平衡发展战略内生逻辑上不自洽，计划经济体制就是为非平衡发展服务，因此"综合平衡"的叙事成为最难实现的目标。计划经济的优化资源配置变成了非平衡的配置资源，导致了20世纪50年代的综合平衡大讨论。

从中国前30年的经济平衡实践可以看出，最后是以经济的大落得到消极的平衡。从图1中我们可以看出：①大量采取实物分配模式，很多实物都需要配合票证才能得到供应，保证这种供应体系，冻结价格—工资20年，家庭没有储蓄；②长期供应处于"短缺"，科尔奈的《短缺经济学》是最好的计划经济的归纳；③经济大起大落，由于冻结了物价，波动来自经济增长的起落；④通过"剪刀差"等方式将农村的资源支持工业，导致农村发展落后，成为短板；⑤由于没有激励，各行各业普遍消极怠工，经济的波动很大。计划经济中本质上就是实物形态的数量化动员资源和分配资源的方式，服务于优先重工业化发展，综合平衡只能是消极平衡，靠增长的大起大落来实现自我平衡，最终走向不可维持。

1978年改革开放后，从认知角度依然是从综合平衡进行的宏观叙事，主要是调整比例，优先发展民生，调整了优先发展重工业的战略。战略转向平衡后，农村改革开始，并通过承包制改变了微观的活力状态，调整工资，货币增加发行，物价逐步放开，微观被激活，这与计划经济基于实物平衡的综合平衡管理不匹配，1984年物价上涨超过了10%，通货膨胀的到来引发了宏观叙事的开始。这一叙述来自四个方面：①微观激活，货币的引入，经济波动形态从经济增长波动转为物价波动，因此货币供给就是一个重要问题了。②微观经济激活与计划经济的管理体制直接发生摩擦，微观改革强烈要求对计划经济体制本身进行改革，宏微观分离性体制讨论和改革艰难地开始探索，1984年确立了"有计划的商品经济"，完成了初步市场的构造，计划逐步成为平衡工具，而不是全面配置资源的体制了。③计划经济体制改革直接要求与计划经济相对应的基于实物分配的综合平衡管理体制也要进行改革，大幅度缩减指令性计划，并思考财政和货币等总量平衡的调控。④认知的革命，国际上相关经济学的认知已经被大量翻译介绍到中国,如萨缪尔森的《经济学》等纷纷进入读者的视野,新的宏观叙事结构和观念逐步形成。

我们从《经济研究》的文章分类来看(见图2),改革开放之初的一个主题是我们主要集中在农村经济改革,让我们国家人民能吃得饱饭,同时也实行农村联产承包制,推动了微观的改革;另一个主题则是体制改革,共识是不改革计划经济体制本身,其物价、综合平衡等所有问题都是无法进行操作的,这一点是中国在计划经济时期反复实践过的。在两大主题之下,相关的价值规律理论和再生产理论也是最为重要的理论探索:第一个是微观市场经济理论的探索,这是在理论上突破体制障碍的关键性理论研究;第二个是中国发展战略及宏观研究的理论基础,再生产理论优先矫正"优先发展重工业"的非平衡战略,调整农业和消费资料(轻工业)的生产,再矫正积累与消费的不平衡问题,为基于增长的宏观讨论打下了基础。

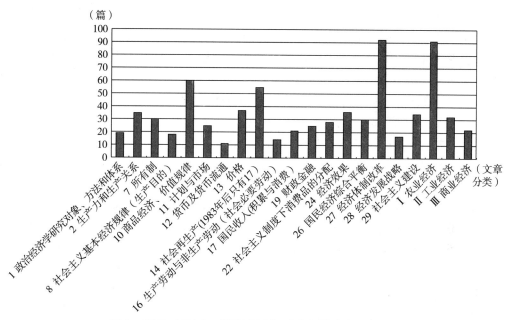

图2 1978~1984年《经济研究》研究目录分类文章占比

资料来源:张平.中国经济理论研究的探索与创新——以《经济研究》的知识图谱分析//张卓元等著.中国经济学40年(1978-2018)[M].北京:中国社会科学出版社,2018.

二、有计划商品经济下的宏观叙事(1985~1991年)

任何宏观的叙事都是一个时间序贯事件串联而成的过程。1984年的通货膨胀后开始了持续的通货膨胀,微观搞活与宏观稳定直接在通货膨胀接连冲击加快了"宏观"的大讨论,1985年9月巴山轮会议是宏观叙事讨论最为关键的节点,巴山轮会议的正式名称就是"宏观管理国际研讨会",核心就是针对改革开放后第二次经济过热引起的通货膨胀。巴山轮会议包含了广泛的议程,因为大家都知道,中国改革开放后经济过热引起的通货膨胀离不开转型和总量问题:一是经济转型中的计划与市场摩擦引起的供需匹配和价格机制改革问题；二是经济过热的总量问题。科尔奈对市场经济改革模式提出了有宏观控制的市场协调（IIB 模式）引起中国改革转型的极大共鸣。托宾等经济学家的宏观管理思想秉承了审慎使用需求刺激政策，管住货币稳定币值、遏制通货膨胀和央行独立性等诸多现代宏观管理思维，并结合各国经验进行分析，这些现代宏观管理思维被纳入了中国宏观管理视野。会议内容丰富，相关书籍可参考介绍会议内容的两本书《宏观经济的管理和改革——宏观经济管理国际讨论会言论选编》（1986年）、《中国的经济体制改革——巴山轮"宏观经济管理国际讨论会"文集》（1987年）。

1985 年后以宏观管理的叙事模式替代了"综合平衡"，宏观和改革大讨论成为1986~1988 年学术讨论的热点，后被归纳为改革大思路，主要包括三个方面的思路：一是以宏观调整为主要线索的整体改革派和中国社会科学院的"稳中求进"的稳健改革，都强调保持总需求收缩是重要的，整体改革派更强调宏观管理体制整体改革的重要意义；二是基于微观改革的推进，包括股份制改革、"微观再造"等理论也属于这一方面的重要研究；三是基于起飞思路的发展所（原国家发展和改革委员会经济体制与管理研究所）、体改所（原中国经济体制改革研究所）强调适当通货膨胀对经济有利的"发展阶段"的思路，本质上强调了微观搞活的重要意义，强调了价格上涨中的价格改革是关键，不是宏观问题。政府采取了价格改革，而非宏观的总量控制，1988 年价格闯关失败，物价快速上涨达到两位数，国家再次陷入消极平衡，导致经济下滑和物价回落。如果再没有宏观的整体改革，中国经济会不断陷入一放就乱、一收就死的循环中。可见仅仅微观激活仍然难完成宏观协调。

与宏观大讨论相配套的就是宏观话语体系和研究范式的全面转变，很多学者都开始希望能统一研究的话语和方法。1987 年顺应叙事体系变化，《经济研究》于 1987 年正式设立宏观经济栏目（见表 1），同时保留了原有的综合平衡、财政、金融和贸易，中国社会科学院经济研究所的国民经济计划室更名为宏观经济研究室，可见叙事的方法发生了变化。但同时有了转型的特征，最重要的代表作就是樊纲等写的《宏观公有制》大纲。

表 1 1985~1991 年《经济研究》论文分类　　　　　　　　　　单位：篇

论文分类 ＼ 年份	1985	1986	1987	1988	1989	1990	1991
经济体制改革	39	23	34	20	23	3	18
所有制结构	1	18	13	13		6	9
经济机制·经济杠杆	9						
国民经济综合问题	17	25	16		16	16	
商品·价值·价格·成本	27	13					
宏观经济（1987 年后开始分类）			29	24	6	15	22
再生产	5	6					
企业问题（1987 年后为国企改革）				8	18	9	11	8

续表

年份 论文分类	1985	1986	1987	1988	1989	1990	1991
农村经济	14	15	18	14	16	10	7
财政·金融·贸易	20	19	14	8	12	18	29
劳动·就业·工资（收入消费就业）	7	7	5	6	10		6
产业结构与市场（1991年分类）							16
对外经济关系		7	4	5			
社会主义经济基本理论				8	11	3	

资料来源：《经济研究》光盘，依据历年12期中的学术目录分类统计，但有些年份学科分类进行了调整，如1987年、1991年都进行了调整。

三、中国特色社会主义市场经济下基于出口导向的宏观叙事（1992~2001 年）

邓小平南方谈话后，1992 年召开了党的十四大，明确了建立中国特色的社会主义市场经济理论，改革全面展开。中国在 1992~2002 年，宏观管理体制进行了三大攻坚战：一是确立了社会主义市场经济的体制框架，宏观经济管理是基于市场经济体制而建立的；二是稳定了宏观管理体系，在财政、金融、发展和改革以及法律框架上进行了整体宏观管理体系建构，1997 年新的宏观框架成功抵御了亚洲金融危机的冲击，彻底克服了通货膨胀，实现了中央财政的集中，中国走向了稳定经济增长的道路；三是宏观管理是基于出口导向工业化发展战略而建构的，通过人民币汇率并轨改革和货币发行体制的改革，推动了中国出口导向型发展，2001 年加入世界贸易组织（WTO），形成了与出口导向工业化战略高度一致的宏观体制，激励了中国出口导向的工业化，中国经济增长融入和积极推动了全球化发展。这三个支柱直接构造了宏观叙事的背景。首先，宏观管理体制的总体构建积极配合了 1992 年的社会主义市场经济的确立。其次，中国的宏观叙事是基于出口导向战略的宏观叙事，这是最为重要的宏观叙事内容，宏观调控一定是基于体制和战略的。再次，中国宏观调控体系和背后的建构逻辑纳入现代宏观经济管理架构，研究范式也完全国际化了，中国宏观架构独立于微观活动，成为稳定经济的"当局者"并担负起了相应的宏观协调职责。最后，继续保持了中国特色社会主义中党政领导和协调的强有力特征。

（一）社会主义市场经济体制共识

中国改革开放第一个里程碑就是农村家庭联产承包责任制，开启了分权与激励的渐进式改革，人们共识了激励焕发生产力的巨大意义；第二个里程碑就是 1992 年确立的社会主义市场经济体制，奠定了经济体制的运行基础，市场经济成为共识，经济的运行基础发生了根本性的变化，在此基础上有宏观协调的市场经济模式建立起来。宏观调控体系彻底摆脱了计划经济的无所不包的数量分配管理的桎梏。在市场经济体制下重构了现代宏观管理体系，以其独立运行呈现出来。宏观叙事是基于市场经济共识而来的。

（二）基于出口导向型工业化战略的宏观资源配置系统

基于市场经济制度开始了中国经济第二轮大发展，其发展战略越来越明确，即出口导向的工业化道路，中国于 2001 年加入了 WTO，是中国出口导向工业化大发展的里程碑。宏观叙事共识与中国加入全球化高度相关，宏观管理体制改革是以出口导向工业化战略为导向的新的宏观资源配置与管理系统的整体改革。作为后发国家，中国的宏观经济管理体制一直有着最为重要的资源配置与激励功能，而不仅仅是为了实现现代宏观管理中的"稳定"目标，1993 年以来宏观整体改革既有明确地服务于出口导向工业化的资源配置与激励系统，也有着现代宏观管理的"稳定"目标。1994 年 1 月 1 日汇率并轨和一直在进行的外贸体制改革奠定了中国出口导向的工业化基础。自 1994 年 1 月 1 日起，取消官定汇率，实行"以市场汇率为基础的、单一的、有管理的人民币浮动汇率制"（中国人民银行 1993 年底发布公告）；人民币对美元的汇率从之前的官定汇率 5.8 人民币/美元，下降至 1994 年 1 月 1 日的 8.7 人民币/美元，而后稳定在 8.49 人民币/美元，2005 年升值，有浮动的管理，从单向升值开启到 2015 年双向波动改革，2016 年 10 月 1 日中国人民银行将人民币正式纳入 IMF 的 SDR（特别提款权），允许各国政府可以购买中国国债作为国际标准资产。SDR 货币篮子包含美元、欧元、人民币、日元和英镑 5 种货币，权重分别为 41.73%、30.93%、10.92%、8.33% 和 8.09%，2022 年人民币在 SDR 的份额提高到 12.28%，人民币市场化机制逐步建立，汇率形成了双向波动机制，中国成为全球的准货币储备国家，但资本项目管制依然严格。

1994 年的中国外汇改革是人民币的一次重大宏观定价改革，这次改革直接改变了商品价格和要素价格的基础，凸显了中国的资源比较优势，为出口导向战略奠定了"宏观定价"基础。1993 年中国出现了 700 亿元的逆差，在此之前每年出口也几乎全是逆差，而 1994 年汇率改革后，中国从 1995 年到现在（2022 年）年年是顺差，2014 年外汇储备峰值近 4 万亿美元，2015 年双向波动后，外汇储备下降，到现在稳定在 3.1 万亿元。汇率并轨与相应的改革，直接激励了中国出口导向的大发展，国内储蓄—生产能力通过出口推动了全球化的规模效率化发展，国内通胀自此逐步下降。汇率定价是出口导向转折和大发展的决定性原因，其直接决定了中国的劳动力等比较优势的发挥。中国基于出口导向的宏观体制架构并不仅仅是汇率改革，而是一整套的宏观激励性改革，包括税收、货币发行、金融机构、贸易政策、法律框架和与国际接轨的一整套改革，宏观资源配置为出口导向工业化服务，对出口导向战略进行激励。宏观资源的配置模式推动了出口导向的工业化发展，同时也意味着减少了国内需求，抑制国内需求也配合了 1994 年以来的抑制通货膨胀，成功"软着陆"。长期来看，设立基于外向型工业化的宏观资源配置体系，也导致了内外需求与发展的失衡，国内长期拉动经济的两大因素是投资和出口，国内消费受到抑制。

中国宏观经济管理体制建设本身也具有很强的中国阶段性发展的特殊性，基于出口导向战略的宏观管理体制本身内含了一个重要的"资源分配"性特征，即更多地将资源集中在国际大循环的外向出口上，国内需求对经济增长的贡献低，这就使中国宏观管理体系产生之初就有了宏观管理稳定化功能，也具有服务于出口导向工业化的"资源配置"特征。

（三）现代宏观管理体系建构

1994 年中国宏观经济管理体制的建构是从"总体改革"出发，进行宏观体系的改革。财政体制、货币供给、金融机构与市场、发改、监管、法律等全面改革，特别是在法律框架下的改革与国际化接轨，法定下的宏观运营的原则越来越清晰。现代宏观管理体系的建立就是要实现"稳定"宏观经济的目标，为中国高速、平稳发展保驾护航，也是对从计划经济到改革初期经济产出或物价高波动的全面治理。在这里，我们集中讨论财政体制建构和货币金融体系建构。

1. 财政体制建构

宏观协调下的市场经济发展模式成为共识，财政承包式分权已经不再适合宏观总体管理与协调了，财政收入占 GDP 的比重不断下降：1978 年为 31.2%，1985 年为 22.2%，1990 年为 15.7%，1993 年为 12.3%；中央财政占财政收入比重下降，1978 年为 15.5%，连续升至 1984 年的最高点 40.5%，之后开始下降，1993 年降为 22%。财政弱化是 20 世纪 80 年代"放权让利"改革不得不付出的代价。中央政府财力的弱化，导致政府无法实施有力的财政政策来进行宏观调控。分税制改革前，"税收承包制"激励了地方发展，而中央政府却失去了宏观整体协调和反周期能力。1994 年财税改革后，财政才有了统领全局、稳定功能和反危机能力。财政收入下降本身是导致宏观经济不稳定的原因之一。

分税制不仅有利于维护国家统一，也让中央政府拥有了雄厚的财力基础。1994 年开展的财税体制改革，将原来的行政包干改革为划分中央政府和地方事权与财权的"分税制"。分税制管住了强势的地方力量，使得财力集中在中央，中国稳固了统一，同时又兼顾了地方竞争。分税制是基于工业化的税收分成制度，有明确的中央和地方的分成比例，其激励了地方发展工业化的积极性，有力地推动了中国工业化的发展，推动地方发展工业化的良性竞争与全国统一协调平稳发展的新财税体制。这一体制高度地适应了中国工业化发展阶段，具有中国实践的鲜明特色，又与国际税收体制规范相一致。

分权体制的地方竞争性体制被很多学者认为是中国发展的一项重要的体制安排，地方竞争加速中国经济外向型转向，很多外向政策得到有效性证实，各地争先恐后地推动，地区靠优惠机制加速了外向型发展。

分税制改革是不完全的，中央与地方在事权与财权上存在不对等关系。中央集中了财权，但财政支出的事权大部分交给地方。随着城市化快速发展，地方支出责任加大，而财政收入弥补不足，导致在 21 世纪中国发生了地方财政困难。从 2002 年开始，中国土地实施了"招拍挂"制度，土地出让金弥补了地方财政的亏空并推动了地方城市化的发展，"土地财政"横空出世。工业化与城市化双轮推动的发展阶段需要新的财税体制安排，当前以工业化增值税和地方基金（土地收入）为双轮驱动的税收体制到了城市化后期必然会受到双重挑战，即工业化份额不断下降导致税收下降和土地城市化超过峰值后的基金收入迅速下降的双重冲击，而其支出也内生地从以资本支出直接支持工业化转向公共服务，特别是社保支出刚性不断加强，地方政府的收入与支出不匹配性成为2022年凸显出来的矛盾，适应新阶段的财政税收体制需要重新设计。

2. 货币供给新锚定与现代银行金融体系建立

1993年底，国务院发布《关于金融体制改革的决定》，提出"深化金融体制改革，首要的任务是把中国人民银行办成真正的中央银行"。《中华人民共和国中国人民银行法》于1995年3月18日第八届全国人民代表大会第三次会议通过。货币政策目标是保持货币币值的稳定，并以此促进经济增长，二十九条规定"中国人民银行不得对政府财政透支，不得直接认购、包销国债和其他政府债券"，打破了立法前的政府财政透支央行的软预算特征，具有了货币当局的独立性。《中华人民共和国商业银行法》（以下简称《商业银行法》）由第八届全国人民代表大会常务委员会第十三次会议于1995年5月10日通过，自1995年7月1日起施行。《商业银行法》的核心是"以存定贷"的现代商业银行规则。在《商业银行法》出台前，中国的银行都是"出纳"的角色，银行贷款大于存款，透支性发放信贷。按商业银行标准来看，全属于"技术性破产"，没有资本金，存款少于贷款，而贷款多为坏账。国家首先要应对银行的"技术性破产"，成立了四大资产管理公司（AMC）处理坏账，再注资银行，推动四大国有银行海外上市，完成了银行从"技术破产"到上市公司发展的全面操作。1995年中国通过《商业银行法》，完成了中国商业银行向现代商业银行的转变，并积极推动了银行资产的重组，对银行进行现代股份制改造，完成了银行在中国内地和香港的上市，增补了股本金，将技术上完全破产的银行变成了全球最挣钱的银行。以商业银行为依托，中国建立了现代金融体系。

总的来说，在整个20世纪90年代，中国的宏观经济学的认知基本上以全球的主流宏观经济学为主，并在引进宏观经济理论和相应国际宏观管理体系的基础上开展中国特色的银行制度改革、公司治理改革、金融市场改革，根本地稳定了中国的宏观经济。金融管理体系的改革也是积极服务于出口导向工业化战略的，无论是汇率定价还是以海外资产抵押发行人民币的货币供给模式等，都对稳定币值、促进出口有着积极的效应。

（四）经济学范式与国际接轨和共同叙事全球化

2001年中国加入世界贸易组织（WTO），中国经济与国际接轨，中国经济学基本也与国际接轨了，相关学科于2001年、2002年调整后，基本定型，与2017年相比也是基本一致，研究规范和范式基本到位了，宏观叙事的语境、主题和逻辑基本与国际接轨。但中国宏观叙事的精髓是基于出口导向的工业化体制，宏观是为此保驾护航的。贬值推动了出口，同时降低了国内需求，中国经济逐步从通胀转向通缩，21世纪后有过物价上涨的小波动外，基本价格一直处于比较低的状态。

21世纪后，《经济研究》再次调整学科分类为理论经济学、宏观经济研究、金融市场和公司财务、公共财政与收入分配、国际经济与贸易、微观经济和产业组织、市场体系与区域经济学、农业和自然资源，学科分类越来越粗，需要通过主题词才能获得研究的真实意义了。可以说，到2002年学科分类逐步稳定，与2017年的目录相差无几（见表2），更为偏向理论，应用经济学的比重进一步下降，发表论文趋于均衡。经济理论的研究范式从探索转向成熟，与国际上的研究逐步接轨。宏观经济学研究更结合了金融与财政成就宏观经济理论与应用。标准的经济学四大学科形成，即政治经济学、宏观经济（包括金融与公共财政学科）、微观经济学（包括行业、企业和劳动学科）和国际经济学。

表2 2001年、2002年新调整目录与2017年目录对比 单位：篇

2001~2012年学科目录	2001年	2002年	2017年学科目录	2017年
理论经济学	22	23	政治经济学	15
宏观经济研究	24	17	宏观、货币与增长	21
金融市场和公司财务	35	37	金融和证券市场	23
公共财政与收入分配	7	14	财税和地方政府	20
国际经济与贸易	2	9	国际经济与贸易	14
微观经济与产业组织	33	17	行业与产业	23
市场体系与区域经济学	5		企业和公司治理	20
农业和自然资源	4	5	劳动、就业和福利	20

资料来源：《经济研究》（2000~2018年）。

1994年中国积极参与到全球化中，2001年加入世界贸易组织（WTO），中国经济学范式与世界接轨，中国与全球学者共同叙事"全球化"。宏观叙事发生了根本性的变化，从20世纪70年代的"滞胀"，通过调整，到了90年代的全球化。苏联东欧解体推动着冷战结束，全球从两分化变为了全球化，新兴市场国家快速发展融入全球化。1995年印度加入世界贸易组织（WTO），2001年中国加入世界贸易组织（WTO），全球贸易—经济增长加速，经济进入低通胀—高增长的大发展，全球技术转移、扩散和成果共享水平不断提高。

四、高速增长与资产建构的宏观叙事（2002~2012年）

2001年中国加入世界贸易组织（WTO）标志着融入全球化，中国人均GDP达到1000美元，中国进入中等收入国家行列。随着中国的发展，中国经济逐步从工业化步入工业化与城市化双驱动的高速增长轨道。2002年中国开始了土地"招拍挂"，标志着中国进入了一个"资产建构"的高速增长时代，私人资产建构主导着库兹涅茨的建设周期（biulding cycle），即私人对不动产的购买推动了城市化的全面建设，库兹涅茨认为这个基于私人资产建构推动的城市化建设周期为23~25年，这意味着中国的建设周期到2027年前后基本完成，那时城市化率将达到70%。中国在1997年以前主要以

单位建房再分配给居民，住房难以改善，也阻碍了城市化发展，1997 年中国开展住房制度改革，极大地推动了城市化发展。1997 年政府允许私人住房进行抵押贷款，即按揭贷款，1998 年公有制住房改革，进行公有制住房货币化购买，2002 年允许土地招拍挂，居民购买—政府供地—企业购地建房卖给居民，形成了一个房地产完整的循环。住房土地制度的改革真正开启了中国城市化步伐，推动中国经济从工业化变为工业化和城市化双引擎带动，经济进入高速增长的时期。中国经济每年都是以两位数增长，2008 年、2009 年受国际金融危机影响增长率仍为 9.7% 和 9.4%，高速增长直到 2011 年，城市化率突破 50%，达到 51.3%，经济增长才逐步回落，2012 年中国经济增长率为 7.8%，而后没有再上过 8% 了。2012 年以后，遍地开花的城市化建设加速周期转向以中心城市为带动的稳定增长阶段。预计达到 70% 之后，城市化率的提高主要取决于城市部门和农村部门的自然出生率来进行自然提升了，由于城市人口占 70%，人口年轻，而农村人口只有 30%，人口相对老龄化，出生率低，城市人口自然会不断提高，而农村人口自然下降，依靠农村劳动力快速转移到城市的城市化结束，相应的私人资产构建活动也基本完成，城市化大型基建完成，城市从扩张进入运营+折旧的阶段（见图 3）。

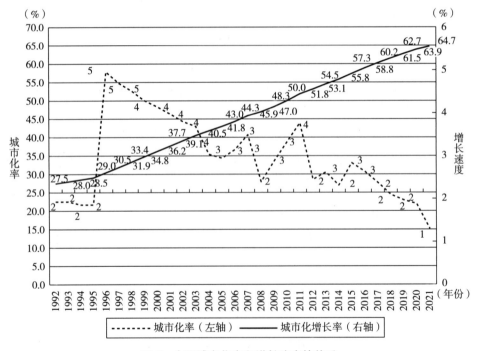

图 3　中国城市化率和增长速度的关系

中国经济高速增长阶段，经济理论也集中在经济增长理论的研究上，金融、公司治理等领域发展很快，主要的任务不仅仅是解决中国的问题，也是在逐步向国际主流经济学理论靠拢。我们的经济学研究更强调跟踪国际经济理论发展，积极学习和接轨，国际上使用哪类方法，偏重哪类研究方向，中国经济学者也跟着去做。2008 年各发达经济体受到了经济危机的重创，但中国仍然保持着较快的增长速率，海内外经济学者开始关注这一独特现象，有关中国经济增长开始被全球经济研究者所关注。

对中国经济增长的解释原多以发展经济学的结构主义理论为基础，强调的是赶超战略与政府干预的有效性。随着市场经济体系的不断成熟，国际主流经济增长理论，特别是内生增长理论强调的市场配置有效性和增长靠创新、人力资本、新供给要素的思想更符合中国这一阶段的内在发展转型，结构主义的发展叙事转向了内生增长的叙事模式。国内学界也逐步运用国际主流经济增长理论，特别是内生增长理论对中国经济的事实开展研究和规范。21世纪以来，中国经济增长理论逐步兴起。这一理论更注重内生经济增长，强调创新的价值，强调城市化的推动和产业结构变革，逐步将"结构主义"发展经济学中可解释部分纳入主流经济增长理论中，内生增长、生产函数、全要素生产率核算等成为研究的热门话题。中国对这一时期经济快速发展积累的问题反思仍有不足，如汇率升值引起资产价格特别是房地产价格上涨过快、宏观激励政策如何正常化、金融创新活动对经济加杠杆的影响、工业化带来的污染、土地城市化发展带来的问题等。这些问题为后面的经济发展和调整埋下了隐患。

从主题词来看，经济增长已经成为这一时期最为主流的研究主题，公司治理、人力资本、货币政策成为同期的另外几个重要的研究主题。新的研究主题不断涌现，经济转型、收入分配、金融危机、信息不对称、消费金融、人民币汇率等与这一时期有关的主题逐步显现出来，2008年金融危机爆发后，有关金融危机的研究已经开始。这一时期的研究在方法论上进展很快（见图4）。

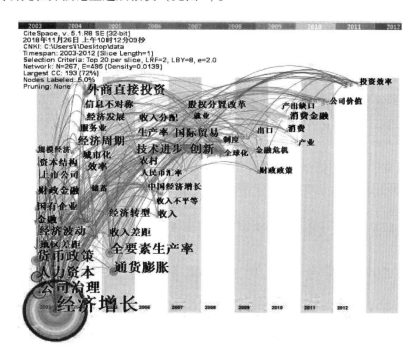

图4 《经济研究》主题集中度

资料来源：张平.中国经济理论研究的探索与创新——以《经济研究》的知识图谱分析//张卓元等.中国经济学40年（1978-2018）[M].北京：中国社会科学出版社，2018.

经济增长成为宏观叙事的基础。宏观理论讨论中有六个典型话题：①高增长与低通胀的理论解释；②永远的8%的宏观目标，强调了增长与通胀组合的最优政策区间的讨论；③房地产等资产价格上涨，一个基于城市化建设周期的主题讨论；④金融纳入宏观的讨论范畴，金融结构，特别是影子银行；⑤地方财政竞争研究、土地财政与积极财政政策；⑥基于增长方式的宏观理论再探索。

全球化推动了中国外向型经济的快速发展和通货膨胀的持续下降，2002~2012年年均两位数增长，通货膨胀率为年均3%，低利率和高增长的组合，外汇储备快速增加和升值双重刺激，引发了信用扩张，这是阶段性的第一个特征；第二个特征是从2002年土地招拍挂以来中国资金流程根本性的改变，土地招拍挂直接刺激了城市化，房地产大发展，地方政府的财政来源发生转变，土地财政是地方发展的资金来源，形成了城市化—土地扩张—财政扩张的资产循环，与之配套的是"影子银行"的逐步崛起，中国资金流程改变；第三个特征是城市化真正建立了家庭资产负债表结构，大量房屋供给开始，个人通过按揭贷款进行房地产抵押融资获得信贷，开始了家庭资产负债表的构建，这是个人财富快速增长的关键；第四个特征是基于人民币升值带来的财富效应，升值推动了中国房地产等资产价格快速上涨。

正是基于这一阶段性特征，宏观政策以保"8"作为年年发展的目标，8%的增长可以抑制过热，低于8%也可采取积极的财政政策进行刺激，成为一个好的目标管理模式，保持了一个稳定预期。8%上下两个点成为政策的安全阈值区间，政府政策保持平稳，不会有大的调整，如果经济增长突破10%，经济过热，而向下突破经济增长7%，则刺激，并与通货膨胀3%为界进行匹配，向上突破5%必须有大的调整，刺激主要看增长是否低，调控看物价是否高的一个稳定的政策空间。因此2002~2012年波动远远低于改革开放到2001年（刘树成、张晓晶、张平，2005）。

高度平稳的背后是资金流程的变化，财政和金融主导的资金流程发生了根本性变化，城市化背景下的房地产根本改变了政府、金融机构、企业和家庭的资金流向和重新构造了新的资产负债表。财政突出的是土地财政；金融突出的是影子银行，特别是2009年后反危机以来的信托大发展带动的更大规模的影子银行的崛起。而企业和家庭部门也都积极构造基于房地产的资产负债表。抵押贷款大幅度提高了金融杠杆，这一点与欧美国家在20世纪80年代末开启的情况相近。由于全球化推动的低通胀和高成长，信用扩张成为全球主流，而资产抵押是这一主流的引领者。

五、迈向高质量发展的宏观叙事探索（2013~2025年）

2013年中国人均GDP达到7000美元，处于中等收入国家上游，向着高收入（人均12000美元）国家迈进，进入向高质量增长转换阶段。阶段性主要特征有以下六个：①中国经济从高速增长转向中高速增长。2015年中国经济增长速度下降到7%以下，只有6.9%，2019年中国人均GDP为10000美元，随着中国GDP基数的增大，增长开始放缓。2020年开始持续遭受疫情冲击，经济增长放缓，"十四五"期间增长均值为

4%~5%，预计到 2027 年前后中国经济达到高收入国家水平，高质量经济发展阶段到来。②更多的非经济因素被纳入现代化进程中，中央提出了五位一体的发展方式转变，把政治、法制、文化和生态纳入现代化发展进程中，这是现代化的关键所在。新的发展理念是创新、协调、绿色、开放、共享。强调国家治理现代化，这些都是高质量发展阶段的重要因素，而不单单是增长的速度，但如何保持多目标的激励相容是高质量发展的重要研究课题。③中国从出口导向的小国模型逐步转向大国模型，2015 年中国进行汇率市场定价机制改革，2016 年人民币被纳入 IMF 的特别提款权（SDR），中国加快了资本项下的改革步伐，加大了双向开放的步伐。④2021 年中国城市化率为 64.9%，预计到 2027 年达到 70%，进入城市化自然人口成长阶段，大规模建设周期结束，与城市化相伴生的金融、财政配置资源体系也要调整。⑤全球化在 2022 年后也逐步进入一个转变的时期，新的全球发展格局需要我们更高水平的开放才能深度介入，中国承诺绿色转型，加入 RECP 等都是中国的真正行动。⑥中国向全球承诺，2030 年碳达峰，2060 年碳中和，碳达峰也意味着中国经济规模扩张阶段的终结，彻底转向内生增长模式。新的发展阶段需要新的叙事，经济与非经济因素相互激励和国家治理现代化等共同认知成为中国高质量发展的现代化叙事主题。

针对新的发展阶段，国际货币基金（IMF）为中国宏观管理框架改革列出了 11 项阶段性评估：①从外部需求转向国内需求；②从投资转向消费；③从工业转向服务业；④资源分配上，从国家导向转向市场和私人部门推动；⑤从过高的企业债务转向可持续的杠杆水平；⑥从财政债务上升（特别是地方政府债务）转向可持续的财政；⑦从金融部门自由化转向改善治理；⑧从增加要素投入转向提高生产率和鼓励创新；⑨从不平等的增长转向更加包容性的增长；⑩从高污染转向绿色增长，可持续利用能源；⑪从旧式的、间歇的政府公告，转向及时、清晰易懂的沟通。这些评估指出了未来发展的目标、宏观资源激励方向都要进行根本性改革，而不是修补。

中国政府始终保持着非常清醒的头脑，从 2012 年以来提出的新常态、供给侧结构性改革，2015 年签订《巴黎协定》、进行高质量经济增长转型、制定两步走的现代化目标、重新确立新的发展阶段的社会主要矛盾、制定了国家治理现代化体系建设，把中国经济发展与转型的目标和步骤清清楚楚地摆放在全国及全世界人的眼前。中国发展路径的方向和目标是明确的，方向明确后，需要改变政府治理形态和与之相关的宏观经济资源配置与激励机制，才能激励配置资源向正确的方向转型。

（一）国家治理现代化和公共财政体系改革

与国家治理密切相关的就是财政体系，中国已经通过了"税收法定原则"，在国家治理层面迈出了坚实的步伐。随着城市化的推进，纳税规模的覆盖面越来越广，特别是户籍改革后，城市居民转化为城市纳税公民，公民成为社会经济发展的主体，取之于民、用之于民的公共财政收支体系被纳入人大立法体系中，公民通过参与政府公共财政收支体系的决策与监督过程，逐步形成现代政府治理与公共财政体系。政府软预算约束、公共服务与纳税不匹配、公共决策与监督机制缺失等问题，都需要政府与财政体系进行调整与改革。

调整国家治理应从财政入手，一方面改革基于工业化建构的财政体系；另一方面通过立法建立规范的政府治理体系，将公民纳入国家治理过程，通过立法、公共决策与监督参与等方式完善政府治理，建立起以人民为中心的现代治理体系架构。从财政改革来看，首先就是重新匹配财权和事权的财政税收体系。这种重新匹配，不仅表现在财政收入和公共支出的数字匹配上，更应该体现在城市居民享受服务与纳税责任以及中央与地方事权财权的匹配上，否则会造成财税体制缺少可持续发展的韧性和合理性。

公共财政制度改革方向如下：①从以流转税为主导的税收体制转向以直接税和间接税为双支柱的混合型框架，从单一针对企业法人征税转向对自然人和法人共同征税，逐步形成纳税人与享受公共福利相匹配的格局。②增加地方消费增值税作为地方的主税种，要从流转税征收环节入手，从生产环节和消费环节征收增值税，即从生产环节继续向企业征收税收，税率应该继续下降到9%，降低企业的增值税负担，提升企业竞争力，同时从消费环节开征价外消费型增值税，税率从1%以内的水平开启，征收的税收归地方，减轻地方对土地财政的过度依赖，同时通过提高对人的服务质量，聚集人流消费，从中获得税收收入。③强化政府预算和负债硬约束，这需要立法层面和政府监督层面的改革，当然这一改革也需要做债务的技术型处理，因为大量地方债务是因弥补地方财政缺口而累积出来的，属于中央—地方收支不匹配的产物，需要纠正过来。④中央与地方的事权和财权匹配，按服务范围与效率等原则进行中央与地方事权的合理划分，在城市化发展的今天已经无法回避了，中央与地方事权匹配多年磨合已经有很多技术性讨论了，但事权改革一直没有落实，"上面请客，下面买单"，买单的钱要靠负债和卖地来筹集，这都是不合理的存在了。需要全国统筹的事权，如保障劳动要素全国统一市场的形成的全国统一社保问题都没有进行推进，中央和地方关系是财税改革的重点，相关划分有中国历史上积累的经验，也有大量国际经验可依据，因此是决心问题，而非技术难度问题。⑤包容性、绿色发展和未来社保基金的可持续性，都在挑战当前的财政体系、收支体系和运转效率，需要纳入新的财政体系构建中进行系统性设计和确立。

（二）货币供给体系改革

国家治理现代化和公共财政现代体系的建立才能推动中国的货币供给体系的改革和利率市场化。中国基于外汇占款的货币发行方式正在逐步转变。2013年外汇占款达到顶点后，随着2015年汇率改革，外汇占款显著下降，导致央行缩表。2016年央行依靠"其他金融机构借款项目"——以其他金融机构的国债等抵押物发行各类短期、中期便利等，大幅度创造资产，新的资产带来的货币创造占比已经逐步弥补外汇占款下降。通过不断降准提高货币乘数，以扩张M2的供给。以外汇占款作抵押的货币发行模式是明显的小国模型，类似于货币局制度，可稳定盯住汇率，最利于出口导向，并推动出口—货币供给的相互良性循环，形成了以出口导向为基础的货币供给体系。中国现阶段出口导向型工业化逐步结束，汇率按市场定价，货币发行的基础也发生了变化，现在通过银行的债券作为抵押再贷款的方式属于过渡模式，逐步转向以公债为资产的大国信用模型体系，国债作为新的资产来源将逐步登堂入室。国债收益率作为利率市场化和货币政策导引才是未来大国选择的方向。中国没有快速转向大国货币发行的原因很多，一个根本原因就是政府软预算，财政收支体系存在着很多非规范状态，国家治理现代化是货币转向大国模型的前提。基于公债货币供给的转型时不我待，一方面为中国长期发展筹资；另一方面也要改变中国依赖外汇资产的货币发行的格局，利于加快利率市场化建设，以国债利率为基准替代以中期便利（MLF）利率为基准的LPR利率的改革。国家治理和财政体制需要建立有效的自我约束的监督体制，克服政府的软预算，才能采用公债货币化的货币发行机制，否则必然会导致经济的波动加大，对此中国有着深刻的教训。

从城市发展资金需求来看，央行货币供给90%分给银行体系，银行再分配给非银机构绕开监管，贷款给城市发展，资金成本高，期限短，这与城市化需要低成本和长期限的资金需求完全不匹配，也是导致城市化大发展的同时负债快速增长的弊端。中国的银行体系是工业化效率发展的代表，但随着城市化发展，多样化的需求需要更多样性的金融机构满足。要增加金融机构的多样性、配置的灵活性，防风险，改进金融监管效率，增强金融体系韧性。

城市化阶段，建立统一的债券市场和多层次资本市场，成为越来越迫切的需求，特别是债券市场的改革需要进一步加快，债券市场难以统一，监管规则不统一，债券品种创新难以推出，极大地延缓了中国债券市场的发展和满足城市发展需求。

（三）政府配置资源体系的改革

中国赶超成功的重要经验之一就是政府干预资源配置，即有为政府，通过产业政策、土地政策、税收优惠政策、选择性金融政策进行工业化推动和对外积极招商引资。中央、地方政府的税收都与工业化高度相连，部委也与地方政府发展工业化纵向配置资源体系相配合，形成了一组激励相容的中央地方大力发展工业化的特征，取得突出的赶超效率。但工业化见顶后，产能过剩、过度污染和负债等问题慢慢暴露出来，中央提出了供给侧结构性改革，就是针对这些方面的改革举措。未来发展方向清晰，激励和机制并没有跟进，政府继续沿着传统配置资源体系进行推进，发达和发展区域当前最重要的任务依然是招商引资、产业链延伸发展的思路，扩大工业制造产能是各个属地工作的重点，在需求难以扩张的条件下，存量博弈，产能扩张，浪费资源。

中国政府从干预资源配置的产业政策转向激励竞争和创新激励的"创造环境"的资源配置的产业政策依然任重而道远。产业政策是发达国家重要的功能性干预工具，注重产业和创新成长条件的改变，创新环境的塑造是这种干预的本质。发达国家产业政策致力于对小企业的扶持，但多集中于改善环境、降低风险方面，而不是直接用补贴的方式。城市化后，创新和就业都需要中小企业的大发展，产业政策重点也从干预产业发展转变为主体开发区规划，为小企业发展创造条件，在改善基础设施、金融设施、社会公共服务设施等领域加大投入。

政府行政管理体制改革要加快推进，特别是以事业单位体制改革为突破口，降低科教文卫体的行政管制，这样可以有能力保障基础公共服务的质量。可以按市场需求让市场配置资源满足大众的需求，促进服务的升级，满足以人为本全面发展的需求。转变政府职能，一方面要推动立法层面去放松行政化的管制、干预资源分配；另一方面提高监管水平，不断提升营商环境质量，迎接规则层面的治理参与并与国际规则对接，探索中国屹立于世界的相互融合之道。

（四）构建社会等非经济因素的"正反馈"机制

两个宏观资源配置体系的资源争夺和激励机制不协调导致的经济摩擦，已经引起政府高度重视。鉴于现阶段的宏观调控仍然囿于传统工业化的资源配置机制，不可避免地导致混乱的状况出现，这有悖于城市化发展和转型的阶段性要求。从经济阶段转换的要求来看，必须着眼于新的宏观资源配置体系的建设，主要体现在以下四个方面：一是发展目标已经发生从物质生产为中心向以人民为中心的转变，生产供给导向的宏观管理系统转向消费者导向的宏观管理系统。在这种转换背景下，提高居民收入份额和人力资本回报率、强化消费跨期效率补偿，成为宏观调控目标的一个重要方面。二是发展机制已经发生从低成本—规模扩张的单一效率标准向基于多样性—风险分散的经济韧性标准的转变，以便形成效率—韧性较为均衡的宏观资源配置体制。三是激励方式已经发生从工业化的产业干预向竞争性政策的转变，特别是将服务部门从管制和低效率中释放出来，以部分市场供给的方式促进服务业升级，强化创新的市场激励。四是发展战略逐渐从出口导向调整为"大国模型"，以内需为主，提升国际分工价值链的地位，增厚出口附加价值，而非补贴化发展。

为了推动发展阶段转型，宏观资源配置应进行适应性转变，归根结底需要坚持两条：一是要逐步推动政府治理现代化，构建基于城市化发展的资源配置体制，财政、金融、产业政策两套体制并轨，完成协调、监管、配置、激励信号的一致性，实现主体目标的一致性，从根本上转变到服务以人为中心的内需发展；二是重构国家发展目标，发展目标从单一 GDP 绩效标准转向以人为中心的新的国家福利目标，除包容性、可持续的经济效率目标外，社会等非经济因素也将纳入国家福利目标体系。

经济、政治、文化、社会、绿色五位一体的新国家福利目标的实现需要一组非经济类因素参与到转型过程中，构造"正反馈"机制推动高质量发展模式的转型。国内有很多研究都涉及了这方面，特别是"参与促进型改革"中明确提出："以促进社会成员最大范围、最深程度、更高质量参与工业化、现代化进程为目标，着力推进香港领域改革取得突破；其要点可概况为：扩大参与机会，提升参与能力，完善鼓励创业、创新的制度和政策，创造稳定的参与预期的法制环境。""高质量发展是一个总括性理念，经济高质量是社会高质量和治理高质量的输出""城市化的本质是福利社会"，其转型的核心是要发展出"知识中产阶级"，知识中产阶级重要的角色就是参与转型，形成"正反馈"的群体理论。高质量转型需要社会成员的广泛参与，并从中获益，构造这种"正反馈"机制才能有效地推动目标、路径方向和机制的成功转型。

（五）高水平的对外开放迎接全球叙事的转变

全球化叙事成就是 1991~2021 年的全球贸易带动下的全球大发展。全球化叙事表述了全球"共同协作"的价值观，中国提出的"和平与发展"，国际上流行的观念是"世界是平的"，全球以全球各国参与治理制定的 WTO 规制为主导，全球贸易、技术、生产要素等便利性流动和转移。全球化推动了和平、分工、效率、规模、发展和共享的合作理念，促进了全球经济规模和效率的提高，经济生产成本持续下降，通货膨胀逐步走低，成就了"高增长与低通货膨胀"。全球化自身积累的矛盾，贸易冲突增加，加上近年来疫情冲击和 2022 年的俄乌冲突，全球化转变已经成为趋势，全球化叙事正在转变。

全球化转变趋势明显，具体体现在以下四个方面：①新的区域组织替代 WTO，全球化转向区域集团化，地缘政治定义的"安全"纳入供应链考量。地缘政治的需要可能会限制跨国公司的地域范围的低成本操作。美国启动的印太经济框架（IPEF）和欧洲签订的零关税协定等在组织上开始了布局，新的组织体系替代了原有的 WTO 框架。区域联盟与供应链调整直接分割了全球化市场的规模并降低了效率，引发供给成本上涨，这也是当前担忧的通货膨胀"顽固性"的原因。②全球经济增长因贸易扩张停顿和全球收缩信用克服通货膨胀而下降，全球经济高增长陷入停顿。③各国出台"对峙"性的产业政策和"资源与工业主权"诉求不断增加，贸易、产业、资源和能源摩擦不断，价格上涨等动荡会加大全球经济的放缓和波动放大的风险。④和平与发展的红利迅速下降。全球化的叙事发生变化，低通胀和高增长的组合是否会转变为高的通胀与低的增长组合仍处于不确定，但各国必须积极应对全球化转变带来的冲击。中国一直推动着全球化发展，未来需要以高水平的开放积极参与到新的全球化过程中，特别是在绿色转型议题、"一带一路"倡议、RECP 议题等更多边议题上加大双向开放，积极推动全球化发展。

（六）结语和本书的结构

我长期在北京大学汇丰商学院、中国科技大学做 EMBA 和 EPD 的老师，讲授"宏观经济"，给清华大学本科生讲授"中国经济改革开放史"的通识课程，深刻感受到当前缺少一本能够了解中国改革开放以来宏观经济历程、叙事共识、逻辑方法和政策激励的书。我出版这本书的目的是：一方面可以满足教学的需求；另一方面也为研究这时期经济的人提供一份有意义的研究注释。本书作了一篇很长的序，主要是对 1978 改革开放一直到 2025 年的宏观历程、共识、研究范式、方法逻辑以及政策取向作了梳理和分析。书中选取了我从 20 世纪 90 年代到 2022 年以来的宏观论文，展示每个历史时期亲历者的角度、思考和知识水平。通过这些论文可以了解当时人们的思考方式和共识的内容。

中国经济历经快速转变，可以说人人都是在边学习、边研究的过程中成长，而宏观则更显现其经验主义特征。中国的经济发展历程体现在以下五个方面：①从体制上来看，中国从计划经济向市场经济转型，很多人用转型经济学来概括；②从发展方式来看，中国经济从计划经济优先发展重工业转向"比较优势"出口导向的工业化，带有浓重的发展经济学色彩，21 世纪后中国加入世界贸易组织（WTO），融入世界，城市化和工业化双轮驱动中国经济高速增长，中国经济学也与国际接轨，中国研究的范式和逻辑也逐步从非平衡的结构主义的"发展"经济学转向技术进步主导内生经济增长的经济学；③宏观体制从基于计划经济体制转向基于出口导向工业化的宏观体制，再次转变为基于工业化和城市化的宏观体制，但这一转变仍没有完成，当前又面临着向开放的大国模型的宏观管理体制再转变；④从开放来看，中国经济从封闭转向开放，加入世界贸易组织（WTO）推动了全球化发展，当前全球化逐步转向区域联盟，中国应以高水平开放应对全球化的转变；⑤从认知和学术范式来看，由于快速变革，人们的认知是从干中学、学中干获得的，正是这样的认知推动了中国"摸着石头过河"的经验性特征，也探索了一条中国特色的社会主义道路。学术范式也在不断变化，从发展理论到增长理论，再到加入零碳约束后的可持续发展理论等。总之，中国经济的历程阶段性特征明显，宏观研究、研究范式、政策目标和激励也是紧跟阶段变化而变化，虽然研究内容没有西方研究分工得细致，但由于充满了变化，也就充满了挑战与研究的乐趣。我作为一个记录、分析和研究者回顾起研究历程是满满幸福。未来还有很多时间可以重新细化分析与研究这一个快速演进的时代的各个有趣的研究命题。本书还附录了教科书的一些研究框架，以保持了解宏观研究的基本逻辑。

全书共分为四部分：第一部分为"宏观经济演进与叙事"，从 1998 年发表的大调整开始，一直讨论到 2022 年发表的绿色转型，将中国大的历史阶段和叙事进行了讨论；第二部分为"冲击与波动"，讨论中国经济 20 世纪 90 年代中期中国确立了社会主义市场经济地位和加入全球化后的分析，中国经济开始不断受到外部冲击，引起经济的波动，1997 年亚洲金融危机、2008 年全球金融危机和 2022 年后逐步形成的逆全球化冲击等；第三部分为"金融与宏观周期"，市场经济的一个最重要标志是引入了金融，利率作为资本的价格和宏观货币调节至关重要，本部分不仅讨论了金融加速器对中国的影响以及中国货币供给如何转变，也专门讨论了实体经济与非实体经济均衡机制和逻辑；第四部分为"政策机制"，政策机制包含了政策目标、跨周期、全球周期同步等问题，在政策机制中探讨了经济转型中制度特征和体制摩擦，只有设置好的政策激励机制，才能保证宏观目标的实现。

该书是我研究宏观理论和政策的总结和提炼，有助于了解中国宏观经济的历程和政策的探索，以当事者的观察角度为基准完成了本书的写作。我从 1987 年独著在《财贸经济》、1988 年合作在《经济研究》上发表文章集中在消费经济学，而后集中在收入分配和国有与非国有企业的大规模问卷调研与研究，发表在《经济研究》《管理世界》等上。直到 1997 年后才开始全面转向宏观经济和经济增长的研究。本书选取的宏观论文均为我独著或第一作者，包括《经济研究》《经济学动态》《现代经济探讨》《社科战线》《财贸经济》《国际经济评论》等。本书得到中宣部"四个一批"文化名人研究资助的资金支持，特此致谢。

张 平

2023 年 1 月 16 日

目　录

第一部分
宏观经济演进与叙事

　　该部分由九篇论文组成。中国发展的叙事在本书的"序"中做了大历史跨度的讨论，本部分节选了我身处当时的观察和分析。我早年的观察发端于跟随我硕士导师杨圣明教授学习消费经济学，我从消费函数总量和消费结构需求与产业演进互动的关系入手观察和研究经济学。1987年参加了经济所张学军主任（经济研究发展室主任，后发展室被取消）主持的消费选择课题，当时在国内第一次与统计局城调、农调队合作，进行了城乡16000户家庭的消费行为调查，我承担了问卷设计、调查队培训和数据处理等工作，参与课题组写作，参与合作完成了1988年的《消费选择与中国经济成长》（发表在《经济研究》1988年第1期），表述了中国发展进入了新的阶段，探讨了消费需求对中国发展的影响。而后我参加了赵人伟、李实组织的收入分配课题，做了10年的收入分配微观研究，离开了宏观研究领域。1997年重新回到经济增长与宏观领域。本部分选取了我1998年独立完成初稿的《大调整：我们共同面临的选择》（发表在《经济研究》1998年第10期），1997年亚洲金融危机对中国出口导向的经济产生了冲击，发现中国外向经济、国内城市化、服务业、资本市场等方面的积极因素正在兴起，中国有巨大的发展和制度改革的空间，做好预调整，未来有10年的高速增长。当时国家采取了积极财政政策和推动了房地产福利制度改革，国有企业改革和管制放松等，推动了中国的内需发展，中国到21世纪后经济增长的动力来自出口导向工业化和城市化的双推动。2002年我开始主持中国经济增长前沿课题，2003年作为第一主笔完成了《中国改革的累积效应与中国流程的改变》，注重探讨了城市改革对中国资金流程的影响，发现中国资金快速向房地产方向配置，提出了未来发展会逐步呈现从偏向"低价工业化"转向"高价城市化"的发展趋势。2005年后中国城市化和房地产价格均快速上涨，受到2008年国际金融危机的冲击，再次运用积极财政政策加上全面给房地产和地方政府融资金融工具，中国发展更上一层楼，但累积的地方债务、房地产泡沫等问题越来越多，这些问题也都在高价城市化的趋势中进行了讨论。而后选取了四篇论文讨论了四个重大问题，即"结构性减速""二次转型""中等收入陷阱""加快现代化建设"。中国的发展进程发生重大变化，2012年中国经济增长低于8%，而且已经确认了这不是周期性，而是结构性的，是中国经济从工业化赶超逐步转向服务业主导的结构变革的结果。这种产业结构主导性趋势的变化会引起经济增长减速，是经济发展的规律使然。随着人们收入水平提高，人们的物质需求占比不断下降，服务需求不断上升，引致了产业结构的变化，服务业占比不断上升，而服务业的规模效率低于工业化，因此增长放缓是必然的。中国经济需要二次转型，即基于城市化和服务业发展规律提升服务业效率，把服务业提升到创新和增长的前提和条件来发展，而不是传统认定的"成本"项。服务业提高人力资本，才能有创新—效率补充。服务业基于数字化全球拓展才是服务业规模—效率增长的来源，中国服务业现代化最重要的战略就是打破科教文卫体的管制，使之成为最重要的现代服务业。通过科教文卫体娱乐等服务业的现代化推动人力资本提升，获得创新效率，并基于数字化全面改造，这就是二次转型的意义。我通过"中等收入陷阱"的理论探讨，讨论了政府干预为什么在"结构性加速"成功，在进入"结构性减速"后可能成为不成功的战略，做了理论的分析和解释。"加快中国现代化建设"则是一个大跨度的分析与预测。从趋势来看，受到人口老龄化的影响，中国的经济减速挑战很大，而后又受到了疫情冲击。2019年中国经济增长6.1%，而2020年遇到了疫情冲击，路径向下偏移，到2020~2021年平均增长5.1%，2022年经济增长低于4%，2022年后全球化出现了逆转，中国经济需要更深度地调整。本部分用三篇文章对中国式现代化的关键领域进行了分析：一是"双循环"；二是"绿色转型"；三是以"全球化叙事转变与经济增长"结尾，讨论了全球化转变的新叙事和中国现代化的探索。

1 大调整：一个共同的主题和必然的选择[*]

中国社会科学院经济研究所宏观课题组

在信息技术革命和全球经济一体化的进程中，中国改革开放的步伐不会停止，必将越来越多地加入到世界经济变革的格局中去。变革时代意味着一系列的不确定性，公司的大并购，国家的大比拼，演变的终局无人预知。当前世界经济面临着大调整，中国经济也面临着大调整，两者之间有着密切的联系。这是一个时代的共同主题，也是一个无法回避的选择。

一、是周期波动，还是高速增长后的大调整？

自 1991 年中国经济重新启动后，很快进入了一个超高速增长时期。"八五"时期，GDP 年平均增长率高达 12%，比"七五"时期高 4 个多百分点，比超高速的"六五"时期高 1.3 个百分点。经济过热，通货膨胀，1994 年社会商品零售价格上涨 21.7%，最高的 10 月达 27%；房地产热、开发区热、股票市场热，经济"泡沫"发生。从 1993 年 7 月开始，政府采取紧缩措施，加强宏观调控，到 1995 年下半年，经济运行进入稳定增长轨道。再经进一步调控，实现了"软着陆"。此时，经济应当重新启动，政府也采取了一系列扩张政策和刺激措施。然而，事与愿违，1998 年经济继续走低，预期普遍看淡，增长回升乏力，特别是物价水平逐月回落，零售物价连续 9 个月负增长，6 月为 -3%。从中国经济周期的历史来看，增长率低于两位数以后，调整期最多两年，经济就会迅速反弹，即使像 1989 年、1990 年那样的严重情况，也是两年后即行回升。比较而言，这次经济增长速度下滑已过 3 年，各种指标仍然走低，短周期波动显然解释不了（见图 1），一些长期因素起着越来越大的作用。尽管潜在生产水平也许并未降低，但经济持续下滑表明，中国经济进入了高增长后的大调整时期。

当然，仅从对目前经济运行态势的观察做出上述判断，显然论据不足。更深刻的原因植根于中国经济高增长的实现方式和环境条件及其变化之中。

---

[*] 课题负责人：张曙光；参加初稿讨论的课题组成员有盛洪、王诚、仲继银、王利民、刘霞辉、韩孟、桁林；二稿提交 7 月 28 日召开的"中国宏观经济学者论坛"讨论，与会学者作了很好的评议；"论坛"由北京天则经济研究所、深圳综合开发研究院、中国社会科学院经济研究所宏观课题组和江西江南信托投资公司联合主办。课题组成员张卓元、左大培、王利民、张平阅读二稿提出了修改意见。张平执笔初稿，张曙光改写二稿并定稿。本文发表于《经济研究》1998 年第 9 期。

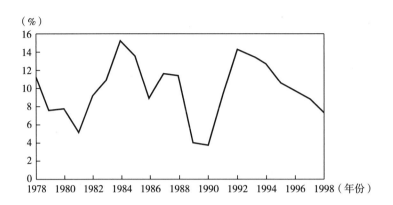

图 1 1978~1998 年中国 GDP 的波动

资料来源：国家统计局. 中国统计年鉴 1999 [M]. 北京：中国统计出版社, 1999.

（一）高增长的实现方式及其问题

1. 投资支持了 20 世纪 90 年代中国的高增长

支撑 20 世纪 90 年代经济高速增长的最直接的因素是超高速的投资。1992 年全社会固定资产投资名义增长率达到 44.4%，1993 年又增长了 61.8%，实际增长率为 35.4%，达到了惊人的高水平。1991~1995 年，投资率达到 40%，比 80 年代的平均水平高出 4 个百分点。可见，投资主导了 90 年代中国的经济增长。

20 世纪 90 年代前半期投资的超高速增长，是由于资金的计划管制尚未完全消除，国有企业的预算约束仍然很软，资金需求很旺，同时由于价格体系扭曲，资金成本很低，再加上通货膨胀率较高，实际利率为负，因而导致地方和企业的超高速投资。中国投资的承载主体主要是国有企业，其投入产出结构和全要素生产率的变化（见表 1）进一步说明，中国 90 年代的高增长是靠高资本投入支撑的。这种扭曲要素价格、靠资金大投入推动的生产模式是难以持久的。

表 1 改革各阶段产出弹性和全要素生产率的比较

产出和要素年平均增长	产出	资本	劳动	中间投入	全要素生产率
1980~1984 年	7.06	3.53	2.73	5.55	2.24
1984~1988 年	8.52	8.13	2.93	4.05	3.68
1988~1992 年	5.11	8.53	1.64	2.35	1.58
1992~1995 年	7.67	13.50	0.30	1.60	3.50
产出弹性系数	规模	资本弹性	劳动弹性	中间投入	—
1980~1992 年	1.000	0.205	0.120	0.675	—
1992~1995 年	0.996	0.238	0.196	0.562	—
要素贡献率		资本贡献	劳动贡献	中间投入	全要素生产率
1980~1984 年	100	10.25	4.64	53.06	31.73
1984~1988 年	100	19.56	4.13	32.09	43.19

续表

要素贡献率		资本贡献	劳动贡献	中间投入	全要素生产率
1988～1992 年	100	34.22	3.85	31.04	30.92
1992～1995 年	100	41.89	0.77	11.72	45.63

资料来源：①1980～1992 年的数据来自谢千里、罗斯基和郑玉歆（1995）的计算；②1991～1995 年的数据由张平计算。

超高速投资带动了经济的高速增长，突破了能源、交通等基础设施的瓶颈制约，同时也带来巨大的产能过剩。到 1997 年底，全国累计库存约 3 万亿元，其中 1.3 万亿元为非正常库存。在消费品、投资品和某些基础设施方面，供给明显大于需求，生产能力过剩，机械加工和家电行业设备闲置率高达 40%～50%。

中国经济的超高速增长是以高额的通货膨胀为代价的，同时也产生了大量的经济"泡沫"。有人以为，通货膨胀下来了，经济就健康了，其实没有那么简单，"泡沫"是实体经济长期无效供给累积到一定程度的货币信号，反映的是经济中的深层矛盾。从更大的历史跨度来看，这种靠投入、投入、再投入支撑的经济增长，技术水平低，易于学习，经常是一个项目一夜之间就遍地开花，整个经济增长重在量的扩张。克鲁格曼（1994）正是基于东亚模式重投资的数量扩张、轻技术创新而得出"东亚无奇迹"的著名论断。它说明，仅仅靠大投入而不进行技术创新和提高效率的做法，迟早都要进行大规模的经济调整。

2. 出口带动是 20 世纪 90 年代经济增长的重要特征

1978 年以来中国的经济发展分为两个阶段：第一阶段是 20 世纪 80 年代，中国处于内需推动的经济发展阶段。当时对外开放程度不高，特别是计划经济造成的短缺状态，在改革推动下，形成了以居民消费需求带动的经济增长，农产品、服装、食品、耐用消费品、基础设施、住宅等产能和产量大幅增长，造就了中国第一波高增长奇迹。第二阶段是 20 世纪 90 年代，出口推动是中国经济增长的重要因素。80 年代末开始实施"两头在外"的发展战略，1992 年以后，改革步伐加快，开放程度扩大，特别是出口激增，1994 年增长 31.9%，次年又增长 22.9%，出口结构发生了重大变化，工业加工品出口超过 85%（赵晋平，1998）。中国，特别是华南和东部沿海地区的发展模式和经济结构，基本上完成了向外向型发展的调整和转变，出口带动下的高增长成为中国第二波经济奇迹。

出口增长的同时，外资大量进入，成为中国投资的重要来源和经济增长的重要动力。1995 年外资占社会总投资的 20%，在基础设施投资中超过了 14%。外商投资企业的大批进入，不仅在很多行业中占据了重要地位（如占电子设备制造业全行业利润的 67.4%），而且成为中国进出口贸易的主力之一。1995 年，外商投资企业出口占 31.5%，次年超过了 40%。中国形成了全方位开放的格局。

对外开放的扩大、外向型经济的发展，一方面，扩大了中外的经济交换，使中国可以利用外部资源来加快自己的经济发展；另一方面，快速的大规模的外向转型，也使中国经济易于受到外来的冲击。我们计算了消费、投资和净出口在经济增长中的贡献份额（见表2），进一步证明了上面的分析。

表2　中国经济消费、投资和净出口贡献　　　　　　　　单位：%

年份	消费	投资	净出口
1991	60.1	36.2	3.6
1992	61.2	46.2	-7.5
1993	49.0	62.1	-11.1
1994	55.8	33.8	10.4
1995	59.5	37.6	3.0
1996	62.0	32.9	5.1
1997	60.6	22.4	17.0

资料来源：根据《中国统计年鉴1997》有关资料计算。

（二）高增长的环境条件及其变化

1. 高增长的制度条件及其变化

20世纪90年代中国的高增长是在经济体制改革进一步推进的条件下实现的。1992年以后，市场化改革的进程加快。主要体现在以下四个方面：

（1）经济主体得到了迅速调整，非国有经济焕发了活力，取得了较大的生存和发展的空间，成为中国经济发展的主力。随着公司化改造的推进和放活小企业的开展，缩小了国家的控股权，为国有企业的全面改革奠定了制度基础。

（2）土地制度的改革，使土地从无偿变有偿，低价变高价，成为推动经济快速增长的重要力量。

（3）融资体制改革，主要是非银行金融机构的发展成为投资推动的突破口，利率有了相当的灵活性，资金供给充裕。

（4）开发区的广泛发展，加速了开放的步伐，推动了外向型经济的发展。总之，市场机制的主导地位逐步形成，开始成为资源配置的主要手段。

改革的推进和深化，一方面成为加速经济增长的巨大动力，使中国告别了短缺；另一方面也改变了中国经济运行的制度环境，出现了一系列新的问题。

首先，制约中国经济增长的主导因素开始从传统计划经济下的"瓶颈制约"转向市场经济条件下的需求制约，经济周期波动的性质也发生了深刻的变化，即从过去政府甚至是政治推动的计划周期转向由市场决定的商业周期，但是，政府主导型经济的影响还相当强大（本课题组，1998）。中国宏观经济运行和调节的重点从防"过热"变成防"过冷"，显然还不能放松对"过热"的警惕。

其次，产品市场竞争的失利必然会在要素市场上反映出来，由于竞争的加剧和银行商业化的推进，贷款的约束和企业的预算约束趋硬，与产能过剩同时出现的是企业的破产和大批职工的下岗失业。1997年，城镇登记失业率为3.1%，约570万人，下岗职工1200多万人（胡鞍钢，1998），国有企业尚有2500万冗员还要不断加入到下岗行列之中，就业问题成为中国经济运行中的主要问题。下岗失业的威胁导致城乡收入预期的不稳定，使边际消费倾向下降（见表3）。

表3　边际消费倾向

年份	国内生产总值	边际消费倾向
1986	8.5	0.808
1987	11.6	0.942
1988	11.3	1.050
1989	4.3	0.788
1990	3.8	0.592
1991	9.2	1.048
1992	14.2	0.646
1993	13.5	0.802
1994	12.6	0.815
1995	10.5	0.845
1996	9.6	0.733
1997	8.8	0.576

注：中国1991年开始公布投资品价格资料，1991年以前的投资物价平减是用生产资料价格指数代替的。

资料来源：国家统计局．中国统计摘要［M］．北京：中国统计出版社，1998.

再次，先是非国有企业的竞争挤压，后又面临外国企业的挑战，国有企业出现大面积亏损，国有企业和乡镇企业负债过高，平均负债率高达80%左右，与此相对应的是国有银行不良债权增加，按美林证券公司的说法，中国国有银行全都资不抵债，国家风险集中且系统性风险增大；同时，国家财政的地位削弱，调控经济的能力不足。化解国家风险，重建财政的任务提上了议事日程。

最后，中国的经济改革从增量调整开始，已经逐渐进入存量调整阶段，外国跨国公司的进入，也迫使国有企业做出调整，然而，国有企业改革至今尚未取得根本性突破，其突破又涉及一系列深层次的问题。只有在改革和调整中得到弥补和改善，才能成为中国经济发展的新的增长点。

2. 高增长的国际环境及其变化

20世纪90年代，世界经济一体化的进程加速，金融、贸易、技术分工体系也在重新调整。中国经济的高增长就是在国际环境的巨变中发生的。中国搭冷战的便车，乘冷战结束之机完成了从内向到外向发展的转变。美日争夺亚洲市场，80年代日本处于攻势，其资本输出和产业转移成为亚洲和中国经济发展的推动力量，其出口导向模式成为亚洲和中国学习的榜样。继亚洲"四小龙"发迹之后，"四小虎"又后来居上，中国华南和东南沿海的广大地区也加入了出口导向的行列。一时间，亚洲经济风靡全球，东南亚和中国成了最好的投资场所。进入90年代，美国经济逐渐完成了冷战后的调整，从复苏走向繁荣，日本经济则陷入了长期的萧条。出口导向模式已经拥挤不堪、

"人满为患"（中国社会科学院经济文化研究中心国际问题研究组，1998）。亚洲金融危机在很大程度上是出口推动模式过度膨胀的结果。前车之覆，后车之鉴。中国避过了这场灾难，并有所获益，特别是在风险意识及其防范方面。但危机改变了世界经济的格局，增大了中国发展的困难，直接影响中国的出口，这在以出口加工为主的广东省表现得最为充分。1979~1997年，广东利用外商投资670多亿美元，占全国的28.9%，其中60%以上投资于出口加工。1996年，广东出口总值590亿美元，占全国的39.1%，其中，"三资"企业占全省出口的51.8%，加上"三来一补"企业的出口共占78.3%。东南亚金融危机使广东的出口订单减少，出口价格下跌，1996年下半年比上半年分别减少4.9%和5.3%，今年第一季度，对东南亚和韩国的出口分别减少25%和78%（郑佩玉等，1998）。

东亚金融危机既暴露了出口导向模式的局限，又对依靠高投入推动的高增长提出了质疑，同时也对政府主导型的增长方式提出了挑战。如果说在出口导向和高投入的增长中，政府主导起着重要的组织和协调作用，那么，在这两者改变以后，政府在经济增长中如何行动和作用，就值得重新研究。须知，政府在经济发展中的作用非常重要，特别是对于发展中国家。中国正处于市场化的进程之中，政府的职能作用也处于转换和调整之中，一些方面要加强，一些方面要减弱。这也是一件没有先例和不易做好的事情。

亚洲金融危机一波未平，一波又起。日元大幅贬值，又一次造成巨大的震荡。虽然美国经济很强，但外贸逆差大增，股市飙升，"泡沫"胀大，可能预示着危机的临近。特别是欧元的问世，有可能对美元形成巨大的威胁。再加上俄国的金融危机波及东欧，世界经济有可能出现萧条。人们在重新洗牌，还未出牌，虽然不确定性很大，但有的已露端倪。然而，与20世纪30年代的大危机不同，由于国际经济一体化的发展，任何一个国家都难以幸免，只是损失大小而已；由于金融衍生工具的出现，其破坏性更大。东南亚金融危机表明，一国经济可以承受正常的市场波动，却无法承受破坏性的冲击。面对世界经济的这种前景，技术创新的长周期、全球性的中周期和中国经济的短周期重合在一起，中国应当如何处置和应对，就成为一个重要问题摆在我们面前。

对外开放以来，外商在华投资经历了两个阶段：第一阶段是渗透期，以中小企业为主，大企业进入很少，主要是抢占阵地，站稳脚跟；认人探路，寻找机会，为以后的发展创造条件。这时，国内企业未受到威胁，同时外商进入带来了先进的技术、管理和巨大的刺激，为其发展创造了一个相对宽松的环境。第二阶段是扩张期，以大型跨国公司为主，到现在为止，全世界前100家大跨国公司已经有一半以上进入中国。这时，外商在华全力推进，扩大战果，抢占市场，积极竞争，把目标对准中国的名牌企业和名牌产品。面对跨国公司的大举进攻和激烈竞争，中国企业何以应对，形势迫使中国必须做出抉择。

3. 新技术革命的挑战

以计算机为代表的信息革命推动了新技术革命的浪潮。在新技术的冲击下，大量传统产业的产能都要变成沉淀成本。建筑在传统产业之上的中国经济，如何面对不可回避的新技术革命，体制、产业和公司也要在大调整中去适应它。

总之，中国经济高增长的内部条件和外部环境发生了很大变化，形势相当严峻，原来的道路已无法继续，中国经济正处在大调整和大转变的紧要关头。完成这个调整和转变，中国经济发展就会步入坦途；否则，其前景不容乐观。

二、持续发展的广阔余地与大调整的性质和特点

经济快速增长以后的大调整似乎是一个铁的规律。欧美在 20 世纪 80 年代的调整；日本高速增长近 30 年，90 年代进入全面的大调整过程，至今尚未完成；东亚各国在高速发展 20 多年以后，一场危机逼迫做出全面调整。中国经过近 20 年的经济高速增长，现在也面临着大调整。可见，大调整是中国和世界经济发展的共同主题。由于我们进行过多次经济调整，于是看到"大调整"的提法，有人不以为然。其实，处于二元双重体制转换中的中国经济大调整，既不同于自己历史上的经济调整，也与其他国家的经济调整有别，具有自己的性质和特点。

第一，从时间序列来看，经济大调整既可发生在危机之后，也可在危机之前进行。一般来说，大多数经济大调整都是在危机发生之后不得不进行的。中国 20 世纪 60 年代初的大调整是这样，70 年代末 80 年代初的改革和调整也是如此。目前东亚和东南亚国家的经济大调整也是在金融危机以后，危机中断了这些国家原来的经济发展进程，打乱了既有的经济秩序，如不进行大调整，就会发生更大的危机，甚至会像印度尼西亚那样，从金融危机、经济危机、社会危机到政治危机，造成更大的破坏性后果。因此，这些国家的大调整不是自愿和主动进行的，而是带有强制调整的性质。中国现在所要进行的经济全面大调整，不是在严重的危机发生之后，而是在经历了近 20 年的经济高速增长，创造了被世人称为"中国的奇迹"（林毅夫等，1995）之后，不仅是主动实施的，而且具有"预"调整的性质。这里，"预"调整的含义有两个：一是指相对于经济发展的一般进程，中国的大调整来得比较早，是提前发生的；二是指中国的经济调整带有"未雨绸缪"的预谋和预防性质。这是由中国的具体国情决定的。

首先，中国是一个大国，虽然经过 20 年的高速增长，收入水平迅速提高，经济实力大大增强，但是，地区发展很不平衡，城乡差距很大，还有很大的市场空间有待开拓。特别是计划经济时期长期实行城乡分离政策，虽然受到改革开放的冲击，但并未根本改变和完全放弃，相反，随着经济的发展和情况的变化，在一些方面赋予了新的内容，城乡之间的要素流动还缺乏有效的渠道和强大的市场组织。因而，阻断了正常的城市化进程，妨碍统一市场的形成以及农村市场的开拓和提升。因此，中国目前出现的产能过剩，并不是由于国内市场狭小，而是由于广阔而巨大的潜在市场，特别是农村市场尚待开拓，广大的国内市场被人为地分割为城乡两块，分别处于同一个层次，市场的细分化过程尚未完成。据有人测算，在目前产能过剩最严重的家用机电产品中，只有自行车和电风扇基本饱和，彩电、冰箱、洗衣机等 11 种产品的全国平均普及率仅

在 25% 左右，家用机电消费品市场刚刚步入成长期，如果考虑到人口增长和设备更新，使它们的保有量和年产量分别达到 5 亿台和 5000 万台，那么，中国的家电产业至少还可以高速增长 20 年（邓英淘、姚钢，1998）。

其次，中国是一个发展中国家，虽然近 20 年有了长足的发展，但是发展水平依然较低，除了在个别领域（例如，卫星发射）位居前列以外，在一系列基础的领域和基本的方面，我们都还相当落后，无论是研究开发和技术创新，还是产业组织和经营管理；无论是物质生产活动，还是社会文化生活；无论是基础设施，还是制造行业和服务产业；无论是生产结构和消费方式，还是中间组织，中国都有着巨大的后发优势。中国近 20 年的高速增长，在很大程度上就是较好地利用了这种后发优势。且不说其他更宽更广的方面，就是城市的服务产业和中间组织，也可以借助发达国家的经验和力量，后来居上。例如，金融服务向个人和消费领域的扩展，就有很多现成的工具可以利用，用不着从头做起和自己创造。模仿和学习是相对容易的，成本也比较小。在这个过程中，发达国家走过的弯路、遇到的问题、发生的失误，都可以成为我们的宝贵财富。

再次，中国的改革尚未完成，还有很大的制度创新空间。近 20 年来，中国人进行了大规模的制度创新试验，取得了很大的成功，是自戊戌维新以来，中国在制度创新和制度变迁方面最成功、最深刻、最巨大而且代价最小的一次。它极大地改变了中国人的生存条件和生活方式。中国经济的市场化已经有了很大的进展，但其基础结构和主体框架还不完善；中国的对外开放度已经不低，但在很多方面还无法与国际通行规则接轨；中国的企业制度已经有了很大的变化，但无论是国有企业，还是非国有企业的制度安排，都处于转变之中；中国的政府制度也有了很大的改革，但是仍未摆脱国家社会化和社会国家化的现实；中国的法律建设也许是改革中成绩卓著的一个方面，但要真正实现法治还需走很长的路。总之，在制度变迁方面，中国面临的任务极其艰巨，创新的机会也非常多，潜在的收益相当巨大。不仅如此，正是由于中国经济市场化和国际化的水平不高，面对世界经济的动荡和潜藏的危机，回旋的余地较大。

最后，中华文化虽有其缺失和糟粕，但有着强大的生命力和整合力。中国改革和发展的成败功过均有其背后的文化原因，中国的很多改革措施，在很多外国人看来，简直是非驴非马，不可理解，既不符合经典理论，也不符合正统模式，但是，在中国的条件下却取得了意外的成功。中华文化的包容性质也使得中国的经济调整具有很大的回旋余地，更增加了"预"调整的色彩。

第二，从大调整开始时的经济情况来看，危机后的调整面对的是经济的萧条和混乱，而危机前"预"调整遇到的是经济增长速度趋缓。例如，金融危机不仅打乱了东亚和东南亚国家经济增长的正常进程，而且出现了经济的负增长，同时，由于货币贬值，收入大幅度缩水，有的甚至倒退 10 年。因此，这些国家的经济调整是一种恢复性调整。与此不同，中国保持了近 20 年的高增长，而且由于改革的累积效应和坚持实施一致性稳定政策，近几年来，虽然经济增长持续走低，但却保持了相当高的增长率，而且经济运行持续稳定（本课题组，1997）。因此，中国当前面对的经济大调整不是恢复性的，而是增长中的调整。

由于中国的调整不是强制性和恢复性的，而是继续增长中的"预"调整，我们就可牢牢地掌握调整的主动权，调整什么，如何调整，力度的大小，速度的快慢，方向的选择，都由自己掌握，不必像接受外援的国家那样，看着别人的脸色，听任他人的摆布。这样，我们就可抓住一切有利于我们的时机，充分利用一切有利于我们的环境和条件，扬长避短，趋利避害，一步步达到调整的目的。

第三，从调整的方向来看，有单向度和多维度之别。由于中国是一个大国，且有着特殊的机遇和条件，特别是由于中国处于体制转型和发展转型的二重过渡之中，因此，中国经济的调整不是单向度的，而是多维度的。这也是与很多发达国家和发展中国家的调整明显不同的地方。

与发达国家相比，由于其市场制度基本定型，并相对完善，因此，在经济调整中，体制上只需做出很小的补充和边际上的调整，不必进行根本性的改造。

同样，发达国家由于实现了现代化，走出了二元经济，也没有工业化、城市化的任务。尽管有些国家的调整不限于一个方面，例如，日本既要增加内需，又要改革金融体制，但不需要进行体制的全面改革，也不必解决农村城市化的问题。

与发展中国家相比，中国面临从计划体制向市场体制转轨，也与它们所进行的体制变革，无论是深度、广度、力度还是集中度，都有很大的不同。就是在产业调整方面，一些小国也不可能从出口导向调整到以内需为主，也不一定要建立和发展自己的大跨国企业，更不会遭遇到大国调整中的地区发展问题。至于巨大的人口规模和丰富的劳动资源，更是中国调整中的特殊问题。

总之，中国面临的是多维度的经济调整，增加了大调整的复杂性和艰巨性。因此，对于经济大调整的困难必须有足够的估计。

第四，从经济大调整的内容来看，通常主要是指产业（包括产业组织和产业结构）的调整。由于处于社会巨变之中的特殊环境，中国的经济调整不仅是产业的调整，而且首先是规则的调整，这是中国经济大调整的一个重要特征。中国经济发展中的很多问题，决不简单是一个生产问题和技术问题，而主要是一个制度和政策问题。因此，规则的调整就成为中国经济大调整成败的关键。

规则的调整首先是政府行为规则的调整，其次是市场规则的调整。两者密切联系，缺一不可，而在制度变革和社会转型时期，前者的调整具有更为重要的意义和作用。因为，在建立规则和秩序中，政府处于其他主体难以替代的地位。政府行为规则的调整内容很多，例如，把政府上项目、催贷款、直接制造和决定需求，变成政府通过体制安排和政策诱导，使潜在需求变成有效需求，建立起一种市场化的需求发展机制。再如，经济增长主要是市场主体自由创造和相互博弈选择的结果，政府不必要把经济增长作为自己的施政目标，否则，不仅会越俎代庖，适得其反，而且会引颈自缚，陷于被动。但是，政府有必要和有条件发布对未来时期经济增长的预期和预测，以指导企业的市场行为。

三、大调整的内容和方向

（一）启动国内需求，抵御外部冲击

启动内需是此次中国经济大调整的主要方向，特别是在国际环境发生重大变化的情况下。如果说改革开放以来，中国完成了从进口替代型内需经济向出口导向型经济的转变，造成了今日的繁荣，使得中国经济上了一个台阶，那么今天，在继续扩大开放的基础上，转向以内需为主，通过开拓和细分国内市场，中国的经济会再上一个新台阶。这样，面对外部冲击，中国的脚跟会站得更稳。

国内需求包括消费需求、投资需求和政府支出，在目前的制度条件下，政府支出与投资需求在一些方面有重叠。在扩大投资需求中，通过政府的财政扩张，大力发展电信、铁路、公路、市政建设、环境保护和水利设施，是一个重要方面。因为，作为发展中国家，中国的基础设施还相当落后，其发展又非常重要，迟早都有用，且一般不会造成重复建设，其对经济特别是投资的带动作用十分明显，能够稳定经济发展。从各国反周期的经验来看，这一点确有效果。

通过发展基础设施来启动投资，不仅可以作为反周期的短期宏观政策，而且具有长远发展的意义。但是，过分依赖或使用不当，也会适得其反。主要原因有四个：一是基础设施投资周期长，应由财政出钱，或出一部分钱，然后再融资才能启动。中国在财政收入不足的情况下，只能发国债弥补，这就需要给地方政府一定的发债权，但终究要受财政收入的限制。二是基础设施的回收要靠使用者付费，这又与发展水平相关。中国的基础设施在突破瓶颈约束后出现的闲置现象表明，基础设施也不是一投就准，它可能导致坏账。特别是政府从事这类投资，由于资金不足，往往迫使银行贷款，加之运营效率较低，其带动作用和未来效率将大打折扣。三是外资进入是增加国内投资的重要方面，但外资进入是有条件的。美国要求中国开放债券市场，以利外国投资基础设施，并以此作为中国加入 WTO 的条件。四是在消费预期低下的情况下，基础设施投资的带动作用有限。1997 年，全国居民的边际消费倾向只有 57%，乘数效应很低。可见，基础设施投资不可能成为启动国内需求、调整经济结构的主要手段。

稳定消费者预期、扩大消费需求是启动国内需求的主要方面。这不仅由于消费需求在总需求中占有较大的比重，而且由于消费需求是经济增长的真正的和持久的拉动力量，投资需求在一定意义上是消费需求的派生需求，其本身不可能成为经济增长的持久的拉动力量。如果说在计划经济条件下，经济的回升主要依靠投资拉动，那么，在从计划周期向商业周期转变的情况下，仅靠投资的拉动作用是有限的。不仅如此，在消费需求回升乏力的情况下，投资需求的大幅度回升反映出行政力量的推动。目前的状况就是这样。

稳定消费者预期是扩大消费需求的基础，为此就需要把一些改革措施的长期作用和短期的政策操作恰当结合起来。由于市场化改革的加速，特别是国有企业职工大批下岗失业，医疗改革、教育改革、社会保障体制改革等，导致未来预期不稳，使消费者的风险预期增大，消费倾向下降，消费需求不振，农村非农产业下滑和外出打工的减少，农村预期收入调低，农村消费不旺。在这种情况下，稳定消费者预期也是反周期的一个重要手段。如果说当年为解决回城知青就业而大力发展第三产业和鼓励自谋职业，带来了非国有经济的大发展，那么，今天职工下岗再就业又成为体制进步的冲击性力量。但是，下岗规模过大，速度过猛，不仅不利于社会稳定，而且不利于启动消费政策的实施。消费是收入的函数，职工下岗从收入预期和支出预期两个方面阻碍了消费需求的扩张。并且，加大再就业工程的力度就成为解决问题的关键。这方面政府和民间都可大有作为。甚至解决下岗职工再就业本身就会创造出一批新的就业岗位。启动住房消费和投资是一个重大的战略选择，但是，由于房地产开发体制的扭曲和秩序的混乱，房地产市场仍然面临着巨大的障碍，要使其真正起到作用，还需要做出重大的调整和变革。其主要原因有两个：一是除上海、深圳等个别城市外，房地产二级市场基本上还未开放，消费者还无法从消费观念转到投资观念，并且现有的房租还无法促使消费者转向买房；二是房价居高不下，与居民个人工资收入之间的比价不合理，无法形成真正持久有效的购房要求。根据国际经验，房价是经济景气循环的先行指数，经济不景气，房价就会率先跌落，而目前中国经济不景气，房价不跌反升。这里的因素很多，其中之一就是政府在房地产开发方面的利益预期过高，土地价格太高，各种税费过多，开发商的利润预期也高，因此，房地产价格高估，消费者无力购买。

发展消费信贷是启动消费需求的重要方面。由于传统计划经济的影响，中国目前是生产信贷过分超前，消费信贷严重滞后，一方面造成企业生产过多，销售不畅，资产负债率居高不下；另一方面居民消费先要有足够的储蓄，限制了消费需求的扩张和经济的增长。而美国是在罗斯福新政时期，企业投资需求很少，资金富余，商业银行直接经营信用销售和个人信贷业务。日本是在1960～1961年前后对企业的贷款已近饱和的情况下，开始发展消费者信贷的。个人信贷有三种主要类型：消费者为解决急需问题的信贷、为日常生活提供方便的信贷，以及为购买耐用消费品、住房及汽车等而分期付款的信贷。个人信贷需求量的增长不取决于消费者的绝对收入水平，而取决于消费者收入的波动。当前，中国居民的流动性大大增加，生活和收入的不确定性增加，农村耐用消费品的普及和城镇住房、汽车进入个人消费领域，使上述三个方面个人信贷的潜在需求都很大。消费信贷的引入，不仅有利于解决当前消费需求不足的问题，而且有利于平滑未来的经济波动，为政府的宏观调控提供一个新的机制和手段。

（二）加快产业重组，调整产业结构

产业重组或产业调整包括产业组织优化和产业结构提升两个方面。这是中国经济大调整的主旋律。尽管中国内需还有很大潜力，制度改革还有很大的空间，但是，我们现在面对的是调整的煎熬期，只有煎熬才能实现产业重组和结构调整。这是中国产业发展到现阶段的必然选择。如果说过去的调整主要是靠政府推动的"关停并转"，那

么今天就必须突出资本的纽带作用，发挥资本市场的重组作用，强调中介组织的服务作用。总之，就是要发挥市场机制的力量，使市场经济下各个行为主体参与到全国性的产业重组过程中去。

重组既包括大型跨国企业的组建，也包括中小企业分工协作的组织。我们不能因为韩国大企业出了问题，就怀疑大企业战略的必要性和重要性，关键是采取什么方式；也不能因为实施大企业战略，而置中小企业于不顾。组建大企业不是简单的政府行为，更要通过市场化途径。发展中小企业也不是一放了之，还要建立各种服务机构，提高其创新能力和组织化程度。改变目前"大国家，小企业，统一的国家，分散的企业"的不合理状态（吴敬琏等，1998）。

通过企业重组的案例就可以看出它的时代含义。中国石化工业重组，先是通过江苏南京地区四家石化企业合并，后发现不能解决问题，随之实施了全行业"分江而治"，组建两大石化集团的整组方案。同样惊人的还有与柯达公司达成的全行业合资协议，以及国企从200多个小行业的撤退。股市上的买壳热潮，更是将金融机构和民间力量吸引到产业重组中来。上海率先利用壳资源重组地方产业，辽宁引入外地龙头企业进入产业重组。家电产业、高科技产业也加入了并购行列。一个全国性的产业重组浪潮势不可当。然而，从世界兼并的视野来看，中国的兼并才刚刚开始，还是比较初级的，其中发生了很多不尽如人意的事情，需要认真对待，特别是在头脑发热的时候。

调整的内容和办法很多，包括过剩产能的产业重组，加大行业集中度，高新技术产业的重组，科研生产一体化，金融服务业的重组，基础重化工业纵向一体化合并，传统农业向高效农业的转化等。在重组过程中，一定要大幅度提高企业开拓和细分国内市场的能力，该项能力提高了，重组就能成功，否则，重组就要失败。不论如何调整和重组，必须坚持一个基本原则：要优化要素价格，不能软化预算约束和造成新的扭曲，否则，就会前功尽弃。

（三）推进城市化进程，促进统一市场形成农村建设问题始终是中国发展的核心问题

改革以来，中国农村的非农化有很大发展，但无论是从经济发展水平还是从产业结构特征来看，中国的城市化水平大大滞后了（见表4）。更为严重的是，城市化滞后的程度不仅没有随着经济的高速增长和经济结构的变化而缩小，反而明显地扩大了。1980年为5%，1985年为10.8%，1990年扩大到16.5%，1995年上升为23.3%。这不仅导致第三次产业长期发展不足和工业的过度增长，也造成今日的有效需求不足。与此同时，城乡之间和地区之间的收入差距明显地扩大了，1995年为2.47：1，比1978年还高10个百分点；全国居民可支配收入的基尼系数高达0.445，比1988年高7个百分点（李实等，1998），为亚洲最高国家之一。由于城市化的加速将大大提高农村以及进城人口的收入水平，由此产生的需求，是以传统产业的产能为基础的。因此，加快城市化进程，不仅是中国工业化和现代化的最重要的步骤，而且是启动内需的关键一环，构成中国经济大调整的重要内容。中国经济未来之希望正在于此。

表4 中国与世界产业结构比较

	世界			中国（1995年）	
	460美元	690美元	920美元	（1）	（2）
1. 生产结构					
（1）初级产业	0.327	0.266	0.228	0.205	0.233
（2）工业	0.215	0.251	0.276	0.488	0.460
（3）服务业	0.458	0.483	0.496	0.307	0.307
2. 劳动力配置					
（1）初级产业	0.557	0.489	0.438	0.522	0.535
（2）工业	0.146	0.206	0.235	0.230	0.217
（3）服务业	0.279	0.304	0.327	0.248	0.248
3. 城市化	0.362	0.439	0.490	0.290	0.290

注：①不包括采掘业；②把采掘业列入中国统计口径的第一产业。

资料来源：邓英淘，姚钢. 产业就业重组与城镇化进程［J］. 未来与选择参阅文稿，1998（6）.

城市化进程滞后的根本原因是，在我们的制度规则和政策设计中，还存在着一系列城乡分离的歧视性安排。虽然在改革开放过程中，由于市场力量的冲击，有的歧视性措施被取消，如粮食计划供应和粮票；有的有所松动，如小城镇的进入；有的仍然保持着，如户籍管理。而且随着情况的变化，有的城市政府又制定和实施了一些新的歧视性政策。例如，所谓劳动力有序流动中的某些规定，对进城农民的限制，为取得城市身份的各种费用等。这一切都增大了城市化的成本，造成了城乡之间、地区之间的分割，阻断了城乡之间的自然联系和正常交流，妨碍了国内统一市场的形成。因此，推进城市化进程，首先是一个制度创新和政策调整的过程。

中国城市化道路怎么走？是采取大城市和卫星城的美国模式，还是采取产业相对集中的巴西模式，看来都需要借鉴，更需要我们自己去创新。鉴于我国是一个大国且地区发展不平衡的复杂国情，以中心城市带动区域中小城市共同发展，形成城市带，也许是可供选择的一种模式。不过，强制推行一种模式终非上策，以自然演进为主，加上适当而有效的规划引导，可能是利多弊少的一种次优选择。

（四）积极发展资本市场，努力化解国家风险

近几年来，由于政府坚持了一致性稳定政策，采取了积极的调控措施，不仅成功地降低了通货膨胀，而且使已经发生的经济"泡沫"没有胀大。但是，"泡沫"并未消失，而是变成企业的高负债和银行的呆账、坏账，留在经济机体里。亚洲金融危机，不仅使原来的风险因素突现，而且还产生了新的风险。在目前中国的情况下，这些都集中表现为国家风险。如何化解已有的风险，防止出现新的风险，特别是系统性风险，就成为此次经济大调整的一个重要内容。

中国人民银行政策法规司《中国国有经济债务重组报告》提出，化解国家风险的

主要方式是，降低国家的控股权，开放直接融资。据报告测算，"九五"期间至少要开放 7964 亿元直接投资，平均每年 1590 亿元。为了不使资本市场震动过大，将采取发行可转换债券、向职工融资、向国外融资等多种方式。我们认为这一方案是可行的。

通过直接融资化解国家风险的含义在于以下两个方面：一是通过企业和个人对国有企业的股权投资，既可补充企业的资本金，降低负债率，减少国家的资本注入，又可使企业风险由非国有股东承担，并通过转制提高企业效率；二是通过资本市场把一部分居民在银行的储蓄转化成股权投资，既可使居民的金融资产多样化，又可减少银行的利息负担。不过，资本市场的主要功能在于分散未来风险，现有风险的化解主要是逐步建立存款保险制度和存款实名制度。从这个意义上说，海南发展银行和中创清盘，是消除银行和国有大公司坏账和严重负债的重要一环。从清盘方式来看，与国家全部包下来的中农信方式不同，国家只对储户（以 10 万元作等级，分级清理）包了以外，其他坏账一概不管。这不仅降低了国家风险，而且是迈向规范的重要一步。今后，国有银行国家全保；其他金融机构利率可以上浮，但国家不保；乱集资不仅不保，而且还要罚。

大力发展资本市场可以说是基本国策，但将其建立在服务于国有企业改革的目标上，国家又要实行严格的控制制度，包括目前正在实行的上市指标按部门和地区切块分配，以及关闭地方股票市场等。前者尽管违背市场原则，但是，上市后的交易实际上是在修正行政分配的错误，后者则是直接取缔市场和市场规则，连校正的机会也没有了。更值得注意的是，国家利用市场的力量达到非市场的目标，可能会出现意想不到的严重问题，或者就根本办不到。

四、政 策 结 论

从以上的分析可以看出，我们所讨论的中国经济大调整，与目前政府正在实施的启动经济增长的扩张政策有某些契合之处，但是，两者观察问题的视角及其思考的深度和广度，却存在着明显的不同，而且反周期的财政政策和货币政策必须慎用。我们认为，今年能否实现 8% 的经济增长目标其实并不重要，尽管乐观派和悲观派已经将其吵成了一个重大的政治问题。真正重要的是如何提高中国经济增长的质量和效率。从这一点出发，与其倾尽全力确保增长 8% 目标的实现，不如顺应时代潮流，把时间和精力集中在中国经济的大调整上，做出一篇"预"调整的好文章。这篇文章做好了，中国经济还会出现至少 10 年的快速增长。

参考文献

[1] 中国社会科学院经济所宏观课题组．总量关系、金融风险和外部冲击——当前中国宏观经济分析 [J]．经济研究，1998（3）．

[2] 中国社会科学院经济研究所宏观课题组．改革的累积效应和一致性稳定政策选择——当前中国宏观经济分析 [J]．经济研究，1997（9）．

［3］邓英淘，姚钢．产业就业重组与城市化进程［J］．未来与选择参阅文稿，1996（6）．

［4］胡鞍钢．中国城镇失业状况分析［J］．管理世界，1998（4）．

［5］林毅夫等．中国的奇迹［M］．上海：上海三联书店，上海人民出版社，1995.

［6］李实等．中国经济转型与收入分配变动［J］．经济研究，1998（4）．

［7］吴敬琏等．国有经济的战略性重组［M］．北京：中国发展出版社，1998.

［8］中国人民银行政策法规司．中国国有经济债务重组报告［R］//吴晓灵．中国国有经济债务重组研究报告［M］．北京：中国金融出版社，1997.

［9］中国社会科学院经济文化研究中心国际问题研究组．日元贬值的后果与前因［J］．调查研究通讯，1998（9）．

［10］谢千里，罗斯基，郑玉歆．改革以来中国工业生产率变动趋势的估计及其可靠性分析［J］．经济研究，1995（12）．

［11］张平．90年代中国国有企业产出、投入和全要素生产率分析［C］．"国有企业发展和金融改革"课题工作论文，1997.

［12］赵晋平．中国对外贸易结构分析及其调整对策［J］．管理世界，1998（4）．

［13］郑佩玉等．广东出口加工业形势分析［J］．产业论坛，1998（4）．

2 经济增长、结构调整的累积效应与资本形成*

经济增长前沿课题组

尽管中国经济受到非典冲击，但 GDP 高速增长的趋势依然没有改变，今年将一举突破七上八下的格局，预示着整个经济进入了新一轮增长的景气周期。

1998 年以来，国家通过积极财政政策及相配套的银行贷款大规模投入到基础设施，使经济增长稳定在七上八下格局上，成为世界经济增长的"一枝独秀"。5 年来的发展，中国经济结构发生了重大调整，基础设施的投入奠定了城市化的基础，工业化在消费和出口的拉动下在逐步升级。2003 年，人均 GDP 达到 1000 美元，中国经济进入了世界上比较公认的一个"增长加速"的时期。增长的加速器表现在两大引擎上，即工业化和城市化，同时配合着资金流程和资本形成的改变，经济增长加速，经济结构和资金配置结构调整的累积效应产生了明显的效果。

中国 2003 年强劲增长的第一动力仍是"投资推动"，这是中国经济增长加速所具有的共同特征，但理论上的解释和提出的政策却是差异很大的。从理论上来看，有以下三点：①中国经济增长"不具备持续的动态改进的力量"（张军，2002），以 TFP 衡量的持续改进在 1992 年后就不显著了，中国存在着通过投入推动的"过度工业化"，这与克鲁格曼对东南亚经济发展的评价"东亚无奇迹"即主要是靠投入支撑是相一致的。②以经济所宏观课题组的系列文章为代表的观点认为，高增长依然是合理的，但由于制度障碍导致了两大问题：一是制度性的投资饥渴使"经济过热"导致波动；二是更多地集中讨论了转轨时期的体制对经济发展政策执行的障碍，如体系性紧缩就是对货币政策和传导机制的一种总结。③中国高速经济增长中存在着巨大的结构性变革和技术改进，代表作就是《中国经济增长的可持续性》，强调了"高储蓄和高投资是推动经济增长的重要因素"，同时指出了结构配置优化，"资本形成效率的提高对增长有重要贡献"，分析了资本形成和形成效率对增长的贡献（王小鲁、樊纲，2000），《大调整：一个共同的主题和必然的选择》（经济所宏观课题组，1998）、《中国经济走势分析》（刘树成等，2003）、世界银行《2020 年中国经济》，也都强调了结构变革的贡献和结构变革的方向。从发展经济学的理论渊源来看，资本形成一直是经济增长的核心，发展经济学早期中的"大推动""低水平陷阱""非均衡增长""结构化变革"等，也包括金融深化等的研究都是通过一切手段提高资本形成推动经济发展。

传统发展经济学强调了资本对经济发展的启动作用，而后的经济发展理论强调了

---

* "经济增长前沿课题"受中国社会科学院重点课题资金资助。课题负责人张平，本报告执笔人张平、张晓晶。参与报告讨论的有刘树成、赵志君、刘霞辉、常欣、汪红驹、栾存存、杨春学、赵农、王诚、魏众。全文发表于《经济研究》2003 年第 8 期。

公平、社会进步、市场机制和制度等。现代经济增长理论针对发达国家提出了内生增长的"持续"理论，缺少对中国这样一个已经启动起来、要继续前行的大国发展的理论表述。从全球发展的历程来看，结构变革，特别是伴随着非农就业增加的变革始终是发展的主线，资本形成是引擎，资本的配置效率是关键。

中国经济在高资本形成的推动下不断增长，其能持续的原因是经济结构的变革和市场化的推进，提高了资本形成的效率。本课题从结构调整的累积效果入手，分析资本形成的持续性和效率性，特别分析其形成方式和配置方式中的制度障碍，试图再探讨中国经济的结构变革、可持续增长与宏观政策的选择基准。

一、结构调整的累积效应：低价工业化和高价城市化双引擎

自1998年以来，政府大规模投资对经济结构调整产生了累积效应，最明显的标志是由工业化这一经济增长的单引擎发展到工业化与城市化的双引擎。2003年中国经济出现了自主增长。

（一）低价工业化

工业化始终是中国经济现代化的一条主线。随着改革开放，特别是中国乡镇企业的崛起，开创了一条全新的农村工业化道路。上亿农民以低成本的方式进入工业部门，成为中国经济增长的第一推动力。相关研究表明，农村劳动力向工业部门的转移导致劳动力配置对 GDP 增长的贡献平均在 1.5 个百分点，这还不包括其对产业结构调整效益的贡献（林青松，2000；王小鲁，2000；世界银行，2000）。中国的工业化道路，如果说 20 世纪 80 年代基本靠"老农"（即乡镇企业的发展以及大量农村劳动力的转移），那么 90 年代基本靠"老外"（即大量外国直接投资企业的发展以及沿海地区外向型产业模式的基本形成）。

低成本是工业化的核心竞争力，这包括劳动力成本低、土地价格低以及实际税收低。"离土不离乡"政策大大推动了低价工业化。农民工成本仅仅按"剩余劳动力"定价，并且不需要住房、社会保障等所有城市居民所需要的工资外成本，农民工的这一切都可以在乡村土地上得到解决。乡镇土地征用是"无偿"或低价的。没有了城市社会保障、城市土地与基建开发、基础设施的营运，与城市相匹配的高税收在地方上很多是减免的。在这里通过农村的"廉价"土地和剩余劳动力把工业化的成本给节约下来，不仅在早期的"离土不离乡"的乡镇工业上造就了低成本，而后的农村劳动力转移则使中国产业继续保持了这一低成本优势，吸引全球的产业转移和采购，中国正逐步成为世界的"大工厂"。

工业化进程产生了两个结果：一是推动了非农就业，把农村劳动力从土地的束缚中解放出来，先是"离土不离乡"的乡镇工业，而后是劳动力流动，到发达的地区去就业；二是长期工业化的发展，积累了大量的产能和资金。在人们收入水平提高、消费结构升级的情况下，因工业结构本身的调整尚未完成而出现的结构性产能过剩、工

业增长速度放慢就是必然的了。在这种情况下，必须要寻找新的增长引擎。城市化可以说正是上述工业化发展和累积的一个结果。

（二）高价城市化

中国 1992 年进行了土地要素和资金要素的体制改革，特别是土地要素从无价变为有价，开启了城市化进程。由于"要素价格双轨制"（即土地和资金利率价格双轨制）以及微观主体的"软预算约束"，刚开启的城市化导致了"房地产热""开发区热"等经济泡沫，形成巨额不良资产，国家开始调控、软着陆。同时土地要素的价格改革得以初步完成，奠定了城市化的基础。1997 年亚洲金融危机以来，国家通过积极财政政策，发行国债，投资于基础设施启动内需，城市化进程因此有了基本架构。1998 年以来，国家一方面大规模地投资于基础设施以推动城市化进程，另一方面启动住房消费信贷，将消费者与城市化进程对接，作为城市化最重要标志的房地产业成为支撑经济的重要因素。

2001 年，中国人均 GDP 约为 1000 美元，城市人均估计在 2000 美元以上；城市化率为 37%，也就是说，有近 5 亿人口处在人均 2000 美元的城市化高速起飞点上。城市居民的消费结构升级和城市化引致的投资，特别是住房、汽车、电子类耐用消费品、娱乐、金融、交通通信等服务的升级将决定未来中国的发展。从 2002 年开始，中国经济进入一个城市化高速发展的阶段。2003 年城市化的主导将逐步从中央积极财政的推动转向地方政府推动。中央政府积极推进了基础设施的建设，形成了城市化的基本构架。随着中央财政赤字的加大和财政支出逐步转向再分配，城市化的基础设施将主要由地方政府推动。地方四级政府，省、地市、县、镇积极"土地批租"融资，实施基础设施政府担保贷款等，加大城市化的投资活动，城市化引致的投资仍然是今年投资启动的重要部分。

与工业化相比，城市化是高成本的，这包括以下两个方面：①基础设施的高投入。如水电、燃气、公路和绿地都是高投入，需要政府的推动。②社会保障的高投入。一旦农民变为市民，社会保障就是必需的。大量的公共支出如教育、环保和城市运营等都需要政府财政支持，因此城市化的另一个特征就是为公共支出而征税——较高税收不可避免。高价的城市化直接表现在高的土地价格、高的劳动力成本（增加社会保障）和高的税收。城市化的第一阶段是基础设施投资；第二阶段，随着城市化的推进，大量农民变市民，核心支出就是社会保障。目前中国总体上的城市化处在第一阶段，但也开始遇到第二阶段的问题了。社会保障现在支出比较低，农民土地征用费用也较低，城市化的社会保障支出占财政支出的比重非常低。但从国际经验来看，社会保障支出是城市化后的最大支出。

中国今年的经济增长得益于自 20 世纪 90 年代中后期进行的产业结构调整的累积效应，政府推动的城市化和出口导向的工业化是经济发展的两大主推动力。双引擎的含义不仅是投资配置，更重要的是非农就业的双重配置，即工业化过程的农村劳动力转移和城市化过程中的服务就业。当前的非农就业中服务业就业比重远高于工业就业，因此，工业化和城市化的双重非农就业是迈向现代化的关键。

二、资金流程变化与资本形成

结构调整的成功源于资源配置的变革。与上述"从工业化到城市化"的结构变化相对应，中国的资源配置（主要是资金流程以及资本形成）方式也发生了相应的变化。

（一）银行资金流程的变化

改革开放以来，中国企业的资金来源主要是银行（此前主要是财政）。1990 年后，随着产品市场竞争的加剧，企业开始破产，银行坏账问题凸显出来；加上 1992 年、1993 年形成的房地产泡沫，银行坏账问题非常严重。1997 年后国家四大商业银行开始了严格的贷款管理，出现"惜贷"现象。资金向国家集中，商业银行把存款放到央行和购买国债，尽管货币政策通过连降利率来扩张，但实质上是紧缩的，即政策上扩张和体制上收缩（宏观课题组，1999），货币放不出去。

1998 年国家加大了对经济的刺激，银行放款有了新的渠道。而这些新渠道都与城市化进程密切相关。一方面是城市基础设施建设，中央发行国债，银行则提供国债配套资金投向基础设施领域；另一方面是与城市化消费相关的个人消费信贷的发展。这样调整的结果是，银行中长期贷款逐步从工商企业转向与城市化相关的个人消费信贷与基础设施贷款。

我国商业银行开办个人住房贷款业务始于 20 世纪 80 年代中期，但当时消费信贷发展缓慢，到 1997 年底，全国消费信贷规模仅为 172 亿元。1998 年以来，消费信贷步入了快速增长轨道，特别是个人住房信贷成为消费信贷发展的重点，个人住房贷款占个人消费贷款的比重高达 80%～97%。1998～2001 年个人住房贷款余额分别为 426.16 亿元、1357.71 亿元、3376.92 亿元、5597.95 亿元（见表 1）。2001 年与 1997 年相比，增加了 5425.95 亿元，增长了 32.55 倍。2002 年，住房信贷增加的同时，汽车贷款增加迅速，新增超过了住房，个人消费信贷随着居民消费的升级，还会有一个较大的增长。对比 1992 年的房地产热，这次是居民真实的消费需求带动的，是一个良性的循环。

表 1 1998 年以来个人消费贷款和个人住房贷款增长

年份	个人消费贷款（亿元）	同比增长（%）	个人住房贷款（亿元）	同比增长（%）	个人住房贷款占个人消费贷款的比重（%）
1998	456.17		426.16		93.42
1999	1396.40	206.12	1357.71	218.60	97.23
2000	4265.12	205.44	3376.92	148.72	79.18
2001	6990.26	63.89	5597.95	65.77	80.08

资料来源：中国人民银行（2002）。

国家为了扩大内需，通过国债投资带动贷款投向基础设施与技改领域。

目前，个人消费信贷与基础设施建设贷款在新增长期贷款中已绝对占"大头"。数据显示，2002年的新增贷款中，个人贷款+基本建设贷款约占中长期贷款的80%，其中主要是个人贷款。

银行资金流程的这一变化（即向个人消费信贷与基础设施领域倾斜）实际上是对银行贷款结构的一个良性调整。银行现在除了配套国债、技术改造外，基本上不提供工商企业的中长期贷款；而在中长期贷款中，占主要部分的个人消费信贷与基础设施贷款，都比国有企业贷款质量高。这是由于两种情况：个人的信誉比处于软预算约束状态下的国有企业要高（尽管不排除个人消费信贷也会产生坏账的可能）；基础设施建设往往是有地方政府财政担保的，特别是发达地区城市基础设施投资都有政府的担保，是一种准地方债。这两种贷款从现在来看坏账率很低。也正是由于银行资金流程的变化，我国商业银行的坏账率出现了下降。据《2002年货币政策执行报告》报告，按贷款四类分级，坏账下降了4.98%，按五类分级，坏账下降了4.4%。

（二）资本形成路径和结构的变化

中国工业化的资本形成路径在传统体制下和改革后的20世纪80年代初，主要从财政来，通过财政投资到工业；80年代中期到90年代银行贷款成为了产业投资的最主要来源；到90年代后期，随着金融资源配置的重心由工业化转向城市化，尽管财政担保和以短期贷款进行长期投资的行为依然有，但工业化资本形成则更多地表现在以直接投资为主，如自有资金、外资、资本市场等，中长期的工业贷款实际上下降了。

从资本形成的结构来看，呈现出两大趋势（见表2）：

（1）制造业投资占固定资产投资的比重下降，制造业为主的资本形成格局彻底发生了变化。制造业投资占基建和更新改造投资的比重从1980年的50%下降到2001年的20%；制造业投资占全社会固定资产投资的比重也从1980年的38%下降到2001年的不足11%。特别是1998年启动住房个人消费信贷以来，制造业的比例一直保持在20%以内，非常低。

（2）基础设施和房地产投资大幅提高。2001年基础设施中的电力、煤气及水的生产和供应、交通运输仓储和邮电通信占基建和更新改造投资的42%，占全社会固定资产投资的23.5%，加上房地产的17%，全社会固定资产投资的40.5%直接转向投资于城市化建设。

从资本形成的结构可以看出，制造业所占比重在下降，而第三产业（主要是服务业）所占比重明显上升。这既与一般的产业结构调整相关，但更主要的是与城市化的推进及与之相关的第三产业的发展有关。由于出现了资本形成的结构变化，仅仅用资本—产出效率讨论是不够的。以最简单的计算，第三产业的增加值—资本比率是比工业低得多，现在资本投入结构越来越向第三产业集中，因此产出—资本比例会下降，这可以解释为第三产业增加值被低估，且滞后期长，但无论何种原因，持续的产出—资本比例下降和不断增加的投资供给（储蓄上升），将会出现长期低资金价格的情况，这对加速城市化和产业的升级具有重要的意义，但资金过密倾向，对于工业部门中资金替代劳动则是一个严峻挑战。

从产业结构转向来看，由制造业转向服务业，是经济发展到一定阶段的必然产物。但是目前阶段，中国还不能只重视服务业发展而忽视制造业，美国因制造业的衰落而反思其"非工业化"（deindustrialization）路线（Hersh and Weller，2003），对于我们就是很好的警示。因而，当前阶段的正确做法是双管齐下，既重视工业化带来非农就业的增加，同时也重视城市服务业的发展对解决非农就业的贡献。

表2　全社会固定资产投资比例变化

类别 年份	房地产开发占总投资的比例	基建和更新改造占总投资的比例	制造业占基建和更新改造投资比例	电力、煤气及水的生产和供应业占基建和更新改造投资比例	交通运输仓储和邮电通信业占基建和更新改造投资比例
1980		0.76	0.50	0.01	0.11
1985		0.60	0.34	0.09	0.14
1990	0.06	0.56	0.36	0.16	0.12
1991	0.06	0.56	0.36	0.15	0.14
1992	0.09	0.55	0.34	0.14	0.15
1993	0.15	0.52	0.32	0.13	0.19
1994	0.15	0.55	0.30	0.14	0.21
1995	0.16	0.53	0.31	0.14	0.21
1996	0.14	0.53	0.29	0.15	0.22
1997	0.13	0.55	0.25	0.16	0.23
1998	0.13	0.58	0.20	0.16	0.29
1999	0.14	0.57	0.18	0.16	0.29
2000	0.15	0.56	0.16	0.16	0.28
2001	0.17	0.56	0.20	0.13	0.29

资料来源：中华人民共和国家统计局．中国统计年鉴2002［M］．北京：中国统计出版社，2002.

三、未来增长中的挑战：高价城市化和资本形成效率

大规模资本配置到城市化上，加速了城市化发展，使城市化成为中国新一轮经济增长的引擎。有学者认为，"能够把中国广大农民整合到大工业化发展进程中来的城市化发展战略才是正确的"……旗帜鲜明地指出了大城市化发展的道路（华民，2003）。一些学者指出中国城市化发展的滞后，发展大城市具有规模效益（王小鲁、夏小林，2002）。当然也有学者提出，中国已经出现了隐形的超大城市，城市化水平非常高（邓宇鹏，1999）。更为中性和科学的分析认为，按照国际经验分类，中国城市化水平与经济发展水平相当。工业化和城市化呈现明显的两阶段：第一阶段是工业化带动城市化，第二阶段是工业化稳定或下降，城市化率的提高完全是由经济服务化导致非农就业的比重上升所带动，未来发展的关键仍然是非农就业（郭克莎，2003）（见表3）。

表3 不同收入国家工业化与城市化关系的变动趋势

	GDP 结构变化（%）			就业结构变化（%）		城市化率变化（%）
	制造业	工业	非农产业	工业[②]	非农产业[②]	
低收入国家[①]						
1965 年	10	18	57	8	21	13
1980 年	16	25	64	10	28	22
1997 年	17	28	72	13	34	28
下中等收入国家						
1965 年	15	25	70	12	35	27
1980 年	28	41	75	19	59	31
1997 年	29	41	85	19	68	42
上中等收入国家						
1965 年	21	37	82	23	55	49
1980 年	26	43	90	28	69	42
1997 年	21	34	92	26	75	74
高收入国家						
1965 年	29	40	95	38	86	70
1980 年	25	37	96	35	93	75
1997 年	21	31	98	27	95	76

注：①为中国和印度之外的低收入国家；②1997 年数据为 1990~1997 年各国最近年份的数据。

资料来源：①世界银行：《世界发展报告》相关年份、《1999 年世界发展指标》。当同一年份的指标在不同年份的《世界发展指标》中的统计数据有差别时，经比较后一般使用最近年份的《世界发展指标》的数据；②郭克莎（2003）。

从中国经济发展的主题来看，在未来发展中一定要抓住城市化发展带来的经济服务化机遇，加大非农就业。非农就业始终是中国发展过程中唯一重要的目标和进步的标志，非农化就业不仅包含了工业化就业，更有城市中服务业就业。中国的体制改革并没有完成，投融资体制没有理顺，政府行为中依然存在着强烈的"投资冲动"，这会严重扭曲"资本—劳动"等要素的价格，也会使城市化的推进变得与非农就业目标背道而驰，对未来发展形成挑战。这体现在以下三个方面：①"过度"城市化的问题。城市化会导致高成本，损害中国的比较优势，降低就业能力；②政府干预下的要素价格扭曲，特别是资金成本够低，短期内对于促进城市化、消费和产业升级具有重大的促进作用，但资金价格的扭曲也会导致产业向资金过密化发展，损害就业；③城市居民消费结构升级一方面能带动产业高级化，另一方面也可能高端直接向外需求，而低端反而扩充了中国产业中需要调整的传统产能，导致低水平的再次重复建设。

2003 年第一季度固定资产投资增长最快的是"圈地"的投资，增长高达三位数，并出现了地方政府大规模建镇和造市运动，拉开了未来挑战的序幕。

（一）城市化中的高成本挑战

1. 高价的房地产批发和廉价工业用地

城市化带动的是城市居民的住房购买和政府配套的基础设施投入，土地是城市化中最为核心的要素。当前，土地批租成为地方政府"筹资"的本钱。政府通过房地产土地的出让，获得城市化的资金，土地价格居高不下。与之相对的是廉价工业化用地。一些地方政府仍然一味强调低价工业化，即通过低价征用农地扩大手上的资源，更重要的是通过土地征用进行工业用地建设，在到处引资的压力下，工业用地只能廉价化，而廉价工业用地的代价是地方政府进行土地开发补贴，削弱地方的财政实力。

地方政府强调低价工业化的做法实际上是没有意识到从工业化到城市化这样一个发展规律，特别是忽视了城市本身就能提供巨大的非农就业。在财政不富裕的情况下，不致力于发展城市服务化功能和城市的就业，而过度开发工业区，这对于很多地区来说都是不合理的。尤其是沿海地区中心城市发展到一定阶段应该重新规划发展的道路，逐步从工业化带动城市化转向服务带动城市化，实现中国加工产业从沿海向内地的转移和沿海城市的服务业发展，实现劳动力在工业化和城市服务业中的双重配置。

2. 城市劳动力福利的"高成本"和运营中的高税收

在城市化过程中，城市运营的公共支出不断加大，提高税收是必然的，同时需要附加在劳动力的成本上。在我国，社会保险包括养老、医疗保险、工伤保险等。根据国家统计局统计，全国保险福利费用总额相当于工资总额的比重，1984年（社会保险制度改革前）为22.7%，1986年（社会保险制度改革中）为25.3%，1994年为29.4%，从现在基本医疗保障改革和养老保障改革来看，社会福利已经达到了40%强（见表4）。从发展趋势来看，企业的社会保险福利负担将进一步加重，而且项目也将越来越多，现在又在准备征收全部企业的失业保险，另外，将社会保险纳入税收体系上征收，基数也要逐年提高，福利成本提高是必然的。

表4 中国社会保障费用占工资的比率

	企业缴纳相当于企业工资总额比例（%）	个人缴纳相当于个人工资总额的比例（%）
医疗保险	10	2%加上三元钱
失业保险	1	0.5
工伤保险	1	
生育保险	1	
养老保险	19	5~8
住房公积金	10	10
总计	42	≈20

资料来源：有关社会保障政策资料转引自张平（2003）。

城市运营的税收随着城市化的步伐将不断提高，这也是近年来税收增长快于GDP增长的原因之一。中国的名义税率一直是很高的，但由于农村工业化发展时，乡镇政府不需要庞大税收，税收优惠是普遍现象，实际税率很低，但近十年的发展，特别是城市化的发展，公共支出比重越来越大，不仅税收收入增长快于GDP，而且准税收的社会福利保障的费用正式开征，企业的税收和福利负担加重，这将影响到工业竞争力，必然会引起中国资源的重新分配，发达省份的工业化面临再次的转移。尽管发达省份的中心城市通过"廉价工业用地"和"税收返还"等方式希望继续保住和继续拓展其工业，但实质上从进一步发展的经验看效率是很低的。欠发达和次发达地区的政府也为卖土地所激动，加大了城市化的发展力度，炒高地价，无形中损耗了其低价的竞争优势，影响了产业的吸收。

城市化贯穿的主线是非农就业，城市以更为集中的土地开发，并通过服务扩大就业，发挥城市功能，将城市化高成本的挑战转化为进一步发展的动力。中国城市化发展由于缺少自我发展格局的调整，过度强调低价工业化竞争，导致区域发展不协调和大量资源损耗。

（二）资本形成来源与渠道的挑战

我们利用央行提供的资金流量表，对资本形成的不同部门来源和渠道进行分析。

从央行公布的资金流量表可以看出（见表5），1997年后融资比重一直在下降，主要是企业的融资热情很低，经济增长乏力。2001年企业融资开始止跌，2002年开始持续回升，投资活跃。资金流程伴随经济流程的调整也有重大变化。从融资主体来看，①政府融资比重加大，这是积极财政政策进行国债融资的结果；②个人融资比重迅速上升。从融资渠道来看，直接融资（包括外资）已超过了40%，但由于受到品种和市场容量的限制，加上股指波动的影响，证券市场的融资一直比较低，使得直接融资，特别是证券市场融资的比例始终在20%左右徘徊，2002年则更低。中国居民储蓄在高增长，而国内直接融资基本上都是比外资低（在1996~2001年，外资高于直接融资的年份就有4年），这是非常不合理的。

表5　融资主体结构与融资渠道

年份	1996	1997	1998	1999	2000	2001
融资主体结构						
企业	90	89	69	77	70	68
政府	10	10	27	16	16	15
住户	0	1	5	7	14	17
融资渠道结构						
间接融资	63	59	66	55	54	63
直接融资	10	15	19	21	22	19
引进外资	27	26	15	24	24	17

资料来源：1996~2001年的央行资金流量表。

中国的企业投资越来越依赖于直接投资，而间接投资中的中长期投资基本上是投向有抵押品的个人和基础设施，再通过现金流进行资本化。中国经过1/4世纪的经济高速增长，产能过剩，市场竞争激烈，结构调整、配置优化和技术创新成为这一时期最重要的增长源泉，而这三个源泉都需要通过证券市场才能更好地发挥作用。对经济中的资源进行跨期配置是金融市场的重要功能。通过资本市场发现机会和优化结构配置，是经济增长持续的重要保证。经过20多年的增长，中国经济积累了大量财富，也积累了不少问题（特别是一些结构性问题），现在到了一个结构优化配置的阶段，"投入—投入"的模式必须伴随结构性配置效率的提高，否则就会成为"泡沫"。

当前影响中国资本市场融资—配置功能发挥的最大障碍仍然是政府行为，主要表现在两个方面：①非流通股。非流通股问题讨论已经比较多了，类似于"所有制改革"，难度很大，需要采取渐进方式，克服政府以及市场的既得利益，逐步与国际接轨。②金融工具不发达。解决这一问题的途径是进行"市场改革"，在资本市场上推行品种和工具创新，即在承认现有市场价格基础上，通过开发更多的金融品种，如政府债、企业债，另外，加大股市服务的分层建设，开设小型股票市场和柜台交易市场，工具中加入避险的指数工具等，扩大机构投资者的进入，使证券市场成为多层次的金融服务体系，并以此带动银行中间业务的发展，从根本上改变银行服务结构，使之有竞争力。

现有的银行业务完成了第一次转型，从生产型贷款逐步转向个人贷款、基础设施贷款和企业贷款，但过于集中在个人和基础设施贷款，导致风险集中，需要银行业务的再次转型，积极开展中间业务，形成新的收入来源，再次降低坏账比例。但这一转型取决于证券市场的发展。特别是在国家逐步淡出积极财政政策的时候，留下来的融资缺口需要新的融资弥补。加大企业的直接融资安排，提高结构效率十分重要，但从当前证券市场的发展状况看实现这一目标有很大挑战。

从中国居民储蓄增长、金融资产分配和意愿上来看，基本的事实有三个：①高速增长的储蓄总量，2003年第一季度储蓄为10.86亿元，每年增长20%；②金融资产分配有极大差异，2001年最高的20%的城市居民家庭占金融资产的66.4%，而最低的20%则只占1.3%，富裕家庭对资产选择多样化的要求非常强烈（国家统计局，2002）；③居民金融资产希望获得中长期的保障和收益。在中国产能过剩，大量资金从产业部门析出，同时资金供应多，并逐步开放外国资金渠道条件下，如果不能更广泛地开拓资金运用渠道，在"限制下供应的金融资产"的价格必然过快增长（这既包括股票价格的上涨，也包括房地产价格的上涨），这就是日本的教训（刘霞辉，2002）。中国还是发展中国家，还需要大量资金搞建设，拓宽资源配置渠道和居民选择渠道才能合理分流现有的银行储蓄。

中国资金受到渠道配给限制，不能从资源—利润最大化的角度去配置，导致了资本—价值创造能力的下降，资金价格不能真实地反映需求，特别是政府过度参与配置资源，扭曲了资源的需求和价格，这是中国经济发展的巨大挑战。

四、保证持续增长的政策选择

城市化的推进以及与之相应的资源配置方式的变化将中国经济带入了新一轮的景气周期，但高价城市化以及资本形成过程中政府过度参与所导致的各种问题（价格扭曲、结构、效率等问题）也给经济的持续增长带来挑战。此外，从增长必须伴随结构调整，而贯穿结构调整的主旨是"非农就业"看，如何有效地扩大"非农就业"将是未来的更大挑战。为了应对这些挑战（即高价城市化、资本形成及非农就业的挑战，它们之间实际上是相互关联的），保证经济的持续增长，中长期的政策选择应考虑以下四个方面的内容：

（一）国土规划和地方政府改革，寻求降低城市化高成本的道路

当前城市化高成本的最直接原因是多层次的政府体制，导致土地、基础设施和福利制度的不规模运营。寻求降低成本的城市化政策已经时不我待，重要的一条就是土地规划和地方政府改革，配合实现的手段就是集中，撤并乡镇，进而削减乡镇一级地方政府，形成中央、省和市三级，不但对于城市化有利，对地方、农村的财政改革也都具有战略意义。

地方政府改革，特别是县以下地方政府的全面改革将是城市化进程中的重要一步。传统体制下设立的公社和后来形成的乡镇一级政府，主要是与统购统销联系在一起的，现在职能基本上已经消失，随着市场经济和城市化步伐的加快，乡镇政府的历史功能应该结束，这样不仅有利于节约土地和创造有规模经济的城市，也能解决好农民负担问题、基层人满为患和财政破产问题。事实上，不撤销乡镇一级政府，农民问题、土地较大范围规划问题和基层财政破产问题是难以解决的。中国正面临着城市化发展的高潮期，解决好与城市化相适应的政府体制是十分重要的。

（二）大力发展第三产业，扩大非农就业

中国现代化的过程就是农村人口向城市不断转移的过程。这一过程伴随着非农就业是良性的，否则会出现"人口漂移"，即人口从农村漂移到城市，形成城市中的农村和"贫民窟"。非农就业不仅要依靠工业化的发展，更要依靠城市化进程中服务业的发展。国际经验表明，城市发展的规律是独立于工业发展的，城市发展的道路是服务，只有通过深化服务才能提高城市的整体竞争力，否则随着地价上升，企业的营运成本上升，产业转移是必然的。中国当前很多发达的中心城市仍然拼命地通过补贴发展"工业园区"，对提升服务业品质投入不足，这是需要扭转的偏向。

这几年国家放松了第三产业的管制，大量非公企业的投资热潮，极大地促进了服务业的发展，这是非常正确的。服务业要向高附加值的深化发展与人力资本的提高是密不可分的，教育是服务业深化发展的关键。城市发展应加大城市发展规律的探索，而不应重复"同构的工业化"。

（三）完善金融体系，通过间接杠杆调整货币政策

配合中国工业化与城市化进程，金融体系需要进一步改革和发展，因为正如前述分析，金融体系是提高资本形成规模和效率的关键元素。

金融体系的完善包括三个方面：一是发展资本市场，将其居于企业和地方政府投

融资的最主要渠道，这包括股权和债券融资以及资金配置。在证券市场中，债券市场是发展的重要部分，特别是企业和地方政府债是发展的核心。二是体制改革，推进四大国有商业银行的所有权多元化的改革，将坏账逐步剥离后上市，改变银行体制，同时加大利率市场化的改革；而股票市场的问题是"国有股"的体制改革，增量改革是比较可取的方法。三是建立多层次金融服务体系，不仅仅是银行体制，证券市场也应该建立起多层次的服务体系。只有金融体制的改革和结构的调整才能提高资本形成的效率，资金的价格才能合理地反映出其稀缺程度，否则要素价格的扭曲，会导致资源的错误配置（misallocation）。

在货币操作上注意运用间接手段，目前运用间接杠杆的条件基本成熟。一个是1998年后中长期贷款均开始抵押，如个人抵押贷款、房地产开发的抵押贷款和基础设施的收费权抵押贷款，这是中国金融体制改革非常成功的方面，形成了贷款抵押比例调节的手段，其调整是非常迅速和有效的。另一个就是利率市场化的改革和公开市场操作的改革。通过这些市场方式调控货币政策，对经济的影响将比较平稳。

（四）实行税制改革，促进资本形成与产业升级

出口退税制一直是中国刺激出口、扩大外需的一个成功手段。不过，出口退税也带来一定的财政负担。一方面，今年出口退税的欠款已达到 2500 亿元左右，负担过重。去年以来美元贬值，提高了中国出口竞争力，应该是逐步减少出口退税的好时机。另一方面，随着经济增长进入以城市化为带动的景气周期，给以消费带动的产业升级提供了机会，特别是机械装备工业的升级。从现阶段发展来看，重振中国内需，特别是装备工业产业升级需要税收上的激励；另外，现阶段出口主要是制成品的出口，加工工业的升级也需要增值税的改革。

因此，刺激经济的财政政策应逐步从"出口退税"激励转向"生产型增值税改为消费型增值税"的减税方案。当前的生产型增值税，投资品不能抵税，而采用消费型增值税，就只对增值部分征税，所有购进价值（包括投资品）都可以抵税。这种由生产型增值税向消费型增值税的转化，将直接刺激国内企业的更新改造，扩大投资，从而促进资本形成，带动工业产业的全面发展（经济所宏观课题组，2000）。从财政改革来看，由于所得税的不断提高，创造了流转税的改革时机。从生产型增值税转到消费型增值税尽管每年会减少国家税收 500 亿~600 亿元，但是可以接受的。因为从长远来看，这样的税制改革，可以促进资本形成与产业结构升级，从而为结构变革与长期增长提供了可能。

当前中国经济增长处在一个增长周期中，城市化和工业化是其发展的两大引擎，资金流程的变化是有利于增长的，通过进一步政府、金融体系和财税改革必将继续推动中国经济和非农就业的增长。

参考文献

[1] Barro, Robert J., Xavier Sala-I-Martin [M]. McGraw-hill, Inc., 1995.

［2］郭克莎.工业化与城市化关系的经济学分析［J］.中国社会科学，2002（2）.

［3］国家统计局.首次中国城市居民家庭财产调查报告.2002.

［4］Hersh, Adam and Christian Weller. Does Manufacturing Matter？［J］. Challenge, 2003（3-4）.

［5］华民.长江边的中国（纲要）［N］.参阅文稿，2003-02-21.

［6］贾康，白景明.县乡财政解困与财政体制创新［J］.经济研究，2002（2）.

［7］中国社会科学院经济研究所宏观课题组.大调整：一个共同的主题和必然的选择［J］.经济研究，1998（9）.

［8］中国社会科学院经济研究所宏观课题组.投资、周期波动与制度性紧缩效应［J］.经济研究，1999（3）.

［9］中国社会科学院经济研究所宏观课题组.寻求更有效的财政政策［J］.经济研究，2002（3）.

［10］刘树成等.中国经济走势分析（1998～2002）［J］.经济研究，2002（4）.

［11］刘霞辉.资产价格波动与宏观经济稳定［J］.经济研究，2002（4）.

［12］李治国，唐国兴.资本形成路径与资本存量调整模型——给予中国转型时期的分析［J］.经济研究，2003（3）.

［13］［美］霍利斯·钱纳里等.工业化和经济增长的比较研究［M］.吴奇，王松宝等译.上海：上海三联书店，1989.

［14］世界银行《全球经济展望与发展中国家》编写组.全球经济展望与发展中国家.［M］.北京：中国财政经济出版社，2002.

［15］王小鲁，樊纲.中国经济增长的可持续性——跨世纪的回顾与展望［M］.北京：经济科学出版社，2002.

［16］张军.资本形成、工业化与经济增长：中国转轨的特征［J］.经济研究，2002（6）.

［17］张平.增长与分享：居民收入分配理论和实证［M］.北京：社会科学文献出版社，2003.

［18］张平，张晓晶等.直面符号经济［M］.北京：社会科学文献出版社，2003.

［19］支德勤.武汉信贷投入剧增：凸现中心城市金融集聚力［J］.金融参考，2003（2）.

［20］中国人民银行.2002年第二季度中国货币政策执行报告［EB/OL］.人民经济网，http：www.pbc.gov.cn，2002.

3 中国经济"结构性"减速下的中国宏观政策和制度机制选择*

张 平

2007 年美国的次贷危机、2010 年欧洲主权债务危机持续多年冲击了全球经济的稳定，改变了世界分工的格局，全球经济进入到高度的不稳定和全球经济再平衡，包括中国在内的新兴经济体未能幸免这一冲击和再平衡调整过程。中国面对次贷危机，2008~2009 年采取了 4 万亿元的刺激政策使 2010 年经济增长恢复到了 10.4% 的两位数增长一年，同时付出了高通货膨胀和房地产价格大幅上涨的代价，但随着宏观调控和欧债危机的持续冲击，2011 年中国经济增长经历了两次下降过程，预计 2012 年全年 GDP 的增速 7.7%，CPI 为 2.6%，PPI 与 GDP 平减指数为负值，实体经济已经进入通缩。鉴于 2013 年全球经济仍受到欧债危机和美国财政悬崖等的影响，全球经济不确定性高，中国经济增长速度预计保持在 7.6%，CPI 在 2% 以下，PPI、RPI 等生产相关的价格指数继续为负，GDP 平减指数会连续两年为负，通货紧缩加剧。中国 2012 年的经济增长速度几乎是 2007 年增长速度 14.2% 的一半，可预计"十二五"期间经济增长平均增速大致在 8% 上下，意味着告别了 21 世纪前十年 10.5% 的两位数的高经济增长时代。按全球经济减速计算的一般标准看，如果以某年为减速年，该年前后七年相比若减速 2 个点，则可被认为减速，以此推算中国"十二五"开始已经进入减速发展阶段。

面对经济减速，一个最直截了当的问题是此轮中经济增长减速是"周期性"，即受到自身政策调整或外部冲击的短期总量周期性波动，还是有着明显的"结构性"特征，即由于经济结构原因导致潜在增长率下降。很多人也对此有争论，但基于潜在增长率核算框架的大多学者一致预期了"十三五"期间经济增长将进一步减速，潜在增长率下调到 6% 左右。"十二五"期间已经开始减速、"十三五"预期进一步减速，在可预计的十年甚至更长的期间里经济基本处于一个减速通道，应可理解为是由"结构"引起的中长期经济减速。认真对待"结构性"减速带来的宏观不稳已经是不可回避的问题了。当前的经济减速问题不能仅仅限于常规的稳定化政策。因为常规化的总量宏观政策已经无法对冲"结构性"减速的调整了，需要"结构性"的改革，建立新的体制机制，并配合宏观稳定政策才能应对当前的"结构性"减速挑战。

---

* 全文发表于《经济学动态》2012 年第 10 期。

一、经济增长减速是结构性的，而非周期性的

中国 GDP 增速从 2007 年的 14.2%下降到 2012 年预计的 7.7%，2013 年难过 8%，预计低到 7.6%，这一增长速度与中国改革开放 30 年的两位数的高增长渐行渐远。当前中国发达地区上海、北京、广东、浙江的经济增长与 2007 年 15%以上的水平相比折半，这些发达地区 2012 年大致只有 7.5%以下的水平，而且没有找到新的发展动力，依据区域发展的趋势判断，中国其他地区也会依次进入下降通道，中国经济增长减速趋势明显。

从制造业 PMI 和工业增加值来看，今年一直处于收缩过程。9 月中国汇丰 PMI 为 47.9，连续 11 个月在枯荣线以下，中采 PMI 9 月为 49.7，连续两个月低于枯荣线。中国 8 月工业增加值为 8.9%，9 月预计仍在 9%以下，中国工业增加值一般认为在 10%以上经济健康，21 世纪以来在 10%以下的月份一般不超过 4 个月，而今年进入第二季度后，一直持续在 10%以下，近来又低于 9%，工业制造业的潜在增长水平会继续下调。中国工业增长的实际速度仍有很多值得争论的地方，主要体现在以下三个方面：一是从工业主要产成品来计算的工业增加值增速可能只有 6%；二是从发电量、货运量、石油消耗等投入看工业增长也应是低于 8%的水平，且仍处在下滑趋势中；三是从最为敏感的价值指标利润和税收来看，都出现了负增长，8~9 月工业企业利润和税收双双负增长，而且都在逐月扩大，尽管这些指标都有一定局限性和季节性特征，但都指向中国制造业的衰退。当前的制造业的核心问题是缺少竞争力，生产率难以提升，中国经济实体进入一个收缩过程，去库存、去产能仍将继续，加快更新改造，转型升级都需要一个过程。

从物价形势来看，上半年 CPI 同比上涨了 3.2%，7 月 CPI 同比增长 1.8%，为 30 个月以来新低，8 月物价率有反弹，达到 2%，9 月价格再次回落到 2%以内，可预计的 2012 年第四季度通胀压力将继续下行，第四季度低于第三季度，仍在 2%以下，全年物价 2.6%。今年物价下降，明年物价翘尾因素下降，2013 年通货膨胀水平低于 2%。随着中国经济增长的减速，生产者价格（PPI）、原材料采购价格（RPI）指数 3 月开始负增长，而且近来有逐月加速负增长迹象，7 月 PPI 达到-2.87%，8 月 PPI 扩大到 -3.5%，RPI 扩大到-4.1%，导致制造业企业去库存，制造业进入"通缩"状态，从 GDP 平减指数来评价，中国经济已经进入通缩。可以预计 2013 年经济增长率低于今年，经济增长保持在 7.6%的水平，物价保持在 2%左右，GDP 平减指数依然为负，中国经济有通缩风险且不断加大。

我国经济放缓的短期和长期决定因素有很多，短期因素有最终消费需求增长乏力，出口导向受阻，企业、政府、银行和房地产行业"去杠杆化"，政府干预资源配置的边际效率已经显著下降。经济增长放缓的长期决定因素有人口转变和城市化速度逐步趋缓；创新不足和资本—产出比率长期下降；产业结构服务化和全球再平衡的持续都导致了潜在增长率的下降。有关中国潜在增长率分析论著很多，近年的文献，如世界银

行（World Bank，2012）认为，2016~2020年中国潜在增长率为7%，2021~2025年降低到5.9%；刘世锦和张军扩等（2011）运用不同方法进行估计，认为中国经济潜在增长率很有可能在2015年前后降至6.5%~7.3%；蔡昉和陆旸（2012）认为中国GDP潜在增长率将逐渐降至2011~2015年的7.19%、2016~2020年的6.08%。中国社会科学院经济研究所经济增长前沿课题组（以下简称前沿课题）提出了潜在增长率下降的因素并做了预测，认为2011~2015年为7.8%~8.7%，2016~2020年降到5.7%~6.6%（前沿课题，2010，2012），张平（2010，2011）对潜在增长率做出了讨论，并认为宏观未来的调控目标要以潜在增长率趋势为政策基准。

按全球经济增长减速标准来看（巴里·埃肯伯格、罗德里克，2012），以某年增长为基准年，前七年增长均值和后七年增长均值相差2个百分点，作为减速的简单标准来看，中国以2007年为标识年，前7年（2001~2007年）年均增长10.8%，2008年开始增长已经实质减速了，当时仅仅认为这是一次外部冲击，2009年的强政策刺激直接稳增长，经济增长2010年刚上两位数，就出现了5%以上的通货膨胀和房地产价格飙升，说明实际潜在增长率已经下降，我们把2008~2010年为特殊的"危机—反危机"的过渡期忽略，可预计2011~2017年潜在增长速度将会放缓到8%以下，比2001~2007年下降2.5个百分点，如果拉长一点来看，21世纪前十年中国经济增长速度为10.5%，而2011~2015年为8%，预计"十三五"经济减速特征会更为明显，增长速度为6%，可以看出2011~2020年中国年增长速度实质性地要下降到8%以下了，潜在增长水平下台阶已经是非常现实的了，中国当前经济减速本质上是潜在增长率下降的结果，是长期结构扭曲使然，因此具有"结构性"特征，很难用经济短期周期扰动的总量来解释。从国际比较来看，潜在增长率下降有一定的趋势性规律，但各国发展阶段并不相同，有些国家调整好了，会出现潜在生产率回升，迎来新的繁荣，但大多国家潜在增长率逐步下降，平稳化是关键。

中国经济当前面临的问题不是潜在增长率下降与否，而是直面下降如何应对可能带来的挑战，日本一直以不承认潜在增长率下降作为调整基准，不断刺激经济导致泡沫丛生，最终引发了泡沫破灭后的长期衰退。对中国而言，2016年后的潜在增长率即使下降到5%~7%，我国依然是高速增长，到2030年我国将成功跨越"中等收入陷阱"，成为高收入国家。回到现实，我们要直接面对的三大问题如下：一是资源配置的行政化干预，扭曲了经济发展的方式，减弱了市场激励作用，投资回报率低，劳动生产效率不断下降，必然导致经济减速；二是减速可能导致通缩引起宏观不稳定的应对，经济增长率的降速直接导致了实体经济部门陷入通缩，随着实体部门的通缩，资产部门的收缩压力在不断加大，面对整体经济的收缩，如不能采取措施积极应对，会导致非常大的经济波动性；三是面对全球再平衡的自我平衡，需要积极调整自身的结构。全球再平衡的基本经验（IMF，2009）告诉我们三条：调整需求结构、创新提高产业竞争力和发展服务业。需求调整有赖于收入分配，而竞争力提升需要政府减税、最终需求补贴激励等多种方式才能激励制造业的加快更新改造和创新，而放松管制、积极建立知识产权保护才能发展或改造出高效的现代服务业。当前直接面临的就是如何应对挑战，使经济能平稳减速，调整好经济结构，走上以提升效率为主线的均衡的可持续道路。

二、"结构性"减速下的通货紧缩风险加大

"结构性"减速最大的特征是增长的均值出现中长期的下降趋势，而不同于主动调整和外部短期冲击的"临时"影响，如中国 1998 年和 1999 年受到亚洲金融危机冲击和自我主动宏观政策的调整，连续两年出现了 8% 以下的经济增长，并伴随了通货紧缩，但 21 世纪后其主动在金融、削减政府、国企改革、放松管制等方面开始起到作用，特别是中国的城市化和加入 WTO 迅速推动了经济的大繁荣，经济再次保持了两位数增长。但正像我们前面讨论的有关增长的预期则是持续出现下降的特征，最根本的问题是原有的发展动力下降，如出口导向被再调整所抑制，连年对经济负贡献；而以比较竞争优势著称的人口红利、廉价劳动力、低"污染"成本和税收优惠等条件都开始转变，当前已经进入刘易斯拐点，2015 年后人口红利消失等；政府通过资源干预进行积累的模式也受到产能过剩和配置效率低等影响而变得越来越无效，加上城市化进程过半，再靠土地城市投资驱动和服务业低效发展解决就业都难以为继，"结构性"减速的长期困扰凸显出来。中国经济的减速都会带来物价的下降，当经济增长低于 8%，往往意味着进入通货紧缩，如受到 1997 年亚洲金融冲击的 1998 年、1999 年经济增长低于 8%，通货紧缩；受到 2001 年互联网泡沫冲击的 2002 年也出现了通缩；受到 2008 年国际金融危机冲击的 2009 年也出现了通缩。经济减速低于 8%，甚至连续两个季度增长过低，都出现了通缩。如果我们预期经济增长会处于较长期的经济增速低于 8%，甚至有更低的下滑预期，最直观的推论就是去产能，去杠杆是必然的选择，而通货紧缩的风险也会伴随而来。

衡量通货紧缩的指标主要包括 GDP 平减、企业出厂价格和购入成本以及 CPI 的下降，很多学者讨论了通缩的问题，如早年讨论了生产部门价格和成本下降问题。后费雪延伸讨论到"债务—通缩"理论，提出了通向大萧条的步骤，过度负债—负债清偿（廉价出售）—广义货币流通速度下降—价格水平下降—资产净值、利润下降和破产增加—企业减少产出—进一步悲观推动广义货币流通速度进一步下降等（费雪，2000）。伯南克（2006）探讨的信息不对称导致资本市场短期收缩引起实体经济的大波动，以及讨论日本的"资产负债表"衰退（辜朝明，2008）等。中国学者也在 1998~2000 年做了集中讨论（北京大学经济研究中心宏观组，2000）。越来越多的学者从实体和资产、信用部门的互动角度进行深入的机制分析，分析实体经济如何向信用和资产部门传递，同时也探讨了信用、资产部门的收缩如何直接威胁着实体经济，发达经济体对通缩的危害认识更多。本文的框架是基于经济减速进行讨论的，主要是以实体经济减速为主动量，看其对信用和资产部门的传递，同时也分析信用、资产部门反过来如何影响经济的发展。从当前经济情形来看，中国实体经济已经进入通缩。

（一）实体陷入通缩

从当前的数据来看（见图1、图2），工业生产者出厂价环比和同比不断下滑，购入成本下降，意味着原材料生产厂商生产也处于收缩。从利润标准来看，1~8月工业企业利润下降-3.1%，而8月利润下降则扩大到-6.2%，从价格、成本和利润标准看实体经济陷入通缩。

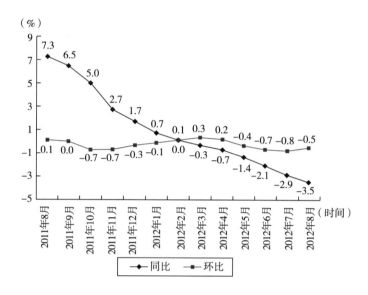

图1 工业生产者出厂价格涨跌幅

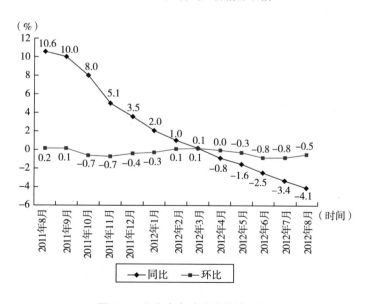

图2 工业生产者购进价格涨跌幅

中国企业负债水平 2010 年占 GDP 的比重超过了 105%，处于国际比较中最高的国家（李扬等，2012）。企业负债率居高不下，随着经济减速，近几个月制造业的三角债卷土重来，即应收以两位数快速增长，7 月已经达到了 7 万亿元的水平，债务流动性压力在加大。与此相对应的是由于物价下降快，实际利率上升迅速，按 PPI 计算 2010~2011 年第三季度是实际利率为负，而当前尽管两次降息，到今年第三季度企业的实际利率高达近 10%，利润下降明显，财务负担严重。如果持续利润下降，物价下滑，很快就会传递到"债务—通缩"，即费雪效应就会出现。

在实体经济视角下通缩已现端倪，企业部门加速去库存带来工业品价格连续 11 个月负增长，而且会进一步下滑。工业企业利润率收缩，未来去库存后就是去产能，这是长期以来产能过剩的产物，实体经济的紧缩会引起就业的调整，失业率会逐步上升。

由于制造业企业对未来增长前景缺乏信心，投资预期下降，货币流通速度减慢，企业获得资金主要进行财务成本调整，而不是投资，货币刺激效率明显下降。从国际资本流动来看，中国资本外流也不断加大，2012 年前三个季度净资本流出超过 3000 亿美元，NDF 预期贬值，总体来看，人民币升值预期走到了较为均衡的水平，在国内投资回报率不断下降的条件下，资本流产是正常的，这同时也降低了货币的供给，尽管我国新增贷款规模和社会融资总规模并没有下降，但 M1 和 M2 增速都在低位。实体经济通缩必然会向信用、资本市场和资产负债表等多方面传递。

（二）企业货币信用开始收缩

从货币信用角度，我们主要考察货币总量、信贷总量与实际利率以及投资和借贷意愿三方面指标。

在货币投放量方面，今年以来 M1 增速显著放缓，7 月仅为 4.6%，相比上年同期的 11.6% 回落 7%，显示企业活期存款增速下行，社会平均资金周转速度下滑，经济整体扩张速度放缓。M2 增速自上年 6 月开始下行，7 月数据为 13.9%，小于上年同期的 14.7%，下行幅度小于 M1 增速。

在信贷方面，社会融资总量季度累计增速从 2011 年以来已经连续 5 个季度增速为负值，两季度小幅增长 0.25%，基本与上年同期持平，表明信贷总量增长无力。在通胀下行的以存款利率为口径的实际利率自今年 4 月开始由负转正，7 月超过了 1.2%，如果考虑到银行普遍采取存款利率上浮 10% 的做法，居民的实际值为正的 1.5%。采用央票利率口径趋势相同，目前采用 shibor 口径实际利率已经超过 2.2%，而以 PPI 衡量下的企业贷款利率，已经高达近 10% 了，当真实利率上升超过资本边际效率（MEC）时，企业盈利水平会大幅度下降，企业经济将逐步陷入困境。

在投资与借贷意愿方面，固定资产投资累计同比处于持续下降过程中，2012 年 1~7 月由 2011 年同期的 25.4% 下降至目前的 20.4%，显示企业长期投资意愿减弱。新增中长期人民币贷款自年初以来累计同比大幅度下滑，第一、第二季度累计同比分别下降 42% 与 31%，显示企业中长期借贷意愿低迷。

在货币信贷视角下，以 M1 衡量的社会平均资金周转速度出现明显下滑，以 M2 衡量的货币总量增速亦出现下行；随着生产者价格指数连续负增长，实际利率已经由负快速攀升，降息效果大打折扣；而企业长期投资与借贷意愿较前两年均有所减弱，显示今年以来企业扩张产能意愿减弱，对未来可能出现的通缩现象感到担忧。

（三）资本市场已预期通缩

在实体经济进入通缩后，资产价格部门直接受到了风险的传递，资产价格本质上是投资者对未来收益的贴现。实体通缩预期一旦产生，投资者对资产的要求回报率将伴随真实利率上升而持续上升，从而引致资产估值下行。我们可以通过比较上市公司利润和市值增速，考察估值的变动方向从而判断虚拟经济通缩情况。

在股票市场方面，尽管目前上市公司半年报尚未完全公布，第一季报数据显示全体上市公司利润环比增速为 16.65%，而市值增速环比仅为 4.53%，反映投资者的悲观预期；对比上半年 GDP 增速以及资本市场平均涨幅（沪深 300），第二季度资本市场平均涨幅仅为 0.27%，低于 GDP 环比增速（1.8%）。

在估值方面，最近一年内沪深两市市盈率和市场整体的托宾 Q 值（这里用市净率表示）持续下滑，部分行业市盈率已经低于金融危机时期（如银行），部分行业上市公司（如银行和钢铁）跌破净值。而经济的进一步下滑也会引起信用债的风险，2011 年 7 月的债务违约就极大地冲击了债券市场，经济进一步下滑，而为了让政府和企业能加大融资，放宽了债券准入条件，2012 年债券融资已经成为了最为重要的融资渠道了，但债券市场稳定的背后已经隐含了很大的实体风险，不过没有被完全揭示出来，这是源于中国信用基本由国家或政府担保下来，但经济如处于下滑，信用风险一定会扩大到资产部门，并从股权市场传染到固定收益市场上。

（四）资产负债表已经出现瑕疵

按四部门负债的角度来看体现在以下四个方面：

（1）家庭部门负债是非常良性的，居民部门是净储蓄部门，房地产抵押贷款占 GDP 的比重只有 12%。2012 年上半年的非对称降息，有效地降低了资金成本，在一定程度上刺激了私人投资的回升，特别是私人投资者对住房的购买，加上购房者刚性需求的集中释放，稳定了地产的价格。但房地产价格一直处于高位，有下调的风险，很难成为私人投资的最好标的。

（2）非金融企业负债表衰退趋势明显。非金融企业占 GDP 的比重高达 105%，企业负债率为 60%（李扬等，2012），如果通缩加剧，企业利润下滑，而真实利率升高，企业负债表必然会出现问题。制造业的投资问题也很严峻，制造业整体需求疲软，欧美等国国内经济不景气，出口萎缩，我国内需不振，总体需求低迷，制造业普遍缺乏良好的投资机会。与地方政府和房地产市场的银行惜贷不同的是，由于产能利用率的下降和成本的挤压，制造业的资本回报水平远远低于市场借贷利率，造成制造类企业对信贷的需求严重不足，制造业需求指数自去年第三季度开始持续下跌，今年第二季度降到 65.3，在企业产品销售短期不会发生太大变化的前提下，解决问题的方法只能是通过削减杠杆，改善资产负债表结构，以减少债务性支出，表现在宏观上就是信贷需求的萎缩，注定这种杠杆融资方式难以持久延续。预计到 2013 年的制造业将持续疲弱，减量运营，特别是大量的企业负债都运用了土地抵押等方式，如果土地价格缩水，负债表式的衰退挑战已经很直接了。

（3）地方政府负债直接威胁经济稳定。中央政府负债水平不高，但地方政府融资平台在上一轮 4 万亿元的激励下产生过高的负债率，大量投资到了土地相关的基础设施、房地产等以及资源开发和新产能建设，这些投资都是在高通货膨胀时期负债，其利息成本非常之高，而且期限很长，遇到了当前的通缩，土地、资源、产能都变得不值钱了，抵押物缩水压力一触即发。特别是地方政府遇到了财政收入迅速下降，支出增加，加上融资平台还本付息，其债务会像滚雪球式的增长，是中国负债表中最大的瑕疵，这直接挑战了我国经济的稳定。

（4）金融部门一直是高杠杆，其直接会受到企业和地方政府的双重可能的"坏账"挑战，因此金融部门尽管盈利水平高，但其面临的问题更严重。随着金融业管制放松，收益市场化进展迅速，银行利润不断被削减，期限错配较为严重，金融部门的风险在加大。根据以上基于实体经济、货币信用、资本市场和资产负债表四个角度的分析，我们认为中国经济当前已经陷入了实体经济通缩过程中，信用、资本市场现状亦反映了投资者形成了通缩预期，但如果通缩加剧，市场信用风险扩大，预示着中国经济结构性问题依然严重，必然会传递到资产负债表。特别是处理不当，如地方融资平台债务出现风险会直接引起信用—资本市场的大波动；而企业的坏账风险预期加深会引起"流动性陷阱"和"债务—通缩"效应；这些问题都会波及借贷抵押物中最大的土地，会导致"负债表式衰退"且直接威胁中国经济稳定。

三、降低通缩风险，选择中国版的"资产购买"

2013 年上半年全球经济依然面临着减速的风险，主要来自美国年底的"财政悬崖"和欧元区债务危机的继续，特别是政治军事形势恶化，全球资本出现流向美国的现象，包括中国在内的新兴市场国家本币开始贬值，资本出现流出，在某种程度上会推动经济陷入通缩风险。

近期美国采取了 QE3，欧洲央行已经用直接货币购买的方式（Outright Monetary Transaction，OMT）进行国家的主权债购买。日本扩大央行对国债购买，英国也一直采用量化宽松，全球四大储备货币国家都在积极应对经济放缓，核心是消除微观主体在经济增长放缓过程中的过度悲观预期，稳定资本市场。面对世界经济增长放缓，中国日益受到了外部压力的传递，如没有进一步的稳定化措施，中国很容易陷入减速—通缩—负债表式衰退过程中。

中国当前仅仅有常规的稳定经济的宏观政策是很难奏效的，如过大的货币数量刺激，这是因为：一是可能由于主体负债过高陷入"流动性陷阱"；二是有可能政府和国有企业的主体非理性再次扩张投资，推动"通货膨胀"，会导致人民币贬值预期加强，资金外流加快,货币刺激政策因"漏出"而失效。当前货币政策应该采取的是参数调整,而不是数量调整。

中国当前通缩传统的风险主要来自企业和地方政府负债较高,而且它们扩张的高峰期都是在高通货膨胀的 2006~2011 年,2005 年前新增贷款没有超过 2 万亿元,而 2006 年突破 3.19 万亿元,2007 年接近 3.64 万亿元,2008 年为 4.77 万亿元,2009 年为 9.6 万亿元,而后保持在 7 万亿~8 万亿元,社会融资总规模上到了 14 万亿元以上的水平。M2/GDP 从 2005 年的 1.6 倍一路攀升到 2011 年的 1.8 倍水平。企业和政府负债增加很快,特别是地方政府借"四万亿"刺激加大负债,地方融资平台 2010 年为 10.7 万亿元,近年来仍有不断增加的趋势。而 2006~2011 年银行贷款利率水平在 6%~7%,而且 2009 年开启贷款利率上限自由化后,资金借贷成本普遍高达两位数。当前实体经济进入通缩,PPI 和 RPI 都为负,实际利率水平仍高达近两位数,因此避免信用通缩加剧,削减资金成本是重要的政策之一,应该采取连续降息、降准等常规政策手段,以利于企业恢复信用能力。

而对于地方政府仅仅靠降息是解决不了问题的,地方政府在上一轮扩张过程中,主要是以城市化的土地作为抵押和投入的对象,政府对城市基础设施的投入期限长、回报低,但对中国城市化发展起了至关重要的作用。中国城市化的发展得不到现有财政—金融体制的长期支持,地方—中央主要采取"猫鼠游戏",地方有机会就大干一次投资,而后由中央再统一处理遗留问题,20 世纪 90 年代的信托清理问题,这次的融资平台问题,这是一个反复出现的问题,笔者以政府"倒逼"机制进行了系统分析(张平,2009)。这次更是需要中央救助了,当前地方政府债务因经济增长减速和政府支出规模过大,如不能解决其债务问题,地方政府会出现信用—资产的通缩,危及宏观稳定,靠降息和一般的再贷款已经难以解决。要想解决地方政府城市化发展过程中累积的资产—负债过大的问题,需要靠中央政府进行"资产购买"来解决,中长期靠财政体制改革。

中国进行资产购买已经有着丰富的经验,在工业化过程中,银行采用了超贷(1995 年前中国银行贷款大于存款,均技术性破产)的方式支持了工业化,1998 年首先发行 2700 亿元特别国债,中央政府对银行资产的购买进行坏账剥离,启动了中国银行改革和工业化加速;而后中国出口导向导致外汇储备成为世界第一,央行资产中 80% 以上的是外汇资产,成为世界上最大的央行,2007 年中央政府通过发放特别国债 1.55 万亿元购买外汇,建立中投公司进行国际化投资取得了国际化运作的经验。当前地方政府的负债中很多都是城市化发展所必需的长期限的基础设施资产,中央政府应该发行特别国债或其他债券形式 3 万亿元以上购买"城市化长期限基础设施资产",并可适当再冲抵部分坏账,按国债发行的资金成本可以压低到 3% 以下的水平,这样可以用更长期限、更低资金成本来置换短债务期限和高资金成本的地方负债,同时直接解除地方政府的债务压力,稳定了金融,并通过资产购买加大对地方政府治理,有效地促进地方政府转型。资产购买不会引起通货膨胀,反而由于资产购买和坏账削减会导致降杠杆作用。

稳定地方政府债务，相当于稳定了土地资产价格和消除一定的信用风险，但企业的去产能则在很大程度上需要企业自我消化和转型升级。政府通过金融支持、减税和简化行政成本等手段激励企业的"效率持续改进"，并提供更多的制度保障，特别是反垄断、进入许可等方式提升民间投资回报水平。此外，政府应积极抑制过快房价上涨和提升人力资本，强化节能减排，推动企业竞争力提高。

中国经济增长从工业化、出口导向再到城市化，每次重大的转型似乎都需要配合一定的资产购买选择，这是中国政府干预性体制使然，资产购买是一个非常规的政策手段，对于应对当前的减速—通缩具有稳定性作用，但更需要从体制上解决，否则"倒逼"机制会不断倒逼使用这一非常规政策（张平，2008），引发更大的挑战。

四、"结构性"矛盾需要深化体制改革

经济减速和通缩一方面直接威胁着经济的稳定，另一方面经济减速和通缩本身具有非常强的"清洁机制"作用，即通过经济减速和通缩淘汰那些落后的产能，强制矫正结构扭曲，提升企业竞争力，清洁掉那些寄生在"扩张和通胀"中的不良分子。因此"结构性"的矛盾具有双重意义，建立一个可衡量成本—收益和跨期限的政策组合（张平、付明杰，2011），推进制度改革，才能趋利避害。

中国的结构性矛盾源于中国经济的赶超过程。按全球长期经济增长的路径来看，大致划分为两个阶段：第一阶段是通过政府资源干预方式推动结构变动，促进增长的经济追赶阶段，如将农村剩余集中在工业部门实现工业化就是一个典型的发展模式，或将资源集中在出口部门实现出口导向战略等；第二阶段则是走向"均衡"的发展阶段，即以市场配置资源，均衡发展结构，以提升生产效率为主的均衡发展。两个阶段有着明显的不同的特征，人均 GDP、工业化和城市化水平、人口红利、分配等系列指标决定了你所处的阶段（张平、刘霞辉、王宏淼，2011；袁富华，2012）。后发国家多由于自身体制的缺陷，或被第一阶段的发展路径锁定，在增长阶段转换中，却发生了各种各样阻碍经济持续成长的问题，只有极少数国家和地区（如战后亚洲四小龙）顺利完成了转型。中国高投资和出口驱动的经济高增长第一阶段，已逐步失去经由干预提升效率的动力，以结构调整促进效率提高的增长阶段行将结束；城市化和服务业的发展将开启经济"稳速增效"的第二增长阶段，以持续效率改进促进结构进一步优化是本阶段的主要特征。

以效率持续改进为主要标志的增长阶段较赶超阶段有着显著不同的三个特质和内涵：投资减速迫使经济进入减速通道、人口结构转型和劳动力供给拐点的发生抑制甚至持续拉低经济长期增长、资源向均衡路径配置的要求迫使"干预型经济"向市场效率转换。基于这三个因素的相互作用，增长平稳减速将成为一个趋势，克服减速必须通过增效，才能进入可持续发展轨道，否则会陷入恶性循环。

从结构性改革来看，主要有三大变革：一是中国经济结构调整从主导产业作为基准转向以城市为带动的空间配置为主的转变，这一转变的关键是找到城市化与产业

（包括一二三产业）竞争力相互协调的道路，城市化直接推高了产业投入的土地、劳动力、环保等多要素的价格，但同时也提供了基础设施、人口集聚等的规模收益，特别是城市集聚导致的规模报酬递增（创新）收益，如果它能超过产业成本，提高产业效率，则产业竞争力与城市化相容，否则会出现相互抵消效应；二是需求结构自我均衡能力，当人均 GDP 进入中高收入阶段时，特别是城市化达到 56% 以后（陈昌兵，2010），消费比重上升是一个必然的趋势，这一趋势直接要求要素分配的变化，中国在赶超过程中，由于庞大的剩余劳动力，导致的极大压低劳动要素价格的趋势随着人口结构的转变，劳动要素价格上升是必然的，它将推动需求结构的调整，但如果中国仅仅是推动土地城市化，而难推动人口的深度城市化，则需求结构就会变得更为扭曲，资本积累长期保持过高，如现在资本形成占 GDP 的 50%，调整收入分配结构和需求结构才能均衡发展；三是资源配置机制改革，当前主要以政府为主导的资源配置，结构性收益下降，尽管中国仍有很多基础设施改善的余地，但已经不构成带动经济的主动力了，中国配置资源的方式一定要转到以市场为主导的配置资源方式上来，才能推动效率的提高。

中国当前经济的主要问题是调整结构转变发展方式问题，而不是刺激经济扩张。要降低经济增长的预期，直面经济结构性减速的事实，依据潜在增长率作为稳定政策的基准，利用减速的清洁机制清掉中国过剩的产能，并通过通缩降低成本，走上"减速增效"的道路，提升产业和企业的竞争力。

中国结构性的核心问题是政府干预要素配置方式的改革，最基本的改革路线有五条：①削减政府规模，大幅度取消政府行政审批的权力；②国有企业战略性调整，以效率为准绳推进国有企业的战略性重组，坚决淘汰那些大而弱的企业；③放松管制，特别是现代服务业的管制，积极引导民间资金进入，以提升服务业的劳动生产效率；④财政体制改革，1994 年中国的财政改革是适合工业化的，在城市发展的现阶段需要重新建立新的财政体制，要让城市有更大的财政和融资权力服务于城市建设和市民公共服务需求，推进个人税收直接征缴，将个人税收与公共服务联系起来，逐步建立现代的公共财政体制；⑤金融体制改革，推进利率市场化，核心是建立储蓄保险制度，让资本市场有效地配置资源，推动创新。

这些结构性改革的制度设计核心是重新回到"以市场为基础配置"的机制上，消除当前的政府过度干预资源配置的制度安排，加速体制改革，从基础框架下应对"结构性"减速带来的经济增长不确定性，完成走向"减速增效"的均衡道路，市场化的体制改革仍是关键。

参考文献

［1］［美］伯南克．大萧条（中译本）［M］．宋芳秀，寇文红等译．大连：东北财经大学出版社，2006.

［2］［美］巴里·艾肯伯格等．快速增长的经济体何时减速//吴敬琏．比较（第 2期）．北京：中信出版社，2012.

［3］北京大学中国经济研究中心宏观组.1998-2000年中国通货紧缩研究［M］.北京：北京大学出版社，2000.

［4］蔡昉，陆旸.从人口红利到改革红利：基于中国潜在增长率的模拟［J］.世界经济，2016（1）.

［5］陈昌兵.城市化与投资率和消费率间的关系研究［J］.经济学动态，2010（9）.

［6］费雪.关于大萧条的债务—通货紧缩理论（中译）［M］//北京大学中国经济研究中心宏观组.1998~2000年中国通货紧缩研究.北京：北京大学出版社，2000.

［7］［美］辜朝明.大衰退：如何在金融风暴中幸存和发展［M］.喻海翔译.北京：东方出版社，2008.

［8］李扬等.中国主权资产负债表及其风险评估（下）［J］.经济研究，2012（7）.

［9］刘世锦，张军扩，侯永志，刘培林.陷阱还是高墙：中国经济面临的真实挑战与战略选择［J］.比较，2011（54）.

［10］［美］丹尼·罗德里克.经济趋同的未来［M］//吴敬琏.比较（第2期）.北京：中信出版社，2012.

［11］袁富华.长期增长过程的"结构性加速"与"结构性减速"：一种解释［J］.经济研究，2012（3）.

［12］张平."倒逼机制"下的增长收缩、扩张和政策目标［J］.经济学动态，2008（12）.

［13］张平，付敏杰.稳定化政策基准、期限和激励政策组合［J］.经济学动态，2011（11）.

［14］张平.宏观政策目标、潜在增长和政策选择//陈佳贵，李扬，刘树成，汪同三.《经济蓝皮书——2012年中国经济形势分析与预测》［M］.北京：社会科学文献出版社，2011.

［15］张平，刘霞辉，王宏淼.中国经济增长前沿Ⅱ［M］.北京：中国社会科学出版社，2011.

［16］World Bank. China 2030 Building a Modern，Harmonious，and Creative High-Income Society ［EB/OL］.http：//www. worldbank. org，2012.

4 中等收入陷阱的经验特征、理论解释和政策选择 *

张 平

拉美国家陷入中等收入陷阱的经验特征被归纳为四个：一是国家干预战略在中等收入阶段转型不成功；二是技术进步的干中学效应消失，自主创新没有成功地提高全要素生产率的贡献；三是分配差距过大，易引起社会动荡；四是政府应对金融冲击不利，出现货币、银行、债务等危机，引起经济巨大波动。大多进入中等收入阶段的国家之前多积极采用结构主义的发展范式才能成功。中国的政府干预机制、战略产业扶植，都极大地推动了中国经济的增长，但政府干预的路径也易导致路径依赖，因此转型的根本是中国改革政府干预性体制和防范外部金融冲击，从而激发创新活力并力促经济平稳发展。

一、中等收入陷阱的经验特征

关于中等收入陷阱的争论，是源于世界银行的一张拉美与东亚的发展轨迹比较图，跨度半个世纪。按世界银行对中等收入陷阱的定义：当一个国家的人均收入达到中等水平后，由于不能顺利实现经济发展方式的转变，导致经济增长动力不足，最终出现经济停滞的一种状态。根据世界银行的分类标准：人均收入在 905~11115 美元为中等收入，这些国家的经济增长很容易停滞，难以突破中等收入水平。拉美一些国家长期停滞在这一期间，类似情况还包括前苏东国家。

国际的历史经验分析发现，经济发展的任何阶段都有所谓陷阱问题，即有一组国家难以逃脱发展的长期徘徊状态。低收入阶段叫马尔萨斯陷阱，中等收入阶段叫中等收入陷阱，现在又重新热络讨论发达国家的"长期停滞"。

拉美一些国家经济增长长期徘徊在 8000~10000 美元阶段，与经济发达国家保持着稳定的差距。其显著特征包括四个：一是国家干预战略在中等收入阶段转型不成功；二是技术进步的干中学效应消失，全要素生产率（TFP）贡献小；三是分配差距过大，易引起社会动荡；四是政府应对金融冲击管理不利，出现大量的外债、货币危机，引起经济巨大波动。

突破中等收入陷阱的成功案例是东亚地区的多个国家和地区。撇开日本比较早地进入现代化国家外，就是四小龙了，而比较全面的一个国家是韩国。韩国在 1997 年亚

---

* 全文发表于《国际经济评论》2015 年第 6 期。

洲金融危机后成功地转型成为市场主导型的国家，技术进步和人力资本推动了 TFP 的贡献不断提升，收入差距较小，应对外部冲击有了经验，已经成功地进入到了经合组织（OECD）国家。

二、阶段性的经验检验："均值回归"和 TFP 贡献不足

分析中等收入发展阶段经验特征的理论基本上是不完善的。按照经济增长理论，任何一个阶段，增长到一定程度，要素的持续投入都会导致规模收益递减，即出现阶段性的收敛特征。理论上，发展到一定阶段，只有 TFP 独立于模型增长，当然内生经济增长理论将人力资本等更多要素纳入 TFP 解释中，但它现在仍保持了"黑箱"的状态，不能完全解释。而其他投入要素则在投入达到一定程度时，才会出现规模收益递减。资本、劳动、引进设备推动的"干中学"的技术进步概莫能外。因此突破中等收入阶段，必须通过刺激经济主体内在提升效率，加速技术进步才能完成经济转型。解决好市场激励机制设置及其人力资本累积的模式，促进创新，让 TFP 贡献率提升，是现在的一个重要的研究解释。

按照增长理论，进入中等收入阶段的很多赶超国家都面临着减速挑战。关键在于减速后会出现意想不到的问题，如减速引起社会的动荡、货币或债务危机等，导致经济的停顿。国际上都会讲超预期减速，就怕一国增长率跌至停顿，从而引发大的经济动荡，甚至负增长，这种大波动是后发赶超国家所经常面临的问题。

姚枝仲（2015）选取了更好的研究角度，探索了后发国家只要一直处于稳定增长，能避免金融危机冲击就一定能跨越中等收入陷阱。事实上，后发国家最大的问题就是不稳定。不稳定不仅来自外部经济风险，也来自内部结构性因素。加上外部冲击导致的内外共振，是中等收入国家难以成功跨越陷阱的一个严重问题。后发国家的脆弱性，会导致特别大的动荡。丁一凡（2015）详细地探讨了拉美危机都是外部债务问题造成的。

东南亚国家赶超失败，我认为其实是源于货币危机，不完全是外债危机。按照国际组织的定义，本币贬值 25% 以上就称为货币危机。泰国的例子非常明显。刚开始是出口繁荣，带动了泰铢升值过快，很多外资通过贸易渠道流入泰国，为了套利，泰铢升值。大量货币为套利而来，推动了泰国的资产价格上涨，债务累积，造成内部泡沫。而货币危机一出现，大量资金外流，引起国内债务危机和地产泡沫破裂，经济停滞。东亚金融危机在本质上是一次货币危机，因为贸易盈余导致货币升值，国内资产价格泡沫和过度借贷造成的金融高杠杆。国内要素价格上涨导致了国际竞争力下降，引发了货币由升值转为贬值，资本大量外流，引致内部债务和资产价格崩溃。现代债务融资的最大特征是具有永续融资的特性，货币危机发生后，流动性丧失，根本融不到资，全部债务陷入流动性危机，债务和资产崩溃引发经济大衰退。当前中国的债务杠杆率上升较快，而货币开放进程加快，我们也同样要防范外部冲击引起货币外流挑战债务和资产价格。

三、赶超阶段结束的经验分析

对于一国赶超判断，艾肯格林等（2013）做了一套统计分析，即在原有增速超过3.5%的条件下，一国经济增长七年前后平均增速相差2个点被称为减速的阶段，认为其赶超结束。另一类研究是从赶超国与前沿国家劳动生产率差距与收敛时间计算收敛的情况。即从赶超国与前沿国家劳动效率的差距收敛速度看后发国家向均衡路径的收敛时间。经验比较方式很多，如普里切特、萨默斯专门研究了"亚洲欣快症和回归均值"，以中印大国作为"机械"比较，即忽略大国特性，按一般国际统计规律进行比较，得出了纯粹收敛时间。按大国间"互动"准则进行动态分析得出了世界大国互动下的收敛时间，为研究提供了更深入的分析方法。

另外，很多学者按照标准的 TFP 核算，分析 TFP 贡献提升作为后发赶超的重要标志，后发国家 TFP 贡献 40% 以下的水平，而且出现技术进步贡献停滞则赶超结束。只有不断提升 TFP 到发达国家的 45%，才能够完成对发达国家的赶超，经济增长为内生经济增长模式。中国现在不仅没能赶上去，还从 30% 下降到了 17%。照现在的趋势，前景确实不容乐观。20 世纪 90 年代早期就有学者专门研究了亚洲奇迹，当年国际上很多学者质疑东亚无奇迹时讨论的就是技术进步对经济的贡献不足。国内很多学者分析了中国全要素生产率，得出的基本结论是全要素生产率贡献下降。国际上讨论了很多，认为减速的原因 85% 可归结为技术进步贡献下降。赶超国家技术进步慢，贡献不足的解释，大多学者认定是体制造成的资源错配。

四、突破贫困陷阱干预政策与"路径依赖"

突破贫困陷阱理论已经变成了教科书，有完善的经验事实和政策模式，即国家干预理论，而且这些干预特征，直接导致了路径依赖，往往是落入中等收入陷阱的原因。突破贫困陷阱的国家必须积极采用结构主义发展范式，即结构主义强调以下五个基本事实：①恩格尔定律；②刘易斯定律：发展中国家剩余劳动力无限供给；③H—O 贸易模型和巴拉萨；④库兹涅茨观察到的部门间劳动生产率和增长速度有着系统性的差别；⑤随着人均收入增加，人口出现变化趋势，即一系列因素导致人口增长加速，而后又使之减速。这五个经验事实直接明确了结构性机会：①恩格尔定律提出了随着人们收入的提高，食品消费支出占总支出的比重不断下降，从消费需求角度揭示了结构变化的趋势，即第一产业比重不断下降，第二、第三产业不断上升；②刘易斯的二元经济结构理论，特别是农村剩余劳动力理论直接揭示了后发国家低成本劳动力的特性，即按生存成本定工资，而不是按就业市场的供求关系定价，表明劳动要素在分配份额上会被长期压低，资本回报率会长期得到超额回报；③国际贸易的比较优势是明显的；④库兹涅茨的经验更为关键，即发现产业间、部门间在劳动生产率上有着系统性差异，通过产业政策支持，会获得效率的进一步提升；⑤人口问题，后来延伸为人口红利的动态过程。总之后发国家赶超中具有结构性机会，通过干预资源配置会得到赶超效率和速度。发展经济学中的发展极、产业政策、选择性金融等理论就是支持干预模式的理论。

正是有明确的结构性机会和干预目标，政府干预和开放是走出贫困陷阱必然的选择，主流意识和政府干预行为都成为了发展中国家的内生性选择。由于政府的干预，从低效率的传统部门转到以工业为基准的高效率部门，贫困陷阱就能跨过去。中国是一个好的案例，推动工业化和开放策略，就成功地跨过贫困陷阱。这种结构主义的成熟理论，推动了很多国家突破贫困陷阱。赶超国家都会阶段性地出现规模递增的发展，导致经济增长"加速"，增长曲线呈现下凹性增长路径，这一点在工业革命理论和发展中国家的赶超历史事实中已经被证明，但发展到中等收入阶段就会遇到"减速"。从赶超速度进入"均值回归"的均衡状态，结构性机会让位于内生技术进步。

关于阶段性拐点的分析很多，如著名的刘易斯拐点。它阐述了两个基本要素：一是工资上升，供给曲线向上；二是剩余劳动力转移完毕，劳动价格按市场需求上升，投资收益率下降，比较优势丧失。又如对库兹涅茨倒"U"形曲线或阶段"拐点"，也有很多人进行实证：收入分配之库兹涅茨曲线；环境之库兹涅茨曲线；区域之库兹涅茨曲线；内需结构之库兹涅茨曲线；产业结构之库兹涅茨曲线；国际贸易及国际投资之库兹涅茨曲线；经济增长方式之库兹涅茨曲线。转折问题比较重要。贸易竞争力中的比较优势也会随着各类要素价格上升，导致比较优势下降。技术进步中的干中学效应也慢慢会消失，这些归纳起来都是赶超阶段才有的特殊赶超贡献因素。一旦赶超国与前沿国劳动生产率相近，而更后发国家与赶超国又形成明显比较优势时，中等收入国家的变革就凸显出来了。

中等收入阶段一定要开始探讨效率内生问题，来破除赶超时的干预模式。新的经济增长理论提供了一系列新的视野。现在全世界热门的讨论是收益递增要素，这些新要素包括信息（越共享，规模收益就越高）、制度（好的制度越共享，效率越递增）、教育和知识、一定的空间集聚以及创意等，都是属于规模收益递增模型当中的因素。将新增长要素纳入增长函数中会产生新规模收益递增，以此对冲传统的规模收益递减效应。现在发达国家也在探索，并得到了经验印证。进入到新阶段，必然要找到新的要素，促进阶段跃升。

结构主义的效率来源，从农业到工业可行，但到二次转型阶段，即从工业到服务业效率提升就未必成功，因此提高服务业效率很重要。结构主义提出的政府干预对多元化创新是失效的。城市化、工业化到服务、技术进步接近前沿后的不确定风险，政府角色是否应该转换为提供供给服务，如增加制度、人力资本、分配、创新激励等新生产要素供给，放松现代服务业的管制都是现实的问题。当前提到的创新全是工业化的创新、物质的创新，服务业的创新和效率提升基本不被纳进讨论范围。然而，以发达国家为例，美国的服务业占比85%、农业占3%、工业占9%。中国的服务业，预计2015年占比50%以上，成为经济的主体。不探讨服务业创新，只探讨工业创新，就无法完成产业的二次转型。现代服务业"科教文卫体"、金融、信息服务等很多公共基础设施都是与人力资本高度相关的部门，服务业不能大发展，人力资本提供就困难，就缺少了高效创新的基础。

五、政策选择

收入差距不要过大，社会稳定，人力资本代际传递顺畅，才能累积人力资本，创新的基础才能形成；有效管理外部金融冲击，保持经济稳定；进行科教文卫事业单位的改革，推动现代服务业的发展，完成产业结构的二次转型。必须改革财政体制和政府干预市场的行政体制，才能进一步全球化。

非常注重改革的顺序，激活微观，不让"僵尸企业"不断拖死新的经济体。中国的行政干预机制、战略产业扶植，现在都极大地影响中国向着新的转折点转型。核心是改革自己的干预性体制，让市场激励成为中国创新的主要力量，使中国更有创新活力，技术进步贡献提高。

参考文献

[1] 姚枝仲. 金融危机与中等收入陷阱 [J]. 国际经济评论，2015（6）：33-42.

[2] 丁一凡. 中国会不会重蹈拉美和东亚经济体的覆辙？[J]. 国际经济评论，2015（6）：43-48.

[3] Barry Eichengreen, Donghyun Park and Kwanho Shin. Growth Slowdowns Redux: New Evidence on the Middle-Income Trap [C]. NBER Working Paper, 2013：18673.

[4] Pritchett, Lant and L. H. Summers, Lawrence H. Asia-phoria Meet Regression to the Mean [C]. NBER Working Paper, 2013：20573.

5 "十三五"期间中国经济二次转型[*]

张 平

一、2015 年经济增长特征与 2016 年预测

(一) 2015 年经济增长动力在转换

2015 年中国经济减速趋势依然,预计全年 GDP 增长为 6.8% 的水平,基本上完成了 2015 年制定的 7% 的经济增长目标。经济仍处于减速过程中,预计 2016 年经济增长仍然将下滑到 6.6% 的水平,根据"十三五"规划的基本要求,保 6.5% 的经济增长速度是实现翻一番的重要保障,因此必须下更大的力气才能稳定经济。

从 2015 年的经济增长的经验事实来看,喜忧参半,有很多积极因素,也有传统的痼疾阻碍了经济的正常运行。

(1) 经济减速与通缩加深,经济仍然是呈现逐步减速,GDP 呈现逐月下降的趋势,GDP 平减指数为负,经济全面进入通缩状态。2015 年 CPI 全年预计为 1.3% 的水平,而更令人担忧的是生产价格指数继续通缩,PPI 从 2012 年 3 月转负,到 2015 年已经近 4 年,而且从环比来看,下行在加速,下行压力巨大,预计 2015 年全年 PPI 为 -5.2% 的水平,通缩已经不是一个简单的现象了,而且作为一种自我运行的机制,它将不断地蚕食企业的利润,破坏企业的资产负债表,并传递到银行系统,坏账不断增加,引起经济恶性循环(张平,2015)。

(2) 中国经济转型动力发生变化,首先表现为前三季度投资率对经济的拉动下降到了 43%,消费带动达到了 58%,消费作用提高,但也要看到消费依然是被动因素,消费支出比较平稳,消费作用提高是因为投资下降导致;其次表现为经济增长最大的新增带动力是服务业,服务业占 GDP 的比重为 51%,对经济的贡献超过了 55%,在工业企业持续低迷的情况下,服务业作用凸显,突出表现在金融与其他服务业,服务业比重上升是一个积极的趋势。

(3) 宽货币与负债率持续提高,预计全年 M2 达到 12.9%,高于计划的 12%,利率和存款准备金连续四次下调,货币非常宽松,但受到合格贷款人不断下降的制约,贷款增速并没有加快多少。2015 年负债率进一步提升,债务置换不能从根本上解决债务升高问题,如果收入越来越少,债务置换的展期行为会演变为"庞氏游戏",不断需

---

[*] 全文发表于《现代经济探讨》2016 年第 1 期。

要新的流动性注入，而且要借钱还本还利息了。由于负债率不断提高，会带来进一步的盈利下降，资产负债表继续恶化。当前企业亏损加大，钢铁全面亏损，而其他重工业亏损加大，经济效益下滑，而地方政府的税收和土地出让金下降，也主要靠借新还旧来维持债务的现金流，债务不断滚动成为当前最需要关注的问题。

（4）金融市场波动加大，大量宽的货币在股票市场上流动，造成了"股灾"，国家救市，加大了市场的直接干预，而在8月11日，央行改革汇率体制也引起了外汇市场的波动，预示了金融市场波动加大和开放加强。

（5）税收收入持续下降，财政支出大幅提升，就业平稳，2015年税收收入增长，1~10月累计增长只有4.1%，财政收入增长也只有7%多的水平，财政支出大幅度提高，高达20%的水平，大幅度的财政支出稳定了基建投资，对就业市场产生了积极作用，就业市场平稳，但2016年会扩大财政赤字预算。

（二）2015年改革开放迈出了新步伐

主要表现在以下四个方面：①价格改革，特别是生产资料价格、公共服务价格，加上利率和汇率等要素市场价格改革，市场体系建设取得突破性进展；②商事制度改革，提高政府效率，促进个人、企业创业；③自贸区扩区，加大开放，负面清单得以在自贸区推展，极大地促进改革的进程；④汇率制度改革加快，人民币资本项下可兑换的基本条件已经完成，2015年人民币正式成为IMF中的SDR，取得实质性突破，到2016年9月30日被正式纳入，前置条件是贸易总量保持和人民币自由兑换，中国经济走向全面开放，市场体系改革取得新进展。

改革比较滞后的部分为行政干预资源的三大体系的改革滞后：①政府行政体制与事业单位体制改革；②国企改革；③税收体制改革。2015年底中央在经济工作中又提出了"供给侧"改革，按供给学派理论上来讲，核心就是放松管制、减税和鼓励市场竞争，其目标指向政府干预、国企和税收改革。供给侧改革指出了当前中国经济体制改革和宏观政策的症结所在，但这也是最不易的改革。

2015年经济和政策走势最重要的特征是继2014年提出经济进入"新常态"的阶段性特征后，给出了更为明确的阶段性经济转型与开放的新特征。经济转型方面四个特征已经凸显出来：①制造业向服务业转型；②投资—出口驱动向消费驱动转型；③通过引进设备、模仿扩散的干中学的技术进步向以研发、知识产权保护的内生型技术进步转型；④城市化超过了55%，城市经济主导时代到来，城市发展模式从过去工业化时代的增长极（集中工业聚集地）转向到以知识生产为主导的创新外溢型发展模式。

中国经济全面开放的步伐在加快，自贸区扩大试点，中美"负面清单"基本达成共识，人民币纳入IMF的SDR以及资本项下自由兑换条件已经完备，中国将迈向全面对外开放，开放促改革明显加强，特别是负面清单与人民币资本项下自由兑换会倒逼行政干预体系的改革，否则当前政府干预模式将难以适应新开放的进程。

（三）2015~2016年经济预测

2015年的经济增长与CPI数据表明中国经济增长减速和通货紧缩加剧并存，导致了微观经济进一步恶化，企业利润负增长。在国际经济处于长期低迷的大背景下，国家加大了激励力度稳定增长。2016年作为经济增长开启和经济转型的一年，有着三重的任务：一是要确保经济增长在6.5%以上的高增长；二是要开启经济转型，连续发布的有关消费引导的政策建议，已经说明这一转型的开始，而关键的供给侧改革是否能有效推进更为引人注目；三是要全面对外开放进入实质性阶段，包括人民币资本项下自由兑换、负面清单谈判和自贸区进一步扩大试点，这给中国更多的机会，同时也增加了外部冲击的风险。

我们依据环比预测模型对2016年的计算为6.63%。环比假设更为平稳，特别是认为第一季度激励发展比较快，但依据现有的激励模式，需求激励的力度总体来讲会低于2015年，首先是货币政策的激励空间下降，特别是人民币加入SDR后，加之美国加息，利率很难再连续降息，中国2016年降息到1%已经是到底了，降准空间仍比较大，货币激励较2015年要低；其次是财政收入会随着经济减速与通缩进一步下降，减税和加大财政支出的总体财政激励能力也在下降，主要靠加大赤字和政策性银行发债支持中央财政基建支出，债务置换依然在4亿元以上的规模，政府债务杠杆会显著上升；最后是中央支持的产业政策和基建投资相应的地方政府、企业配套能力下降，特别是企业和地方负债率会提高，负债表会进一步恶化。根据2013~2015年的环比增长规律来看，有相对强的季度规律，但总体比较下来，是逐步递减的（见图1），2016年GDP环比总体比2015年下降。

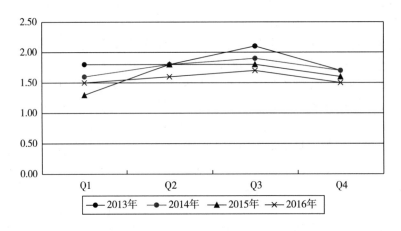

图1　2013~2016年GDP环比年度比较

资料来源：Wind。

环比和同比是有着完全对应关系的，依据2015年的季度环比和2016年的假设，可以推出2016年的季度同比。2015年下半年加大了政策激励力度，货币供给，降息降准，推进股票市场和债券市场的融资，财政更是加大支出力度，投资贡献率第三季度明显高于第二季度，稳定投资，并积极布局"十三五"的投资计划，这给了2016年比较好的开局，预计2016年第一季度经济增长达到6.9%，而后根据GDP环比假设计算的增长仍然会下滑，全年预测为6.63%的水平（见图2），与国际和国内预测的一般均值相当。

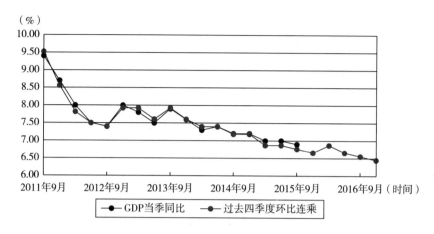

图2 GDP季度环比与同比趋势

资料来源：Wind。

从各个方面分析来看，制约经济上升的主要因素有三个：①投资仍然低迷，企业投资意愿下降，企业负债高和盈利状况恶化，已经没有太大的投资能力，主要集中在上市公司的投资意愿上了；而地产投资由于受到三四线城市持续的地产低迷和一线城市持续的土地价格上涨，拉动房地产投资最为积极的因素在二线城市，但难以提升总体房地产投资的意愿，房地产投资依然维持个位数的增长率，其他主要靠政府投资，但由于地方负债过高，因此中央政府投资成为主力，但占比较小，投资增长继续回落在个位数。②消费比较平稳，但如果2016年经济预期下降，缺少了2015年涨工资和退休养老金等因素，消费增长会放缓。③净出口带动比较不确定，因为2015年净出口增长较快，但属于衰退性顺差，不可能持续，另外，国际市场低迷依旧，人民币实际有效汇率仍在升值，国际竞争力继续下降，预计2016年出现3个以上单月逆差概率加大，导致汇率波动加大，直接影响进出口的稳定性，因此2016年保持顺差，但应低于2017年的顺差，净出口带动可能为负。

从物价来看，通缩仍然有恶化的倾向，首先表现为CPI翘尾因素进一步降低，从2015年的0.4%降低到0.24%（见图3），猪肉涨价周期带动短期上涨也结束，2016

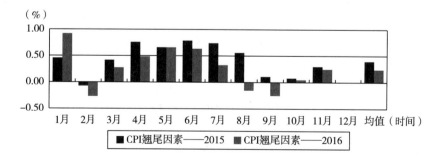

图3 CPI 2015年与2016年翘尾因素比较

资料来源：Wind。

年的物价水平为 0.9%，低于 1%，PPI 依然为负，从 2015 年的 -1.9% 下降到 2016 年的 -2.37%，因此通缩水平会达到 -6% 以上，GDP 平减指数会达到 -1% 以上，2016 年通货紧缩依然困扰着中国经济。

从三大需求趋势来看，经济下滑依然比较明显。因此从现实上来看，保持 6.5% 以上的增速就要加大刺激力度，在此基础上加大供给侧的改革，放松管制，国企改革和强化市场机制作用，辅之加速更新改造和减税，则会更为积极，为以后奠定更好的基础。我们预测 2015~2016 年的情况如表 1 所示。

表 1　2015~2016 年的预测

指标名称	2015 年预测值	2016 年预测值
1. 总量 GDP 增长率（%）	6.80	6.60
2. 价格		
居民消费价格指数上涨率（%）	1.30	0.90
工业出厂品价格指数上涨率（%）	-5.20	-6
3. 产业		
第一产业增加值增长率（%）	3.90	3.80
第二产业增加值增长率（%）	6.00	5.60
第三产业增加值增长率（%）	8.40	8.20
4. 投资	9.70	8.20
5. 消费（社会商品零售）	10.70	10
6. 外贸		
外贸顺差（亿美元）	5180	4800
汇率	6.41	6.55
7. 货币供给（M2）	12.90	12.10
社会融资总额（亿元）	154630	16500

从表 1 预测来看，消费这里指的是社会商品零售，而不是消费总体，消费总体当前更多地包含了消费服务，2016 年能够获得多大增长的因素是消费服务业。第三产业能否继续维持高增长是明年经济增长的保障。在投资方面，当前主要是要有效地降低企业和地方政府的负债率和利息支出，才能启动真实的投资意愿，这方面需要更多的时间修复负债表。

二、"十三五"的二次转型和中国经济面临的主要任务

"十三五"期间经济潜在增长率为 6%~7%，但要实现翻一番的目标需要 6.5% 以上的增长。从成功跨越"中等收入陷阱"的角度看则没有必要过度强调经济增长的速度。只要中国经济增长速度超过发达经济体，特别是美国，即保持 4% 以上的增长，而

且没有过大的经济波动就能够实现。从当前的增长潜力来看，这一增长速度是完全能保持的，关键就是如何不引起大的波动。2016年中国经济全面对外开放，特别是人民币资本项下自由兑换，只要不出现大的货币贬值（一年内贬值超过10%），引起国内债务危机就不会有大的问题。"十三五"保持经济增长稳定比速度更重要，当前提出的供给侧结构性改革就是希望能够有效地扎实基础，当然转变经济增长方式不易了。

我们从更长的历史跨度和国际经验看待"十三五"的二次转型问题。"十三五"期间是中国经济转型的关键，此次转型被定义为第二次转型。第一次转型——从农业到工业，农村到城市。中国正在开始第二次转型，即经济从工业化转型为以城市为载体的现代服务业发展。目前，我国2015年城市化已超过55%，人均GDP按国际标准推算超过了7000~10000国际元标准，进入到了二次转型阶段（张斌，2015）。二次转型是城市人口的聚集导致了人力资源的快速提高，推动创新活动，城市的创新外溢和知识配置服务推动经济的持续增长。世界经验表明，现代城市化源于工业聚集生产，发展经济学用"增长极"等理论解释了工业集中发展的城市特性。当城市化超过50%以后，人均GDP超过一定阈值，服务业和消费比重上升迅速，城市发展从物质集中生产特性转向为人提供服务，这一服务主要是基于提升人力资本的现代服务业，如科教文卫体、信息、通信和金融等的现代服务业，通过对现代服务业的大幅度消费比重提升，人力资本加速形成，推动了知识生产与创造。城市通过现代服务业的发展，完成了创新外溢和知识配置服务，以知识生产与技术创新中心替代工业化时期的物质集中生产中心（经济增长前沿课题组，2015）。

现代服务业是人力资本密集型的传统服务业，它不同于低端人力密集的传统服务业，拉美国家的服务业比重非常高，但多集中于低端人力密集型服务业，形成"型"的城市隐蔽性失业，没有完成基于人力资本提高的消费与现代服务业发展的互动，知识生产和技术创新乏力，经济增长徘徊。

（一）经济二次转型的特征

在"十三五"时期，预计我国的城市化率将达到55%~60%，GDP也已经超过了国际二次转型的阈值。经济的二次转型加快，二次转型具有三大特征：

（1）从制造业向服务业的转型。目前，服务业在国民经济中的占比已经超过51%。预计在"十三五"规划期间，服务业占GDP的比重或将达到60%。中国2008年按国际元计算已经达到10000国际元，进入到了二次转型的门槛了，2013年服务业比重超过第二产业，服务业比重提高很快。国际经验表明，服务业又基于低劳动力密集型的生活服务业，也有高人力资本构成的现代服务业，核心是进行知识的生产，如果现代服务业被压抑，则就难以实现二次转型，尽管可能服务业比重高，但多为劳动密集型服务业，成了隐蔽失业的场所，而不是基于人力资本的现代服务业发展，则知识生产与技术创新均没有实现，对经济内生增长没有实质性带动作用。

（2）从投资推动转向以消费带动为主。全世界城市化率和国内横断面数据计算，都得出超过56%~68%之后，城市化投资带动经济增长的速度就会放缓（陈昌兵，

2014），城市就从建设周期转向运营周期，通过土地买卖扩张的速度就会下滑。在运营周期，主要是对城市进行修补，如修路补路，所以整个投资带动就很难再上升，所以增长动力转为消费带动经济增长，这时期消费主要是以提高人力资本为目的的现代服务业的消费，主要通过教育医药体育娱乐信息等来提高人力资本，从而导致人的创新，推动基于城市消费提升人力资本导致创新的内生增长模式。这一消费模式不同于工业化过程中"消费"是再生产劳动力的一个被动成本项，而基于提高人力资本的消费成为现代经济增长最为有效的"投资"项。

（3）从引进设备、模仿等"干中学"的技术进步模式变为知识产权保护、自主研发的创新活动。中国的全要素 TFP 贡献率从经济增长的高峰时期 1987~2007 年的贡献 30%已经跌到了 16%，说明靠引进设备来促进技术进步的阶段结束，必须靠自我创新。要从当前的全要素贡献的 16%提升到"十三五"期间的 30%贡献，中国经济潜在增长率才能上升到 6%以上，如果 TFP 贡献仍然在 20%以下，加上环保约束和国际经济低迷，中国经济增长速度仍会进一步下跌。城市发展模式也从工业化时期的集中物质制造的"物质增长极"，转向以知识生产与配置的知识增长极了。

（二）国际经济二次转型的经验和理论解释

现代经济增长理论是以发达经济体全面进入现代部门和完善的市场机制为导向的分析体系，其研究不涉及所谓"结构"问题，因为无论是制造业，还是服务业比重多少都可以由经济主体按市场效率来自动配置，无须所谓结构调整。其增长理论集中在有关技术进步、人力资本和制度等更多有关创新方面。现代增长理论中的两部门模型，将研发部门与一般生产过程相分离，形成两部门模型。

后发国家的发展理论则是以突破"贫困陷阱"为目标的，发展中国家大多从传统农业部门向现代工业化迈进，而且市场发展不成熟，且有较多的市场分割，因此发展经济学理论更重视"结构"，提出了一系列有关"结构转型"的经验事实。这些事实可归纳为以下四个：①恩格尔系数定律，即随着收入增长，食品消费支出占消费总支出的比重不断降低，消费结构引起产业结构的变化趋势；②刘易斯二元经济结构，二元经济结构对发展经济体特征进行了全面描述，内容丰富，提出了农村剩余劳动力可以按固定的"生存生活成本"为工资支付，直至"刘易斯拐点"出现，即剩余劳动力转移完毕，工资按市场供求决定，极大地且较长期地压低了工资水平，劳动力成本低廉，而且大量供给，劳动在要素分配中的份额被压低，资本回报率高，非常有利于工业化的发展；③贸易中的比较优势理论，即出口部门基于后发国家成本低的优势，可以进行对外贸易，获得比较优势，出口部门会积极吸收剩余劳动力，促进经济的发展；④库兹涅茨实证了产业部门间存在着劳动生产率的系统性差异，因此将低效率的产业部门的资源转向高产业部门，就会形成明显的"结构配置"效率的提高；当然还有人口红利理论、引进设备的"干中学"技术进步理论等，都为发展中国家指明了"结构变革"可以突破贫困陷阱。

特别是后发国家市场不完善，政府依据结构变革理论干预资源配置，将有效资源配置到出口、工业化等效率高的部门，就会产生"结构性"赶超效应，大量赶超国家都积极使用产业政策进行干预。中国改革开放也不例外，一方面加速市场机制建设，另一方面对外开放，同时积极利用政府干预，三管齐下促进了中国工业化大规模制造的快速发展，突破了贫困陷阱，完成了从传统产业向工业化的第一次转型。

而二次转型是指大规模制造向服务业转型，这一转变的过程研究和后果分析也已经非常丰富。归纳起来有四个方面：一是按麦迪逊提供的数据在 7000～11000 国际元，制造业国家大都会从工业向服务业转变（Hernendoef et al.，2013）；二是经济服务化后，普遍都会存在经济减速性特征，这一特征是普遍存在的，实证了从"结构性"加速到结构性减速的特性，得出了服务业效率改进速度低于制造业，但发达国家服务业与制造业效率相当，后发国家效率相差很大（袁富华，2012）；三是同样是经济服务化转型，但有的国家服务化转型非常成功，特别是 OECD 国家都是发展了基于高人力资本的现代服务业，服务业价格与人力资本报酬增长一致化（Buera and Kahoski，2012），效率不断提高，经济增长稳定；四是落入中等收入陷阱的一些国家，其服务业比重很高，但效率较低，往往只有制造业的 60% 的水平，而且被经济学家诟病为农村人口漂移，形成新的城市"隐蔽失业"，即大量的低素质人力密集型服务业的发展。

经济服务化转型（二次转型）问题又推到了中国经济研究的前沿。从中国的经验事实来看，存在以下五方面问题：①中国 2015 年人均 GDP 已经超过 10000 国际元，进入二次转型的收入阶段；②中国服务业比重从 2013 年第一次超过了第二产业，2015 年前三季度已经占 51% 了，经济服务化趋势已经确立，并在加速；③服务化效率低下，现代服务业基本上没有纳入统计范围；④消费贡献也开始提升；⑤创新体系需要人力资本的系列提升和优化配置。

（三）中国二次转型中的挑战

当前中国经济增长的二次转型遇到了很多挑战，核心是从物质制造驱动转向以人的知识生产和创新劳动为主的发展方式，其组织、运行机制、生产方式、观念都发生了根本变化，这一转变必然会遇到现实的直接挑战。

1. 现代服务业发展的挑战

从国家统计局的统计栏目可以看出，服务业总共有五项：金融、地产、交运邮政、批发零售、住宿餐饮服务，另一大项是其他服务项。"其他服务业"具体包含信息传输、计算机服务和软件业，租赁和商务服务业，科学研究、技术服务和地质勘查业，水利、环境和公共设施管理业，居民服务和其他服务业，教育，卫生、社会保障和社会福利业，文化、体育和娱乐业，公共管理与社会组织等 9 个门类行业，可以看出均属于提高人力资本的现代服务业，而且也是人力密集型产业。

从统计角度就可以看出，当前我国服务业集中在传统劳动密集型产业，而且突出是为工业化服务的行业，作为现代服务业基本无统计局，连金融服务业中的银行、证券、保险都没有更细的统计，需要学者去估算。而我国的税收体制又是基于增值税体系的，它是针对长价值链的生产过程，因此这一税收体制对各地方发展制造业有激励，而对服务业没有激励。

由于中国服务业过度集中在劳动密集型服务业，随着这几年中国服务业的增长，就业份额也提高很快，但中国的服务业劳动生产率一直只有制造业的一半的水平（经济增长蓝皮书，2014），而且随着就业份额增加，服务业劳动生产率有下降的趋势，而向现代服务业转型艰难，城市劳动密集型行业很快变为新的"隐蔽失业"场所（见图4）。

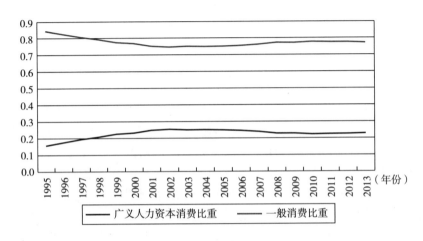

图4　中国消费结构变化趋势

资料来源：中华人民共和国国家统计局．中国统计年鉴2014〔M〕．北京：中国统计出版社，2014.

2. 消费转型的挑战

消费的国际分类：①食品饮料；②酒精、烟草、麻醉品；③服装、鞋类；④住房、水电、燃料；⑤家具及住房维护；⑥健康；⑦交通；⑧通信；⑨文化娱乐；⑩教育；⑪餐饮住宿；⑫杂项。分类来源于 UNDATA。我们按消费的国际分类 6~12 项中的四项——⑥健康；⑨文化娱乐；⑩教育；⑫杂项，定义为广义人力资本有关的消费，简称广义人力资本消费。而其他消费项目定义为人的基本需求的一般消费。

从图5中可以看出，中国的广义人力资本消费比重上升后，比较稳定，这曲线模式与墨西哥模式相当，似乎有种天花板效应压抑。按照消费规律来看，随着人的收入不断提高，人在精神、健康、学习、娱乐方面的消费比重不断上升，而且通过这一比重上升推动人力资本的提高，从而提升人的劳动创造水平。发达国家的美国和韩国都有着明显的上升趋势，这说明消费转型在发达国家已经完成，它推动了广义人力资本的提高，从而推动了人力资本的提升和人的创造能力（见图6、图7）。

3. TFP 贡献下降的挑战

依据生产函数将生产要素贡献进行分解（见表2），可以明显地看出三个问题：一是传统的生产要素劳动、资本的增长速度明显在放慢；二是要素分配份额变化将有利于劳动，这一变化趋势在"十三五"期间会变得非常明显，它表明资本产出弹性将从 0.6 转向 0.5，而劳动弹性将从 0.4 上升到 0.5，发达经济体劳动弹性在 0.6 的水平上，传统上靠投资投入增长即使加快，对潜在增长率的贡献也会变小；三是在要素分配份

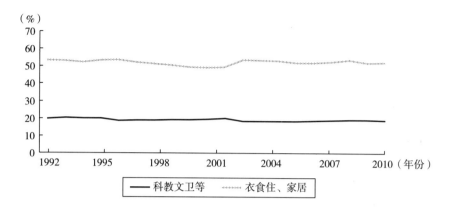

图5 墨西哥消费结构变化趋势

资料来源：中国经济增长前沿课题组（2015）。

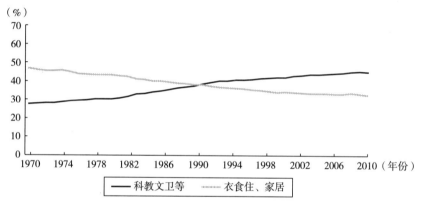

图6 美国消费结构变化

资料来源：中国经济增长前沿课题组（2015）。

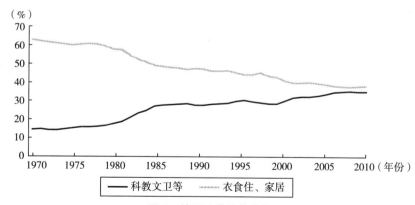

图7 韩国消费结构变化

资料来源：中国经济增长前沿课题组（2015）。

额倾向于劳动报酬的过程，核心是以人力资本为基准的价值创造，多体现在TFP贡献上，成熟的发达国家TFP贡献超过40%，而中国则从近30%TFP贡献降低到了16%的水平，如果我们不能加大经济转型，再刺激投资，而不是提高 TFP 贡献，则经济稳定是非常艰难的，中国"十三五"期间 TFP 贡献应该能够回到30%以上，中国经济就成功地跨越中等收入阶段，继续提升贡献率，经济进入可持续的内生经济增长模式。

表2　生产函数分解及"十三五"趋势预测

	历史（峰—峰：1985~2007年）	现状（2008~2015年）	预测（2016~2020年）
[潜在增长（生产函数拟合）三因素]	10.10%	8.54%	6.20%
资本投入（K）：弹性	0.6	0.6	0.5
资本贡献份额=（[2]×[8]）/[1]	68.72%	82.20%	76.60%
劳动投入（L）：弹性	0.4	0.4	0.5
劳动贡献份额=（[4]×[11]）/[1]	6.17%	1.69%	−7.25%
tfp：增长率	2.82%	2.60%	1.96%
tfp 贡献份额=100−[3]−[5]	27.94%	16.16%	30%

资料来源：《经济蓝皮书（夏季号）》（2015）。

三、经济二次转型与供给侧改革

中国经济的二次转型，需要供给侧的改革，供给侧改革的理论简单地可归纳为以下四点：

（1）放松管制，为创新提供空间，这是供给侧改革的核心要点，不放松管制就没有创新空间。

（2）强化市场机制，一是反垄断；二是强化市场出清机制，即推动企业破产重组；三是建立市场公平竞争机制，在中国表现为国企改革，让市场主体相对公平。

（3）减税，通过减税来刺激经济的增长，特别是给企业减税，著名的拉弗曲线就是讲减税对经济的激励，这是供给学派的核心思想。

（4）加速折旧，创新驱动。

上述理论运用在中国经济体系中集中在以下四个方面：

（1）改革政府的行政干预体制，放松管制。传统要素供给已经走到了规模收益递减，资本和劳动都已经规模收益递减，而新要素具有规模收益递增特性，如信息、人力资本、教育、创新、好的市场制度、空间等新要素才能给中国带来未来的可持续的发展。改革政府干预性体制是根本，政府干预体制形成工业化时期，即所谓集中资源干大事，通过资源配置扭曲，推动中国工业化大发展。但是这种体制在二次经济转型过程中明显是不适用的，大量的二次转型中所需的新要素、创新、非标准化等都不是集中力量能完成的，而且政府集中力量会造成巨大风险，是当前经济效率低下和不可持续问题根源。给知识过程和知识部门成长创造环境，就需要弱化政府干预，强化政府在知识网络建设、疏通和新要素培育方面的功能。

（2）推进财税金融改革，防范开放下的金融风险。首先，推进财税和金融改革，税收应从生产者增收转向消费者，为企业减税，激活企业，整体税制也应从间接税转向直接税；其次，金融改革，推进资本市场发展，让以抵押融资为主的银行融资逐步向以能力融资的权益市场转变;最后,2016年中国人民币资本项目可兑换基本已经形成定局,防范人民币贬值传递的金融风险。

(3)国企改革和推动清理"僵尸企业"。高速增长时期依赖要素驱动成长起来的企业,在经济减速时期由于技术进步滞后面临窘境,其中一部分企业可能已经失去效率增进潜力,或者不能适应创新要求,对这部分企业清理以便释放出资源,用于改善国内产业环境。

(4)推进"科教文卫"事业单位的转型和改革,提高现代服务业比重。过去三十余年,由于对工业部门增长的强调,导致对服务业发展的忽视,把服务业置于工业化的辅助部门发展,进而导致服务业发展只注重规模,不注重质量和效率,制造业与服务业劳动生产率差距持续拉大。就现实来看,中国现代服务业的很多部门,一部分存在于管制较大的科教文卫等事业单位;一部分存在于电信、金融、铁路、航运以及水电气等公共服务部门。这些部门以其垄断力吸引了很大一部分高层次人力资本,但是又不能提供较高的生产效率。为此,需要把事业单位改革与放松管制相结合,盘活人力资本存量,提升服务业的效率及其外部性,培育核心竞争力。

2016年是中国开放促改革的起步年,中美谈判的"负面清单"将从自贸区试点推进,这将有助于供给侧改革的实质性推进。

参考文献

[1] Buera F. J. and Kabroski J. P. The Rise of the Service Economy [J]. American Economic Review, 2012, 102 (6): 2540-2569.

[2] Herrendorf B., Rogerson R. and Valentinyi A. Growth and Structural Transformation [C]. NBER Working Paper, 2013: 18996.

[3] 李扬. 经济蓝皮书(夏季号):中国经济增长报告(2014—2015)[M]. 北京:社会科学文献出版社, 2015.

[4] 袁富华. 长期经济增长过程中的"结构性加速"与"结构性减速":一种解释 [J]. 经济研究, 2012 (3).

[5] 张斌. 从制造到服务——经验理论和中国问题 [J]. 比较, 2015 (5).

[6] 张平. 通缩机制对中国经济挑战和稳定政策 [J]. 经济学动态, 2015 (4).

[7] 中国经济增长前沿课题组. 中国经济长期增长路径、效率与潜在增长水平 [J]. 经济研究, 2012 (11).

[8] 中国经济增长前沿课题组. 中国经济转型的结构性特征、风险与效率提升路径 [J]. 经济研究, 2013 (10).

[9] 中国经济增长前沿课题组. 中国经济增长的低效率冲击与减速治理 [J]. 经济研究, 2014 (12).

[10] 中国经济增长前沿课题组. 突破经济增长减速的新要素供给理论、体制与政策选择 [J]. 经济研究, 2015 (11).

6 建设中国现代化，实现发展第二个百年奋斗目标[*]

张 平 陈昌兵

党的十九大报告中明确了中国全面建设小康后两步走的战略目标、阶段性特征和发展的路径。党的十九大报告指出，"第一个阶段，从 2020 年到 2035 年，在全面建成小康社会的基础上，再奋斗 15 年，基本实现社会主义现代化"；"第二个阶段，从 2035 年到 21 世纪中叶，在基本实现现代化的基础上，再奋斗 15 年，把我国建成富强民主文明和谐美丽的社会主义现代化强国"。中国 1981 年人均 GDP 286 美元；2015 年达到 8157 美元，预计 2017 年，中国人均 GDP 接近 9000 美元，2020 年全面实现小康，2021 年人均 GDP 突破 1 万美元，实现第一个百年奋斗目标。2035 年初步实现现代化，人均 GDP 达到 2 万美元，迈入高收入国家行列。按现在的高收入组计算，人均 GDP 超过 13000 美元，将突破中等收入上限，进入高收入国家。预计中国在 2027 年前后突破中等收入阶段，进入高收入阶段，经过几年的发展，到 2035 年人均 GDP 达到 20000 美元，基本实现社会主义现代化，到 21 世纪中叶实现现代化强国。

我们对 2021~2035 年、2035~2049 年的发展蓝图做一个更为具体化的路线图，明确我们到底要实现什么样的现代化，以及怎样实现那样的现代化。在这一背景下，如何把握我国发展第二个百年的两步走计划、路径和奋斗目标。

第一个百年奋斗目标实现的内在经济逻辑在于中国通过改革开放，实现了工业化、国际化、城市化的三重发展，经济增长的动力是中国工业化、城市化及国际化带来的"规模效率"，技术依赖于"干中学"、资本来自积累和吸引 FDI、劳动力优势来自"人口红利"，但最根本的是改革开放。改革开放让我们走上中国特色的社会主义道路，推动了中国的高速发展。

我国在经济体制上实行了改革开放，由计划经济向市场经济转轨，由封闭经济向开放经济转型，政府在经济增长中发挥动员资源型的作用，并且各级地方政府之间产生了竞争。这些有利于我国资源的调动和配置，使资源由农业转向工业部门、农村流向城市，这就产生了产业结构转型升级和城市化的聚集双重加速效应，使得我国经济保持 30 多年的高速稳定的增长。

第二个百年奋斗目标是在积极解决新时代主要矛盾的过程中逐步实现现代化。新时代"我国社会主要矛盾已经转化为人民日益增长的美好生活需要和不平衡不充分的发展之间的矛盾"，矛盾就是发展的动力，通过质量、效率、动力"三大变革"，提高

---

[*] 全文发表于《经济学动态》2018 年第 2 期，原文题目为《加快现代化建设 实现第二个百年奋斗目标》。

全要素生产率，依靠创新实现经济高质量的增长。在新发展理念"创新、协调、绿色、开放、共享"统领下，积极发展"以人民为中心"的广义人力资本服务体系，提高知识密集度和创新强度，推动经济各部门现代化建设，从而实现我国现代化，这就是我国全面建成小康社会之后的发展目标和方向。

实现第二个百年奋斗目标，分为两步走：第一步重点要解决创新。创新不是仅指技术上的创新突破，而是指整个国家的经济增长转向依靠创新发展，在这一发展层面上需要经济体制、经济结构、企业制度和人等方面的转型，只有奠定创新发展的基础，才能完成中国经济初步实现现代化，实现跨越到高收入国家的行列，否则根基不稳难以实现百年目标。第二步是在创新发展的基础上，突出人民为中心的"共享"，彰显社会主义现代化强国优势。无论是第一步还是第二步，新发展理念中的协调、绿色、开放一个也不能少，缺一则社会主义现代化都难以实现。

一、中国增长的"S"形路径和拐点

1978~2016 年我国人均 GDP 的"S"形增长曲线（见图 1）主要反映 1978 年至今的我国增长方式，也就是原有的以要素投资为主的经济增长方式。新时代中国实现现代化有两个重要的选择：一是按传统的不平衡、不协调、不可持续的要素累积方式发展，随着规模收益递减，要素供给下降和资源环境束缚，其必然陷入模式二的发展轨道，停滞和波动不可避免；二是以创新作为经济发展的推动力，突破要素累积的桎梏，平衡、协调、可持续的创新推动增长的内生增长模式，经济保持稳定增长走向模式一。

模式二的转折点在 2026~2029 年，此时我国城市化率将达到 70%，中国的建设周期（building cycle）即将结束，结构再配置效率下降，我们称为外生转折点。经济增长在外生转折点到来之前必须转向创新驱动，新时代创新升级驱动的经济转型关键期就在这近十年间，否则容易陷入外生转折点中。在创新推动经济转型成功后，中国经济增长沿着模式一的路径，跨越中等收入阶段，进入高收入阶段，经济增长到 2034~2035 年初步实现现代化；中国经济进入到内生转折点后，经济实现均衡发展，完成经济从要素积累的赶超阶段成功转型为创新驱动的均衡增长阶段。

（一）"赶超"增长模式与第一个百年奋斗目标实现

"赶超"的增长模式是以"要素—规模"推动的下凹型人均 GDP"S"形增长曲线，也就是"S"形曲线的第一部分，要素投入为主的增长方式。此阶段主要是以工业化和城市化的双重发展，这与以要素投入为主的增长方式相一致。第一个百年奋斗目标实现的内在经济逻辑在于工业化和城市化的双重发展，经济发展主要就在于通用技术部门的发展。通用技术部门由于技术和市场较为成熟，差异性小，生产经营风险较小，且通用技术部门在国内外均处于卖方市场，加上生产具有规模报酬递增，技术进步主要通过引进和模拟。因此，我国发挥了政府生产要素动员配置能力，这就保持了我国经济 30 多年的高速增长（见图 1）。

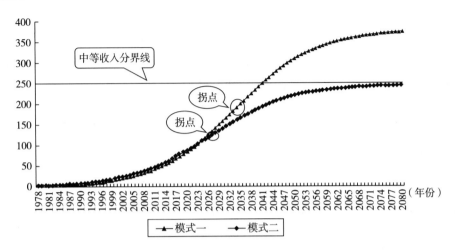

图1　我国增长方式与人均 GDP "S" 形增长曲线

注：模式一为 1986~2050 年我国经济增长以技术创新为主要的经济增长方式（具体的估计模拟方法见后文）；模式二为 1978~2050 年我国经济增长仍然以要素投资为主的经济增长方式。纵坐标是以 1952 年为基期并赋值为 1 的相对值。

从我国人均 GDP 的 "S" 形增长曲线来看，我国人均 GDP 产出轨迹符合递增的赶超曲线，增长模式仍属传统工业化道路。林毅夫（2012）归纳为 "赶超战略"，张军（2007）的 "过度工业化" 命题以及 "分权与增长" 的中国故事，刘世锦（2005）的 "低价竞争模式"，袁志刚等（2006）对中国经济的制度、结构和福祉三个角度的考察，中国经济增长与稳定课题组（2003，2009）的 "S" 形增长曲线及 "低价工业化""高价城市化" 的结构转变，宋铮和两位欧洲合作者（2011）概括的 "中国式增长"，都从不同角度揭示了中国增长模式的特点和转变方向。

在经济体制上，我国实行了由计划经济向市场经济转轨，政府在经济增长中发挥了动员资源型的作用，并且各级地方政府之间产生了竞争，这些有利于我国资源的调动和配置，使得资源由农业转向工业部门、农村流向城市，这就产生了产业结构转型升级和城市化聚集双重加速效应，使得我国经济保持 30 多年的高速增长。

有关中国增长模式中的政府行为，一方面，一类观点认为这是中国社会主义制度优越性的体现，集中力量好办大事，将其归纳为体制优势，归纳为 "中国模式"。但另一方面政府 "自由牟利" 与民间的经济自由并不相容，不应是中国模式流行的原因。贺大兴和姚洋（2011）则把 "中性政府" 作为 "中国模式" 的主要特征之一，认为这是中国经济增长取得成功的重要因素。

我国赶超的经济增长模式及第一个百年奋斗目标实现的内在经济机制有以下三个：

（1）非均衡的经济增长战略。后发国家经济赶超的利器是通过政府动员资源并配置到高增长的现代化部门实现经济增长的加速，典型的是运用政府动员体制有效地将农业资源转移到工业部门。目前中国是典型的高资源投入驱动的工业化，大干快上成为常态，在成为世界大工厂的同时，工业现代化水平则不高。

（2）生产要素快速积累。这种以要素投入为主的增长方式具有低成本、高投入特征。在中国经济由计划体制向市场体制的转轨过程中，要素市场化滞后于商品市场化，因而在相当长的时间内，土地、水、电等资源和资本、劳动力要素的价格具有政府干预因素，政府为激励企业加速完成原始积累，控制生产要素投入价格，使得土地、劳动力、投资品保持较低的投入成本，如能源、水等长期低于国际均衡价格，环境、自然资源和劳动力社保等成本约束低，或者根本就没有；国家垄断金融资源，尽力动员低价供给，优先提供融资等。

（3）积极参与全球贸易分工体系，技术进步以"干中学"机制为主导。通过对外开放积极参与到了全球贸易分工体系中，鼓励国际生产性资本的进口和商品的出口，最大限度地把国内低价的"无限劳动供给"和国际资本、广阔的海外市场结合起来，解决经济发展中的资金、资源和市场三大问题。市场化改革和国际化推进同步进行，在开放条件下由于"干中学"效应和竞争性创新机制的获得，诱导和激活国内实物资本和人力资本形成，保证了技术的引进吸收和自我创新。

（二）创新增长模式与第二个百年奋斗目标实现

第二个百年奋斗目标实现的经济内在逻辑在于，在全面建设小康社会的基础上，靠规模发展的通用技术生产的发展受到了限制，如技术引进和技术模仿型的技术进步边际收益递减，以及消费需求的变化等，这些都制约着通用技术的规模化发展。为了全面实现现代化，进入收入发达国家行列，我国必须大力发展知识技术部门，进行技术创新提高制造业的竞争力，通过知识密集提高服务业的现代化发展水平，在技术创新和知识密集的基础上各部门全面实现现代化（中国经济增长前沿课题组，2015）。"以人为中心"的后小康目标，积极发展"以人为中心"的广义人力资本服务体系，满足人们对生活美好的不断追求，解决好新时代的社会基本矛盾。

Gill 和 Kharas（2007）认为，"中等收入陷阱"的产生，是由于中等收入国家未能完成一些重要转型，包括生产与就业多样化程度的先增后减、投资重要性的下降与创新重要性的提升等。对于发展中国家产业结构过度服务化及由此导致的低生产率和低增长陷阱问题，Cimoli 等（2006）、Rada（2007）等进行了较为详细的阐释。对于20世纪70年代以后发达国家普遍发生经济减速的问题，一些研究如 Eichengreen 等（2011）通过统计分析对减速拐点进行了确认。

在实现第二个百年奋斗目标中，政府在经济增长中角色需要重新定位。由于技术创新具有差异性和不确定性，政府进行大规模的资源动员不利于技术创新，并可能带来更大的风险。同时，技术创新需要我国微观企业的行为方式也将做出调整，由经营型的企业转向技术创新型企业。政府在市场的技术创新中将会发挥更大的作用，同时对政府经济管理提出更高的要求。中国经济增长前沿课题组（2015）认为，构建新的创新机制需要重新定位政府角色，弱化干预、强化协调为了突破中等收入陷阱，给知识过程和知识部门成长创造环境，就需要弱化政府干预，强化政府在知识网络建设、疏通和新要素培育方面的功能。

二、增长阶段的跨越与经济结构现代化

1978 年中国人均收入仅为 200 美元，依据世界银行 2015 年最新给出的增长阶段划分标准，1978 年中国属于低收入国家（人均收入<1045 美元），而至 2016 年中国人均收入已达到 8260 美元，达到了中等偏高收入阶段（4125 美元<人均收入<12735 美元），以现在经济增长推算，预计 2025~2027 年我国就能成功突破人均 GDP13000 美元，进入高收入国家行列，中国将会成功实现阶段性跨越。按现有人民币与美元的兑换水平预计，2035 年中国人均 GDP 将达到 20000 美元，年均增长率为 4%~6%，我国经济结构将实现现代化，但经济增长需依赖于创新。

从国际对比来看，中国经济增长的阶段跨越是非常迅速的（见表 1）。作为大国跨越中等收入的中等偏低收入阶段，中国只用了 8 年，与东亚的日本、新加坡、韩国相仿。中国未来跨越仍然势头强劲，按一般趋势计算，2026 年中国跨越中等收入阶段达到高收入阶段，预计需要 16 年，与美国、韩国、智利等相当，但也有很多国家没有跨越，而且跨越后并不稳定。总的来说，跨越中等收入阶段本质上不是一个名义上跨越，如巴西、阿根廷、墨西哥都跨越过去，但经济停顿和币值大幅度贬值，马上会回到中等收入阶段。

表 1　中国与世界各个国家中等收入阶段增长情况

国家	1045 美元<人均收入<4125 美元	处于中等偏低收入阶段的年数	4125 美元<人均收入<12735 美元	处于中等偏高收入阶段的年数
中国	2002~2009 年	8 年	2010~2026 年	17 年（预计）
美国	—	—	1966~1980 年	15 年
德国	—	—	1973~1980 年	8 年
法国	1962~1972 年	11 年	1973~1980 年	8 年
日本	1967~1973 年	7 年	1974~1986 年	13 年
新加坡	1971~1979 年	9 年	1980~1991 年	12 年
韩国	1978~1987 年	10 年	1988~2003 年	16 年
巴西	1975~1995 年	22 年	1996~2013 年	>18 年
阿根廷	1964~1991 年	29 年	1992~2013 年	>22 年
智利	1971~1994 年	25 年	1995~2012 年	18 年
乌拉圭	1973~1992 年	21 年	1993~2012 年	20 年
马来西亚	1978~1995 年	18 年	1996~	>22 年
泰国	1988~2008 年	21 年	2009~	—

真正的中等收入阶段跨越需要完成三个飞跃：①经济结构的现代化，具有很强的自我调整能力和韧性；②创新对经济贡献明显提高，经济增长依靠内生创新力，这样才能有效地抵抗国际经济波动的影响；③国家治理现代化，具有激励的微观创新机制，有效平滑经济增长的波动、保持币值稳定、自我修复和宏观稳定能力等。

新时代经济转型的核心在于经济结构现代化、增长平稳、市场配置的创新驱动的内生增长模式。中国经济在赶超阶段取得了巨大成功，政府积极参与发展，要素投入积累、比较优势带来开放红利，形成了特定发展阶段的"规模—赶超"效应，经济高速增长。在高速增长的背后，也导致了区域发展的不协调、经济结构不平衡、资源环境不可持续的问题。经济增长模式效率重塑是重大战略问题，一方面延长赶超期，另一方面按新发展观理念进行平稳转型，推进经济增长步入创新、协调和可持续发展的轨道中，实现经济结构和国家治理的现代化。

经济结构现代化的标准很多，但有三个不变的基准：①从供给结构来看，中国要"着力加快建设实体经济、科技创新、现代金融、人力资源协同发展的产业体系"；②从需求结构来看，消费成为经济增长的基础性带动的力量，通过不断提高广义人力资本的消费比重，即科教文卫体的消费比重，提升人力资本，促进创新能力提高，满足人民日益增长的对美好生活的向往；③经济结构中的可持续、包容性的特征凸显，主要指各类跨期活动中，人们追求长期繁荣、协调、平衡的活动行为，不断替代短期利益冲动，如人的素质全面提高、绿色、共享等。

改革开放40年，中国成功跨越了两个阶段：一是由农业主导到工业化主导；二是由工业化主导再到城市经济主导。其产业结构特征是制造业的高技术与服务业的现代化共同托起中国的现代经济体系。

（一）产业结构现代化

我国产业结构呈现以下三个趋势（见表2）：

（1）保持工业比重，逐步提高高新技术企业占工业比。中国工业比重从2006年的42%峰值一直往下掉，2016年工业比重只有33.3%。一国工业比重与其国际竞争优势高度相关，国际竞争力来源于高新技术制造业。按OECD的发达国家计算，在人均GDP20000美元的期间，制造业可保持30%的比重，而高新技术企业增加值占制造业增加值的比重为25%，中国现在高新技术企业增加值占工业增加值的15%，预计2035年将会提高到25%，制造业将继续保持30%的份额（刘世锦，2017），完成产业结构现代化。

（2）中国服务业中知识密集型的金融和其他服务业增长迅速，其他服务中的科教文卫体等是中国现在需求最旺的部门，已经占到GDP的20.5%，成为仅次于制造业的第二大产业，但仍然分类不清归为其他服务业。其他服务业包含了科教文卫体等有关人力资源协调发展的主要行业，但这些行业多为事业单位供给，看病难、上学难等表明这类供给明显不充分。中国服务业结构自我调整的空间余地大。当前金融业占GDP的比重达到8.3%，已经居全球第一，提高余地很小，主要是提高金融的配置资源的服务效率，从传统金融转变为现代金融。未来服务业上升的空间集中在其他服务业中的科教文卫体等提高广义人力资本的生活服务领域，发展空间很大。

（3）绿色发展。低碳排放等绿色循环经济成为了经济的另一大动力来源，特别是自2016年的环保督察以来，迅速推动了绿色发展，更好地推动了产业组织的集中化。

表2　中国主要经济部门占比情况　　　　　单位：%

经济部门＼年份	1978	1988	1998	2008	2016
农林牧渔业	27.9	25.5	17.4	10.5	8.9
工业	44.1	38.3	40.1	41.2	33.3
建筑业	3.8	5.3	5.9	5.9	6.7
批发和零售业	6.6	9.8	8.1	8.2	9.6
交通运输、仓储和邮政业	4.9	4.5	5.5	5.1	4.5
住宿和餐饮业	1.2	1.6	2.1	2.1	1.8
金融业	2.1	4.3	5.1	5.7	8.3
房地产业	2.2	3.1	4.0	4.6	6.5
其他	7.2	7.5	11.9	16.6	20.5

资料来源：Maddison（2007）和《中国统计年鉴2017》。

中国供给结构现代化进展迅速，但逆现代化结构中的低劳动生产率的建筑业和房地产业在"政策激励"下快速上升，建筑业比重在2008～2016年上升了0.8个百分点，与此同时，房地产比重上升了1.9个百分点，其上升有反周期性的特征，对缓冲就业有意义，但不利于人力资本的积累和产业效率提高。

经济结构现代化的最主要特征是不再追求结构比例，而是追求效率最高，最适合一国竞争力优势的发挥和长期发展。从国际经验来看，随着收入的增加，服务业占比逐步提高，并不是所有的国家都是一致的。偏于制造业的德国、日本，它们的服务业稳定在70%，而韩国则一直稳定在60%。制造业对一国提高生产率是重要的。中国在2035年以前，制造业发展的关键是升级，持续提高高新技术制造的份额。我国去工业化速度过快，保障制造业30%的份额是中国进一步发展的根本性物质保障，但靠原有低成本竞争优势已经不可能了，必须转型升级，靠技术和质量优势保持份额。中国经济服务化趋势在继续加强，但服务业的根本是现代服务业，特别是与人有关的知识密集型服务业，但现在这些服务部门保持较高的行政垄断性，劳动生产率难以提高，还会因管制不断提高服务价格，导致"鲍莫尔成本病"，拖累经济的增长。中国服务业的体制改革和结构优化是未来发展的重要方面，核心是加快为人力资本等科教文卫体等产业的发展，并积极推动金融现代化转型，提高全社会要素配置效率。

（二）需求结构现代化

中国经济40年发展，需求结构发生了以下两个变化（见表3）：①出口贡献在中国快速发展的1995～2008年起到了决定性的作用，利用比较优势，中国经济增长高速发展。2009年后中国经济逐步转向内需，净出口对经济增长贡献基本是负的，中国带动了全球经济的复苏，当然全球经济对中国经济的带动意义仍然很大。②中国需求结构逐步均衡，2016年消费贡献率达到64.6%，也校正了改革开放之初的投资贡献率高达67.8%畸形投资，经济逐步平稳均衡。

表3　中国需求端各部分对增长的拉动　　　　　　　　　　单位:%

年份	1978	2008	2016	1978	2008	2016
	增长拉动			贡献率		
消费	4.5	4.3	4.3	38.3	44.2	64.6
投资	7.8	5.1	2.8	67.0	53.2	42.2
净出口	−0.6	0.3	−0.4	−5.3	2.6	−6.8

资料来源：历年《中国统计年鉴》。

当前城市消费实际增长偏慢，2017 年 1~9 月，城市消费实际增长率只有 4.5%，城市居民消费和投资主要被住房占了大量资源，居民住房消费支出占消费的比重为 22%，与之相匹配的是交通通信占比 13%，而在居民收入中还息占收入的 9%，因此住房消费整体偏高不利于消费作为城市经济的基础动力。中国需求结构逐步均衡，但其内在动力和结构都有不少挑战和调整的空间。

工业化带动了城市化，体现在大量农村剩余劳动力进入现代化部门，工业在城市及城市周围的全面发展推动了城市开发区、工业园区迅速建立，城市化加快推进，农民身份不断转换为城市人口。随着工业化增长稳定或下降，城市化率的提高完全由经济服务化推动的非农就业比重上升所带动。工业化带动了城市化发展，而城市化的发展决定了一个国家经济结构的现代化，其经济结构均衡，本质上更表现为人口资源配置和城市创新功能的塑造。

三、深度城市化与创新转型

一国现代化基本构建是城市经济，新时代发展阶段更为显著地表现为城市经济的成长和发展，它决定了中国中长期的增长潜力。城市化发展阶段和城市经济创新转型是基本实现现代化的关键。2016 年中国城市化率达到 57.35%，按城市化规律曲线计算（见图2），2019 年城市化率突破 60% 进入深度城市化，城市化不是仅靠农村向城市进行人口转移了，而是取向于城市人口自然增长率快于农村人口自然增长率获得的城市化率提高，因此城市化过程逐步从数量扩展转向深度城市化。2023 年城市化率突破 65%，进入亚洲国家城市化放缓阶段，2028 年中国城市化率将突破 70%，按国际城市化规律进入缓慢增长阶段，城市化带动的大"建设周期"（Building Cycle）将在 2023~2028 年逐步结束，城市化带动经济增长告一段落，城市化转变为深度城市化。经济增长模式必须完成从要素驱动向创新驱动转型，中国经济要靠城市经济带动创新发展，到 2035 年城市化率超过 75%，2050 年城市化率将达到 85%，中国将"建成富强、民主、文明、和谐的社会主义现代化国家"。

城市化推动创新转型不同于工业化创新转型，它创新的特征是从单一物化类发展转向创新、要素配置和人力资本发展与实体经济并重的新产业体系，即"着力加快建设实体经济、科技创新、现代金融、人力资源协同发展的产业体系"。新时代的转型发

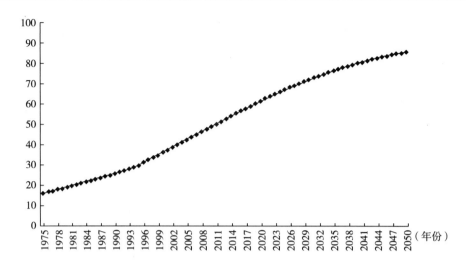

图 2　未来 2050 年我国城市化率模拟预测

注：该图中的城市化率的预测来自《我国可持续经济增长的城市化研究》（陈昌兵，2016）中的"城市化率'S'形增长曲线及估计"，并根据最新数据进行了修正。

展从传统工业化时期偏于产业结构政策目标，转向"质量、效益、动力和提高全要素生产率"的新现代化政策目标体系。深度城市化更加强调城市的社会转型等多方面探索。从现实发展的趋势看，中国经济转型的根本在于三个方面：①提高全要素生产率是中国创新转型的重中之重，创新转型核心是看全要素生产率贡献能否持续提升；②深度城市化创新转型就是要提升人的"广义人力资本"消费比重，提高教育与健康水平，形成消费提升人力资本，再提升创新—效率；③建立新时代配置要素效率和激励动能的社会主义市场经济体制，优化资源配置和激励创新。

（一）迈向高质量、高效率的发展，提高全要素生产率贡献

中国经济迈入中高端发展阶段必须重视两个效率的同步提升。只有劳动生产率不断提高，人民的收入水平才能稳步提升，劳动生产率的增长速度直接决定了工资水平的提升速度，同时，劳动生产率增长反映了人力资本深化程度并决定了一国福利水平。在工业化过程中，劳动生产率的提高依靠的是"资本密集"来提升劳动生产率，而经济结构服务化后，劳动生产率提升依靠的是"人力资本密集"来实现劳动效率提升。全要素生产率对经济的贡献不断提高，是企业技术进步与资源配置效率提升的综合反映。只有全要素增长率超过要素投入带来的增长时，才能提高全要素生产率的贡献率，而且全要素生产率的贡献率视为内生增长贡献水平的测量。放大至一国来看，全要素生产率的贡献提高意味着一个国家经济增长逐步摆脱要素投入带来的增长，进入到内生增长的道路，而全要素生产率增长本身就是克服人力、资本深化带来的规模报酬递减等问题。

改革开放至今 40 年的增长中，中国资本投入对 GDP 增长的贡献一直维持在 70%~80% 的水平，综合考虑资本、劳动力对增长的贡献之后，效率改进对 GDP 增长的贡献

大致维持在 20%~30% 的水平。显然，这种较低的 TFP 的贡献，是中国资本驱动的增长模式的特定现象：①资本存量增长持续加速。由表 4 可知，在经济持续超高速增长的 1978~2007 年，资本存量平均增长率为 11%，无论与哪个发展阶段相似的国家相比，这个资本积累速度都是绝对高的。预计 2008~2018 年，虽然中国的潜在增长率下降，但是资本存量的增长率仍然维持在 11%~12% 的高水平。②资本边际收益持续递减。长期的投资依赖导致资本边际报酬递减，而且报酬递减和低增长的不良循环以及中国资本驱动模式路径依赖的低效率问题越来越明显。1978~2007 年，资本效率（Y/K，即 GDP 与当年投资之比）为 0.302，至 2008~2015 年，中国资本效率仅为 0.079。

表 4 我国经济增长的生产函数分解

	1978~2018 年	1978~2007 年	2008~2018 年
［潜在增长（生产函数拟合）三因素］	9.50	10.03	8.08
资本投入（K）：弹性	0.635	0.636	0.631
资本贡献份额 = （［2］×［8］）/［1］	71.69%	64.83%	87.05%
劳动投入（L）：弹性	0.365	0.364	0.369
劳动贡献份额 = （［4］×［11］）/［1］	8.73%	11.84%	2.23%
tfp：增长率	1.86	2.34	0.866
tfp 贡献份额 = 100-［3］-［5］	19.58%	23.33%	10.72%
资本投入增长率（$k=dK/K$）= ［9］×［10］	10.99	10.96	11.04
（净）投资率（I/Y）	45.44	39.31	130.76
资本效率（Y/K）	0.242	0.302	0.079
劳动投入增长率（$l=dL/L$）= ［12］+［13］	2.272	3.263	0.504
劳动年龄人口增长率（pop_L）	2.603	3.709	0.657
劳动参与率变化率（θ_L）	−0.331	−0.446	−0.153
劳动生产率增长率（$y=Y/L$）= ［15］+［16］	3.741	3.88	3.433
资本效率（Y/K）增长率	−5.429	−4.765	−7.12
人均资本（K/L）增长率	9.17	8.645	10.553

注：中国社会科学院经济研究所. 经济蓝皮书夏季号：中国经济增长报告（2017~2018）［M］. 北京：社会科学文献出版社，2017.

由简单的柯布—道格拉斯生产函数计算得出中国 TFP：①1978~2007 年中国高峰增长期间，TFP 贡献对经济增长 23.33%，细算 1993~2007 年中国 TFP 对经济增长的贡献超过了 35%（陆明涛等，2016）；②2008~2018 年增长速度下滑期间，计算得到中国 TFP 对经济增长的贡献降低至 20% 以下，这是因为，经济增长主要是靠大规模刺激资本积累的方式进行。展望未来增长，资本规模递减特征将会越来越严重，如不改变 TFP 对经济增长的低贡献现状，潜在经济增长率将会持续下降。

一般而言，内生增长的测算有两个重要维度：①全要素生产率对经济增长的贡献保持在 30%~40% 的水平，经济进入较为稳定的发展阶段；②劳动产出弹性提升到 0.60 左右，这表明该国消费主导，人力资本主导。中国资本产出弹性依然高达 0.60 左右，而全要素生产率贡献下降到 10%，这些说明中国经济增长仍然处于资本要素驱动的状态。中国经济转型任重道远，这里包括如何提升劳动者的收入水平，让消费真正成为推动经济的基础性力量；注重人力资本对创新和要素优化配置对全要素生产率的贡献，从而提高全要素生产率对经济增长的贡献。

（二）消费与人力资本积累的良性互动是国家创新的核心

从城市化率与消费率之间关系的国际经验来看，消费率与城市化率呈现倒"U"形曲线（见图3），即城市化率超过56.19%，消费率不断提高，中国2015年城市化率超过56%后，消费率持续上升，"消费对经济发展的基础性作用"不断加强。城市化推动消费率提高是发展的趋势，消费提升的本质是"对美好生活的向往"，包括的不仅仅是一般物质的满足，而是高品质的生活品和现代服务的需求，特别是能提升"广义人力资本"的消费，即科教文卫体。

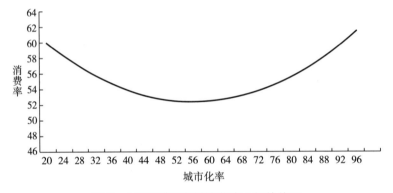

图3 中国消费率与城市化率之间的关系

注：图中消费率与城市化率之间的关系是基于中国省（市）城市化率与消费率关系（（1994～2015年）计算的城市化率与消费率的曲线，城市化率的转折点为56.19%（来自《我国可持续经济增长的城市化研究》（陈昌兵，2016））。

从我国城市居民的消费结构来看，当前消费主要集中在吃、穿、住、行、用上，2017年1~9月，其消费占比达到80.5%，而教育文化娱乐和医疗健康占比为19.5%。从国际比较来看，中国教育文化娱乐和医疗健康占比与发达国家占比超过40%相比是偏低的，这是因为，一方面是与我国所处的发展阶段有关；另一方面也是与住房加上交通支出占比高达35%有关，挤占了"广义人力资本"的消费。

人力资本积累是我国实现第二个百年奋斗目标的关键，城市化在人力资本积累上应具有集聚效应，我们应发挥城市化在人力资本积累上的集聚效应。与此同时，人力资本的积累过程，也是我国消费升级的过程，形成人力资本积累和消费升级的良性互动。

未来10~20年是我国突破原有增长模式锁定困境、向提高效率和技术创新转型的关键时期。在这样的背景下，人力资本积累引领经济向技术创新转型，实现人力资本提升的消费和知识外溢能力的城市化。其根本在于分析新要素的出现，如教育、信息、创意、法律制度、企业家精神等对城市化发展的影响；消费端则是大量知识产品的消费提升人力资本，这些新要素才能导致我国技术创新转型。

过去 30 多年里，我国突破了"贫困化陷阱"，实现了工业化和城市化的快速扩张。但在经济快速发展的同时，也存在着供给效率低下等现实问题。与以往依靠物质资本积累和廉价劳动力的工业化模式不同，现阶段城市化可持续增长，不仅需要考虑生产供给面的效率，而且需要考虑消费模式的升级及其与生活模式的协同，广义人力资本和知识部门的发展应成为城市化可持续增长的新增长动力。知识技术部门自身不仅具有内生性，而且以其外溢性促进传统产业部门的发展，以此打通消费和生产一体化，有利于结构转型和经济升级。知识部门的生产与消费过程，也是人力资本提升和创新内生化的过程。在当前物质资本的增长驱动力减弱，同时城市居民收入提高及需求升级的条件下，加快政府、科、教、文、卫、体等公共部门和事业单位改革，大力释放知识技术部门的产出能力与消费潜力，转向"广义人力资本"积累和知识消费主导的创新增长，是实现我国城市化可持续增长突破的关键。

目前我国正处于亟须提高创新能力、转变增长方式、促进城市化的可持续增长这一关键时期，人力资本将发挥越来越重要的作用。城市化的集聚如何影响人力资本积累，保持我国城市化可持续增长有着显著意义。

正如 Duranton 和 Puga（2004）分析城市化的集聚微观基础时，提出城市化的分享、匹配和学习等机制提高集聚效应，这些机制尤其适合城市化的人力资本集聚效应。城市居民较为容易共享公共教育资源，但农村居民进入城市很难平等享受城市的公共教育；我国城市化中存在着公共卫生保健等方面的不平等；我国人力资本存在着严重的市场分割，劳动力之间缺少交流等，这些因素将影响我国人力资本积累的城市化集聚效应机制。

城市化有利于人力资本积累的集聚效应主要体现在以下三个层次：一是公共教育、培训等方面的社会服务；二是医疗卫生保健提高生活质量等方面的公共福利；三是由于城市居民具有接近优势有利于人际交流从而提高技能性的人力资本。因此，在城市化发展过程中，我们应发挥城市化这三个层次的人力资本积累集聚效应。

由世界追赶经济成功经验来看，增长阶段呈现出两个并行的路径，即生产模式的两步跨越和消费模式的两步跨越：每一步跨越都是模式特征的重新塑造和效率增进方式的再调整。消费模式的两步跨越：第一步跨越是在消费从属于通用技术生产模式的情况下，通过生产扩张满足基本物质品和服务需求；第二步跨越是通过广义人力资本积累，带动消费主导增长路径的生成，满足高质量物质品和高层次服务品需求。第二步跨越实质上就是人力资本积累与消费升级的良性互动。

新时代中国创新发展在生产方式与消费模式，因为都强调知识过程的重要性，两者一体化趋势日渐明朗。新部门的产生直接来自消费结构中高端项目活力的激发，反映在广义人力资本中的消费项目，对价值创造直接发生作用并促进独立的知识技术部门的形成。独立的知识技术部门以其外溢性，提升通用技术水平、过滤掉低层次产业结构，促进整体经济结构的优化升级，内生过程由此建立。这种知识技术过程，直接与新卡尔多事实相对应，新要素，包括知识、教育、信息、创意、制度、范围等，成为报酬递增的有力支撑。

新的消费需求满足，就是知识生产与知识消费一体化的过程，消费中的广义人力资本是破除消费投资障碍的核心，消费结构升级与人力资本积累之间是一致的。首先，与高级化的消费结构相匹配的知识部门的存在，其自身人力资本创新创造具有高价值的生产特征，因此，它的出现是打破传统资本驱动的生产方式的重要表征，这是人力资本积累的结果；其次，消费结构升级对物质产品质量的升级也提出了要求，要求生产模式升级，从而推动了人力资本的积累。直观来看，在理想的演替条件下，消费模式存在"劳动密集产品消费—耐用消费品消费—知识技术产品消费"的消费升级，生产模式应当与这种要求相一致，这就包含了人力资本积累与消费升级良性互动。

消费和服务业增长的关键不在于规模、比重，而在于经济结构升级，尤其是知识过程作用的发挥，也就是人力资本积累和生产中的运用及创新价值的实现。向发达城市化的增长转换时期，可能有两条导向性路径：一是囿于工业化规模扩张的惯性，服务业的发展以低技能的劳动力再生产为主；二是以知识过程为支撑的服务业的增长。经济结构服务化过程中，服务业规模扩张和比重增加是不可避免的趋势，但是推动这种状况的动力应该是服务业的结构升级，以及消费结构升级与服务业增长的联动。基本品需求满足后，尤其是理论和现实中的丰裕社会到来时，消费者选择日益与多样性、新奇性的心理需求联系起来，特别是服务业—当代知识信息的迅速发展，促进了消费时尚的易变性和快速传播，消费者对新奇的主动的、内在的追求，推动消费和服务业结构升级。知识过程在时间和空间上赋予消费效率含义，并体现在知识密集型服务业的要素化趋势中。

随着时间知识流的动态增长累积以及知识存量的更新，跨期的人力资本要素的培育，需要消费结构升级的支撑，消费结构中科教文卫部门的增长，从知识流的动态增长角度，已经突破了传统静态成本的范畴而具有动态效率。消费结构升级、人力资本升级、服务业结构升级，在促进知识生产配置的同时，不断推动知识链条的延伸，并以此为纽带连接起国民经济的各个部门，在这个过程中，资本深化能力也得到提升。

知识过程的发生、循环和扩展，本质上是物质生产循环向以人为载体的知识循环体系的转换。因此，循环的起点逐步从生产转向消费，通过知识消费、知识网络的互动产生高质量的知识消费服务和创新溢价。知识过程如果不能有效地融合到传统的物质生产循环之中，那么，服务业升级转型和以人为主体的知识服务循环体系也将会失去作用。因此，为了实现第二个百年奋斗目标，消费升级、服务业升级转型及以人为主体的知识服务循环体系的人力资本积累应形成一个良好的互动机制：以人力资本积累需要的消费升级，消费升级推动了以人力资本为基础的创新性产业升级，而创新性产业升级为人力资本积累给予报酬。

以人民为中心，化中国新时代社会主要矛盾冲突运动为发展的动力，探索中国城市经济转型，经济增长模式升级，明确短板，改革不适应未来发展的体制，积极进取推进全民经济共享发展，实现中国现代化强国是确定的。

四、国家治理现代化与改革方向

中国经济现代化体系建设不仅表现在结构、效益上，更表现在市场配置、动力机制等国家治理体系和治理能力的现代化过程。完善和发展中国特色社会主义制度，推进国家治理体系和治理能力现代化，是党的十八届三中全会提出的全面深化改革总目标。"国家治理体系是在党领导下管理国家的制度体系，包括经济、政治、文化、社会、生态文明和党的建设等各领域体制机制、法律法规安排，也就是一整套紧密相连、相互协调的国家制度；国家治理能力则是运用国家制度管理社会各方面事务的能力，包括改革发展稳定、内政外交国防、治党治国治军等各个方面。"国家治理体系和治理能力是一个国家制度和制度执行能力的集中体现。国家治理体系的完善程度及治理能力的强弱，是一个国家综合国力和竞争力的重要标志。

经济治理体系中的市场治理、政治治理体系中的政府治理和社会治理体系中的社会治理，是国家治理体系中三个最为核心的要素。中国改革开放 40 年的一个基本经验就是，坚持市场化改革和积极对外开放，才能优化资源配置，激励创新发展。党的十九大报告指出，"经济体制改革必须以完善产权制度和要素市场化配置为重点，实现产权有效激励、要素自由流动、价格反应灵活、竞争公平有序、企业优胜劣汰"。从微观治理的角度来看，当前改革突破的重点就是深化国有企业改革，按照做大做强做优国有资本的思路，突破国有资产这一固定性概念，从国有资本预算入手进行国企改革，将极大地推动国有效率的提升和混合所有制经济的发展。在市场经济治理方面，强调了全面实施市场准入负面清单制度，打破行政性垄断防止市场垄断，加快要素价格市场化改革，放宽服务业准入限制，完善市场监管体制。

政府和社会治理都与财政体系改革密不可分。中国经济已经迈入新发展阶段，宏观调控和政府治理的经济基础发生了根本的变化，基于工业化的宏观调控和政府治理体系经过了近 25 年的实践，需要基于城市化和创新转型的思路进行重新设定和积极调整了。城市化的公共服务需求日益增加，而公共服务具有属地性质，建立地方税种已经时不我待，需要建立新的财税体制，以适应深度城市化发展的需求。在财税体制上，要对税收、支出、征收等各个环节进行综合改革：第一，基于增值税的间接税收体制要积极向直接税转型；第二，税收体制要符合现代治理体系的建立，特别是以城市经济为主体的体系下，强调税收与支出的匹配性，征税主体要从单一法人征收向着法人与自然人征收体制转型，征管环节从单一生产环节转向生产和消费环节，纳税与享受公共服务逐步连接起来；第三，重新厘清中央与地方的事权，提升统筹等级，保障人这一活跃的创新要素自由流动；第四，政府从干预经济转向公共服务体系；第五，政府行为逐步纳入法制框架中，特别是税费、举债、支出等方面需要立法管理。治理的现代化和宏观调控的稳定化需要财政体制的改革，同时需要金融体制的转型，让金融更好地服务实体，在财政和金融双支柱建立的宏观调控机制上，构建法制健全的多层次资本市场，激励技术进步和资本要素配置优化。

中国市场化改革、财政、金融等宏观治理体系改革当务之急就要提高国家防范系统性风险和激励经济转型新宏观治理体系，保障中国经济跨入高收入和高质量的发展阶段。从全球增长的一般规律来看，只要中国经济增长保持高于发达国家的均值（低于 4%）增长，保持汇率的稳定，中国与发达国家人均 GDP 就会不断收敛，成功跨越高收入国家的行列。宏观稳定不是消极的，而是要"稳中求进"，在宏观稳定的同时要激励国家向高质量、创新型转型。

中国宏观政策体系在不同的发展阶段下具有不同的稳定作用和激励性特征。在传统计划经济中，国民经济计划替代了市场和企业行为，综合平衡稳定经济，优先发展重工业成为经济发展的统领，政府直接干预经济，形成了大起大落的格局，政府干预是经济不稳定的来源。改革开放后，特别是 1994~1995 年基于工业化发展阶段，我们建立了财政、货币的宏观调控体系，稳定了经济，历经 1997 年亚洲金融危机和 2008 年国际金融危机的冲击，都起到了稳定经济的积极作用。中国宏观政策目标设定也随着经济增长阶段的变化而变化，经济增长从"又快又好"，而后转为"又好又快"，现阶段是从"高速度转向高质量"，宏观政策目标是"稳中求进"，宏观激励体系发生了根本的变化。

市场化改革、微观国有企业和政府主体改革和宏观调控都是国家治理体系建立和治理能力现代化提升的根本，实现国家治理现代化，市场配置资源才能起到决定性作用，宏观稳定机制才能完善。只有国家治理能力不断提高，到 2035 年中国才能从真正意义上基本实现现代化。

参考文献

[1] 陈昌兵．我国可持续经济增长的城市化研究［M］．北京：中国经济出版社，2016.

[2] 贺大兴，姚洋．社会平等、中性政府与中国经济增长［J］．经济研究，2011（1）.

[3] 林毅夫．解读中国经济［M］．北京：北京大学出版社，2012.

[4] 刘世锦．增长模式转型压力与战略选择［J］．经济学动态，2005（9）.

[5] 刘世锦．老经济与新动能［M］．北京：中信出版社，2017.

[6] 魏加宁．如何实现国家治理现代化［M］．北京：中国发展出版社，2017.

[7] 袁志刚．中国经济增长：制度、结构、福祉［M］．上海：复旦大学出版社，2006.

[8] 张军．分权与增长：中国的故事［J］．经济学（季刊），2007（1）.

[9] 张平，郭冠清．社会主义劳动力再生产、劳动价值创造与分享：理论、证据与政策［J］．经济研究，2016（8）.

[10] 中国经济增长前沿课题组．突破经济增长减速的新要素供给理论、体制与政策选择［J］．经济研究，2015（11）.

[11] 中国经济增长与宏观稳定课题组．中国可持续增长的机制：证据、理论和政策［J］．经济研究，2008（10）.

[12] 中国经济增长与宏观稳定课题组．城市化、产业效率与经济增长［J］．经济研究，2009（10）.

[13] 贺大兴，姚洋．社会平等、中性政府与中国经济增长［J］．经济研究，2011（1）.

〔14〕林毅夫．解读中国经济〔M〕．北京：北京大学出版社，2012．

〔15〕刘世锦．增长模式转型压力与战略选择〔J〕．经济学动态，2005（9）．

〔16〕袁志刚．中国经济增长：制度、结构、福祉〔M〕．上海：复旦大学出版社，2006．

〔17〕袁富华，张平，陈昌兵等．突破经济增长减速的新要素供给理论、体制与政策选择〔J〕．经济研究，2015（11）．

〔18〕魏加宁．如何实现国家治理现代化〔M〕．北京：中国发展出版社，2017．

〔19〕张平，陈昌兵，刘霞辉．中国可持续增长的机制：证据、理论和政策〔J〕．经济研究，2008（10）．

〔20〕张平，郭冠清．社会主义劳动力再生产、劳动价值创造与分享：理论、证据与政策〔J〕．经济研究，2016（8）．

〔21〕张军．分权与增长：中国的故事〔J〕．经济学（季刊），2007，7（1）．

〔22〕中国经济增长前沿课题组．突破经济增长减速的新要素供给理论、体制与政策选择〔J〕．经济研究，2015（11）．

〔23〕中国经济增长与宏观稳定课题组．城市化、产业效率与经济增长〔J〕．经济研究，2009（10）．

〔24〕Cimoli M., Primi A. and Pugon M. A Low-growth Model：Informality as a Structural Constraint〔J〕．CEPAL Review，2006（88）．

〔25〕Duranton G. and Puga D. Microfoundations of Urban Agglomeration Economies〔A〕//V. J. V. Henderson and Jacques François Thiss. Handbook of Regional and Urban Economics，2004（4）：2063-2117．

〔26〕Gill I. and H. Kharas. An East Asian Renaissance：Idea for Economic Grouth〔R〕．World Bank，2007．

〔27〕Grossman G. M. and E. Helpman. Quality Ladders and Product Cycles〔J〕．The Quarterly Journal of Economics，1991，106（2）：557-586．

〔28〕Eichengreen B., Park D. and Shin K. When Fast Growing Economies Slow Down：International Evidence and Implications for China〔C〕．NBER Working Paper，2011．

〔29〕Rada C. Stagnation or Transformation of a Dual Economy through Endogenous Productivity Growth〔J〕．Cambridge Journal of Economics，2007，31（5）．

〔30〕Romer P. M. Endogenous Technological Change〔J〕．Journal of Political Economy，1990，98（5）：S71-S102．

〔31〕Song Z., et al. Growing Like China〔J〕．The American Economic Review，2011，101（1）：196-233．

7 中国"人口转变"下的增长与双循环发展战略 *

张 平

"加快构建以国内大循环为主体、国内国际双循环相互促进的新发展格局"列入"十四五规划纲要",双循环战略也成为了中国研究的热点问题。本文在梳理现有研究的基础上,从"人口转变"下的增长逻辑诠释双循环发展的必然趋势、理论逻辑和现实挑战,旨在分析中国如何打破对国际大循环"路径依赖",向双循环战略转变。中国必须通过国内结构性改革,提高劳动份额促进消费;通过人力资本与创新效率的同步提高,构建以国内大循环为主体的循环体系。对外要深化"一带一路"倡议,积极推进高水平对外开放,实施"双循环"战略。

本文分为四个部分:一是基于增长理论的双循环战略考察,双循环战略研究已经取得了丰硕的成果,本文在吸收已有的研究成果中形成统一的研究框架;二是对"人口转变"下的中国的发展趋势做一些典型的经验事实计算,理解中国新增长格局下双循环战略的关键点和动力机制分别是什么;三是探索我国经济增长与战略从"人口红利"向"人才红利"转换的关键变量,国际上的可能路径、潜在风险和动力机制;四是改革基于出口导向工业化建立的政策框架,积极采取"社会投资"(The Social Investment Package,SIP)导向的福利政策,进行市场结构性改革和宏观管理体制改革,推动中国经济转向基于共同富裕的以国内大循环为主,国内国际双循环相互促进的新格局。

一、基于增长视角的中国经济双循环战略研究

中国双循环战略的理论分析主要源于各自的理论角度,基于政治经济学、国际贸易、国际要素流动、重振内需等的视角研究均很丰富,本文的理论梳理主要是从增长的视野进行分析,希望把双循环理论纳入增长的分析框架中,从而提炼在新增长格局下的"双循环"增长动力机制,突破原有的国际大循环战略带来的路径锁定。当前国内研究双循环战略基本上主要涉及以下四个非常重要的领域:

第一,政治经济学角度研究商品交换和资本交换。早在资本主义发展的早期,马克思就已经指出了"资本与劳动"的不平等交易,而后不断拓展,拉美国家的学者讨论了中心(发达经济体)与外围(后发国家)的不平等交易,发展出了基于生产价格和货币优势的"中心—外围"的不平等国际交换理论。基于全球投入产出体系形成的

---

* 全文发表于《社会科学战线》2021 年第 10 期。

"国际价值转移"理论和实证框架，国内学者依据中国数据做了分析，均揭示了不平等交换和货币权利特性。从增长的视角看，"中心—外围"理论静态研究的资本与劳动的不平等交换是非常有意义的，但忽视了后发国家可以通过剩余劳动与资本结合中具有的增长效应。中国吸引外资，与剩余劳动力相结合，并获得"干中学"的技术模仿和扩散从而进行了工业化的动态赶超。中国通过改革开放，利用"人口红利"实现了"双赢"；通过积极参与国际大循环，形成了自己的比较优势，加入WTO加快实现了出口导向型的工业化，摆脱"贫苦陷阱"，即将突破"中等收入陷阱"。不同经济发展阶段的机制设计能将"资本与劳动"要素的不平等交换转变为经济增长。根据中国第七次人口普查数据，"人口红利"逐步消失，消耗中国劳动力的国际大循环阶段即将结束。中国迫切地需要转向"人才红利"阶段。通过压低劳动报酬参与国际大循环要让位于提高劳动报酬促进消费、提升人力资本和企业创新效率为基准的国内大循环为主体的循环体系。劳动收入、人力资本和创新效率同步提高的"人才红利"阶段，要改变劳动与资本交换的机制。

第二，参与全球价值链（GVC）的国际分工体系的产业交换与国际价值循环的路径。这一大类研究是国际贸易与增长研究的结合，突出了基于产业内交换的全球价值链（GVC）的研究。随着全球工业化步伐的加快和各国产业不断演进，国际贸易理论快速发展。传统贸易理论中的完全竞争、同质性厂商和最终产品交易内容被不完全竞争、异质性厂商和中间产品交换的特性所替代，基于中间品贸易的全球价值链理论和实践形成了所谓的"新新贸易理论"。产业间贸易逐步关联到了一国产业的价值链长度、位置提升、产业创新等多方面，国内外学者在这方面做了非常多的创新性研究，包括：①全球GVC增加值的测算，基于全球投入产出表计算全球产业链的分工体系，对简单价值链和复杂价值链等渠道进行核算。②投入产出中间品进出口与国内产业创新升级等，国内学者分析了中国在GVC体系下的"共轭循环""大国市场对新技术的诱导"。③全球价值链的相关测量与微观计量，包括产业长度、位置、外包、产业内贸易等研究，该领域的研究非常广泛，也是中国双循环战略研究的重点领域。④中国的"一带一路"的分析很多，中国通过支持"一带一路"基础设施开发，推动后发国家的发展和产业转移，研究资本输出和产业转移对于延长中国产业的生命周期的影响，以及参与"一带一路"的国际治理等。

第三，基于重振国内市场与国内结构的讨论。这方面很多学者探索，特别讨论了以中国为主的循环协调国内国际循环。讨论国内NVC（国家价值链）主导与国际主导的不同的GVC过程，探讨了以国内为主推进国际大循环的研究。有更集中于大国模型空间开放的研究，也有基于大国模型的宏观管理体制建立问题的分析。有专门讨论国内广义人力资本消费—创新效率补偿的循环分析，有的研究更集中地讨论结构转变、创新和产业升级。

第四，更广泛的国际与中国互动的相关国际政治关系、贸易制度与全球治理、累积成本、资本流动和汇率等重大问题讨论。许多研究基于GVC讨论了货币、累积成本、税收、制度质量、国际价值链治理、贸易体制等，并进行了模拟计算。基于GVC

探究了人民币、累积成本等的影响、全球规则和治理以及贸易体制对中国的影响是一个重大领域，有很多代表性的研究。相关的资本流动与汇率对贸易的影响的讨论也非常丰富。此外，还有涉及地缘政治和空间布局对贸易等诸多讨论。

综上所述，本文主要是从增长阶段和人口转变的双重转换的动态角度去考察中国经济双循环发展的路径、体制和战略切换的关键变量，通过国际比较试图对内在的机制给予说明。希望在前面理论研究的基础上，重点集中在不同发展阶段下的经济增长与要素循环特征和内在逻辑分析，希望破解中国从国际大循环路径和路径锁定下逐步切换到经济双循环的道路上。

研究将更集中于经济增长阶段和人口转变下劳动—资本要素分配、扩大国内需求和提升创新效率的国内新循环系统。政策上强调市场结构性改革，提升人力资本的匹配效率，提出了借鉴"社会投资国家"为导向的福利体制转型，将社会投资更多地支出在人力资本上，推动国内"人口红利快速转向人才红利"，形成人力资本提高—创新效率提高，推动产业升级，并积极推动中国与国际要素和产品交换，参与到国际治理中，逐步形成以国内为主和国际循环互动的双循环格局。中国摆脱基于出口导向的国际大循环道路锁定，最需要的是国内结构性改革，才能扩大内需、人力资本提升和产业升级，而当前国际不断变换的不确定性冲击正好为本文双循环转换提供了契机。

中国加入国际大循环取得令人瞩目的成绩，但也不可避免地带来一些负面影响。加入全球价值链循环后，发现参与"国际大循环"对劳动份额的抑制，从而压制了内需的提升。随着中国市场化改革的深入，企业积极嵌入 GVC 生产网络显著降低了其内部劳动力要素的收入占比，实证进一步发行加入复杂 GVC 比加入简单 GVC 对中国要素分配有着更强的负作用，比国内中间品协作对劳动份额压制更大。

每次外部冲击对出口导向国家都是一次国内结构性改革和再平衡的机遇。1997 年亚洲金融危机，推动了中国积极财政政策和房地产、土地新政，推动了城市化发展。2008 年中国历经了国际金融危机冲击，国内外经济进入第二次再平衡，开启中国四万亿基础设施投资，加速了中国城市化和服务业大发展，人均 GDP 突破 1 万美元。每一次外部冲击都会推动国内经济的调整和再平衡，或称启动了新的价值循环模式。2020~2021 年全球新冠肺炎疫情冲击，全球供应链调整，中国继续得益于国际需求，增长的路径高度依赖于国际需求，一方面表明我国的疫情防控成就高，供应链稳定；另一方面也说明经济对外依赖度高。随着疫情和国际政治形势变化，全球供应链基于"安全"再调整，中国将迎来第三次再平衡调整。中国在此次再平衡调整中，需要积极地切换增长的路径。提升劳动分配份额，加大"社会投资"的福利支出，重振国内需求，加快累积人力资本，提升创新和生产效率成为了路径转换的关键所在。增长路径的转换需要市场结构性改革，特别要重视"人口转变"这一发展新特征，重点要放在劳动力市场上进行改革，并同时推进宏观管理体制的配套改革，以改革促进新的再平衡。

人口转变是经济发展过程中富裕后的一个内生性问题，中国迎来了以人力资本为目标的"人才红利"的新发展阶段。通过提高广义人力资本消费比重，加大社会人力资本投资，通过有效劳动力市场匹配转换，形成国家和企业的创新能力，实现发展的效率补偿,形成国内以消费为主导的新循环。本文从不同阶段下要素收入分配入手,分析国内如何提升劳动报酬—广义人力资本消费比重—创新效率补偿的逻辑,探索以国内循环为主推动双循环的转型的关键变量和增长路径。

二、中国人口经济发展双重转变下"双循环"发展趋势

中国改革开放后的经济发展阶段包括了经济发展阶段转变和人口转变的双重转变。经济发展阶段转变可以分为四个发展阶段来描述:第一阶段为1978~1992年,农业与轻工业结构调整;第二阶段为1993~2008年,为出口导向的工业化;第三阶段为2009~2017年,金融危机后的工业化和城市化双发展,向国内国际双循环战略逐步转型时期;第四阶段为2018年,随着中国的新发展阶段的到来和国际形势的不断变化,加上2020~2021年的全球新冠肺炎疫情冲击,全球经济增长放缓,全球供应链再调整,中国经济借全球经济再平衡之际全面转向"双循环"战略的新阶段。中国最近在浙江省提出的"共同富裕"示范省,已为中国双循环战略转换提供了方向。从更大的发展跨度看就是人口转变。中国人口转变经历了两大阶段即中国经济高速增长的"人口红利"阶段和本文进入到的"人才红利"发展阶段。人口转变决定了中国的发展方式转变,从压低劳动报酬、高消耗劳动力的国际大循环模式转向以提升人力资本和创新水平的"人才红利"阶段,增长与循环模式必然要进行重大的调整。

(一) 人口转变

根据第七次人口普查数据可以看出,中国人口转变包含了人口总量和结构的转变。中国劳动人口的总量到2013年见顶,2014年负增长,就业人口2014年见顶,2015年负增长。根据联合国对中国人口中速预测,总量人口2027年见顶,总量人口下降,最好情景是2031年总体人口见顶。从年龄人口转变来看(见图1),1990年中国劳动人口(15~64岁)占人口总量的66.7%,2000年达到70.2%,2010年顶峰上升到74.5%,而后逐步下降到2020年的68.6%,而65岁及以上的人口达到13.5%,老龄化加快,中国的"人口红利"阶段行将结束,要进入"人才红利"阶段。

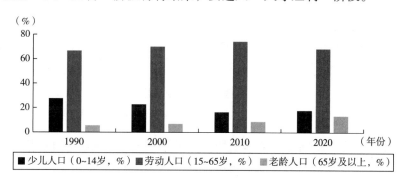

图1 中国人口结构转变

资料来源:全国第七次人口普查公报。

中国"人口红利"阶段通过改革开放等制度变革，依靠劳动力丰富的比较优势与国际资本相交换，通过国际大循环成功地走上了出口导向的工业化；中国参与到全球价值链分工体系，成为了全球化受益者，跨越低收入，步入中高收入发展阶段，准备进入高收入国家行列。随着人口结构转变改变了增长要素的禀赋优势，中国增长方式也随之调整。增长必须从"人口红利"转向"人才红利"。中国的经济循环方式从以消耗劳动力为基准的国际大循环的发展模式，转向以重振内需、提高人力资本和研发投入的国内循环，同时利用中国的"人才红利"和科技创新水平提升国际大循环质量。

（二）价值循环转变

中国人口结构和经济增长阶段变化直接反映到经济价值循环的转变。由图 2 可以看出：①中国出口导向的工业化推动中国贸易盈余的不断上升，贸易盈余占 GDP 的比重不断上升，到 2007 年后达到顶峰，国际贸易净额占 GDP 之比在 2007 年一度达到 8.7%，而后逐步开始下降，到 2019 年中国国际贸易净额已降至 1.1%，通过出口导向带动经济增长已经渐行渐远。②吸收外资的资本形成占比已经降低到比较低的地位了。外商直接投资（FDI）净额占 GDP 之比在 1993~2007 年基本高达 4%~5%，到 2007 年开始逐步下降，直接投资净额也降至 1% 以下，趋向中国资本输出与外商投资的平衡。③海外收入净额始终为负。近年来中国对外直接投资（ODI）及私人外汇流出，在海外形成了大量资产，但海外收入净额为负，相对日本海外收入占 GDP 的 3%~4% 的水平，以及德国、美国 1%~2% 的正收益看投资效率不高，获得海外要素投资的正回报难以汇回国内进行投资并获得收益。④金融投资净额主要是由央行主导将累积的外汇资产以金融投资的方式购买美国、欧洲、日本等储备货币国债券。2015 年 8 月 11 日汇率市场化改革后，中国一时对外金融投资流出很快，而后随着债券通等资本市场的逐步开放，证券投资组合流入加大，金融投资净额始终为负。

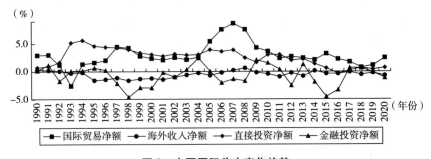

图 2　中国国际收支变化趋势

资料来源：国家外汇管理局网站国际收支平衡表、国家发展改革委宏观研究院陆江源博士计算。

由图 3 可以看出，中国已经从净利用外资的国家转向对外投资和利用外资平衡的国家，而且成为了全球第二大资本输出国，即无论是对外投资流量和海外资产存量都是全球第二的国家。中国对外投资从起步到超过外商直接投资，现在比较平衡。中国加入 WTO 后的 2002 年对外投资 27 亿美元起步，同年中国实际利用外资 527.4 亿美元，依然是国际资本与国内劳动要素为主导。2005 年人民币升值对外投资上升到百亿美元,到 2014 年汇率改革前夕对外投资超过了对外直接投资,2015 年"8·11"汇率改革,2016 年对外直接投资高达 1967 亿美元,高于了 FDI 的 1200 亿美元。2018 年中美贸易摩擦,到 2019 年对外投资回落。中国从一个净资本流入国到目前是资本进出平衡,如果按更广义的口径,加上民间资本流动的口径看,中国已经是资本净流出国。从资本的流向来看,中国大量的资本已经倾向于资本的国际化投资。资本输出与产业转移是同步的,中国的第一大贸易伙伴转向东盟,东盟不是中国的最终出口地,东盟承担了中国产业转移和贸易转口的双重职能。资本输出与产业转移是经济发展和"人口红利"消失后的规律使然。

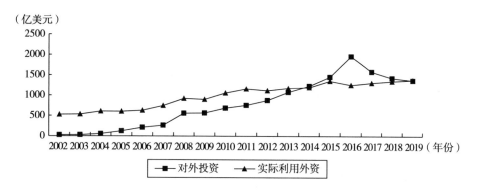

图 3　走向平衡的中国对外投资和利用外资

资料来源:商务部等.2019 年度中国对外直接投资统计公报〔M〕.北京:中国商务出版社,2020.

从发展阶段来看,资本和贸易的价值环流可以看出清晰的发展阶段,第一阶段是 FDI 和贸易顺差主导;到 2008 年后资本和贸易双顺差主导逐步下降,逐步平衡。2010 年后,中国资本就在探索如何"走出去",在国际上寻找发展空间。2015 年后,资本对外投资和实际利用外资基本平衡,中国会继续对外投资。中国对外投资必然带动产业转移。贸易盈余在 2007 年、2008 年达到顶峰,而后逐步趋向平衡,2020 年全球经济受疫情冲击供应不足,中国有力地把握了防控疫情和供应链完整的优势推动了贸易盈余提升,但全球疫情稳定后将再度进入全球供应链再调整,中国依然会保持贸易盈余水平,但也不是新的带动因素了。值得注意的是,中国对外投资,并没有海外收入的汇回,没有获得对外投资的国际交换的利益,反而对外投资处于损失,这是需要改进的。

商品和资金循环可以看出中国的出口导向工业化进程从加速到当期已经趋于平衡,这与人口转变高度相关。中国经济出口导向的国际大循环正在逐步让位于"双循环战略"。但中国经济对原有的"国际大循环"的道路依赖性强,不能有效地调整,会形成战略性冲突和扭曲。

(三)需求转变

人民币 1994 年通过汇率并轨贬值,加上大量农村剩余劳动力只能按"生存成本"

发放工资，十年左右农民工工资未变。经济对外通过消耗廉价劳动力和压缩劳动报酬的方式大幅度提高了国际竞争力，取得了出口导向工业化的比较优势。这种压低国内劳动者报酬占比的做法直接降低了国内购买力，主导了中国人勒紧裤腰带拼命出口的内外需特征。20 世纪 90 年代中期以后，中国 GDP 中劳动收入份额的下降，学者曾给予了高度关注。一类是按照白重恩和钱震杰（2009）利用 31 省份的数据测算结果，劳动收入份额在 1995~2006 年从 59.1% 逐年下降到 47.3%，相应地，资本收入份额则上升了 11.8 个百分点。另一类是按照国家统计局公布的资金流量表计算的劳动收入份额计算，2018 年根据普查进行了调整，计算得出 2018 年劳动收入初次分配收入比为 52%。资金流量表公布数据计算的劳动收入份额普遍偏高，高于基于资本弹性测算下的劳动收入份额（即 1-资本份额）。张车伟和赵文（2015）做了雇佣与自雇的差异解释，并用了超越对数的生产函数进行了理论值与现实值的比较，指出了雇佣经济劳动份额低于 GDP 中不区分雇佣与自雇（如农业生产者）劳动收入占比。从统计局资金流量表的数据和学者修订数据看，两者都有着比较相同的趋势，与发展阶段特征相吻合。劳动报酬的收入份额与 GDP 中最终消费支出占比的走势存在明显一致性趋势（见图 4），即劳动报酬下降必然会引起最终消费率的下降，初次分配影响了消费者的支出能力。按 2018 年的资金流量表来看，财产收入占居民部门收入的比重为 7%，居民储蓄为 7.7092 万亿元，负债为 7.8514 万亿元，居民持有现金、债券、股票和保险等财产，储蓄与负债基本是持平的。从资金流量表的数据来看，居民主要依靠劳动报酬。住户部门初次分配后经过税收和转移支付调整后的住户可支配收入是低于初次分配劳动报酬的。按资金流量表计算的住户部门人均可支配收入为 3.89 万元，比 2018 年通过家庭住户调查的全国居民人均可支配收入 2.82 万元高出了 38%，两者有着极大的差异。

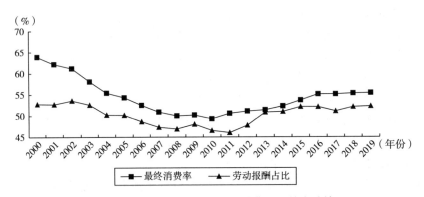

图 4　中国劳动收入份额与最终消费占比的变动情况

资料来源：国家统计局，其中劳动份额是依据国家统计局发布的资金流量表计算的。

　　劳动收入份额占比在 20 世纪 90 年代中期以后较长时间内出现下降，主要是中国推动了外向型经济的发展，劳动人口从农业部门向城市部门的转移以及产业结构变迁引起的。在农村存在大量剩余劳动力时，城市部门只需要以稍高于农业部门的生存收入就可以吸引到足够的农村劳动力转移，此时城市部门劳动生产率大幅高于农业部门，造成了劳动收入占比的持续下降。随着农村剩余劳动力的持续转移，其数量逐步减少，劳动份额逐步上升。2008 年国际金融危机的冲击，国内使用积极财政政策对冲，资本支出大幅上升，2008~2011 年劳动报酬占比到达谷底后，随着中国服务业发展和劳动力人口增长的转变，劳动报酬份额逐步上升。

在 2010 年劳动人口（15~59 岁）达到了顶峰，农村剩余劳动力转移进入到"刘易斯拐点"，这些人口转变现象直接引起了经济增长方式的改变。中国的劳动收入份额出现由降转升的局面，从而带动住户部门收入份额增加和消费比重上升。从近年来的实践来看，劳动报酬占比稳定。企业现在更依赖资本替代劳动，这就需要深入到产业升级的角度去看到资本与劳动的要素配置情况。劳动供给负增长、劳动收入难以进一步提升，这对于我国重振内需、以内循环为主的路径转换是一个很大挑战。

（四）要素扭曲变化

20 世纪 90 年代中期，中国开始了基于出口导向的工业化，2001 年加入 WTO，"国际大循环"战略取得了实质性的成功。中国出口导向的工业化通过招商引资、"三来一补"、"两头在外"等方式推进外向型经济发展，迅速接收国际产业的转移，出口贸易额不断加大，中国外向型产业发展促进国内工业化，中国农村剩余劳动力转移快速，"干中学"的技术进步快速扩散。国际大循环推动了国内资本积累加快，促进了国内需求市场容量扩大，产生了国内自主品牌和有竞争优势的产业。工业化推动了中国城市化发展，1997 年的个人住房按揭、1999 年的公房改革、2002 年土地招拍挂等措施加速了国内城市化的步伐。到 21 世纪初中国已经形成了工业化与城市化双推进的循环体系了，产业结构形成了工业的国际和国内双环流和国内服务业的大发展。

中国基于出口导向的工业化加速发展，1994 年中国工业增加值占 GDP 的比重为 40.2%，2006 年达到历史峰值 42%，而后超过 40% 的比重一直维持到 2011 年，这一阶段是中国经济处于工业化加速增长和经济赶超阶段。2012 年后工业比重一直向下，2012 年服务业比重超过了二产，到 2019 年工业占 GDP 比重只有 32%，服务业占比高达 53.9%。中国从制造业驱动的经济转向了制造业与服务业双轮驱动的经济结构。

当前中国面临着技术创新和产业升级的重大任务，中国的要素扭曲从主要以劳动—资本要素扭曲，即压低劳动要素报酬，转向了劳动—资本各自要素在不同产业中配置的扭曲。基于全球投入产出表计算，可以得到中国各行业资本、劳动要素的价格扭曲程度。通过反事实估计，消除要素价格扭曲，可获得 44% 的产出增长。从 56 个行业的情况来看，存在以下四个问题：一是劳动扭曲下降，资本扭曲上升。劳动扭曲的产出损失从加入 WTO 后的 2002 年峰值 22.0%，一直减少到了 2014 年的 10.7%。与之相反的是，中国的资本扭曲损失从 2000 年的 22.8% 一直上升到了 2014 年的 33.5%，劳动和资本要素的分配不合理当前更多来自资本的扭曲，即大量资金集中堆积到金融与房地产。二是制造业扭曲小，服务业扭曲大。制造业效率不断提高，扭曲不断减少；而服务业尤其是金融业的扭曲损失较大。三是资本扭曲，特别是金融和房地产行业成为了 2008 年反危机的重要工具，服务业的发展主要靠金融和房地产推动。中国的金融业、房地产、批发贸易扭曲消除分别可以带来 9.7%、4.6%、4.5% 的产出增加。四是劳动扭曲来自管制，中国同等受教育者的收入方差比美国和法国大得多，工作安排与技能相关度低。高技能组中中国的收入方差比美国、法国平均方差高 15.7 倍，中技能组方差相差 18 倍，低技能组相差 16 倍，中国同等技能，组内很不平等，教育回报作用不大，特别是城乡户籍、服务业的行业管制等都造成了"好"工作岗位与技能不匹配。

基于 GVC 计算了 1995~2005 年中美通信行业的产业升级过程中的劳动报酬与资本报酬比较分析，中国主要依靠资本，即引进设备，依然是"干中学"的技术进步，而高技能人力份额提高缓慢；美国该行业驱动的因素是人力资本，劳动报酬份额上升快，而非资本投入。在全球价值链研究中，很多论文讨论了劳动技能升级路径和传统产业发展范式中不断过度利用低端劳动力的不同发展范式。中国当前依赖资本，而不是升级劳动技能和提高劳动报酬的倾向依然比较严重。笔者也做了中国劳动力市场匹配机制不畅的研究。

近年来微观的扭曲表现在资本产出比持续上升，反映出中国资本扭曲导致效率下降的基本特征。本文依据世界银行的佩恩表（PWT）9.1 版本的国别经济增长数据库提取资本产出比，可以看出资本产出比持续上升，已经达到 5.7 的高度，比发达经济体都要高得多，美国则长期稳定（见图 5）。资本产出比不断提高说明了当前在技术进步贡献不足、劳动力增长下降的条件下，只能靠负债提高杠杆率的方式进行资本形成，而资本产出效率不断下降，这种依靠资本累积模式维持增长是难以持续的，而且全面加剧资本配置扭曲和资本要素在行业中的配置扭曲。

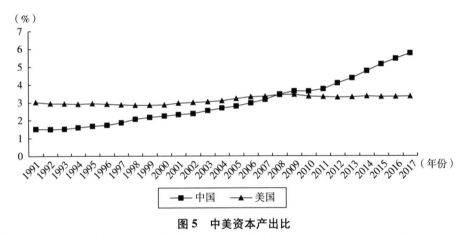

图 5　中美资本产出比

资料来源：世界银行的佩恩表（Penn World Table，PWT）中的资本存量与产出的国别数据。

从要素结构来看，资本与人力资本的要素配置扭曲是中国经济增长的主要问题，资本要素扭曲背后的产业更集中在金融、房地产；而劳动扭曲很多都在受管制的科教文卫体等服务业上。制造业和服务业升级受阻于要素扭曲。

随着收入和城市化率的提高，服务业占比不断上升是必然趋势，服务业也是制造业升级的根本所在。制造业与服务业是不可分的，服务业是制造业效率、价值和创新的根本。从企业微笑曲线来看，制造企业高附加价值的是技术研发、外观和品牌设计、管理、分销、数字化等，外部有供应链管理与物流、金融服务等形成一整套提升制造业附加价值、创新价值和竞争能力的服务。要想保持竞争力、技术创新和获得高附加值的价值,必须依靠人力资本密集的方式才能通过整体产业升级来实现。

在消费服务业的效率提升方面受到了公共服务的行政管制,科教文卫体发展不足。中国劳动生产增长依然缓慢,TFP 贡献也没有上升,资本产出增长持续下降,这都在说明中国产业升级不足,来自服务业竞争不足,特别是金融与房地产业的资本扭曲,提高了整体产业的成本,阻碍企业的创新能力积累。人力资本高的人则集中在国家机关、事业单位,其教育得不到市场回报激励,创新受阻。人力资本提升与效率提升相关度下降,阻碍了技术创新。

中国国内循环应该以不断提高消费支出中的"广义人力资本"消费支出的比重,并通过人的"人力资本"提高来进行创新,获得效率补偿。中国转向"人才红利",自主创新是根本,需要持续提高人力资本,并通过市场机制与创新更紧密结合,才能相互促进提升产业效率。

(五) 资源配置方式转变

中国在 1993 年开始建立基于出口导向的宏观资源管理体制,与国际大循环匹配。1978~1992 年完成了国内工业的调整,贸易盈余很少,不稳定。1988 年,王建依据中央的思路提出了比较系统的"国际大循环"理论,然而这一理论一直也难以推动,参与国际循环却导致常年逆差大、顺差小,1993 年出现了-700 亿美元的贸易逆差,通货膨胀高企。1993 年中央着手于宏观体制改革,以改革促发展转型和稳定物价。1994 年新的宏观体制逐步开始建立,这包括 1994 年人民币汇率并轨,1995 年后贸易盈余稳定向上;分税制改革,激励地方进行工业化并与中央分成;而后推出《商业银行法》,央行货币供给转型为基于外汇占款的货币供给方式;产业和贸易政策上积极推动招商引资;从而形成了基于出口导向的宏观管理体制。

在 2008 年国际金融危机冲击下,中国开启了大规模城市化和服务业大发展的新阶段,经济循环体系逐步从单一的国际大循环逐步转向国内国际双循环,形成了"孪生"的宏观体制。随着汇率市场化定价的成功,中国已经从国际大循环向双循环的宏观体制迈出了坚实的一步,但与此相匹配的国家信用建立,以及基于国家信用的货币供给等宏观体制并没有建立起来,出口导向的产业、贸易等激励机制依然主导了政策导向。增长的路径依赖被体制锁定,出现了内外循环的体制安排性冲突,加快国内结构性改革是突破的关键。

从压低劳动收入与高资本回报的国际循环体制转向以人力资本提升创造效率的国内循环为主的模式,需要推动中国国内市场结构性改革和宏观管理体制的转型,完成基于大国经济的宏观管理体制设立,打破国际大循环导向的体制锁定,激励高质量发展的"双循环"战略的实施。

三、"人口转变"下发展转型的逻辑与实证

从经济发展的内生逻辑来看,当一国经济从摆脱贫困进入中高收入阶段,并向着

发达经济体过渡，直接面临的是人口转变，即随着收入的提高，人口出生率下降，预期寿命上升快，人口老龄化，人口转变几乎是由一个国家经济发展水平和富裕程度内生决定的。人口转变带来了各国发展路径的转换。大量的发达经济体多是从重商主义的出口导向经济体转向以内需和创新为主的大国经济体。日本在广场协议后，日元持续升值，财富效应明显，成为了全球最大的买家，从出口导向转回到以国内循环为主的发展，但代价惨重，其国内资产泡沫化导致日本增长停滞。日本在此期间完成了"富裕"国家的社会福利转型和向创新国家的转变。日本科学家连续多年获得诺贝尔奖说明了内生创新能力不断增强，在企业和产业上保持了国际竞争力和贸易盈余。日元升值推动了日本资本输出和产业转移，海外净收入给日本带来每年5%的收益，保证了日本经济的持续发展。欧洲，特别是德国同样从外向型经济通过以推动"劳工保护"、最低工资制，大力促进教育等劳动市场为转型驱动，完成了国家转型，成功地推动欧洲一体化，创造更大规模的欧盟内部市场空间。德国依靠"社会投资"促进人力资本提升，利用高质量的劳动力供给保持了创新、产业竞争力和当前世界第一大贸易盈余。经济增长战略转换与一国走向高收入和人口转变阶段高度相关，从出口导向战略转向国内经济循环为主的战略，其关键性要素就是要提高劳工者的人力资本水平，与人力资本增长相匹配的是劳动报酬的提升。人力资本提高与创新相匹配，提升了劳动生产率，从而形成国内价值的良性循环。劳动报酬提高促消费，消费促进人力资本提高，人力资本提高促进创新，创新提升劳动效率再促进劳动报酬的同步提高，形成了国内循环与创新效率提高的互动循环，保证一国的战略转换。在国内社会福利水平和创新能力不断提高的基础上，提升国际产业竞争力和贸易顺差，并通过资本输出和产业转移获得国际的净收益的国家价值循环，更有利于经济的可持续发展。

中国正处于从中高收入迈向高收入的发展阶段，"人口红利"逐步消失，2014年开始劳动力供给负增长，继续压低劳动报酬维系国际大循环不可持续，因此提升广义人力资本和自主创新已经是必然的选择。同时还要消除资本的扭曲，特别是降低金融与房地产服务业的扭曲所带来的效率损失。中国通过汇率并轨贬值的方式推动了由内向外的转换，但再采取人民币大幅升值来切换显然是不妥和高风险的。人民币汇率的市场定价机制逐步完善，降低人民币波动，在此基础上推动国家福利化转型是必然选择。中国转型可选择的道路就是要基于提升人力资本，以"人才红利"作为转型根本选择。本文依据生产函数核算可以看出，在中国劳动（就业）数量负增长下的增长转型，必须走"人才红利"这一条道路，提振国内需求，提高对广义人力资本的社会投资与人力资本回报，促进创新效率。

按照生产函数的角度来看，一国的增长模型包括四个因素：资本与劳动要素分配比例，即资本产出弹性；劳动增长率或可换算成劳动力数量与劳动力质量（教育年限的增长）；资本增长率；技术进步（TFP）。

本文将以 C-D 生产函数为基础，并将劳动投入分为劳动供给量 L，劳动质量 H 引入生产函数，宏观生产函数设定如下：

$$Y_t = A_t K_t^{\alpha} (H_t l_t)^{1-\alpha} \tag{1}$$

模型中 A 表示全要素生产率，K 表示资本存量，L 表示劳动供给量，H 表示劳动质量。取对数，将其转换为增长率形式

$$\ln \frac{Y_{t+1}}{Y_t} = \ln \frac{A_{t+1}}{A_t} + \alpha \ln \frac{K_{t+1}}{K_t} + (1-\alpha)\left(\ln \frac{H_{t+1}}{H_t} + \ln \frac{L_{t+1}}{L_t}\right) \quad (2)$$

式（2）表明：一国经济增长率＝TFP 增长＋（劳动供给数量×质量）增长×劳动份额＋资本供给增长×资本分配份额。在这里本文用教育年限增长率代表了人力资本质量提升指标，就业量作为劳动投入的指标，资本存量通过永续盘存计算。

本文的增长核算中影响中国增长的最大变量是人口转变。因为劳动人口、就业人口相继转变为负增长，如果没有劳动供给的调整，基于生产函数的核算已经是不可行的，经济增长模型要求劳动供给增长非负。

本文在模型中的劳动供给增长＝劳动力数量供给增长＋劳动力质量提高。劳动质量提高的增长率用教育年限增长率来表示，劳动数量的供给直接用就业人口衡量。本文 1979～2009 年的教育年限数据取自前人论文的计算数据估算，按文中数据教育年限增长率是平稳的，增长较快，与其他学者计算的人力资本增速相当。文章计算的 2009 年中国受教育年限为 7.41 年，国家统计局第七次人口普查公布的 2010 年的 15 岁以上教育年限为 9.08 年，2020 年为 9.9 年，但没有给出每年的数值，本文均取各年增速作为人力资本的增长指数，按国家统计可以计算出 2010～2020 年年均增长 0.88%，本文设定 2010～2017 年年均人力资本增长率为 0.88%。本文 1979～2017 年的教育质量均按年均增长进行计算。劳动增长都是以教育年限年增长率乘以就业人口进行修订的，而不是用年限值直接乘以就业人口的算法，与模型设定略有差别，但对教育质量数据不同来源处理则是更平稳。依据世界银行的 PWT 表给出的产出和资本存量，做了计量回归（见表 1），计算出中国 1979～2017 年的资本产出弹性为 0.536%。分段计算 2009 年金融危机后的资本产出弹性为 0.458%，与统计局资金流量表计算的数据基本吻合。证明中国资本产出弹性明显回落，本模型进行了人力资本的调整。资本分配份额下降是劳动力数量供给下降的必然结果，资本收益份额在国内会不断降低，这与剩余劳动人口高峰时高资本收益份额相比已经完全不同了。

表 1　1979～2017 年我国生产函数的估计结果

变量	1979～2017 年	2009～2017 年
ln（K/L）	0.538 *** (0.00)	0.458 *** (0.0000)
Adjust-R²	0.994	0.959
F 统计量	5593.546 *** (0.0000)	163.37 *** (0.0000)

注：表中括号内的数值为 P 值，*** 表示在 1% 的水平上显著。

资料来源：中国的产出和资本存量等数据来自世界银行的 PWT9.1 版本的国别经济增长数据库，人力资本利用教育年限增长率乘以就业人数计算获得。

资本产出弹性的变化与人口转变高度相关，中国当前的人口转变涉及方方面面。中国当前劳动参与率和失业率稳定，总人口保持正增长条件下，可以看出就业人口增长率与劳动人口增长率相一致，可代表劳动供给的增长（见表2）。

表2 中国人口转变与劳动人口与就业人口的负增长

年份	总人口	劳动人口 （15~64岁）	就业人口 （亿）	人口红利 （%）	劳动 参与率（%）	就业增长率 （%）	教育年限 年均增长（%）
2010	13.4091	9.9938	7.6105	74.5	76	0.36	0.88
2011	13.4735	10.0283	7.6196	74.4	76	0.12	0.88
2012	13.5404	10.0403	7.6254	74.1	76	0.08	0.88
2013	13.6072	10.0582	7.6301	73.9	76	0.06	0.88
2014	13.6782	10.0496	7.6349	73.4	76	0.06	0.88
2015	13.7462	10.0361	7.6320	73.0	76	-0.04	0.88
2016	13.8271	10.0260	7.6245	72.5	76	-0.10	0.88
2017	13.9008	9.9829	7.6058	71.8	76	-0.25	0.88
2018	13.9538	9.9357	7.5782	71.2	76	-0.36	0.88
2019	14.0005	9.8910	7.5447	70.6	76	-0.44	0.88
2020	14.1178	9.6776	7.5064	68.5	78	-0.51	0.88

注：按第七次人口普查公告的数据，15岁及以上人口的平均受教育年限由9.08年提高至9.91年，每年0.88%的增长率分摊到各年用来修正劳动力的人力资本量。

资料来源：《中国统计年鉴》，2020年的人口数据来自于第七次人口普查。

从表2中可以看到以下五个问题：一是"人口红利"在2010年达到顶峰后，快速下滑，到2020年降低到了68.5%，中国65岁以上的2020年占比为13.5%，按联合国人口标准，65岁以上人口超过14%为中度老龄化，中国已经接近此值；二是劳动人口2014年进入负增长，有加速负增长的迹象，特别是按联合国人口展望预测中国2031年人口总体增长停止，加上老龄化部分，劳动人口增长速度会加速下降；三是劳动参与率稳定，略有上升，而中国公布的调查失业率较短，保持稳定，因此就业人口比劳动人口增长率更平稳；四是就业人数随着劳动人口增速的下滑而下滑，2015年进入负增长，2020年就业每年增长率达到千分之五的负增长水平；五是劳动人口质量（按照教育年限计算）持续增长。按第七次人口普查公告的数据，15岁及以上人口的平均受教育年限由9.08年提高至9.91年，每年以0.88%的年均增长率，以此抵消了中国就业人口下降。未来十年要保持劳动力供给的正增长，需要教育年限年增长达到1%，以日本为历史对照，日本1990年教育年限为9.8年，相当于中国2020年的水平，日本2000年教育年限为10.9年，每年增长达到1%。中国要通过教育年限的不断提高，来获得劳动力的正贡献，每年教育年限要获得1%的增长，保持素质增长比劳动力量的减少高，才能抵消劳动力数量的减少。

中国人口转变迅速，预计中国劳动力供给通过素质提高加权，到2030年继续保持劳动力供给的正增长仍然可期。中国需要更大规模的"社会投资"，投资在年轻人的普惠教育、医疗、体育等，不断提升社会服务的供给能力，加快提高劳动力受教育年限，通过提高劳动力素质速度抵消劳动数量下降速度，保证中国劳动力供给的增长每年保持在 0.5%。

从中国的人口转变的经验事实来看，中国经济循环有以下三个变化：①消费为主导循环必须开启，消费与人力资本提升是同步的，相关人力资本（教育、医疗、科学、文化、体育等）消费占比不断提升，人的素质才能相应提高，这一需求带动了国家、企业和个人在教育、医疗领域的投资形成供给，消费带动投资循环。②人力资本与效率提升相匹配的报酬——效率的良性循环。人的素质要带来创新和劳动生产率的提升，这一供给效果需要依靠劳动力市场匹配和企业利用人才推进创新双重微观机制的转换才能完成。只有完成了效率提升，人力资本的需求才会加大，形成良性循环。当前中国劳动生产率增长和 TFP 贡献均没有明显的提升，说明劳动力市场和企业利用人力资本的效率不高，需要进一步的市场化结构性改革。③人力资本报酬提升对消费带动的循环。劳动报酬的提升一方面优化了家庭的教育支出，另一方面人力资本的回报增加直接带动了社会消费提升，形成了人力资本提升——劳动收益份额上升——消费水平上升的循环。按现有文献计算，人力资本回报率均有下降趋势，这与劳动用工制度和行业管制等制度性障碍有关，阻碍了循环的通畅。

随着人口转变，人口质量提高需要提高人们"广义人力资本"的消费支出比重，人力资本消费与劳动收入相一致，收入提高要与企业效率提升相一致。实现居民收入和消费提高、人力资本提升和劳动效率提升三同步，需要制度机制的转变和新的机制设立。

全球发达经济体都遇到了资本存量上升，资本回报率下降，特别是经济发达体（移民国家美国除外），欧洲、日本等经济发达体都面临老龄化问题，老龄化是一个经济富裕的内生问题，人口转变和老龄化直接调整了未来经济增长。发达经济体基本采取了资本输出和产业转移，反映出资本的全球逐利特征。开放经济条件下，两国交易是首先被发达与发展中国家交易所拓展，稳定资本回报率和释放存量的产业资源（资本），提升可持续的增长。资本输出多由于国内劳动力供给不足，通过资本输出的方式利用后发国家的劳动力，获得资本的超额报酬，在开放条件下稳定资本回报率的途径。全球价值链的兴起是资本输出和产业转移的结果。产业转移一方面直接削减了国内资本存量，降低了折旧资本，放缓了国内的资本深化的速度，直接释放国内生产要素，稳定资本回报。发达经济体的技术垄断和资本优势，在与不发达国家交换中可以获得超额的国际交易回报，其收益助推了发达经济体增加人力资本和研发投资的水平。发达经济体破解劳动供给不足时利用资本输出、产业转移推动全球产业价值链发展等途径进行破解，并通过全球化回补母国，提升技术创新、福利水平和资本深化。

人口转变后，发达国家除了资本输出和产业转移外，更重视国内市场结构性改革，激励人力资本和研发投入。以德国等欧洲国家强化了劳动市场制度改革和国家福利体系的转变，提升人力资本和创新，推动包容性、可持续性的战略转型。劳动市场改革包括了劳工保护、最低工资制度、在职培训体系，以及社会福利体系建立，特别是在教育年限提升上不遗余力。欧洲保持了低速增长，其劳动和分配体制上完全倾向于劳动分配，份额普遍高达 70%，教育年限一直保持上升，消费、人力资本和劳动生产率三提高，推动了工业化向后工业转型，持续提升了社会福利水平。

中国成功跨过贫困陷阱后，进入到了中等收入国家行列，资本盈余推动了中国的资本输出和产业输出，中国提出的"一带一路"倡议正好迎合了发展阶段的要求，中国国际循环开始找到了新支点。中国当前人口快速转变过程中，一方面要进行国内市场结构性改革，促进消费、人力资本和劳动生产率三提高；另一方面要加速我国在国际大循环中的领导地位，推动资本输出、产业转移和深化国际价值链的拓展和治理，基于"双赢"机制拓展国际化发展。

四、实施"双循环"战略转换的动力机制

中国从20世纪90年代的"人口红利"转变到2020年"人口红利"即将结束，中国成功地通过国际大循环，将农村剩余劳动力参与国际竞争获得了高速发展，从低收入国家正积极地迈向高收入国家。中国改革开放，积极参与国际分工体系，确立的出口导向的工业化道路，不仅解决了农村剩余劳动力，更提升中国国家竞争力和福利水平，国内市场需求繁荣，城市化在1997年后加速发展，城市化率在2020年达到64%，人均GDP在2019年达到1万美元，中国正处在从中高收入阶段迈向高收入阶段。以劳动消耗型的国际大循环战略随着"人口红利"的消失，转入以人力资本驱动的知识经济阶段，获取人才红利，强化人力资本与创新提升的内生增长道路。中国从国际大循环战略转向双循环战略是适应了中国人口结构和发展阶段的转变，但这一转变如同有着很多的"路径依赖"的羁绊，不可能一蹴而就，面临诸多挑战。

发达经济体大多遇到了出口导向转向国内为主的战略模式变换。本文以德国和日本两个出口导向工业国家的转型为例看其实现路径切换的关键所在，它们有着三个基本经验：

（1）国际化经验，发达经济体共同的经验都从国际贸易竞争逐步转向国际资本输出与产业转移，并大幅度延伸其服务体系进入全球化，深度地参与全球化进程。德国、日本、美国等净海外要素收入为正，对本国福利是一个重要的收益补充。产业转移释放了国内的要素过度累积，通过资本与后发国家进行劳动交换，获得额外的资本回报和提升了本国的创新能力，持续地保持国际竞争力，德国和日本依然保持了贸易顺差，并通过治理体系深度地参与了国际价值链体系。

（2）国内进行市场结构性改革，提升国内需求。德国是以"社会投资"（SIP）为基准的社会福利转型，在原有的福利国家体系下以对教育的全方位投资为契机带动国内人力资本提升和向知识密集转型。日本也做了相应的福利制度改革，提升国内需求。

（3）日本汇率升值强行内外切换，导致资产泡沫和停滞。日本持续的日元升值，导致了日本的资产泡沫，引发了日本的经济停滞。德国在这方面则通过欧元区的发展，降低自己的升值压力，汇率稳定，保证了德国内外平衡。德国顺差持续提升，同时保持了财政盈余，成为了内外发展的典范。德国依靠欧盟一体化推动了自己的内外平衡转换，也负担了欧盟发展的经济与社会责任。汇率定价是一个重要的调整内外需求的关键变量，但其副作用很大，所以汇率升值不是解决内需提升的好路径，它对刺激国内资产泡沫作

用大于刺激消费需求。汇率在市场决定基础上保持汇率稳定是比较好的选择。

　　未来中国双循环战略的实施的关键变量和动力机制，是要深化"一带一路"倡议基础，高水平对外开放，并进行国内市场结构性改革才能完成走上以"人才红利"重振内需的发展道路，并需要配合宏观管理体制改革，逐步探索建立一个基于大国模型的宏观体制，更好实施"双循环"战略。

（一）推进"一带一路"倡议，实施高水平的对外开放

　　从中国的实践看，从鼓励"走出去"到推进"一带一路"倡议都已经看到了中国在尝试"资本输出与产业转移"。中国"一带一路"与国际上发达国家模式不同，以更多的实物资本输出为后发国家进行基础设施建设为特征，再开拓产业—贸易转移，形成了中国的产业转移的道路。在基础设施投入带动下，中国"一带一路"倡议开始推进中国工业产业园发展，特别是东南亚已经成为中国贸易第一出口地，可见中国产业转移的积极特征，形成了中国产业周期的海外延展。中国通过"一带一路"倡议坚定不移通过投资、产业、贸易和治理参与链接国际价值循环，形成更高水平的开放。

　　参照国际发展的道路，企业发展与国家资本配套资金是加快循环的关键所在，中国当前依然是海外资本上升很快，但海外净收入仍没有取得正收益，说明在国际化拓展效率上依然有很大的改进，特别是服务业体系的国际化延伸服务是跨国发展最为重要的方面。中国应积极鼓励中国互联网企业当前在全球扩展，并带动中国企业国际化形成中国主导的全球价值链，这不同于原有发达国家跨国公司分工的全球价值链的发展路径，是中国可能的发展新特色，需要更多的产业政策支持。

（二）劳动力市场改革与国家"社会投资"引领

　　劳动供给数量下降，需要的是质量提高，劳动力质量提高一方面靠政府的财政公共支出提高教育年限，但更重要的是教育年限提高有助于微观效率的改善，否则公共支出提高了教育年限，但未必能得到"人才红利"，原因在于劳动市场的匹配机制和企业研发转化机制上。从微观激励来看，一个人的教育回报率不提高，而且求职时受到各类准入歧视，其必然要降低受教育时间的配置，放弃终身教育。企业研发科技转化时同样会承担很大的创新风险，导致亏损和效率不高，企业宁可模仿，也不愿创新。一个国家创新需要一个完整的创新生态，包括创新的各方利益相关者构造来提升企业创新转化效率，而不是由企业完全承担。当"人口红利"向"人才红利"转变时，首先推动的是劳动力市场体制的改革，提高人才与企业高效率匹配。

　　中国的产业结构分为市场竞争充分与管制的二元化特征。中国制造业和低端服务业主要以初级劳动为主导，形成了相对有效率的劳动力市场，存在着"低端锁定"的就业形态。高端服务业包括了科教文卫体等现代服务业管制为主导，服务业人力资本密集主要体现在 ICT 等行业，但就业容量有限，依然非完全市场化主导。涉及广义人力资本的高端服务业受到行政管制，供给缓慢，而效率不是以市场效率为主导的，人力资本堆积与无效率共生，未能形成产业效率与人力资本聚集同步。中高技能、退休

员工再就业等劳动力市场机制是很不成熟的，或者说效率很低，原因包括管制和退休福利制度等羁绊，逐步进行行政体制的改革，放松对广义人力资本的供给部门管制，加强服务业供给侧改革消除劳动要素在服务部门的扭曲。

劳动市场结构性改革关系到双循环战略转型的核心，涉及了"人口红利"向"人才红利"转变，以及通过劳动份额提升促进消费，消费促进人力资本提供，人力资本促进创新和效率改善的新循环。因此中国这一阶段的政策设计至关重要，它既包含了基于工业化过程的社会福利保障体系的建立与完善，又包含了如何通过新的社会福利模式鼓励人才成长，在职培训，以及退休再工作的激励等全生命周期的人力资本提升和劳动贡献的激励。这方面应积极借鉴以德国为主导的推向欧盟共同推进的"社会投资"体系。德国主导的欧盟的"社会投资"的核心是"建立社会保障能更加充分和可持续地投资于人的技能和能力，支持员工度过他们一生关键时刻"。

"社会投资国家"旨在摆脱老福利制度中的坐等国家福利的体系，而把重点放在通过"社会投资"于教育、在职培训、终身教育等方面，推动国家向知识经济转变。社会投资有助于人们适应社会挑战，适应不断变化的劳动力市场，帮助人们避免陷入贫困或失去生活的家园。包括早期儿童教育和护理，早期学校教育的预防退学、终身学习、培训、求职协助、住房支持、无障碍健康服务和促进老年人独立生活。

"社会投资国家"理念是对"从摇篮到坟墓"无所不包的传统福利制度的改革和重新定位，加强对人力资本的投资，尤其是对儿童和青年的投资。国家、个人和集体在面对各类风险时要积极承担责任，共同参与社会福利的供给。中国从"人口红利"转向"人才红利"过程中可以充分借鉴国家社会投资理念，引领教育投资推动劳动力从数量向质量转换，提升高效率，从而降低不劳动坐等福利的老福利主义"养懒人"的思维定式，有助于平衡财政能力，避免老龄化带来的过度负担。借鉴"社会投资国家"理念推动中国下一步公共福利体系建立，积极促进人们的"人力资本"消费与供给的提升，促进劳工与企业共同成长和劳动效率提升。

（三）稳定汇率与重建大国宏观管理体制

中国成功地通过汇率定价和劳动力比较优势推动了出口导向型的国际大循环，但从国际大循环切换回双循环战略，升值不是一个有效的转换策略。中国多年通过汇率市场化改革，通过汇率市场决定下的双向波动，并成功加入 SDR 已经取得了非常成功的转换。未来保持稳定就是最好的策略。汇率的稳定为国内宏观资源配置战略转换提供了时间窗口。国内宏观资源配置战略是基于出口导向的工业化设立的小国模型，主要特征是货币发行是以外汇资产为抵押的发行，财政、产业、贸易等宏观管理与政策都围绕着出口展开。2008 年后经过城市化的快速发展，形成了一个"孪生"的宏观资源配置体制，但根本性特征依然是激励国际大循环的战略，货币供给、财政和产业政策没有摆脱原有制度的设计特征，对国内循环有着明显的制度羁绊。

重新建立基于大国发展的宏观管理体制，核心就是重建国家主权信用，形成中国国家信用资产。货币发行从基于外汇资产逐步转向基于中国国家主权信用资产的发行。

建立国家主权信用，需要对现有的财政体系进行改革，包括税收、中央地方关系、财政支出、社会福利目标等。仅财政管理体制改革仍然是不够的，国家主权信用建立更重要的是形成与大国信用相匹配的现代化治理体系，才能真正形成国家主权信用体系。国家主权信用建立起来，才能推动中国货币供给体系的转变，从基于外汇资产的货币发行转向基于国家信用的货币发行，形成大国特征的国家宏观管理体制，推进相应的产业、贸易、金融政策推动双循环战略的发展。

参考文献

［1］萨米尔·阿明. 世界规模的积累——欠发达理论批判［M］. 北京：社会科学文献出版社，2016.

［2］冯志轩. 不平等交换的历史动态：一个经验研究［J］. 政治经济学评论，2016，7（2）.

［3］赵敏. 货币低估、全球分工与国际价值转移：理论与中国经验数据［J］. 世界经济，2021（5）.

［4］张平，刘霞辉. 干中学、低成本竞争和增长路径转变［J］. 经济研究，2006（4）.

［5］杜大伟等. 全球价值链发展报告（2017）［M］. 北京：社会科学文献出版社，2018.

［6］Robert Koopman, Zhi Wang and Shang-Jin Wei. Tracing Value-Added and Double Counting in Gross Exports［J］. American Economic Review，2014，104（2）：459-494.

［7］王直，魏尚进，祝坤福. 总贸易核算法：官方贸易统计与全球价值链的度量［J］. 中国社会科学，2015（9）.

［8］洪俊杰，商辉. 中国开放型经济的"共轭环流论"：理论与证据［J］. 中国社会科学，2019（1）.

［9］郑江淮，郑玉. 新兴经济大国中间产品创新驱动全球价值链攀升——基于中国经验的解释［J］. 中国工业经济，2020（5）.

［10］张平. "一带一路"：中国"开发优先"跨国区域合作的探索［J］. 学习与探索，2017（5）.

［11］李文溥，王燕武. "一带一路"建设与构建国内国际双循环的新发展格局［J］. 经济研究参考，2021（4）.

［12］凌永辉，刘志彪. 内需主导型全球价值链的概念、特征与政策启示［J］. 经济学家，2020（6）.

［13］欧阳峣. 新发展格局下大国经济开放空间构建［J］. 湖南师范大学社会科学学报，2021（3）.

［14］张平. 从"摸着石头过河"到"大国模型"——改革开放四十年中国宏观经济学理论的演变［J］. 文化纵横，2018（6）.

［15］张平，袁富华. 宏观资源配置系统的失调与转型［J］. 经济学动态，2019

（5）.

[16] 张平. 创建消费——创新循环 [J]. 文化纵横, 2020 (6) .

[17] 袁富华, 张平, 刘霞辉, 楠玉. 增长跨越: 经济结构服务化、知识过程和效率模式重塑 [J]. 经济研究, 2016 (10) .

[18] 倪红福. 全球价值链中的累积关税成本率及结构: 理论与实证 [J]. 经济研究, 2020 (10) .

[19] 盛斌. 中国对外贸易政策的政治经济分析 [M]. 上海: 上海人民出版社, 2002.

[20] 袁媛, 綦建红. 嵌入全球价值链对企业劳动收入份额的影响研究——基于前向生产链长度的测算 [J]. 产业经济研究, 2019 (5) .

[21] 陆江源, 杨荣. "双循环"新发展格局下如何推进国际循环 [J]. 经济体制改革, 2021 (2) .

[22] 白重恩, 钱震杰. 国民收入的要素分配统计数据背后的故事 [J]. 经济研究, 2009 (3) .

[23] 张车伟, 赵文. 中国劳动报酬份额问题基于雇员经济与自雇经济的测算与分析 [J]. 中国社会科学, 2015 (12) .

[24] 蔡昉. 从人口红利到改革红利 [M]. 北京: 社会科学文献出版社, 2014.

[25] 陆江源, 张平, 袁富华, 傅春杨. 结构演进、诱致失灵与效率补偿 [J]. 经济研究, 2018 (9) .

[26] Meng B. , M. Ye and S. J. Wei. Value-added Gains and Job Opportunities in Global Value Chains [Z] . IDE Discussion Paper, IDE-JETRO, Chiba City, Japan, 2017.

[27] 杰里菲等. 全球价值链和国际发展: 理论框架、研究发现和政策分析 [M]. 上海: 上海人民出版社, 2018.

[28] 张鹏, 张平, 袁富华. 中国就业系统的演进、摩擦与转型——劳动力市场微观实证与体制分析 [J]. 经济研究, 2019 (12) .

[29] 宋家乐, 李秀敏. 中国经济增长的源泉: 人力资本投资 [J]. 中央财经大学学报, 2010 (12) .

[30] 王小鲁, 樊纲, 刘鹏. 中国经济增长方式转换和增长可持续性 [J]. 经济研究, 2009 (1) .

[31] 张平. 中国经济增长路径转变中经济与非经济因素共同演进机制构建 [J]. 社会科学战线, 2020 (10) .

[32] European Commission. Social Investment：Commission Urges Member States to Focus on Growth and Social Cohesion - frequently Asked Questions. Brussels [EB/OL] . https：//ec. europa. eu/commission/, 2013-02-20.

[33] European Commission. Policy Roadmap：For the Implementation of the Social Investment Package, [EB/OL] . https：//ec. europa. eu/commission/, 2015-08.

8 中国经济绿色转型路径、结构与治理*

张 平

2021 年是中国全面开启绿色转型的元年，按"碳达峰"和"碳中和"的"3060"计划目标，中国绿色转型需要一个四十年的转型。绿色转型开启之年在新能源、电动车大发展的同时，也遇到了"拉闸限电"，生产资料价格快速上涨等转型摩擦，摩擦倒逼出了电力市场化改革加速，也倒逼出了中国企业积极利用太阳能和新能源改造的大发展。作为一个长期转型战略需要从自我实践和转型摩擦中获得宝贵的知识，推动这一转型的平顺，在转型中推动中国经济走向高质量发展。

全球经济的绿色转型思想早期有罗马俱乐部发表了《增长的极限》做了系统讨论，将自然资源耗尽纳入增长分析中。随着碳排放温室效应的科学研究不断增加证据，逐步形成了二氧化碳等温室气体碳排放与气候灾害的理论和实证研究。首次把碳排放、气候灾害和经济联系在一起进行研究的是诺德豪斯，他构建了碳排放导致气温升高并影响经济增长的理论，完成了碳排放与经济增长的总量研究，成功地引入了碳排放的社会成本实证研究，其动态综合气候变化模型（Dynamic Integrated Model of Climate and Economy，DICE）成为全球政策分析的基础工具，形成发达经济体以碳排放价格为调节基准的总量治理模式和绿色转型路径。之后，有关自然资源约束、碳排放对经济影响的论文大量涌现，如 Acemoglu、Aghion、Krusell 等的研究。中国碳排放总量路径模拟的研究也很多，代表性的研究团队有清华大学和中科院的团队，模拟了在设定温度控制目标下的发展路径。

中国的绿色转型实践快速发展，从生产的清洁机制（CDM）、自愿减排认证（CCER）机制入手，全国设立了八个区域碳交易市场。太阳能等新能源发电和电动车都采用了补贴激励方式启动。汽车行业在财政补贴退坡后，当前采取了积分制交易。2021 年全国碳汇市场开启了电力行业碳排放额度交易，这些实践促进了中国经济绿色转型，取得了中国经济绿色转型实践和相关治理经验。2021 年煤炭等大宗商品价格飙升，出现了"拉闸限电"凸显出转型摩擦。转型摩擦在欧洲、美国都有着各自反应。转型摩擦揭示了碳达峰和碳中和总量转型目标背后的不同转型路径和治理模式。绿色转型需要与促进产业技术进步和产业升级等一起关联讨论。

绿色转型不是靠市场"自发秩序"拓展就能推动转型的，是一个全新的转型实践。绿色转型始于绿色发展的共识，政府基于共识进行"机制设计"，通过"干预价格"再利用市场激励推动的体制转型。政府对碳排放的外部性进行管制和收税或与其相当

---

* 全文发表于《社会科学战线》2022 年第 8 期。

的方式来，提高碳排放价格。碳排放配额管制+碳排放价格上涨抑制传统产业发展，通过财政补贴、碳交易、绿色金融等多种方式诱导绿色产业发展，逐步对高排放部门的传统产业进行替代的转型思路。全球设定了绿色转型目标，各国实践出不同的转型路线与政策，中国政府承诺并已积极迈向全球零碳目标。发达经济体绿色转型治理是以"价格"为导向的，它们基于气候可能造成的经济损失进行不同贴现计算碳排放的社会成本（SCC）作为总量治理重要指标进行碳排放额度拍卖推动碳交易价格持续上涨，并通过价格引导企业投资和转型。发达国家有加快绿色转型的"激进"模式，把碳排放的社会成本计算得很高。有的学者基于现实的"渐进式"转型的战略。发达经济体的高碳排放产业大多已经转移到国外，全面转向碳中和阶段。新兴经济体仍处于工业化时期，碳达峰碳中和并进性发展，绿色转型与产业转型升级需要高度关联，总量治理难以解决中国的问题。基于"结构"特征进行分类激励性治理有助于后发国家转型的平稳过渡。各国发展阶段的不同，理论、路径、治理和政策差别很大。本文在吸收前人的分析基础上，更集中于中国绿色转型中的资源再配置的分析上，探索中国经济绿色转型的资源再配置中的"结构""顺序"，尽量降低摩擦成本，推进分类治理方式和研究分析可能的平稳路径和公共管理政策。

中国经济绿色转型有以下四个方面：一是为了实现经济和能源的可持续发展，为全人类福祉做贡献；二是绿色转型推动能源—产业转型升级，通过产业升级带来的效率、技术进步的不断提升，吸收转型的成本；三是转型必然会出现摩擦成本，如高碳排放的传统产业被抑制，其就业员工会出现失业，投入资本被"搁浅"，会引起价格波动等，这些都是转型的摩擦成本，必须被逐步吸收，否则成本过高会导致转型中断；四是绿色转型必须靠政府推动，但更需要市场力量的激励，如电力市场化改革，打破了电网垄断，推动了分布式能源的快速发展。政府通过有效的监管以及设计机制来保证转型平稳和干预退出，交由市场激励。绿色转型的相关治理讨论还有很多，如社会治理等诸多问题。本篇论文未必能全面论证清楚中国的绿色转型的全貌，希望提出来一个中国经济绿色转型的研究框架、视角和相关逻辑与政策。

本文正是基于对中国绿色转型的现实考察，从绿色转型成本—产业转型升级收益入手，对比发达经济体的总量治理与中国分类治理实践，形成自己的研究框架，探索中国经济绿色转型的路径、治理方式和公共政策。第一部分是绿色转型相关的增长、治理和转型的综述，吸收前人相关研究，包括总量模型，碳排放社会成本讨论和经济转型分析，总结自己的研究框架。第二部分是从转型的分析框架入手，分析绿色转型过程中的资源再配置的摩擦成本和效率补偿如何实现，讨论了转型的路径、结构和转型顺序。第三部分是集中在机制设计和中国治理实践的分析和归纳，提出中国治理机制设计的准则和碳中和机制讨论。第四部分是对未来中国经济绿色转型的路径和公共政策做出自己的分析。

一、绿色转型下的经济增长、治理与转型理论

现代经济增长是依赖化石能源和自然资源投入而增长，对自然环境破坏和空气污

染导致人们开始改变了社会偏好，提出了"可持续"理念，逐步从对自然资源破坏和化石能源污染的直接伤害性转变为理解其系统性伤害，碳排放对全球气候灾难的影响是这一偏好转变的标志事件。二氧化碳属于无味气体，广泛存在于大自然中，其工业化排放的温室效应导致全球气温升高造成全球气候异常的外部性，对经济增长有着非线性伤害。从科学计算到经济学理论实证，再到社会运动，完成了社会偏好的转变。将工业文明以来增加的碳排放因素加入到经济增长模型中，从共识到社会偏好改变，再是对二氧化碳减排对增长总量、结构和治理讨论。偏好共识和碳减排总量研究成为了绿色经济转型的基础。各国政府都开始聚焦绿色转型、转型摩擦成本，碳减排治理模式和相关公共政策。

相关研究包括以下四个方面：①引入碳排放温室效应的经济增长模型，讨论绿色转型下经济增长和社会福利效用；②从社会成本（SCC）入手讨论转型总量治理的"价格机制"；③基于经济转型框架讨论，资源再配置过程中的能源—产业结构变化；④建立基于转型摩擦成本与产业升级的成本—收益的中国绿色转型研究框架。

（一）引入碳排放引起气候异常的经济增长模型

碳排放的温室效应引起经济灾难达到普遍共识后，经济增长的总量模型沿着基于碳排放导致温度变化引起经济损失的模型体系被成功拓展。诺德豪斯的 DICE 模型奠基了碳排放引致气候灾难的经济学增长理论，获得 2018 年诺贝尔经济学奖。其模型拓展为全球气象委员会（IPCC）的总体评估模型（Integrated Assessment Models，IAM）。碳排放导致气候灾难引起的外部性，逐步成为了全球共识，达成了全球碳排放限制与控制温度上升目标。

诺德豪斯（2014）在标准生产函数中扩展了一个碳排放引起气候变化导致经济伤害的函数 D，成功地将碳排放—天气变化与经济增长损失联系起来，并增加了治理函数 Λ_t，把政策模拟成功导入生产函数模型中，见式（1）：

$$Y=(1-D)(1-\Lambda_t)AF(k, L) \tag{1}$$

其中，D 与 Λ_t 分别表示损害函数与治理函数，且 $1 \leq D_t$，$\Lambda_t \leq 1$。增加损害和治理系数后，没有改变生产函数性质。

气候损害函数：$D(t)$ 表示气候变化的经济损害，依据天气变化导致经济的损害的简化模型设定：$D(t)=\psi_1 T_{AT}(t)+\psi_2 T_{AT}(t)^2$。也可简化设定 $D(t)=\psi_1 T_{AT}(t)^{\psi_2}$，$T_{AT}$ 表示全球平均气温，ψ_1 为线性影响系数，ψ_2 为非线性影响系数。

治理函数：$\Lambda_t=\mu \times \sigma(t)$［治理函数中 $\sigma(t)$ 表示在不干预情形下，CO_2 排放量与 GDP 之比，碳排放强度；$\mu(t)$ 表示碳排放控制率］。$\Lambda_t=\theta_1(t)\dfrac{\mu(t)^{\theta_2}}{\theta_2}$，表示 1 吨 CO_2 的减排成本 $\theta_1(t)$ 用来刻画碳捕获和封存（CO_2 capture and storage）技术对于碳排放治理成本的影响，θ_2 是非线性影响。此时，CO_2 的边际减排成本（CO_2 排放价格）可以定义为 $\Lambda'_t=\theta_1(t)\mu(t)^{\theta_2-1}$。

这两个函数就构成了成本—收益框架，即排放导致长期气候灾害，需要当期做出防范，降低当期人的福利（增长）。碳排放导致未来经济（福利）的损害贴现就是碳排放社会成本（SCC），依据碳排放的损害的社会成本给碳排放进行定价，抑制当前碳排放，解决未来伤害。增加绿色成本会导致价格上涨。治理函数同样重要，需要付出治理成本，对碳排放的限制强度高，就能降低碳当期排放，减少对未来气候和经济的损害，但会抑制当期的经济增长。

DICE 模型依据标准的新古典增长理论中设立的家庭效用函数为人口加权效用的折现和，即家庭最大化：

$$\sum_{t=1}^{T_{\max}} \beta^{t-1} U[c(t), L(t)] \tag{2}$$

其中，$c(t)$ 表示时期 t 时的人均消费，即 $c(t) = C(t)/L(t)$。此外，$\beta = \dfrac{1}{1+\rho}$。其中，$\rho$ 表示主观贴现率，β 表示居民的主观贴现因子，即 β 取值越大，居民越有耐心。诺德豪斯选用新古典增长模型中最为常用的 CRRA 型效用函数，即 $U(c(t)) = \dfrac{c(t)^{1-\eta}-1}{1-\eta}$。其中，参数 η 是代际不平等厌恶系数。

效用函数中贴现率设定，成为了碳排放社会成本贴现的关键。模型建立在内生增长模型基础上，通过引入气候变化的减排治理成本函数和损失函数，通过最大化社会福利函数，得到最优的减排—增长路径。

Barrage 在效用函数中加入了温度变化 $U(c(t), T(t))$。还有学者加入了资源变量 S，把福利函数转变为 $U(c(t), S(t))$。但是把资源和温度因素引入福利函数并没有特别的意义，在模型运用中基本被舍弃。

国内学者沿着诺德豪斯和 IPCC 的路线更多地分析了中国达到碳中和的路径和约束。如郑艳等给出了中国福利分析的框架，计算各地区因为气候变化导致的福利损失，构建各地区福利的加权分析体系，但是其实证指标均为气候敏感度，并非温度变化本身，是把长期问题进行年度实证，地方效用函数本身仍然用 CRRA 效应函数来计算，进而演算了多种函数形式的影响。

经济学家把气候灾难这一变量纳入增长模型中，构造了一个损失函数，依据灾难损失贴现衡量了碳排放形成灾害的社会成本，推动了绿色转型。碳排放的外部性决定了政府通过征税或使用相关等价工具，利用价格信号推动高碳排放经济向低碳排放经济转型。气候变化是个复杂系统，而且时间跨度长，不适合运用相对静态的经济学模型来估计，独立计算碳排放的社会成本问题与相关治理方式及转型战略研究就成为了绿色转型的热点。

（二）碳排放社会成本计算与战略选择

碳排放的温室效应导致气候变暖是一个长时间演化的复杂系统，用贴现的模型模拟给出来的碳排放社会成本的结论差别很大。经典贴现率模型为：$r = \rho + \eta g$，ρ 为纯时间偏好率（rate of pure time preference），也称时间贴现率，g 表示消费增长率，η 表示边际效用弹性，即代际不平等偏好。

贴现率计算简单，但反映在贴现率背后的价值观不同，一般分为三大派：①市场渐进派。基于现有市场情况进行贴现率计算的市场派，诺德豪斯（2014）是市场派的代表，主张根据市场中消费者行为和资本的真实回报率，采用生产者利率或消费者存款利率来决定贴现率，实现社会资源最大化计算了社会成本，相应贴现率为5.5%。认为2100年温度升高导致GDP损失3%，碳排放的社会成本只有20美元/吨，坚持"渐进"转型，提出了"气候政策斜坡"，即当期慢行减排转型可以降低当期损失，并能平衡未来损害，做出平衡决策。②基于目标的伦理派。依据减排的目标来计算贴现率，斯特恩（Stern，2007）报告依据从伦理的角度出发考虑贴现率，以时间偏好为贴现标准，代际不平等接近于零，人为定低社会贴现率为1.4%的贴现，计算出碳排放社会成本为200美元/吨多。其政策主张要用GDP的1%来推动减排。阿罗称他们这一派为伦理派，强调了控制温度上升必须采取强力的碳排放惩罚和加大支出，不惜放慢增长推动减排。③灾变风险派。依据灾变风险分布厚尾特性，做了动态贴现。温度变化引起的气候灾难的风险概率迅速变大，厚尾分布特征明显，贴现率要反映出这种趋势，采用递减贴现率（Decline Discount Rate，DDR），不是简单等权贴现。以魏茨曼（Weitzman，2013）为代表，他从2007年开始讨论贴现问题，针对气候灾难的不确定性，讨论了贴现与公共决策的选择，讨论了风险加权的贴现等方法，引领了气候灾变的风险讨论，可称为气候灾变派。他用递减贴现率计算出的碳排放的社会成本为183美元/吨，其社会成本值非常接近斯特恩，但论证不同，政策取向与伦理派相当，偏向于防患于未然，认为当期的转型政策需要更为激进，对现有的公共政策表示悲观。

国内相关碳排放的社会成本集中于贴现率的分析（刘昌义，2015），但专门计算中国碳排放社会成本的论文比较鲜见，主要是模型计算的副产品。中国的碳排放成本计算大多为国际上计算的，基本计算见表1。而国内实际成交则处于35~45元人民币。欧洲已经突破90欧元/吨。中国与发达国家碳排放的社会成本差距说明了发展阶段的差距，也说明了中国走的是比较温和的转型路线。

表1 不同方法估算中国碳排放社会成本   单位：美元/tCO_2

核算方法	RICE（2010）	FUND（2013）	PAGE	Nordhaus（2017）	Tol（2019）
中国SCC	4.99	2.5	3.43	6.55	2.37

注：表中数值参考 Nordhaus（2017）和 Tol（2019）的估计结果，根据2010年美元价格计算所得。参见 William D. Nordhaus. Revisiting the Social Cost of Carbon [J]. Science, 2017, 114 (7)：1518-1523；Richard S. J, Tol. A Social Cost of Carbon for (Almost) Every Country [J]. Energy Economics, 2019, 83 (7)：555-556.

正是由于市场派、伦理派、灾变派不同的气候伤害计算，形成了不同的碳排放成本，从每吨碳排放的社会成本10美元左右到200美元左右的巨大差别，并拓展到全球计算，更是差别巨大。不同碳排放的社会成本认定，都会相应提出相关策略。市场派提出"渐进"策略，而伦理、灾变派提出了更激进的治理方式，并模拟出不同的通向零碳的路径。欧洲通过拍卖碳额度，再利用碳排放市场交易来获得市场的定价，碳排放价格不断提高，每吨 80 欧元，走的是比较激进的转型路径。

（三）绿色转型中的结构问题

在总量的分析基础上，经济增长学者开始讨论绿色转型的结构性问题，通过设立两部门模型，即传统高碳排放的"脏部门"和利用清洁能源的"清洁部门"，进行转型分析。阿西莫格鲁等讨论了从脏（高碳排放）技术转向清洁技术的转型理论，阿西莫格鲁等（Acemoglu D. et al.，2016）以此框架研究了能源部门的转型，讨论了从"脏能源"部门向"清洁能源"转变的分析。阿吉翁等（Philippe Aghion et al.，2016）从汽车产业转型入手，实证了汽车行业汽油车向电动汽车的转型。他们的这些研究得出六条有意义的结论：①靠自由市场是无法实现绿色转型的，绿色转型需要政府干预。在两个部门（清洁投入和污染投入）高度可替代性的情况下，从经验上来看，似乎是可行的，果断干预确实是必要的。如果不加以干预，经济将迅速走向一场环境灾难。具有市场规模优势和已经先投入的生产力优势将导致"脏部门"具有市场竞争优势，所有创新和生产都会引向该部门，"清洁部门"竞争失败，加剧环境退化。②政府干预是对"脏投入"的外部性收税，对清洁技术研发进行补贴，刺激清洁部门技术进步快于脏技术部门。最佳的环境监管应该始终使用进项税（"碳税"）来控制排放，使用研究补贴或利润税来影响研究方向。③模型强调了市场规模和价格对技术变化方向的影响所起的核心作用。市场规模效应鼓励创新向规模成长的部门投入，而价格效应则引导创新向价格较高的部门进行，这些都需要通过政府干预对清洁部门进行生产或需求的补贴，扭曲价格才能使得清洁部门逐步占据市场规模和价格优势。④在汽车替代的研究上同样发现了上述问题，即燃油税高会推动新能源车的技术发展和被购买。⑤发现企业的技术"路径依赖"特征，传统的"脏"公司，将来更有可能更专注于"肮脏创新"。这种路径依赖关系适用于清洁（以及肮脏）创新，这一事实凸显了尽早采取行动，将激励措施转向气候变化创新才是可取的。⑥环境政策与贴现率一样有效，能积极引导相互替代。

更现实的转型讨论仍有很多。弗列（Fowlie，2016）指出，排放权监管加剧了对已经高度产业集中的生产部门，如水泥产业，具有扭曲效应，降低了企业的竞争力和企业难以承担就业责任等。文章讨论了受国际贸易影响，市场的排放"泄漏"抵消了国内的减排，分析了海外竞争对手"搭便车"，直接导致国内企业市场份额因为减排竞争力变弱而逐步下降。提出了对待不同类型的企业应该有更现实政策安排，并提出了应开展边界碳调节税，抵消贸易中碳排放"泄漏"。碳排放与技术进步的研究国内外都有实证研究。国内外学者研究了可再生能源消费与高 TFP 增长率呈正相关，化石能源消费与低 TFP 增长率呈正相关等。

绿色转型包括两大转型：一是能源转型，从高碳排放的化石能源（如煤、石油等）为主导转向清洁能源如核电与再生能源如太阳能等主导，最终实现每度电的零碳排放；二是终端部门的电气化替代转型，减低直接高碳排放能源和原材料的直接使用，包括工业、交通和建筑行业的转型，如交通中的汽油车变为电动车，工业中的利用焦炭炼钢转为电炉炼钢，农村的烧柴取暖改为供暖等建筑供暖转型。绿色转型需要能源转型和产业电气化转型。在能源转型过渡期间节能也是重要的，很多产业转型是从节能开始的，但节能本质上是企业的竞争自我运营的决策问题。

（四）中国绿色转型的研究框架和文章结构

全球绿色转型已经全面展开，中国正积极走向绿色转型，与发达经济体的绿色转型有着三个非常不同的特征：

（1）发展阶段不同。发达经济体已经进入后工业，大量的高碳排放的产业转移到后发经济体，它们是碳排放存量的最大者，当前主要任务是加速减少碳排放，采用比较"激进"的措施，且有义务帮助后发国家减少碳排放。中国等新兴经济体，仍处于工业化阶段，其任务是在实现工业化碳达峰的同时进入碳中和的低碳发展路径，所处阶段不同，道路更为倾向于"渐进"。

（2）发达经济体与新兴经济体在能源与产业双转型上是不同的。发达经济体进入后工业，绿色转型集中在能源转型上，产业转型跟随，转型政策上一直主张提高碳排放成本来推进转型，转型摩擦成本表现在总量上。新兴经济体正处于工业化中，重化工产业本身就是高碳排放，绿色转型是双转型，即能源转型和产业转型并重，转型摩擦更为复杂化和高成本，降低转型摩擦成本是关键，需要结构转型。

（3）绿色转型治理多样性，发达经济体注重碳税或相对等工具进行社会成本的承担，以"搞准碳排放价格"为基础的总量治理。靠碳排放的高成本抑制社会各个层面的高碳排放，让高碳排放的能源和产业付出高成本，而高价格可刺激绿色能源和低排放产业发展。相关支持政策是积极补贴绿色技术研发等，刺激绿色产业的竞争力，治理思路是加大碳排放的总量控制，推高碳排放额度交易价格，不断通过"总量碳排放额度管制+碳排放价格上涨"为主导的转型治理。新兴经济体绿色转型涉及能源—产业转型升级，会出现很多冲突，需要更多样性分类治理，难仅以总量为目标推动"激进"的转型道路，需要依据自我实践进行全新探索。

从国际上的总量模型分析来看，模型简化的效用函数是"代表消费者"，没有区分淘汰高碳排放的产业就会有大量的失业者，他们的效用直接受损。生产模型只是损失函数乘总量函数，是一个不断放缓的增长路径，忽视了后发国家希望通过绿色转型刺激经济增长的问题，这里直接涉及产业的结构问题。绿色转型导致因为要用更高的成本替代传统能源和生产方式必须负担更绿色成本，如果社会成本总体负担，会引起通货膨胀，需要讨论出更多的分类分担，避免引起过大的价格波动造成福利损失。

绿色转型引起价格上涨的摩擦是会经常发生的。2015 年法国爆发的黄马甲骚乱，2021 年的全球能源价格上涨，中国 2021 年的"拉闸限电"根本上是能源—产业绿色转型摩擦的一种价格反应。绿色转型摩擦表明向着碳中和过渡时期有着复杂型特征和高度的不确定性，转型不可能只有一条道路，各国应按自己的路径进行设计转型机制，降低自己的福利损失。我们必须深思绿色转型摩擦能如何平稳化进行过渡，制定好相关政策和分类治理机制设计，安排好绿色转型的顺序，在转型中提高全要素生产率的产业升级战略，通过产业转型升级的效率提高来吸收转型的摩擦成本。

我们的研究框架集中探索有三个：①中国的绿色转型平稳过渡，必须引入"结构"性的讨论，以减低转型中的结构性摩擦，而不仅仅是总量减排。②中国要通过绿色转型获得更高的增长和科技进步，而不是因绿色转型放缓增长，这涉及三个部门的替代过程，即新旧能源（及相关产业链）替代、产业中的电气化替代以及快速增长的数字化产业发展，新的产业升级才能吸收传统部门衰落带来的"成本"。更高的技术进步、更高的生产效率、更持续和廉价的能源才能吸收转型成本。③放弃激进的总体治理的思路，转为切合中国实际的"渐进式"以行业激励诱导新兴绿色产业发展的分类治理思路，同时推进电力市场化改革等措施，加强公共政策的管理，探索符合中国以我为主的绿色转型发展的道路。

本文分为四个部分：第一部分是在综合现有研究基础上，提出了中国绿色转型路径、结构和分类治理的思路框架和问题。第二部分讨论中国绿色转型中的结构转型的摩擦成本、路径和产业发展顺序及潜在增长率提升。第三部分讨论中国的治理实践，逐步总结出中国的特色的分类治理模式，以分类激励为主的治理模式推动绿色产业发展，逐步转向以碳中和阶段分类激励与总量治理相结合的模式，强调治理模式与阶段性相适应的"渐进式道路"，讨论分类和总量治理的有机结合和过渡。第四部分讨论当前的中国绿色转型目标和公共政策选择。

二、中国绿色转型中的摩擦成本、路径与顺序

中国在绿色转型实践中遇到的现实挑战：①绿色转型中的"摩擦成本"；②中国绿色转型的产业结构和市场替代条件；③绿色转型的路径和顺序。

（一）绿色转型的摩擦成本

总量模型严重地忽略了绿色转型的异质性特征，被严控发展的高碳排放部门和鼓励发展的绿色部门完全是异质性的。绿色转型一定会有受损部门和受益部门。绿色转型就是一个替代过程，即当前高成本的绿色部门被低成本的高碳排放部门替代，新旧部门的"起落"导致的部门间损失分担不同。绿色转型要付出"绿色溢价"导致成本推动的价格上涨，需要平稳过渡。我们根据中国自身的实际归纳绿色转型摩擦的经验化事实有四点：

（1）总量福利损失。由于能源转型导致能源成本上升引起的福利损失是绿色转型的摩擦成本。绿色能源价格在初期都会比化石能源生产成本高，导致价格高，稳定性差，使用绿色能源就要承担绿色溢价，即绿色能源成本高于化石能源成本的部分为绿色溢价，即使用绿色能源付出额外的绿色成本。为了促进能源的绿色转型，提供给绿色能源使用成本补贴，以提高绿色能源的生产、使用和竞争力，这会导致能源价格成本上升，增加了绿色成本，直到绿色发电成本低于化石能源，价格才能恢复并降低。能源转型过渡过程中首先会引起能源价格提高，意味着降低消费者的福利。这次欧洲

快速能源价格上涨，直接导致了绿色转型的消费福利损失，转型的成本就显现出来了。

（2）能源—产业绿色转型的不均衡冲击。传统高排放产业逐步被"淘汰"，相应企业失业、地区发展不平衡与难以承担的绿色成本的中小企业都会直接受损。以煤炭为例，按照碳排放的要求，如果碳捕捉技术发展没有大幅度提高，2050年煤炭产业在现有的总量下继续压缩90%，煤炭产业逐步消失，煤炭生产工人和煤炭资源丰富地区的发展都会直接受到伤害。同样的石化、炼钢、水泥、汽油车企业等都是被抑制发展的部门，相关产业失业、区域不平衡以及大量高碳排放的产业的"资本搁浅"损失是很大的，很多产业现在已经不再投资，导致阶段性供给不足的冲击，这些成本需要在时间吸收和产业间及社会进行合理分担。

（3）能源转型与产业转型不同步引起产业摩擦。能源绿色转型是以清洁能源替代传统化石能源发电，实现零碳发电。产业是电气化转型，即生产过程中放弃碳排放能源和资源投入，主要靠电气化过程完成，如汽车从油车变为电车。能源转型聚焦在碳排放控制，并非能源使用总量约束，核心是每度电的碳排放持续下降。能源转型和产业转型是有差别的，能源转型主要意味着清洁能源生产比重越来越高，能源生产绿色化。产业转型是降低生产过程的直接化石能源消耗和化石原材料投入的排放，产业电动化转型是重要一步，如汽车电动化、钢铁电炉短流程。能源和产业转型相互推进，也有相互摩擦。能源转型没有完成，映射到产业能耗总量控制和碳排放强度的双控约束。电力生产中含碳排放高，耗费电力就是增加碳排放，政府把节能作为解决碳排放的首要目标就源于此。产业电气化转型后电力消耗更大，对电力质量要求更高，会引起能源与产业转型的不同步摩擦。按节能要求则会延缓产业电气化。新兴数字化转型过程中也会遇到同样的问题，特别是基于大数据、AI、云服务所需要的数据中心（IDC），通信中的5G等新数字基础设施均是高耗能行业，数据中心耗能会快速增长，5G耗能也是如此，此外，超算中心等现在因为能源约束无法大发展。当前阶段耗电就意味着碳排放高。广州截至2021年底已经22个月没有批准IDC建立和运营，这阻碍了数字化的产业升级发展。绿色能源转型、产业电气化和数字化转型都需要更多的能源，已经构成了协调发展与能源约束的摩擦成本。

（4）国际贸易冲击。2021年7月，欧盟委员会发布了欧盟碳边境调节机制（Carbon Border Adjustment Mechanism，CBAM）的立法提案，以碳汇价格为基准对部分进口货物征边境碳税。2022年完成立法，2023~2025年过渡，2026年开始全面实施。美国民主党提案，拟于2024年1月1日起开始实施，以美国国内环境成本作为定税标准。欧美提案不符合WTO原则，但从现在看，其实施已经不可避免，绿色转型中的国际贸易冲突也是重要的转型成本。

我们归纳若干转型摩擦是比较主要成本，理解转型成本最小化是中国绿色转型最重要的考量指标。绿色转型不仅有目标与约束的简单逻辑，更有现实转型的结构性冲突。

（二）中国能源—产业绿色转型的结构与市场条件

绿色转型有两个明显特征：一是结构转型，三大产业结构转型并举，即绿色能源转型、产业电气化转型和数字化转型。二是绿色转型中的市场替代条件。绿色转型都是靠管制—补贴的政府干预启动的，直到绿色部门竞争力逐步提升，形成了市场竞争能力后，产业更迭替代逐步转向市场替代平顺转型，不再靠政府干预转型。政府采取补贴"退坡"制度，从直补慢慢转向基于碳排放交易的企业间相互补贴机制，进入碳排放额度管制—碳排放交易—市场替代过程。

越来越多的经验分析表明绿色转型的市场替代条件成熟度高，绿色转型越平稳。绿色转型包括了绿色能源转型和产业电气化转型和升级，产业电气化可细分为传统产业的电气化转型和产业数字化升级，我们称为能源—产业的三重绿色转型，即能源绿色转型、产业电气化转型和产业数字化升级。

我们从实证的角度，再次审视中国绿色转型的摩擦和三重转型。2020年中国碳排放集中在能源、钢铁、水泥、化学品、交通、建筑，预计中国观察到的煤电厂和重工业资产的寿命，即25~35年。中国能源—产业转型任务极其艰巨（见图1）。下面分别讨论能源、产业转型和数字化发展的机遇与挑战。

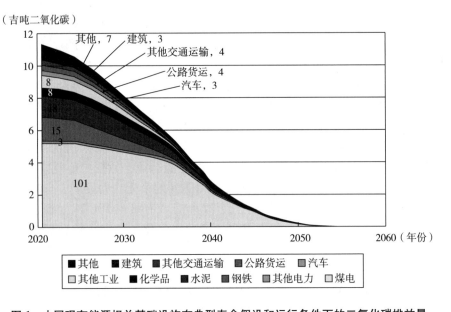

图1　中国现有能源相关基础设施在典型寿命假设和运行条件下的二氧化碳排放量

注：图中所示的分析独立于本报告中提出的任何情景。排放量是根据典型的运行条件（如容量系数、燃料比重和里程）预测的，以2020年为基准年。图中以数字标出的面积大小代表各细分部门的累计排放量，单位为吉吨二氧化碳，排放量按直接排放计算。本分析参考了近期在中国观察到的煤电厂和重工业资产的寿命，即25~35年。

资料来源：国际能源署. 中国能源体系碳中和路线图［EB/OL］. https：//www.iea.org/countries/china.

（1）绿色能源转型是以控碳排放为目标，推动绿色电力消费。碳排放是绿色转型的首要控制与管制目标。碳排放中国最主要来自化石能源的生产和消费。降低碳排放就是要降低能源转化中的化石能源发电，推动发电中的每度电含碳量下降。电力清洁的同时，逐步降低工业、交通和建筑等行业的直接使用化石能源消耗，转为多使用电。电气化降低了能源直接转换效率，会不断增加电力消费。能源转型成功，电力中的含碳下降，产业电气化才能在增加能源消费基础上降低碳排放。电力生产无法降低碳排放，产业电气化反而因为消费过多的电力造成更高的碳排放。绿色能源转型是最为重要的绿色转型战略。

碳排放是管制唯一目标，电力消费不是控制目标。特别是绿色电力消费增加有助于再生能源的市场规模扩大，有助于绿色能源的竞争力上升。再生能源发电成本下降依赖于绿色电力消费增加。节能是企业竞争决策的内生部分，不是宏观管制的目标，当期以能源转换效率为重要管制目标的方法是在能源转型不充分条件下的过渡性措施，对降低转型摩擦和提高企业竞争力有意义。随着生活品质提高，产业电气化转型和数字化升级的必然需要更高的电力消耗。碳排放的根本是能源改造，特别是再生能源发电占比的提高和消费，通过电网改造、储能发展、氢能等方法有效地提高再生能源发电比重，降低发电含碳排放量。能源转型与产业电气化转型相结合才能分清如何控制碳排放目标，而不能简单地进行电力总量管制。依据清华大学计算（见表2），可以看出越希望降低碳排放，电力总需求就越高，它们是有替代关系的，工业、交通、建筑的电气化需要降低碳排放，增加电力消费。可见增加电力消费是降低碳排放的重要战略目标，而不是相悖的目标。

表2　2020~2050年中国电力需求估算　　　　　　　单位：10^4 亿 kW·h

年份	2020	2030				2050			
	起始	政策	强化政策	2℃	1.5℃	政策	强化政策	2℃	1.5℃
电力总需求	7.27	9.18	9.45	9.61	10.04	11.38	11.91	13.13	14.27

资料来源：清华大学气候变化与可持续发展研究院. 中国长期低碳发展战略与转型路径研究 [J]. 中国人口·资源与环境，2020，30（11）。

（2）产业电气化是绿色转型的重要战略步骤。产业电气化转型和再生能源转型有着相同的非市场化转型特征。交通中的汽车电动化转型从补贴开始，逐步退补，2018年结束补贴，从政策过渡期进入到了准市场化转型过程，即通过管制汽油车比例，要求汽油车生产商购买电动车积分，积分相当于汽油车补贴给电动车。通过积分补贴方式提高电动车竞争力，对汽油车市场化替代，直到全部使用电动车。钢铁、石化等部门电气化难度依然很大，整体工艺大转型，需要国家进行一定的财政资助和激励。工业电气化转型和产业化数字化升级本身是需要依赖绿色能源转型才能实现高耗能和低碳排放共存。电气化能源转换效率要比传统化石能源直接转换能源效率低，但如果发电源头是太阳能等再生能源，消费电力本身是无碳排放的，而且再生能源使用的边际成本趋向于零，这样产业电气化就是低碳排放，也具有了可持续的低成本竞争力。按照壳牌对中国的预测，2060年中国电气化率为60%，交通基本全面电气化，建筑能源供给全面电气化。

当然，不同产业转型并非能源转型这么简单，如钢铁的长流程减排转型到短流程的电炉，需要完成工艺、电气化到原材料的全面转型，现在仍然举步维艰。2019年钢铁行业占中国碳排放的17%，其碳中和战略路径也是电气化。2020年以高炉—转炉生产流程为主的生产模式，生产的粗钢产量占全国总产量的91.01%，也提出了转变为短流程电炉炼钢，提出了综合情景下到2025年电炉占比提升到20%，2030年提升到30%（沈佳林等，2021）。中国刚完成了重化工产业，这些产业都是高碳排放的产业，如煤炭、冶金、化工相关大量产业要逐步被管制到零的水平，大量的产业走向萧条或转型，投资的资本搁浅和产业链上下游受冲击等多方面问题需要政府财政、金融支持其退出才能平稳实现。清华大学提出了达到温度升高不超过2℃的策略（见表3），指出工业电气化水平就要达到60%，控制1.5℃，电气化要达到近70%，可见中国工业电气化的产业转型任重而道远，很多重化工业电气化不仅是能源问题，而是大量的原材料投入的生产流程改变，这方面并没有达到市场化可自动替代的"阈值"区间。

表3 工业电气化

年份	2020	2030	2050
政策	25.7	26.1	31
强化政策	25.7	27.8	39.8
2℃	25.7	30	58.2
1.5℃	25.7	37	69.5

资料来源：清华大学气候变化与可持续发展研究院.中国长期低碳发展战略与转型路径研究［J］.中国人口·资源与环境，2020，30（11）。

（3）绿色能源转型的市场化条件逐步成熟。中国当务之急就是能源脱碳，这对于中国而言是非常巨大的挑战，中国能源结构中最大比重是煤炭，未来通过碳捕捉技术的发展，到2060年煤炭发电加上碳捕捉实现零碳化，其发电比重占总发电的比例就在3%~10%。能源转型靠核能、水电和太阳能、风能共同完成（潘家华，2021）。

与化石能源相比，新能源成本快速降低，而且具有两个优秀的性质：一是成本下降符合摩尔定律；二是其生产的边际成本几乎为零，它不需要继续购入阳光和风来发电，因此扣除固定投入后，能源生产的边际成本为零，这两个点与信息产业相一致。全球2019年的太阳能发电价格与2010年价格相比下降了82%，2010年为0.378美元/千瓦时，2019年为0.068美元/千瓦时，再生能源价格下降与再生能源使用的规模高度相关，全球已安装了580吉瓦的太阳能光伏发电系统，意味着自2010年以来增长了14倍（M. Roeser，2020）。根据IRNA的预测降至0.039美元/千瓦时，这意味着2021年的电力成本将比2019年再降42%，装机发电不断增加，仍有继续降低成本的潜力。当前的太阳能价格已经低于化石价格，但太阳能等再生能源的不稳定性以及储能技术发展未能有突破，大量出现弃风弃光问题。但从能源成本优势来看，新能源对化石能源替代已经有了成本优势，而不需要过高的绿色成本补贴了（见图2）。

（4）产业数字化发展大幅度增加电力需求。电力需求估算主要包含了GDP提高对能源消耗和产业的电气化改造，其中新增能源消费增长最快的是产业数字化快速发展对电力的消费。新增能源需求以计算中心（IDC）和5G通信为代表的算力+万物互联为基础的产业数字化发展带动需求，两者2020年耗能占国内电力的1.6%，到2035年中国数据中心和5G总用电量约是2020年的2.5~3倍，将达6951亿~7820亿千瓦时，

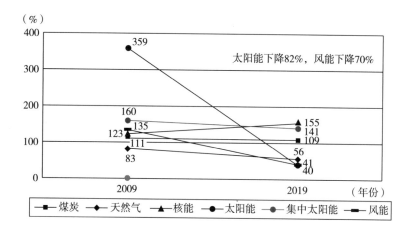

图 2 各种能源价格变化趋势

资料来源：Max Roeser. Why Did Renewables Become so Cheap so Fast? ［EB/OL］. https：//ourworldindata. org/cheap-renewables-growth，2020.

将占中国全社会用电量的 5%～7%（绿色和平，2021）。2018 年中国数字化经济占全国经济贡献的 17%（蔡跃洲、牛新星，2020），增速仍在加快。数字化产业升级直接会提高新增电力的消费。由于数字化产业处于高速增长，利润区高，其可承担的绿色成本同样可以高于一般企业，代表了中国经济发展的未来，所以数字化产业的电力需求可以直接与绿色再生能源挂钩，购买绿证或投资新能源，补贴传统能源转型，国家也采取了相应政策。

从上面分析可以看出，经过全球和国内的多年绿色转型已经取得了市场化替代突飞猛进的发展。能源转型基本上完成了市场化替代阶段，当然仍有储能、电网、能源稳定等多方面不足。总体上看能源转型基本上进入到了市场替代阶段。工业电气化转型，汽车工业的电动化转型进入到了市场替代阶段，但钢铁、化工、建材方面仍有全产业链电气化改造需要政府进行支持，不可能完全市场化替代推进。数字化产业升级主要受制于能源的绿色转型，本身有节能性需要，但其发展无关碳排放，应该属于大力鼓励的方向。

（三）绿色转型的路径和顺序

绿色转型的摩擦成本与绿色转型中的结构分析，我们清晰地理解了中国经济在转型中不仅仅要绿色转型，而且要通过绿色转型提高技术进步和利用市场化规模吸收转型成本和推动增长。我们模拟了一个转型路径图（见图 3）：①高碳排放部门的 D 增长曲线，在 2030 年碳达峰后，其 GDP 增长也同样见顶，受到严格的限制，一直减速下滑到"碳捕捉"技术能提供的碳排放额度水平才能实现碳中和。②2030 年后，经济增长的动力来自再生能源、产业电气化和产业数字化转型的带动，它们构造了 C 增长曲线。从现有的三个代表性产业看，太阳能、数字化转型、电动汽车成本下降的速度符合摩尔定律，而且再生能源和数据化生产也符合"边际生产成本等于零"的共享规律，在新兴绿色产业带动下的经济再造过程的 C 增长曲线在 2040 年后逐步替代传统重化工产业，技术进步、增长速度和规模都会引领中国总量生产函数 T 的持续增长。③总量 T 曲线是 C 和 D 曲线数值的叠加，其增长的路径是持续向上，而不是 DICE 模型模拟的带有损失函数的增长会不断减缓的经济。通过绿色部门的兴起和电气化过程替代原有工业化，激励技术进步、可持续能源和经济增长等。当然如果转型不当，摩擦加大，绿色转型被打断和延迟是有可能的。

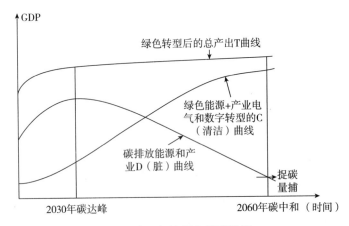

图 3　中国经济绿色转型路线

　　绿色转型路径决定了转型秩序：①再生能源，太阳能和风能转型已经进入到了市场化替代阶段，再生绿色能源的成本下降与其发电规模高度相关，现在已经突破绿色能源溢价的门槛，由于电网和储能改造进度慢于装机水平，弃风、弃光比例过高，再生能源发电比例上升慢。随着分布式发电的兴起，工厂、建筑、交通等分布式发电和直接使用在加快，装机越多，组件成本下降快，发电成本进一步下降。绿色再生能源转型需要政府加大力度推动电网改革和电网改造。中国在再生能源组件、装机等多方面取得了全球发展的最佳范例，当前是要加速提高再生能源的发电比例。②在绿色能源转型的过渡期间，优先放开数字化升级产业的发展是重要的，按现有的节能要求即可，不必进行耗总量限制，但可强化产业数字化转型与再生能源消费和发展直接挂钩，绿色能源的消费能够诱导投资绿色能源转型，同时有助于加速数字化转型，推动绿色能源和数字化相互促进的双转型。③工业、交通、建筑的电气化过程，优先交通电气化转型已经见成效，电动汽车已经进入市场化替代，继续加速，优先转型。建筑电气化过程与能源转型是一致的，应该靠强化管制来推动市场化替代。现在非市场化替代主要集中在工业部门，要逐步推进电气化的补贴改造，会适当滞后于能源转型。工业电气化的核心就是钢铁、水泥、化肥的电气化转型，在保证碳达峰后再加速调整。

　　再生能源、数字化转型、电动汽车的快速技术进步迭代和规模经济推动了能源转型、数字化转型和工业电动化，具有了市场化的替代特征，构造了加速增长特征的新增长曲线。通过政策和市场的双重激励加速新的产业发展和技术进步，才能吸收绿色转型成本，保证中国经济在未来增长和技术进步上在全球竞争中保持优势。

三、中国绿色转型的分类治理和碳排放社会成本

碳中和机制是政府依据国际承诺和对应国内碳减排目标而设计的公共治理机制，具有政府的直接干预性，通过碳排放管制和绿色补贴等机制激励绿色转型。这一转型涉及众多利益相关者，需进行公共观念、利益等广泛协调。从绿色转型初始条件来看，高碳排放公司（产业）规模和效率等各方面可衡量的竞争力都强于低碳排放的绿色公司（产业），仅靠市场机制无法推动转型。不同的初始条件下，政府依据各国情况探索不同的绿色转型速度、治理机制和路径。全球克服碳排放的外部性，解决全球气候变暖的灾难，依赖于全球的碳排放价格协调，避免"搭便车"。发达经济体一直提出的是"搞准价格"的征碳税的总量治理模式，但实践中也遭到了很多挫折，总量治理仍是欧洲的首选。后发国家通过节能减排管制＋激励新能源、电动汽车等产业快速发展为导向，类似于"保护幼稚企业"政策，推动新旧产业更迭，这种治理方式是分产业进行"控制＋激励"的分类治理模式，以激励为主。预计后发国家碳达峰后，也要逐步向总量治理与分类治理结合方式过渡。

中国政府依据减排的产业分布进行分类治理，"做好激励"启动渐进式绿色转型。一方面政府加强限制高排放产业和企业的碳排放；另一方面靠增加补贴诱导绿色产业和企业生产和扩张。随着绿色产业竞争力逐步提高，再通过"退补"，利用碳排放额度管理，推动积分制，碳排放额度交易，绿证交易等机制让高碳排放的企业购买"碳额度"及其相等值的积分、绿证等方式补贴给绿色企业，推动绿色部门进一步替代传统部门。最后通过市场竞争进行完全替代过程，这一过程一直需要政府对碳排放的持续监管和对淘汰企业进行资助性退出，保障转型平稳。

在绿色转型治理问题上，欧洲、美国都重视"搞清楚碳排放价格"作为政策基准，认为只有计算比较合理的碳排放的社会成本才能较好地推动绿色替代。欧美国家基本是以碳排放价格为基准的管制与治理框架。我们前面综述，碳排放的社会成本因理念不同，其选择的"渐进"还是"激进"的道路也不同。欧洲通过设立碳交易所，靠比较透明的碳拍卖机制形成了碳排放额度价格，这为边境碳调节税提供了基准，它们探索的是适合发达经济体的经验。转型都会出现摩擦，法国的"黄马甲"运动明确指向了碳排放税收问题。总统马克龙为履行《巴黎协定》，2018年柴油税每公升上调了6.2%。燃油税的上调导致了油价暴涨，引发了民众的不满和抗议。法国交通部长伊丽·莎白博恩表示，法国柴油税每升上涨了7欧分，汽油税每公升上涨4欧分。政府计划在未来几年，会继续提高燃油税，通过提高燃油税来推广新能源车辆，减少空气污染，引起了法国、比利时等多国骚乱。2021年以来的能源价格上涨也是总量转型摩擦的体现。

中国从绿色转型治理走的是新兴市场的转型道路，其转型路径更为崎岖，能源、生产和信息产业的各类部门和地区异质性更为突出，中国一开始走的就是分类治理，即以产业部门或地区为依托，一个产业一种治理方式和目标的治理，如汽车积分制，

电力的绿证交易，八个地区设立地区碳汇市场等，直到 2021 年提出了总量目标管理，引起了"拉闸限电"摩擦，说明中国总量治理需更加谨慎实施。中国分类治理从产业的清洁生产开始，大力降低企业能耗为启动，推动了资源减排认证（CCER）。逐步实施对再生能源、汽车电动化产业补贴，采用逐步退补的方式进行过渡，助推了新能源、电动车相关的工业化大发展。再通过不同产业碳排放管制目标设定额度，推动了汽车行业积分制、各个行业和地区的碳排放额度交易、电力绿证交易的行业内及相关行业的交易，引导高碳排放企业通过购买积分、碳汇或绿证的方式补贴给绿色企业。这样的转型方式不需要付出全社会额外"碳价"上涨代价，推动了产业的绿色转型平稳。中国分类治理直接引导了能源—产业的绿色转型，再生能源发电和新能源汽车已经直接进入到了市场化可替代的阶段。未来转型依然靠分类治理原则继续推动行业性脱碳的进程。2030 年碳达峰后，总量治理逐步将扮演重要治理目标，逐步走向基于碳排放额度市场交易信号来配置全社会资源，协调与国际气候规则一致化进程，而非完全是"一个产业、地区一个公共政策"的治理方式，通过全国加强统一监管与治理才能完成绿色转型。

我们把中国这些年的能源转型监管与治理实践做一个总结，以理解我们的转型模式。

（一）中国经济绿色转型的治理实践

中国从国际上吸收了绿色转型的经验，开始了自己的最佳实践。由于发展阶段不同，中国与发达经济体有着不同的转型治理路线图。发达经济体已经进入后工业社会，碳排放的存量是由它们创造的，早已经完成碳达峰，流量已经转向下降了，进入碳中和的绿色转型阶段。欧洲着重于全境内和全行业的碳排放额度交易作为主要机制，能源与产业同时快速转型。政府管制以碳排放额度交易价格为激励基准。美国侧重于市场化的责任投资、ESG 和绿色供应链以及各州政府的管制和补贴，近来联邦政府开始持续补贴，提出了巨大的绿色基础设施投资，希望加快绿色转型进程。发达经济体相对比较忽略绿色转型摩擦。新兴经济体国家正处在工业化阶段，全球碳排放增量来自新兴经济体国家，其转型第一阶段是完成工业化的同时实现碳达峰。而后绿色转型进入碳中和阶段，其转型难度和摩擦远大于发达经济体。中国属于最有担当的新兴经济体，政府做出了承诺 2030 年碳达峰和 2060 年碳中和的承诺，其实践必然与发达经济体的经验不同。从治理和产业转型的角度，中国都探索出了自己的独特道路。

从中国经济绿色转型机制的实践上来看，体现在以下六个方面：一是中国治理从遵循清洁机制（CDM）的要求开展了清洁生产，极大地促进淘汰落后产能，更高效地提升了能源资源的利用效率。而后遵循自愿减排（CCER）构建了八个碳排放交易市场，设立了 300 多个方法论来计算 CCER，积极推动了中国减排、清洁能源、绿地、环境污染等循环经济发展。二是政府积极开拓了新能源制造和新能源汽车的补贴政策和设计了相应的汽车积分制，即汽油车生产厂商需要支付购买电动汽车生产厂商的无碳排放的积分，让汽油车补偿电动车。这些政策刺激了新能源、电动车及相关产业链的发展，中国的制造优势和市场规模优势造就了中国成为了全球太阳能组件、风能组件成本最低和生产规模最大的领先国家，顺利地达到了能源新老市场替代的基准条件。三是在全国开展了电力行业的碳排放额度交易，启动了全国的碳排放额度交易市场。碳期货交易市场正在准备中。中国现有的碳排放额度市场价格波动很小，碳定价低于国际上定价，这也是由中国的国情所决定的，需要平稳过渡。四是中国的治理探索也是"摸着石头过河"和分类治理进行的，先试点再推广。电力转型和电动车转型代表了两个不同的转型方向，即能源转型和产业转型，取得举世瞩目的成功。中国一方面通过绿色转型淘汰落后产能，减低排放，逐步改造传统产业，探索电气化+数字化的汽车产业的转型。国家发展改革委于 2022 年 1 月 3 日发布 206 号文件，将绿色能源消费不再纳入"能源总量控制"目标中，推动了绿色能源的发展与消费，同时提出了推动电力绿证交易等举措。运用多种交易市场机制探索行业内市场化交易的激励机制，相对转型平稳。五是中国市场化改革依然重要，2021 年能源价格波动倒逼加速了电力市场改革，把市场机制引入电力市场。中国再生能源生产已经非常具有竞争力了，进入市场替代的过程，需要电力市场改革，进行市场替代。电力市场改革直接促进了分布式电力发展。电网改造和电力市场进一步改革是中国绿色能源转型的关键。六是绿色金融大发展，责任投资、ESG 等自下而上的绿色转型治理在中国发展很快，加大了绿色转型的微观动力。

由于绿色转型非一般市场化的转型，是以此通过治理机制设计推动的产业转型，包括了能源—产业转型的摩擦，也必然包含了治理成本。通常表述的治理成本有四个：①制度套利，如企业骗补，随着补贴退坡，让企业与企业互补或市场配额交易，制度不会被套利了。②转型目标与原有的发展目标偏离加大，对经济增长的过大冲击，提高了当期的经济风险。特别是由于绿色转型政府是最重要的发动者，一旦过度强化这方面约束则会引起偏离，碳达峰变为了碳冲锋，偏离了以经济建设为中心的轨道，引起供给的负向冲击。③利益锁定下的路径依赖。如果过度依赖政府干预资源配置就会长期扭曲要素价格，形成一批利益相关者，因此要素扭曲性设计需要有一个合理的退出计划，避免利益锁定。④政府干预与市场机制相互配合失败，强调了管制转型，缺少对市场激励的认识，中国的转型应在监管的推动下，更重视基于市场激励绿色转型，市场化机制在转型中依然重要。

（二）中国绿色转型下的监管推动和市场化改革激励互相推动

在减排第一阶段，基于清洁生产机制和自愿减排淘汰落后产能。第二阶段政府进行财政补贴，再利用各地方碳排放额度交易，积分政府鼓励新兴绿色产业发展。第三阶段进入到了 2021 年，能源和产业转型的一个阈值区间，进入全面转变期时，扰动和摩擦就开始频繁显现出来。全球都感受到了绿色转型引起能源价格波动，突出表现在价格波动上。中国也受到扰动，纠偏很快，推进了电力市场化改革迈开了大步，为第三阶段绿色转型的基准。中国新能源、电动车等能源转型和产业转型已经进入市场替代阶段，利用市场机制，配合监管是我们第三阶段的主要任务。碳达峰和碳中和的绿色转型全过程都需要市场化激励机制。

电力市场化改革是重要的。新能源由于其自身发电不稳定的缺陷，统一并网会导致电网无法消纳。再生能源的分布式直接使用是最有价值的，分布式能源是全球新能源发展的根本。分布式能源与统一电网的冲突凸显出来，必须进行市场化改革才能破解这一困难，中国能源转型与电力市场化改革密不可分。近来的实践表明中国新能源市场化转型替代潜力大、速度快。2021 年我国风电和光伏发电新增装机规模达到 1.01 亿千瓦，其中风电新增 4757 万千瓦，光伏发电新增 5297 万千瓦。从发展情况来看，2021 年海上风电异军突起，全年新增装机 1690 万千瓦是此前累计建成总规模的 1.8 倍，目前累计装机规模达到 2638 万千瓦，跃居世界第一；分布式光伏发电亮点突出，年新增装机约 2920 万千瓦，约占光伏新增装机的 55%。可见，市场化推动绿色能源转型是最好的治理方式。

当然中国绿色转型，一定要有监管推动和政府激励，否则中国企业便无动力进行转型，都有着强烈的技术路径依赖。无论是新能源转型，还是电气化转型，都意味较大的资本支出，在经济增长减缓的条件下企业都不愿意通过投资进行转型，监管与激励政策依然对转型是重要的。

（三）碳排放交易价格依然是重要的，中国也需要"对的价格"

碳排放交易价格在总量治理上意义依然非常重大，中国当前仍然在探索碳排放额度交易价格的形成机制。按照我们前面综述的情况，碳排放额度价格的理论价格依据控温目标模拟的 GDP 损失总量贴现成现在减碳的社会成本（SCC），其构造了一个碳定价对减碳目标的政策制定基准。中国当前处在碳达峰过程中，正处于碳排放额度交易定价的形成过程，2021 年全国实施了电力部门的碳排放额度交易定价市场，仍有工业、交通、建筑等产业部门没有纳入统一交易市场中去。中国依然在寻求合理的碳排放额度交易价格形成机制和政策调控标准。

欧盟的碳交易市场已经经过了三轮碳交易额度拍卖，市场活跃，碳期货价格最高突破了 90 欧元，意味着能源价格上涨压力持续升高。中国碳排放额度全国交易已经开启，没有金融机构和相应的期货市场配套，也没有全国总量的碳额度拍卖，依然处于分类治理和形成定价机制的过程中，中国碳汇价格为 45 元，与欧洲碳汇价格相差较大。

尽管碳定价受到了很多因素影响，但其市场定价的意义已经显出对各类碳排放相关定价、财政补贴标准等的意义。2026 年欧洲的碳边界调节税标准就是依据碳交易价格作为主要参考标准。到 2030 年中国碳达峰后，总量政策是重要的，"搞对价格"逐步与"激励为主"的分类治理进行有机融合。总量治理对于全面碳中和提供了一个政府碳排放额度拍卖的政策基准，对全民减碳有了一个社会定价基准，也会积极引导企业和机构投资人的预期。在国际社会上也有了相互参考的协调参数。

碳排放定价与管制政策可以相互补充，提高脱碳战略的效益。碳排放定价机制可以激励人们去碳化，同时提供去碳化的灵活性，通过提供明确的价格信号，可以加速碳捕捉等低碳技术和产品的投资和应用等。

四、中国绿色转型的公共政策

全球的绿色转型都是要通过政府管制和政府激励的公共政策框架引导，绿色转型依然有很多的挑战，必须通过不断审视我们的目标—激励—福利的指标来衡量中国绿色转型发展。绿色转型依赖于公共政策推动。未实现目标，必然要重新讨论绿色转型公共政策，我们构造了中国绿色转型的一个自我改进的公共政策动态框架（见图4）。从图4中可以看出：①是否达到自我承诺目标是基准衡量，未达到目标需要进行反思，包括政策力度与目标，目标冲突导致的转型摩擦和政策执行激励不足以及协调困难导致的执行效率低等问题，需要进入到政策再整合。②政策再整合推动绿色转型进入正轨，这包括修订目标冲突，如我们前面讨论的只有总量能源限制，没有鼓励再生能源消费的政策，对于推动再生能源发展不利，拉闸限电的方式符合碳排放当期总量排放，但损坏了经济增长、引起价格上涨和不利于新能源发展等，这些属于目标激励不相容的矛盾需要克服。③福利、包容性和可持续性评估，绿色转型不能损害经济增长和靠通货膨胀方式遏制消费降低福利，也不能对于受损部门视而不见，需要通过政策补贴或其他支持方式减低传统受损企业平稳过渡。④一个不断循环的政策考评框架有利于公共政策的实施。

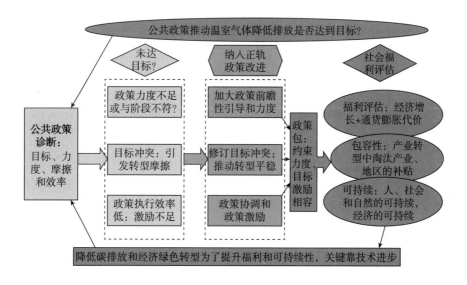

图 4 中国绿色转型的公共政策动态框架

2021年是中国绿色转型的元年，在公共政策实施中出现了瑕疵，2022年发展改革委已经不断调整了公共政策目标，如鼓励再生能源发电，再生能源电力消费不纳入能源总消耗考核目标中，强调了市场方式解决问题，如鼓励市场定价、鼓励分布式发电、绿证交易等。从公共政策动态框架上来看，绿色转型的公共政策仍有九项值得改进：①从重视总体能耗和碳排放的"双控目标"转向单一控制"碳排放"指标，强化碳排放的额度和削减的自我承诺目标的力度。②鼓励新能源消费，不要将其纳入能源消费指标，要鼓励多消费再生能源，通过市场规模扩张推动再生能源和相关产业链的大发展。③不应继续把节能指标作为公共政策的根本目标。可以按标杆企业去要求节能，以降低当期的能源约束。能源效率提升是企业内生问题，靠市场机制，特别是价格机制更有效，短期内可以靠行政监管，但这不是公共政策的目标所在。④把鼓励新兴清洁产业、产业电气化、数字化升级的发展和限制高碳排放的老产业发展放到同等重要的地位上。放松对能源消费总量的约束，鼓励电力消费大户通过绿证交易等方式加大再生能源消费、用绿证补贴再生能源和投资再生能源，为产业数字化拓展能源发展空间。相关的产业电气化需要像电动车发展一样鼓励。高度重视产业电气化过程，要从全产业链的角度进行转型监督与补贴激励，让高碳排放产业退出平顺，否则会造成行业和区域转型摩擦过大。⑤促进市场化发展，中国的新兴绿色产业已经进入市场替代阶段，政府打破垄断推进电力市场的改革，有序推进市场化机制在新旧产业替代中的市场激励，这些也都离不开政府监管。⑥国家在金融上增加"二元化"的融资策略，即绿色金融融资更便宜，央行推出的碳金融工具利率低至1.75%，为碳金融低利率信贷和债券发展打开了利率缺口，通过金融成本的"二元化"推动绿色产业的再投资规模扩大。⑦重视绿色转型中的技术创新的研发补贴。⑧更多地探索积分制、ESG等自下而上的激励方式，推动市场化替代中的微观主体替代意识。⑨碳交易市场依然是最为重要的政策定价基准，发挥碳汇交易定价，尽快推出碳期货和允许金融机构加入，为进入碳中和阶段发挥出更积极的意义。

公共政策涉及行政复杂性，刺激创新等补贴激励的可持续，以提高应对不确定性的能力。产业转型中"起落"的分配效应（包容性），物价波动的福利损失，公众接受度等是一个需要精心设计和系统性的政策组合。中国面对的挑战远比纸面上的更多和更复杂，有利的条件是政府协调能力强、纠偏快，也积累了丰富的转型经验，公众接受度高等。中国的新兴产业包括再生能源、数字化转型、产业电气化都跨过了市场替代的门槛，是全球最有竞争力的产业，市场激励对于转型快速和平稳发展是重要的。绿色转型同样也会遇到能源—产业转型的摩擦挑战。中国在逐步探索中已经走上了推动公共政策与市场激励相结合的绿色转型的中国特色道路。

参考文献

［1］刘昌义，何为．不确定条件下的贴现理论与递减贴现率［J］．经济学家，2015（3）．

［2］郑艳，潘家华，谢欣露，周亚敏，刘昌义．基于气候变化脆弱性的适应规划：一个福利经济学分析［J］．经济研究，2016（2）．

［3］项目综合报告编写组．《中国长期低碳发展战略与转型路径研究》综合报告［J］．中国人口·资源与环境，2020（11）．

［4］蔡跃洲，牛新星．中国数字经济增加值规模测算及结构分析［J］．中国社会科学，2021（11）．

〔5〕〔美〕威廉·D. 诺德豪斯. 管理全球共同体〔M〕. 梁小民译. 上海：东方出版中心，2020.

〔6〕Daron Acemoglu，et al. Transition to Clean Technology〔J〕. Journal of Political Economy，2016（124）：1.

〔7〕Philippe Aghion，et al. Carbon Taxes，Path Dependency，and Directed Technical Change：Evidence from the Auto Industry〔J〕. Journal of Political Economy，2016（124）：1.

〔8〕Lint Barrage. Optimal Dynamic Carbon Taxes in a Climate–Economy Model with Distortionary Fiscal Policy〔M〕. Oxford：Oxford University Press，2019.

〔9〕William Nordhaus. Estimates of the Social Cost of Carbon：Concepts and Results from the DICE–2013R Model and Alternative Approaches〔J〕. Journal of the Association of Environmental and Resource Economists，2014，1（1/2）：273–312.

〔10〕Martin L. Weitzman. Tail–Hedge Discounting and the Social Cost of Carbon〔J/OL〕. Journal of Economic Literature，2013，51（3）：873 – 882，DOI. http：//dx. doi. org/10. 1257/jel. 51. 3. 873.

〔11〕Wang ShouYang，et al. Alternative Pathways to the 1. 5℃ Target Reduce the Need for Negative Emission〔J/OL〕. Nature Climate Change，2018（8）：391–397. DOI：http：//www. nature. com/natureclimatechange.

9 全球叙事转变与中国经济展望*

张 平

"叙事"（Narrative）就是讲故事，先在文学，后在历史学中使用，其定义也是在不断流变，赋予了新的含义。当代更是被广泛应用，社会学、人类学、商学、金融等领域，认为叙事是统领人们思维价值观、思想传播和相互协作的"共同意识"，成为了社会分工协作的关键。全球化叙事源于 20 世纪 90 年代初，中国以"和平与发展"来叙事全球化，全球化的叙事传播是"世界是平的"推动全球规制一体化。经济的全球化叙事更主导了各国的分工、合作、规模扩大和效率提高，直接表现为全球经济的高增长与低通胀。2022 年由于新冠肺炎疫情的持续冲击，乌克兰危机，全球各国大规模出台了区域化协定，欧美出台了对峙性产业政策，全球化叙事出现转变。战争破坏了和平，疫情导致了供应链脆弱，而欧美国家疫情救助政策直接导致了"疫情泡沫"，出现了自全球化以来最为严重的通货膨胀，与此同时，全球规则也让位于区域联盟，全球化叙事出现了不可逆转的转变。这一转变改变了全球经济发展和分工模式，将更多的地缘政治、对峙性的意识形态、安全准则纳入经济中，经济摩擦加大，引发了全球供需再调整，贸易增长低于全球 GDP 增长，全球经济进入"低增长与顽固性通胀"并存的新格局中，其变化趋势对全球和中国经济的影响、挑战和应对是本文探索的主题。

一、全球化叙事的转变

（一）全球化叙事

全球化叙事从 1991 年开启，全球化浪潮改变了 20 世纪 70~80 年代的美国的滞胀和前苏东国家的长期经济停滞与短缺，全球结束了地缘政治争夺的分割，转向了和平与发展的全球化进程，中国成为了全球化最大的受益者。

全球化遵循四个原则：①和平原则，1991 年华约和苏联解体，全球两极分化的地缘政治转向了全球一体化的和平时期，各国政府国防等资本开支不断下降。②全球规制统一，全球贸易和要素流动的自由化，被称为"世界是平的"。全球化是全球各个国家参与下的全球规则共同建立的过程，WTO 是这一原则的具体体现，全球治理推动全球化规则的不断发展，中国 2001 年加入 WTO，全球贸易和要素更便利化地流动。③全球贸易引领全球经济增长，全球化的特征是全球贸易增长快于全球经济增长，即全球

＊ 全文发表于《国外社会科学》2022 年第 5 期。

贸易带动全球经济增长，体现的是全球化的大分工协作，并以全球市场规模为驱动的经济发展。效率原则是全球化的经济准则，依据全球化的各个市场效率进行技术—产业全面分工与合作，并以全球市场为规模的生产体系建立，商品的生产成本大幅度下降，直接压低了全球物价，推动了全球通货膨胀持续走低，全球化推动的其最为显著的经济特征就是高增长与低通胀。④全球化推动了基于主权信用货币供给的大扩张，在高增长与低通胀（低利率）条件下，各个主权国家进行信用扩张，货币供给不断增加。全球信用扩张来自美国、欧洲等储备货币国家，它们不断扩张其主权资产，即低利率发行国债，再扩张其负债发行货币，将货币金融资产投资到房地产—金融领域，全球新兴市场国家套利交易（carry trade）和技术创新领域获得高回报。储备国的信用货币扩张刺激了非储备货币国的信用扩张和国际负债增加，全球信用扩张和资金流动推动了全球产业转移、技术创新与技术扩散，引动全球增长。与主权信用相伴的货币联盟不断发展，全球金融治理从 G7 扩展到 G20。货币联盟是国际货币基金组织（IMF）1969 年推动 SDR 货币联盟体系，美国因 GDP 占全球的比重从 2001 年的 30.4% 不断下降到 2020 年的 24.7%，美元需要更多的货币联盟，随着 1999 年欧元诞生，2016 年人民币加入 SDR，2022 年人民币占比提升到 12.28%，SDR 的货币联盟性质不断加强。美国需要更多的货币联盟以维持全球货币金融体系的运转与救助。全球基于主权信用的货币体系和以美元主导的货币联盟体系形成。

全球化成就了经济大发展，但也带来很多全球化的积累性矛盾，主要体现在以下五个方面：①全球化效率分工导致了国家、区域间劳动者就业—产业发展机会的不均衡，孕育了产业保护、民粹主义、极端民族主义等反全球化思潮，这些思潮也推动了各国政治、对外经济政策的改变，新的 WTO 规制难以再推出。②低利率导致的全球高杠杆率，全球化带来的低通货膨胀直接决定了低利率，到 2019 年绝大多数储备货币国家的利率进入负利率，2020 年比例更加加大，意味着可以无限制地扩大主权债务，日本、欧洲、英国、美国等大量进行资产扩表，特别是新冠肺炎疫情防控期间，以失业救助的方式采取了"直升机撒钱"的方式发行国债直接救助家庭和个人，最终引发了2022 年"新冠泡沫"。货币信用的无节制扩张，引致的通货膨胀终于开始报复主权货币的大幅度供给。非储备货币国也因低利率，过度进行国际负债，遇到储备货币国家，特别是美国的信用收缩，就会引发个别国家，甚至一个地区的债务危机。③全球低利率也导致了房地产—金融产业的大发展，发达经济体靠外包将产业转移，后发经济体的房地产—金融业同样成为了增长的引擎。低利率导致增加杠杆促进金融—房地产的收益，导致虚拟经济收益率高于实体经济，实体经济份额不断下降，这也是这次全球供应链脆弱的原因之一，当然效率原则导致供应链分工过细也是脆弱的另一个重要原因。房地产—金融经济成为了低利率下经济增长的主导力量。④中心—外围的分配与治理改变有限，尽管全球金融—技术创新和产业转移加快，但中心—外围的财富分配格局变化小，发达经济体控制技术创新、货币主导、金融配置中心等经济活动核心地位，获得了超额的回报，日本海外资产年回报占其 GDP3%～5%，美国货币霸权受益同样很高，且一直主导了全球经济治理，G20 始终难以替代 G7 的治理功能，发达国家与新兴市场国家的贸易—产业—技术摩擦也是不断。⑤国家资本支出下降，福利化支出倾向加强，负债水平提高，生产能力、基础设施投资能力下降。

上述全球化的弊端累积，在俄乌冲突、疫情导致供应链风险和"疫情泡沫"引发的通货膨胀等多个因素叠加下，2022年正式进入了全球化转变的关键年，全球化叙事转变。

（二）全球化叙事转变

从当前全球化转变的趋势可以看出四个问题：①和平红利消失。俄乌冲突持续化引起的地缘政治改变，德国等国已经提出了增加攻防开支等，而因地缘政治冲突引发了能源、粮食等供给冲击，和平红利再次转变为军备竞赛，政府作用明显加强。②新的区域组织合作替代WTO，全球化转向区域集团化，地缘政治被纳入区域联盟考量。美国启动的印太经济框架（IPEF）和欧洲签订的零关税协定等在组织上开始了布局，中国加入RCEP，新的区域贸易合作组织替代了原有的WTO框架。③全球贸易与供应链重塑。基于效率原则全球发展出来的供应链（全球价值链）重塑开始，供应链效率原则加入基于地缘政治的安全准则。针对俄乌冲突对世界贸易和供应链演讲中，很多政治家陈述了其看法，提出了这场战争是一个转折点，它使供应商国家所属的联盟变得更加重要。国际跨国公司仍将面临在成本最低的地方组织生产的强烈动机，但地缘政治的需要可能会限制它们这样的地域进行操作。原有的效率准则被修改，全球供应链调整已经开始了所谓近岸化、分散化和同盟化来重新安排供应链体系。与供应链调整的相配的资本开销和供应链在区域的重新配置逐步展开，全球价值链效率下降，商品生产成本变高，全球经济转变开启高成本时代。④对峙的产业政策。新美国安全中心（CNAS）在《重建：美国新产业政策工具包》报告中定义"行动的中心是放慢竞争对手即中国的速度，而不是为美国在经济领域的实力增长确定一个肯定的愿景。美国产业政策是美国经济安全战略的缺失部分"。明确提出了对峙性的产业政策特征，限制中国已经成为美欧等国家的产业政策选择的目标，这直接引发全球化贸易、产业、技术扩散和资源利用的摩擦，美国、欧洲、日本等发达经济体都开始启动了所谓的新产业政策，明显带有对峙中国产业发展的特征。产业政策在各国普遍化设立，也会引起更多的贸易摩擦，是逆全球化的一个显著特征。各国的资源工业化诉求也越来越强，资源价格上涨增加了全球经济的波动性。

全球化叙事的转变会永久性地改变全球经济秩序和发展的特征，全球的高增长与低通胀在2022年已经终结，全球贸易和经济在2023年可能会出现更大程度的放缓，而通货膨胀还会加快。看见的趋势包括以下三个：

（1）由全球通缩转向全球通胀。全球化推动低成本制造带来了全球价格逐步下降结束，全球化逆转导致人们讨论通货膨胀的"顽固性"，即生产成本和贸易成本推动了价格上涨，地缘政治打乱了大宗商品的供求关系，引致通货膨胀是否会持续多年。通胀的顽固性与全球化转变越来越相关联起来，靠打击需求抑制通胀能取得效果，但回不到低通胀时代了。

（2）全球信用收缩直接导致了全球经济增长放缓。发达经济体的宏观政策直接从克服通缩转向不惜一代价克服通胀，2022 年 5 月美国通货膨胀达到 9.1%，创 40 年美国消费物价指数新高，美联储 6 月加息 75 个 bp，7 月预计再加息 75 个 bp，9 月加息 75 个 bp，欧洲也在 9 月加 75 个 bp，表现了发达经济体克服通胀的决心。连续加息对克服通胀效果仍有待观察，美国 8 月通胀依然保持了 8.3% 的高位，核心通货膨胀有所回升，持续信用收缩会持续到 2023 年，预计年底美联储加息超过 4%，美元指数坚挺，达到了 110 以上，持续加息会引发美国从技术性衰退转向全面衰退。美国信用收缩引起了全球的信用收缩，全球经济可能出现衰退。信用扩张机制是受益于全球化推动的低成本—高成长的组合，同时信用扩张又放大了需求，拉动了全球化发展，这种正反馈循环也是有边界的。随着新冠肺炎疫情暴发，最大的一轮发达经济体的信用扩张后，"疫情泡沫"直接拉高了通胀，克服通胀的方式就是加息，退出量化宽松，全面收缩信用，抑制过剩的需求。

（3）全球经济转变中供应链再调整。全球化推动的基于效率构建的全球价值链发生了动摇，供应链在疫情冲击、地区军事冲突下显示了其脆弱性，加上相互对峙性的产业政策，供应链全球再调整和布局不可避免。OECD 指出"供应链作为政治战略资产：供应链不再是中立的经济网络，而是处于地缘政治阶段的战略资产。过去几年中，G7 几乎所有成员都在不断提高工业补贴和政府 R&D 支出，因此正在进行一场默契竞争"。很多国家认为解决供应链的脆弱性是一个独特的机会，它有可能使不同政策利益集团，以及政府和企业之间在传统上分裂的领域团结起来。它是最强大的政策问题之一，成功地突出了全球化政治和经济工作效率模式，推动全球供应链范式的转变。

除了全球割裂性变化外，全球共同面临的议题也越来越多，这就是全球共同议题中的绿色转型、数字化转型、金融治理等依然需要全球共同治理。但全球化永久改变的事实会越来越多，当今突出的是全球化逆转带来的高增长与低通胀结束，而对峙产业政策不断推出和供应链调整，引起全球更多的摩擦，逐步阻断了全球资金—技术扩散等积极性因素，全球经济复苏更为艰难。

二、全球宏观经济周期不同步

全球化的裂痕从 2018 年中美贸易冲突已经显示出来了，后经 2020 年后新冠肺炎疫情的持续冲击，加上 2022 年的俄乌冲突，和平与发展势头减弱，全球经济分化加速，中国与发达经济体的经济周期越来越不同步。由疫情冲击引起的不同宏观政策应对直接导致了不同的政策周期，不同的政策周期表现在经济周期的不同步上，中国与主要经济体的经济增长（GDP）和通货膨胀（CPI）不同步。地缘政治冲击导致的全球大宗商品价格上涨则是同步的。俄乌冲突引发的能源、食品等大宗商品的冲击，给中国制造业带来了成本冲击，这一冲击全球均同步，引发了全球经济更广泛的波动。

（一）主要经济体 GDP 复苏和通货膨胀不同步

全球一些主要经济体对疫情救助方式的不同，导致了经济衰退、复苏和通货膨胀的不同步。我们通过经济增长（GDP）和物价（CPI）的变动来简单加以刻画。这里我们利用 2018 年第一季度至 2022 年第一季度中国、美国、欧盟、日本 GDP 指数季度时间序列，通过 HP 滤波剔除趋势项，来考察各经济体 GDP 周期波动的相关性。从表 1 中可以看出，中国的 GDP 季度波动与美国、欧盟、日本的相关性非常弱，相关系数最高也仅为 0.2，而美国、欧盟、日本 GDP 季度波动之间具有非常强的正相关性，相关系数均超过 0.9。可见：①中国与发达经济体抗疫政策的不同，也引起了经济周期的不同；②中国当前是处于低通胀和经济放缓的态势，第二季度中国经济增长只有 0.4%，与发达经济体的高通胀和高复苏形成了不同的周期趋势。

表 1　中国、美国、欧盟、日本 GDP 周期波动的相关性

国家和组织	中国	美国	欧盟	日本
中国	1	0.1310	0.2046	0.1635
美国	0.1310	1	0.9749	0.9296
欧盟	0.2046	0.9749	1	0.9232
日本	0.1635	0.9296	0.9232	1

注：时间跨度为 2018 年第一季度至 2022 年第一季度。

资料来源：由中国社会科学院经济所杨耀武博士测算。

从全球通货膨胀，特别是欧美通货膨胀来看，中国更是与之无关（见表 2），2022 年欧美国家纷纷创出全球化以来最高的物价水平，美国物价最高达到 9.1%，连续加息依然在 8 月保持了 8.3% 的高位。英国、德国也经历了同样的物价高位上涨，全球物价普遍上涨。而中国 8 月物价同比上涨了 2.5%，低于 7 月物价，通货膨胀周期与全球是不同步的。日本与中国的物价波动有着相关性，表现为经济复苏不强，仍有需求不足压制通货膨胀的特征。中国在第三、第四季度以复苏为基本诉求，而欧美国家以抑制通货膨胀为政策诉求，而中国以无须担忧通货膨胀，可以继续运用宽松的货币政策来刺激经济的复苏。

表 2　中国、美国、欧盟、日本 CPI 周期波动的相关性

国家和组织	中国	美国	欧盟	日本
中国	1	-0.3516	-0.2227	0.5511
美国	-0.3516	1	0.8748	0.3389
欧盟	-0.2227	0.8748	1	0.5591
日本	0.5511	0.3389	05591	1

注：时间跨度为 2018 年第一季度至 2022 年第一季度。

资料来源：由中国社会科学院经济所杨耀武博士测算。

（二）全球大宗商品价格的同步

在全球大宗商品价格快速上涨的情况下，全球经济的 PPI 走势较为一致（见表 3），可以发现中国 PPI 季度波动与美国、欧盟、日本及全球的相关能源、船运等相关生产价格指数都是强相关的，相关系数最弱也超过 0.8，全球大宗商品价格上涨对各国都是成本项目。欧美持续加息和中国采取的审慎宏观政策都有效地遏制了全球大宗商品的价格上涨，已经普遍回落，中国 2022 年 8 月的 PPI 只有 2.3%，低于了 CPI，有利于中国制造业的发展。

表3　中国、美国、欧盟、日本 PPI 周期波动的相关性

国家和组织	中国	美国	欧盟	日本
中国	1	0.9617	0.8287	0.9172
美国	0.9617	1	0.8445	0.8944
欧盟	0.8287	0.8445	1	0.9534
日本	0.9172	0.8944	0.9534	1

注：时间跨度为 2018 年第一季度至 2022 年第二季度。

资料来源：由中国社会科学院经济所杨耀武博士测算。

（三）宏观政策周期不同步

世界主要经济体周期不同步源于疫情冲击。新冠肺炎疫情大流行属于自然冲击，它不同于经济危机和金融危机，新冠肺炎疫情冲击具有非常高的不确定性，其传染性、致死率、流行持续时间、疫苗研发等诸多不确定性，各国采取适合自己的资源和社会传统特性的抗疫方案和配合相一致化经济救助方式，这直接导致了全球主要经济体处于不同的应对政策周期中。美欧发达国家从开始就采取了"全员免疫"的抗疫策略，相应地在隔离期间采用短期激进的"直升机撒钱"的经济政策，直接发放救助到各个家庭，家庭购买力上升，但劳动者居家得到补贴后不愿再劳动等原因导致供给不足，供需不平衡，当疫情隔离放松后，迅速就产生了"新冠泡沫"（The COVID Bubble），即美欧国家的高通货膨胀，再遇到地缘冲突引发的能源价格冲击，导致了美欧国家自全球化后未有的高通货膨胀。美欧采取了连续拉高利率和紧缩信用的不惜一切代价的调控模式打压通货膨胀，进入信用紧缩周期。中国采取动态清零的抗疫政策和审慎的经济刺激政策，中国经济增长保持平稳，同时成为了全球最早提供生产供给的国家，但由持续的疫情冲击和清零政策导致了中国的供应也受到冲击，中国经济增长放缓。中国审慎的救助政策克服经济的大起大落，但复苏步伐也受到疫情持续的困扰，2022年全球复苏中中国经济增长反而放缓，因此在美欧加息反通胀的信用紧缩周期时，中国始终采取了降息和扩张信用刺激增长的信用扩张周期。

当前，全球经济增长的势头已经被美欧信用收缩所削弱，世界经济在 2021 年出现反弹式复苏后，今明两年的增速将趋于下降。这一态势在发达经济体中开始体现。美国在打击因"疫情泡沫"引起的高通货膨胀中正在牺牲增长。美国 2022 年第一季度和第二季度两个季度环比负增长，即出现技术性衰退，但按照 NBER 定义的以内需衰退决定是不是全面衰退的两个指标看，即失业率和可支配收入（可支配收入—转移支付）

来衡量，美国内需增长依然强劲，但技术性衰退必然会导致全面衰退。美国不惜一切代价打击通货膨胀，特别美国年底加息超过4%，2023年第一季度有很大的概率进入全面衰退，全球股票市场估值大幅度下跌，交易美国"硬着陆"。欧洲央行也采取同样激进的措施，全球经济放缓已经是一个确定性趋势了。美国、欧洲持续加息，信用收缩和美元指数持续上升都导致了全球信用收缩，全球经济放缓和需求下降对中国的外需是一个抑制。

全球各国经济周期处于特别不同的阶段，导致各国的宏观政策不协调，各国货币波动加大，直接影响了全球经济和金融的稳定性，更多尾部风险会不断暴露出来。

三、全球化经济增长放缓下对中国经济冲击

全球顽固性通货膨胀与全球化转变导致的供应链摩擦和调整是密不可分的。这一次通货膨胀是去全球化、经济摩擦、地区冲突和COVID-19冲击的综合影响。全球经济体很难短时间内回到低通胀情况。美国加息，美元指数上升会拖累全球经济增长，高外债国家直接经济衰退和出现债务危机。正像我们前面描述的全球化改变了世界：①低通胀高增长已经结束。②全球贸易体系正受到美国经济制裁、贸易战和供应链问题的干扰。国家间缺失信任，直接降低了贸易活跃度，反而会更多地引起摩擦与冲突。③在全球地缘政治冲突和绿色转型过程中巨大的商品需求和很多传统产业"投资不足"，导致了大宗商品的供求不平衡，导致大宗商品价格有着长期上涨的压力。随着资源民族主义在当前地缘政治动态下盛行，每个国家都需要重建其商品储备，而资源国更希望延长其产业链，获取更多的"工业主权"，这会进一步困扰大宗商品的供应和价格波动。地缘政治冲突、疫情冲击和全球化因素导致了全球通胀更显示其"顽固"特征，信用收缩成为2022年下半年到2023年第一季度的主要宏观管理范式，经济趋缓已经向全世界敲响了警钟。

1. 2023年全球经济增长放缓

发达经济体为了克服其抗疫中的过度宽松的刺激政策引发的通胀，已经进入持续加息周期，美国2023年预期加息到4.5%的水平，已经引起了全球广泛衰退风险加大。世界银行组织在其9月的报告《全球经济衰退迫在眉睫？》一文中对此给出了警告，2023年全球核心通胀率（不包括能源）仍将高达5%左右，几乎是疫情前五年均值的两倍。根据报告模型，如果要将全球通胀率降至目标水平，全球央行可能需要继续再加息2个百分点。如果金融市场同时受压，则2023年全球GDP增长将放缓至0.5%，这一数字意味着全球经济衰退。OECD最近给出了两年的全球和OECD国家的预测，调低2023年全球经济增长为2.2%，通货膨胀高达6.6%。欧元区增长降低至0.3%，通货膨胀从2022年的8.1%降低到2023年的6.2%，美国经济2023年降低至0.5%，通货膨胀从2022年的6.2%降低到2023年的3.4%，中国经济和印度经济2023年分别增长4.7%和5.7%，继续带动全球经济的增长（见表4）。

表 4 OECD 经济预测

指标	GDP			CPI	
年份	2021	2022	2023	2022	2023
全球	5.8	3	2.2	8.2	6.6
G20	6.2	0.28	2.2	—	—
欧元区	5.2	3.1	0.3	8.1	6.2
日本	1.7	1.6	1.4	2.2	2.0
美国	5.7	1.5	0.5	6.2	3.4
英国	7.4	3.4	0	8.8	5.9
中国	8.1	3.2	4.7	2.2	3.1
印度	8.7	6.9	5.7	6.7	5.9

资料来源：OECD. OECD Interim Economic Outlook ［EB/OL］. https：//www.oecd. org/economic-outlook/，2022-09.

2. 全球经济增长放缓对中国的冲击

中国经济与主要发达经济体经济周期分叉，免受了通货膨胀的挑战，但受到全球经济下行的挑战则会更为明显：①中国疫情流行期间保持复苏态势主要靠出口，因此全球收缩对中国出口会产生很大的抑制；②全球利率的上升周期与中国降低利率，释放流动性的货币周期背道而行，导致资本流出加快，抑制了国内的货币政策运用空间，而且引起了相应汇率对美元贬值；③资源价格上涨，特别是能源和粮食价格上涨对中国的潜在冲击。国际经济放缓将会直接体现在中国 2022 年的经济复苏步伐。

从现有的分析看出以下三个增长趋势（见图 1）：①中国经济环比看持续复苏，2022 年第三、第四季度环比继续上升。我们预计 2022 年第三季度能达到同期历史环比增长的最好水平 3.3%，第四季度达到同期历史最好的复苏水平，环比设定为 2.4%，中国经济处于两个季度的持续复苏，稳定大盘。②中国经济同比看全年增长完成不了计划的 5.5% 的增长目标，第二季度受到疫情冲击，上半年经济增长为 2.4%，第三季度增长复苏到 3.9%，第四季度复苏到 4.2%，全年增长在 3.5% 以下。③中国经济增长受到全球化影响，外需逐步放缓。中国经济复苏现在遇到了国际增速放缓的挑战，中国 8 月出口放缓，中国出口引擎有所减弱，依据欧美两地均先后加息 75 个 BP① 必然会影响到第四季度和中国 2023 年的经济增长，中国经济的出口带动复苏的步伐放缓，需要政府继续政策激励，扩大内需以冲抵外部收缩带来的负面影响。

IMF 预测中国 2022 年的经济增长为 3.2%，OECD 调低中国 2022 年经济增长为 3.2%，但一致预期中国 2023 年恢复到 4.5% 以上。从全球经济走弱的趋势来看，2023 年中国经济会继续恢复，依然会低于 5% 的潜在增长预期，预计全年以 4.5% 为增长基准作为目标更为稳妥。

2022 年中国加入的区域全面经济伙伴关系协议（RECP）生效，推动中国经济以更高水平开放，中国外向经济韧性强。中国政府一直积极采取扩大内需政策导向，

---

① BP 是衡量债券或期票利率变动的最小计量单位，1 个基点等于 0.01%，即 1% 的百分之一。

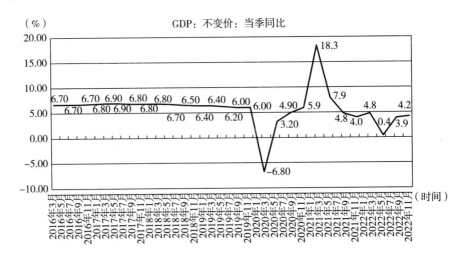

图 1　2022 年中国经济增长趋势

2022 年留抵退税，推出 3000 亿元政策性银行贷款推动基础设施，拿出 2000 亿元解决"保交楼"，允许地方用前些年结余下来的专用债额度进行发债，各地方采取了改善消费的政策，提升内需，积极推动双循环战略。中国 2022 年已经进入人口转变年，今年上半年人口出生第一次小于了死亡人数，人口总量见顶了，城市化率 2022 年预计超过 66%，距离 70% 的城市化率的转折点也逐步逼近，中国经济增长方式也会因人口的变化和城市率的变化而改变，中国经济增长要从依赖生产要素积累和过度投资的增长方式转向技术创新和高端服务的发展高质量发展方式，当前则是要积极应对企业倒闭和青年失业率上升，以及房地产增长下滑带来的"保交楼"，以及金融、地方财政等问题。

3. 全球信用收缩对中国汇率冲击

中国 2022 年物价依然会在 2.2% 左右，2023 年受到国际粮价的影响，中国物价也会保持在 3% 左右，经济稳定性依然很好。人民币受到全球信用收缩，特别是美国的持续大幅度加息影响，2022 年预计贬值超过了 10%，美元指数超过了 110，人民币汇率被冲击。基于贸易加权下人民币汇率指数（CFETS）仍保持在 100 以上，主要是受到美元指数上涨的被动冲击，而人民币对其他主权货币仍是升值的。

由于美国 11~12 月仍会进一步加息，美元指数进一步上涨，美国十年期国债到期收益率达到 4%，已经比中国十年期国债到期收益率 2.7% 高出 100 个 bp 以上，资本流出意愿仍然强烈，这对明年汇率依然会是很大的挑战。全球信用收缩对中国的收缩也是明显的，中国的货币政策激励受到限制，外需增长放缓。但人民币的双向浮动对内具有重要稳定器作用。

人民币汇率适当贬值对出口企业有一定的刺激意义，稳定了出口顺差，也稳定了人民币汇率。中国宏观情景比发达经济体的高通货膨胀更稳定，增长也更健康，加上人民币非自由兑换，都稳定了国内经济，对冲了外部的剧烈冲击。2023 年美国经济进入衰退后，会采取减息措施，人民币会更稳定。汇率问题包含了贸易、利差、宏观条件和货币制度等很多因素，总体看人民币稳定性是保证中国平稳发展的最关键的对外开放变量。

四、面对全球化转变的中国应对

展望全球化转变，我们看到两个重要的结论：①全球化转变已经开始；②全球经济相互关联依然很强，全球经济对中国的影响依然是重要的方面。一方面中国要保持战略定力，稳定经济增长；另一方面要以高水平的对外开放应对逆全球化进程，中国加入 RCEP 等区域组织已经获得了新全球化进程的入场券，要积极利用好 RCEP，并积极对外开放，共同承担绿色转型，积极参与金融、数据等治理方面积极应对。中国当前面对全球经济的下滑和政策空间受到限制，仍应积极利用中国低通胀的有利条件，把短期稳定和长期发展结合起来，积极化解中国的国内风险，提升中国的竞争力，推动中国双循环战略的实施。

从政策组合上来看，中国利用低通胀周期，可以推出更积极的政策和改革措施。①利用国内的相应的金融宽松条件，通过政策性金融配合财政政策积极处理现有的房地产金融出现的坏账，促进房地产良性发展和周转起来。②救助低收入和不稳定收入人群，稳定消费需求。要加大对失业人群和灵活就业人群等收入不稳定人群的救助，保证中低收入人群生活质量稳定。③中国成功推动了留抵退税和税收抵扣的积极税收政策，与之相配套的是更大力度地发挥积极财政支出的作用和政策银行的支出作用，稳定经济增长大盘。④放松管制，保护民营经济，千方百计扩大就业。⑤中国加快市场改革，用更多的竞争政策来激励产业的技术创新，积极推动多主体参与，提高创新的多元化动力。

参考文献

［1］CNAS. Rebuild：Toolkit for a New American Industrial Policy［Z］. Center for a New American Security（en-US），2022.

［2］经合组织. 研发（R&D）数据占国内生产总值比重［EB/OL］. http：//data. oecd. org/rd/qross-domestic-spendinq-on-R&D. htm. 2022-05-28.

［3］世界银行. 全球经济衰退迫在眉睫（Is a Global Recession Imminent?）［EB/OL］. http：//www. worldbank. org，2022-09.

第二部分

冲击与波动

1994 年后中国经济走上了外向型工业化的道路，是全球化进程的获益者和推动者，也免不了受到外部的冲击，外部冲击推动了中国经济的自身调整和发展。1997 年的亚洲金融危机，推动了中国采取了内需调整，积极财政政策，通过基建拉动经济，并配合了 1997 年个人住房按揭，开启了城市化的发展，促进了服务业的发展。到 21 世纪前后，伴随着国企改革等，地方财政越来越困难，2002 年开始了土地"招拍挂"，推动了土地要素市场化，城市化快速发展。中国经济从外向型工业化转变为了工业化和城市化双驱动。2008 年中国受到国际金融危机的冲击，中国再次采取积极财政政策进行基建投资，但这次配合的不是房地产体制改革，是过度激励房地产的金融救房地产政策，完全无视了美国因房地产泡沫引发的危机，中国启动了信托等影子银行为地方政府、房地产融资。信托通过银信、信政、信房合作，为地方政府、地产等全面融资，推动土地金融化，房地产复苏，价格快速上涨。这次经济复苏，直接提高了房地产、地方债务杠杆，累积了大量风险，增长的红利逐步被透支。本部分除讨论国际外部需求收缩的冲击外，还讨论了 2004 年以来因资本流动导致的资产价格快速上涨的冲击。2012 年后中国又出现了效率下降和通缩对实体经济的冲击，效率减缓冲击是 2012 年后的一个重要议题。2020 年又遇到了疫情冲击，冲击引发不同的波动。2020 年的疫情冲击属于自然冲击，与以前的外部冲击、效率下降冲击、国内资产价格上涨冲击都完全不同，前两次国际金融冲击，直接导致了国际需求下降，国内通过积极财政政策来刺激需求对冲国际需求收缩，在产业结构调整上表现为制造业收缩，服务业比重上升，出口下降，投资上升。2020 年的疫情冲击，国内采用动态清零的防疫政策，快速恢复了国内生产，对外出口，国内服务业等内需被疫情冲击降幅大，但对海外的供应的工业部门却大幅上升。外需在 2020~2022 年是稳定中国经济的关键，中国也为全球供应稳定做出了积极贡献。相应国内经济结构是制造业上升，服务业下降，内需下降和外需提升是这一次的新特征。疫情冲击是一个持续的冲击过程，到了 2022 年由于发达经济体过度救济导致了"疫情泡沫"，通货膨胀高企，引致 2022 年下半年美国和欧洲持续快速加息，再次引发全球信用收缩，2023 年的中国经济面临着双重冲击，即国内的疫情冲击和国际需求冲击，形成了对中国更为严峻的冲击。从疫情冲击以来，中国经济增长偏移了增长的长期路径，2022 年第四季度开始出口增长转负，汇率波动已经有所体现外部的二次冲击。如何重整内需和应对外部冲击已经不能简单地再用一个积极财政+房地产来解决了，需要新政策组合包，包括疫情科学管控、财政与货币协调降低国内资产负债的利率成本，处理部分累积的债务，保持金融和地方财政稳定，以及宏观框架的调整和市场化改革，不仅要对经济的激励和救助，还要放松管制，调整宏观管理框架，用高水平对外开放应对逆全球化趋势。

在宏观波动研究上刘树成教授是我的引路人，他长期追踪中国宏观政策和宏观数据，摸索了中国经验的均值规律，形成了一套观察中国宏观波动和政策方向的方法体系，带领张晓晶和我在《经济研究》（2005 年第 11 期）发表了《实现经济周期波动在适度高位的平滑化》文章，获得孙冶方经济科学奖。这一研究给我带来了终身受用的宏观稳定的关键指标观察框架，对经济趋势和政策边界等因素有了经验性的判断能力。我从逻辑和机制上理解了数据预测和政策反应预判条件。很多政策看似相同，但不同时期效果不同，滞后反应不同，这些需要长期经验的累积，而不是简单宏观模型就能判断的。

本部分 2010 年讨论了受到 1997 年亚洲金融危机冲击后的物价，认为是内需不足，通货膨胀是统计上低估服务，高估食品，未来通缩压力会加大。自从外向型发展，通缩的主题一直讨论到了 2022 年的中国，中国在 1994 年最后一次 24%的大通货膨胀后，随着加入全球化，一直处于消费物价稳定，罕见超过 5%的通胀了，相应地生产价格指数却经常出现通缩。2011 年选取了一个重要的新主题，汇率预期与资本流入，2004 年以来全球预期人民币升值，大量资本流入国内，2005 年人民币升值并改为有管理的浮动利率，资本流入不断推高国内资产价格，该文章的"外部冲击"不是需求收缩，而是套利资本流入的冲击，快速地推动了资产价格的上涨，中国的资产被国际资本重估。2013 年讨论了"双膨胀"，由于资产价格重估带动了资产价格成倍增长，也引起了小幅度通货膨胀，这是继 2005 年资产价格重估的再次对资产价格的讨论。中国 2007 年、2008 年宏观当局开始进行宏观政策的调控收缩，对冲外部资金流入引发的资产价格膨胀。但紧缩宏观调控后的国际金融危机爆发，我国马上从紧缩转向激励，2009 年推出财政激励，并配合了更好地为地方政府和房地产融资的金融工具，房地产价格上涨，恢复很快，但累积了新的矛盾。2014 年讨论了全球经济再平衡，再次探讨了服务业的发展和中国 2012 年后进入减速增长阶段，不是暂时性减速，而是"结构性"减速，必须给予重视。后续章节讨论了 2012 年后结构性减速导致的效率冲击，进而引发通缩对中国经济的挑战。2019 年全球发达经济体几乎负利率，进入到了债务永远可以不断续接下去的"庞氏游戏"，本质上隐含了发达经济体过度举债和风险。

10　核算性扭曲、结构性通缩与制度性障碍[*]

——当前中国宏观经济分析

中国社会科学院经济所宏观课题组

一、中国之谜：通货紧缩伴随经济增长

2000 年上半年，中国的经济增长达到了 8.2%，居民消费物价指数和生产资料价格指数开始由降转升，社会商品零售价格指数降幅缩小。看来，经济增长下滑和通货紧缩的趋势得到遏制，中国的经济运行走到了周期波动的拐点。

1996 年，中国经济实现了"软着陆"，经济增长和通货膨胀都进入了正常区间，1997 年经济增长速度继续下滑，同年 10 月零售物价水平出现负增长，中国经济从通货膨胀的高峰跌入通货紧缩的低谷，这一趋势持续到 2000 年。尽管人们对形势的分析和判断存有分歧，但价格持续下跌和通货紧缩则是一个不争的事实；尽管经济增长率连续 7 年下滑，并在通缩期间经济的实际产出水平低于潜在生产水平，但仍保持了相当高的增长，即使最低的 1999 年，也达到了 7.1% 的增长率，属世界上增长最快的国家之一。可见，近几年的中国经济运行既不是有增长而无通缩，也不是通缩为实、增长是虚，而是呈现出一种经济增长与通货紧缩相伴随的态势，即通缩型增长或增长型通缩。

宏观经济的运行始终是一个动态过程，其态势取决于总供求的状况及其力量对比的变化。当总需求的增长速度超过总供给的增长速度时，就会出现经济增长与通货膨胀；当总供给的下降速度超过总需求的下降速度时，就会出现滞胀；当总需求的下降速度超过总供给的下降速度时，就会出现古典型通货紧缩；当总供给的增长速度超过总需求的增长速度时，就会出现经济增长和通货紧缩伴随的现象。在人类经济发展的历史上，古典型通货紧缩经常发生，而增长型通缩并不多见。英国在 1814~1849 年、美国在 1883~1892 年曾经出现过价格持续下跌、经济持续增长的态势，这主要是科技革命的缘故。20 世纪 90 年代，美国经济持续走强，但是价格一直走低，也主要是得益于信息革命和新经济的发展。不仅如此，这种现象均出现在发达国家的经济发展过程中。

---

　　*　课题负责人：张曙光；参加初稿、二稿和三稿讨论的有：袁钢明、张平、王诚、盛洪、杨帆、赵志君、岳希明、魏众、仲继银、桁林、常欣、左大培、王利民、赵农、许宪春；岳希明执笔初稿，张平、魏众、岳希明改写二稿，张曙光改写三稿并定稿。本文写作过程中曾得到许宪春先生的支持和帮助，特此致谢。全文发表于《经济研究》2000 年第 9 期。

中国是发展中国家，肯定不是新技术革命的起源地，不可能出现技术革命引起成本快速下降导致物价下跌伴随经济增长的情况。从世界范围来看，作为经济制度和二元经济结构双重转型的国家，中国出现了通货紧缩，而其他国家都是通货膨胀。无论是发展转型国家，如拉美发展中国家，还是制度转型国家，如前苏东国家，甚至双重转型的，如越南，都或多或少发生了通货膨胀，有的国家通胀率还相当高。即使是受亚洲金融危机冲击的东亚新兴工业国家和地区，也没有发生通货紧缩。

从世界看中国，中国不仅出现了通货紧缩，同时保持了经济的快速增长，形成了一个难解的中国之谜。本文试图揭示这个谜底。其结构和逻辑安排如下：第二部分将围绕本文的论题回顾和评述国内外对中国通货紧缩问题的分析；第三部分将讨论需求结构和供给结构的双重扭曲，揭示中国之谜的谜底；第四部分将进一步分析国民经济核算造成的结构偏差；第五部分是理论思考和政策结论。

二、文献评析：对中国通货紧缩的解释

凯恩斯创作《通论》是以20世纪30年代的大危机为背景，所要解决的是通货紧缩和经济萧条的问题，因而被称作"萧条的经济学"。克鲁格曼（2000）还针对亚洲金融危机写下了《萧条经济学的回归》。但是，80~90年代，由于实际经济状况的变化，无论是在国内，还是在国外，无论是理论界，还是在实际经济工作部门，都对通货膨胀给予了很大的关注。当政府还在坚持适度从紧的宏观政策，着眼于治理通货膨胀的时候，通货紧缩突然降临中国大地。于是，理论研究和政策研究一下子调转方向，开展了对通货紧缩和经济增长问题的广泛讨论。从需求方面到供给方面，从微观机理分析到宏观政策调整，乃至通货紧缩的国际比较和外部冲击，都有所涉及。然而，几乎所有的讨论都没有从上述的角度提出问题，并给予一个有效的解释。

樊纲（1999）比较早地提出和讨论了通货紧缩问题，其分析角度是从需求出发，认为中国当前出现的问题是有效需求不足，主张实行宏观扩张政策，刺激和扩大总需求。由于他是从总量态势来观察问题，未能发现增长结构的差异及其背后的制度障碍。同时樊纲认为，体制问题是个长期性因素和紧缩性因素，不仅远水难解近渴，对短期的宏观运行不起作用，而且其作用还是非扩张的。从而给人一个强烈印象，即只要坚持宏观扩张政策就能解决中国的通货紧缩问题。

余永定（1999）是从供给方面讨论通货紧缩问题的，他在微观分析的基础上通过加总推导出相应的总供给曲线，构造了一个宏观分析框架，提出了一个有别于一般的分析思路。即把生产成本上升所导致的企业亏损而不是有效需求不足，作为分析中国当前通货紧缩的起点及其动态过程中因果关系链条的关键环节，进而明确指出，解决中国的通货紧缩问题，关键在于解决供给方的问题，即通过提高企业生产效率，降低生产成本，从而改善企业经济效益，其中包括让经努力仍无法扭亏为盈的企业退出生产，而刺激需求的政策也应同改善供给的结构和质量相联系，而不是简单地为刺激需求而刺激需求。余永定提出了退出障碍问题，但没有讨论进入障碍问题；提出了改善

供给结构和质量的问题，但未考察供求之间的结构差异及其引致的问题，而这是本文的中心议题。

胡鞍钢（1999）也许是最先注意到中国的通缩问题，且从供给分析。但与余永定不同，没有构造理论框架，只对中国的通缩实际做了较全面的描述。他认为"生产能力过剩是造成通货紧缩的主要原因"，"盲目投资、重复建设是造成生产能力过剩的根源"。其政策结论是限产提价，这虽然与当前的政策操作相合，但未做出理论上的开拓，也未触及本文的论题。

北京大学中国经济研究中心宏观组（2000）对通货紧缩问题做了较多的研究，并编辑出版了《1998~2000中国通货紧缩研究》一书。为了开拓思路，寻求借鉴，他们不仅考察了美国20世纪30年代的大萧条和罗斯福新政，而且分析了很多国家通货紧缩的历史；不仅提出了通货紧缩集中表现为"'两个特征，一个伴随'，即物价水平持续下降和货币供应量持续下降，通货紧缩通常伴随着经济衰退"，而且具体讨论了物价指数的变化。作者虽然明确指出，"中国目前面临的通货紧缩压力与历史上发生的经典通货紧缩有所不同"，但不同在何处，没有说明，因而刚刚触及问题的边缘却又退了回去，而且由于用词的缘故，给人以中国只存在通缩压力而不存在通缩的印象。至于对物价指数的讨论，虽然具体计算和分析了各类价格指数（消费品、投资品、行业产出品、按生产过程分类产品）的涨跌，并对它们的涨（跌）幅做了比较，但由于局限于价格指数本身，减弱了这一研究的意义。

钱小安（2000）出版了《通货紧缩论》一书，认为中国的通货紧缩"具有三大特点，即制度性、结构性和输入性"，并做了一个一般的描述，由于缺乏必要的分析，理论上尚未取得进展。需要指出的是，世界银行的高级经济学家华而诚（2000）触及了本文论题的实质。他发现，20世纪90年代中国服务业价格的增长快于总价格水平的增长，但服务业的发展却滞后于整个国民经济的发展。华先生称此"令人迷惑不解"。国家统计局核算司许宪春（2000a）对此提出一个解释和回答，虽然未提出通货紧缩与经济增长的关系，但却有助于我们进一步讨论本文的论题。

三、谜底揭示：结构性偏差和结构性通缩

（一）价格指数分析

在现代市场经济条件下，消费物价指数能够真实地反映消费品和服务的供求关系及其结构的变动，消费物价的涨幅大于全部物价的涨幅以及某类消费品和服务价格的涨幅高于消费物价的涨幅，说明消费品和服务或某类消费品和服务的需求大于供给，其生产增长就会加快；反之，亦然。然而，在中国，消费物价指数却无法真实地反映消费需求及结构，也无法反映供求关系及其变动，其主要原因在于服务品和住房（特别是在城市）都存在着明显的价格补贴或垄断性因素，因此，中国居民现金支出的消费结构严重扭曲，它是传统计划经济的产物，也符合当时采用的物质产品平衡表体系

（即MPS）。但是，当中国转向市场经济之后，这种情况就变得离奇而无法容忍，因而，在全面采用SNA体系以后，如何调整服务品价格和住房价格，就成为国内外争论最多的问题。

中国居民消费物价指数的编制方法是根据报告期消费结构中的商品消费量加权计算的。在传统体制下，由于中国的服务品和住房实行的是低价格高补贴的制度，这种制度至今尚未根本改变，其影响所及使中国的消费结构一直是偏向吃饭和穿衣。从城乡居民消费结构的比较可以看出，在住房价格市场化程度较高的农村，居民消费支出比重由高到低依次为食品、居住、文教娱乐用品及服务，衣着、家庭设备及服务，医疗保健等，而在收入相对较高的城镇地区，居民消费支出比重的顺序却明显不同：在1995年，其由高到低依次为食品、衣着、家庭设备及服务，文教娱乐用品及服务，而包括居住等在内的服务项目支出均处于相对次要的地位，直到1999年，住房支出仍处于食品、衣着和文教娱乐用品及服务之后，占不到居民消费支出的10%，比农村地区低近5个百分点。服务价格长期抑制的结果是，虽然在享受到的实质性服务方面，城市居民远多于农村居民，但在服务项目的支出方面却相对较低。这就造成了消费结构的严重扭曲（见表1）。

表1 中国城乡居民消费结构　　　　　　　　　　　　　　单位：%

年份	地区	生活消费支出合计	食品	衣着	居住	家庭设备及服务	医疗保健	交通和通信	文教娱乐用品及服务	其他商品及服务
1994	城市	100.00	49.89	13.70	6.77	8.82	2.91	4.65	8.79	4.47
	农村	100.00	58.86	6.92	14.00	5.45	3.15	2.36	7.39	1.87
1995	城市	100.00	49.92	13.55	7.07	8.39	3.11	4.83	8.84	4.28
	农村	100.00	58.62	6.85	13.91	5.23	3.24	2.58	7.81	1.76
1996	城市	100.00	48.60	13.47	7.68	7.61	3.66	5.08	9.57	4.35
	农村	100.00	56.33	7.24	13.93	5.36	3.71	2.99	8.43	2.02
1997	城市	100.00	46.41	12.45	8.57	7.57	4.29	5.56	10.71	4.44
	农村	100.00	55.05	6.77	14.42	5.28	3.86	3.33	9.16	2.12
1998	城市	100.00	44.48	11.10	9.43	8.24	4.74	5.94	11.53	4.55
	农村	100.00	53.43	6.17	15.07	5.15	4.28	3.82	10.02	2.07
1999	城市	100.00	41.86	10.45	9.84	8.57	5.32	6.73	12.28	4.96
	农村	100.00	52.56	5.83	14.75	5.22	4.44	4.36	10.67	2.18

资料来源：《中国统计年鉴1999》，根据当年价格计算。

根据消费结构的这一特征，我们计算了影响价格变动的主要因素（见表2），从中可以看出，消费物价指数与食品价格的变动是高度相关的，直到1999年，消费物价指数大约一半的贡献来自食品支出。食品价格下降及其权重过大，会使通货紧缩程度高估。在城乡同样处于重要地位的衣着支出贡献也与价格总水平变动方向一致。但是随着以提高房租和出售公房为主要特征的住房改革的进行，住房市场化程度的提高，城市居民的消费结构发生了一些变化，住房支出的比重从 1994 年的 6.77% 提高到 1999 年的 9.84%。在医疗保健和服务业中，逐步提高的服务价格与住房一起成为阻止 1998~1999 年消费物价指数大幅下滑的重要力量。

表 2　居民消费物价增长率及其构成

年份	地区	居民消费物价指数	食品	衣着	居住	家庭设备及服务	医疗保健	交通和通信	文教娱乐用品及服务	其他商品及服务
1996	城市	8.8	4.10	1.11	1.39	0.25	0.30	-0.10	0.98	0.78
	农村	7.9	4.63	0.52	1.04	0.26	0.32	-0.02	0.86	0.28
1997	城市	3.1	0.00	0.65	1.37	-0.01	0.25	-0.24	0.07	1.01
	农村	2.5	-0.33	0.39	1.27	0.16	0.34	-0.14	0.21	0.60
1998	城市	-0.6	-0.60	-0.05	0.16	-0.06	0.04	-0.10	-0.15	0.15
	农村	-1.0	-0.81	-0.02	-0.07	-0.02	0.05	-0.06	-0.14	0.08
1999	城市	-1.3	-1.06	-0.16	0.16	-0.11	0.02	-0.18	-0.20	0.22
	农村	-1.5	-1.18	-0.09	-0.01	-0.06	0.02	-0.12	-0.18	0.11

资料来源：《中国统计年鉴 1999》。

　　把消费物价指数（CPI）和零售物价指数（RPI）加以比较是很有意思的，对于说明这里的问题很有帮助。两者构成成分的主要差异在于，前者包括而后者不包括服务项目，因而传统计划体制和 MPS 体系重生产、轻消费的特征及其影响，也就通过 CPI 和 RPI 的差异表现出来。今年上半年，CPI 由负变正，而 RPI 却仍然保持了一个不小的负值，这种差异甚至成为今年分析宏观经济形势的争议所在。从历史上来看，中国从 1985 年开始公布 CPI，最初几年，RPI 与 CPI 的差异不足 1%，1992 年开始出现较大差异（相差 1 个百分点），以后不断扩大，这主要是以房地产业膨胀为特征的新一轮经济快速发展所致。两者共有的一些分类指数基本一致。由于总消费中居民消费占 80%，如果以 CPI 中物质资料消费项目作为总体来计算物价指数，其趋势与 RPI 基本相同。

　　据此可以得到如下结论：首先，随着服务业体制改革的推进，无论是在价格指数的增长方面，还是在对 GDP 的贡献方面，服务业都将有迅猛的、超过平均水平的变动，并令这种背离继续扩大。其次，RP 实际上是对物质生产部门，即第一、第二次产业市场销售价格变动的计量，在很大程度上只能反映这两个部门在生产和经营中的问题。

（二）生产法 GDP 分析

　　中国的 GDP 核算以生产法为主，物质生产部门采用生产法，服务部门采用收入法，这既与重生产轻服务的计划传统有关，也与数据资料的可获得性有关。不管怎样，对生产法 GDP 进行分析，是进一步解开中国之谜的重要一环。

　　当按照生产法计算中国的 GDP 时，我们看到的是另一番图景（见表 3）。1993 年以后，第二产业（主要是工业）在 GDP 中的比重基本保持在接近 50% 的水平（47.4%~50%），第三产业的比重稳定在稍高于 30%（30.1%~32.9%），而第一产业（主要是农业）的比重则降到20%及以下。考虑到农业生产低速增长的实际，我们得到一个初步印象：在GDP增长率的贡献中，农业的份额是相当小的。

以上是按现价计算的。目前，中国GDP的实质化是使用不变价格进行缩减的，按1990年不变价格计算的实际GDP构成与按现价计算的名义GDP构成存在着明显的差异（见表3）。尽管如此，两者的变动趋势基本相同。第一产业占GDP的比重不断下降，且实际值更甚于名义值，1999年分别为15.8%和17.3%。但是，第二产业和第三产业的比重却发生差异，根据名义GDP估算，1993年以后，各自的比重基本稳定，第二产业比重在波动中稍升，而第三产业比重则在波动中基本未变。但根据实际GDP估算，情况却明显不同，第二产业的比重不断上升，且升幅较大，从1993年的48.6%上升到1999年的55.7%，而第三产业比重则出现下降之势，从30%下降到28.4%。第二产业的实际值上升而名义值下降，正好说明该产业一方面发生了生产增长，另一方面出现了价格下跌和通货紧缩；而第三产业实际值下降而名义值上升，也说明该产业的价格在上升。

表3 名义与实际国内生产总值的构成比较

构成 年份	GDP 构成	根据现价计算的 GDP 结构			根据不变价计算的 GDP 结构		
		第一产业	第二产业	第三产业	第一产业	第二产业	第三产业
1991	100.00	24.5	42.1	33.4	25.4	43.4	31.2
1992	100.00	21.8	43.9	34.3	23.3	46.0	30.7
1993	100.00	19.9	47.4	32.7	21.4	48.6	30.0
1994	100.00	20.2	47.9	31.9	19.8	51.1	29.1
1995	100.00	20.5	48.8	30.7	18.8	52.6	28.6
1996	100.00	20.4	49.5	30.1	18.0	53.8	28.1
1997	100.00	19.1	50.0	30.9	17.2	54.6	28.2
1998	100.00	18.6	49.3	32.1	16.5	55.2	28.3
1999	100.00	17.3	49.7	32.9	15.8	55.7	28.4

资料来源：《中国统计年鉴1999》，1999年数据源于《2000年中国统计摘要》。

根据GDP缩减指数我们计算了各个产业对GDP增长的贡献和贡献率，具体结果见表4。

表4 GDP产业构成及其对经济增长的贡献和贡献率

年份	实际GDP增长率	第一产业贡献	第二产业贡献	其中：工业贡献	第三产业贡献	各产业贡献率合计	第一产业贡献率	第二产业贡献率	其中：工业贡献率	第三产业贡献率
1991	9.2	0.6	5.8	5.3	2.8	100.0	7.06	62.9	57.9	30.0
1992	14.2	1.2	9.2	8.2	3.9	100.0	8.35	54.5	57.6	27.2
1993	13.5	1.1	9.1	8.2	3.3	100.0	8.07	67.6	61.0	24.3
1994	12.6	0.9	8.9	8.2	2.9	100.0	6.77	70.5	64.8	22.7

年份	实际GDP增长率	第一产业贡献	第二产业贡献	其中：工业贡献	第三产业贡献	各产业贡献率合计	第一产业贡献率	第二产业贡献率	其中：工业贡献率	第三产业贡献率
1995	10.5	1.0	7.1	6.4	2.4	100.0	9.40	67.4	61.0	23.2
1996	9.6	1.0	6.4	5.9	2.3	100.0	10.01	66.4	61.8	23.6
1997	8.8	0.6	5.6	5.5	2.5	100.0	7.14	63.9	62.1	29.0
1998	7.8	0.6	5.0	4.4	2.2	100.0	7.72	64.7	56.9	27.6
1999	7.1	0.5	4.5	4.3	2.1	100.0	6.53	63.3	60.5	30.1

　　最近几年由于农产品价格连年下跌，农业的增长已经开始出现衰退，尽管 GDP 增长速度较快，但农业对 GDP 增长的贡献很小，且不断下降。1999 年第一产业对 GDP 增长的贡献只有 0.5 个百分点，其贡献率为 6.53%，只有工业贡献率的 10%。整个经济继续增长的动力主要来自工业和第三产业较为快速的增长，1996～1999 年，第二和第三产业的贡献基本保持稳定。其中来自第二产业的贡献占绝对重要的地位。在 1997 年全年和 1998 年上半年，受到出口拉动的影响，第二产业特别是工业的增长依然很快，因此，近几年人们观察 GDP 增长时，仍然主要关注工业增加值的增长。

（三）不真实的价格和非均衡的经济结构

　　将前面所做的价格指数分析和 GDP 分析结合起来，我们不仅可以发现中国之谜的由来，而且可以对中国通货紧缩的性质做出新的分析。

　　近年来，无论是消费物价指数和零售物价指数，还是生产资料价格指数，都出现了全面走低和持续负增长的态势，截至 1999 年 12 月，零售物价负增长 27 个月，生产资料价格负增长 43 个月，消费物价负增长 23 个月。由此似乎可以得出结论，中国发生了全面的通货紧缩。但从上面的分析可以看出，由居民物价指数所反映的需求结构和按 GDP 计算的供给结构是完全不同的。从消费物价指数来看，食品消费在消费结构中的权重为 50% 左右，而提供食品的农业生产在 GDP 中的比重却不到 20%。因此，农业的生产状况一方面对 GDP 增长的直接影响不大，另一方面农产品价格对消费物价指数的直接影响却很大。近几年来，由于农村政策失误，农村的市场化过程受阻，农村的市场制度受到抑制，农产品收购价格指数大幅跌落，拉动消费物价下降，农村经济出现衰退，农民收入减少，消费倾向不断下降，对 GDP 增长的直接贡献不大而间接影响不小。这是产生中国之谜——物价下降和经济增长并行的主要原因之一。联系到 1993 年和 1994 年的农产品价格上涨（粮价分别上涨 27.7% 和 50.7%）引发了严重的通货膨胀，也许会对这里的讨论有进一步的理解。

　　出现中国之谜的第二个原因是，改革开放以来，中国的工业品，特别是工业消费品市场已经放开，在市场竞争规律的作用下，很多工业品供过于求，价格下降，如家用电器。这是技术进步和生产能力过剩的结果。前者在导致价格下跌的同时，有可能造成供给和需求同步增长的格局；后者则导致竞争过度，进而使价格进一步下跌和生产增长的下滑。两者综合作用的结果是通货紧缩伴随着经济增长。

虽然服务业价格的走高有助于阻抑价格总水平的下降，但由于其在生产和消费结构中的比重过低，削弱了它的这种作用。不仅如此，由于服务业方面过多的国家垄断，生产和消费、供给和需求均受到压抑，生产供给因准入限制而难以随需求迅速扩张，尽管其实际增长因价格上涨和需求拉动并不太慢，而需求和供给也因管制和补贴而发生扭曲，对中国之谜的形成也起到了一定的作用。

可见，由于消费物价指数所反映的消费需求结构和生产资料价格指数所反映的投资需求结构受到抑制造成的扭曲，GDP核算形成的供给结构畸形，使中国无法形成均衡的市场价格机制，对产值的高度重视和对需求的强烈抑制同时并行，引发了物价下降和经济增长相伴的中国之谜。须知，它们所体现的经济结构同时被严重扭曲，而且各自朝相反的方向运动，在没有需求或者需求不足的部门存在过剩的生产能力，而在需求旺盛的部门，则供给受到明显的抑制。

无论是供给结构畸形，还是需求结构扭曲，其根本原因在于中国渐进式市场化改革策略的局限及其实施中的放大。中国渐进式市场化的一个重要特征是着眼于增量改革，但是，由于大量存在着价格管制性因素和市场准入壁垒，使得中国的结构调整从一开始就相对滞后，且步步滞后，集中表现为增量改革带来的大量资金和财富不能有效配置，只能在工业制造业中过度竞争，从而压抑了中国需求增长最快的服务业的供给和需求。如果我们看一看现实中的事例，也许对此会有更深的理解。1992年邓小平发表南方谈话以后，政府开放了房地产市场，激发出了高涨的投资热情，虽然同时出现了一些投机和泡沫。再如，目前火爆的股票市场，也是有关体制和政策调整的结果。可见，增量改革创造的财富是巨大的，但创新财富的配置效率不高也是十分明显的。其根源在于体制因素的制约。

体制制约对资源配置的扭曲也表现在农村劳动力的转移和城市化的问题上。与其他国家不同，中国农村劳动力的转移采取了农村工业化和农民非农化的道路。这种方式有利有弊，可以说是成也萧何，败也萧何。其优点是实现了一定程度的转移，并未对城市居民的福利造成突然和巨大的冲击，其缺点是在稳步实现农村劳动力的产业转移的同时，却将大量非农化了的人口滞留在农村。须知，虽然城市化与农村工业化和农民非农化有联系但却有重大差异的概念和过程。农村工业化相对分散的特性未能造就农村的城市化，而户籍制度的存在，令城乡分割依然很深，非农化了的农民和流入城市务工的农民，其生活方式依然是传统农民的生活方式，其消费需求依然是农民的需求。这就使得发展农村市场无从谈起，农村的收入和需求难以提升，即使在经济较为发达的农村地区，其消费需求也明显地落后于收入水平。在这种结构扭曲下，国内市场很难支撑，渐进式改革的分层推进受到抑制，出口成为维系结构扭曲的根本。亚洲金融危机在中国走向通货紧缩的道路上重重地推了一下，尽管由于外部冲击的滞后效应，1997年和1998年上半年中国仍然保持了出口和净出口的一定增长，但到1998年下半年，出口颓势尽显，今年上半年出口的高速增长，对于经济增长的回升和通缩压力的释放起到了重要作用。

国家垄断和补贴导致供给结构和需求结构的不相适应，无论运用什么样的价格指数，都不能正确反映中国的供需条件，据此得到的通货紧缩度量远不是真实的。一方面，根据前述 CPI 和 RPI 相互关系及其构成的分析，中国当前的通货紧缩实际上是结构性的，即使今后一段时间居民消费物价总水平为正值，也无法消除结构性通货紧缩的阴影，不仅如此，以农产品和竞争性市场产品为主的价格下跌，必然会逐步传递到社会经济生活的各个方面，如果不能做出相应的政策和体制调整，就会导致全面的经济萧条。另一方面，从调整政策来看，在通缩期间，政府采取了扩张性宏观政策，竭力扩大投资需求，但由于大多数竞争性部门（主要集中于工业制造业）仍处于生产过剩状态，而在第三产业中的非竞争性部门，存在对民间投资的准入壁垒，民间投资缺乏有良好预期收益的投资方向，迟迟不肯跟进。如果不能强化国有企业的退出机制和取消对民间投资的准入壁垒，拉动民间投资绝非易事。总之，价格和市场准入的限制导致了政策调整的呆滞和扭曲，价格无法真实地反映出结构的变动，只会导致结构的扭曲及其调整的无效。

必须指出，结构扭曲有两个方面：一是核算性偏差；二是体制性压抑。前者需通过改进核算方法和调整统计数据解决，后者只能通过市场化改革消除，且核算性偏差也有体制根源。这也反映在下一节的分析中。

四、进一步的讨论：国民经济核算缺陷与结构偏差加剧

前面的讨论所依据的是现行统计资料，由于中国的国民经济核算也处于转型过程中，既有很大的改进，也存在不少的问题，既有高估，也有低估，从总量上来看，即使高低相抵，长短取平（许宪春，2000b），但在结构上是一个比上述发现更为严重的问题，更何况总量上也有问题。因此，进一步的讨论必然要触及国民经济核算制度及其改革的问题。

关于中国的国民经济核算，国内外争论的焦点是高估工业增长率和低估服务业增加值的问题。

（一）工业增加值及增长率的高估

过去国内讨论 GDP 核算问题，工业增长率高估几乎是唯一话题，基层部门虚报似乎是高估的唯一原因。其实不然。有鉴于此，以下的讨论集中在导致工业增加值增长率高估的"非虚报"因素。

工业增长率高估在很大程度上根源于我国实施的可比价格制度。它是我国在计划经济时期计算不变价工业总产出的方法，其主要内容是：由国家统计局定期（一般为 5 年或 10 年）制定工业品不变价格，工业企业在向有关政府部门提交报表时，除上报现价总产出外，还必须上报按不变价格计算的总产出。工业总产出的增长率就是根据不变价格计算的，实质工业增加值及其增长率也是据此计算的。具体地说，首先由现价和不变价工业总产出之比求得工业总产出价格指数，其次用此价格指数缩减现价工业

增加值，求得实质工业增加值及其增长率。可比价格制度导致工业增长率高估的途径是：一是企业，尤其是新兴乡镇企业的会计部门对不变价格制度不十分了解，常常将现价混为不变价格。二是每当新产品出现、老产品淘汰时，仍以老产品计算工业增加值，这样就会夸大实际的工业增长。

对工业增加值增长率高估的研究较多，其中有些研究提供了较国家统计局公布数据更为可靠的结果。这是由于人们对工业的关心程度明显高于服务业，这一点在其他国家也不例外。人们普遍和强烈的关注是推动该领域研究的重要动力。不仅如此，与服务业相比，工业统计资料较丰富。在我国，主要工业产品产量的数据从 1952 年起可以利用，工业品出厂价格指数从 1978 年起可以利用，工业部门的能源消费量也有时间序列数据。这就为学者用来估算工业增加值增长速度创造了条件。

在试图修正被官方统计高估了的工业增长速度的研究中，伍晓鹰（2000a）、Szir-mai 和任若恩（1995）、Adamsand Chen（1996）具有代表性。他们没有停留在讨论官方数据高估上，而是通过仔细分析和精心测算，各自给出了我国工业增长率的独立估计。例如，为了免除扭曲了的相对价格对工业增加值增长率的影响，伍晓鹰通过数量指数来测算实质工业增加值及其增长率，工业产品产量来自《中国工业统计年鉴》，建立数量指数使用的权重主要来自中国投入产出表，其后根据可利用的价格对权重不断改善，最新版本是 Wu（2000b）的估计相当于官方数据的 80% 左右。

与此同时，我国也存在对农业增加值增长率的高估问题。根据许宪春（2000b）文章，牧业中有高达 20% 的水分，导致 1991～1997 年的 GDP 统计对农业增加值高估 14%，以及对 GDP 每年高估 0.8%～0.9%。其实，农业高估不仅有畜牧业，而且有水产业，就是存粮也存在高估。按理，在计算 GDP 时，农户存粮只应计算增加额，即年末余额减年初余额，但在统计中，很多按年末余额计算。

根据以上分析，我们以伍晓鹰和许宪春的估算为依据，估算近几年的工业增加值及其增长率。

（二）服务业增加值及增长率的低估

相对工业增长率高估的研究，对服务业增加值低估的研究较少，其测度更难，因而需仔细讨论。

1. 服务业增加值低估的原因

（1）核算范围不全。核算遗漏人所共知，但无人能够列全这些服务的清单，其中主要遗漏是企事业单位为职工提供各种免费或低费服务（如幼儿园）以及农村服务业。

（2）某些服务计价过低，其中房地产业尤为严重。在市场健全的国家，住房租金占工资收入的比重很大，但我国过去住房近乎免费，即使住房商品化取得一定进展的今天，情况也尚未根本改观。

（3）核算体系的缺陷。按收入法估算增加值应当包括四个方面：劳动者报酬、营业盈余、生产税净额和固定资本折旧。其中，前两项占绝大比重。有些行业如教育和医疗等由民间和政府同时提供，且目前以政府部门为主。由于政府提供服务不是盈利行为，不存在营业盈余，而劳动者报酬的核算又存在着严重缺漏。教师收入除国家支付的固定工资外，还有兼职收入、讲课收入、项目收入、办班收入、基于学生收费而增加的收入等，这些收入通常不少于固定工资。现行统计只能把握由国家财政负担的教师工资和由教师承担的国家研究项目收入，其他收入一概无法计算。至于以盈利为目的的民办教育，除劳动者报酬外，还有营业盈余，由于缺乏相应的统计，其增加值基本上不予计算。医疗行业的情况基本相同。

（4）现行统计对金融、保险和证券业增加值的计算也很不完善。对国有银行和保险公司，现有统计可以掌握其产出、中间消耗，以及用收入法计算增加值的各种原始资料，但是，对于非国有金融机构和保险公司及全部证券公司和证券交易所，则缺乏必要的统计。

律师、会计师服务、互联网服务以及其他新兴服务业，由于没有相应的统计，其增加值尚未计算。歌厅、酒吧、游艺、娱乐等行业，由于具有零星、分散甚至非法等特征，现行统计不予考虑。但联合国 1993SNA 与 1968SNA 的一个重要区别在于，前者要求对非法的地下经济也要估算其增加值。

第三产业增加值低估的直接后果有两个：一是第三产业在 GDP 中的比重偏低，造成产业结构扭曲；二是造成整个国内生产总值绝对水平低估。这种低估及其所造成的产业结构扭曲，正如前面指出的那样，按不变价计算的结果比按现价更严重，区别在于核算上的低估使这种扭曲进一步加剧。

2. 对服务业增加值低估问题的现有考察

（1）世界银行（1994）的估算。

1994 年，世界银行对我国国内生产总值做了多方面的调整，涉及第一、第二、第三产业，但由于调整方法的原因，我们很难从中分解出服务业的调整幅度。

（2）《中国统计年鉴 1995》的调整。

20 世纪 90 年代，我国对第三产业做了普查，普查结果对第三产业增加值低估的程度提供了重要数据。国家统计局根据普查结果对第三产业现价增加值做了大幅度的调整，调整结果反映在《中国统计年鉴 1995》上。商业增加值上调 60%左右，非物质生产部门上调 10%～20%。

（3）迈德逊（Maddison，1998）的估算。

1998 年，迈德逊对中国第三产业增加值进行了重估和调整。在缺少原始数据的情况下，他采用比较简单的方法。首先将 SSB 和 Hitotsubashi（1997）中的 1997 年非物质生产部门增加值（根据第三产业普查已经上调了的数据）上调 1/3，其次用非物质生产部门劳动者人数增长率外推 1997 年以外年份该行业的增加值。该研究有两个特点：一是只能估算不变价增加值，不能估算现价增加值；二是假定非物质生产部门劳动生产率不变。如果劳动生产率是变化的，当劳动生产率不断提高时，将高估 1978 年以前和低估 1978 年以后第三产业的比重；反之则反是。虽然这一研究和估算在国际上有较大影响，但却缺乏充分的可信度。其估算结果表明，中国非物质生产部门的比重在 1952～1978 年几乎没有任何变化，在改革开放以后明显下降，显然，这是不符合中国经济实际的。

（4）许宪春的研究。

既然对整个服务业增加值进行全面的估算和调整缺乏基础数据，对服务业某一行业进行较为精确的估算调整则难能可贵。其中较典型的是许宪春和李文政（1999）对房地产业增加值的调整。

3. 对服务业增加值低估程度的重新估算

（1）估算方法。

对低估第三产业增加值进行修正的最好方法是，搜集第三产业各行业的基础数据，在分行业进行修正的基础上加总，求得整个第三产业的增加值，进而得到全部国内生产总值。然而在目前情况下和短期内，这是不可能的。我们根据 GDP 中第三产业的比重和人均 GDP 相关关系，来讨论第三产业增加值低估问题及其对 GDP 总水平的影响。具体方法如下：

在第一、第二产业增加值一定的条件下，GDP 将由第三产业在其中所占的比例来决定。即

$$GDP = \frac{1}{1-S_3} \cdot GDP_{12} \tag{1}$$

式（1）中，GDP_{12} 和 S_3 分别表示第一、第二产业国内生产总值之和，以及第三产业增加值占 GDP 的比重。在 GDP_{12} 一定的条件下，S_3 的变动对 GDP 水平的影响可通过把式（1）两边对 S_3 求导得到。

$$\frac{\partial GDP}{\partial S_3} = \frac{1}{(1-S_3)^2} \cdot GDP_{12} > 0 \tag{2}$$

式（2）表明，在第一、第二产业增加值一定的情况下，第三产业增加值所占比重的提高会增大整个国内生产总值。换句话说，如果低估第三产业增加值，其占国内生产总值的比重也会被低估，最终导致整个国内生产总值被低估。第三产业增加值（GDP_3）可由下式求得：

$$GDP_3 \equiv S_3 \cdot GDP$$
$$\equiv \frac{S_3}{1-S_3} \cdot GDP_{12} \tag{3}$$

（2）估算依据。

前述的估算方法既然以第一、第二产业增加值的准确估计为前提，我们以许宪春（1999）和伍晓鹰的估算为依据。许宪春（1999）讨论了农业和农村工业的高估问题，并对 1996 年的数据进行了调整，得到的结果是，第一产业增加值为 13233.2 亿元，第二产业增加值为 31101.2 亿元，两者合计为 44334.4 亿元。这是按现价进行的估算，是我们估算现价 GDP 及其结构的基础数据。伍晓鹰（2000）讨论了工业增长率的高估问题，为了按不变价估算 GDP 的结构，我们以 1996 年的数据为基础，用伍晓鹰的估值调整计算第二产业增加值，作为估算不变价 GDP 结构的基本依据。

如何估计第三产业增加值在国内生产总值中的比重是一个关键问题。一个可以参

照的标准是与我国收入水平大致相同的国家的比重。据世界银行的分类，我国属低收入国家，1996年低收入国家第三产业增加值所占比重的平均值为37%（包括印度和中国）或42%（不包括印度和中国），我们按此进行估算。考虑到1996年我国和印度的比重分别为29%和43%，1997年我国提高到31%，我们按其比重每年提高1个百分点估算。

（三）结构偏差的进一步实证

根据前两个小节的分析，我们对我国GDP核算的结果做出进一步的修正。现将按现价和不变价计算的GDP及其结构分列于表5和表6中。

表5　调整后的产业结构（现价）　　　　　单位：亿元，%

年份	国家统计局国内生产总值	许宪春调整后的国内生产总值	调整后的国内生产总值	第一产业	第二产业	第三产业
1991	21617.8	22288.0	21813.1	23.4	39.6	37.0
1992	26638.1	27197.5	26764.2	20.9	41.1	38.0
1993	34634.4	34980.7	35886.2	18.4	42.6	39.0
1994	46759.4	46946.4	49620.0	18.3	41.7	40.0
1995	58478.1	60700.3	67804.4	16.9	42.1	41.0
1996	67884.6	67884.6	76321.6	17.3	40.7	42.0
1997	74462.6	74921.9	84356.3	16.1	40.9	43.0

表6　调整后的产业结构　　　　　单位：%

年份	1996年第三产业按37%计算			1996年第三产业按42%计算		
	第一产业	第二产业	第三产业	第一产业	第二产业	第三产业
1990	25.7	36.8	37.5	23.6	33.8	42.5
1991	24.4	37.7	37.9	22.4	34.7	42.9
1992	22.9	39.0	38.1	21.0	35.8	43.2
1993	21.5	40.6	37.9	19.8	37.3	43.0
1994	20.1	42.7	37.3	18.5	39.3	42.3
1995	18.3	46.6	35.1	16.9	43.1	40.0
1996	18.8	44.2	37.0	17.3	40.7	42.0
1997	18.3	44.1	37.6	16.8	40.5	42.7

将表5与表3和表1的相关数据加以比较，就可以清楚地看出，在纠正了统计核算中第一、第二产业高估和第三产业低估的问题以后，我国的产业结构及其决定的供给结构与需求结构之间的偏差就更大。即使低估和高估的数量可以相互抵消，GDP总量基本不变，如1991年和1992年的情况，第一产业的比重比现有统计资料显示的要低1个百分点左右。如果进一步调高第三产业的比重，不仅GDP的总量会增加，当1996年第三产业比重达到42%时，GDP总量将增加12.4%，而且其结构偏差和扭曲更为加剧，第一产业的比重将比现有统计数据低3.1个百分点。第二产业的比重下降更大，从比

原统计数据低 2.5 个百分点（1991 年）扩大到 8.8 个百分点（1996 年）。可见，核算偏差造成的结构扭曲是非常严重的。

将表 6 与表 3 的有关数据加以比较，也可以清楚地看出，在校正了工业增长率高估和服务业增加值低估的偏差以后，按不变价计算的三次产业结构及其变动趋势也有很大变化。第三产业的比重改变了原来的下降态势，基本不变。如果 1996 年第三产业比重按 37% 估算，第一产业的比重上升 0.8 个百分点，其他年份的升降幅度均在 1 个百分点左右（-0.5~1.4），而第二产业比重的降低幅度则较大，1996 年为 14.8 个百分点，其他年份最小为 4.8 个百分点（1990 年），最大为 17.5 个百分点（1995 年）。如果 1996 年第三产业的比重按 42% 估算，第一产业比重的降幅加大，1996 年降低 0.7 个百分点，其他年份的降幅为 0.4~3.5 个百分点，而第二产业比重的降幅相对缩小，1996 年下降 13.1 个百分点，其他年份降幅最小为 7.8 个百分点（1990 年），最大为 14.1 个百分点（1997 年）。这进一步证明了核算性偏差加剧了结构性扭曲，也说明了正确的国民经济核算是进行经济分析的基础性条件。

五、理论思考和政策结论

从 1997 年起，本课题组选定了一个特殊角度，从事宏观经济分析，至今已有七个报告在《经济研究》发表，这些研究围绕着经济增长的结构问题和制度障碍探讨中国经济运行的态势和机理，特别是从《大调整：一个共同的主题和必然的选择》发表以来，集中考察中国经济增长下滑和通货紧缩问题，在结构调整、金融体制、财政政策、汇率机制和外部冲击等方面，做出了自己的分析，并进行了一定的理论探索。本文作为上述研究的继续和总结，主要分析中国渐进式市场化改革过程中，价格扭曲和核算失实所反映的结构偏差和体制障碍，以期解释中国独有的经济增长和通货紧缩相伴随的问题。

上述分析提出了一系列重要的理论和实践问题，这里只能就与本文有关的问题加以讨论。

（一）关于货币化、市场化和城市化的问题

20 世纪 80~90 年代，货币化曾经是经济学界讨论的一个重要问题，从货币化程度的测度到货币化的影响，发表了一系列有价值的论文（杨仲伟等，1988；易纲，1996；谢平，1996；张杰，1997），但在货币化的内涵和货币化进程的分期问题上存在一个共同缺陷，即把货币化局限于实物产品的货币化，因而就出现了把货币化的顶点定在 1985 年（易纲），还是 1992 年（谢平），或者 1988 年（张杰）的争论。

中国经济的市场化和货币化包括了两个相互联系又相互区别的内容和过程，一个是传统自然经济的货币化和市场化，另一个是传统计划经济的市场化和货币化，上述争论均立足于两者重合的部分，既忽视了传统计划经济条件下服务领域存在着更强的国家垄断，也忽视了渐进式市场化改革以增量改革带动和化解存量改革的特征。我们认为，市场化和货币化既包括物质产品的市场化和货币化，也包括服务产品的市场化

和货币化，既包括流量资产的市场化和货币化，也包括存量资产的市场化和货币化，因此，中国的货币化进程既没有达到顶点，更没有结束，只是走过了和完成了第一个阶段，即物质产品和流量资产的市场化和货币化，才开始进入第二个阶段，即服务产品和存量资产的市场化和货币化。相对于第一个阶段，第二个阶段不仅需要的货币量更大，而且其市场化和货币化的难度也更大。只是由于交易方式的不同，有些交易不直接使用现金货币支付，而是用货币的替代物交割，才掩盖了货币化和市场化的实质，使得人们产生了货币化已到顶点或近于完成的错觉。

由于对市场化和货币化的认识出现偏差，对货币量的多少也发生了问题。易纲把货币量的增长分解为流通速度下降、货币化程度提高、GDP 增长和通货膨胀四个因素，既然货币化已基本完成，货币量增长率超过 GDP 增长率和通货膨胀率之和，就只能用流通速度减慢来解释。但在通货紧缩的情况下，通货膨胀率为负，货币量增长大大超过 GDP 增长率和物价上涨率之和，仅用流通速度下降是解释不了的。于是有人将此看作通货膨胀的信号，有人认为货币供应过多。其实，只要对市场化和货币化有一个正确的理解，这样的矛盾就会迎刃而解。在市场化和货币化的整个进程中，货币量增长率大于 GDP 增长率和物价上涨率之和，是中国经济运行的一种常态。

通常，市场化主要是从体制方面来考察，城市化主要是从发展方面来讨论，而二者都兼有两方面的内容，货币化在一定程度上正好反映了这一点。这里之所以提出城市化的问题，并将其与市场化和货币化联系起来加以讨论，一个重要原因就是为了进一步说明，农村工业化和农民非农化并不等于城市化，前者虽然促进了分工的发展和交易的扩大，但却局限于农村的范围，因而其深度和广度都是有限的，难以带来制度规则和生活方式的根本变革，也不利于市场化和货币化的深化和扩展。事实上，从一定意义上来讲，城市化的过程也是市场化和货币化的过程。

（二）关于潜在生产能力或潜在总供给的问题

潜在生产能力或潜在总供给是宏观经济分析中的一个重要概念和有效工具，国内有学者对此理解不当，并多有忽视，因而造成不少混乱。其实，无论是通货膨胀还是通货紧缩，都离不开潜在总供给的讨论。在通货膨胀情况下，实际总供给不仅小于总需求，而且会大于潜在总供给；相反，在通货紧缩情况下，实际总供给不仅大于总需求，而且小于潜在总供给。因此，如果说通货紧缩的主要标志是价格水平的持续下跌，那么，其必然伴随着实际经济增长率小于潜在经济增长率的出现，而不一定是经济衰退的发生，也可能是伴随着经济的增长。这样，不仅可以解释古典型通货紧缩，而且可以解释中国的特殊情况。

对潜在生产能力概念的轻视还有一个重要原因，就是其计量上的困难。通常，人们使用一个较长时期内实际经济增长率的平均值近似地作为潜在经济增长率，我们也曾这样用过。这样做的好处是比较简便，但却不够确切。如果我们把潜在经济增长率看作是通货膨胀为零时的经济增长率，那么，这时的总供给及其增长率就与总需求及其增长率相等，这样，就可以通过一个回归方程来求解经济潜在增长率。以下是用

1979～1999 年的数据进行回归的结果。

$$\pi = -0.0515 + 0.5644\,(dy/y) \tag{4}$$
$$(-1.409)\,(2.919)$$
$$R^2 = 0.6344,\ F = 6.36$$

式（4）中，π 表示通货膨胀率，y 表示名义总需求，dy/y 表示名义总需求增长率。令 $\pi=0$，可求得对应于零通货膨胀时的总需求增长率为 9.1%。当总需求增长率超过 9.1% 时，就出现通货膨胀；当总需求增长率低于 9.1% 时，就出现通货紧缩；如果能维持这样的增长率，物价水平将保持不变，经济运行将处于均衡状态。因此，9.1% 可以看作是现阶段中国经济增长的潜在水平，也是通货紧缩的一个参考性指标。1979～1999 年，只有 1981 年、1998 年和 1999 年三个年份的名义总需求增长率（dy/y）低于 9.1%，其所对应的商品零售物价上涨率分别是 2.4%、-2.6% 和 -3%。

（三）关于技术创新和制度创新的问题

本文一开始在提出自己的论题时，曾经指出，英国和美国出现过价格持续下跌，而经济却不断增长的现象，并将此归结为发生新技术革命的缘故。同时指出，中国不是新技术革命的发源地，也不是发达国家，却发生了通货紧缩与经济增长相伴随的现象，进而对这种令人迷惑的现象做出了解释。其实，如果把制度创新看作是与技术创新对经济增长具有同样作用的事情，这种现象也不难理解。

在总供求分析模型中，总供给是由生产函数决定的产出量，其数学表达式是 $Y=F(K,\ L)$，其简单的 C-D 形式是 $Y=A(t)\cdot K^\alpha L^\beta$。当假定资本产量和技术水平因子都不变时，自然失业率水平就决定了总供给曲线的位置。由于通货紧缩表现为价格水平随时间的推移而下降，当随着技术创新而发生投资行为时，其要素生产率就会提高，总供给曲线就会右移，于是出现价格下降而经济增长并存的现象。尽管中国没有发生新技术革命，但是自改革开放以来，中国发生了深刻的制度变迁和结构调整，技术引进和技术进步从未停止过，与此同时，中国的投资率一直保持在 30% 以上，因而从时间序列来看，资本存量在不断增加，技术水平在持续提高，要素生产率也在提高，所以，中国的潜在总产出在不断提高，总供给曲线随着时间的推移而不断右移，从而保持了较高的经济增长。如果说技术创新降低了生产成本，那么，制度创新则节约了交易费用，一旦经济运行态势因故发生变化，总供给的增长超过总需求的增长，同样会出现经济增长与通货紧缩相伴随的现象。因此，中国的经验再一次证明，制度变迁和制度创新与技术变革和技术创新一样，是经济增长的重要因素，甚至是更为重要的因素。

（四）结论

关于长期和短期、结构和总量、体制和政策的关系在传统宏观经济分析中，通常不考察长期、结构和体制问题，或者以此为给定前提，集中讨论短期问题、总量问题和政策问题。因为在发达的市场经济条件下，经济运行的长期态势、经济结构的变迁和体制因素的调整几乎是不变的，因而在理论分析中可以给定。但处于市场化进程中的中国经济，上述情况不仅是可变的，而且直接制约着短期因素、总量态势和政策选择的变化。因为，中国经济是在一种结构失衡和体制扭曲的条件下运行的，这必然使短期的经济运行和总量关系发生变异。如果不能充分认识这一点，对于形势的判断和政策的选择都将会发生失误。因此，我们的结论有两个：

（1）在宏观政策选择和政策操作中，必须兼顾短期和长期，协调总量和结构，着力于政策和体制联动。这样才能保证宏观调节的及时和有效。至于具体的政策建议，很容易从上述的分析中得出，如取消进入壁垒和退出壁垒，让各种经济形式自由进入目前还受到管制的服务领域，改革国民经济核算办法和调整被扭曲的核算数据，修正消费物价指数的构成权重等。

（2）在宏观经济理论的发展中，既要充分借鉴现代经济学的丰硕成果，又要从中国市场化的实际出发，确立自己独特的分析角度和构造不同于一般的分析框架。这样才能有所创新和有所前进。

参考文献

［1］北京大学中国经济研究中心宏观组．1998—2000 中国通货紧缩研究［M］．北京：北京大学出版社，2000.

［2］樊纲．克服信贷萎缩与银行体系改革——1998 年宏观经济形势分析与 1999 年展望［J］．经济研究，1999（1）．

［3］胡鞍钢．我国通货紧缩的特点、成因及对策［J］．管理世界，1999（3）．

［4］［美］保罗·克鲁格曼．萧条经济学的回归［M］．朱文晖，王玉清译．北京：中国人民大学出版社，1999.

［5］钱小安．通货紧缩论［M］．北京：商务印书馆，2000.

［6］余永定．打破通货收缩的恶性循环——中国经济发展的新挑战［J］．经济研究，1999（7）．

［7］杨仲伟等．我国通货膨胀的诊断［J］．经济研究，1988（4）．

［8］易纲．中国的货币、银行和金融市场 1983—1993［M］．上海：上海三联书店，上海人民出版社，1996.

［9］谢平．中国金融制度的选择［M］．上海：上海远东出版社，1996.

［10］张杰．中国的货币化进程、金融控制及改革困境［J］．经济研究，1997（8）．

［11］张曙光．中国宏观经济分析报告［M］．北京：社会科学文献出版社，1999.

［12］Wu, Harry X. An Alternative Estimation of the Post-War Chinese Industrial Production and Growth, Discussion Paper No. D9-10［Z］. The Institute of Economic Research, Hitotsubashi University, 2000.

［13］Wu, Harry X. China's GDP Leve Land Growth Performance：Alternative Estimate Sand the Implication［Z］. Mimeo, 2000b.

［14］World Bank. China GDP Percapita, Report No. 13580-CHA［R］. The World Bank, Washington, D. C. , 1994.

11 "外部冲击"下的经济增长和 宏观政策选择[*]

张 平

2004 年在宏观调控下高速增长，是"有惊无险"，2005 年看似无险，但"外部冲击"来得比 2004 年更为猛烈，宏观调控保持高度的紧张，经济增长和政策变动增加了很多的不确定性，应对"外部冲击"成为了今年宏观调控和经济增长稳定最为关注的主线。

"外部冲击"是指开放的宏观经济中国际经济中的不确定性因素对国内经济产生的波动性影响（《现代经济词典》）。全球比较突出的例子是石油价格持续上涨导致了"石油危机"对各国经济的冲击，在经济增长形态上突出表现为"滞胀"；"亚洲金融危机"对亚洲各国冲击，产生严重通缩下的衰退都是典型的外部冲击的例子。随着全球化的进展，国际性的金融产品和大宗商品的"投机"定价越来越取代了"供求"定价法则，"外部冲击"的压力越来越大，特别是新兴市场国家最易受到"外部冲击"，中国现在"资本流动对汇率冲击"和"大宗商品激增价格的冲击"都开始发生着作用。中国宏观调控当局的政策走向将以开放和应对"外部冲击"为基准，"相机抉择"成为政策的主线，使微观经济决策主体的预期非常不稳定。

外部冲击从 2004 年以来是越来越强，2004 年中国经济高速增长，其增长与以往最大的不同就是大量国际资本流入，外汇储备新增了 2000 多亿美元，扣除贸易顺差外仍高达 1700 亿美元，流入越来越强。国际资本大规模流入导致的直接宏观后果有三个：①货币发行量不是依据国内经济情形供给，而是被外汇占款压破性加快发行；②投资不依赖于贷款规模快速增长，2004 年贷款额度完成了计划的 93%，贷款增长并不快，但投资增长高达 25.8%，除了地方投资冲动之外，主要是外资的推动，2004 年国有及国有控股投资增长 14.5%，远低于全国平均水平，而外商投资企业投资增长 52.2%，港澳台商投资企业投资增长 30.1%，私营企业投资增长 47.9%，近年来外资成为了主动力；③国际资本进入资产部门的资金也越来越多，中心区域地产热的背后有着大量国际资本的影子，外资对波动的放大效益是明显的。2005 年政府承诺的汇率和资本流动管制的"市场化改革"，意味着开放的步伐继续加快。除了金融压力外，大宗产品的压力更为巨大，铁矿石价格年初上涨 71.5%，现在还在涨，石油期货价格一直在 55 美元高位徘徊，而且还有很强的上升压力，高盛的报告已经预计高点为 105 美元（去年预测为 60 美元，基本达到），双重的外部冲击压力直抵国门，政府不断在调整政策

---

[*] 全文发表于《经济学动态》2005 年第 5 期。

适应外部的环境,其基本的做法是"审慎",《政府工作报告》称为货币和财政政策"双稳定",仅此仍不够,要在此基础上加大体制改革,降低经济扭曲,这才能从根本上降低外部冲击。

从 2005 年第一季度的宏观经济运行来看,外部冲击的宏观特征开始更为显著,突出地表现在价格形成中的成本推动更为强劲和投资增速高。由于石油、铁矿石、铜等大宗商品价格持续走高,生产资料价格依然居高不下,制造业利润被缩减,成本推动的通货膨胀压力越来越大,如果消费品价格开始转正,第四季度消费物价超过 4%的控制线,经济增长下降。当前外汇储备持续增加,资金充裕,投资依然强劲,特别是房地产投资中的国际资金因素丝毫不减,经济增长在投资和出口的带动下增长迅速。外部冲击在汇率制度改革后其效果将出现更强的特征,一个国际投资银行认为"汇率升10%,经济增长率下降 5%,通货膨胀上升到 8%",尽管有些危言耸听,但滞胀的威胁确实已经在外部冲击下显形了。

本文沿着"外部冲击"这一新的影响经济增长和宏观政策变动的线索进行分析和国际政策方面的比较,探索在中国开放过程中的带有"外部冲击"条件下的经济增长和宏观政策选择路径。

一、"外部冲击"及宏观效果

(一) 汇率预期和非 FDI 流入

资本流动与汇率预期是高度相关的,资本流动衡量常用"非 FDI 指标"。"非 FDI 资本",是指在国际收支平衡表中,储备变动额减去经常项目差额,再减去直接投资差额后的余额。该指标的最大特点有两个:①包括了证券组合投资,如中资银行减产国外资产导致的外汇流入、海外上市以及增加从外国借款等流入;②包括了误差与遗漏项,从而反映了官方控制之外的资本流动。通过非 FDI,我们能更清楚地看出一国的资本流动(既有流入也有流出)。

非 FDI 在中国比较稳定(见表 1),20 世纪 90 年代以来,中国一直存在着非 FDI 流出(也可以理解成资本外逃),到 1998 年亚洲金融危机,由于预期汇率贬值,这种流出达到顶峰。1998 年以后,非 FDI 流出逐步减少,到 2003 年发生逆转,人们开始预期人民币升值,是大量的非 FDI 流入,特别表现在对外借款和减少海外资产的流入。到 2004 年,非 FDI 流入额达到一个高峰,2005 年中国承诺了"出其不意"的汇率制度改革,人民币升值的预期压力更大,非 FDI 仍加大流入,第一季度外汇储备继续激增,外资加速流入。

表1 非 FDI 的流动　　　　　　单位：亿美元

年份 类别	1998	1999	2000	2001	2002	2003	2004
外汇储备变化	51	97	109	466	742	1168	2067
经常性账户余额	293	157	205	174	354	459	700
贸易顺差	436	292	241	226	304	255	320
资本账户余额	-63	76	19	348	323	527	1120
外商直接投资（FDI）净额	411	370	375	374	468	472	606
误差与遗漏	-166	-148	-119	-49	78	184	200
非 FDI	-654	-429	-471	-82	-80	237	761

2004 年除了人们减少海外资产导致的外汇流入，特别突出的是短期外债激增，短期外债 1043 亿美元，新增加了 273 亿美元，短期外债占外债余额的 45.6%，也可见非 FDI 的流动性特征，它的流动方向和汇率预期高度相关，有很强的"易变性"，亚洲金融危机的一个突出的指标就是短期外债激增。

与 FDI 比起来，非 FDI 资本最为重要的特征是它的"流动性"非常强。对投资者来讲，流动性强易于规避风险，但对于流入国来讲，受冲击的可能性增大。这就是为什么对待非 FDI，当局需要更为谨慎的原因。当前讨论的"热钱"主要的依据就是非 FDI，很多人再加上经常项目和 FDI 中"偷藏"的热钱，非正规渠道的人民币资产的流动（如央行注意到的中国周边国家使用人民币的状况）等，热钱过千亿元。与 2003 年非 FDI 转折相匹配的是房地产价格似乎也同步启动，特别是上海地产价格，一路飙升，似乎有着关联。

（二）大宗商品涨价和"成本推动"

与热钱相比，大宗产品价格激增对经济的影响更是直接（见表2），特别是 2005 年以来在连续价格上涨的基础上更为加快了上涨的步伐，铁矿石在年初涨价 71.5% 的基础上，仍要继续向中国加价 100%，铜价格连创新高，石油价格原预测在 45 美元左右，现在已经开始纷纷调高预测数。高盛刚刚发表的石油价格报告指出，现在刚刚处在石油价格飙升的初始时期，今年石油价格最高将达到每桶 105 美元的高价。高盛 2004 年初的报告指出石油价格最高将摸高到每桶 60 美元，基本上是达标了，今年的预言拭目以待。

近年来大宗商品的价格越来越偏离了所谓供给—需求定价原则，更多地体现了"投机定价"的特征，由于大宗产品供给缺少弹性，一旦加入了新的需求因素后供求关系在短期内难以均衡，投机定价机制就起作用了。"中国因素""印度因素"和新兴市场的需求因素导致了新的供求不平衡，投机定价决定着大宗商品的价格。

大宗产品价格激增直接威胁到经济增长。大宗商品价格是构成产品成本的基础，因此大宗商品的价格上涨直接导致所有物品价格的成本增加，产品价格成本的增加直接削减了生产者的利润或导致亏损,在无法向消费者转移的条件下,减少产出是必然的,导致了经济增长减速。减少产出引起供求不平衡,又会导致物价上涨,大宗商品价格激增将产生成本推动通货膨胀的压力。

表2 大宗商品价格变化

产品	单位	2004 年价格	2003 年价格	增长（%）	2005 年预计
玉米	美元/吨	111.78	105.19	6.3	—
稻米	美元/吨	245.78	199.46	23.2	—
小麦	美元/吨	156.88	146.14	7.3	—
棉花	利物浦指数	62.01	63.44	-2.3	—
铝	美元/吨	1718.52	1432.82	19.9	持平
铜	美元/吨	2863.47	1779.36	60.9	增长两位数
铁矿石	美分/千吨	37.9	31.51	20.3	71.5%
金	美元/盎司	409.23	363.53	12.6	—
煤	美元/吨	54.70	27.74	97.2	增长
橡胶	美分/磅	59.17	49.12	20.5	—
Brent 石油价格	美元/桶	28.852	39	35.17	大幅提高

成本推动的核心因素是对利润的影响,利润盈亏直接调节着供求的基本关系,以钢铁涨价为例探讨成本推动的影响。根据当前 CVRD 粉矿的价格 25.86 美元/吨计算,71.5%的涨幅将是 18.5 美元,约 153 元人民币,按照 1.6 吨铁矿石生产出 1 吨成铁计算,每吨铁成本将上升 244.8 元人民币,由此计算,铁矿石涨价所引发的钢铁成本上升在 6%以下。在此背景下,如果将其成本上涨因素向下游转嫁,那么多个行业受压。家电行业中钢铁约占可变成本的 20%~30%,在公司没有任何转嫁能力的情况下,如果上游钢板价格上涨 6%,那么行业平均净利润下降 60%;汽车行业也是用钢大户,其中钢板成本在整车制造中所占比重不是很大,但对于底盘生产商和其他一些零部件生产商的影响则比较大,平均来说钢材成本占原材料成本的 40%~50%。在钢材上升 6%的情况下,行业平均净利润下降 54%。近一段时间,家电开始小幅度涨价,而汽车则大幅度降低产量,头两个月汽车产量下降了 23%都说明了成本推动对价格和生产的影响。

石油的冲击则是更为严重的,它涉及化工的基础品和能源两项,是成本推动的最重要的力量。由于成本推动的链条较长,因此显现特征滞后,容易被短期的数据所掩盖。中国的大宗产品高度依赖于国际供给,同时国内正在加快城市化步伐,需求旺盛,外部持续的大宗产品价格上涨的冲击会越来越显现,对中国的经济增长和波动均将产生重大的影响。

(三) 外部冲击的宏观效果

从外部冲击的宏观效果来看,大量非 FDI 的流入对宏观的影响是直接的,对国内经济与金融体系已经产生了冲击。主要体现在以下四个方面：

（1）不依赖于国内需求而被迫资金投放。资本流入引起过热。大量资本流入，会引起外汇储备增加从而外汇占款增加，外汇占款的增加必然引起基础货币增加，从而M2增加，国内需求增加，并最终会引起通货膨胀与经济过热。央行针对这种情况一般采取对冲操作。这种对冲操作包括公开市场操作、提高存款准备金率以及限制再贴现与再贷款。央行主要采取发行中央银行票据的方式收缩商业银行过度流动性，缓解基础货币的过快增长。2004年央行共开展110次人民币公开市场操作，净回笼基础货币6690亿元。其中，通过回购（正回购与逆回购）操作，净回笼基础货币1840亿元；剩下4850亿元的基础货币回笼主要是通过央行票据发行完成的。应该说，这种对冲方式起到了较好的效果，但长期来看，主要通过发行央行票据进行对冲的方式也有很多局限。

（2）不依赖于国内贷款的资金供给。资本流入引起"资金过剩"：①外资成为了投资的主推动力，2004年贷款额度完成了计划的93%，贷款增长只有14%，增速并不快，但投资增长高达25.8%，外资投资增长高达52%，三资和私营紧随其后，成为主要推动力。大量资本流入引起信贷限制的缓解。②大量资本流入对现有银行信贷具有"挤出"效应，大量的银行资金转向了国债市场，从银行间的利率和交易所回购利率持续走低表明资金的过剩。日本汇率重估和资本流动放松管制后也产生了外资对本国资金的挤出，出现了大量银行资金进入地产和债券市场的特征，个人和机构也容易产生流动性幻觉倾向于过度借贷，这些因素的逐步积累最终会导致脆弱性上升，从而对宏观稳定产生负面冲击。

（3）"过剩的资金"导致资产价格上升。2004年宏观调控后的经济增长和投资似乎有所收敛，但房地产和国债市场资产价格上升。由于非FDI流动性和汇率预期的预期，资金积极进入资产部门。从亚洲新兴市场国家来看，资产部门中不动产和固定收益部门的容量比较大，而股票部门较小且不透明。一国汇率升值引起固定收益部门和不动产部门都会通过"久期"乘数来发挥效率，价格上涨是非常明显的。2003年开始，房地产价格开始上涨，2004年国债指数也大幅上升。利率调控后依然快速上升。

（4）持续的大宗商品价格冲击易导致"滞胀"。相对资金流入的效果而言，微观则更多地感受大宗产品涨价带来冲击，如果短期价格冲击因素能逐步消除，对宏观的影响不大，还能调整投资者的投资预期，降低产能，保持经济增长的平稳。但如果大宗商品价格，特别是石油价格持续冲击到2006年，"滞胀"就是经济增长最大的威胁。

中国当前遇到的宏观和经济增长难题是外部的双重冲击，根据国际经验来看，资本流动冲击导致"泡沫"化，大宗产品价格冲击导致"滞胀"，整体经济处于不确定的情景中，经济中的风险因素在累积。中国推进城市化和国际化步伐还要加快，应对"外部冲击"是经济增长和宏观调控的主线。

二、"外部冲击"的引致性因素和增长的波动

国际经验研究表明，新兴市场国家在国际化过程中最易受到对国际资本流动的冲

击［如 Glick 和 Hutchison（1999）考察了一个有 90 个国家时间跨度是 1975~1990 年的大样本；Demirgüç-Kunt 和 Detragiache（1998）考察了 53 个国家在 1980~1995 年的银行危机与金融自由化的经验关系等的研究］。新兴市场国家发展到中等水平时开始了金融自由化的步伐，金融自由化会促进增长，但也会带来危机，即金融自由化与增长和危机都存在着正向关系。金融开放的好处并不确定，但金融开放后，特别是大量组合证券投资的进入，会带来经济的不稳定性则是明确的。

中国政府已经承诺了汇率市场化改革，尽管是"出其不意"，但汇率定价机制改革和放松资本流动的管制已经是必然的选择了，无论采取何种改革方式，从 2005 年开始的未来几年中金融开放进程都会加快。资本流动的冲击和由于大国效应导致的大宗产品价格持续上升的冲击将是不可避免的。

引起外部冲击的都有着内在的原因，如亚洲危机前杨和克鲁格曼（1993，1994）都指出了东亚模式是"投入—投入"型经济增长，全要素生产率没有提高，竞争力不可持续，直接指出了政府管制导致扭曲要素价格的特征。"经济扭曲"易受到国际资本的冲击（经济增长前沿课题组，2004，2005）。

2004 年以来中国受到的"大宗商品价格冲击"也是国际投机者直指中国资源耗费型模式的特征，挑战了中国外延型的增长模式，未来国际资本的流动也将沿着同样的思路在中国"套利"和强制矫正"扭曲"，这将挑战中国长期经济增长的稳定。我们从较大的历史跨度理解中国崛起的模式和强制转型的压力，才能自觉地消除"经济扭曲"和转变增长模式，在外部冲击过程中建立起自己可持续的竞争力。

（一）"要素结构的扭曲"——全社会补贴工业化

中国高耗费的增长模式是有其特殊的发展背景的，是政府主导下的赶超策略的发展模式，即全社会补贴工业化。政府的行为特征就是要突破"恶性贫困循环"陷阱，所谓"恶性贫困循环"陷阱，是指一国穷是因为它穷，穷国的穷意味低储蓄，所以没有投资，穷国穷意味着低收入，没有购买力（纳克斯，1957）。突破贫困陷阱必须提高储蓄和创造需求，政府的作用是重大的：①政府通过"担保"降低了储蓄—投资的风险，大幅度提高了储蓄，并在政府主导下配置了资源；②政府通过干预性政策，超贬汇率、降低各种工业生产要素，提高工业产品竞争力，促进了出口，创造了外部需求，突破贫困陷阱。

发展中国家提高工业品竞争力必须靠全社会资源补贴工业化，这里包含着工业化本身创造的价值和大量其他部门转移的价值，如税收减让，工业用地无偿使用，劳动力没有社会保障，国家利用银行系统压低资金价格提供廉价资金，大幅度补贴基础设施、币值贬值等。因此工业化的竞争力是全国全部要素通过管制压低价格转移出来的，绝不仅仅是劳动力价格低。由于所有要素价格都被压低提供，因此生产方式一定是粗放式的，主要是靠规模，而且越有规模就越可以多多占用低要素价格带来的潜在补贴。

中国早期是依靠"剪刀差"和命令经济，通过"扭曲结构"创造自我循环的重工业化。改革开放后政府继续压低了要素供给的价格，土地、劳动力、资金和公共服务价格都是无偿或低价地供给工业部门使用，1994 年再通过汇率政策强化了工业竞争力，推进了中国外向型的工业化发展，外资引入和对外依存度每年都在创新高，2004 年贸易依存度高达 70%，作为大国是非常不合理的。全社会资源补贴工业化扭曲了要素价格，也决定着资源耗费型的经济增长模式，追求规模性的增长。中央要素扭曲的政策同样刺激了各地方越大干快上，只要大干快上就越能套取中央的要素价格的补贴，很多资金、公共工程提供都是价格被压低供给的，地方多占资金、公共工程等资源实质是套了国家的利，如一个大型引水工程投资计算下来的水的价格是每吨百元，但补贴使用的支付金额可能是每吨 10 元以下，乱用水的工业和服务项目的开工短期内就是套取补贴，这种现象比比皆是。

虽然这种发展模式一度在突破瓶颈过程中做出巨大的贡献，但无法为继，国家干预出来了资源耗费，也"担保"出来了金融财政的风险。2003 年中国人均 GDP 超过 1000 美元后，城市化和国际化步伐加快，传统补贴工业化的模式需要改变，城市化和国际化都要重估要素价格。扭曲要素价格导致的资源过度耗费成为了自 2004 年以来国际大宗商品涨价冲击的对象，增长模式也将被外部的压力所逼迫进行转变。

（二）国家风险和资本流动的冲击

国家干预了要素价格的形成在一定时期极大地促进了经济的增长，但在微观行为上也产生了其自己的行为准则，如过度套取国家配套的"免费午餐"——如交通、能源、环保、水、土地和矿山资源等；将贷款为"准免费"，一是资金价格较低，二是坏账也是正常的；人力不负担社会保障，寅吃卯粮；土地原来是物价，给农民的补充很低，全面的要素价格低估。资源在这种近乎"免费"的情况下，导致了地方及企业部门的粗放的要素投入方式，大量的成本不用负担，其竞争力来自要素分配，"争资源"是最为合算的，只要中央一放松，投资冲动不可抑制，经济过热马上就起来。而这些近乎"免费"的要素价格补贴的最终承担者是中央政府，这些补贴在长期累积形成国家"宏观负债"。

国家的"宏观负债"有很多学者进行了大量的测算，如占 GDP 比重的 50% 等，但仅就四大国有银行的坏账、社保的欠款、环境保护等，这些宏观潜在的负债构成了非常严重的国家风险。在开放后，很多国家担保下来的风险都要逐步通过市场来释放和长期国家收入来弥补，但其短期的风险正好为资本流动冲击埋下了伏笔。

问题的关键是这种大规模要素投入发展方式在相对封闭时期显得有效，在强调开放过程中强调"配置"要素时这种增长越来越不适合经济增长了。当前政府提出的"科学发展观""自主创新体系"等都是针对这一问题的，但政府干预要素价格形成机制不改，微观行为模式改变就难，很多靠外部强行"矫正"就会引起经济的剧烈波动。东亚金融危机就外部冲击对东亚生产模式矫正的一个大的波动，波动后东亚国家有了很多的改进，也有的处于混乱，特别是人口大国经受较大的波动是不合理的。

麦金农（2004）讨论了东亚被国际冲击的原罪是美元标价的汇率，而内在的原罪是政府干预突破瓶颈导致的"要素价格扭曲"形成的国家风险。汇率风险和国内金融风险无法通过资本市场分担，受资本流动的冲击几乎是不可避免的。

（三）要素价格重估过程中的资产和制造部门

城市化和外部冲击直接迫使"全社会资源补贴工业化的道路"转变，核心就是逐步消除"结构扭曲"，将原来人为压低的要素价格逐步按市场的方式校正，对要素进行重估。在中国工业化发展过程中最无价的自然资源如土地、水和空气在城市化过程中都成为了稀缺资源，需要重新估价了，工业所需的要素成本在重估中将逐步上升。

需要重估的要素价格体现在以下五个方面：①土地，城市化将土地推向了稀缺资源评价的第一项，2004年紧缩"地根"就是从供给的角度进行的调控，在一定程度上减少了滥用耕地等土地资源进行开发区补贴工业化的做法，但没有解决土地资产的价格估价和形成机制问题；②劳动力供给价格也开始改变，不能在按"无限供给"条件下的生存成本定价了，随着城市化步伐加快，劳动力成本包含了更多的失业、安全等社会保障性成本，劳动力价格上升；③资金价格也将随着利率市场化定价；④自然资源保护和环保成本以及公共物品价格都已经被重估而上升；⑤税收、地方财政返还和汇率等方面的特殊"补贴"也将在国际化中被矫正。总之，城市化和开放成为了新的经济增长的主导，价值转移的顺序必然发生重大的变化，从传统赶超时期的全国补贴工业化到从工业化的价值向城市化转移。

这一要素价格重估过程直接体现在两个部门成本—收益率的变化，特别是加上汇率变动因素，两个部门将呈现两种不同的变化，资产部门价格上升加快，而制造业是成本大幅上升，竞争力下降。

（四）资产价格重估

当前汇率变动在即，土地要素如何重估成为了很多人讨论的焦点，我们以土地价格作为资产价格重估的例子进行讨论（刘霞晖、杜敏杰，2005）。土地收益理论认为，土地价格是土地收益的资本化，这里的土地收益就是经济地租。例如，伊利等（1982）认为，"土地的收益是确定它的价值的基础"。用公式表示，则为：

$$p = \sum_{t=1}^{T} \frac{CF_t}{(1+k)^t} \tag{1}$$

其中，p 是地产价格；CF_t 是第 t 年的现金流；k 是贴现率，也就是投资者所要求的预期收益率，T 表示土地的使用年限。从式（1）可以看出，地产价格 p 与现金流 CF_t、预期收益率 k 和土地使用年限 T 有关，CF_t、k 和 T 的变动将引起 p 的变动。我们将式（1）进一步整理得到：

$$\frac{dp}{p} = \frac{-dk}{1+k} \sum_{t=1}^{T} \frac{t \times CF_t}{(1+k)^t} \bigg/ p = \frac{-D}{1+k} dk \tag{2}$$

其中，

$$D = \sum_{t=1}^{T} \frac{t \times CF_t}{(1+k)^t} \bigg/ p \tag{3}$$

D 的经济含义是收益流的平均支付时间。可以看出，D 的定义与经济含义与债券的久期（Macauley，1938）完全一致。地产的收益流 CF_t 模式决定了久期的 D 大小，汇率变动将直接影响到 CF_t，也就是说，地产价格的变动率 $\frac{dp}{p}$ 是预期汇率变动率的 $\frac{D}{1+k}$ 倍，土地价格在汇率刺激下上涨是被放大的。汇率变动 5%，对国外投资人以美元计价，很多商业地产上涨都要超过 50%。这是汇率变动不可避免地导致资产价格上升的估值原因。

如果土地价格依据上面公式在人民币升值过程中快速上涨，必然再次导致整体要素的重估，引起中国经济发展过程中过大的成本因素波动，导致制造业整体上进入"不确定"的调整期。

制造收益下降。在"全面补贴工业化"的特征下，中国形成了"过度"工业化的倾向，投入—投入模式是必然的选择，投资比例过高。随着城市化和开放进程的加快，要素价格的重估和外部大宗产品涨价的冲击将直接导致制造业的要素回报率下降，必须进行经济增长方式的转变，积极创新提高全要素生产率和资本回报率才能阻止制造业的停滞，因为这对中国劳动力转移是非常不利的。

日本资本回报率在 20 世纪 70 年代末 80 年代初资本回报率达到顶峰近 30%，随着广场协议后其投资汇报率逐年下降 10%，而且还在下降。资本回报率的下降可解释的原因很多，但汇率因素是最重要的，这其中包含了要素重估的很多因素（见图 1）。

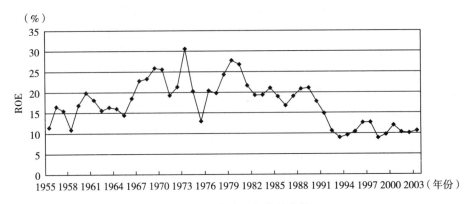

图 1 日本资本回报率的变化

资本回报率决定着资本流动方向，制造业回报率下降会导致大量盈余资金转向资产部门，国内和国际资金都会沿着资本回报率进行投资。制造业核心是通过并购重组加大资源优化，加强自主创新并扩大规模，提高竞争力和资本回报率。但对股票市场不发达的中国，无法通过资本市场收购与兼并来配置资金，强迫企业增长方式转型，就会导致制造业部门的停滞。

亚洲金融危机前有关亚洲全要素生产率之争是非常有意义的讨论，核心是东亚企业在失去政府干预（要素补贴）有没有持续竞争力，没有持续竞争力则将表现在贸易逆差和投资回报率低上，这都会引起资金的大规模流出，贸易逆差和投资回报率低是引起资金"齐步走"的一个重要原因。中国当前高储蓄—投资率、全要素生产率下降、要素重估下的资金回报率等的争论都指出了中国现阶段所处的阶段和可能出现的问题。

中国经济增长的转型是不可避免的，但过快的生产要素重估，特别是在国际化强制要素重估过快是对中国经济稳定增长非常大的挑战。中国经济增长模式转型的主要挑战是来自资源无法并购重组，存在着资产和制造部门受到不均衡的外部冲击，会导致新的扭曲，资产部门价格上涨，并吸引大量资金进入；而制造部门收益率下降导致资金流出，增长趋向于停滞，中国经济遇到挑战。

（五）服务业的发展

克服"资源错配"发展服务业，价格管制的放松，服务业的发展是必然的。外部冲击，特别是汇率冲击其负面性很大，但它对矫正资源错配也是有效的，中国制造业会受到一定的影响，但多年累积的竞争力问题不大，而服务业有了成长的机会。1983年广场协议后日本服务业大幅度提高，也说明了服务业发展的特征，中国到了一个结构转换的时期，从过度的工业化向服务业转换，单一的增长引擎向双引擎过渡，带动中国的内需增长，而不是依赖外部资源和贸易环境。

随着汇率的变革，中国发展面临着转型，制造业出现竞争的压力会越来越大，但以内需为主的服务业等消费升级类的发展会加快，产业和就业结构都面临转换，中国经济的景气循环在转换，即重化工阶段的景气结束，服务业的景气来临，而绝不是中国增长的景气结束。

三、应对"外部冲击"的政策选择

在汇率和资产升值的双重利益预期下，国际资本流入直接压向了宏观调控部门，从央行的政策来看一直在积极应对以下两个策略：一是抑制资产价格上涨，出台一系列房地产金融政策以压低房地产价格上涨，抑制资产部门；二是总量上对冲外资流入保持紧的货币政策，抑制经济过热，"地根"和"银根"是应对"外部冲击"的两大政策工具。从政策的短期效果来看有一定作用，2004年经济增长的总体过热得到了一定抑制，消费价格指数回落。但也有新的问题，一是外汇储备和出口激增，外资流入继续；二是房地产价格依然上涨很快，特别是中心城市供应量下降，但价格预期上升；三是尽管 GDP 和工业增加值增长很快，但利润增长下降明显，国内制造业需求下降。随着双重外部冲击的进一步加强，中国资产部门价格上涨和制造业下降还将进一步显现，在成本推动下通货膨胀将在第四季度超过物价控制线，呈现上涨的趋势，而经济增长则可能出现增速下降，特别是工业增长放慢。因此必须进行短期和长期政策相结合才能应对好外部冲击对经济增长波动的影响。

（一）紧的货币政策和减税的供给政策相结合

应对外部冲击，保持紧的货币政策是央行明确的目标，尽管央行的政策独立性受到外资流入的挑战已经大打折扣了，但紧的货币政策应该是开放过程中保持的政策偏向。货币政策的最优规则不仅要盯住消费物价指数，也要盯住资产价格指数，日本在其日元升值过程中各个宏观指标都非常好，只有资产价格上涨快，房地产价格六大中心城市价格上涨了 6 倍，股市也暴涨，因此监控资产价格指数是重要的。

从总量上控制经济过热，降低对外部大宗产品的需求，打击投机定价能有效地减轻外部大宗产品的冲击，2004 年国内加息就对国际原油价格起到了抑制作用就是非常成功的一例。美国在克服石油冲击带来的滞胀时一直以抑制通货膨胀为基本目标才稳定了增长的波动。中国经济靠放开贷款来启动的时代应该结束了，中国紧的货币政策在开放的一个阶段始终是政策重要的选择，紧的货币政策在开放条件下并不会导致资本供给的减少，而会更好地均衡资本流动。

另外，由于要素重估会在汇率变动条件下变得过快，土地、劳动力和大宗原材料上涨导致制造业成本上升的收益率持续下降，对 FDI 的吸引和再投资都有负效应，同时制造业增长的停滞和无力技术进步都会对中国发展产生非常大的影响，因此刺激制造业的发展要通过减税和鼓励制造业的重组，到了给中外企业一个公平的税负条件的时候了，通过减税刺激制造业的技术进步和稳定其增长，促进制造业的转型，提高其全要素生产率。

紧的货币政策必须配合供给政策进行操作才能完成减轻外部冲击的压力，保持经济增长平稳。改变以往的数量控制模式，逐步转向价格控制，推进利率市场化和加大财政支出方向，特别是在减税方面积极操作，才能在开放条件下保持国内和国际的平衡，稳定经济增长。

（二）发展资本市场，强化要素配置

OECD 指出中国现阶段最大的问题就是要素不能优化配置，无法提高要素生产率，只有"通过消除工商部门重组所遇到的现存障碍，更好地融合在不同规则下分别发展起来的各国经济部门，从而为更有效地利用国有资源打下基础"（《世界经济中的中国》OECD，2002），实质上就是认为中国最需要通过无所有制障碍的并购重组，利用资本市场优化资源配置，进一步促进发展。

在外部冲击下，大量的竞争性企业在成本压力下利润缩减是明显的，如果不能通过价格、技术和规模（投资和并购）转移，利润下降将是必然，微观主体必须求新的增长路径。通过资本市场优化资源和并购等逼迫企业提高全要素生产率已经是发展中的一个战略性选择了。资本市场发展是发展中国家增长模式转型的核心，通过资本市场强化要素配置，提高要素生产率。

资本市场是分担风险的核心，"通过资本市场可分担国际风险，减少生产率、国际贸易条件等方面的冲击"（麦金农，2005）。发达国家资本市场发展成熟就能轻易地吸纳资本的流动，当前资本市场的非流通股改革和创新是关键，特别是如何利用好香港资本市场已经是关乎开放和缓冲外部冲击的成功的关键了。

（三）消除扭曲，降低全球化风险

中国面临经济开放新阶段，积极克服政府干预导致的"结构的扭曲"，加强国内金融体系的健康和完善，优化资源配置，其次是通过宏观政策组合稳定经济，降低经济发展的风险，这包括消除贸易与外资政策双向激励的政策扭曲。在资源动员上，要从以政府主导的资源动员方式向以市场为主导的资源动员方式转变，矫正政府主导资源配置中导致要素价格扭曲的各项政策，降低中央政府的潜在"宏观负债"的风险敞口，积极推进市场化的方式分担风险，如四大国有银行上市等，从而降低经济的易受攻击的特性。在此基础上积极积累探索处理全球金融危机的办法，利用国际资金流动的机会，从而降低其冲击风险，避免金融危机对"扭曲"的强行矫正。

中国经济增长依然有其强劲的内在发展动力，但也将越来越受到外部冲击，平衡内外，稳定经济增长成为现阶段最为重要的宏观政策目标，同时加大优化要素配置的微观改革，提高全要素生产率。

参考文献

［1］Demigüc-Kunt A. and E. Detragiache. Financial Liberalization and Financial Fragility［C］. IMF Working Paper，1998.

［2］Lick，Hutchison，Glick R. and M. Hutchison. Banking and Currency Crises：How Common are Twins？ ［A］//Reuven Glick，Ramon Moreno and Mark SpiegelIn Financial Crises in Emerging Markets. NY：Cambridge University Press，1999.

［3］刘树成. 现代经济辞典［M］. 常州：凤凰出版社，江苏人民出版社，2004.

［4］麦金农. 美元本位下的汇率——东亚高储蓄两难［M］. 北京：中国金融出版社，2004.

［5］OECD. 世界经济中的中国［M］. 北京：清华大学出版社，2002.

12 "双膨胀"的挑战与宏观政策选择[*]

张 平 王宏淼

2007 年，中国宏观经济运行出现了近十年来罕见的资产膨胀和通货膨胀并存现象，这种"双膨胀格局"的持续将直接挑战我国经济增长的稳定。在中国非同质的微观基础条件下，"双膨胀"带来的严重后果，一方面会因"资产重估"而削弱实体经济的国际竞争力；另一方面则是加速收入分配的两极分化，对经济稳定产生不利的影响，因而遏制两大膨胀已经是宏观政策选择的重要方面。但目前资产和通货"双膨胀"形成的机理仍未厘清，遏制膨胀的政策选择方向不明，在此情况下一项宏观调控政策的出台，本来其目标是打击资产部门的价格膨胀问题，后果可能对资产泡沫的紧缩效果不佳，却反而极大地损害了实体经济，把符号经济和实体经济的裂口越撕越大。因此，寻找双膨胀的机理和政策选择，正是本文探索的主线。

在一国本币升值过程中，资产价格从重估到膨胀是非常普遍的现象（也有人认为重估就是资产膨胀甚至是泡沫化的过程），但同时伴生通货膨胀的现象却较少，"东亚模式"中更为少见，这主要是由于本币快速升值过程中相应的国际采购成本降低，消费品价格非常平稳。从日本等东亚经济体的发展经验来看，国家政策更关注汇率稳定和国际竞争力等问题，而无须太关心国内的通货膨胀。但中国今年以来却出现了资产价格暴涨和通货膨胀并存问题，这两个问题都与汇率体制改革相联系，更与中国作为一个制造和贸易大国、金融小国和自身发展的经济结构相关。

2005 年 7 月汇率改革，进一步点燃了中国贸易顺差的激增之火，货币投放量被动持续加大，2005 年房地产价格飙升，2006 年股票市场翻倍，2007 年在房地产价格和股指继续大幅上升的情况下，8~10 月通货膨胀都超过 6%，突破 10 年的高点进入温和通货膨胀区，开始呈现资产价格和消费者物价（CPI）的"双膨胀格局"。可以推断这次资产和消费价格膨胀问题与汇率制度的改革有关，但本质是国内政府长期干预下结构性失衡的一种反应，因此必须从更长的历史跨度理解问题的本质才能进行有效的宏观调控，使中国经济能逐步转向按市场原则配置资金，化货币冲击为结构调整服务，从而让实体经济更健康地发展，实现稳定持续的经济增长。

一、货币的迷失与回归：历史的考察

（一）改革以来中国的增长、货币和价格趋势

中国在近 30 年来创造了一个"增长奇迹"，这种奇迹不仅在于增长速度本身，也

---

* 全文发表于《经济学动态》2007 年第 12 期。

体现在经济的稳定性即低通胀上。理论和数据证实，中国经济长期的高增长、低通胀，是在货币扩张手段及金融配套制度的支持下实现的（课题组，2007）。中国经济的高增长过程，同时也是货币供应量迅速扩张的过程，如图1所示，中国的货币供给（M2）与经济增长有着一致性的变动趋势，说明货币对产出有激励作用，这与国际上的理论与实证是一致的。但中国广义货币供应量（M2）的扩张一直远远快于GDP增长，却未造成持续性通胀。

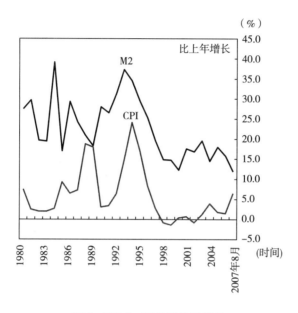

图1 M2与GDP的总量增长

在传统的计划经济体制下，我国使用货币媒介进行经济交换的比例低（1978年仅有30%）。20世纪80年代，随着农村改革和商品市场的启动、财政退让和国家资金管理方式的调整、居民收入（货币剩余）的增加、中央银行独立职能和多样化金融体系的形成，金融开始"浮出水面"，并在经济生活中起刺激经济增长的重要作用。金融深化指数（M2/GDP）出现了上升势头，从1980年的0.38上升至1990年的0.89。在接下来的90年代，M2/GDP比率一如从前，继续节节攀升，1991年为0.95，1995年达到1的水平（即M2绝对值等于GDP绝对值），整体经济完成了"完全货币化"进程，之后仍无明显的收敛迹象。

一个经济体从计划控制向市场导向转轨的过程中，金融在经济中的作用上升，M2/GDP比率的增长（经济货币化过程）应当是一个必然规律，但这种格局一般而言是不可能长期维持的。因为按照传统的货币数量论或现代金融深化理论，当经济的货币化过程启动并逐步实现广化和深化后，随着货币供给速度长期高于GDP增长，过度的货币扩张势必引起一定程度的通货膨胀。在1993~1994年紧缩性政策下，M2/GDP比率从0.99降为0.97，进行了短暂小幅休整（见图1）。通过货币供应量与通货膨胀指标（CPI指数）趋势（见图2）的考察发现，在1995年之前，中国经济确实经历了两次大规模的恶性通货膨胀（1988年与1994年），1994年前后还同时出现了股票价格狂涨的局面。1995年起再次在超过1的快车道上不断加速，1997年底该指数达到1.22，十年之后即2006年底升至1.66，不仅大大高于主要发达国家，并超过与中国发展水平相近的发展中国家。而令人奇怪的是，虽然其间货币供给相对于实体经济一直在持续过快增长，股市在低位也时有波动，价格水平却逐步稳定，通货膨胀似乎消失了，中国经济实现了"高增长、低通胀"，1998~2002年甚至还一度出现了较长时间的通货紧缩，货币超额增长但物价却被压抑住了。

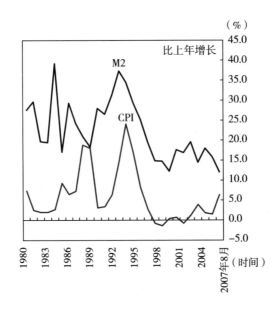

图2　货币供应量与CPI增长趋势

（二）从"财政赤字化和货币增长之谜"到"货币迷失之谜"

著名经济学家麦金农在20世纪90年代初注意到1978~1992年中国广义货币的快速增长（十多年间平均每年约23%）和政府的财政赤字扩大（接近于GNP的10%）现象，并提出了著名的"中国之谜"：在中国政府成为国家银行体系的巨额借款人的同时，是如何成功地避免通货膨胀的？（麦金农，1997）今天看来，当初的"麦金农命题"随着时间的流逝已经完全蜕变为其后十多年的"中国货币消失之谜"了：90年代中期后财政情况已趋于好转，M2/GDP比率却仍在持续上升，M2绝对量在远远高于GDP总量水平上不断放大，但CPI在更低位运行，超过实体经济部门多余的货币似乎消失了。这一谜团的答案到底何在？

为明晰货币、价格及金融改革、对外开放间的关系，找到问题的答案，我们将改革以来的有关情况汇为表1。结果显示，中国从不稳定的高通胀转向低通胀的分水岭在1995年，正是中国实行新的外汇管理制度和新一轮中国金融体制改革的启动时期。1994年1月1日中国外汇管理体制进行了改革，一方面，对境内机构经常项目下外汇收支实行银行结售汇制度，1996 年下半年起将外资企业纳入这一体系，从而提前实现了经常项目下人民币的有条件可兑换，但对资本项下采取严格的资本控制措施（宽进严出、单向的投资便利化）；另一方面，人民币汇率由原来的官方汇率与调剂市场汇率并存的双轨制合并为以市场为基础的、有管理的单一汇率，同时将人民币大幅贬值。国家通过压低和固化人民币名义汇率，提高了本国产品的低成本优势，降低了汇率波动风险，对出口有着极大的推动作用，国际收支平衡因而得到改善，实现了国际收支从早期的贸易逆差向 20 世纪 90 年代后小幅顺差及最近大规模双顺差的转化。在此影响下，自 1996 年底外汇储备首次突破 1000 亿美元大关后，连年攀升，到 2006 年底一举突破万亿美元大关，达到 10663 亿美元；资本项下也因 90 年代后开放度的提高以及因 1997 年东亚金融危机后国际产业资本向内地的迁移，获得了 FDI 的更大流入，目前存量达到约 7000 亿美元；从金融改革来看，1995 年以立法形式确立了中央银行的独立地位和职能，并开始实行金融业的"分业管理、分业监管"改革；1994 年建立全国统一的银行间同业拆借市场，1996 年 4 月中国人民银行正式开办了公开市场业务，1997 年 3 月设立央行货币政策委员会，1997 年 6 月银行间债券市场运行。中央银行的货币调控职能由过去以直接控制贷款规模为主，开始向以运用多种货币工具调控基础货币为主转变。

表 1　改革以来中国经济增长、货币供给、价格及对外开放间的关系

阶段	1978~1994 年	1995~2002 年	2003~2006 年
经济增长	10.0	8.8	10.3
货币化指数	0.7	1.3	1.6
价格状态	间歇性通货膨胀（1984 年、1988 年、1994 年）与 1993~1994 年股票价格上涨	通货紧缩、股票价格低位波动	商品价格稳定，房地产、股票等资产价格上涨
重大改革	农村和价格体系改革；建立资本市场；引进外资	市场化改革、扩大开放；固定汇率和资本控制	汇率升值、走向有管理浮动（2005 年 7 月）；股权分置改革
对外开放状况	开放度低，贸易逆差	贸易开放度高（外需带动增长），贸易和资本项目小幅双顺差	金融开放度快速提高（汇率、外汇管制松动），贸易顺差激增，外汇储备高企
金融发展和管制	中央银行、专业银行职能分离；多样化金融机构和市场体系的初步形成	中央银行货币稳定职能的确立；分业管理、分业监管；国内银行和非银行金融机构尝试市场化发展；清理整顿与不良资产的剥离	中央银行货币管理操作加大；银行、证券、保险金融服务体系均衡发展和开放，资本市场股改；国有银行上市
投融资	银行贷差	银行存差	银行存差

因而以 1995 年为界，中国货币扩张与控制通货膨胀的条件和内在机制发生了实质性变革，货币政策在促进增长、稳定物价的方面找到了合理的平衡机制：首先，国际收支双顺差的实现、外汇储备的不断增加，使经济增长获得了一个新的货币扩张机制（王宏淼，2007），国家可以不再单纯地依赖于包括财政赤字货币化的简单"发票子"货币创造手段来刺激经济；其次，基于资本管制的固定汇率制度，为开放条件下通货

膨胀的治理找到了一个新的"基准瞄"，在外汇储备可获得的情况下，汇率持续固定在钉住的水平上，由于外部（美国）价格水平是相对稳定的，在购买力平价条件下，国内价格得以保持稳定（萨克斯、拉雷恩，2003）；最后，在中央银行货币稳定职能的确立、宏观调控水平的提高和货币市场形成的条件下，不断成熟的公开市场操作增加了抵御货币冲击、稳定物价的手段。特别是 2002 年以来，为保证物价稳定，中央银行公开市场操作力度增大，发行中央票据对冲外汇占款带来的基础货币增加，使得 M2/GDP 的快速增长部分体现为"虚高"，而这部分"金融窖藏"是不可能去创造 GDP 和制造通货膨胀的。

不仅如此，在上述宏观变革背景下，金融结构及微观主体行为的特征也值得关注。

首先，高储蓄与银行"惜贷"。中国金融体系长期以来由四大国有银行垄断，存在国家对银行不破产的隐性担保机制，高额 M2 包含着巨大的被关在银行中的高储蓄特征，最近 20 年各项金融存款余额连年攀升，1985 年仅为 3553 亿元，到 2006 年底约为 32 万亿元，22 年间增长了近 89 倍。在资本市场和金融工具欠缺及对其他非银行金融机构限制的情况下，资产投资市场发育不足，国内部门的收入只能在银行存款和商品上进行选择，国内部门的储蓄被严格管制的融资体系关起来，成为难以动弹的"笼中虎"。同时，随着 20 世纪 90 年代中期金融管制的变化和金融市场化的推进，银行部门向企业供给资金的"短边约束"增强（刘树成、赵志君等，2004），金融机构资产负债反映出了从 1995 年前的"存差"向 1995 年后"贷差"的转换，高额储蓄在最近十年并没有被金融机构通过传统的信贷手段完全运用出去。1993 年前（特别是 1988～1993 年），贷差是金融机构的普遍现象。但从 1995 年起我国金融机构开始出现存差，并且逐步扩大。2006 年末金融机构存差达到约 10 万亿元，约占存款余额的 1/3。银行"惜贷"的结果之一是流动性不高的、主要作为价值储藏职能的货币相对增多，结果 M2 提高，但不影响物价；结果之二是银行资产多元化，大量银行资金用于直接购买财政部和国家开发银行等政策性银行的长期债券（财政赤字货币化），所以对短期物价的影响也不大。

其次，资本外流下的"货币迷失"。在 1994 年人民币超贬前后，中国经济彻底向一个外向型的国家转型，进出口激增，由于大量企业和个人出于对人民币贬值的担忧，导致大量资产出走、货币"迷失"到海外。李扬（1998）测算中国 1992～1996 年的资本外流规模是 875 亿美元；宋文兵（1999）的研究是 1993 年以来每年的资本外流数额均超过 200 亿美元，1997 年达到了 407 亿美元，超过当年国际直接投资的 453 亿美元。而国外的估计 1997 年外流资本超过了 600 亿美元，与实际利用外资的规模基本持平。王宏森（2005）更长跨度的分析是，1982～2004 年，除 1982 年、1985 年、2001 年、2003 年、2004 年五年出现短期资本（游资）净流入（净流入 1165 亿美元）外，其余 18 年皆为净流出（总净流出为 2778 亿美元）。1986～1998 年的短期游资出现加速外流趋势，1998 年达到外流的历史最高点 611 亿美元。资本的大量外流（外逃）就成为加剧通货紧缩或缓解通货膨胀的重要因素。

（三）"迷失货币"的海归与"出笼之虎"的咆哮

尽管在货币操作、银行"惜贷"、资本外流等因素综合影响下，国内价格在长达十多年时间保持了稳定。但长期 M2/GDP 过高积累了相当的货币冲击风险，通过压低固定汇率向国际输出的"货币"，随着人民币汇率体制的改革和人民币的升值预期，不断从海外移回国内，2001 年以来短期游资呈现加速回流态势，2003 年、2004 年分别实现净流入 310 亿美元、793 亿美元；同时早期沉睡于银行财务报表负债方的"笼中虎"也开始苏醒，涌向资本市场。

从国家外汇局国际收支报告（2007）来看，即便不考虑"非正常"资本流动，近几年国际收支平衡表资本项下"正常"的非 FDI 资本流入也很可观：①证券投资（证券投资负债）流入规模持续扩大。截至 2006 年底，共有 51 家境外机构获 QFII 资格，其中 44 家 QFII 获批总额达 90.45 亿美元的投资额度。2006 年当年境外对我国的证券投资流入 429 亿美元，较上年增长 102%（其中，境内银行和企业境外发行股票募集资金 395 亿美元，QFII 投资 34 亿美元）。②外债总规模增速回升，改变了以往外债净减少的局面。到 2006 年末，我国外债余额 3230 亿美元，比上年末增加 419 亿美元，增长 14.9%，增速同比提高 1.4 个百分点。其中，短期外债仍较快增长，2006 年末短期外债余额 1837 亿美元，比上年末增加 275 亿美元，增长 17.6%，比中长期外债（余额 1394 亿美元）增速（11.6%）高出 6 个百分点。短期外债增长中，贸易信贷是主要原因，对短期外债增长的贡献度最高时接近 80%（2005 年），2006 年为 48%。可见不仅有外资流入，中资企业也将资金调回国内。

短期资本流入拉升了中国资产价格。2004 年以来大量海外个人和机构到中国境内购买房地产，推高了全国各大城市房地产价格。据国家外汇管理局报告披露，外资流入房地产市场呈现以下三个特点：①新设外资房地产企业增长迅速，房地产业已经跃升为外商投资第二大行业，外资规模不断扩大。商务部的统计是 2006 年上半年，新设外资房地产企业 1180 家，同比增长 25.40%；合同外资金额 128.52 亿美元，同比增长 55.04%（实际使用 32.2 亿美元，同比增长 27.89%）。②外资房地产企业外债快速增加。截至 2006 年 6 月底，外资房地产外债占全部房地产外债的比例为 92.13%。外资房地产企业依托境外银行和境外股东，大量借用外债，外资房地产行业外债总量呈逐年递增趋势。③境外机构和个人购买境内商品房增长较快。2006 年上半年，境外机构和个人购买境内房地产支付的外汇为 21.47 亿美元，同比增长约 45%。尽管国家两年来出台了多项政策治理房地产价格涨幅过快的势头，但从 2007 年第一季度的情况来看，70 个大中城市房屋销售月平均价格同比上涨仍然达到 5.6%。

同时，由于对经济增长有着较好预期、资本市场股改等因素，银行中的储蓄再也不堪继续忍受低利率（甚至实际负利率），"笼中虎"开始出笼，银行储蓄向资产市场特别是股票市场"蚂蚁搬家"，导致股票价格急速上升。以上海股票指数为例，从 2005 年 6 月 7 日的低点 998.23 启动，之后就一路攀升，到 2006 年底以 2675.47 收盘，在近一年半时间内上升 2.6 倍。2007 年伊始，股指开始进一步飙升，速度之快实属罕见，1 月 4 日以 2728.19 开盘，到 2007 年 5 月 29 日冲到 4335.96，10 月 16 日达到历史最高点 6124，年内上升 2.24 倍。成交量也不断创下天量，2007 年第一季度沪、深股市累计成交 7.5 万亿元，同比多成交 6.4 万亿元，成交额已接近 2006 年全年交易量，日均成交 1316 亿元，同比增长 5.6 倍。2007 年 5 月成交量最高时曾达到两市近 4000 亿元。投资者队伍也不断扩大，2007 年第一季度投资者开户数新增 871 万户，是 2006 年全年新增数的 1.7 倍，2007 年 4~5 月间股民开户数亦以每日 30 万的量增加，全国股民已届亿户。中国资产市场出现了"非理性繁荣"。

二、资产和消费物价"双膨胀"的内生性原理

1. 汇率升值和城市化：资产重估的触发机制

中国外向型的工业化道路在 1994 年汇率超贬后，加快了前进步伐，对经济的带动作用明显。在政府对要素采取严格的管制的情况下，全民补贴工业化，如免费的土地、水和空气，低金融成本，超贬的固定汇率等补贴给了可贸易的工业部门（课题组，2003，2007）。"低成本"促进了可贸易部门发展迅速，并进一步带动了农村劳动力转移，劳动力转移优化了就业结构，提高了综合要素生产率；在开放中由于"干中学"和"技术的套利—扩散机制"（张平、刘霞辉，2006），以及国际产业加快向内地转移的劳动力吸纳效应，可贸易的工业部门获得了新的技术进步和持续的低成本竞争优势，从而导致出口的"量"和"质"都得到了大幅度的提升。在贸易顺差不断扩大的情况下，人民币汇率升值压力也在不断增强。

21 世纪以来，随着中国城市化的快速发展和金融管制的放松，出口积累的货币有相当大的部分投向了一直被人为管制的资产部门上：房地产市场、城市化基础设施和股市；为治理 1998~2002 年的通货紧缩，新凯恩斯主义政策下较大规模的政府债券和银行政策性贷款投向了与土地和城市化有关的公共基础设施和大型基建项目。随着对汇率升值的预期提高和汇率制度的改革，启动了国际资本对中国资产价格的重新定价，土地和房地产的价格被重估（张平，2005）；而经济高增长背景下资本市场实施的股改等一系列体制性改革，更是吸引了大量储蓄资金、银行信贷、国际热钱的进入和早期"迷失货币"的海归，中国的证券化率从 2005 年的不足 30%，到 2007 年超过了 100%。资产部门开始迅速膨胀。

在汇率升值过程中，东亚经济体的问题都是资产泡沫，而通货膨胀一般处于比较低的水平。从这些国家或地区看，商品通过进口就有了价格"天花板效应"，特别是日本和东亚四小龙粮食和农产品供给对进口的依赖大，汇率快速升值带来的主要是商品价格的紧缩效应。制造业都是因"便宜"而具有竞争力，服务业发展也比较充分，物价上涨的基础没有，货币冲击主要集中在资产上。日本在 1985 年汇率重估后，其 CPI 增长率最高时为 1991 年，仅为 3.24。中国台湾 1996~1997 年股价上涨期间，CPI 增长率大多在 3% 以内。

中国则不同，可贸易工业部门的"低加工成本"竞争力在很大程度上是多年来政府干预出来的，如土地、排污、融资、汇率、税收、劳保等低成本，当然还有中国"二元经济结构"决定下的低劳动力成本，共同构成了可贸易工业部门低成本的国际竞争优势。但城市化的迅猛推进，导致价值流很快转到了城市化相关的资产上。由于资

源、环境约束变硬，以及国际能源价格上涨、国际政治干涉增加等原因，城市化进程中的高成本开始逐步显现，体现在六个方面：①工业用地价格重估，土地价格不断攀升；②能源、水等资源价格上升；③城市化中的城市运营管理要求提高，导致税收负担不断提高；④排污成本不断增加；⑤劳保、最低工资、社会保障等要求提升；⑥金融资源逐步按市场定价。在上述因素影响下，资产价格开始迅速膨胀，并构成社会成本上升的主要动力。

2. 资产价格快速膨胀的制度性支持

从目前资产膨胀的特征来看，资产价格除受到汇率升值和城市化要求而重估的影响外，更深层次的原因，是有着来自制度性因素的支撑。

（1）最大的制度背景就是长期以来土地是无价的。从1992年开始尝试定价就引发了第一轮土地泡沫。到21世纪随着城市化的发展，土地才开始进入真实的资产定价过程，但这种再定价是政府的直接干预下展开的，土地成为地方政府的最主要收入，政府直接推动了土地价格的上涨，并推动了房价的高涨；加上地产投机、官商勾结及大地产商的土地囤积行为（建行研究部，2007），这一机制配合着低利率和人民币升值就更有了"加速"膨胀的条件。据国家统计局披露数据，近年来中国的土地交易价格（指数）一直处于上升态势，2002~2007年平均以8.6%的速度递涨，2007年第二季度达到13.5%。仅从2003年第二季度末到2007年第二季度末的四年间开始计，上涨1.54倍。以土地为核心的资产价格上涨将伴随中国城市化和人民币升值过程，因此依然有持续的态势。

（2）股市再定价则从2006年股改才真正开始，原本严格管制下缓慢发展的资本市场在股改等制度性激励下，开始了前所未有的"井喷式"发展，极大地调整了中国的金融结构，就长期而言对中国经济有着积极的意义。资本市场制度性建设、工具创新、大量的蓝筹回归和国有银行上市，在体制上继续支撑着股市的发展；高增长和人民币升值也持续激励着股市成为资产膨胀的最快部门，对股市上升起着"拉力"作用。

（3）由于利率、汇率、融资体制等基本金融制度的调整尚待时日，它们对资产膨胀的"推力"或倒逼作用不可低估：①在汇率弹性依然很小、资本流出仍不很顺畅等体制性因素还将在今后一定时期内存在的条件下，大量贸易顺差带着"迷失的货币"海归，外汇储备的累积还将持续，央行公开市场操作尽管能冲销一部分货币，但也只能是不完全货币对冲。到2006年底，中央银行票据余额已近4万亿元，虽然它不同于国债，它与实体经济没有关系，造成M2中的相当一部分处于闲置状态，并使整体货币流通速度下降，但问题在于，这部分"迷失的货币"随着中央银行票据的累积并逐步兑现，还会部分回到现实经济中，增加市场流动性。②从经济增长、汇率稳定、银行股改等多重因素考虑，利率管制体制短期内不会有较大改变。央行一方面用央票发行利率引导货币市场的利率来保持中美之间的适当利差，以抑止套利性热钱流入，缓解人民币升值压力；另一方面，通过对信贷利率的管制和逐步放松来引导储蓄和调控投资、缓解银行存差压力和促进国内商业银行的现代化转型。应当说其效果是明显的，特别是实现了低利率政策下的大量储蓄资金分流。2007年以来随着CPI上升，一年期实际存款利率已经为负，这还将继续刺激居民和企业的大量银行储蓄向资产市场转移。③以银行为主导的融资体制短期内不会有所改观。在资产价格过快上扬的同时，金融机构贷款增长较快。中国人民银行银行家问卷调查显示，2007年第一季度贷款需求指数高企，仅次于2004年第一季度的历史最高水平，其中全国房贷和短期贷款增加尤其迅速。2007年第三季度的居民中长期贷款及非居民短期贷款同比均超过2000亿元，前者创下历史新高，而后者也是历史少有。中国银行业正处于通过上市成为公众公司的转型中，来自股东的压力使其注重信贷资产的收益率最大化，为获取收益，不少银行资金甚至绕道进入资产市场进行投机，推动资产价格上扬。

3. 成本传递下的通货膨胀

在中国汇率升值和城市化加速发展的过程中，资产重估引致的资产价格膨胀不会局限于资产部门，它正在很快地传导到实体部门，在国际原材料价格上涨的助推下，中国开始直面近十年来罕见的资产和消费物价双膨胀格局。

按"巴拉萨—萨缪尔森效应"，可贸易部门的快速增长有明显的工资传递效应（Balassa，1964；Samuelson，1964）。在中国二元经济结构条件下，因受农村剩余劳动力的抑制，这种工资传递效应一直不很明显。但汇率升值和城市化过程中的资产价格上升加快后，可贸易工业部门的传递效应却开始逐步显现。这种传递不仅体现在向非贸易部门的"巴拉萨—萨缪尔森型工资传递效应"，更重要的是汇率改革和城市化触发下资产价格重估的更广泛的"成本传递效应"，包括土地、水、空气、税收、融资成本等的上升，同时作为大国还必须承担国际价格的冲击，农业部门、制造业和服务业的成本都开始上升了，成本推动型通货膨胀的压力开始出现。

（1）汇率升值和城市化进程中资产重估带来的成本传递效应，在国际因素的推波助澜下，可贸易工业部门加工成本的提升速度和潜在上升势头不小，具体表现在以下三个方面：①从2005年汇改前至今，人民币对美元汇率已上升了约9%（从8.27到7.5），相应地抬高了制造业的出口成本，由于我国汇率升值是盯住美元的"爬行"升值方式，这一"价格—成本效应"还将在长期内缓慢显现出来。②资产重估背景下土地、水、空气、税收、融资成本等不断上升，以及城市生活成本提高、"民工荒"等原因引致的劳动者加薪预期上升，不断抬高制造业要素投入的成本。③由于国际生产性因素、美元贬值和资产投机原因，近年来全球农产品、原料、石油等基础品价格的快速上涨所带来的负面效应则更明显，它加剧了国内工业部门成本推动型价格上涨。虽然整体的实际汇率变动不大，甚至由于欧元的坚挺还小幅下降，对出口有利，但对原材料上涨的抵消作用极小，导致了出口品的成本—价格上升。中国的出口品价格已经不断上涨（世界银行，2007）。

（2）农业部门的成本也不断提高，导致一些农产品价格走高。一般而言，农村部门产出的劳动力投入会以农民打工者工资作为基本的劳动力市场套利均衡条件，由于农产品的生产效率提高慢，加上规模小，因而传统二元结构条件下难以吸收按现代部门工人工资衡量的成本，在农村剩余劳动力过多时，农村劳动力成本是按农村基本生存水平投入的（刘易斯，1954）。而从当前看表现在以下三个方面：①可贸易工业部门的工资提高对农业部门的工资传递效应非常明显,国内农业部门产出越来越受到可贸易工业部门的工人工资影响。中国的进出口主要是制造业,特别是加工工业拉动的,由于这些部门的大规模发展和对农民工的吸纳,农村劳动力的工资水平已经开始和现代部门的劳动生产率相挂钩了(蔡昉,2007),特别是农民工最低工资制和社保的要求,其成本已经和农村生活费无关了,农民的劳动力投入成本正在逐步向城市打工的基本工资靠拢,这对农产品的成本和价格上涨有明显的推动效应。②农产品生产依赖于工业品的投入如大量机械、化肥等,以及农业生产服务。根据国家统计局数据,2004~2005年农产品生产资料价格指数分别上涨10.6%、8.3%,2006年虽因政策性等原因仅上涨1.5%,但2007年1~8月又反弹,上涨6%。其中的农业生产服务价格指数上涨较快,2003~2005年以7.8%的速度递增,2007年1~8月更是上涨了11.3%;生产资料价格和农业生产服务价格的上涨,提高了农产品生产成本。③中国作为一个大国,农副畜牧产品又不可能完全依赖进口,而且作为大国其进口效应直接会拉高国际农产品价格。当前国内很多农副产品的加工原料受到国际农产品价格、能源价格的影响,生产成本推动下的农产品价格走高是显而易见的。

从当前通货膨胀的特征来看,食品、房地产价格是最为主要的引发消费物价(CPI)上涨的因素,而石油和原材料价格上升直接推动了生产品价格(PPI)。山东猪饲养的调研案例显示,养猪的成本主要是玉米和豆粕价受国际价格影响上升。按目前的生产计算,每头猪年收益360元,如按山东省打工的工资计算为月收入800~1300元,因此需要规模化养猪才能弥补打工的收入,但规模化养猪需要更多专业知识和配套条件,案例分析因而得出了"肉价飙升是分工的必然结果"(魏凤春,2007)。我们所在的"中国经济增长与宏观稳定课题组"在山东德州陵县边临镇仁义店村进行大田作物种植访谈时了解到,农民认为现在进行大田作物生产主要通过雇用专业公司进行播种、施肥、灭虫、收割等活动,而青壮劳动力基本上外出打工,一方面农业生产的成本与外出工作的工资相联系,另一方面生产与工业成本相关联,如油等(张平、黄志钢,2007)。农业部门越来越受到现代部门工资、国际农产品、能源价格波动所引致的成本上升影响了。

(3)受成本推动,中国第三产业部门的长期"价格压抑"正在逐步释放。第三产业很多是属于非贸易的、受管制的,仍处在严格审批的规划体系中,其价格很难反映供求关系,而成为国家调控价格的重要手段,如水、能源价格都是如此,这样也积累了大量的"价格压抑"。服务业潜在的价格上涨不仅仅受到工资成本推动,更重要的是受到土地使用等资产价格上升的成本推动,这一潜在的压力是未来价格上涨的主要推动力。

因此从总体上来看,中国经济体作为一份资产,依据资产定价模型原理,主要依靠工业品出口的现金流入支撑着国内的资产价格重估。在原有管制条件下,现金流不能参与到资产部门中,而只能积累在银行或海外,当金融管制放松时,汇率改革触发这些"迷失的货币"和国际上大量的热钱参与到资产重估中来,在制度性条件支持下,从而引起了这一轮资产价格上涨。由于债券市场分割、开放度低,此轮资产价格的上升主要表现在股票市场和与城市化相关的房地产上，这只是第一次的冲击，即国内制造业所赚取的美元和早前"迷失货币"的回归，国际的大型投行和对冲基金等还没有完全进入。而由于股票和房产等资产部门对货币的吸纳，2005年以来尽管货币放大、流动性过剩，通货膨胀在当时还不是最大的问题，但到了2007年资产重估对实体经济的影响逐步开始显现，部门、国际间成本传递的累积效应启动了消费物价上升。因此正如我们分析的，如果资产价格继续上升，通货膨胀就不会立刻消失。而且，如果资产重估越来越推高可贸易工业部门的成本，就会导致国际竞争力下降，现金流入不断下降，则资产重估的支撑就会出现问题。迷失货币与热钱制造的资产泡沫在短期内会掩盖实体经济因成本上升而带来的竞争力下降——由于大量实业部门和银行也介入到资产部门，尽管实体经济竞争力下降，但利润反而会提高，掩盖了经济的真实问题。亚洲金融危机就是在出口部门竞争力下降后，国内资产泡沫破裂。中国当前的很多宏观政策希望抑制资产膨胀，但成效不大，资产继续膨胀，其政策效果恰恰直接打击了实体部门，这就会加大资产部门和实体部门的裂口。

三、资产和消费物价膨胀的后果：撕开的裂口

1. 实体经济和符号经济的裂口

城市化背景下资产和消费物价的膨胀来势较猛，而且伴随着很强的国际化的压力和冲击，因此宏观政策选择上采用了常规的三个操作手段：一是"堵"，通过减低出口退税等一系列方式抑制出口，试图平衡进出口来抑制由于双顺差导致的资金流入；二是"压"，通过加息、加大节能减排和税收征收力度等抬高生产领域的成本抑制国内的经济过热；三是"疏"，放松资本流出管制，鼓励企业和居民到国外投资，缓解国内资金过多的压力，这些政策无疑有着积极的意义。但从结果来看，它们对资产部门的抑制效率并不高，反而对实体部门有明显的打压作用，随着实体部门的资金逐步投向资产部门，资产部门更膨胀，而实体则更虚弱，实体和资金部门发展的裂口不断加剧。

近年来出台的汇率升值、减少出口退税、提高利率、强化节能减排措施、加大税收的征收力度、保证工人的最低收入等一系列宏观经济调控政策，基本上是"压"实体经济的，这些政策的积极意义无须多言，但毋庸置疑，这些政策对实体经济的制造成本提高也有着非常明显的效果。一个企业面临制造成本快速提高时的理性选择有两条：一是加大技术创新，提高生产力来消化成本；二是维持现状，通过实体的融资功能进行融资投向其他盈利项目。在中国存在着一个快速膨胀的资产市场的条件下，后者成为最有效率的选择，因为股票市场上打新股的无风险收益率现在仍高达15%~25%，因此大量企业会选择后一条道路。从2007年上市公司公布的前三季报告可以看出，新增的利润中31%来自股权投资收益，如果再加上资产注入和投资房地产的收入的话，50%以上的利润来自房地产和股票，传统制造业加入到投资股票和房地产投资，彩电巨头康佳的收入主要来自股票投资，而海尔也大举进入房地产业。带动股指上扬的主要是金融部门和地产部门，两者相互促进、自我循环，形成了股票、地产价格、

金融服务自我推动的上升螺旋。上市公司的投资也更倾向于找资源类的矿山投资，以及地产投资、资产注入、上市公司股权、金融和基础设施的私募股权等方面，人们对实体的再投资兴趣下降，已经可以看出实体资金投向资产部门的倾向非常强了。

再以出口为例，中国汇率改革后，人民币升值，相应贸易顺差状况应该有所缓解或增长趋缓，但却出现了超出原有顺差倍数的激增，这是不符合产业—贸易发展规律的反常现象。现象的背后是通过"非正常贸易"进行"海外资金"的回归，而不能完全归结为实体竞争力在一两年内突飞猛进的"奇迹"。在当前人民币升值前提下，中国贸易—产业技术进步没有重大革新的条件，贸易顺差激增已经大幅度超过了正常贸易增长的均线，有人已经意识到这是非正常贸易能实现的快速增长，它更可能是金融行为，即通过虚报货值和转移定价帮助巨额外汇资本流入中国来实现"资产内移"。例如，某些贸易商通过高报出口和低报进口等方式将外汇输入中国；不少中资海外企业将资金调回国内；FDI虚假投资；等等。这些表面看是贸易活动或直接投资，实际上是用来购买人民币资产或者房地产。渣打银行（上海）资深经济学家王志浩（Green，2006）的一篇研究报告认为中国存在"贸易顺差泡沫"：由于进出口的计价标准、计量口径（中国香港中转贸易是否算入）、人民币升值预期、跨国公司转移定价等原因，中国2005年的贸易顺差要小于350亿美元，其余670亿美元是"虚假贸易"即资本非正常流入。

因此，从宏观上看到工业企业利润的快速上升、外贸大幅度顺差，就认为中国的实体经济宏观成本越高，其竞争力和利润水平就越高，这是不符合经济学常识的。实体经济的短期表现固然有效率提高、需求加大等改进性因素，但有多少是效率改进，又有多少是来自资产收入，这一点是宏观政策需要分析的，否则就会迷失在形势大好的错觉中。

宏观的大量政策对资产部门的膨胀则显得力不从心，政策间的相互配套也不够，房地产、股市都是越调控越扩张。从产业政策来看，2004年起就开始了新一轮宏观调控，但房地产价格依然上涨不已；从财政政策来看，2007年5月底出台的上调印花税政策，尽管在短期内对股价有所抑制，但并未能阻挡股市上升的步伐。而面对资产价格和物价上涨趋势，央行还只能谨慎使用传统的利率调控手段。如果为控制物价大幅度提高利率，不仅会给经济带来通缩效应，而且会使银行成本提高，资金回流银行系统、银行存差扩大，给正在推行的国家银行股份化改造和金融体系改革带来不利影响。更重要的是，在资本流动性日益增大的情况下，人民币利率的提高会使国际套利性资金流入，这又会进一步垒高外汇储备，再次增加国内的流动性，使得货币政策难度加大，很可能背离原先的加息初衷。所以，既要稳定汇率，又要控制通货膨胀；既要兼顾经济增长，又要保护（补贴）脆弱的国有银行，并顾及外汇储备损益，中国的货币政策确实遇到了前所未有的挑战（王宏淼，2007）。

2. 分配的裂口：两极化趋势

按国家统计局数据计算，中国的基尼系数已从1993年的0.407上升到2004年的0.47，接近拉美地区水平。更有统计表明，目前我国城镇最高与最低收入10%家庭间的人均收入差距约 31 倍；城乡合计，全国最高与最低收入 10% 家庭间的人均收入差距约 55 倍（王小鲁，2007）。在收入如此悬殊的情况下，股市和房市的"繁荣"并不能造就一个全民富裕的和谐社会，只会反过来让本已不堪重负的社会差距雪上加霜。资产和物价"双膨胀"所带来的另一个严重后果是收入分配差距扩大。在中国城乡之间、不同行业之间、地区之间、城市高收入和低收入者之间非同质的微观基础条件下，资产膨胀受益于富人，而将穷人排斥在外；而通货膨胀，特别是食品价格上涨更多地损害穷人利益，导致分配两极化。

就居民收入构成而言，实体经济部门带来的主要是工资性收入，资产部门带来的则是所谓的资本利得。工资性收入差别有限，在短期内不会出现急剧分化；而资产性质的财富则可能会在一夜之间改变收入分配格局。由于财富积累的"马太效应"，高收入阶层往往能在房市和股市的资产繁荣中双重受益，而低收入者却无能为力，并被抬高生活成本。国际经验一再证实，资产膨胀的结果只会拉大贫富差距。以日本为例。"二战"后，由于坚持全民就业策略和大企业终身雇佣制，日本的经济增长和收入平等在较长时期内得到同步发展。然而，即便有着支撑社会公平的良好制度基础，1985 年"广场协议"后股市、房市的双重上涨却依然严重地打破了这一格局。仅从股票资产分布来看，1985 年拥有股票的家庭其资产分配的基尼系数迅速上升为 0.622；而全社会所有家庭（不管是否拥有股票）资产分配的基尼系数竟高达 0.924，几乎完全不平等（基尼系数接近 1）。这还仅是资产泡沫初期情况，在其后股票、地产价格跃升的几年里，贫富差距出现了进一步恶化（高柏，2004）。随着福利性分房的结束，1998~2007 年我国房价上涨了 3 倍左右，同时也意味着我国居民的房地产财富增加了近 3 倍，但这种财富主要体现在高收入居民，同时对穷人则是负效应，买不起房或难以再改善居住条件，实际贫富差距在无形中被拉大。而且房地产的财富效应，将可能使富有者进一步增加对房地产的投入，再次推动房价上涨，形成新一轮的分配效应。

不断上涨的股票市场更是"印钞机"。2005 年 A 股总市值仅为 3 万亿元，两年来由于股价指数从 1000 点一路高歌猛进到 6000 点，加之一大批"巨无霸"公司连续上市，A 股总市值已经近 30 万亿元，接近 GDP 的 1.5 倍。但中国资本市场的参与者仍不普遍，资产分配更为两极化，加上资本市场的扭曲制度，如低价定向发行与唯我独尊的权证创设制度、价格操纵等，使中小投资者的财富继续向少数人集聚。

相反，此次通货膨胀源于粮食价格，由于收入的不同、居民的恩格尔系数不同，收入高的恩格尔系数低，收入低的恩格尔系数高，因此对通货膨胀的感受和实际的分配效果是非常不同的，同样的 6.5% 的通货膨胀率对富人来讲，由于恩格尔系数低，感受是 5% 价格上涨压力，而低收入层则要感受 9% 以上价格上涨压力，以粮食为核心的通货膨胀直接拉大了贫富者的实际收入和消费的差距。

因此，资产价格和消费价格"双膨胀"不仅使实体和资产部门发展的裂口不断加剧，而且新型财富分配形式加大了收入和财富分配不均的裂口，进一步加剧了贫富差距，导致经济和社会失衡。宏观经济管理面临着巨大的挑战。

四、宏观调控政策选择

在前期政策基础上，面对双膨胀的挑战，必须进一步做出恰当和配套的宏观选择，既要抑制资产部门的泡沫，又要激励实体投资和创新，同时还要顾及分配目标。针对资产重估过程中的投机泡沫，应加大资金成本及交易成本，以降低投机的收益和预期；针对实体部门虚弱趋势，应通过减税，以及提高金融对技术创新的服务力度，激励实体部门增强国际竞争力，保持实体部门的持续创新热情，让实体能真正获得长期动力和收益；针对双膨胀带来的贫富扩大，应加大转移支付力度，调节收入和财富的分配。

1. 提高资产部门的资金和交易成本

针对资产膨胀的两大市场——房地产市场和股票市场的宏观政策，从长期来看需要进行制度性完善建设，从短期来看需要加大资金和交易成本。抑制"双膨胀"任务有三个：一要保持正利率，按现有的通货膨胀趋势来看，加息周期已经启动，只有保持正的利率水平，才能加大投机者的资金成本，有效降低投机的收入预期；二要启动税收手段，提高交易成本，如前面已经出台的提高印花税、二手房交易税等是必要的，今后可能要出台的物业税、财富增值税等都对投机有很强的抑制性作用；三要在金融政策上减低资金杠杆比例，如提高二手房首付比例等都是在防范风险和抑制泡沫。

利率的提高会加大汇率升值的压力，但只要保持现有的爬行升值预期，并且明确央行对汇率的触发性政策调控目标，积极参与外汇市场干预，保持干预主动权，利率对汇率的影响不会很大，热钱仍是为资产价格而来，而不仅仅是为利差而投资。同时可以学习日本"藏富于民"，这比政府对外主权投资更好，逐步给居民创造更好的跨国理财的渠道（金融服务商），疏导民间资本流出，减低国家风险。由于"贸易顺差泡沫"原因，以大幅度地压低贸易顺差来迎合国际压力是不必要的，相反通过提高对贸易流动中"金融行为"的监控力度，降低"非正常"贸易顺差水平，或许是更好的政策选择。对于金融监管部门而言，当前最重要的另一任务是密切关注双膨胀格局下的资金流向，要防止形成新的信贷不良资产，以免重蹈日本"住专"和美国"次按"的"金融危机"。

房价问题比金融泡沫更为复杂，特别是官商勾结的利益共谋格局。为此，一是要提高土地拍卖和项目建设的透明度，加大信息披露和反腐败力度；二是要提高房地产开发商的资质审核，提高房地产业的进入门槛；三是要加强对于房地产投机的监控，甚至建立黑名单制度；当前情况下特别要关注大地产商的屯地行为；四是要加大廉租房建设投入，让低收入者安居乐业。

2. 减税激励实体部门创新

中国实体经济直接在承受着成本上升的压力，汇率、利率、土地、劳工、节能减排、税收等全面生产要素的成本提高，因此其预期回报率会不断下降，理性的选择是投资于资产部门获得超额回报。如果不加大对实体经济的激励，让实体经济有能力技术创新进行生产模式转型，其竞争力的衰落是必然的。

中国税收是以流转税为基础，而发达国家则以所得税为基础。长期以来中国税收的核心是企业生产流转，而且名义税率很高。过去因征缴效果不佳使得实际税负并不十分高。随着电子化的发展和征缴力度加大，实际与名义税收水平的差距已被逐渐拉平，税负压力很大，中国已被认为是世界上税负较重的国家之一。在目前的经济发展情景下，这一税收体制对实体是一种负激励，而资产部门的快速发展却没有相应的所得类税收，如投资股票、债权等所得免税。这种税收激励原则，在某种程度上是逼企业去投机资产获取回报，直接拉大了实体和资产部门的缺口。因此必须在税收体制改革上下大力气、进行转型。

当务之急是加快对实体经济的减税步伐，激励实体经济进行技术创新，加强国际竞争力，这是中国经济增长的根本。减税激励企业创新包括现在已经通过的内外资两税合一，减低国内企业所得税。更重要的激励则是探讨十多年来试点了几年，但一直没有全面铺开的将生产型增值税转向消费型增值税改革，通过这一改革才能对企业设备更新有更大的激励。此外，加大 R&D 的抵扣力度等，对技术创新给予财政返还都是激励企业走向创新的道路。

3. 加大转移支付进行分配调节

社会政策的重要方面是加大收入分配调节，特别是逐步加大财富分配调节。除加快税收的调整，对收入所得、财富增值、资源占用等加大税收的征缴和开征外，急迫需要的是加大转移支付，对低收入人群进行补贴，并对住房中的廉租房、经济适用房进行补贴保障社会的平稳。

参考文献

［1］Balassa B. The Purchasing Power Parity Doctrine：A Reappraisal ［J］. Journal of Political Economy，1964，72（6）：584-596.

［2］Lewis A. Economic Development with Unlimited Supplies of Labor ［J］. Manchester School of Economics and Social Studies，1954（22）：139-191.

［3］Samuelson P. A. Theoretical Notes on Trade Problems ［J］. Review of Economics and Statistics，1964（46）：145-154.

［4］Green S. China's Trade Surplus May Be an Illusion ［EB/OL］. http：// www. businessweek. com/globalbiz/content/may2006/gb20060522_ 662112. htm？ca mpaign _id＝search，2006-05-22.

［5］蔡昉. 刘易斯转折点及其政策挑战 ［M］. 北京：社会科学文献出版社，2007.

［6］吴飞. 中国富人热衷投资股票地产 ［M］. 东方早报，2007-10-18.

［7］高柏. 日本经济的悖论 ［M］. 北京：商务印书馆，2004.

［8］国家外汇管理局国际收支分析小组. 中国国际收支报告 2007 ［M］. 北京：中国金融出版社，2008.

［9］李扬. 中国经济对外开放过程中的资金流动 ［J］. 经济研究，1998（2）.

［10］刘树成，赵志君等．金融开放与宏观稳定［M］．北京：社会科学文献出版社，2004：37．

［11］［美］罗纳德·麦金农．经济市场化的次序：向市场经济过渡时期的金融控制（第二版，中译本）［M］周庭煜等译．上海：上海三联书店，上海人民出版社，1997：263-289．

［12］［美］罗伯特·蒙代尔．蒙代尔经济学文集（第4卷）［M］．向祚松译．北京：中国金融出版社，2003．

［13］［美］萨克斯，拉雷恩等．全球视角的宏观经济学［M］．费方域等译．上海：上海三联书店，上海人民出版社，2003．

［14］宋文兵．中国的资本外逃问题研究：1987—1997［J］．经济研究，1999（5）．

［15］王宏淼．国际游资易变性研究［D］．中国人民大学博士学位论文，2005．

［16］王宏淼．全球失衡下的中国双顺差之谜研究［R］．中国社会科学院经济研究所博士后工作报告．

［17］王小鲁．国民收入分配状况与灰色收入（研究报告摘要）［J］．财经，2007（11）．

［18］魏凤春．猪肉是导火索，不是炸药包［R］．江南证券2007年9月投资报告（内部）．

［19］张平．外部冲击下的经济增长和宏观政策选择［J］．经济学动态，2005（5）．

［20］张平，刘霞辉．中国经济增长前沿［M］．北京：社会科学文献出版社，2007．

［21］中国建设银行研究部．下半年经济金融形势分析与预测［EB/OL］．中国建设银行网站，2007．

［22］中国经济增长前沿课题组．经济增长、结构调整的累积效应与资本形成［J］．经济研究，2003（8）．

［23］中国经济增长与宏观稳定课题组．金融发展与经济增长：从动员性扩张向市场配置的转变［J］．经济研究，2007（4）．

13　中国经济全面复苏和宏观政策"正常化"*

张　平

一、宏观政策激励和全面复苏情景

中国政府面对国际金融危机冲击，进行了强力的宏观激励，中国提出的两年4万亿元和每年大致5000亿元的减税计划约占每年GDP总额的7%以上，而重灾区的美国投入了占GDP的5.5%，欧洲和日本只有2%，而发展中国家激励也相对弱，中国是全球激励力度最大的国家。中国在采取"积极财政"的同时，也采取了"适度宽松的货币政策"，从中国宏观政策激励组合的历史来看，同时采取了双宽松的政策是最为积极的。政府财政投资直接启动了这轮反周期操作，信贷快速跟进直接推动了经济的发展，信贷新增贷款预计超过9.5万亿元，而2005年前新增贷款没有超过2万亿元的，2008年如不包含最后两个月的大规模反危机放贷的话，新增贷款不到5万亿元，而2009年的新增贷款几乎翻了一番，信贷激增直接刺激了货币供给量的增加，M2增长远超出计划的17%，达到了29%，中国经济在财政和货币双积极政策的激励下，经过了两个季度低于7%后的增长后，迅速地回到了潜在增长8%以上，率先全球复苏。

当中国2009年保八完成后，经济已经从2009年第四季度开始全面复苏了，回到了潜在经济增长率以上（见图1），2009年11月消费物价转正，结束了危机以来的通货紧缩，物价已经跟随经济增长而提高了。从季度数据来看，产出缺口在经历了5个季度的负缺口状态后，将在今年第四季度由负转正，增长重回潜在增长水平之上，总供给与总需求关系得到改善，失业状况有所缓解。经济增长动力中的自主性投资、工业扩张、能源消耗和PMI等多指标都明显地给了我们一个清晰的扩张信号，资产价格也回到了冲击前的正常水平，房地产价格上涨已经超过了2007年泡沫高峰期的水平，经济增长进入全面复苏情景中。

中国经济复苏主要依赖于投资，大规模的投资拉动了进口，刺激政策效应产生了"外溢"（见图2），导致净出口下降拖累了经济的正常复兴。假设投资刺激政策下降、投资增速下降，进口的需求也同样会下降，净出口下降幅度可能会变小，整体增长速度有可能不会降，但强烈的以我为主的宏观政策往往是政府反危机时采取的第一政策反应。

＊　全文发表于《现代经济探讨》2010年第1期。

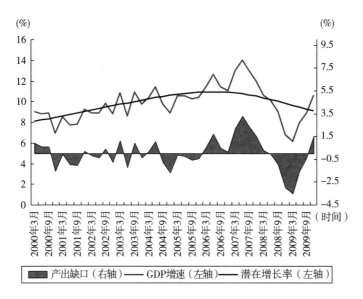

图1 产出缺口在2009年四个季度恢复正值（HP滤波计算的潜在生产率）

注：由首都经济贸易大学经济学院戴磊博士依据统计局公布季度数据计算。

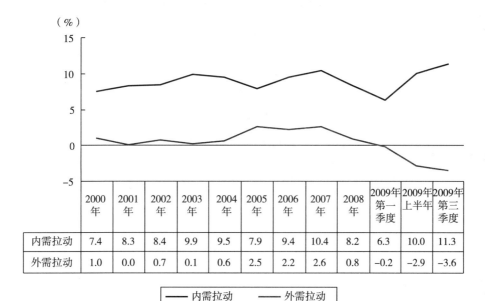

	2000年	2001年	2002年	2003年	2004年	2005年	2006年	2007年	2008年	2009年第一季度	2009年上半年	2009年第三季度
内需拉动	7.4	8.3	8.4	9.9	9.5	7.9	9.4	10.4	8.2	6.3	10.0	11.3
外需拉动	1.0	0.0	0.7	0.1	0.6	2.5	2.2	2.6	0.8	−0.2	−2.9	−3.6

图2 投资"外溢"效应拉动进口：净出口（外需）下降

资料来源：统计局网站。

反思这次危机发现，对中国实体经济最大的冲击来自大宗商品价格的直接冲击，大宗商品价格在短短1~2个月内下跌均超过了50%，石油下跌了70%，海运指数下跌了92%。近年来中国对外部原材料的需求依赖度非常高，在突然价格崩溃的冲击下，国内企业短期内"无法定价"，对购入和卖出产品的定价完全和需求造成了混乱，导致生产的最低限度维持或干脆停产，销售和购买都出现了停顿现象。中国经济2008年11

月体现得最为充分，财政收入负增长，而中国财政收入是以流转税为主体的，即企业运行就收税的体制，只有停产才会导致财政收入下降如此快。大量的工厂为价格冲击所"恐慌"，处于停产或半停产，而后才是实质上的外需订单下降等引起的出口部门的衰退。中国经济已经走向了一个外向型的经济，因此它受到了外部的冲击已经是多方面的了，冲击并不只是资金紧张冲击或需求冲击，这次是价格信号冲击首当其冲。

从资金逻辑来看，中国在被国际金融危机冲击之前，已经是产能过剩，大量资金从实体中析出跑到了房地产和股市中了，那时资产泡沫和通货膨胀已经有了很强的上涨趋势，中国这次遭受外需收缩，产能更为过剩，加上政府的资金激励和国际热钱再次涌入，流动性过剩是有过之而无不及的。

二、宏观政策激励与城市化带动

这次国际金融危机源于发达国家的金融市场和机构发生了危机，它们最为严重的问题是信用和流动性问题，其政府实施的货币政策主要是量化式的宽松政策增加流动性，财政政策是直接购买公司债务等方法来担保公司信用，以维持其生存，仅有少量资金用于基础设施、技术改造等传统凯恩斯反周期的需求管理方法。在危机结束后其退出的机制也多是在资本市场操作，福利效果偏向了金融机构，而不是解决更多的一般性就业。中国则完全不同，中国积极的财政政策和适度宽松的货币政策是直接以实物为基础的，大量集中在基础设施上，因此其政策激励方向的核心是城市化，希望通过大规模的城市化建设带动经济，其政策激励应该说是非常有效的。

中国经济已经过两次大的调整，每次都是靠改革来创造出新的持续发展方向。20世纪80年代靠农村改革，刺激了农村部门和轻工业部门的发展，俗称80年代靠老农。到1988年农村部门开始衰退，经济开始进入大的调整，1992年邓小平南方谈话，打开了开放的大门，而后土地要素的价格改革和宏观经济架构的建立，如分税制、汇率超贬、银行法实施等，为中国经济走向外向型经济和稳定宏观打开了大门，俗称90年代靠老外。1997年亚洲金融危机后国家采取了积极财政的政策，但更重要的是1997年国家允许住房消费信贷，1998年取消福利住房，而后银行撤账上市稳定了金融系统，并积极推进了加入WTO等开放，直接启动了21世纪以来的城市化进程。

2008年国际金融危机冲击时，中国正处在大规模城市化提升的阶段，经济和社会的基础建设工作正需要大的投资，国家通过积极的财政和货币政策推动经济社会的基础建设是有的放矢的。从经济理论逻辑来看，当发展过程中存在着系统性的高收益、增长部门时，动员资源集中投资在这些部门，就会有产生规模收益递增，即结构配置带来的规模收益递增的赶超增长速度（钱纳里，1989；琼斯，罗默，2009）。在工业化过程中，集中农业资源到工业上来，就会产生明显的赶超增长；从封闭的国家变为开放国家也可能得到全球化的收益；而城市化带来的空间集聚也会产生很大的规模递增收益，从而形成赶超速度。这些由于结构非均衡配置资源导致的规模收益递增过程，会在一定时期内大幅度提高一国潜在经济的增长率。

存在着结构性规模收益递增条件下，政府实施的积极宏观政策就有了其内在的经济逻辑和动力，投资对加速增长是有效的。只要增长的收益能够抵补财政成本、金融损失和经济波动福利损失则增长激励有效，但当结构收益出现递减或激励过度导致的上述成本无法抵补，则宏观对经济增长的激励效率下降，宏观政策的增长激励会变得无效，甚至产生很多问题。

发展中国家的另一个特征是宏观政策传递的不完善性，换言之，不可能仅仅靠完善的市场进行参数操作就实现宏观调控目标，而是要大量依靠数量性工具，并配合相关的政府动员机制才能完成宏观政策的激励和反馈。而这一机制连同增长的特性决定着宏观政策实施的主体、目标和效果。特别是政府作为激励主体由于缺少必要的制约性因素，其目标和效果难以优化，并有自我强化的特征，政府退出激励一直是艰难的。

中国 2008 年的城市化率为 45.68%，处在城市化的加速时期，是有明显的"规模递增"的阶段，采取积极的激励政策是有增长收益的。我们依据国际城市化经验计算按照诺瑟姆（Ray M. Northam）的城市发展 S 曲线，世界城市化具有明显的阶段性，可以分为三个阶段：第一个阶段城市化水平小于 30%，此时城市人口增长缓慢，当城市人口比重超过 10% 以后城市化水平才略微加快。第二个阶段城市化水平在 30%~70%，当城市人口比重超过 30% 时城市化进入加速阶段，城市化进程出现加快趋势，这种趋势一直要持续到城市化水平达到 70% 才会逐渐稳定下来。第三个阶段城市化水平大于 70%。此时社会经济发展渐趋成熟，城市人口保持平稳。而城市化的第二阶段又分为两大阶段，30%~50% 称为"遍地开花"的城市化阶段，人们就近进城；50%~70% 称为大城市化阶段，人口从中小城市向大城市转移，寻求就业机会，而大城市通过提高人口密度和基础设施的规模化运用，其集聚效率大幅度提高，促进服务业和工业化发展。

图 3 我们以 1978 年为基期，拟合城市发展曲线，预计在 2012~2016 年，增长速度开始走向平缓，到 2025 年城市化水平接近 65% 左右，城市化增长速度会有较大幅度下降。

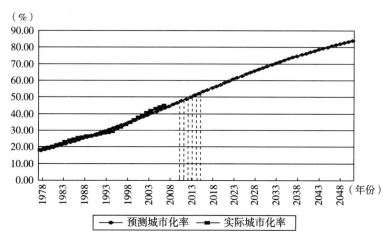

图 3 预测城市化率

资料来源：经济增长与宏观稳定课题组（2009）。

中国的城市化从 1992 年才正式按市场方式开启，土地从传统体制下的无价划拨到有偿转让，土地才成为了生产要素，但购买者主要是法人，个人还不能参与这个市场，城市化一直缓慢地进行。1997 年开始了住房消费信贷，1998 年取消了福利住房，1999 年更进一步推动住房市场化方向，极大地推动了城市化的发展，城市化呈现加速增长的态势，以 1996 年城市化率超过 30% 计算，中国城市化率水平每年平均增长 1.22%。依据模型预测到 2014 年是这一个上升期的转折点，会有一个顶部平稳期，现处在城市化加速和规模提升阶段。

中国经济受到外部冲击后，积极的宏观政策激励"内需"的根本就放在城市化的再启动上，如果宏观短期的启动经济政策与可持续的城市化发展的方向一致的话，那么宏观政策激励的短期效应就会具有长期的持续性效果，否则短期的政策对长期增长只是扰动。

城市化加速和规模提升需要大量资金，财政和货币激励直接推动城市化规模扩张，但城市化过程也很容易引起资产泡沫。启动城市化的方式有很多，一种是沿着原有的城市化的路子继续，通过扩张货币，以过剩的流动性来保持现有的房地产价格，短期内也有保增长的效应，但只会导致泡沫的更严重化，是不可持续的；而另一种是走一条政府通过这次危机调整城市化模式，就会激发出城市化的真实需求，其发展的道路是可持续的。

由于城市化推进吸引了大量的投资，而且对城市化的扩张不论在 GDP、税收和土地转让金等各个方面都满足了地方的增长和福利等地方发展的目标，因此城市化的土地性扩张成为了中国当今发展的主流。而城市化最大价值是人口资源的聚集，发挥其规模效应和集聚效应，促进城市本身的持续发展，如果仅仅只是土地等的扩张，到处都是巨大而空旷的城市，以及昂贵的房价，人口、服务业、工业都难以从城市化中获得收益，城市仍会衰败。

当前中国城市化过程中，房地产价格上升过快，房价收入、租价比、月供收入比、房价上涨与 GDP 增长比都超过 2007 年，而住房销售又有大量的投资性住房，它们在不断挤占一般老百姓的消费刚性和改善性需求，引起人口城市化无法继续的问题。这里除了城市化模式选择的战略问题外，资金超量供给是一个重要原因。

三、货币超量供给推动了资产价格和消费物价的上升

中国的货币一直处于超中性的供给状态，经过反国际金融危机冲击后，货币供给更是激增，从 M2/GDP 的角度来看，早年超速发展源于市场化和货币化过程，大量物价资源被市场化和货币化定价，1995 年开始越过了 1 倍，主要是由于 1994 年人民币贬值导致了国际化步伐加快，货币供给速度加快，在此期间不但没有引起通货膨胀，而且导致了通货紧缩（见图 4）。2002 年开始再次越过 1.5 倍，城市化进程是这一时期的新引擎，土地等城市化要素从无价变高价，不动产成为了货币的新吸收者，房地产价格一直处于上升趋势。在 21 世纪已经有过两次货币供给过多引发的两次物价上涨，货

币供给增加推动资产价格和消费者物价上涨已经显现。这次反危机后这一比值快速攀升，假定 2010 年货币供给 20%，经济增长 9.5%，则预计到 2010 年超过 2 倍，远远高于世界平均水平，成为了货币供给和经济总量比最高比例的国家，而现在的货币供给吸收者只能是资产价格和消费物价了。

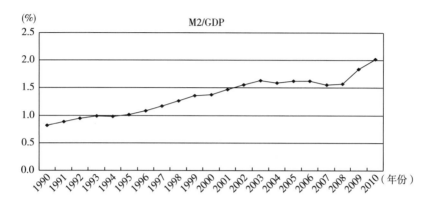

图 4　货币供给与国民生产总值的关系

按传统的费雪方程，货币供给直接导致物价的上涨，但中国的实践证明，M2 供给过快不一定必然导致通货膨胀，出现了"迷失的货币"，很多学者对此做了大量的分析，市场化和货币化改革吸收了货币，国际化也导致了货币和产能的输出，吸收货币供给，而现在的城市化将大量隐蔽的土地资源进行了资产定价，吸收了大量的货币需求，这方面的研究都表明货币可被非中性吸收（课题组，2007）。国际上的研究和实践也表明，假定完成了市场化、国际化和城市化的货币非中性供给，仅仅存在着资产市场和商品市场，货币供给可被资产吸收，会引起资产价格的上涨，但不一定马上引起消费物价上涨，即所谓的格林斯潘式泡沫。格林斯潘 2002 年采取宽松的货币政策激励了美国的住房和资本市场，通过住房和资本市场带动经济，形成了持续低通胀的经济繁荣，但结果却酿成了次贷危机的资产泡沫。货币供给已经不仅简单地直接表现为通货压力，而且也表现为资产价格泡沫上，这就是这次国际金融危机给我们上的最为重要的一课。

中国的超量货币供应直接拉动资产价格上涨，货币供给直接拉动了住房价格的上涨（见图5），2009 年住房回升迅速，在货币供给（M1）的带动下逐季上升；同样我们测算了 M1 与股市的市盈率相关系数达到 0.63，货币的供给使得股指上升，更直接拉高了市盈率。资产价格与实际利率水平均呈现负相关性，因此货币条件宽松，则资产价格必然上涨。

中国 2008 年基尼系数已经超过了 0.45，资产收益分布更不均，在现有的收入分配的格局下，货币大量释放后进入分配环节，货币向有权者和有钱人集中，他们相对是高收入者，其消费倾向低，投资倾向高。以房地产市场为例，北京、上海和深圳投资性住房购买分别占总住房购买的 62%、51% 和 57%，一半以上用于投资，房地产已经

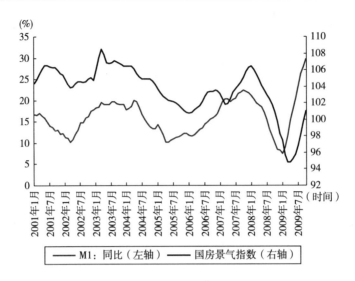

图5 地产严重依靠货币供应量

不是供给人民住房需求，而是资产投资需求了，可见房地产价格上涨已经对人口城市化起到了抑制作用。城市化过程中的房地产价格上涨过快、社会保障费的支出都通过成本因素直接影响了城市劳动力供给的成本，进而会形成成本推动性价格上涨。

中国货币供给一方面被房地产和股票等资产市场吸收，另一方面也会直接传递给物价，我们利用季度数据的产出缺口、物价滞后和货币供给对物价的影响构造了一个物价计量模型，取得了满意的模拟和统计结果（见表1），依据模型我们可以看出：①产出缺口作用最大，因此产出缺口为正时滞后一期就会产生很大的作用；②M2滞后四个季度对通货膨胀有正向作用；③物价的滞后效应明显。从模型中我们可以分析出，在2009年物价和产出缺口均为正的条件下，2009年第四季度的M2的增速对明年第四季度就有明显的影响，2009年第四季度M2增长速度预计高达29%，则对2010年第四季度的新增因素贡献为4%的上涨因素，如果2010年在第三季度产出缺口扩大加快，而物价只要保持正，则产出缺口和货币供给两者就会合力影响物价水平在第四季度超过5%，因此2010年必须将速度平稳化，货币供给量下调，减轻对明年的物价压力。假如2010年第一季度仍保持25%以上的增幅，而经济增长速度仍在加速，则2010年第四季度的通胀压力就会非常大，依次类推，货币不能被有效控制，保持20%以上的增长，通货膨胀会有加速效应，2010年第四季度到2011年都可能受到通胀的严重威胁。

表1 物价与M2和产出缺口的模型

CPI＝−1.74＋0.72×CPI（−1）＋0.14×M2（−4）＋0.66×产出缺口×（−1）			
t值	10	1.67	6
P	0	0.1	0
调整后 R^2＝0.89，DW＝1.89			

资料来源：由首都经济贸易大学经济学院戴磊博士依据统计局公布季度数据计算。

中国物价除了总量性因素外，受国内农产品和国际能源、原材料价格的影响，特别是农产品的影响明显，明年如能继续保持丰收，就不会由于非核心 CPI 的扰动加剧价格波动，当前最为重要的问题仍是资产价格。

四、倒逼机制和宏观政策"正常化"

中国经济已经进入全面复苏阶段，而全球经济也保持了复苏的状态，2010 年中国经济增长超 9%，全球经济增长达到 3%，发达国家经济也将走出衰退，保持着 1%以上的正增长，2010 年的国内外宏观经济形势会比 2009 年好。

2009 年中国的宏观政策采取了非常时期的非常激励政策，取得了很好的激励效果，中国率先复苏，经济增长回到了潜在增长率上。中国经济面临着新的开放和发展格局，宏观政策的激励需要依据经济增长的正常化进行"正常化"性调整，即保持政策连续性的同时加快"正常化"性的政策供给，为 2010 年后政府"退出"反危机政策做好积极的准备，让经济重新回到市场配置资源的轨道上来，政府的宏观政策目标回到稳定经济上来。

但政策正常化必须通过一套"正常化"的激励机制才能完成，而不是被国内的地方政府融资平台、国企大集团等这次政策激励的收益者利用"倒逼机制"（张平，2008）逼迫重新回到继续宽松的激励政策的路径中，只能等到经济过热才采取调控手段的老路上。

中国历次宏观激励的主体也因时而变，20 世纪 90 年代初应对经济衰退，主要是通过对外开放、提高市场化程度等改革措施来激励企业发展，配合信贷政策进行了激励；而 1998 年应对亚洲金融危机时主要靠中央政府直接基础设施投资，并通过开启消费信贷和取消福利住房等政策激励消费者投资购房，转变银行的供给渠道（课题组，2003）。这次应对国际金融危机是中央政府和地方政府作为财政政策的承担者，进行基础设施投资，而地方政府和国有企业承担了信贷发放的承载体，重新开启了"银政""银企"关系，由于地方政府和国企具有很强的软预算和投资饥渴症，其投资冲动是很强的。市场化的改革一直在规范"银政"和"银企"之间的关系，甚至很多改革措施都是为斩断这一关系而努力的。但面对危机时政府以此作为启动主体，其效率较高，因为他们可以不计成本进行投资，只要有银行资金供给，投资饥渴是永远的。这次地方政府县以上建立了 3800 多个融资平台，中长期信贷中的大部分都是注入到这些融资平台中，形成了这一轮激励核心运作主体。

宏观政策激励与资源约束，政策的激励目标是重要的，中国的激励目标就是"保八"，目标单一因此效率很高。而多年来从中央到地方政府都重视经济增长的指标，地方政府为"增长而竞争"，大型国有企业集团争相进入 500 强的政绩都是从增长中来的，因此保增长的激励效率是非常高的。这一激励基本上是无特殊约束的，只要可动用的资源仍然足够多，激励政策的资金量就会按保增长这一目标"倒逼"出来。中国是一个高储蓄的国家，不论是居民、企业还是政府储蓄都很高，而且外汇储备全球第一，因此可动员资源是足够的。中国动员资源的方式是政府性的，其激励政策的资源约束比较小。

中国这次宏观政策的扩张已经形成了新的"倒逼"机制，"银政""银企"关系再次构成了这次倒逼机制的主体，而宏观政策由于又是直接投入到基础设施，成本约束短期并不显现的条件下，宏观政策退出是非常难的。中国处在一个具有投入规模递增的阶段，宏观政策激励的成效有可能抵消其成本。但值得重视的是，随着经济体量越来越大，宏观激励政策的成本会越来越高，而且其福利效果也可能进一步偏移，激励效果更有利于现有的既得利益集团，如垄断企业、行政部门和资产占有者身上，这些利益集团直接就会阻碍政策的退出，这就给宏观政策退出管理提出更大的挑战，宏观政策除了进行正常化的目标牵引外，政府体制改革，特别是考核机制的转变才是最为重要的。

2010年的短期宏观政策管理的目标有四个：

（1）宏观政策的正常化，在保持积极财政激励的同时，货币政策从2009年的过于宽松转到2010年"适度"的货币供给，将M2的货币供给压到15%以内，新增贷款逐步回到7万亿元，再逐步减低到激励前的5万亿元正常水平，投资增长保持在20%就能完成8%以上的增长，减少激励的外溢效应，经济增长的目标要放在稳速增效，提高经济和社会效益。

（2）将资产价格泡沫和通货膨胀预期管理纳入宏观管理中来，提高宏观政策管理水平。中国实体经济一直受到产能过剩的困扰，产能过剩导致资金一直处在从实体经济析出的阶段，大量资金转向了资产市场，2009年又大规模增加了流动性激励，加上当前国际上发达国家套利资金的不断到来，流动性冲击会引发严重的资产泡沫和价格上涨，因此必须在此期间将流动性配置好、管理好，让流动性为我国发展服务，而不是"冲击"。为此：一是要继续保持现有的盯住美元的低浮动的有管理的汇率体制不变，直到货币政策完成紧缩，财政政策退出，否则货币政策紧缩是无效的；二是针对当前的热钱过多扰动，可效仿巴西收取托宾税，并启动货币对冲机制；三是减少信贷增长的压力，加大资本市场融资，特别是债券市场的发展，增加地方债务发行，让地方债务透明化，理解地方债务的风险等，通过债券和股权的融资吸收国内和国际资金，并依据市场信号加以配置，有效地配置流动性。

（3）开征物业税，加大保障性住房的供给，特别是面对中等收入者的公共租赁房的供应，中央政府必须运用政府公积金、国债等自己直接介入公共租赁方的建设和出租，再通过租赁租金进行资产抵押等方式有序地扩大资金的来源，向社会提供更多的租赁性住房，减低房地产泡沫产生的可能性。积极开征物业税，将政府短期卖地行为长期化，通过收紧房地产的金融条件，让城市化发展良性化，减低房地产泡沫产生的可能性。

（4）加大对实体经济的激励力度，走内外需并重的内生经济发展道路。短期内针对创新和规模化重组发展应给予一定的减税激励和信贷支持，特别是对就业帮助大的小型和民营企业都要有一个扶持计划，并积极推进成本正常化条件下的国际竞争，内外需并重依然是我国长期的一个重要战略选择。

为了配合中国中长期发展，特别是 2010 年中国人均 GDP 超过 3500 美元，将进入中高收入的阶段，也进入了"中等收入陷阱"期间（世界银行，2008）。如果过度依赖政府激励，泡沫重生，则经济增长方式转型难度会变得更大，必须把短期的政策与长期政策有所协调，转变政策激励的重点进行转换，并同时改变政策运行机制，增加经济体的弹性，让市场积极发挥其基础性配置资源的作用。

（一）加快政府的"转型"和"退出"，充分发挥市场基础性配置资源的作用

政府反危机时作用重大，如果中央政府过度使用资源配置权，并逐步形成更为牢固的利益结构，宏观激励将会被不断"倒逼"，无法退出。政府无法退出会极大地干扰市场的基础性配置资源作用，而且会不断强化既得利益集团，导致经济发展和福利分享更为不均衡。政府在 2010 年要加速转型，从建设性政府转变为服务型政府，改变政府和政府官员的激励目标。在 2010 年后加快退出反危机周期是最为重要的举措，首先，应该有意识地减少直接激励性政策，增加参数性激励干预；其次，逐步消除既得利益的"倒逼"，改变政策的运行机制；最后，加速政府转型，变建设性政府为服务性政府，考核和财税体制转型是关键。

（二）将投资重点放在推动城市化空间集聚和提升产业现代化

全球城市化发展的经验表明，一国城市化水平与单位资本 GDP 间高度相关。原因是人口和资源的空间集聚产生了规模收益递增的效应。对于工业化的城市，聚集效应更明显，因为知识和新技术在交流、竞争和传播等方面效率更高，城市运行成本低（因公用设施密集），产出效率高。可以观察到，以东亚为主的新兴经济体走的正是以大城市圈为特征的、围绕工业化而展开城市化的路子。随着空间要素集聚水平、人口密度和规模的提高，服务业会被快速推动，使城市发展的多样性增加，服务业就业和产值占 GDP 的比重会快速上升。无论是工业还是服务业其竞争力都受到城市化带来的成本上升压力，必须获得更大集聚效率才能保持产业竞争力，提高空间集聚水平、密度和规模性是发展服务业、保持产业竞争力的关键。提高人口城市化的根本是取消户籍制度，并加快配合以身份证为基础的社会保障体系，促进人口流动和集聚。

中国经济工业化也处在了一个从工业化到工业现代化转型的重要过程，工业现代化的标志就是提高全要素生产率，提升管理现代化和创新能力，增加可持续增长的核心竞争力，如降低能耗、环境消耗等。随着低碳经济时代的来临，注重效率、创新和可持续才是中国工业现代化的方向。

参考文献

［1］ Charles I. Jones，Paul M. Romer. The New Kaldor Facts：Ideas，Institutes，Population，and Human Capital ［R/OL］. Working Paper. DOI：http：//www. nber. org/papers/w15094，2009.

［2］Reinhart, Carmen M. and Kenneth S. Rogoff The Afterwath of Financial Crises ［J］. American Economic Review, 2009（4）.

［3］经济增长与宏观稳定课题组. 经济增长、结构调整的累积效应和资本形成［J］. 经济研究, 2003（8）.

［4］经济增长与宏观稳定课题组. 中国金融与经济增长：从动员性扩张转向市场配置［J］. 经济研究, 2007（4）.

［5］经济增长与宏观稳定课题组. 城市化、产业竞争力与经济增长［J］. 经济研究, 2009（10）.

［6］［美］H. 钱纳里, S. 鲁宾逊, M. 赛尔奎因. 工业化和经济增长的比较研究［M］. 高萍, 孙群力译. 北京：上海三联书店, 1989.

［7］世界银行. 东亚的复兴［M］. 北京：中国发展出版社, 2008.

［8］向松祚. 蒙代尔不可能三角的运用和滥用［EB/OL］. http：//xiangsongzuo. blog. 163. com/blog/static/20738888200821293756775/.

［9］张平. "大国效应"和自主宏观政策选择［J］. 经济学动态, 2006（10）.

［10］张平. "倒逼机制"下的增长收缩、扩张和政策目标［J］. 经济学动态, 2008（12）.

［11］张平. 2009年投资前景报告［M］. 北京：中国时代经济出版社, 2009.

［12］张晓晶. 中国经济复苏之道：提高经济体的弹性［C］. "金砖四国"经济发展比较国际研讨会（社科院召开）论文集, 2009.

14 全球再平衡下的中国经济增长前景与政策选择[*]

张 平 付敏杰

2011 年初在《现代经济问题探讨》发表的后危机时代均衡路径的讨论（张平、戴磊，2011），已经指出旧的国际分工格局发生根本性变化。这一个根本变化越来越深地影响了中国，中国贸易盈余占 GDP 的比重预计 2011 年会降低到 3% 以下，似乎外部冲击会变弱。事实上从 2008 年到现在，全球进入到持续深度再平衡调整过程中，中国开始遇到前所未有的挑战。短期中国靠宏观刺激政策抵御外部冲击，但缺乏结构性改革，在持续危机冲击下，短期需求政策引发了很高的宏观成本，如通货膨胀、高房价等，必须要加快结构性改革了。2012 年中国既要继续抵御短期外部冲击和进一步防范内部累积的宏观风险，又要加快结构性调整、利益结构调整和创新激励，这是发展与转型面临的挑战。

2012 年发达国家特别是欧元区增长举步维艰，欧盟委员会将 2012 年欧洲经济增长率从 1.8% 下调至 0.2%，欧盟出现严重长期衰退和全球经济二次探底可能性陡然上升，由此将引发全球资产价格的深度调整。2012 年全球宏观经济政策以稳定资产价格为主，欧洲依然致力于抑制不断上升的债务水平，美国则需要同时稳定金融和扩张就业，新兴市场国家也进入了自我再平衡，因此稳定求发展成为全球经济 2012 年的主调。中国经济也不例外，国内的通胀态势已经得到遏制，宏观经济政策重点放在稳定金融上，以应对随时可能出现的国际形势恶化，货币政策应结束紧缩回归中性以保持宏观调控的弹性空间，财税体制应加速改革和税收政策激励实体创新、产业并购整合、现代服务业发展等推动中国经济长期增长的结构性改革。

一、全球"再平衡"的持续冲击

从理论上来讲，金融危机和经济危机都不是偶然现象，是经济体在过去长期增长中结构问题累积的总量结果。马克思认为资本主义的结构问题是由资本主义私有制决定的生产的无限扩大和私人购买能力不断下降之间的矛盾，马尔萨斯认为经济危机的原因是缺少了地主阶级的消费，凯恩斯说大萧条的根源是消费和受"动物精神"支配的投资下降所导致的有效需求不足。不管从哪个角度出发，经济危机都是经济发展从一个阶段向一个新阶段迈进的风向标。因此，只有把握住每次经济危机的本质，才能

---

[*] 全文发表于《现代经济探讨》2012 年第 1 期。

变"危"为"机"，为后续增长扫清障碍。

本轮经济危机也不例外，只是反映的问题更为深刻。20 世纪中期以来，全球经济增长进入了黄金时期。直到 2008 年美国金融危机，才结束了这一"大繁荣期"，这一大繁荣的缔造者是美、欧、日等发达国家。欧洲通过不断举债的方式建立了国家福利体系，不断推高消费水平，而美国依靠金融工具刺激了私人举债性消费，以此带动全球经济增长，并推动了全球化和建立了全球化的分工体系。2008 年美国次贷危机刺破了私人举债消费的泡沫；2010 年欧债危机则挤破了国家社会福利泡沫。发达国家无法带动全球经济，其占全球经济的份额到 2013 年将让位于新兴经济体，对全球经济增长的贡献份额从 2008 年后已经跌到 30% 以下（IMF，2010）。因此全球经济的分工体系变化，决定了全球经济将进入持续再平衡过程。

欧洲福利建设需要以大量的公共支出作为保证。发达国家为了适应这种转变，大幅度提高宏观税率水平。发达国家平均宏观税率水平从"二战"前的 23% 左右上升到 20 世纪 90 年代初的 45%，瑞典、挪威、奥地利等国家的宏观税率更是超过 50%，甚至达到 60%，意味着居民收入的一多半要上缴税收。对于福利竞争的追捧成为政府选举制胜的重要砝码。当财政收入已经不能满足福利支出需要时，政府转向债券市场，通过借钱搞福利。国内债券只涉及国内居民收入的再分配，无非是将收入的一部分缴税，另一部分借给政府用于增加公共产品，尤其是公共福利供给，缴税和借债在本质上是一样的，借债只是将左口袋的钱拿到右口袋。除了缴税和借出，居民收入剩下的部分用于个人消费。宏观税率和政府借债增加的本质只是在一般均衡的背景下，居民福利最大化帕累托最优条件中的边际替代率和边际转换率沿生产可能性边界进行调整，居民的福利未必会增加，但也不一定受到损失。只有当债务转向国际资本市场，通过借外债来搞福利时，上述情况才会改变。通过向国际市场借债搞来的福利，增加了经济体可用的资源，扩张了生产可能性曲线的边界，必然会带来居民福利的改善。这就意味着，只要外部条件允许，借钱搞福利始终是增加选票的重要保障。公共部门的扩张，挤出了私人部门可用于生产的资源。

在过去 20 年以来，以中国为代表的发展中国家基本扮演了国际市场借贷者的角色。以劳动力低成本（低工资、低福利、低收入）、低环境成本、低资本成本和土地与自然资源的近乎免费供给造就的传统制造业竞争优势，使中国制造具备了超强的国际竞争力。长期国际贸易顺差累积形成的外汇储备，遭遇发达国家利用货币霸权所实施的通过货币超发来赖账的行为下，只能选择各种外币国债来理财。过去发达国家是依靠资本输入来获得资源，现在则是通过借债来享受免费服务。

一边是借钱搞福利的发达国家，另一边是勒紧裤腰带往外借债的发展中国家。全球经济再平衡的压力便由此而来。我们认为，未来一个时期，全球经济再平衡将沿着三个层面展开，而这三个层面也将对应主权国家宏观经济政策的不同走向：

（1）实现政府财政收支平衡以缓解主权债务危机。政府收支平衡的压力来自愈演愈烈的主权债务危机。美国和欧洲主权债务危机解决的唯一出路是财政平衡。首先要削减政府支出，减少公共部门和国有企业雇员人数。当政府支出依然超过政府税收收入时，就会伴随国有部门的私有化改革，将国有资产出让的本金用于弥补财政收支的亏空。正如我们所看到的，无论是财政紧缩，还是国有企业改革，都会带来罢工，给本国政府带来很大的政治压力。解决债务危机，首先需要专家的技术性操作来解决期限结构，更需要里根和萨奇尔夫人一样坚定的政治执行者来赢得市场的信任，将紧缩决策执行到底。其次需要调节政府支出结构，将用于福利的资源转向对创新和技术进步的支持，通过促进增长才能消除高企的债务比例，使宏观经济步入健康运行的轨道。

（2）实现国际收支平衡以缓解汇率压力。国际收支平衡的压力来自汇率市场。近期以来，美国、日本和欧元区汇率的急剧变动，无一例外地给本国实体经济造成了很大危害，虽然发达国家企业贸易的损失可以通过相应的掉期等国际金融手段来进行规避，但是国际贸易和实体经济投资需要稳定的汇率预期。国际金融导致的短期资本流动和国际贸易导致的长期资本流动是汇率的主要决定力量。国际收支平衡的首要条件是常规项目和资本项目的总体平衡，其次是常规项目和资本项目各自的平衡。前者是为了保持即期汇率稳定，后者是为了防止远期汇率的过度波动。

（3）居民财富生产与消费的平衡。从主管国家的角度来看，居民生产的财富量和消费的财富量总体上应当是平衡的。既要防止消费不足将大量资源转移给国外消费，更要防止过度超前消费，寅吃卯粮，这关系私人部门和整体宏观经济的安全。我们认为这是宏观经济再平衡的深度调整内容，因为涉及私人偏好和行为的彻底改变。只有彻底改变发达国家消费者通过借债来消费的根本状况，才能实现以实体经济为基本保证的、超越货币层面的国际收支平衡。

国际货币基金组织（2010）特别分析了发达经济体与新兴市场经济体在过去50年中的28次顺差逆转的经历。通过大量的经验分析与案例研究发现（见表1）：

（1）经济增长会因再平衡而降低平均1.2%。

（2）结构调整加快，结构调整中最为积极的贡献者为投资。投资上升较多，平均达3.3个百分点，私人消费提高0.8个百分点，贸易盈余带动明显下降。

（3）就业结构调整，就业总体规模略有下降，贸易部门下降导致原有就业结构需要调整，但整体就业压力不会因再平衡下降过多，因为贸易部门就业下降的速度慢于非贸易部门就业增长速度。

（4）经济明显过热。由于再平衡往往由刺激投资和消费来完成，会导致明显的经济过热现象，物价上涨非常快。物价上涨很快的同时，东亚国家和地区普遍伴随着房地产价格的快速上升，日本在20世纪80年代中后期的资产泡沫令人震惊。

（5）产业结构调整和创新加快。非贸易部门的份额明显提高，贸易部门与非贸易部门就业的重新配置，而中高技术份额显著提高，体现一国经济在全球分工价值链中地位的提升。再平衡能促进经济结构调整和创新。

对中国而言，这次再平衡要比以往更为深刻，并会持续多年，从国际经验看经济转型是根本。但短期内持续的再平衡调整过程，会直接降低中国经济增长的潜在增长率，按平均看会降低1.2个百分点，特别是国际经济放缓过快冲击会比较严重。厦门大学模拟的美国二次探底的冲击认为会降低经济增长0.64个百分点。中国经济进入到了全面开放型的经济体，除了单纯贸易盈余的影响，外资流动、金融市场恐慌、汇率、大宗商品价格和贸易摩擦等都会直接影响到中国经济的健康。

表1 经常账户反转后的主要指标

	德国	日本	日本	韩国	中国台湾	平均	中位数
	1970年	1973年	1988年	1989年	1988年		
产出与消费							
实际人均GDP增长率	3.4	1.6	5.7	9.6	6.1	5.3	5.7
实际人均GDP增长率（变动）	-0.2	-5.1	2.1	-0.3	-2.3	-1.2	-0.3
实际人均GDP增长率相对于世界（变动）	—	-3.8	2.1	0.9	-2.3	-0.8	-0.7
实际私人消费增长率	5.7	3.2	4.6	8.9	11	6.7	5.7
实际私人消费增长率（变动）	1.5	-3.2	1.2	1.2	3.2	0.8	1.2
产出成分的变化							
净出口贡献	-1.2	0.6	-0.4	-3.9	-3.2	-1.6	-1.2
净出口贡献（变动）	-1.2	0.5	0.1	-5.4	-6.8	-2.6	-1.2
国内需求贡献	4.6	1	6.1	3.5	9.3	6.9	6.1
国内需求贡献（变动）	1	-5.6	2	5.2	4.5	1.4	2
劳动生产率增长	3.9	2.5	4.1	6.8	6	4.7	4.1
劳动生产率增长（变动）	0.6	-4.6	0.8	0.5	-0.1	-0.6	0.5
就业增长	0	-1	1.5	2.3	-0.1	0.6	0
就业增长（变动）	1	-0.4	1.2	-0.7	-2	-0.2	-0.4
经常账户储蓄与投资的变动							
经常账户（占GDP百分比，变动）	-2.1	-2.2	-1.7	-7	-10.3	-4.7	-2.2
储蓄（占GDP百分比，变动）	0.7	-3.1	1.8	-0.3	-6	-1.4	-0.3
私人储蓄（占GDP百分比，变动）	-0.1	-1.4	-1.5	-1	-6.7	-2.1	-1.4
投资（占GDP百分比，变动）	2.9	-0.9	3.5	6.8	4.3	3.3	3.5
部门间资源再配置							
非贸易品份额（变动）	—	1.6	0.5	4.3	6.6	3.2	3
中高技术份额（变动）	—	—	1.1	1.8	9.8	4.2	1.8
贸易部门就业增长	—	-3.6	0.2	-1.6	-4.1	-2.3	-2.6
非贸易部门就业增长		0.7	2.7	5.5	3.6	3.1	3.1
过热指标							
消费者价格指数	4.6	14.3	2	7.6	3.2	6.3	4.6
消费者价格指数（变动）	2.9	8.2	1.1	3.3	2.9	3.7	2.9
产出缺口	0.6	0.9	1.7	0.2	0.7	0.8	0.7
产出缺口（变动）	0.7	1.3	4.2	1.5	1.2	1.8	1.3

资料来源：IMF（2010）。

二、2012 年中国经济增长减速的一致预期

随着欧洲债务危机的蔓延和经济增长的大幅下滑，以及美国经济复苏的推后，全球经济处于持续再平衡过程，外需对中国经济增长的贡献可能会在 2012 年再次成为负值。我们预测，在整个"十二五"期间，净出口对中国经济增长的贡献始终为负值。

随着城市化的推进，中国的经济增长已经基本进入以内需拉动为主的时代。我们当前的发展动力主要是投资，特别是以城市化为基础设施和房地产开发的投资，这几年能有效低于巨大的国际金融动荡，保持高速经济增长都是靠投资拉动。2011 年中国城市人口比重超过 50%，城市化进程增速开始减慢，特别是中国近十年来土地城市化速度远远超过了人口城市化速度，2001~2011 年城市建成区面积和规划面积比城市人口年均增长高 50%~100%，未来向土地投资仍有潜力，但增速下滑。而消费大致保持稳定，如果经济不景气拉长，则消费也会下滑。展望 2012 年，我们预测全年经济增长大体会继续保持在较高的 8.4%，物价水平在 4% 上下，经济增长的动力依然靠投资拉动，但动力不足已经是非常明显的事实。进行结构性改革已经迫在眉睫。随着 2011 年第四季度通胀的明显缓解，2011 年全年 CPI 基本保持在 5.4%，2012 年下调至 4.1%（见表 2）。

表 2　主要国民经济指标预测

主要经济指标	2011 年前三季度（实际值）	2011 年第四季度（预测值）	2011 年全年（预测值）	2012 年第一季度（预测值）	2012 年全年（预测值）
1. 居民消费价格（CPI）	5.7	4.7	5.4	4.8	4.1
2. GDP 实际增长率	9.4	8.8	9.3	8.7	8.4
3. 社会消费品零售名义增长率	17	17.3	17.1	16.8	15.5
4. 固定资产投资名义增长率	25.2	24.6	25.1	22.8	18
5. 出口总额名义增长率	22.7	21.3	21.8	18	19
6. 进口总额名义增长率	26.7	24.1	25.8	22	20
7. 贸易余额（亿美元）	1070.98	505.4	1576.38	38.1	1204
8. M2 货币余额同比增长率	13.7	13.4	13.4	12.5	11.5
9. 信贷余额同比增长率	14.9	14.1	14.1	13	12.5

资料来源：公开数据和本文预测。

当前政策和学术界都争论中国是否应该全面转向刺激，否则会"惯性下滑"。中国"十二五"期间将经济增长目标定在了 7%，已经有了一定的减速准备。但近年来的高速增长，特别是"十一五"期间年均增长 11.2% 的背景下，很多人认为中国经济增长潜在增长率应该提高到两位数以上，而不是下调至 7%。"十一五"期间高增长是以通胀和通胀预期的不断上升为代价的：2006~2012 年，除金融危机冲击导致 2009 年通货紧缩外，2007 年消费物价上涨了 4.8%，2008 年上涨 5.9%，2011 年消费物价水平预计

5.4%。"十二五"期间成本推动的物价上涨压力，依然挑战着中国经济发展的稳定性。

2011 年中国经济依然高速增长，呈现逐季度递减的趋势，更为重要的是，作为从"十二五"开局之年在节能减排，转变动力机制上仍然进展不够，但在体制改革如税收、财政改革上开始走出了坚实的步伐，当前中国的问题不是速度而是持续的发展动力，需要加速改革和减速增效。

我们在表 3 中列举了全球主要机构和个人对于中国 2012 年经济增长与物价水平的预测，数据显示，各种机构预测经济增长率在 8.3%~9.5%，野村证券的预测值最高，瑞银的预测值最低。如果出现美国经济二次探底，将会导致中国经济增长率下滑 1 个百分点左右。在物价方面，2012 年中国 CPI 的预测值在 2.7%~4.93%，通胀在 2012 年下行已是必然。

表 3　主要机构对 2011~2012 年中国宏观经济的预测

发表时间	预测机构或个人	情形	GDP（%）		CPI（%）	
			2011 年	2012 年	2011 年	2012 年
2011 年 4 月	世界银行		9.30	8.40	5.00	3.40
2011 年 8 月	厦门大学、新加坡李光耀学院	常规情况	9.28	8.91	5.34	4.93
		美国二次探底		8.24		3.95
2011 年 9 月	亚洲开发银行		9.30	9.10	5.30	4.20
2011 年 10 月	渣打银行			8.50		3.20
2011 年 10 月	野村证券		9.20	9.50		4.80
2011 年 10 月	国际货币基金组织		9.47	9.04	5.50	3.30
2011 年 10 月	高盛集团			8.60		3.10
2011 年 10 月	清华大学中国与世界经济研究中心			8.50		2.70
2011 年 11 月	瑞士银行集团汪涛	基准情形		8.30	5.40	3.50
		美国二次探底		7~7.50	3.00	3.20
2011 年 11 月	三星经济研究院		9.00	8.40	5.70	4.80

资料来源：依据相关公开出版物整理而成。

2012 年中国经济增长处于一致减速预期，如果出现欧美经济二次探底，按照瑞银和厦门大学的分析则会冲击经济增长 0.64~1.3 个百分点，我们按 IMF 的平均调整 1.2% 预测，则经济增长最坏的情景为 7.2%。这种减速预期的背后主要原因集中在短期问题上：①外部冲击强制中国再平衡减弱了中国的经济增长，特别是欧债危机导致中国出口有可能进一步下降；②地方融资平台、铁路、国企高债务率问题直接缩减了地方政府和国企的投资能力，房价下行减低了居民的个人投资，投资乏力是 2013 年的主要问题所在；③节能减排加大完成。沿海地区出口导向型的劳动密集型工业水平不断下降和国内建筑业等基建行业减速，2012 年的就业压力加大，这将会凸显结构调整问题的重要性，即服务业发展滞后无法吸收更多就业。分配结构调整缓慢，2011 年城市居民收入增速远低于 GDP 增速，消费带动乏力，而技术创新等更是缓慢，长期结构矛盾也显现出来。

三、多重周期重叠共振

从短期周期来看，国际周期中的欧债危机和中国周期中地方融资平台等高负债将在 2012 年体现为短期的现金流危机冲击，特别是欧债中的意大利和西班牙等在 2012 年 2~4 月集中兑付期，国际债务危机压力重重。国内 2012 年平台债务也是集中兑付期，也会遇到现金流冲击的风险，金融市场的恐慌也直接会导致风险加大。国内当前债券市场国债和低等级债，如城投债收益率走向背离就显示出国内市场不断上升的压力。

我国经济的总杠杆率已经很高，金融风险不断上升。一方面，以社会融资总量来衡量，到 2011 年年中，国内信贷存量相当于 GDP 的 173%，这比很多同等收入水平发展中国家的比重都要高。另一方面，地方融资平台和央企等由于金融可获得性强，均自觉不自觉地提高了其金融杠杆率。由于这些机构投资的期限较长，短期收益率较低，必然导致现金流风险较大，负债风险凸显。

2011 年 7 月的城投债违约引起债券市场暴跌，上海银行间市场 7 天拆借利率一度突破 8%，现在仍在 5% 的高位波动。同时，债券融资出现很大困难，并引起"民间"房贷利率水平飙升。股票市场也大幅下跌，大型上市银行的估值中位数从 2010 年末的市净率 2.8 倍下跌到 1.6 倍。很多房地产开发商在境内和境外美元债券市场的融资成本也已经上升到 15%。一些投资者已通过购买主权信用违约掉期或人民币看跌期权，来对抗宏观经济与金融风险。这些状况表明，我国金融市场上的风险因素已经在积累并开始显现。

而紧缩政策有滞后效益，紧缩政策抑制了物价的上涨，但也会产生自我强化的机制，主要表现在两个方面：一是总量紧缩性政策量化分解为各部门的紧缩指标，往往形成各个部门共同紧缩过程，从而加大紧缩的力度；二是紧缩政策具有"自我强化"的特征。稳定化政策的核心是逆周期调节，但任何政策调节都有其自我强化的特征，考虑到政策的滞后效应以及经济形势的变化，逆周期调节就很容易转变为顺周期调整，从而会加剧经济波动。因此，当前宏观调控要注重总体把握和全局管理，提高政策的前瞻性，避免自我强化的紧缩机制引致较严重的宏观风险。

从长周期来看，全球经济再平衡和中国潜在增长率下降似乎也成为长期趋势。全球经济再平衡是一个长期过程，特别是全球分工体系的重新建立需要 10 年以上，因此未来 6~8 年依然是一个充满了"再调整"的摩擦期。从中国当前的政策目标来看，"十二五"期间中国经济增长目标下调到 7%，已经有了减速的考虑。从生产函数角度来看，导致潜在增长率下降的因素有六个：一是劳动供给增长的减速，劳动力价格上涨，预计到 2015 年后劳动的绝对供给量减少，劳动力供给增长缓慢会导致产出增长减速；二是劳动市场的供需变化和政府的公共政策会牵引劳动在整个分配中的比例提高，推动劳动产出弹性逐步加大，资本产出弹性下降；三是 2012 年城市化率已经超过了

50%，预计到达52%，城市化推动的内需扩张也不是无边界的，特别是对中国这样一个土地城市化远超前于人口城市化的国家，城市化带动的投资转折更会提早到来；四是产业结构变化是服务业比重不断提升，其增长的规模效应和效率会低于制造业，服务业比重高，GDP增长速度就会降低，按能提升就业，尽管中国发展滞后，但这是一个全球经济发展的规律性趋势；五是"全球再平衡"直接推动中国内需发展，提升消费是必然趋势，而提高居民消费的根本，就在于改变资本和劳动在分配份额的比例，降低投资贡献；六是受到全球低碳规则的约束，在加入碳约束下中国潜在增长率年降低1个百分点（袁富华，2010）。继续推进经济两位数增长的要素动力因素下降，唯一可依靠的是人力资源提升和技术进步，当然最大的激励因素是制度改革，但这些都是不易的。

2012年中国经济可能遇到多重周期的重叠震荡，特别是短周期和长周期，国际和国内金融市场周期和政策周期的多重重叠，必须要以稳定金融为主调，积极调整结构应对长期发展。

四、把握未来发展的创新周期推进结构性改革

2012年全球宏观经济政策的主基调依然是稳定金融。美联储的货币量化宽松政策QE I和QE II、欧洲金融稳定基金ESSF和中国政府对于地方债、铁路债的救助，都是稳定金融政策。金融稳定政策的核心是减少信贷市场的信息不对称，减少企业内外部融资成本的差别，防止因为流动性紧缩而导致企业信贷下降，出现经济衰退。随着宏观经济状况的不断好转，从2013年开始，发达国家的债务问题基本稳定，新兴经济体通胀压力明显减轻。全球经济将再次步入稳定增长的轨道。未来十年内，国际经济供给面的三个基本技术走势将影响中国经济的供给行为和潜在增长率：

（一）提升全球服务业的可贸易比重

全球化进程的不断深化，服务业的可贸易比重不断提高，特别是信息技术的兴起、普及和应用，服务业可贸易规模成为了全球贸易的新推动引擎，外包、远程服务、知识产权传递等，全球服务可贸易比重会从现在的不足20%，在未来十年推进到40%，而美国是这一趋势的主导者，IT平台极大地降低了很多传统商品的单位运输成本，例如电子图书极大地降低了传统纸质书籍的运输、储藏和复制成本。目前最为国内熟知的IT贸易平台是苹果公司将IT技术嫁接到手机上的iPhone和iPad平台，通过这个平台，全球的知识产品几乎都可以在苹果公司的定价平台下进行贸易。以美国新兴富豪为代表的互联网高端技术Facebook、Google、Amazon等IT服务平台近年来在全球取得了快速发展，进入中国市场后也必将凭借其知识产权优势挑战中国的传统产品。未来金融、医疗、教育等的远程服务也将逐步开启，这都直接加大了服务业的全球化发展。在美国新一轮的服务贸易外包中，受到语言习惯、产业基础等因素影响，印度将超过中国成为最大的受益者。如何应对美国发动的IT平台的服务业贸易，将成为影响中国国际地位的重要因素，显然国内还没有做好准备去迎接美国的知识贸易品大潮。

（二）绿色更新周期

绿色更新周期是指绿色消费和低碳技术推动的全球设备和居住的更新改造周期，设备低碳改造周期预计 10 年，居住绿色消费更新则要 20 年以上。绿色更新周期对制造业提出新要求，当前欧洲是主要倡导者。2005 年欧盟委员会推出"里斯本战略"，明确了欧盟经济增长方式的未来新趋向：创新工业和科技体系，大力发展低能耗、高附加值、高产出的战略性新兴产业，推动绿色、低碳、环保产业作为新的经济增长点。2011 年 3 月在"欧洲 2020 战略"中，决定把发展低碳经济作为未来 10 年的战略重点：欧盟将在 2020 年前将温室气体的排放量在 1990 年的基础上减少至少 20%，同时将可再生能源在总能源消费中的比例提高到 20%，能效提高 20%。自此，节能减排已经成为欧洲未来 10 年产业和技术发展的战略重点。欧洲委员会发布的《欧洲：2050 低碳经济路线图》以倒推的形式分析了完成上述转变所需要的能源计划。与服务业不同，低碳经济发展与我国原有的制造业工业基础可以实现较好对接，已经受到了国内政策的高度关注，中国"十二五"规划中的大篇幅的节能减排和传统产业改造计划是符合绿色更新周期的，中国在这方面应该起到领先作用。

（三）新兴经济体消费结构升级带动的传统制造业升级改造

随着整个新兴经济体 GDP 的快速增长，一个富裕的中间阶层逐步在全球形成。国民收入水平的持续提高，促进了居民消费对于生活品质的追求不断提高。近年来，我国居民消费结构发生了很大变化，居民的生存消费已经基本满足，正在向殷实的小康家庭迈进，买房置业、安享城市生活成为许多家庭追求的目标。一些发达城市空调、电视、手机、洗衣机等商品的普及率都已与发达国家相差不多，居民消费将由数量消费全面过渡到质量消费阶段，这自然会带动原有产业结构的升级和技术更新换代，由此带来本国制造业的升级改造。

2012 年国内要谨慎应对经济波动，但更重要的是积极进行结构改革，促进增长迎接新的全球发展新机遇。首先要调整税制结构，提高直接税比重，控制收入分配差距。中国当前的税收结构以流转税为基础，随着城市化的发展，居民的税收和未来享受的福利在口径上要逐步匹配，税收结构应向着流转和直接税并重的结构转变。推进个人所得税综合改革，将个人的劳务所得和资产所得纳入统一征管平台，从完全分类纳税走向分类与综合相结合，降低名义税率，减少累进档次。逐步取消福利与户籍的捆绑，建立一个广覆盖、可转换的基本社保体系，稳定居民消费倾向。鼓励实体创新，促进产业升级和服务业发展。在增值税扩围后，应当逐步开始降低增值税税率，激励实体部门创新。促进地方政府通过提高城市聚集和竞争力等方式获得收益，改变过度依赖"土地财政"的行为。从土地城市化走向人口城市化，提高空间集聚效率，获取城市建设、管理和公共支出等方面的规模经济。国际经验表明服务业和城市化进程、城市规模、人口密度等直接相关，调整服务业和工业结构关键在于增加空间集聚。

从产业政策来看，首先应当尽快推动国内低碳技术研究和应用，推动节能减排，逐步参与碳技术的相关前沿，争取能参与相关国际标准的制定，在全球低碳经济舞台上拥有发言权。其次要制定长期规划，注意发展基于 IT 平台的新兴战略性服务业，争取建立相关的服务贸易中文平台，同时要做好与美国进行服务贸易战的知识和法律准备。最后要削减制约国内居民消费升级换代的政策规定和行业管制，当前消费升级的核心是现代服务业需求，如金融、医疗、教育、文化、体育、安全等新兴服务，但这些需求受到行政严格管制，供给不足，放松管制推进国内现代消费服务业发展，下大力气提升服务消费的供给和消费水平，才能实现可持续的内生经济增长。

参考文献

［1］Angus Maddison. Growth and Interaction in the World Economy：The Roots of Modernity［M］. The AEI Press，2005.

［2］IMF. Rebalancing the Global Economy：A Primer for Policymaking［J］. Centre for Economic Policy Research，2010.

［3］Luiz de Mello and Pier Carlo Padoan. Are Global Imbalances Sustainable?：Post-Crisis Scenarios［Z］. OECD Economics Department Working Papers，2010.

［4］袁富华. 低碳经济约束下的中国潜在经济增长［J］. 经济研究，2010（8）.

［5］张平. 宏观政策的有效条件、运行机制、效果和复苏后的选择［J］. 经济学动态，2009（12）.

［6］张平. 中国经济全面复苏和政策"正常化"［J］. 现代经济探讨，2010（1）.

［7］张平，王宏淼. 中国转向"结构均衡增长"的战略要点和政策选择［J］. 国际经济评论，2010（5）.

［8］张平. 后危机时代宏观政策的转变：从需求扩张到供给激励［J］. 经济学动态，2010（12）.

［9］张平，戴磊. 中国经济增长与后危机时代的均衡调整［J］. 现代经济探讨，2011（1）.

［10］张平，付敏杰. 稳定化政策的基准、期限与刺激政策组合［J］. 经济学动态，2011（12）.

［11］［德］维托·坦齐，舒克内希特. 20 世纪的公共支出：全球视野［M］. 胡家勇译. 北京：商务印书馆，2005.

15 中国经济效率减速冲击、 存量改革和政策激励*

2009 年以来一系列的"反周期"宏观操作,持续推高了投资率、货币投放和全社会负债率,但高的资本形成没有推动持续的高增长,经济增长从 2010 年重新回到两位数后进入到经济减速的通道,2012~2014 年已经开始为保 7.5%的增长了。稳增长靠资金,社会融资规模连续三年向上,2012 年 15.7 万亿元,2013 年 17.3 万亿元,2014 年预计与 2013 年持平,货币扩张已经是很强刺激了,然而却有巨大的负产出缺口,导致生产者价格指数 28 个月为负。再加大货币流量刺激,提升投资力度似乎难以摆脱当前的困境,究其原因就是出现了"效率减速的冲击",即大量的供给都是无效率的,或因无需求变为库存,或回收周期很长、回报率很低,或被"僵尸企业"吸走浪费等,这些低效率的企业、产能过剩部门和低效地方基建等不是能通过货币流量"输血"可以挽救的,需要进行存量体制改革和调整,才能完成从规模扩张向高效率供给过渡。

稳增长的政策选择必须摆脱 GDP 核算在思维上"非投资就是消费"的恒等式束缚,改变宏观政策调控的基准,配合体制改革,真正以激励经济体"动态效率"改善。宏观政策着重激励中国经济从高速的规模扩张转向高效率的生产,如加速折旧抵税的政策,推进产业设备更新改造;进行金融企业的风险补偿机制建设,推进风险定价,清理"僵尸企业",而在结构上投资要从铁路、公路、机场等硬件转向"科教文卫"等软的社会基础设施投资,逐步转向消费,而消费又不是简单的耗费,而是通过消费提高"人力资本",人力资本又带来创新等"效率改善",这样才能逐步解开当前"稳增长"宏观政策选择只能靠投资和货币扩张的困局。

一、2014 年经济增长的经验事实和 2015 年展望

2013 年中国经济 GDP 增长达到了 7.7%的水平,2014 年上半年预计维持在 7.4%的水平,预计全年 GDP 增长达到 7.4%的水平,展望 2015 年的经济增长目标应下调到 7%。经济增长的趋势已经越来越明确地指向了经济增长进入"换挡期",其背后的逻辑基础和未来趋势值得我们深究。

当前中国经济出现一系列新的经验事实,这些经验事实预示着中国经济发展阶段大转变的开始。归纳起来有以下五个方面:

---

* 全文发表于《经济学动态》2014 年第 10 期。

（1）增长与投资相背离。2008年金融危机以后，中国经济增长趋势从2011年开始逐年下滑，经济增长从2011年的9.3%下滑到2012年的7.7%、2013年的7.7%和2014年上半年的7.4%，而投资率从2009年反危机后一直处于49%的高位水平。21世纪以前平均在35%~40%，2011~2007年在40%，反危机后投资率再提高到49%，但经济增长趋势性下滑；从货币激励来看，传统货币扩张看新增长贷款，2005年以前新增贷款都在2万亿元以内，2009年反危机一年新增长贷款高达9.6万亿元；2010年后央行起用社会融资总规模来观察货币扩张，2010年和2011年在14万亿元上下，2012年为15.7万亿元、2013年为17.3万亿元，2014年预计20万亿元，2013年新增贷款也有可能突破10万亿元，货币流量刺激可谓持续放大；与投资和货币激励相配合，社会杠杆率不断攀升，以M2/GDP最为简单计算2013年预计超过200%，按信用总量计算2012年超过200%（李扬等，2013），一个基本的事实是投资已经无法拉动经济高增长了。

（2）服务业成为增长和劳动力就业的带动部门（见图1）。2013年服务业占GDP的比重超过了第二产业，2014年上半年服务业占GDP的比重上升到46.6%，增长速度为8%，超过第二产业7.4%，服务业成为了经济增长的主要驱动力。2003年开始服务业部门替代农业部门作为周期性劳动力供求的贮水池，此时服务业呈现了全面扩张，2003~2013年农业部门每年的就业增量出现了持续大幅度的负值（年均为-1087万人），即使2008年以来的经济不景气也没有导致劳动力向农业的回流。我们对此的判断是，就业份额较大的服务业部门已经接替农业部门成为新的劳动力贮水池，在继续接受农业部门劳动力流入的条件下，二三产业部门之间劳动力流动的现象将越来越明显。但值得注意的是，第三产业的高就业降低了三次产业的劳动生产率，用经济效率减少换取就业增加是无益的，因此必须改革服务业现有体制束缚，加快提升服务业效率。

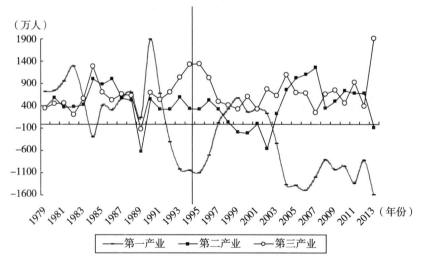

图1　1979~2013年中国三次产业年末从业人员增量

资料来源：国家统计局统计数据库。

（3）产出负缺口与效率减速的冲击。从可观察的产出负缺口就是生产者价格指数（PPI）持续28个月负值。从理论上来看，即实际增长低于潜在增长水平，也就是说，从2012年开始负缺口明显出现，衡量负缺口的价格指数PPI从2012年转负到现在。依据模型计算的潜在增长率高的原因就是，这些年反金融危机，资本形成速度快，按生产函数计算必然是高的潜在增长率，而现实的经济增长不上去，大家爱说的一句话"产能过剩"，即无效投资，学术一点的话"效率减速"，即大量投入没有产出价值，即持续低效率，投入没有产出。当前大量的企业仍然靠提高资金流量来维持"僵尸"状态，低效的公共基础设施建设依然在蔓延，过剩产能部门"我行我素"。同时我们也要看到服务业效率一直低于制造业，服务业中的现代部门"科教文卫"都是事业单位，很多公共服务部门基本是行政垄断，服务业有着巨大的需求，但供给不反应，而且效率低。效率低直接反映在高投入得不到高产出，反而是在消耗。因此流量能维持一定的增长，但已经难以解决效率的提升了，增长要靠效率激励机制的改革与存量调整才能完成。

（4）全球化的商品贸易红利在2008年金融危机后已经宣布结束了，中国贸易盈余2011年后占GDP的比重都没有超过3%，对中国经济带的作用下降。2013年中国进出口世界第一，全球化水平空前提高，也成为世界大国，其大国效应将直接影响世界市场的变化。随着人民币资本项目的不断开放，如马上开启的股票市场的"沪港通"、上海自贸区等，中国经济将进一步融入世界，而出口的规模的上限约束愈来愈强，更为重要的是如果我们不能改进企业创新能力，国际竞争力会不断下降，份额不仅难以提高，而且还可能下降。

（5）区域转移效应较弱。2014年低于全国平均GDP增速的省份不仅包括发达地区，也包括中西部地区，达到12个省份，中国区域转移推动经济增长的空间在收窄。

这些经验事实表明中国到了阶段转化期，即经济增长速度"换挡"，从高速转向高效，"经济结构"从非均衡赶超向较为均衡的可持续发展结构转变，更为深刻的是生产方式发生根本变化，即从追求"规模—效率"的贪大图洋式的规模化发展转向了以需求为导向的"需求—效率"发展方式。传统上我们靠政府改革形成新的发展空间、努力占据新资源和扩大产能规模，提高负债来提升企业和国家的发展。而现在经济减速、产能过剩、出厂价格通缩，腾挪空间受到挤压，规模化扩张的粗放发展阶段宣告结束，中国进入到了以真实的需求为导向的创新获得效率的新阶段。

我国2014年上半年经济增长7.4%，低于计划目标7.5%，从4月开始的"定向放松"和国际市场复苏对中国出口带动起到了一定效果。6月中国采购经理人指数发布的PMI指数持续回升至51，物价有所反弹，第二季度经济稳定在目标值7.5%，但7月货币投放突然失速，8月经济增长迅速回落，房地产回落直接降低了投资需求，出口8月下降，第三季度中国经济增长保持在7.3%的水平，2014年达到7.3%（见表1）。

中国宏观调控政策空间同样受到挤压。稳定经济增长需要金融扩张，上半年预计社会融资总规模已经达到了10.57万亿元，M2高达14.7，预计全年社会融资总规模要超过20万亿元左右的水平，银行贷款突破10万亿元，中国经济杠杆率水平会进一步上升。由于负债较高，很多资金都在进行债务的"流动性安排"，没有注入到实体经济中，市场利率并没有因货币宽松下降，反而一直处于高位，民间借贷利率仍高达20%以上，而由于房地产和制造业的下滑，中国政府的土地和税收都不乐观，而政府负债一直以20%的速度攀升，政府进一步财政刺激能力下降，难以持续进行量化激励，预计2014年政策会逐步转变为降息等价格性激励。

表1　2014~2015年主要国民经济指标预测

主要经济指标	2014年预测值	2015年预测值
1. 居民消费价格（CPI）上涨率（同比,%）	2.2	1.9
2. GDP 实际增长率（同比,%）	7.3	7
3. 社会消费品零售总额名义增长率（同比,%）	12.2	11.5
4. 全社会固定资产投资名义增长率（同比,%）	16.2	15
5. 出口总额名义增长率（同比,%）	4.2	4.5
6. 贸易余额（亿美元）	2810	2910
7. M2 货币余额（同比,%）	13.1	12.5
8. 社会融资总规模（万亿元）	17	19

资料来源：国家统计局。

二、效率减速的冲击

中国当前宏观的药方仍然是提升投资，但投资遇到了效率减速的冲击，明确无误地揭示了一个基本的事实，需求扩张有稳定功能，但不解决经济体效率水平。过度的需求拉动刺激，拉高了杠杆，产生更多的无效资产或积累出更多的泡沫资产。从供给方面来看，由于效率减速的冲击直接推低劳动生产率、技术进步，从而导致潜在增长率的下降。只有持续改进效率才能使需求激励政策有效。发达经济体靠市场出清来强化竞争，完成供给效率的改进，而中国效率难以提升的根本是受到传统体制的羁绊，政府干预过度，大量的政府过多参与了经济运营，无法退出，中国的效率减速当前更多地表现为传统体制部门。

中国经济总体上已经转入到了现代部门，农业部门占GDP的比重不足10%，因此产业部门已经完成了传统产业结构向现代产业结构的转变，中国的结构变化已经不是产业结构的简单配置问题，很多都是制度结构问题了。在中国的第三产业结构中，占现代服务业比重最大的"科教文卫"仍是行政事业单位，这与市场服务公司有制度分割；而大量公共基础设施服务如"水电气"、排污、电信和铁路部门多为管制的准行政单位，大量存在着管制与非管制部门的分割，国企、私人部门的分割，地方的区划分割等，这些分割都是体制上的分割。体制上的分割阻断了市场配置机制发挥，违背了十八届三中全会提出的"市场起决定性作用"的资源配置体制目标，导致了大量的低效公司和机构被市场竞争机制淘汰。

1. 产业结构配置效率持续下降

中国经济高速发展来自从传统农业部门向工业等现代化部门的资源转移,以工业化为代表的现代部门劳动生产率数十倍于传统的农业部门,传统的农业部门中有大量"隐蔽"在农村的剩余劳动力,其劳动生产率实际是负值,即劳动力在农村提高不了产出,但自身却消耗产出剩余,任何一个剩余劳动力转移到现代部门后,现代部门和传统农业部门效率都会得到提高。

我们将 GDP 的增长分解为劳动生产率、人口红利和人口增长,即 GDP 增长率=劳动生产率增长率+15~64 岁劳动年龄人口占总人口之比(人口红利)增长率+总人口增长率;其中,劳动生产率定义为 GDP 与 15~64 岁劳动年龄人口之比。基于这个恒等式,我们可以计算出自改革开放以来,1985~2007 年中国两位数高增长阶段 85%得益于劳动生产率的改善,人口红利的影响只有 5%,人口增长贡献 10%,经济增长主要是靠劳动力的转移大幅度提高劳动生产率获得的。未来人口增长速度下降,人口因素的贡献会下降,传统部门向现代部门转移的再配置接近尾声,未来增长更要靠现代部门劳动生产率的持续提高和人力资本的提高。

继续对劳动生产率(y = GDP/就业人口)增长率进行分解。将劳动生产率(y = GDP/L)增长率分解为各产业增加值比重增长率、各产业就业比重变化率和相应劳动生产率增长率,公式如下:

劳动生产率(y = Y/L)增长率=第一产业增加值份额×(第一产业劳动生产率增长率+第一产业就业份额变动率)+第二产业增加值份额×(第二产业劳动生产率增长率+第二产业就业份额变动率)+第三产业增加值份额×(第三产业劳动生产率增长率+第三产业就业份额变动率)(张平等,2013),依据公司可以看出,总体劳动增长率来自各产业劳动生产率增长和就业份额变动(劳动力配置效率),根据各产业劳动效率和就业配置效率进行份额变动权重加权获得总体劳动生产率,计算后得到表 2。

表 2　中国劳动生产率在三次产业效率和配置效率的分解 (%)

阶段	1985~2007 年	2008~2013 年
劳动生产率增长率	8.54	8.57
第一产业份额	18	9.2
第二产业(除建筑业)份额	49	43.1
建筑业份额	—	6.1
第三产业份额	33	42.6
第一产业就业份额变动	-1.92	-4.26
第二产业(除建筑业)就业份额变动	1.35	1.18
建筑业就业份额变动	—	6
第三产业就业份额变动	3.11	2.93
第一产业劳动生产率增长率	4.42	8.71
第二产业(除建筑业)劳动生产率增长率	9.21	6.77

续表

阶段	1985~2007 年	2008~2013 年
建筑业劳动生产率增长率	—	13.24
第三产业劳动生产率增长率	5.99	5.802

注：1985~2007 年没有拆分建筑业，原因是建筑业数据 1995 年以前与之后数据差距过大，无法统一计算，其占 GDP 的比重稳定在 4%~5%。

资料来源：《中国统计年鉴 2014》。

（1）2008 年后第二、第三产业劳动生产率改进速度在下降。1985~2007 年与 2008~2013 年两个时期对比来看，2008 年后第二产业劳动生产率增长率出现了显著下降，由前期年均增长率 9.2% 降低到 7.2%；第三产业劳动生产率增长速度下降，由前期的 6.0% 下降到 5.8%。其间，第一产业劳动生产率增长速度提升较快，但是该部门增加值份额较低，且就业份额持续下降，未来全社会劳动生产率变化主要是第二和第三产业的产值和就业份额比重与自身劳动生产率变动。

（2）2008~2013 年建筑业效率和配置效率最高。进一步分解 2008~2013 年来看，实际增长最快的第二产业中的建筑业，不但就业份额增长最快，年增长 6%，劳动生产率增速高达 13.24%，这两个值均是第二产业中制造业（即扣除建筑业的第二产业）的倍数，建筑业的崛起与城市化率提高和反金融危机政策有关，中国大规模房屋建设和政府实施了基础设施建设激励，但这一建设的高峰期正在过去，近年来房地产市场明显降温，新开工建设下滑，政府投资力度也在下降，2014 年投资增长率与 2009 年的峰值下降近一半，到"十三五"期间，随着城市化率的进一步提高，投资率预计下降到 40% 以下，投资增长也会进一步减速。

（3）服务业占 GDP 的比重增加最快，从现有的趋势来看，服务业就业和产值比重不断提高，但其劳动生产率改进速度是三个产业中最低的 5.8。第二、第三产业劳动生产率绝对水平的对比则差距很大，两产业之间存在着巨大的效率失衡。而第二产业效率提升速度当前不断下降，产能过剩，连续的生产者价格指数（PPI）负值，会导致第二产业劳动生产率进一步下降。

（4）当前中国劳动生产效率保持高水平，仍受益于农村劳动者转移到现代部门的再配置，特别是建筑业的快速发展起到了带动作用。但从当前维持劳动效率的指标来看，2008~2013 年第二、第三产业的就业份额变动已经在降速。而从劳动力供给来看，国家统计局 2012 年、2013 年的统计，16~60 岁（城市就业标准年龄）劳动者供给绝对值下降，未来就业份额的变动速度会减小，也会拉低总体劳动生产率的变化。

总体来看，中国经济当前主要靠劳动力配置效率和建筑业的发展带动，但这一带动非常脆弱，今后数年投资下降，建筑业的带动作用会不断下降，农村劳动力供给下降，劳动力的配置效率下降，维持较高的劳动生产率是困难的，实际上按年计算分解，产业结构配置效率持续下降的趋势已经出现。

2. 全要素效率与区域配置效率减速

一国增长的外延增长靠要素投入和范围扩张，而内生增长靠全要素（TFP）的增长，即获取技术进步和技术配置效率提高。中国全要素生产率（TFP）增长速度一直处于较快的发展，其"干中学"效应显著，贡献稳定在 20% 以上的水平，较发达国家 30% 以上的水平低（张平等，2011）。最近发表的一些研究表明 2008 年后，我国的全要素生产率增长率下降，对中国经济产生了冲击（白重恩、张琼，2014）；而且从区域来看，增长高的地区全要素生产率更低，主要靠资本投入（张自然，2014）。

从核算逻辑来讲非常好理解。要素生产率（TFP）增长 =（约等于）GDP 增长率－资本形成增长（K）×资本产出弹性－劳动力供给增长（L）×劳动产出弹性，假定产出弹性不变，可以看出 TFP 是 GDP 与要素投入的差值，因此只要经济减速，而要素投入增加，必然会导致差值迅速缩小，全要素生产率增长速度放缓是必然的，其贡献率同步降低。

2008 年国际金融危机，中国采取了反危机的刺激政策，2008 年投资明显加快，资本（K）增长速度 = 资本当年增量（I）/资本存量（K）= 投资率（I/GDP）×资本产出率（GDP/K）；而劳动力保持正增长，但 GDP 增速却不断降低，2008~2014 年 GDP 增长为 8.8%，低于 1985~2007 年 9.7% 的增长速度 1 个百分点，而投资率从 1985~2007 年的 39%，上升到 2008~2014 年的 49%，要高 10 个百分点，投资率上升，资本形成速度提高。全要素技术进步贡献从 25% 下降到 15%~20%，这与发达国家 TFP 贡献超过 30%~40% 的水平渐行渐远。

投资率上升到历史新的高点，源于反危机政策，也源于城市化的发展，21 世纪投资率上升到了 40% 以上，基础设施投资、房地产投资逐步与制造业投资平分秋色，而且增长速度一直在加快，基础设施、房地产等固定资产投资折旧年限为 50 年，资本存量上升快，但建筑资本投入中隐含的技术进步明显下降，投资周期长，资本产出效率不断下降，投资带动经济效率也在下降。

从区域配置角度来看，中国产业的区域转移对提高效率没有贡献（见表 3）。从区域上来看，264 个城市 1991~2011 年平均全要素生产率落后地区的内生增长问题更为严重。TFP 增长最快的是东部，年均为 3.0%，对经济增长的贡献为 23.4%。第二位是中部，年均为 1.3%，贡献为 11.3%。末位是西部，年均为 0.8%，贡献仅为 6.9%。

表 3　1990~2001 年 264 个城市 TFP 增长及贡献　　　　　　　单位：%

地区	TFP 增长率	TFP 贡献率	技术进步	技术进步贡献率	技术效率变化	技术效率贡献率
全国	1.8	15.2	0.6	5.1	1.5	12.7
东部	3.0	23.4	1.3	10.3	2.0	15.4
中部	1.3	11.3	0.1	1.0	1.5	13.1
西部	0.8	6.9	0.2	2.0	0.9	7.7

资料来源：张平，刘霞辉．中国经济增长报告 2013~2014［M］．北京：社会科学文献出版社，2014.

当西部 2014 年上半年由于国内经济的持续投资下降，国际大宗商品周期走弱后，西部资源省份缺少了高投资，经济增长从全国前几位落到了最后，如内蒙古、河北省和东北地区等。可以看出经济增长缺少内生性，按年计算，技术进步贡献不断下降。

中西部发展严重依赖于投资的模式导致区域资源配置不会有更高的技术效率提升。中西部人口老龄化比东部严重，这些都在挑战我国区域配置的效率。

　　3. 非金融公司资本回报率持续下降

　　从微观层面来看，以上市公司数据计算的公司非金融部门资本回报率持续下降，我们使用申万证券行业分类标准简单地将行业分为金融与非金融行业两类，计算过程中我们删除了 ST 股票，概括而言，通过图 2 可以清晰地发现上市公司的 ROE 运行趋势：①非金融上市公司以净资产收益率衡量的资产回报率已经持续下降，资产回报率自 2007 年最高峰开始下降，在 2010 年回升后，到 2013 年已经降到了 9.7%。此外，从盈利能力的其他指标来看，总资产收益率 ROA、销售净利率和经营利润率近年来的下降趋势也十分明显。②金融上市公司资产回报率稳定，其资产回报率的高峰出现在 2004 年，达到了 33%，在 2007 年又有过次高峰 23%，其后稳中趋降，但近年来仍远远高于非金融类公司。

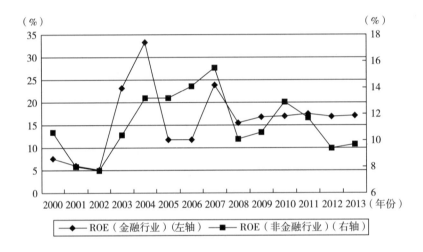

图 2　非金融行业和金融行业 ROE 对比分析

资料来源：许雄斌，张平. 中国上市公司蓝皮书（2014）[M]. 北京：社会科学文献出版社，2014.

　　从资产负债率指标来看，非金融企业负债率经历了不断上升的趋势，从 2000 年的 46% 上升到 2013 年的 59%，而金融企业经历了先上升后下降的倒 "U" 形趋势，特别是从 2003 年之后经历不断下降的趋势，总体稳定在 90% 以上的水平。上市公司是中国信用等级高，而且可以通过上市和其他方式补充资本金的公司，负债率却上升都很快，可见中国的企业负债水平偏高。根据李扬等（2013）国际比较研究，中国企业负债占GDP 的比重 2012 年就达到了 113%，比世界平均水平高出 1 倍，且超过 OECD 国家90% 的负债阈值。因此，企业负债不断上升可能带来的经济运行风险值得引起注意。

　　尽管非金融企业负债率在不断攀升却没有带来净资产收益率的持续改善，以 2007年为界，2007 年前，负债扩张产能会导致提高净资产收益率，而这之后则负债不会提高净资产收益率，说明企业运用负债杠杆扩张效率的能力在降低。究其原因，依靠负债拉动效率的阶段正在成为历史，单纯靠扩大投资会带来越来越多的无效率投资、造成产能过剩。非金融企业资产负债率的提升无疑会加大企业利息负担。当前生产者价格指数（PPI）已经连续近3年的负值，企业实际利率按政府订的基准利率水平+生产者价格指数都接近两位数了，企业支付的利息支撑了金融企业稳定的资产回报率。

对比美国的资产回报率来看，2008年金融类的净资产回报率为−4.4%。相比金融行业而言，非金融行业遭受的冲击小于金融行业，尽管净资产收益率从危机前最高峰下降了1/3，但是2008年的ROE依然高达10.2%。特别是随着奥巴马新的经济刺激计划、多轮QE的推出，美国上市公司资产回报率有所回升。2010年以来非金融类上市公司净资产收益率均值达到13.1%，这与中国不断下降的趋势形成了鲜明的对比。从资产负债率来看，美国非金融类和金融企业的资产负债率基本上在60%和90%左右，变动幅度不大，并且在2008年金融危机以来非金融类上市公司的资产负债率基本上呈下降趋势，这说明在美国企业杠杆比率下降的同时却保持了公司资产回报率的回升。

综上所述，通过对资产回报率及影响因素的层层剥离分析可以发现非金融企业的高杠杆与低资产回报率之间存有内在联系。非金融企业高杠杆不仅是依靠金融扩张和投资进行稳增长的后遗症，也是中国以间接融资为主的金融结构所决定的，在经济高速增长的情况下并不易产生问题，然而经济减速后，各国是降低杠杆，但中国由于政府软预算约束等制度特征，当经济下滑时不是靠削减产能，降低杠杆来调整，而是靠增加负债进行抵抗，加剧产业调整困难。当经济持续下滑后，企业的负债一旦难以为继，部分行业和企业出现整体违约的情况，将会损害银行的资产负债表健康，进而对宏观经济产生影响并冲击金融市场，近两年出现的钢贸与铜融资困局即是典型写照；过高的债务水平甚至会令企业陷入"债务通缩"和"资产负债表"衰退。低资产收益率表面上是宏观经济减速抑或产能过剩的结果，然而全社会企业拉高杠杆也造成无法进行企业的"清洁"，即淘汰落后企业，会大量产生"僵尸企业"（Zombie Firm）的累积风险。生产效率低下、赚钱能力低下的僵尸企业，在银行或政府帮助下继续留在市场中带来的问题就是挤占生产资源进而延迟经济整体效率提升和生产更新节奏，这是中国产能过剩又退不出来的重要原因，靠不断拉高杠杆维持现在的增长模式会造成极大的扭曲。

从上述三个方面来看，无论是从产业、区域配置、技术进步的内生增长还是从微观企业资产回报率来看，中国当前经济减速问题，不是一个需求政策调整的问题，而是缺少效率，特别是内生效率的问题。货币刺激的持续增加，导致了大量的僵尸企业、产业、区域淘汰缓慢。去杠杆提效率基本上发生在民营部门，根据最新公布的中国500强企业，民营企业只有一家亏损，而国有部门仍在不断提高杠杆，亏损面在持续扩大，因此供给效率提升是重要的，这有赖于宏观政策选择和体制改革。

三、中国经济存量调整、体制改革和政策

经济增长正从高速发展阶段逐步向高效阶段转型，如果没有大幅度效率提高，经济的可持续发展会受到很大的挑战。按照经济学逻辑来看这一转型基本要完成两个标

准和一个机制：一是以 TFP 为代表的内生增长动力贡献要提升到 30% 的水平，经济增长减速才能逐步平稳化；二是人力资本与劳动效率不断提高，人力资本提高显现在劳动生产率的不断提升上，从而形成正向循环，即人力资本提高，提升了企业劳动生产率，从而提高人力资本的回报水平，要素初级分配倾向于人力资本，如发达经济体，劳动分配份额在 60% 的原因，而中国劳动分配份额当前没有超过 50%，要素分配更倾向于资本。一个机制就是市场机制，市场机制将决定要素配置向效率方向改进，而传统政府动员型在现阶段逐步失去动员资源扩大规模的作用，其资源配置方式已经不能满足内生增长的两个原则，而应让位于市场机制。

中国当前经济正处在转型阶段，遇到了四个效率提升的障碍：一是产业效率难以提高，即从工业扩张转向服务业为主导的经济发展阶段，服务业的就业吸纳能力提高，但服务业的劳动生产率改进较慢，核心是现代服务业中的"科教文卫"都是事业单位，公共基础服务中的供水、供电、供气、污水处理、电信、铁路等都是垄断部门，市场配置资源之手无法触及，效率提升缓慢；二是内生增长贡献率在 2008 年后不升反降到 10%~20% 的贡献水平，增长过度依赖于要素投入，其背后的机制就是政府仍在过度配置资源，这直接表现在国有企业和地方政府的过度负债上，业绩不断下滑；三是金融等垄断部门已经将非金融部门逼向了不断提高负债率，而资产收益率不断下降的情景；四是人力资本提高与劳动效率提升非正向匹配，劳动市场配置出现了障碍，这些障碍都与存量资产调整和体制改革相关。当前很多宏观调控的微观基础发生了变化，加大存量调整力度，深化体制改革，通过宏观政策激励，逐步探索转型之路和宏观调控政策新基准。主要采取以下六项措施：

（1）存量淘汰，提升制造业效率。中国工业中的产能过剩、低水平重复，已经阻碍了中国工业效率和国际竞争力的提升，大量的"僵尸企业"仍在地方政府的支持下吸收大量的宝贵资源，降低社会的效率。应尽快启动加速折旧，类似于 1981 年里根政府制定的《经济复兴税收法案》就提出了加速成本回收制度（ACRS）。在旧政策激励下，企业固定资产更新速度明显加快。同时提高环保标准，淘汰高污染、高耗能的产业，推动新兴产业的发展。进行工业化升级，提高工业制造业的效率，保持国际竞争优势，稳定中国工业制造业份额在 35% 的水平。

（2）存量释放，加快事业单位改革，推动服务业发展。当前服务业发展很快，但多为效率较低的行业，制造业与服务业劳动生产率相差 1 倍以上。主要原因是中国现代服务业主体的一部分存在于事业单位，如科教文卫；另一部分存在着严格的管制，如电信、金融、铁路、航运以及大量的公共服务部门，如水电气供给与排污等。这些服务业部门按发达经济体计算基本上占服务业价值的 80% 以上，而我国却长期困在事业单位和管制中，发展很慢。事业单位改革与放松管制相结合，释放出中国的现代服务业的存量，吸纳社会资源进入，才能提升服务业的效率，参与到服务业的国际竞争中，服务业存量调整至关重要。

（3）存量调整，重组地方债务，配合税制改革，促进社会基础设施投资。近年来中国地方在大规模举债的同时，也形成了大量重要社会基础设施的资产，按世界银行定义主要包括教育、文化、医疗保健等，短期回报低，现金流也较差，但其关乎人力资本提升的重要基础设施，是中国经济转型的根本。中央政府应该按照项目期限、收益率、项目的经济外部性和功能性特点，发行低利率的30年期以上的长期特别国债对地方社会基础设施资产进行购买，转移这部分地方政府债务，减轻地方政府的债务负担。通过税制改革，推进生产性环节的间接税制为主向消费、收入所得、财产保有环节的直接税为主转变，削弱地方政府侧重于生产性投资的税收激励，鼓励地方政府在社会基础设施方面投资。

（4）人力资源存量"二次开发"，改善收入分配和人力资源开发。收入分配不公平直接扭曲经济，降低了人力资本的积累动力。中国收入分配不公平问题比较突出，富裕者对房地产等奢侈品的追逐（不论出于投资、投机还是其他动机），实际上已经成为生产结构扭曲的推动力。房地产泡沫以及各种阻碍"人的城市化"政策（如户籍政策等）均在无形中抬高了城市生活成本。中低收入者受到城市高生活成本的影响，其家庭的人力资本投资被挤出，无法实现人力资本的升级换代，因此不利于转型时期以及未来中国的持续增长。中国使用低素质劳动力已经三十多年，也因此形成增长的路径依赖，以人力资本升级换代为核心的人力资本存量调整，是人口红利消失和经济减速之后最为重要的任务。

（5）存量结构调整需要金融创新和税收激励，降低创新和提质增效实体经济部门的财务和税收成本。当前经济处于经济增长换挡期和债务周期去杠杆阶段，部分实体经济（如产能过剩行业、债务杠杆过高行业和企业等）财务成本上升符合经济周期调整的规律，但对于创新和提质增效的实体经济部门应当提供与其未来收益相匹配的融资便利和税收激励，降低其融资和税务成本。这些融资便利主要通过互联网金融创新、资产证券化和中央银行货币政策创新等提供。互联网金融发展了普惠金融，有助于提高资金的配置效率，缓解创新和高效实体经济利率高企、小微企业融资难的困境；中央银行货币政策也可结合商业银行的资产证券化尝试新的抵押补充贷款（PSL）政策，实现资金的定向投放。税收激励需要设计适当的税收优惠政策。

（6）创新宏观调控体制与政策框架。中国经济由高速增长向稳速、高效增长的转型，关键是转变过度依赖投资的格局，因此，经济管理思路也应当转变。在投资需求和消费需求管理的问题上，应转变过去静态意义上的投资/消费规模权衡，投资和消费之间的权衡无非是非此即彼，提高消费比例同时意味着压低投资，导致经济增长速度进一步下降。从动态效率的角度看，现代消费的核心是人力资本的提高，投资于健康、教育、文化，推动投资、消费和服务发展更为一体化，更体现在投资结构优化和消费增加对劳动生产率的促进上。

解开这一症结的核心是积极建立"以人为本"的宏观体制，包括税收和金融体制改革，建立纳入知识产权、R&D的新GDP核算框架，从而逐步淘汰以"产品为主"的宏观管理和考核框架。

参考文献

［1］白重恩，张琼．中国经济减速的生产率解释［J］．比较，2014（4）．

［2］李扬等 . 中国国家资产负债表 2013——理论、方法与风险评估［M］. 北京：中国社会科学出版社，2013.

［3］许雄斌，张平 . 中国上市公司发展报告（2014）［M］. 北京：社会科学文献出版社，2014.

［4］张平，刘霞辉 . 中国经济增长报告［M］. 北京：社会科学文献出版社，2014.

［5］张平等 . 中国经济增长前沿Ⅱ［M］. 北京：中国社会科学出版社，2011.

［6］张平，刘霞辉，王宏森 . 中国经济增长前沿［M］. 北京：社会科学文献出版社，2007.

［7］张自然 .TFP 增长对中国城市经济增长与波动的影响——基于 264 地级及地级以上城市数据［J］. 金融评论，2014（1）.

16 通缩机制对中国经济挑战与稳定化政策[*]

张 平

通货紧缩通常使用消费者物价指数（CPI）持续下降来表示，它表明全面的物价下跌，包括农产品、房租、服务和制造品的全面价格下跌，全面通货紧缩。消费物价下跌对消费者是好事，但对供给者则是损害。从供给方来看，通货紧缩率先可以采用生产者价格指数（PPI）即出厂品价格下降来衡量，生产者价格指数下跌是对制造、原材料等部门的损害程度。对发达国家而言，制造和投资对经济贡献的比重都不高，用CPI衡量基本反映了经济通胀和通缩情况。潜在增长水平低，CPI为负值才定义为通缩。中国经济中制造业和投资是中国经济最为重要的贡献部门，因此用PPI衡量生产部门的通缩情况是重要的参考，由于中国潜在增长率高，依据菲利普斯曲线计算中国的CPI适当值在1%~4%的水平（张平，2010）。中国当前的消费者物价指数和生产者物价指数走势是一致的，2012年3月开始生产者价格指数转负，生产制造部门率先进入通缩，到2015年2月PPI为-4.8%，加速下降；而CPI代表的消费物价虽然依然为正，但趋势也是一直向下，2015年第一季度CPI预计涨幅1%，已经进入到通缩边缘。

通缩在短期内对经济的扰动较小，但如果不能有效地加以遏制，其内在机制会对经济产生"逆向循环"，对经济的伤害是严重的。全球很多国家都出现过通缩情景，美国最著名的通缩就是1929年大萧条的通缩，费雪（1933）将通缩讨论延伸到了"债务—通缩"，以讨论大危机问题，提出了生产者价格收缩，实际利率上升，负债恶化，经济进一步收缩的传递过程和理论逻辑。伯南克（1996）提出了"金融加速"（BGG）模型，探讨经济增长波动过程中由于资本市场信息不对称，企业外部融资利率上升或下降与企业盈利和负债表（企业净值）关系，强调了经济下滑时，企业盈利能力下降，资产负债表恶化，抵押物估值下降，而外部金融根据企业情况提高融资溢价和降低融资规模，导致投资收缩，经济进一步恶化，特别是小企业更是首当其冲受害，并形成居民、企业和政府负债表相互连接影响，加速经济走向萧条，即金融加速效应（Financial Accelerator，FA），提出了新的经济萧条的解释逻辑和政策基准。而日本从1998~2013年长达15年的通缩，学者们讨论了日本的"资产负债表"式衰退（辜朝明，2008）。中国在1998~2000年出现了两年多的通缩，学者们集中探讨了通货紧缩的机制，特别是从实体经济角度入手，看如何向信用和资产部门传递，对通缩的危害认识更为全面和深刻了（北京大学中国经济研究中心宏观组，2000）。2008年国际金融危机后，伯南克从其金融加速器理论中推出了美联储系的"量化宽松""扭转交易"等系

* 全文发表于《经济学动态》2015年第4期。

·207·

列以修复资产负债表的方式激励微观消费和企业主体扩张支出的宏观政策，对美国较为成功地走出金融危机起到重要作用（伯南克，2013）。张平（2012）依据中国经济"结构性"减速的研究，提出"结构性减速"直接引起生产部门的通缩，并在文章中提出了减低通缩风险，选择中国版的"资产购买"的应对之策。而后在 2013 年、2014年基于中国四部门资产负债表分析了通缩对中国经济的影响（张平，2013，2014），提出了存量调整，包括资产购买计划、软预算部门改革等。经济理论逻辑证明了通缩机制不断运行，市场是难以自我修复，如果不进行积极的稳定化政策干预，特别是资产负债表修复，通缩机制的"逆循环"过程将会把一国经济拖入萧条。中国经济应对通缩机制挑战，要加快实施宏观稳定化，推动财政与金融政策配合，有效地对地方、企业的负债表进行修复，与此同时更要积极推进金融体制转型和"软预算"部门（包括国企、事业和政府）的改革。

一、国内生产部门通缩的经验事实和通缩机制

2008 年国际金融危机爆发后，中国受到外部冲击，生产价格指数（PPI）从 2008年 12 月开始为负，直到 2009 年 11 月转正，经济增长也随之恢复，2010 年经济增长再次回到了 10.4% 的两位数水平。但随着 2010 年欧债危机的再次冲击，中国经济增长从2011 年的 9.3% 逐季度下降，2012 年第一季度 GDP 再次低于 8%，生产者价格指数于2012 年 3 月转负，直到现在。2015 年 GDP 增长目标下调到 7%，国际原油价格持续下跌，再次带动了 PPI 快速下跌，CPI 到 2015 年第一季度跌到 1%。

从中国当前的数据来看，一个最基本的经验事实是生产部门通缩已经长达 3 年。中国生产者价格指数 2015 年 1 月为 -4.3%，2 月为 -4.8%，收缩趋势在加剧，可预计的 2015 年继续为负，生产部门陷入通缩。从利润标准来看，工业企业利润不断下降，2015 年头两个月利润同比下降了 4.2%，利润下滑最直接原因就是受出厂价（PPI）下跌的影响。从生产价格指数来看，生产部门经济已经陷入通缩；从利润标准来看，如果生产部门利润继续下降，亏损面继续扩大，那么将恶化企业部门的资产负债表，形成"债务紧缩"螺旋，其"金融加速器"的作用将加大通缩的程度。

（一）通缩提高了实际利率（r），导致信用收缩

生产者价格指数（PPI）的持续下跌，直接引起了生产者实际利率的变化（见图 1），生产者的实际利率等于贷款利率减去生产者价格指数（PPI）。2014 年 12 月金融机构贷款利率水平为 6.8%，减去当月 PPI 增幅（-3.3%）后，真实利率升高到了9.5% 的高位。从当前的融资成本来看，2015 年 3 月的银行间同业拆借加权利率为5.6%，有一定季节因素，但银行拆借利率是银行的融资成本体现，因此银行的贷款利率大致是按融资成本来定价，当前短期利率太高了。PPI 持续的下跌导致企业的实际贷款利率高企，进一步地在削弱生产者的盈利。

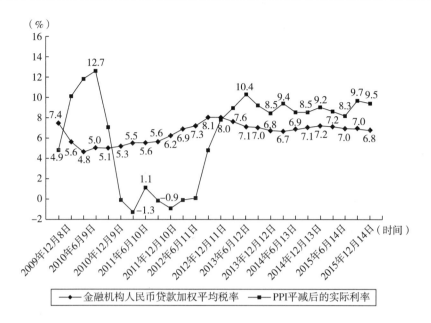

图1 生产部门的实际利率

资料来源：Wind。

2015年3月9日降息后，一年期贷款利率从2007年的6.39%下降到了2015年的5.35%，即使按CPI计算真实利率，也可以清楚地看到2007年CPI为4.8%，而到了2015年CPI预计为1.5%，由此得到实际利率从2007年的1.5%上升到了2015年的3.75%。在通缩过程中，降息速度低于价格下跌，其实际利率会更高，降息效果会大打折扣，当实际利率上升超过资本边际效率（MEC）时，实体经济无法支付贷款利率，只能自我收缩，变卖资产还贷，或不断滚动贷款，这进一步恶化资产负债表，但无论哪种模式，降低产出和投资意愿是确定的。信贷资金利率过高伤害了企业，金融机构从高利率获得了高收益，但长此以往，银行将面临企业破产带来的信用风险，也倾向于进一步收缩信用。从货币总量和投资指标来看，货币供应和投资增幅双双大幅下降。从货币投放量、贷款和投资三个方面看其趋势高度一致，均是从2009年的高峰超过30%的增长下降到现在15%以下的水平，M2增速显著放缓，从2009年11月的30%一路下跌到2015年1月的10.8%；贷款从35%持续下降到2015年1月的13.9%；而与之相伴的投资率也从2009年的34%进一步下降到2014年底15%的水平。银行坏账率则不断上升，信用扩张从供需角度都内生性地紧缩，信用紧缩趋势仍在加强。

（二）通缩导致净资产回报率（ROE）低于实际贷款利率（r）

从生产制造部门的视角来看，通缩已经非常严重地引起了信用收缩，去库存、去产能相继开始，倒闭等"顺周期"紧缩效应越来越强，公司盈利能力不断下降，公司资产回报率降低。从中国非金融上市公司的净资产回报率（ROE）来看，从2007年的高峰15.5%下降到了2014年初步预测值9%的水平，而负债率则从2007年的53%上升到 60%，以提高盈利水平。总体来看上市公司 ROE 仍然高于实际贷款利率。而国有企业 2014 年净资产回报率（ROE）降到了 6.96%，而负债率提高到了 65% 的水平，利润增长 3.4%，而财务费用支出增长 19.2%，通过不断拉高杠杆来获得账面利润，但依据计算国企 ROE 水平低于了实际贷款利率。一般中小企业则更加困难。相对实体部门，金融上市公司 ROE 一直稳定保持在 17%，金融企业享受了高利率的收益。

当公司净资产回报率（ROE）大于外部实际贷款利率（r）时，则通过外部融资，以提高负债率，获得更高的收益。如果公司净资产回报率（ROE）低于外部实际贷款利率（r），公司倾向于卖掉资产进行放贷活动，当然由于受到资产专用性等很多市场摩擦成本的影响不是那么容易完成的，但倾向是清楚的。中国大多数企业处于净资产回报率低于外部借贷成本。

相对而言，在一个信息不对称的金融市场条件下，一个公司获得外部融资成本与公司盈利能力高度相关外，负债成本与公司资产负债表质量高度相关，资产负债表越健康，抵押物越充足，信用好则融资成本低；反之则反是。当经济下滑、盈利能力下降后，信息不对称加大，资产负债是抵抗短期利润下降的重要工具，但一旦资产回报率持续覆盖不了资金成本，负债表将开始恶化，抵押物估值下降，在补充抵押物价值的压力下，公司必须变卖资产，其未来投资和盈利能力受损，公司的净值会降低，其外部融资成本会继续上升，经营环境的恶化经常逼迫企业走向破产。

如果单一公司经营不好，资产回报低于贷款利率，最终走向破产，是市场的"清洁机制"的作用，可以淘汰落后产能，让好企业成长。但如果系统性出现了净资产回报低于贷款成本，会导致大多数企业处于破产威胁中，就会引起金融市场的恐慌和动荡，金融机构不敢放贷，进而破坏了现代金融市场"永续"融资的功能，出现经济下降时的"金融加速"效应。"金融加速器"机制作用的重要特征是它的双重不对称特点，许多西方经济学家运用实际数据对此进行了实证研究，结论可以归纳为：资产负债表对公司投资的影响在经济下降时期比繁荣时期大，对小公司的作用比对大公司的作用更大。

中国当前的通缩过程，部分行业的上市公司仍处于健康，但如果继续通缩下去，而外部借贷成本不降低，负债率进一步升高也将会进入到恶化的边缘，而很多小公司和周期性行业，地方融资平台实际上已经由于实际贷款利率（r）远高于公司净资产收益（ROE），连国企的盈利都难匹配金融融资成本，大量的公司都处于"金融加速器"的旋涡边缘或已经被卷入，公司和地方政府负债表的挑战已经开始。

（三）通缩直接冲击了资产负债表（公司净值）

根据李扬等的测算，中国 2012 年非金融企业部门负债 72.12 万亿元，占当年 GDP 的比重为 113%。而从趋势来看，到 2014 年仅仅国企负债水平已经达到了 66 万亿元，与 2012 年底的计算非金融国有企业债务 37.18 万亿元（不包括地方企业融资平台）比较则两年增长了 80%，如果包含地方企业融资平台的债务，也增长了 36%，企业资产负债表已经明显有瑕疵。持续的通缩导致了利润下降明显，财务负担严重，如果利润继续下降，物价下滑，很快就会传递到"债务"，即"通货紧缩—债务收缩"的效应已经出现。

由于制造业企业资产收益率下降，企业获得资金主要进行财务成本调整，而不会用于投资，甚至把仅有的货币资产加入到放贷或风险市场中以博取更高的投机收益。2014年国内定向宽松的货币政策没有有效地降低信贷成本，对企业而言长期投资回报不足以弥补资金成本，企业更多的是积极降低长期投资，转为获得短期流动性进行投机活动，对其投资激励无效。

从负债表上来看，地方政府负债的压力也是非常严重的。地方政府负债直接威胁经济稳定。中央政府负债水平不高，但地方政府融资平台在上一轮4万亿元的激励下产生高负债，大量投资土地及相关的基础设施、房产等以及资源开发和新产能建设，这些投资都是在高通货膨胀时期的负债，其利息成本非常之高，而且期限很长。2013年底审计认定的资产总额为20.6万亿元，债务仍处于可控状态。特别是中央政府负债率低，仍有着巨大承担债务的能力。

现代政府负债的特性是"永续"融资，即依据政府信用在债券市场不断融资，还息不还本，只要政府信用和债券市场正常，这一过程可以持续，但如果政府现金流压力过大，债券抵押物估值下跌，债券市场利率上升过快，都会急剧加大政府的债务水平，形成政府债务危机。

在中国当前的通缩环境下，地方政府不是按照政府的信用进行负债，而是大量使用了信托、信贷等高利率短期债务，这样与其投资需要的长期限的基础设施不匹配，而这些基础资产回报率也较低，这样形成了资产与负债在期现和收益率上都不匹配。地方政府现金流持续下降，而近年来对其融资限制加强，这就导致了地方政府债务"永续"融资能力快速下降。而通缩带来的土地、资源价格下跌，抵押物缩水压力也会一触即发，引起"负债表"恶化。经济增长进一步下滑，地方政府财政收入迅速下降，支出增加，再加上融资平台还本付息，其债务会滚雪球似的增长，中国地方负债表的瑕疵会越来越大。

相对而言居民部门是净储蓄部门，2012年、2014年的非对称降息，小幅度降低了名义资金成本，在一定程度上刺激了私人投资的回升，但由于房价处于高位，而投资租金回报不足一年期存款收益，房地产很难成为私人投资的最好标的。信托、理财、股票等较高的收益率投机机会吸引着家庭投资者。

金融部门一直高杠杆运行，金融部门间交易比重不断提高，当前金融部门保持着稳定而且盈利状态，金融部门稳健。其蕴含的风险来自企业和地方政府的双重可能的"坏账"挑战。随着金融业管制放松，利率市场化进展迅速，银行利润不断被削减，期限错配较为严重，金融部门的风险在加大。

根据以上分析，我们认为中国经济当前已经陷入了生产制造部门经济通缩过程中，高的资金成本导致了信用萎缩，而不断下降的盈利能力和负债表恶化推动"通缩机制"的加速效应，使中国经济的稳定性受到直接威胁。

二、通缩机制对中国经济的挑战

中国经济 2015 年的增长目标为 7%，经济增长进一步下滑，美元坚挺推动了国际原油、大宗商品价格持续走低，我国的生产者价格指数持续负增长，而且有加速趋势，而生产部门的通缩也拉低 CPI，全面通缩风险也已经隐现。公司和地方政府已经不能靠短期融资的现金流来稳定资产负债表了，过高的负债已经恶化了负债表，负债表恶化在 2015 年将伤害企业和地方政府。企业和地方政府负债表恶化将导致银行和金融市场都开始更为全面地收缩信用。不但融资成本会上升，而且公司外部的"永续"融资条件会中断，公司将陷入经济下滑过程中的"金融加速"（F-A 效应）效应中，而资本市场信息不对称会推动公司融资的"永续"融资状态恶化，引起更大金融恐慌。

中国面临的不仅是这么单一的通缩挑战，而且更大的挑战是在通缩过程中还要改革，特别是"软预算"部门的改革。因为"一放就乱"的体制机制依然存在，如果中央政府全面放松宏观约束，"软预算"的地方融资平台、国有企业和地方扶持的所谓规模企业等又从"僵尸"状态复苏，"僵尸企业"没能在通缩过程中"清理"掉，微观主体的改革会因宽松而失败。因此平衡宏观稳定和改革已经成为了一个重要的方面。同时中国经济会进一步融入全球化发展，开放的挑战已经是明显的了，现归纳一下上述的挑战。

（一）金融加速器（F-A）效应的挑战

金融加速器原理是指金融市场的信息是不对称的，靠市场和机构自身是无法自我修复的，因此金融具有放大或缩小的效应，而不是自我平衡效应。当经济减速和通缩出现后，外部融资成本高于公司盈利能力，而且当盈利能力和高负债降低了公司净值的抵押能力时，放款者会不断提高放贷利率以求自保，如果整体市场大量出现问题公司，外部融资的"永续"条件恶化，呈现放大效应。反之亦然，盈利能力越强，公司净值估值不断上升，借款成本降低，而且借款量不断增加，加剧经济过热。而且经济下降过程中这一冲击更为明显。

金融加速器的"加速效果"是不同主体基于系列事件构成的，会从小冲击持续演变成大的萧条，而这一过程靠市场是无法出清的，必须靠政府宏观部门进行干预才能减低金融加速器作用。

从过程来看，主要来自经济下滑后，企业盈利能力（ROE）下降，靠提高负债，增加借款来稳定公司的财务稳健，如果是在短期内冲击，公司通过自我调整，提高盈利能力自然平衡了。但遇到持续经济下滑，而公司没有提高自身盈利能力（ROE），仅仅靠负债来平滑周期，则会逐步陷入负债过高的困境中。当 ROE 低于外部融资成本时，负债表恶化开始。

公司净值下降，融资成本不断升高，抵押借款能力下降，外部融资的"永续"条件不断被蚕食，直到资金链断裂，引起外部融资系统性动荡，公司估值进一步进行风险折让，而融资成本则不断溢价，企业的不断破产引起银行、金融市场的动荡。货币当局必须进行市场稳定，进行逆周期操作。

从中国经济通缩过程来看，持续生产者价格指数下跌导致了企业盈利能力下降，而企业真实利率上升，企业不断走入困境，已经导致银行坏账逐年升高，尽管仍在可控范围内，但已经导致了企业、银行和金融市场的联动。

（二）高市场利率的挑战

政府针对经济下滑和通缩的威胁，一直放松货币和降低利率进行逆周期操作，但中国宽松货币政策后，市场利率没有随着这些年大量的资金投放而降低，相反不断升高，2014年降息后，市场的利率水平也没有明显下降，这主要来自央行的利率下调政策较为温和，更重要的是中国金融市场和微观经济主体上的缺陷使然。从金融市场监管的角度来看，中国政府对金融企业始终有着"无限担保"责任，因此金融公司的产品都是"刚性兑付"，金融产品和机构没有风险，因此利率市场化改革变成了一场国家担保无风险条件下，利率不断提高的金融产品和机构的竞争态势。2011年中国经济进入下降通道后，银行理财年息都在5%~6%，信托收益都在9%~13%，地方平台公司债券在市场的发债水平也在7%~9%，金融市场无风险利率水平不断升高。

大量"软预算"单位（即有政府支持的公司）借钱后，很多都指望国家来买单，如地方政府融资就是一个突出的例子，它们只管借钱搞政绩，但还钱却等着中央来救。"软预算"部门（包括融资平台公司、国企、被地方支持的大公司等）靠提高负债率来维持现金流的稳定或获取财务上的利润，而不是增加盈利能力（ROE）。特别是地方融资平台、国企和一些地方政府支持的大公司都是积极维持现金流，保持其"永续"融资状态，对利率不敏感。此外，房地产公司往往能将高利率成本转嫁给住房购买者，也对利率不敏感。所以国家释放出来的大量资金没有降低利率，相反通过"影子银行"的转换变成了高利率的产品被"软预算"部门和房地产消化了，但对大多数实体公司来讲则是更高的利率。以上分析可以归结为有政府支持的低效企业挤占正常企业生产资源、金融体系挤占实体经济利润、地产平台扭曲了资金价格三个方面。

面对中国市场结构的缺陷，一般性的宏观政策不易奏效，因此央行积极推动利率市场化，不断地进行风险监管的规范，如2014年连连发出有关信托、理财、地方平台债和银行存款再保险的系列规范文件，意图降低市场的无风险利率水平，略见成效，但也人为地破坏金融市场融资的"永续"条件，需要进行新的替代，否则也会造成很大的金融风险。

经济下滑，公司盈利能力下降，加上由市场缺陷导致的高利率，在r>ROE的条件下，公司不再将资金投入实体进行生产，而是更倾向于投机或放贷款给金融机构获取高的无风险收益率。央行宽松的资金流不到实体，而是在金融部门循环，金融自我交易量不断加大，因此不进行市场化改革，清理"软预算"部门，真实地降低市场利率，将无法推动资金进入实体发展。大量资金在金融部门中相互交易，金融泡沫累积是更为严峻的挑战。

（三）外部冲击的挑战

中国当前的通缩有部分来自国际石油价格和大宗原材料价格的下跌，但这一下跌节约了中国生产者和消费者的成本，虽然对一些部门有影响，但总体福利是上升的，特别是中国是全球加工业大国，仅仅是原油和大宗商品价格下跌冲击对中国是有利的。但中国作为非储备货币国家，进一步的资本项下的开放，未来的金融冲击是非常严重的，特别是人民币多以美元为主要加权标的，而当前中国和美国进入了一个相反的经济—宏观政策周期，周期的非一致性会导致外部金融的冲击。

现实表明，中国正处于经济增长下滑、不断降息的过程，而美国则经济走好，预计2015年开始进入加息周期，虽然利率水平相差较大，但美国的资产回报率ROE>r，长期投资者将会投资美国。中国十年期的利率水平为3.3%（十年期国债到期收益率），而美国十年期国债利率现在为2.1%，如果两边一升一降，预计到2016年底，美国十年期国债利率升到2.5%，中国降到3%以内，两者的长期息差完全收敛了。

中国当前是短期利率水平很高，全球资金仍在向中国涌入套利，一旦中国金融风险加大，而且套利空间下降，大量资金流出中国，这会加剧中国的紧缩，中国也就很难降低利率了，这会导致中国经济顺周期下滑。

三、应对通缩的稳定化政策和体制安排

应对中国的通缩挑战，必须要进行分类处理，包括以下三个方面：①宏观"逆周期"调节的稳定化政策；②金融体制改革；③"软预算"部门（包括企业、事业和政府）改革。当务之急是宏观"逆周期"政策和金融体制改革，以抑制实体经济通缩向金融体系蔓延，打通资金从金融部门向实体部门流动的渠道，与此同时推进"软预算"部门的改革。

（1）降低真实利率。上述分析的核心是外部借款的实际利率（r）>企业净资产回报率（ROE），因此降低融资成本是关键。从欧美面对危机的逆周期调整来看（见图2），迅速大幅度降低利率是重要的，而且美国的"扭转交易"政策更是美联储直接干预的压低长期利率推动了美国资产负债表的修复，而不是依靠市场金融机构的活动。

相对而言，中国长期的政策经验是贷款数量比利率敏感。2013年加大放松资金力度，当年社会融资总额达到了17.2万亿元的历史新高，但经济增长依然没有被刺激起来，而且通缩也没有减缓，市场利率上升很快，7月出现了"钱荒"，因此一般性放款的政策似乎走到了尽头。2014年一直保持流动性管理，效果不明显，到10月降息后在一定程度上抑制了利率的上涨，刺激了股票市场，直接融资活跃，推动了企业净值的提升，改善了上市公司的负债表。因此加快降低利率是重要的选择，而且在美国加息前应该加快减息步伐。

（2）财政部与中国人民银行配合推出中国"资产购买"计划。2015年财政部批准了万亿地方资产置换计划，2015年5000亿元用于地方债到期的资产置换计划。从当前的操作来看，江苏已经发行最长期限7年的地方债，利率较低，基本属于通过市场募

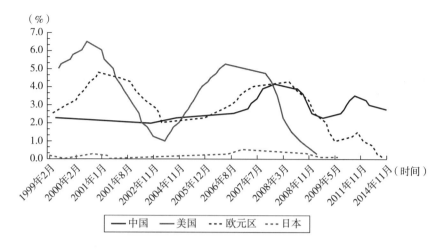

图2　中国与欧美日央行利率走势

集方式维持了债务"永续"的状态，但对债券市场压力很大，而且对地方政府负债表修复作用较为有限。中国的"资产购买"应该是由地方政府发行10年以上期限的市政债券，由央行作为中国资产增持，从而降低央行国外资产持有的比重，从而也直接降低了由于对冲国外资产的存款准备金率，释放更多的流动性。而且央行增持国内资产可以规模较大，直接就可有效地修复地方负债表，当然这种购买可以学习IMF债务救助的模式，进行"救助性改革"，逼迫地方政府进行改革，而不是仅仅给地方政府钱。中国当前的有利形势很多，中国长期国债到期收益率低，短期高，十年期国债到期收益率只有3.3%，而3个月银行间拆借利率加权平均为5.6%，应该大力用好长期低利率的国债或地方债发行，进行地方政府的平台债务替换，如果能进一步配合降低利率，我们将会迅速改善地方政府的负债和金融机构的风险，当然这一角色是财政部和中国人民银行积极地配合才能完成中国式资产购买，同时推动地方政府经济体制改革，中国地方政府大量负债都是在高利率环境下负债的，其期限短，利率高，而投资的方向又是基础设施，是长期限、低回报的，但又是中国发展的必需，因此期限严重不匹配和过高的利率是地方政府负债的根本风险。尽快推出中国版的资产购买计划。中央政府发行特别国债或与地方政府发行长期限的地方市政债对城市化过程中的地方政府累积的长期限的基础设施投资的资产进行购买，调整地方政府负债的财务状况，稳定经济预期。这样可以直接用高等级低利率和长期性的债务对高利率和短期限的地方债务做替换，低成本长期限的债务直接降低城市化基础设施形成的债务成本，改善地方政府和金融机构的信用状况。这方面中国有着很多的经验，如当年处理四大行债务时就进行过类似的操作。从存量角度进行资产负债表修复是重要的，但地方财政体制改革更为关键，2015年全面营改增后，地方缺少了主税种，而大量支出责任又在地方，地方土地财政后续乏力，没有任何财政能力能保证获得稳定的现金流，债务问题会一直困扰中国经济体系。

（3）金融体制转型，抑制监管套利。在宏观政策"逆周期"操作下，必须进行监管与金融活动调整的改革，主要应采取以下三项措施：一是抑制在"国家隐性担保"下的所谓金融创新活动，这类金融创新活动主要提高融资成本，转嫁风险给国家和企业，自己从中获利，因此要加大定义市场风险，通过金融机构破产清算，降低市场利率，积极推进真正的利率市场化，降低国家对金融机构的隐性担保。二是这一过程配合着监管体系改革，实行大监管，控制监管套利行为。三是中国人民银行作为最后贷款人，有能力进行流动性操作，保持金融市场的"永续"性，避免定义风险中的金融过度震荡。

金融体系改革要将以银行为主的间接融资的金融体系转向以直接融资为主的多层次资本市场，完成金融体系转型。将银行间债券市场合并给交易所，完成债券融资的直接融资特性的转型，银行间债券市场本质上仍是间接融资市场，是银行间的交易，其债券无法被投资人直接购买，因此90%以上的债券市场是由间接融资的银行进行控制的，形成了中国直接融资的一大缺陷。同时加快股票市场的准入制推进，加大市场价格操纵的违法行为，让股票市场服务于资源的优化配置，通过资本市场进行并购重组，形成新发展阶段下公司主体，它们的收益和负债水平仍然是健康的，鼓励它们创新和发展。

（4）"软预算"部门改革。在稳定化的宏观政策出台的同时，采用国际上普遍使用的"改革性救助"成为推动市场化改革，特别是改革"软预算"部门的契机。无论是地方平台债券救助，还是国企改革，都要按十八届三中全会的市场化改革的方向去操作，边救助边改革，一方面改善地方政府的债务架构，另一方面要进行地方税收和权力体系改革，让地方政府转型到公共服务的职能上来。积极借减速治理国有企业，国企改革按以资产为纽带的运营模式去发展。在地方政府支持下，利用经济减速可以清理"僵尸企业"，淘汰落后的产能。

积极推进"科教文卫"事业单位改革，"事业单位"是更典型的"软预算"部门，是推动服务业发展的关键所在。当前服务业发展很快，但多为效率较低的行业，中国制造业与服务业劳动生产率相差1倍以上，原因就是中国现代服务业主体的一部分都存在于事业单位，如"科教文卫"。另一部分存在着严格的管制，如电信、金融、铁路、航运、大量的公共服务部门，以及水电气供给与排污等。这些服务业部门按发达经济体计算基本上占服务业价值的80%以上，而我国却长期困在事业单位和管制中，吃财政，对市场需求无反应，发展很慢。事业单位改革与放松管制相结合，释放出中国的现代服务业的存量，吸纳社会资源进入，才能提升服务业的效率，参与到服务业的国际竞争中，服务业存量调整至关重要。

中国的宏观稳定政策需要结构性的改革，否则短期政策很容易造就传统体制复活，因此解决通缩的关键有三个：一是靠宏观政策；二是进行金融转型；三是同时对软预算部门进行根本性的改革，清理"僵尸企业"，释放出"科教文卫"等被管制的服务业发展空间。

参考文献

［1］Ben Bernanke，Mark Gertler and Simon Gilchrist. The Financial Accelerator and the

Flight to Quality［J］. The Review of Economics and Statistics，1996，78（1）：1-15.

　　［2］［美］欧文·费雪. 大萧条的债务——通货紧缩理论//北京大学中国经济研究中心宏观组. 1998-2000 中国通货紧缩研究［M］. 北京：北京大学出版社，2000.

　　［3］李扬等. 中国国家资产负债表 2013［M］. 北京：中国社会科学出版社，2013.

　　［4］殷剑峰，王增武. 影子银行与银行的影子［M］. 北京：社会科学文献出版社，2013.

　　［5］中国经济增长前沿课题组. 城市化、财政扩张与经济增长［J］. 经济研究，2011（11）.

　　［6］中国经济增长前沿课题组. 中国经济长期增长路径、效率与潜在增长水平［J］. 经济研究，2012（10）.

　　［7］张平，刘霞辉，王宏淼. 中国经济增长前沿Ⅱ［M］. 北京：中国社会科学出版社，2011.

　　［8］张平. "结构性"减速下的中国宏观政策和制度机制选择［J］. 经济学动态，2012（10）.

　　［9］张平，苏治. 经济转型、金融扩张与政策选择［J］. 经济学动态，2013（11）.

　　［10］张平. 中国经济效率减速冲击、存量改革和政策激励［J］. 经济学动态，2014（11）.

17 效率冲击、杠杆上升与大国稳定政策的选择*

张 平 杨耀武

一、2020 年中国经济展望

2019 年前三季度中国经济实现了 6.2% 的增长，分季度看呈逐季递减之势，第三季度中国经济同比增速为 6.0%，环比增速为 1.5%，均创新低。2019 年 10 月，中国制造业 PMI 为 49.3，比上月下降 0.5，连续 6 个月处于荣枯线以下；同期，规模以上工业企业利润同比下降 9.9%，降幅比 9 月扩大 4.6 个百分点。预计第四季度 GDP 环比会低于以前年度，增速在 1.4% 左右。在外部环境更趋复杂严峻、国内经济下行压力加大的背景下，我们调低了 2019 年第四季度的环比增长，并按趋势全面调低 2020 年各季度的环比增速（见表 1），进行"放缓情景"下的预测。按照我们的推算，2019 年中国经济全年增长为 6.1%，增速仍保持在 6%～6.5% 的年度目标区间内，2020 年增速则为 5.8%。变数在于，如果中美经贸磋商最终达成互利的协议并得以顺利执行，则可能会使经济增速提高 0.2 个百分点，这不仅有利于中美两国经济，而且对世界经济前景也会产生积极影响。

表 1 2013～2020 年经济增长环比增速   单位：%

季度＼年份	2013	2014	2015	2016	2017	2018	2019	2020
第一季度	1.9	1.8	1.8	1.4	1.5	1.5	1.4	1.3[a]
第二季度	1.8	1.8	1.8	1.9	1.8	1.7	1.6	1.5[a]
第三季度	2.1	1.8	1.7	1.7	1.7	1.6	1.5	1.4[a]
第四季度	1.6	1.7	1.5	1.6	1.5	1.5	1.4[a]	1.3[a]

注：a 表示 2019 年第四季度和 2020 年环比增速的预测值。

资料来源：国家统计局网站。

在世界贸易前景仍不确定、全球主要经济体景气程度下滑的情况下，一些国际组织也在最新的预测中调低了中国经济今明两年的增速。世界银行（WB）10 月发布的东亚太平洋经济半年报预计，2019 年和 2020 年中国经济将分别增长 6.1% 和 5.9%，较 4 月分别调降了 0.1 个和 0.3 个百分点。国际货币基金组织（IMF）10 月发布的《世界经济展望》报告预测，今明两年中国经济增速分别为 6.1% 和 5.8%，比 7 月分别下调

＊ 全文发表于《现代经济探讨》2020 年第 1 期。

0.1 个和 0.2 个百分点。经合组织（OECD）9 月的预测显示（见图 1），中国经济将在今明两年分别增长 6.1% 和 5.7%，也较 5 月分别调低了 0.1 个和 0.3 个百分点。

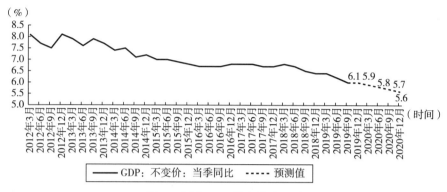

图 1　中国 GDP 季度增速预测

对于社会所关注的到 2020 年国内生产总值和城乡居民人均收入比 2010 年翻一番的问题，我们认为，最近国家统计局依据第四次全国经济普查结果，对 2018 年国内生产总值上修了 2.1%，如果 GDP 平减指数和 2010 年基数不随之调整，那么在此平台上，2019~2020 年的国内生产总值年均复合增速只要达到 5.1%，就可以实现 2020 年 GDP 翻一番的目标；而城乡居民人均收入，在国家统计局 2012 年底制定新的城乡一体化住户调查制度以来，2013~2018 年，除 2016 年和 2018 年全国居民人均可支配收入增速小于 GDP 增速外，其余 4 年都高于 GDP 增速，因此到 2020 年实现翻番也不是大的问题。当前，中国保持宏观经济稳定仍有较大政策回旋余地，同时中美贸易争端出现缓和，这会进一步稳定国内和全球经济增长预期。从当前中国经济增长前景来看，稳定政策已经积极地保证了经济增长的平稳化，当下最重要的是实现经济增长的高质量转型。这需要时间，但更需要形成积极转型的动力机制，因此将稳定政策与激励高质量转型结合在一起是更为重要的稳定政策方向。

在物价指数方面，CPI 与 PPI 的剪刀差再次显现，CPI 在猪肉价格领涨下，预计 2020 年第一季度可突破 4.0%，全年预计在 3.0% 左右的水平；PPI 由于受翘尾因素的影响，年底前应该仍为负值，2020 年第二季度可能逐步转正。一般来说，PPI 与 PMI 高度相关，如果未来一段时间 PMI 持续处于枯荣线以下，那么 PPI 可能依然会呈现负增长。值得注意的是，近期有研究表明，当前的结构性减税有助于降低全社会生产经营成本，但同时会使企业容忍 1.16% 的 PPI 下降，从而带来通缩效应（谢云峰，2019）。如果 PPI 持续为负，减税降费的利润空间就会被部分侵蚀。在人民币汇率方面，由于近期中美贸易争端有所缓和，对汇率产生明显的支撑作用，但资本外流是扰动因素，预计 2020 年汇率水平有望保持稳定，在 7.0~7.2 波动。

二、国际环境：弱需求和负利率趋势

从 2018 年 3 月至今，中美经贸冲突已持续了一年多时间。中美作为当今世界最大的两个经济体，其 GDP 之和占世界总量的近四成，对外贸易之和在全球贸易总量中超两成。在当今世界经济高度融合的背景下，中美之间的经贸冲突已不可能只对冲突双方产生影响，其外溢效应之强恐怕已经大大超乎人们的预料。持续升级的贸易紧张局势叠加"技术割裂"的倾向，不仅制约了全球贸易增长，更严重的是造成了对不确定性敏感的投资增速下滑和金融市场的大幅波动。虽然近期中美经贸冲突出现缓和迹象，但全球经济增长仍不容乐观。2019 年第三季度，美国 GDP 同比增长 2.0%，大幅低于第一季度 2.7% 和第二季度 2.3% 的增速，进出口金额同比增速由上半年的小幅增长 0.81%，转为下降 0.84%。欧元区第三季度 GDP 环比增长为 0.2%，与上季度持平；日本第三季度 GDP 环比增长 0.1%，低于第二季度 0.4% 和第一季度 0.5% 的增速。

从近期数据来看，世界主要经济体景气程度下滑的趋势仍在延续。主要体现在以下两个方面：一是主要经济体的商品进出口累计同比增速从 2018 年初以来持续下滑，特别是商品出口增速从 2018 年 3 月开始下滑明显（见图 2）；二是一些反映宏观经济走势和市场信心的先行指标持续低迷。2019 年 10 月，美国供应管理协会制造业 PMI 为 48.3，比上月回升 0.5，但较上年同期下降 9.4，连续 3 个月处于荣枯线以下；欧元区制造业 PMI 为 45.9，较上月回升 0.2，但较上年同期下降 6.1，连续 9 个月处于荣枯线以下；日本制造业 PMI 为 48.4，较上月和上年同期分别回落 0.5 和 4.5，连续 6 个月处于荣枯线以下。11 月公布的最新数据显示，美国密歇根大学消费者信心指数和 Sentix 投资信心指数分别较上月回升 0.2 和 12.8，但仍分别比去年同期低 1.8 和 12.7；欧元区消费者信心指数和 Sentix 投资者信心指数 10 月较 9 月分别回落 1.1 和 7.9，比上年同期分别回落 2.5 和 28.4；日本排除一人家庭的消费者信心指数和 Sentix 投资者信心指数分别比上月下降 0.7 和 6.8，较上年同期分别回落 6.3 和 18.6。面对这种情况，国际组织纷纷下调对全球经济增长的预期，世界银行（WB）最新报告预计 2019 年和 2020 年全球经济增速分别为 2.6% 和 2.7%，比世界银行 2019 年 1 月的预测值下调 0.3

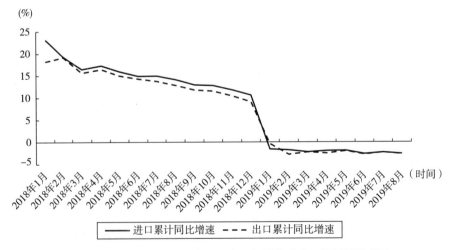

图 2　2018 年 1 月至 2019 年 8 月主要经济体进出口累计同比增速

资料来源：WTO。

个和 0.1 个百分点；国际货币基金组织（IMF）最新报告显示，世界经济今明两年分别增长 3.0% 和 3.4%，比 7 月的预测分别下调 0.2 个和 0.1 个百分点，这是 IMF 今年以来第 4 次下调全球经济增长预期；同时，经济合作与发展组织（OECD）最新预测显示，2019 年世界经济仅增长 2.9%，为国际金融危机以来的最低预测，到 2020 年，预计增长将达到 3.0%，这比 5 月报告中对 2019 年和 2020 年增长率的预期分别调降了 0.3 个和 0.4 个百分点，而就在一年半前的 2018 年 3 月，该组织曾预计 2019 年世界经济增长将达到 3.9%。

实际上，在过去几十年经济全球化浪潮的推动下，世界贸易总额与 GDP 之比快速攀升，1985 年这一比例仅为 36.3%，2008 年攀升到最高的 61.4%，近年来虽然有所放缓，但仍维持高位。资源丰富国家出口资源、制造业先进国家出口资本品，以中国为代表的具有劳动力成本优势国家进行产品加工和组装，以美国为代表的服务业占比高，具有技术研发、设计优势国家消费制成品，已经成为全球产业链和供应链起支配作用的模式。多年来美国对外贸易在全球贸易总量中的占比相对稳定，且一直高居首位，近 40 年来，其份额最高时为 16.0%，最低时也有 10.8%。中国以其劳动力成本等优势在这一体系中扮演着越来越重要的角色，特别是在加入 WTO 后，中国外贸总额实现了年均 13.8% 的复合增长，2018 年中国对外贸易总额占全球的 10.9%，仅次于美国，居世界第二位，其中货物贸易占全球的 11.8%，超过美国，居全球首位，可以说中国经济已经深刻地融入了全球经济之中（见图 3）。

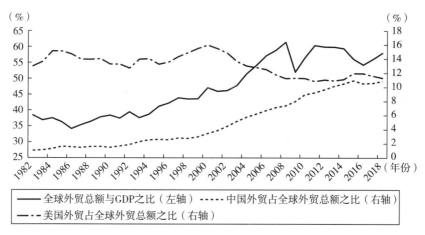

图 3　全球外贸总额与 GDP 之比及中美外贸占全球外贸总额的比例

在全球经济已经高度融合的背景下，可以说在美对华加征关税的商品名录中，很难找到一种商品的生产设备、工具、原材料和中间产品都是在中国境内由中国工人全程加工完成的。美对华挑起的经贸冲突将严重地破坏现存的全球产业链和供应链，而产业链和供应链的重构不可能在短期内完成。因此世界贸易量萎缩和全球经济增长步伐放缓所带来的损失，只能由包括美国在内的参与全球价值链的世界各国来共同负担。

为应对需求持续疲软和不确定性增加，包括欧美和新兴经济体在内的很多国家纷纷转向宽松货币政策。美联储自 2015 年 12 月至 2018 年 12 月连续加息 9 次，市场一度预计 2019 年还会加息 2~3 次，但近年来已降息 3 次，这是自 2008 年以来首次转入降息。欧央行 2019 年 9 月宣布下调存款利率（商业银行存在欧元体系的隔夜利率）10 个基点至 -0.5%，并恢复债券购买，此前欧央行曾于 2018 年 12 月底结束购债。除美欧央行外，2019 年已有包括澳大利亚、新西兰、韩国、俄罗斯、巴西、印度、印度尼西亚、马来西亚在内的 30 多家央行宣布降息，尤其是 6 月以来，加入降息行列的国家明显增多，幅度超出预期，但在欧元区和日本长期负利率的情况下，货币政策继续宽松的空间和有效性变得越来越有限，同时长期负利率对银行盈利能力的侵蚀和金融体系脆弱性的增强值得关注（见表 2）。

表 2　全球发达国家负利率程度加深

2019 年 8 月 27 日	1 年	2 年	3 年	4 年	5 年	6 年	7 年	8 年	9 年	10 年	15 年	20 年	30 年
瑞士	-1.09	-1.10	-1.13	-1.12	-1.10	-1.07	-1.04	-1.03	-1.07	-0.99	-0.79	-0.70	-0.53
日本	-0.25	-0.31	-0.31	-0.34	-0.35	-0.37	-0.39	-0.38	-0.34	-0.28	-0.09	0.06	0.15
德国	-0.82	-0.89	-0.92	-0.93	-0.89	-0.89	-0.86	-0.82	-0.76	-0.69	-0.55	-0.41	-0.19
荷兰		-0.86	-0.90	-0.87	-0.81	-0.75	-0.72	-0.65	-0.62	-0.56			-0.20
丹麦		-0.86	-0.89		-0.88	-0.83		-0.76		-0.65		-0.45	
芬兰	-0.67	-0.77	-0.79	-0.77	-0.76	-0.66	-0.63	-0.55	-0.50	-0.43	-0.25		0.03
法国	-0.74	-0.80	-0.84	-0.82	-0.75	-0.69	-0.63	-0.56	-0.49	-0.41	-0.10		0.43
瑞典		-0.64		-0.72	-0.70	-0.62	0.04	-0.53		-0.33	-0.16	0.11	
奥地利	-0.65	-0.78	-0.78	-0.77	-0.71	-0.68	-0.60	-0.58	-0.52	-0.44	-0.9	-0.09	0.15
比利时		-0.80	-0.81	-0.74	-0.65	-0.62	-0.55	-0.49	-0.43	-0.35	-0.07	0.15	0.53
爱尔兰	-0.55	-0.44	-0.65	-0.62	-0.54	-0.42	-0.34	0.57	-0.18	-0.09	0.20	0.42	0.75
西班牙	-0.51	-0.56	-0.54	-0.42	-0.36	-0.24	-0.15	-0.08	-0.02	0.08	0.49		0.97
意大利	-0.17	-0.11	0.22	0.36	0.55	0.59	0.81	0.87	0.90	1.14	1.66	1.84	2.20
美国	1.73	1.51	1.43		1.38		1.43			1.40			
中国	2.59	2.71	2.80	2.76	2.92	3.19	3.09	3.12	3.15	3.05			3.67

资料来源：Wind。

三、效率冲击：劳动生产率、MPK 和 TFP 增长放缓

过去几十年中，全球经济增长经历了逐步放缓的过程（见图 4）。特别是国际金融危机发生后，无论是发达国家、新兴经济体还是低收入国家都出现了经济增速下降。根据世界银行的统计数据，1961~2007 年高收入国家和新兴经济体聚集的东亚和太平洋地区的经济增速分别为 3.5% 和 5.3%，2008~2018 年则分别下降到 1.4% 和 4.3%。全球经济出现长期停滞的一个重要原因是 TFP 增长缓慢，新的技术进步未能有效提高经济效率。对于发达国家来说，TFP 增长明显减速可以解释国际金融危机后经济增速减速的 40%，而发展中国家则更大（IMF SDNs，2017）。这主要是因为发达国家早在金融危机之前就出现了 TFP 增长放缓的迹象（Fernald，2014；Furceri，Celik and Schnucker，2016），"戈登之谜"甚至认为 1970~2014 年美国技术进步就已明显放缓

（R. Gordon，2016），而发展中国家 TFP 增速的快速下滑则出现在国际金融危机之后（IMF SDNs，2017）。对于技术进步放缓是否具有长期性目前还存在不少争议，因为人工智能（AI）和其他技术领域的重大突破将为生产率的提升提供广阔空间（Brynjolfsson and McAfee，2014），同时服务业和 AI 等的发展，也会彻底改变原有技术进步和劳动生产率的测算方式。总体来看，按一般增长核算，效率冲击仍然是经济长期停滞的供给侧最主要问题。对于中国来说，这一冲击较为严峻。

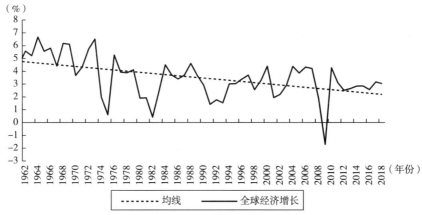

图4　20世纪60年代以来的全球经济增速

资料来源：世界银行。

从宏观核算加以分析，一国经济增长取决于劳动生产率与人口的变化。

$$GDP \equiv Y = \frac{Y}{L} \cdot \frac{L}{POP_L} \cdot \frac{POP_L}{POP} \cdot POP \tag{1}$$

这意味着，GDP 增长率=劳动生产率增长率+劳动参与率增长率+劳动年龄人口占总人口比例增长率+总人口增长率。2012 年以来，中国人口红利开始逐步消退、人口总量增长趋缓、劳动年龄人口增长转负、劳动参与率下降，因此经济增长完全取决于劳动生产率的提高。在劳动生产率的一般核算方面，按 C-D 生产函数展开，两边同除以劳动 L，劳动生产率增长率等于全要素生产率（TFP）增长率与资本深化增长率之和。如果分解劳动力为一般劳动力与人力资本，那么会分解出人力资本的作用。这里包括劳动产出弹性，即劳动在要素分配中的份额，该值一般比较稳定。因此劳动生产率的增长就取决于人的素质提高、全要素生产率和资本深化。劳动生产率指标比全要素生产率更容易计算，而且直接与劳动报酬相比，是一个宏微观最为重要的观察指标。

$$Y = AK^{\alpha}L^{1-\alpha} \tag{2}$$

其中，A 表示全要素生产率。由式（2）可得到：

$$y = \frac{Y}{L} = Ak^{\alpha} \tag{3}$$

式（3）中的 y 就是劳动生产率，对式（3）两边取对数求导可得：

$$\frac{\dot{Y}}{y} = \frac{\dot{A}}{A} + \alpha \frac{\dot{k}}{k} \tag{4}$$

由式（4）可知，劳动生产率增长率受技术进步率和资本深化的影响。当产出函数为 C-D 形式（同时满足哈罗德技术中性）时，此时产出函数为：

$$Y = K^{\alpha}(AL)^{1-\alpha} \tag{5}$$

根据 MPK（资本边际产出）定义，对产出函数式（4）两边对 K 求偏导得：

$$MPK = \frac{\partial Y}{\partial K} = \alpha \left(\frac{K}{AL}\right)^{\alpha-1} \tag{6}$$

经过变换可得：

$$\frac{\dot{MPK}}{MPK} = (1-\alpha)\left\{\frac{\dot{A}}{A} + \frac{\dot{L}}{L} - \frac{\dot{K}}{K}\right\} \tag{7}$$

由式（7）可得，资本边际报酬的变化=技术进步变化+劳动力变化-资本积累变化（同时受到劳动产出弹性的影响）。由此可见，资本深化有两条路径：一是没有技术进步，资本积累回报率随着积累规模的扩大而逐步降低；二是采取发达国家较为普遍的方式，一方面通过技术进步推动国内资本深化，另一方面通过资本输出获得高劳动力变化的收益加技术交换的创新租金收益，稳定本国的资本回报率，吸引全球资金，进而稳定其福利体制。

因此，高质量增长其实蕴含着两个简单但非常重要的结论：一是需要持续提高劳动生产率；二是需要 TFP 的持续改善，特别是 TFP 贡献不断上升，否则就难以完成高质量转型。在中国现阶段，随着人口红利衰退，劳动参与率降低，必须通过持续的劳动生产率提高才能抵消人口红利下降对经济增长的侵蚀；通过全要素生产率增长才能有效提高劳动生产率，同时式（7）显示全要素生产率的增长可冲抵资本深化过程中资本边际回报率的下降。当前，中国以单位投资带来的 GDP 增量表示的资本边际产出（MPK）出现持续下降，说明资本深化过程中没有得到劳动力增长和 TFP 改善的冲抵，特别是国际金融危机后下滑趋势更为明显，而美国的 MPK 除国际金融危机前后有所下滑外，其余时间则保持相对稳定（见图5）。

在以往的高速增长期，中国技术进步处于"干中学"的技术进步路径，引进设备相当于一方面实现了资本深化，另一方面由于人口红利，导致资本与劳动结合加快，使投资产出水平较高。随着中国技术水平的不断提高，引进设备投资已经不是提高 TFP 水平的最重要因素，在劳动力增长逐步停顿的情况下，当前最为重要的是通过研发投入和人力资本积累来提升 TFP。

2012 年后，中国的工业化进程和城市化进程发生重大变化，特别是 2018 年中国的城市化率达到 60%。中国已进入以城市经济为主导拉动经济增长的阶段，城市化率的提高推动消费与服务的比重持续上升，经济结构服务化特征越来越明显，国际经验表明经济结构服务化与经济增长放缓高度相关，同时也是高质量增长的起点，即提高人的消费福利水平和更加依赖于提高经济中的创新贡献。中国多年的投资和出口导向的"规模"赶超发展的时期渐行渐远，高质量增长要求的持续提高的消费和创新贡献是当前的主要任务。随着我国的低成本优势逐步消退，主要依靠要素投入推动经济增长的粗放型发展方式难以持续，现在需要的是要素质量的升级。

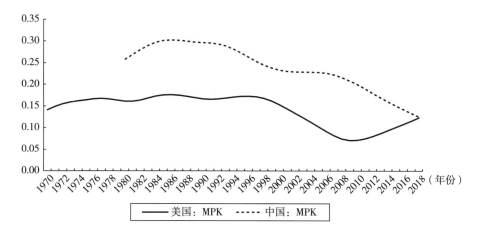

图 5　中美单位投资拉动的 GDP 增量

注：MPK，即 GDP 增量/资本增量。

资料来源：Wind。

　　随着城市化往深度演进，中国产业结构也逐渐由传统的产品经济向以城市化为主的服务经济转型。就第一、第二和第三产业占 GDP 的比重而言，目前第一、第三产业占比呈现出此消彼长的特征，而第二产业占比在高位窄幅波动。2018 年工业和第三产业占比分别为 33.9%和 52.2%。2012 年第三产业占比首次超过第二产业，自此第三产业逐渐取代工业成为中国经济增长的主要推动力。随着中国城市化进程的快速发展，第三产业发展会持续加速，服务业的产出效率及其带动的工业体系升级成为了中国经济转型的根本，如果服务业自身效率不断下降，而且难以服务于工业体系的升级发展，那么高质量增长的转型就会受到阻碍。事实上，服务业劳动效率增长率始终低于第二产业，虽然中国第三产业劳动生产率在 2013 年后有所改善，但仍然低于第二产业。在第三产业的比重不断提高的情况下，其劳动生产率水平正逐步主导国内整体劳动生产率的高低，如果不能有效地提高服务业，那么劳动生产率就会制约经济增速（见图 6）。

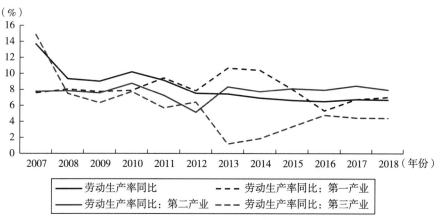

图 6　国际金融危机以来的中国各产业及整体的劳动生产率情况

另一个更为严峻的挑战是中国经济增长中的创新贡献，1985~2007 年，TFP 增长贡献为 14.4%，2008~2018 年下降到 5.1%（《中国经济增长报告（2018-2019）》）。白重恩和张琼（2016）估算的 1979~2007 年中国扣除要素投入增长之后的生产效率年平均改善速度约为 3.55%，而 2008~2014 年生产效率的年平均改善速度仅为 1.97%。尽管很多机构和研究者，根据不同模型和数据所得结果存在一定差异，但 TFP 增长和贡献率下降是一个重要事实。如果不能逆转 TFP 贡献下降和持续提高劳动生产率，那么高质量增长就难以完成。

随着中国经济结构的变动，中国经济资源配置方式和效率驱动模式也进行了调整，具体表现在以下两个方面：一是工业占 GDP 的比重下降，服务业比重不断提高，经济结构服务化格局逐步形成；二是要素驱动的低成本工业化出现了严重的"规模收益递减"，需要新的人力资本、信息、制度等非独占性要素参与的生产函数体系，提高经济增长中的 TFP 贡献率，逐步形成内生增长路径。而支撑高质量发展的医疗、教育、社会保障等公共服务需求行业或部门主要集中于第三产业。在服务业比重不断提升的同时，要注重服务业高端化发展趋势，通过服务业结构升级促进要素升级，从而有效实现增长的效率补偿。

同时，中国劳动年龄人口增长逐渐放缓，城市化高质量发展更加依赖于人的素质提升，并为福利和效率动态带来压力。自 2012 年以来，中国劳动年龄人口数量和比重已连续 7 年出现双降。1985~2007 年中国劳动年龄人口增长率为 1.35%，2008~2018 年降低为 0.84%，预期未来五年的劳动年龄人口增速将进一步下降到 0.41%。劳动参与率则一直在下降，但下降的幅度有所放缓，对应三个阶段的劳动参与率变化率分别为 -0.446%、-0.343%、-0.180%。劳动投入增长率受劳动年龄人口增长率和劳动参与率变化的综合影响，整体而言，劳动投入增速持续下降，1985~2007 年和 2008~2018 年两个阶段平均增速为 0.91% 和 0.52%，预计 2019~2023 年将进一步下降至 0.33% 的水平。随着经济从工业化阶段向更高发展水平的城市化阶段演进，生活水平和生活质量的持续提高对人口增长的诱致效应将递减。这会进一步导致中国像其他发达国家一样，在城市化阶段人口增长向低度均衡路径收敛，并且高收入水平是提供人口增长补偿进而维持低度均衡路径的必要条件。

四、劳动生产率放缓与杠杆抬升

在劳动生产率、TFP 和 MPK 不能得到持续改善的情况下，为维持一定的经济增速，往往会转向依赖宽松货币政策。21 世纪初，中国劳动生产率快速上升（见图 7），M2/GDP 比重稳中有降，但受 2008 年金融危机的冲击，劳动生产率增长开始放缓。为应对危机，2009 年货币激励启动，M2/GDP 开始快速上升，货币、信用和债务与 GDP 之比都呈现一致性的上升趋势。随着国内发展阶段逐步转变，劳动生产率增长持续放缓。直到 2017 年中国经济增速出现暂时回升，同时"去杠杆"政策加强，M2/GDP 才逐步缓中有降，但 2019 年随着经济形势变化，杠杆率水平又有所抬升。当前，中国需要进一步的供给侧结构性改革才能真正实现效率改进，同时有效地降低融资成本也是杠杆水平可以继续维系的重要因素。

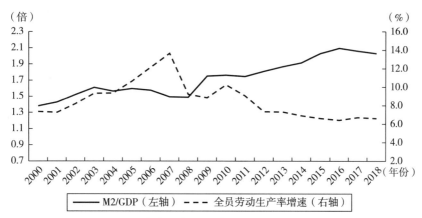

（倍）   （%）

——— M2/GDP（左轴） - - - 全员劳动生产率增速（右轴）

图7 2000~2018年中国全员劳动生产率增速与M2/GDP情况

劳动生产率和M2/GDP表示的杠杆率关系，实际上体现了实体经济与金融之间的均衡机制。劳动生产率提高才能有效维持增长，从而逐步吸收金融杠杆，否则金融负债会越来越侵蚀企业的盈利能力，从而影响整个宏观经济的稳定。

依据上市公司年报数据，2018年上市公司净资产回报率（ROE）低于融资成本。考虑到中国上市公司收益率在金融和非金融公司间存在明显差异，如果直接分析将高估实体经济运行情况。为剔除行业间的差异，我们使用申万证券行业分类标准将上市公司中银行、房地产和非银金融等金融类上市公司去除，并删除了ST类股票来分析上市公司的经营和财务情况（见表3）。通过表3可以发现，与宏观经济走势相一致，ROE自20世纪初至国际金融危机爆发之前呈逐步上升之势，金融危机爆发后ROE快速下滑，后受"四万亿"计划带来的需求扩张影响，ROE在2010年迅速反弹后逐步回

表3 非金融上市公司杜邦分析（删除ST类股票）   单位：元/人

年份	净资产收益率[a]	净资产收益率[b]	总资产低于100亿元公司的ROE[b]	总资产高于100亿元公司的ROE[b]	总资产收益率[a]	总资产收益率[b]	营运利润率	总资产周转率	财务费用比	资产负债率	融资成本	资本回报率	劳动生产率
2004	0.119	0.122	0.025	0.144	0.057	0.059	0.123	0.779	0.010	0.518	0.045	0.082	53310
2005	0.118	0.117	0.010	0.139	0.054	0.053	0.110	0.845	0.010	0.539	0.045	0.081	62514
2006	0.128	0.127	0.038	0.143	0.058	0.058	0.105	0.900	0.010	0.548	0.060	0.092	79324
2007	0.139	0.122	0.067	0.132	0.064	0.057	0.115	0.894	0.010	0.539	0.069	0.104	99509
2008	0.090	0.080	0.056	0.085	0.039	0.036	0.076	0.882	0.012	0.560	0.069	0.064	104925
2009	0.097	0.086	0.071	0.089	0.041	0.037	0.087	0.760	0.009	0.575	0.053	0.067	125690
2010	0.117	0.108	0.082	0.114	0.050	0.047	0.091	0.852	0.008	0.572	0.055	0.082	168488

续表

年份	净资产收益率ᵃ	净资产收益率ᵇ	总资产低于100亿元公司的ROEᵇ	总资产高于100亿元公司的ROEᵇ	总资产收益率ᵃ	总资产收益率ᵇ	营运利润率	总资产周转率	财务费用比	资产负债率	融资成本	资本回报率	劳动生产率
2011	0.109	0.098	0.080	0.102	0.046	0.041	0.082	0.885	0.009	0.581	0.055	0.074	200073
2012	0.086	0.075	0.062	0.078	0.036	0.031	0.073	0.843	0.011	0.587	0.061	0.059	208483
2013	0.090	0.077	0.060	0.081	0.037	0.031	0.075	0.820	0.010	0.592	0.053	0.060	228312
2014	0.082	0.069	0.061	0.071	0.034	0.028	0.077	0.765	0.011	0.589	0.061	0.056	243413
2015	0.063	0.048	0.054	0.047	0.027	0.020	0.075	0.661	0.011	0.575	0.068	0.044	247585
2016	0.067	0.055	0.059	0.055	0.029	0.024	0.081	0.617	0.009	0.569	0.058	0.048	275878
2017	0.080	0.067	0.057	0.071	0.035	0.029	0.084	0.694	0.009	0.563	0.063	0.057	331581
2018	0.071	0.059	0.029	0.069	0.031	0.026	0.076	0.716	0.009	0.565	0.061	0.054	357049

注：净资产收益率ᵃ、净资产收益率ᵇ、总资产收益率ᵃ、总资产收益率ᵇ中 a 与 b 的区别是，a 分子为净利润，b 分子为扣除非经常性损益后的净利润。劳动生产率和工资的分子为毛利和应付职工薪酬，分母是员工总数。

落，2015 年到达 6.3%的低点，随后受供给侧结构性改革的影响，ROE 在 2016 年又有所回升，2017 年上涨到 8.0%，2018 年由于受经济下行压力的影响，ROE 又有所下行，2018 年扣除非经常性损益后的 ROE 为 5.9%，而融资成本为 6.1%。分企业规模来看，总资产规模低于 100 亿元的上市公司扣非后的 ROE，除 2015 年和 2016 年外，都大大低于总资产规模超过 100 亿元的上市公司。2018 年资产规模超过 100 亿元的上市公司扣非后的 ROE 为 0.069，而资产规模低于 100 亿元的上市公司只有 0.029。2019 年前三个季度的情况依然如此，大企业的 ROE 高于融资成本，而中小公司 ROE 低于融资成本。ROE 低于融资成本说明杠杆率会持续提高，而且负债率会出现自然性上升。

五、加快构建适应大国模型的宏观政策框架体系

当前，中国城市化率的提高推动消费与服务的比重持续上升。经济转型过程中开始显现三大特征：一是服务业比重超过制造业成为主导产业；二是投资和净出口在经济增长中的贡献减弱，消费对经济增长的贡献逐步增强；三是创新在经济增长中的作用更加凸显。中国经济在转向高质量发展的过程中，需逐步构建一整套与发展阶段相适应的制度体系，与此改革相匹配的是宏观政策框架的调整。当前，中国的宏观政策框架是基于出口导向工业化的宏观体系，今后应考虑以下五个方面向大国模型转变：

（1）随着外汇占款的下降，央行应加快货币供给改革。在中国存在大量经常项目和资本项目顺差时期，基础货币的供给主要是基于外汇占款。2013 年以来，外汇占款占央行资产负债的水平逐步下降，2013 年为 83.3%，2019 年 10 月下降到 59.0%，央行的外汇资产下降造成资产负债表扩张速度趋缓。目前央行主要通过不断上升的货币

乘数和创设资产来维持货币供给。2013 年末货币乘数仅为 4.08，2019 年 10 月货币乘数提高到了 6.51；同时，2013 年央行对其他存款性公司债权（主要包括 MLF 等资产）占总资产的比重仅为 4.1%，2019 年 10 月上升到了 29.0%。随着全球经济增速放缓和中国出口受阻，央行外汇资产占比可能继续回落，从而在总量上产生信用收缩效应，央行货币供给改革已日益紧迫，成为需要体制改革加以解决的问题。

（2）改革以间接税为主的税收结构，逐步增加直接税比重。目前，我国的税收仍以间接税为主，与间接税相比，直接税特别是其中的所得税具有更强的激励创新的功能。同时，间接税具有明显的累退性，在我国直接税占比低、个人所得税几乎成为"工薪税"的情况下，造成现行税制没有起到有效调节居民收入分配差距的作用，我国居民收入分配差距，特别是二次分配后的收入差距在世界仍属非常高的水平，居民收入分配差距过大会进一步制约消费增长。在我国城市化持续推进的过程中，应实现直接税与福利享受相匹配；同时，我国税收增速下降与城市化公共服务支出刚性也构成了一定的挑战。因此，在维持宏观税负水平稳定的前提下，应逐步提高直接税比重，降低间接税比重，实现税制结构改革与经济结构优化相适应，与支持创新发展的国家战略相匹配。

（3）产业政策方面需逐步放松管制，实现平等竞争。我国的产业政策过去以干预保护、强制提高国产化率和招商引资减税作为产业战略，现在需要放松管制，平等竞争。中国不仅需要技术创新来扩张生产可能性边界，而且需要制度创新以优化资源配置使产出水平尽量向边界靠拢。这需要真正激发企业家的活力，企业家作为生产要素的配置者，能够及时按照市场需求变化进行新的生产要素组合，提高生产效率。在这一过程中，政府应扮演好服务者和市场规则维护者的角色，逐步适应由生产型政府向公共服务型政府的转变。

（4）中国作为大国崛起之后，在国际上应更多地参与国际规则制定。尽管中国等新兴市场国家经济实力不断增长，但在国际经济体系和全球经济治理中的话语权仍然较弱。近年来，"一带一路"建设蓬勃发展、人民币纳入特别提款权（SDR）货币篮子、A 股纳入明晟（MSCI）新兴市场指数、以人民币计价的国债和政策性银行债纳入彭博巴克莱全球综合指数，我国在国际经济体系中的作用有所提升，但仍未改变欧美等发达国家主导全球经济治理的格局，美国在相关领域的权力垄断依然相当强势。在对外开放的进程中，我国应始终牢固树立"四个自信"，主动参与国际规则的制定，发出中国声音，贡献中国方案和中国智慧，推动国际经济体系和全球经济治理朝更加公正合理的方向发展。

（5）深化金融等现代服务业对外开放，使扩大开放和提升监管能力相互促进。在我国服务业成为主导产业，越来越多的中国企业走出国门，在全球市场配置和整合资源的情况下，迫切需要加快金融等现代服务业双向开放步伐与之相适应。在对外开放的过程中，应善于借鉴国际监管的有益做法，提升监管水平，确保监管能力与对外开放水平相适应，使扩大开放和加强监管能力建设相互促进。在我国取消 QFII 和 RQFII 投资额度限制的情况下，短期内外国资本可能根据市场环境和自身判断进入或撤出中国市场，而中长期外资是否会持续流入的核心因素则是中国的经济发展和资产回报情况，这需要培育出体量较大且综合收益较高的金融市场，持续推动境内资本市场平稳健康发展。

参考文献

［1］Brynjolfsson E. and A. McAfee. The Second Machine Age：Work Progress，and Prosperity in a Time of Brilliant Technologies ［M］. New York：W. W. Norton & Company，2014.

［2］Fernald J. Productivity and Potential Output Before，After，and during the Great Recession ［C］. NEBR Working Paper，2014：20248.

［3］Furceri D.，S. K. Celik and A. Schnucker. TFP Growth Before Global the Financial Crisis：Evidence from a New Database for Advanced Economies ［C］. Forthcoming IMF Working Paper，2016.

［4］Gordon R. The Rise and Fall of American Growth：The United States Standard of Living Since the Civil War ［M］. Princeton：Princeton University Press，2016.

［5］Gustavo A.，R. Duval，D. Furceri，et al. Gone with the Headwinds：Global Productivity ［Z］. IMF Staff Discussing Notes，2017.

［6］白重恩，张琼. 中国经济增长潜力研究 ［J］. 新金融评论，2016（5）.

［7］谢云峰. 结构性减税的价格效应——基于 CGE 模型的实证研究 ［J］. 吉林金融研究，2019（7）.

［8］张平，刘霞辉. 张自然，张平，袁富华. 外部冲击、名义 GDP 收缩与增强经济体制韧性 ［M］//张平，刘霞辉. 张自然，张平，袁富华. 经济蓝皮书夏季号：中国经济增长报告（2018~2019）. 北京：社会科学文献出版社，2019.

第三部分

金融与宏观周期

1995 年我师从杨坚白老师攻读在职博士，杨老是中国宏观经济学的创始人，为不辜负杨老的宏观经济学传承，我逐步开始从收入分配转向宏观经济学的系统学习和研究。1997 年发表了宏观研究的第一篇文章，该文仍从我最熟悉的消费入手，研究消费—利率的关系，该文章是对硕士导师杨圣明教授和博士生导师杨坚白教授的致敬。文章当时已经清晰地指出了中国的消费需求不断下降的基本事实，认为短期通货膨胀的原因不是需求拉动，消费物价会受到消费需求的长期抑制，要通过利率平衡储蓄和消费。我从利率入手逐步转入金融与宏观周期的讨论，并以金融货币视角讨论中国的大国问题，核心是讨论中国从小国模型，即以货币储备国信用资产为主要央行资产的货币供给模式，逐步转向大国模型，即以国家信用为主要央行资产的货币供给体系转变。我在 2017 年专门讨论了中国的货币发行制度和货币发行与财政的关系。

金融周期与宏观周期的研究也是向伯南克致敬，他讨论了经济危机在金融信息不确定条件下的扩散，更重要的是他利用金融加速器讨论了危机的起源和救助，其金融加速器的思想研究对中国当代问题是非常有意义的。2008 年伯南克成功地利用"量化宽松"和"扭转交易"等金融手段化解了美国 2008 年的巨大金融危机，使得危机冲击比较平稳地被化解。他的金融宏观思想包括很多方面，但其核心思想有以下两个：①金融加速器意味着微观经济主体可以被金融工具不断放大其行为，最后不能收敛；②经济上下波动时金融加速器是不对称的，经济向上时金融机构依据公司资产上涨，抵押物估值上升可以提高抵押的额度进行融资，推动企业向上，向上的资金需要受到公司或个人需求和金融机构不断放款的双重可能性的制约，向上的极限到来较快。经济往下行后，金融机构不断要求企业增加抵押物，企业不断要卖掉其具有流动性的资产补充抵押物，因此企业向着破产方向发展，而金融市场不断保守收缩，导致实体经济得不到金融的支持。用金融机构收缩特征解释 1933 年经济大危机后的金融持续的收缩推动的危机不断延续和难以恢复。金融加速器将企业的资产负债表与金融和宏观连接在一起，认为只有政府当局能够打破资产负债表收缩引发的金融危机。我从 1998 年开始服务于信托、证券、基金、保险资产管理、期货等公司，对金融的加速器意义有了深刻的理解，但始终没有好好研究，略有遗憾。当前金融负债表衰退问题也在影响着中国经济的健康状态，随着中国房地产的长期估值发生逆转，其资产定价和作为安全资产已经动摇，这对于以土地—房地产扩张的金融—房地产—经济体系是个挑战。辜鸿明以资产负债表衰退对日本房地产泡沫后的持续衰退做了分析，值得借鉴。全球金融周期与经济周期波动关联的一个最主要变量就是房地产价格波动。

  全球化的低利率导致全球和中国的实体经济与非实体经济的不平衡，非实体经济在低利率的带动下，快速发展，我做了系统的总结，实证了实体经济生产率不断下滑，而金融杠杆不断提升的一个中国典型化事实。现实中我们的资产收益率已经无法覆盖利息成本，中国经济需要实体与金融的再平衡，特别是提高实体的劳动生产率和降低金融利润，回馈实体经济战略相互支撑的，需要金融—宏观体制性调整。最后一章探索了增强金融韧性的政策路径设计，逐步做好吸收累积坏账的准备，才能促进中国经济增长转向高质量发展。

18 消费者行为的统计检验、制度解释和宏观效果分析[*]

张　平

西方市场经济体系下消费者行为得到了广泛的研究，突出地表现在战后有关消费者理性的研究，主要包括弗里德曼的"持久性收入"假说、莫迪利亚尼的"生命周期"假说，而后"理性预期"也加入到消费研究中，这些研究强调了消费者决策的"理性"行为，实证地测算了消费—收入比例的稳定性，这些收入—消费分割稳定性研究的制度背景是市场经济制度，理论大多形成于20世纪五六十年代。到70年代后，更为猛烈的经济商业周期和不稳定的宏观环境的出现，使消费者支出倾向的变动具有了更多的独立含义，特别是外生不确定性因素对消费者的影响，形成消费期望的作用越来越大，传统消费理论只讨论内生化的研究显得力不从心了，以消费者情绪指数为反应预期变化的变量加入到新一代模型中（奥托·埃克斯坦，1983），这一变化的实质是将外生的不确定性所形成的预期纳入消费者行为决策模式中。

中国居民收入—消费行为制度环境则完全不同于西方市场经济体制，处在一个从传统体制向市场经济体制过渡的体制变迁过程中，外生的制度变化是形成消费者行为的最重要因素。在传统体制下，为了在极低的生产基础上，推进像苏东国家那样的重工业化，必然导致消费行为的畸形。消费支出行为是被体制规定下来的，收入被冻结，消费品通过配给制，各类服务被城市福利制度包下来，使城市居民无消费选择自由，同时也剥夺了消费者的储蓄权利，作为补偿，提供了"无风险预期"的社会保障体系，居民无须为日后的风险储蓄，收入的消费和储蓄分割失去意义。国家在传统体制下，将消费与积累的关系从个人决策改为国家决策，并由国家决定"消费—积累"比例。改革开放后，强调了"物质利益"原则，收入迅速增加；消费品市场逐步放开，形成以耐用消费品为龙头的扩张性的增长，到1992年以后涉及居民的深层次的改革推开，如住房改革、医疗、就业、退休和教育等方面的改革，直接触及了影响居民行为的深层制度因素，需要从更大的历史跨度和制度变迁过程来分析和重新界定消费者行为，从而准确地判断消费者行为对宏观稳定的作用。

1988年和1994年的创高水平的"消费物价指数"引起的经济波动都在不断地说明消费需求对宏观经济的影响。特别是1994年，中国在高通货膨胀条件下进行了高储蓄，这一现象引起了很多学者的讨论和研究，如宋国青（1995）认为，居民两次错误的价格预期导致了不同的"储蓄倾向"，从而产生了对经济波动的不同短期影响。从表

---

　　*　全文发表于《经济研究》1997年第2期。

面上来看，似乎是消费者的错误预期或有什么非理性因素，实际上可能恰是消费理性的表现，正像英国在 20 世纪 70 年代后，持续通货膨胀，但储蓄倾向却不断升高，因为对未来的收入预期越来越不稳定，人们为了稳定日后的生活，提高了储蓄率。中国居民提高储蓄倾向可能不是人们对短期变量如年利率和通货膨胀的"错误预期"，而是更长期的制度预期因素主导了消费储蓄行为。制度分析和实证中国消费者行为的变动，进而研究其对中国宏观经济的影响，正是本文所研究的主题。

一、消费—收入行为的统计检验

中国居民收入—消费分割的行为模型受到巨大的经济制度变迁的影响，其行为模式从传统体制下外生制度因素决定的消费模式逐步转变为内生行为决策模式，统一化地描述其行为的模型是困难的，只能依据行为实证分析推断出一些行为假说。

1. 消费收入统计口径

中国缺少可支配收入的概念，一般的替代方法可归纳为以下三个消费—收入统计口径：一是以国民生产总值中消费为消费支出口径，收入则为该消费支出加新增储蓄、手持现金、国债证券等金融资产，这一口径为大口径，包含的收入和消费支出的范围全面，只能做全国总量分析（王春正，1995）；二是以全国家计调查数据和人口数据为准，通过统计抽样推断全国消费支出，并以该消费支出加上新增储蓄，此口径在消费支出上略小于第一种口径，在储蓄计算时没有对公款私存和生意周转金做折扣，根据统计局估算为 10%～20%，但同时也没有加进相应的手持现金和金融债券，两者相抵差距不大，它不仅能分解为城乡，而且消费支出具有了各种分解的可能；三是完全依据家计调查资料，以消费支出、生活费收入和人口计算消费支出和收入，该口径最小，较大地低估了储蓄，1992 年后用公布的人均可支配收入替代生活费收入，储蓄值基本正常，它可用于收入和消费支出的各类分解分析。

从变动趋势来看，三种口径统计的收入、消费变动趋势基本相同，为了方便运用，笔者将主要使用第二种口径进行分析，它既弥补了家计调查对储蓄的严重低估，又可做城乡消费函数的分解。

2. 消费—收入分割趋势分析

从图 1 中可以看出，改革开放后，人们首先是补足消费，进入了所谓的"数量扩张"阶段，而后进入了大规模的耐用消费品普及时期，因此直到 1989 年，全国居民平均消费倾向都在 90% 以上，可见这一时期消费需求强劲，1988 年后，平均消费倾向开始下降，下降趋势非常明显，1995 年比 1989 年平均消费倾向（消费率）降了 16 个百分点，消费需求的带动作用下降。与此同时边际消费倾向也稳定下降，尽管没有出现像 1989 年、1990 年那样的急剧下降，导致市场突然疲软，但 1994 年边际消费倾向降到 64%，接近于 1989 年和 1990 年边际消费倾向在 60% 以下的情况，1994 年已经感到了内需不足，特别是国内消费需求的不足。1995 年得到缓解。

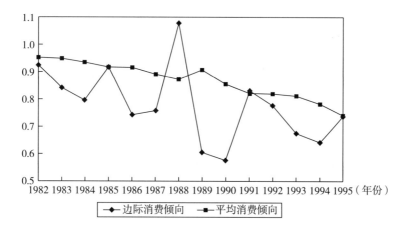

图1 1982~1995年消费倾向变化

全国居民消费率和边际消费倾向的下降趋势，可能是制度变革等长期性因素影响消费者决策的结果。理性人除通过对过去的经验提取信息外，更为重要的是能从社会信息中提取全部信息，形成对未来的看法，而且更为准确，这也是理性预期同适应性预期的差别。因此中国消费者的"理性计算"不仅关心短期收入等因素，更关心长期的信息，特别是社会保障体系改革带来的直接风险，如养老、教育、失业、医疗和住房等。

我们再分城乡进行讨论。从城市居民的消费倾向来看，下降迅速，消费率从1982年的91%下降到1995年的64%，降了27个百分点，边际消费倾向也是下降趋势；农村居民消费率从1982年的95%下降到了1995年的74%，降了21个百分点。城市居民消费倾向在1988年以后开始明显下降，到1994年后已经降到了65%以下，城市消费倾向下降带动着全国消费倾向下降。

我们依据数据检验居民收入—消费的关系，下面的回归模型都用前瞻性消费模型，这种模型形式是前瞻性消费函数模型的总表达式，如生命周期、理性预期和长期收入假说都可简化为该种形式（李子奈，1992），通过分析再讨论收入对消费的影响。

（1）1981~1994年城乡居民总量消费函数：

C = 510.71 + 0.55YD + 0.32C（-1）

根据模型计算：①短期消费倾向 = 0.5531；②长期消费倾向 = 0.8016。

（2）1981~1994年城市居民消费函数：

UC = 245.26 + 0.48UYD + 0.35UC（-1）

根据模型计算：①短期消费倾向 = 0.4798；②长期消费倾向 = 0.7256。

（3）1978~1994年农村居民消费函数：

RC = 174.82 + 0.76RYD + 0.16RC（-1）

根据模型计算：①短期消费倾向 = 0.7555；②长期消费倾向 = 0.89。

模型中：C表示按第二种口径计算的全国居民消费总额；

UC 表示按第二种口径计算的全国城市居民消费总额；

　　RC 表示按第二种口径计算的全国农村居民消费总额；

　　YD 表示按第二种口径计算的全国居民可支配收入总额；

　　UYD 表示按第二种口径计算的全国城市居民可支配收入总额；

　　RYD 表示按第二种口径计算的全国农村居民可支配收入总额。

　　上述模型的回归结果拟合度好，但普遍存在序列相关问题，降低了解释的可信度，作为趋势分析仍是可以的。虽然中国消费者行为不同于市场经济国家的消费者行为，但自改革开放后，消费选择的自由化和收入的人力资本化，消费者的跨时配置资源能力的具备，前瞻性模型对中国消费者具有初步的适用性。通过模型检验证明，从总量上来看，模型模拟的结果是令人满意的，可看出以下三个问题：①全国居民总的长期消费倾向为 80%，储蓄倾向为 20%，比较均衡；②城市居民的长期消费倾向较低，为 72% 以上，这对于市场需求是不利的，而且短期收入倾向很低，仅仅为 42%，说明即期性收入影响小，而长期的很多因素可能是影响消费倾向的关键，如制度变迁等；③农村居民的长期消费倾向为 0.89，短期消费倾向为 0.76，这意味农村居民长期消费倾向很高，而且即期收入的作用大。

　　3. 利率和通货膨胀

　　在古典模型中，储蓄是利率的函数，利率对储蓄的影响是正向的，现代经济学提出了利率的"财富效应"，即利率提高，增加了其财富的价值，因此可以适当降低当前储蓄，加大消费，说明利率对储蓄产生负影响。中国学者实证了利率对储蓄的正影响，如谢平（1993），当然也有学者认为利率与储蓄无关。就 1994 年的情况来看，尽管出现了最严重的负利率，但人们的储蓄增长依然很快，相对于 1988 年、1989 年负利率调节储蓄增长的情况已经大不相同，如果同储蓄率和边际储蓄倾向做比较，那么更显示出不同，1994 年的储蓄率高达 30% 以上，边际储蓄倾向也达到 30% 以上，而 1988 年边际储蓄倾向为负，储蓄率也为负。人们简单地比较 20 世纪 80 年代后期和 90 年代的储蓄行为，可以推断出到 90 年代一年期的利率和通货膨胀对储蓄的作用已经不像 1988 年那样明显了，作用是有局限性的。但从整个改革开放的历程来看，利率对储蓄的作用依然是明显的，对表中数据进行回归得出：

　　1981~1995 年　　$SAV = 24.86 + 1.09R$　　　　　　　　　　　　　　　　　　　（1）

　　1981~1989 年　　$SAV = 25.11 + 1.64R$　　　　　　　　　　　　　　　　　　　（2）

　　如果加入政策调整哑变量，去掉 1988 年的政策影响，那么方程的可解释性上升到 93.54%，即 R-squared 为 0.9354。

　　1990~1995 年　　$SAV = 24.16 + 0.62R$　　　　　　　　　　　　　　　　　　　（3）

　　在上述三式中，SAV 表示实际储蓄增长率；R 表示一年期实际利率。

　　我们可以从回归模型中看出：①1981~1995 年，一年期实际利率对储蓄增长的影响是正的，利率可以解释储蓄增长的 54%，模型较好地通过了检验；②如果做分时间段模型，可以看出 1981~1989 年的模型中利率的可解释性达到 76%，如果加入政策调整的哑变量，判断系数达到 94%，而且模型整体效果非常好，说明这一时期年利率对储蓄增长具有明显的正效用；③20世纪90年代后，利率对储蓄的影响仍是正的，但可解释储蓄增长的能力大幅度下降，而且利率项与整体方程都未通过统计检验，在利率是负的条件下，储蓄依然上升很快，决定90年代后储蓄增长的解释应另有其他可解释变量。按行为分析，居民更注重财富、子女教育、养老等长期储蓄目标，这就会引起人们对长期利率的敏感，特别是1988年10月加入保值储蓄以来，三年期以上的利率上升非常快，并与居民的长期储蓄目标相一致，作用是明显的，如居民抢购三年期保值国债就是一例，人们加强了利率期限结构的调整，由于缺少必要的储蓄时限结构数据，很难进行统计检验，但可以推断1994年、1995年的高储蓄与三年期以上的高利率可能是高相关的。1996年正利率后，储蓄增长更快，正利率对储蓄增长的保护是明显的。

此外，资产选择的途径增加后，居民金融资产结构会发生很大的变化，从单一的银行存款转向以银行存款为主，债券和股票占有相当比重的金融结构，1995年全国居民个人金融资产构成中，储蓄存款比重已经下降为68.2%，各类债券和股票的比重已经上升到10.4%，1996年股票市场的总价值比1995年增长了1倍多，居民入市量超过2000万户，居民购买的股票的价值占总资产的比重将提高3~5个百分点。未来居民资产结构会随着资本市场的发展而继续加快调整步伐。

二、消费—收入行为的制度解释

在完善的市场制度下，消费者理性表现在以下四个方面：①无制度变迁影响，具有稳定的制度预期，消费者行为是内生的，其面临的市场风险应由其内生行为进行调整解决，其不会因制度变革带来较长期的外部冲击而改变"理性计算"的制度边界，改变风险的性质；②消费者收入是其人力资本的函数；③消费者在收入约束下追求消费效用的最大化，消费支出自由则可谓之"天赋权利"；④消费者具有前瞻性，可计算的预期长度为一生，并可能为下一代做准备，这就形成了所谓的"生命周期"或"跨代模式"，预期长度加入到收入—消费关系中，消费者按"生命周期"配置资源，规避风险，追求生命周期的消费效用最大化（George Hadjimatheou，1987）。

中国消费者处于制度变迁过程之中，"理性计算"的制度边界处在变动之中，制度变迁直接影响或外在决定了消费者行为，消费者的风险来自制度风险，基本上是被动的反应，可预期的长度也随着制度边界的变动而变动。决定收入、支出和风险预期的因素在不同的体制条件下，有着质的差别。

1. 传统体制下居民行为的制度规定

中华人民共和国成立后，经过短暂的恢复时期，于1953年开始在极低的收入水平上推行重工业化道路，但由于资金存量的严重不足，必然要建立一套"动员"资源的制度，以筹集工业化所需的资金。这一制度对居民的规定是明确的，体现在以下三个方面：

（1）禁止生产者自由流动。包括禁止人们自由择业、自由迁徙和自由改变身份（如"农转非"），在农村经常要"割资本主义的尾巴"等，所有这些做法的经济意义都不过在于，只有当人们无法通过职业选择来增加自己的收入时，宏观上收入的控制，特别是在长达20年（1957~1977年）不提高职工工资的做法下才能得以实现，从而为重工业化道路积累资金。

（2）限制消费选择自由。由于重工业战略是生产带动生产的，从根本上排斥消费，消费只作为重工业过程中一种投入品被严格地节约，其方式主要是通过各类基本消费品的实物定量或凭票供应来实现。这种定量配给方式，直接取消了消费者自由选择的资格。

（3）福利性补偿。对人的行为的任何约束不能不付出必要的约束成本，而且在通常情况下，约束的硬度越高，约束的成本也越大。正因如此，传统体制在限制劳动力流动和消费者自由选择的同时，几乎用大包干的办法向城市居民提供了全面福利性补偿——从低价补贴到免费供应，从就业保障到生老病死的保险和补偿等。

传统体制下，制度对居民行为的约束强度远比苏东国家要强。一方面是"管"，另一方面是"包"。在这种体制下居民作为劳动者与消费者，被完全分割。居民的消费者行为特征有四个：一是居民作为劳动者，获得的收入不是其人力资本的函数，而是外生制度赋予的收入；二是消费品实行配给制，消费者支出是外生配给的，居民没有消费选择权；三是居民的收入仅仅够消费，储蓄很低，其他的投资权是严格禁止的；四是国家给居民提供了无风险预期，居民的前瞻性被压缩到一个月，因为这一个月的消费模式可复制到一生的各个阶段，跨时的资源配置是不必要的，也不可能。

2. 1978~1988年分权体制下居民行为的制度规定

改革后，首先转变了传统体制下的重工业发展战略，确立了以市场带动生产的战略，其次是开放市场，沟通消费与生产，最后是确立市场中的微观主体地位。这一系列的战略与制度变革，直接作用于居民行为。从制度规定的角度来看，可以归纳为以下三方面：

（1）收入分配多元化。对"物质利益"的承认，使城市居民收入分配在边际意义上与人力资本挂钩，表现在奖金激励、工资与效益挂钩、第二职业收入等。从总体上来看，基本是沿用了原有体制的分配模式进行收入分配的，"大锅饭"依然严重，但与传统体制所不同的是全面向居民倾斜，使居民收入快速增长；农村则全面推进了"家庭联产承包责任制"，农村居民收入分配已经没有所谓的制度障碍了，农村居民的收入已是其人力资本的函数了。

（2）消费品市场放开。消费品市场放开，国家逐步取消了价格和票证的管制，消费者可以自由地在市场上选择消费品。

（3）福利制度强化。尽管消费品市场已基本放开，但传统的福利制度非但未被削弱，反而被加强，表现在三个方面：一是消费品和服务补贴。价格补贴在20世纪80年代增幅极快，占财政支出的1/3。二是住房福利，城市住房一般以免费的方式分给城市居民，1988年人均住房补贴137.2元，占分配性货币收入的16.12%。三是医疗、就业及退休福利制度依然如故，仍是包就业、包退休以及对随时可能出现的病残伤亡事故实行全方位保险（或补助）的体制。

我们简单地概述为：改革后，国家放开了"管"的部分，收入、支出较为自由，但"包"得过多的福利制度反而加强，人力资本的增量收益开始出现，但人力非资本化仍没有解决。在这样的制度规定下，消费行为表现在四个方面：

（1）人力资本化问题没有解决，收入外生因素起到决定性作用，由于国家的"让利"政策和国家所有权的"虚置"，没有新的收入约束机制能抑制城市劳动者的收入快速增长，"收入攀比""消费基金膨胀"问题特别突出，居民收入增长过快，但居民却无法预期更长的收入状况，因为收入决定是外生的。

（2）消费者支出行为仍符合配给模型，即对非补贴品的过度需求，购买力集中在"耐用消费品"和"吃"上，出现所谓的"消费偏差"。

（3）储蓄预期长度短。城市居民由于国家依然"包"，因此将"购买耐用消费品""供养子女"和"为家庭成员婚丧嫁娶或备不时之需"作为第一储蓄选择的居民样本占83.1%；而为"退休生活有保障"而储蓄的居民只占8.9%，储蓄预期的长度较短，特别是对把23%的第一储蓄目标放在购买耐用消费品的消费者来讲，储蓄长度大致为2~3年。

（4）制度风险集中在短期的价格改革上。改革后，特别是1984~1988年，居民面临的制度性风险集中在价格改革上，价格改革的信号，如"价格闯关"等信息不断传递给居民，制度变革引起的价格上升已经显示出来，此时消费者需求正集中在有限的消费品市场上，更高度集中在几种正在普及的耐用消费品的价格上，消费者的风险预期指标非常单一，而且非常短，制度变革的风险高度敏感于价格改革。

从宏观意义上来讲，居民收入、消费、储蓄短期化和制度风险预期单一化的行为模式，直接放大了1988年"价格闯关"的宏观政策影响，形成了"抢购"，加大了宏观经济波动。

3. 20世纪90年代制度变革对居民行为的制度规定

十余年"市场取向"的改革，逐步从增量改革推进到主体，特别是1992年邓小平南方谈话以后，这一改革力度加大，其影响深远，1994年确立了市场经济目标模式，从根本意义上奠定了居民行为规范的制度基础，尽管从改革到完善制度还需要一个过程，居民还面临着制度变迁风险、收入的外生影响过大等，但居民的收入—消费内生决定模式已经形成，行为模型上可归纳为以下三个方面：

（1）收入与人力资本开始成正比。20世纪80年代的"脑体倒挂"，90年代已经基本无人再提，人们越来越多地从市场中获得收入。人力资本化直接源于：一是企业改革，使劳动者收入与企业经营业绩挂钩；二是劳动力市场基本上开放，劳动要素能得到正确的市场评价。尽管还存在很多制度性垄断障碍，劳动力要素市场不完善，但劳动者收入的内生决定模式已经形成，随着改革的深入，劳动者收入的内生决定将越来越强，并将彻底改变传统体制留下的人力非资本化。

（2）福利制度的解体，消费储蓄跨时均衡。20世纪80年代是财政补贴推进市场的改革，到1988年和1989年达到顶峰，90年代后，特别是1992年以来，中央财政地位严重下降，财政的瓦解，使改革战略从补贴转向放开市场，这直接触及了影响消费者行为的制度因素。①基本取消物价补贴，最重要的标志是取消粮票；②房改进入到实质阶段，其标志是大规模对公有房进行销售；③公费医疗、义务教育、全面就业、退休福利制度面临解体的危险，人们日常生活中越来越多地感受到了福利制度解体的威胁，从医疗的报销自费部分加大到药费报销拖欠，无不显示出解体信息，教育、就业、退休都在不断地给人们风险信息。

福利制度的解体直接要求规避风险的内生化，人们必须调整收支结构，有效地配置收入在消费与储蓄上的比例，跨时的消费储蓄最优均衡必须纳入居民的决策中。

（3）制度预期风险长期化。理性预期认为，理性的经济主体将运用他们有关经济体系结构的知识来形成预期。这种经济体系结构的知识在制度变迁的过程中则体现为整个制度变革信息。

1988年的制度变迁主要集中在即期的价格改革上，这一信息引起居民的抢购，消费倾向大幅度提高，而20世纪90年代后尽管价格上涨很快，但消费者已经认为通货膨胀不是体制改革的问题，而是经济体系内生的，将可能长期化，而1992年后居民所获得的制度变革信息是福利制度解体，"自救"不可避免，而福利制度改革带来的制度风险对居民是长期化的，引起储蓄倾向提高。

制度变革的阶段不同，引起居民收入—消费分割的行为也是不同的。从传统体制的外生消费模式到过渡阶段的20世纪80年代，在90年代初步确定了市场经济体制下的内生行为模式。90年代的体制变迁，直接导致了消费者预期的变化，从短期的收入—消费均衡转变为长期的均衡，这一点在城乡居民的储蓄行为上表现得很明显。城市居民受制度变迁的影响很大，行为变化很大，从短期转向长期，特征有以下五个：①80年代为购买耐用消费品而储蓄的短期倾向迅速下降，即从1986年全国城市居民的22.1%下降到14.6%；②子女教育费用上升，按与大城市同口径比较，上升了11个百分点，表明90年代居民对教育制度改革所带来的风险及追求提高人力资本所做的反应；③养老预期的倾向加强；④吃利息的比重直线上升，从1986年的0.5%上升到13.5%，这表明储蓄已不仅仅是延期的消费，它已经作为长期家庭投资项目了，具有了财富上的意义；⑤购房上升迅速，这是对房改的基本反应。

虽然农村居民不同于城市居民所处的消费阶段和受到不同的制度变迁影响，但行为特征也表现出从短期储蓄倾向转向长期倾向，集中在三个方面：①为建房的储蓄倾向下降了13个百分点；②养老倾向加强，从3.3%上升到了10.1%；③吃利息倾向迅速上升，从0.3%上升到10.9%，财富倾向提高。

三、消费者行为的宏观后果

根据上面的趋势与行为分析，可以推论出90年代中后期中国居民将保持高的储蓄率水平，平均在25%~30%，消费倾向的降低包含两个宏观经济问题：一是消费需求对经济波动的影响将如何变化；二是储蓄倾向的提高，直接影响了货币供给的变动，这对宏观经济波动有何影响。

1. 消费需求对总需求与物价波动的作用

消费者行为的宏观效果是指消费者行为结果的消费需求对经济波动的直接影响，1988 年和 1994 年的经济波动，都涉及对消费需求的"膨胀"拉动的判断，1988 年由于消费倾向突然增高，出现"抢购"，在消费需求方面最起码有加速作用，而 1994 年则完全不同，消费倾向很低，仅仅用 1994 年生活物价指数上升过快来证明消费需求"膨胀"拉动通货膨胀，是远远不能说明问题的。我们运用一个简单总需求分解变动趋势和价格指数变动相互关系来说明 1994 年宏观波动的原因。

人们判断 1994 年消费需求拉动物价上涨的根据是，1994 年消费价格指数上升 24.1%，生产资料价格下降了，据此认为消费需求拉动是物价引起通货膨胀的主要原因。我们计算一下 GNP、居民、固定资产投资需求、净出口的变动指标，看 20 世纪 90 年代后的消费需求对经济波动，特别是物价波动的影响，可以看出两个问题：①消费需求增长与国民生产总值增长基本相协调，处于平稳状态；②投资需求在 1992 年、1993 年出现非常规增长，超出了 GNP 实际增长的 1 倍多，拉动了 GNP 平减指数，即物价的上升，1994 年的物价上升应视为 1993 年投资需求拉动的滞后反应。扰动中国经济波动的主因在投资：

（1）由于投资过度"膨胀"引起生产资料价格狂涨，出厂价比上年上升了 33.7%，像钢材等大宗生产资料价格都上升了 1 倍左右，而当年的消费资料价格仅上升了 9.6%，说明消费需求没有任何异动，到 1994 年，生产资料价格依然在上年的基础上上升了 16.7%，生活资料价格受到上年和当年生产资料价格上涨的成本压力，迅速上升到 23.8%，因该年消费需求依然低于 GNP 增长，因此我们应视该价格上升是成本推动的，因此仅仅用一年的生活资料价格上升说明消费需求拉动通货膨胀是有很大论证偏差的。1993~1994 年的波动是投资需求过度膨胀直接引起的。

（2）"1994 年如果储蓄倾向是 1988 年的水准，通胀率还要高得多。"（宋国青，1995）正是由于 20 世纪 90 年代后中国居民的消费行为发生了变化，消费者理性计算了制度变迁，特别是社会保障体系改革所带来的一系列不确定性信息，出现了消费倾向持续性下降，这对宏观紧缩是十分有利的。但同时我们也要看到，由于中国制度变迁过程中的不确定性远远大于稳定市场经济制度下的预期不确定，有可能会出现消费倾向下降过速，如 1990 年，不是居民收入不增，仅仅是边际消费倾向达到最低点，整个市场也会出现疲软，这是对宏观经济短期稳定的另一类挑战。

2. 对货币政策的影响

中国居民储蓄倾向的不断提高，直接表现在储蓄高速增长上，储蓄余额增加很快，它推动了广义货币（M2）的迅速增长，与国民生产总值的比重从 1985 年的 50.95% 增长到 1994 年的 100.8%，1995 年比重继续上升为 106%，按 1996 年前 10 个月的居民储蓄存款增速来看，这一势头还在继续。中国人民银行编的《'96 中国金融展望》一书中指出"城乡居民存款大幅度增长影响对货币供应量的控制"；一些学者也指出了"中国的超高 M2/GDP 值标志着中国的扩张性货币政策已造成了一个相当危险的局面"（余永定，1996）。

从国际比较来看，中国的 M2/GNP 的迅速提高本身并不构成对中国经济波动的影响，相反可能是中国有效抑制通货膨胀和经济高速增长的重要保障，日本和中国台湾及亚洲地区工业化国家都表明了这一点，即使超过 100%，也没有引起通货膨胀，1995年、1996 年中国这一比率仍不断提高，但通货膨胀率在逐步下降，1996 年预计在 6%左右，没有证据表明其威胁了宏观经济稳定。

高储蓄引起高负债的恐慌的实质是对中国产出能力的担忧，这确实是有道理的，但解决这一问题的核心并不是人为地压低储蓄增长，而是改革国有银行和提高企业产出能力。人们都知道，借贷方式是企业融资成本最低的方式，该方式不能被接受，其他方式就更难了。问题的关键在于资本转化为投资的效率和投资使用的效率，中国的银行资金运作的低效率和国企产出的低效率，产生了很大的对居民负债的风险。从这个意义上来讲，开放金融市场，特别是直接融资市场的加快开放，在一定程度上可以加强资本形成和提高产出效率。

中国储蓄倾向提高是中国深层改革的直接结果，是居民对未来市场风险自我承担的积极反应，这种反应有利于中国深化改革，人们已经开始对可能的失业、养老、教育等做了储蓄准备，这一储蓄准备必须得到正利率政策的保障，而不应被削弱。

参考文献

［1］［美］奥托·埃克斯坦. 美国经济模型［M］. 蒋怗译，王寅初校. 北京：中国计划出版社，1991.

［2］宋国青. 利率、通货膨胀与储蓄倾向［J］. 经济研究，1995（7）.

［3］谢平. 中国个人储蓄行为分析（上、下）［J］. 金融研究，1993（8，9）.

［4］王春正. 我国居民收入分配问题［M］. 北京：中国计划出版社，1995.

［5］李子奈. 计量经济学———方法和应用［M］. 北京：清华大学出版社，1992.

［6］郭树清，韩文秀. 中国 GNP 的分配和使用［M］. 北京：中国人民大学出版社，1991.

［7］陈元. '96 中国金融展望［M］. 北京：中国金融出版社，1996.

［8］余永定. 国民收入分配、金融结构与宏观经济稳定［J］. 经济研究，1996（12）.

［9］麦金农. 发展中的货币和资本［M］. 上海：上海三联书店，1988.

［10］曾万达，罗伯特·科克. 亚洲国家的金融自由化、货币需求和货币政策［M］. 黄兴海等译. 北京：中国金融出版社，1992.

［11］ Hadjimatheou George. Consumer Economics After Keynes［M］. New York：St. Martin's Press，1987.

19 "大国效应"和自主宏观政策选择*

从 2001 年开始中国经济进入了一个高速平稳增长的时期，已经 5 年多了，经济增长沿着潜在增长率自我适应地前行，通货膨胀指标也是如此的平稳，宏观政策不用为，也无可为了，似乎高速平稳的经济增长会自然而然地带着中国一直往下走。在这高速平稳的经济增长的底下也开始涌动着巨大的波浪，这潜在大浪被人们逐步认识为"流动性泛滥"和"资产价格上涨"。这使人们不自觉地想起了日本的"升值"期，出口导向的战略，高速平稳的增长，低通货膨胀，但资产价格暴涨，泡沫经济破裂最终导致了日本经济掉入"流动性陷阱"，停滞了 20 年的经济增长。日本过后是东亚金融危机，似乎也是相同的步骤，汇率和资本项目管制放松，大量国际资金涌入，央行不断降低利率，经济处在高速平稳增长趋势，但伴随着资产泡沫，直到金融危机，资产缩水，经济陷入停顿，这好像是一个对东亚快速发展中国家的咒语。

2001 年中国人均 GDP 超过了 1000 美元，进入了一个"结构变革"的加速期，城市化主导了经济的高速增长，但经济在高速平稳的增长的同时也在加速积累着"非正常"因素，从统计上来看表现为三大方面：①外汇储备激增，2006 年预计达到 1 万亿元，已成为世界第一的外汇储备国，货币供应量被外汇流入牵着走，难以调节，投放快速增长，货币政策的独立性受到挑战；②房地产价格、股票等资产价格持续上涨；③金融风险集中在以城市化为主导的房地产、基础设施等准资产部门。这三个部分都集中在货币—资产范围内，从需求意义上来讲对实体经济有着带动效应。而三大变量又都与人民币升值和国际资本流动密不可分，这些非正常因素几乎预示着有重蹈东亚经济危机覆辙的可能性。从简单的逻辑来看，由于巨大的贸易逆差，导致了国际社会要求重估人民币和放松资本管制的压力，由于预期人民币升值，外资大量涌入，压迫货币量的供应，央行利率只能保持在很低的水平上，过多的货币涌入到房地产等资产部门套取资产升值的收益，而在宏观政策上由于汇率与利率的相互关系，几乎无法制定独立的货币政策，货币供应量无法控制，货币过多也没有必要拉高利率，利率政策没有调控的余地，资产泡沫不断被放大。总之中国刚刚进入 WTO 的全面开放时间窗就直接遇到能否有自主宏观政策的挑战、能否应对来自货币—金融方面的挑战了，中短期在实体上则更多地表现为乐观的高增长。

作为中国这样一个大国自主的宏观政策是保持经济平稳的关键，而能否做出自主的宏观政策核心就是以我为中心的福利最大化和抑制外部冲击协调基准，否则宏观政策就会变得被动和现实的自我辩护，大国就失去了"利益基准"。

---

* 全文发表于《经济学动态》2006 年第 10 期。

从一国来看，当进出口达到一定规模时，大国经济行为、政策等都将引起外部连锁影响，出现"大国效应"，因此须进行国际协调，进一步开放是不以人的意志为转移的，但如果在开放中失去自主的宏观政策则是最危险的。以当前的高增长和资产价格过快上涨来看，拉高利率，并加快自我的改革，调整要素和资源价格体系，使要素价格反映出中国经济的风险而应有的资金、资源等要素的成本水平，才能不使中国逐步滑入"流动性陷阱"中，从而消除经济中的非正常因素的积累，保持中国经济的可持续增长。

一、外部失衡和"大国效应"

外部失衡一般是指国内产需不平衡，经济增长有较大的外部依赖，大量的国内产能需要出口，直接表现为国际贸易的不平衡，贸易顺差大。自 1994 年中国外汇改革后，外需成为了一个主要的经济推动因素，从经济增长贡献来看，"九五"期间国际贸易带动最为明显，高达 18.9%，而"十五"时期已经更多地表现为内外需较为平衡了，外部需求的带动仅为 3.58%（见表 1），投资带动是这一时期的第一特征。但由于连续十几年的贸易和 FDI 的带动，双顺差累积的外汇储备已经跃居世界第一，其规模特征已经影响到了全球经济。

表 1　改革开放后五年计划期的增长贡献的分解　　　　　　　单位：%

	投资贡献	消费贡献	净出口贡献	GDP 增长
"六五"时期（1981~1985 年）	33.72	68.89	-2.56	10.8
"七五"时期（1986~1990 年）	31.24	57.86	10.90	7.9
"八五"时期（1991~1995 年）	48.81	53.05	-1.20	12.0
"九五"时期（1996~2000 年）	32.15	48.79	18.87	8.3
"十五"时期（2001~2005 年）	56.05	40.43	3.53	8.7

注：①不包括 2005 年；②按现价计算平均。
资料来源：《中国统计年鉴 2005》。

开放小国经济模型（蒙代尔，2003；格罗斯曼等，2003）满足以下四个条件：①出口面对具有完全弹性的需求，价格是外生的；②小国参与国际资本市场，但不足以影响他国的汇率，利率是外生给定的；③一国的政策不会影响另一国的福利；④小国的技术进步对世界资本知识积累不产生显著影响等。开放的大国模型是开放的小国模型相对应的一种情形，它具有以下三个特点：①大国具有定价能力，其供给变化能够打破原有的供求均衡，从而影响价格；②大国参与到国际资本市场，可直接影响他国的汇率变动；③一国的经济政策影响另一国的福利等。开放中的大国效应的研究没有成熟，人们开始探索局部效应，但大国效应在现实中不能回避了，一旦出现了"大国效应"，国际协调不可避免，因为大国的经济政策会影响他国的福利情况，出现了外部效应，必须保持政策的国际协调。

进入 21 世纪以来，中国出口对经济的带动比"九五"时期的带动有所下降，但规模大到已经引起全球定价体系的变动了，中国宏观调控导致石油等大宗产品的价格下跌，中国外汇储备结构调整会引起欧元和美元比价的逆转，中国贸易品带给了全球低价的福利。而 2006 年是中国加入 WTO 的第五年，保护条款放松，外汇管制也放松了，中国和世界经济的互动性明显加强，也把中国外部失衡问题推到了国际经济体系失衡的讨论中。当然，中国作为一个大国贸易依存度高达 80%，也需要进行内外需求失衡的调整了。

外部失衡本质上也是国内经济结构失衡的产物。从直观上来看，国内的竞争性制造行业大多为产能过剩，即开工率不足、设备使用率低、对外部市场依赖很强，如家电行业原本是内向型的，现在也有 50% 出口。国家发改委从 2004 年宏观调控以来一直使用产能过剩的指标进行行业的限制性指导，这些被限制的重工企业也开始出口了，如钢等。

结构失衡从更本质讨论的是政府为了赶超形成干预，压低经济要素、资源等价格，用低成本竞争模式推动经济增长。中国经济高速增长是靠很多隐性成本支撑的，如过度消耗物质资源、环境和人力资源等，缺少自主技术创新等，它构成了长短经济关系的失衡，以及经济结构中的竞争性行业和垄断性行业的失衡，这都会影响到中国长期经济增长的持续性（课题组报告，2003~2005 年），这也是现在人们关注的焦点。

中国经济外部失衡在国内的宏观账户指标上表现为储蓄和投资的失衡，一方面，投资已经过高了，但储蓄更高，国内投资还无法吸收，变现为内部账户的不平衡，这与国内的以国家银行为基础动员资金的金融结构特征是密不可分的。另一方面，我国的投资增长持续保持在高位，投资对经济的带动成为了主导，投资的比重不可能无限制地向上提高，不可持续的高投资和"大国"的外部失衡问题，已经关乎中国自身的长期发展利益，需要重新评估国内的资金动员—经济增长模式和经济失衡问题，寻求未来转型的方式和探寻持续增长的道路。

二、金融结构扭曲和国际套利

后发国家最为稀缺的是资金，资金是配置资源的核心，政府通过特殊的金融结构进行资源的配置。政府干预下形成了以银行为主导的金融结构和配置体系。主要功能有四个：①政府无限担保银行不破产，吸引储蓄；②银行贷款中带有了政府扶植补贴，很多政府干预的贷款，坏账由政府承担；③银行是国家动员资源的最主要渠道，其他金融机构和市场都是其补充；④银行设立的宗旨就有促进发展的目的。中国更是国有银行占主渠道，上述功能更强。

这种以银行为主导的动用资源的模式对经济发展具有重要的促进作用。中国的银行一直起着国家经济资源配置的作用，银行是"全能"的金融机构，传统计划经济下的企业资本是靠"拨款"，改革后进行了"拨改贷"的改革，资源配置方式从财政转向国有银行，但很多资金在人们的眼里还是认为贷款就是拨款，国家设立企业时的资本金来自贷款。中国建设银行就是为长期建设贷款专门设立的，四大国有银行是按行政化功能设立的，与现代商业银行的功能在吸收储蓄时功能相似，而在贷款方面行为就相去甚远了。国家通过行政干预的方式要求银行进行贷款，银行坏账大部分只能视为国家为发展进行的"透支"或"补贴"。银行在这种干预条件下对中国的大量企业进行贷款，这些企业都是无或低资本金的、无担保和无抵押的，大多是制造业，贷款都是长期限的贷款，与资本金相仿。中国的银行与商业银行的规则是完全相悖的，但这极大地支持了中国制造业的发展，没有银行的这种"补贴"，中国的乡镇工业、民营和国企都是难以快速发展的。银行体系在1992年后又快速地发展为全能银行，有了证券、信托等功能，直到1994年宏观调控后，银行体系开始了最严厉的整顿，银行开始从政府配置资源的手段向着现代商业银行转变。

1997年底开了消费信贷，结束了银行只能搞企业建设贷款的历史，为银行创造了转型和发展的机会，银行开始要求"资产抵押"这一基本商业运作手法了，消费信贷和城市基本建设等与城市化相关的贷款在大中城市银行的中长期贷量到2003年占到近80%，整个银行中的40%，中间业务发展加快，这都优化了银行的贷款和业务结构（张晓晶、孙涛，2006）。2005年开始，四大国有银行相继海外上市，逐步切断了与政府的天然联系，彻底商业化了。但总体的金融结构仍然没有变，即金融资源仍在银行手中，15万亿元存款靠商业银行来配置。

中国发展到今天，已经成为了全球的加工中心，其特征有三个：①过剩的产能，加工能力完全能满足全球的需求，几乎所有工业行业的产能都过剩；②引进和模仿性技术，技术来源主要靠引进设备或技术模仿，技术水平也限于加工等级，改进也仅在工艺、应用功能设计等方面，而技术创新水平不高，技术模仿收益在递减；③低成本"套利"式的竞争模式，当一个公司发展出一种产品能在市场获利时，其他企业通过引进设备或模仿快速进入该领域进行"套利"。而套利的模式主要靠拼成本，竞争盈利的门槛在成本，而不在技术，一代产品竞争完了，等待下次机会，形象地比喻为"吹哨经济"，有机会就吹哨集合起企业生产，没机会就吹哨解散。

制造业发展到今天需要的不是建设产能的钱了，但由于拼成本仍需要大量的钱，否则就会在两败俱伤的产品竞争中死去。残酷的竞争已经使企业没有余力进行技术创新了，企业经常处在亏损的边沿，按资产定价原则衡量公司的资产价格非常低，是通过资本市场重组并购的大好时机。

重组并购需要的是股权投资，而不是贷款。随着城市化步伐加快，要素价格重估、环保、社保等管制加强，税收严格化都会引致制造业的竞争更为残酷，领头的企业都很无助了，需要产业整合。

新型服务业或高科技快速发展，资本金需求也处于饥渴状态，如我们熟悉的银行业、证券、保险、房地产、互联网、生物技术和物流等都是如此，巨大的需求缺少资金，而这需要的资金也是股权投资，而不是银行贷款。

中国经济增长原来是一个靠银行贷款完成初始资本发展的，资本金充足一直是问题，进入21世纪以后，无论是传统制造业还是新型服务业或技术创新企业都更需要的是股权，但银行不能再供给了，其他的金融机构又供给不足。

因此，中国一方面15万亿元巨大的银行存款贷不出去，另一方面实体急需股权资本，又难以从国内资本市场上融资，国外资金成为了股权投资的主要来源，中国金融结构和发展需求的不匹配，更表现为储蓄增长过快，而投资还没有充分利用好，导致所谓的"全球金融失衡"，中国输出的资金被人转换为股权投资回来套中国资产的利，中国金融结构失衡导致中国福利损失。

资金供给和实体需求的不匹配导致资产价格的低估，因此正好是国际和国内进行股权投资资金套利的大好时机，既可以获得资产低估的好处，又可以获得因人民币升值导致的未来资产溢价的利益，这就是资金的逻辑。

我们从现有的国际并购中国工程机械案例可以看出制造业低定价的端倪，卡特彼勒用了 200 万元收购山东工程机械公司 40% 的股权，而山东工程机械公司的销售达 10 亿元。像水泥行业、钢铁行业等传统行业可能是因为产能过剩引起的资产折价。而牛奶等新兴快速发展的行业也因为增长过快需要融资而陷入资产折价中，如新西兰的天然衡集团以 5 倍市盈率收购了三鹿。由于竞争过度或发展过快需要股权投资，但国内银行恰恰无法提供，国际投资者迅速介入获取折价资产。中国经济高速增长，这些行业都是与增长高度相关的，发展是大有前途的，但发展过程中遇到的最大问题就是扩张中的股权融资困难，需要股权投资，但却得不到，银行不能提供。一方面是国内大量资金无效地囤积在银行里，另一方面是股权投资的渠道和资金严重不足。

从国际资金环流来看，日本零利率开创了国际资金过度供给，从日本借到低成本资金全球套利，一个很重要的地点就是中国，对冲基金（如 TCI）在中国香港的大动作已经看出国际资金环流将要在未来 5 年内拉升中国资产的力量了。拉升后的资产可能又由中国人从银行中转出来的钱进行股权投资接走，完成国际资金的套利环流。

资金的逻辑就是寻找中国金融结构和经济发展不匹配的利益，既可获得资产折扣的利益，又可获取经济增长和人民币升值的好处，资金的涌入也必然拉升中国资产。

国际套利行为的产生是出于两个方面的考虑：一是该国扭曲的结构与扭曲的要素价格提供了套利机会；二是该国政府在很大程度上承担了扭曲结构的风险，从而套利收益与风险不对称，外资可以在短期内只获取套利收益而不承担或少承担套利风险。不过，这并不意味着外国投资者不了解扭曲的结构会积累一国的宏观风险，只是，他们认定在短期内国家宏观风险积累还没有达到一个临界点，即政府承担得起，因此可以继续进行套利。这些套利行为进一步加剧了国家宏观风险的暴露。外资时刻关注着这一宏观风险的积累过程，一旦感觉到政府将要"承担不起"这些宏观风险，外资流向就会发生逆转。即便有一些短期外资可能跑得不够及时，被套住，但总体的出逃行为必然会导致危机的爆发，这些行为一般都集中在货币—资产部门，每次金融危机都会导致实体产出的平均 7.6%～18.8% 以上的损失（IMF，1998）。

三、"大国效应"和非正常因素累积

外部激励导致了中国经济高增长和内外不平衡，从数据业看，直接表现为国际贸易量激增带动了贸易盈余激增，而 FDI 等资金持续流入，双顺差直接导致外汇储备快速增长。

贸易进出口总额从 1990 年的 1544.4 亿美元到 2000 年的 4742.9 亿美元增长了约 3 倍，2006 年上半年 7957 亿美元，预计全年能达到 16000 亿美元，又增长了约 3.3 倍，外贸总量仍在加速增长，贸易盈余同步放大，2000 年贸易顺差为 254.7 亿美元，增长到 2005 年的 1020 亿美元，2006 年再创新高，预计达到 1200 亿美元以上，2006 年比 2000 年贸易盈余增长了约 4.7 倍。而 FDI 处于持续稳定的增长，保持在 600 亿美元以上的水平，增长不快，但持续，除了 FDI 流入外的资金近年来流入增长很快，双顺差直接引起了外汇储备的增加，2005 年国家外汇储备为 8188.72 亿美元，2006 年继续快速增长，2006 年预计 1 万多亿美元，居世界第一。

外部需求一直是发展中国家梦寐以求的，政府要素干预也是为了获取外部的需求。中国的外部激励和国内的供给结构相结合，成功地获取了比较优势，形成了出口导向的发展模式，贸易量、顺差、外汇储备等都大幅度提高，与此相关的制造业和带来的农村劳动力转移更是对中国做出了巨大的贡献。

当中国的国际贸易量和资金额达到影响其他国家定价水平时，其大国效应出现了。当大国的经济行为和决策直接影响到其他国家的福利水平时，大国的对外问题就被纳入国际的平衡问题中了。国际失衡原因现在经常被归结为中国对外失衡问题，这不是问题的本质，但中国作为大国，其国际贸易和金融发展必然要受到国际很多准则的挑战，而且自身也需要调整政府干预、宏观政策以适应从出口导向的小国模式向影响他国福利的"大国"外向型模式转变。

中国一直是政府主导型的国家，通过政府的干预服务于赶超战略。这种干预性政策在相对封闭的或开放中"小国"条件下是非常"有效的"，但也造成结构扭曲，并积累了风险。国家在成为"大国"模型后，必然要从单一的贸易开放扩展到金融开放条件①，这情况就完全不同。大国效应使得中国贸易和金融需要被纳入到相互开放的体系中，全面开放以后，国家干预能力下降，国际投资者会通过广义的套利行为对扭曲结构进行"强行矫正"。

当前中国一方面双顺差、外汇储备激增，另一方面这些竞争优势后面是靠过度的拼低成本而获得的比较优势，长期竞争力仍然需要进一步提升，特别是在汇率升值、要素价格重估、原材料涨价和垄断部门提高价格等多重打击下，竞争优势会发生一定时间的逆转。中国贸易顺差激增依旧，但从外向型上市公司的利润下降可以看出中国比较优势在明显下降，中国香港利丰全球采购已经从中国转向越南、孟加拉国等其他更具有竞争优势的地区，由此可见一斑。

日本成为了国际贸易"大国"后，币值被强迫"升值"，其间高速平稳的增长，

---

① 中国由于加入 WTO，金融业的开放，QFII、ODII 及其他许多措施的出现，资本流动会比以前更为频繁，资本账户逐步开放也是势在必行。目前，在资本项目方面，中国已实行了部分可兑换。IMF 确定的 43 项资本项目交易，中国已完全可兑换的项目有 4 项；基本可兑换的有 8 项；有严格限制的有 16 项；完全禁止的有 15 项，主要是禁止外资购买人民标的的证券资产。总体而言，中国资本项目的开放也达到较高水平，严格的资本流动管制行不通。

低通货膨胀,但资产价格暴涨,泡沫经济破裂最终导致了日本经济掉入"流动性陷阱",经济增长停滞了十年。日本过后是东亚金融危机,似乎也是相同的步骤,贸易达到了一定的规模水平,汇率和资本项目被迫放松管制,大量国际资金涌入,央行不断降低利率,经济处在高速平稳增长状态,但伴随着资产泡沫,直到金融危机,成为国际套利资金的"大餐",经济停顿,特别像印度尼西亚这样的人口较多的国家,金融危机过去近十年了经济依然没有恢复。

2001年以来,中国经济在高速平稳的增长的同时也在加速积累着"非正常"因素,从统计上来看表现为三大方面:①外汇储备激增,货币被迫大规模发放,央行采取了大量的对冲方式,依然难以抑制货币发行量的快速增加,货币发行量无法自主;②房地产带动的资产价格上涨,包括资源类期货、股票等,这些都与汇率升值预期有很大的关系,由于受到汇率和流入资金的压力,利率操作空间受压;③金融风险集中,由于过快的贷款投放,又集中在城市化带动的房地产、基础设施等准资产部门,风险暴露在加快,如果受到较大的外部冲击,金融风险是很大的。

这三个部分都集中在货币—资产范围,都与人民币升值和国际资本流动密不可分。从简单的逻辑来看,由于巨大的贸易逆差,导致了国际社会要求重估人民币和放松资本管制的压力,由于预期人民币升值,外资大量涌入,压迫货币量的供应,央行利率水平很低,过多的货币涌入房地产等资产部门,而宏观政策上由于汇率与利率的相互关系,几乎无法制定独立的货币政策,货币供应量无法控制,由于货币量过多也没有必要拉高利率,利率政策没有调控的余地,而国内金融结构配合热钱向房地产、私人股权和资本市场等流动性好的部门流动,总之刚刚开放就直接遇到了能否有自主宏观政策的挑战,但在实体上则更多地表现为乐观的高增长。

作为中国这样一个大国自主的宏观政策是保持经济平稳的关键,而能否做出自主的宏观政策核心就是以我为中心的福利最大化和抑制外部冲击协调基准,否则宏观政策就会变得被动和现实的自我辩护,大国就失去了"利益基准"。从当前的高增长和资产价格过快上涨来看,拉高利率,使其反映出中国经济的风险而应有的资金成本水平,才能不使中国逐步滑入"流动性陷阱"中,消除经济中的非正常因素的积累,进一步改革政府干预的模式,激励自主创新,保持中国经济的可持续增长。

四、自主宏观政策的选择

东亚国家走的都是出口导向的经济增长之路,对外部依赖较大,当出现贸易规模达到"大国效应"时多被国际协调机制牵着走,在开放过程中丧失了本国的宏观政策自主性,很易引起金融危机。虽然中国人均GDP不高,但已经达到了"大国效应"的临界点,国际经济关系从单一的贸易协调转向全面协调机制。中国金融开放、汇率改革已经逐步迈开了步伐,资本流动、独立的货币政策和固定的汇率政策三角不可能定理似乎在起作用。实质上中国当前的问题是作为真正的大国,目标是自我发展的利益,并以此协调国家间的利益冲突,超越基于小国模型的三角不可能定理,仅仅要遵守的是独立的货币政策，协调资本流动管制和汇率弹性。

中国现阶段发展的利益基准有两条：①农村劳动力转移依然是中国经济发展阶段性的主线；②扭曲校正，使经济增长从干预性的赶超模式转向可持续的经济增长模式。这两大问题的解决已经越来越趋向国内的解决，农村劳动力的转移不可能像"九五"时期那样依靠外部进行大规模的增量转移了，更需要城市化内需带动的服务业配置了，当然外部需求依然是重要方面，但两者的并重已经是根本了。另外，就是消除扭曲，通过割断政府干预的手段，战略性调整金融结构，让资本市场发挥更多的配置资源的作用，改变人为压低资金、资源价格的方式，逐步提高要素投入价格，寻求可持续的经济增长，因此自主的宏观政策核心是自我调整，特别是调整要素价格的自主性，兼顾外部协调。

针对当前经济增长过快、资产价格膨胀和流动性泛滥的情况，在宏观政策选择上应采取以下三项措施：

（1）货币政策上保持独立，小幅提高存贷款利率，使其反映出中国经济的风险而应有的资金成本水平，才能有效地抑制投资需求，打击资产泡沫，资产价格稳定，国际套利资金在当前利率差和汇率小幅度变动条件下就没有利益可言，这也可使中国不滑入"流动性陷阱"中，有利于调整要素价格体系，消除国内经济结构中的要素价格扭曲。

（2）稳定汇率，减缓升值速度。2005年中国实行了3‰的浮动区间，就是按照这一爬行速度，如果人民币只是单边升值，现已经可以升到很高的水平了，但实际上要低得多。国际上并不是需要人民币单边升值，而是增加弹性，有利于流动。因此作为中国货币当局没有必要迎合这一需求，无须较快地扩大浮动比例，这有利于避免汇率波动。稳定汇率更有利于驱赶热钱，2005年"误差和遗漏"转负，热钱外流从一个侧面说明中国经济受到的外部热钱冲击将会逐步降温。

（3）不要过快地放松资本流动的管制，争取时间加快国内资本市场和金融体系的建设。加快国内资本市场的建设，战略调整金融结构是国内消除扭曲的另一大关键，在国内资本市场发展基础不牢的条件下，管制资本流动依然是重要的，只有资本市场有吸纳和配置资金能力时，才能应付大规模资本流动的冲击。

从农村劳动力转移来看，城市化带动的服务业发展是关键。应采取以下四项措施：

（1）加快开征物业税，优化土地使用，改变地方政府的短期行为，同时进一步打击地产泡沫，房地产问题是在地方政府，没有对地方政府的正向激励，不可能达到调控地产的目的，而物业税是一个好的选择。

（2）加强供给政策的指导，包括强化行业准入条款的设立、反垄断、技术创新激励，特别是放松服务业的管制，激励服务业的发展。

（3）积极改善财政支出的公共性质，在教育、医疗、公平等与人相关的公共支出上多支出，提高人力资本的积累，促进经济增长可持续发展。

（4）空间配置，强化大城市集中，发展服务业，并通过城市带的发展，形成大中小城市有序的分工，调整经济增长布局，提高城市化发展的就业带动。

自主的宏观政策就是要积极降低经济运行中的非正常因素的积累，提高经济增长的质量，保持中国经济的稳定和可持续增长。

参考文献

［1］国际货币基金组织工作人员．世界经济展望［M］．北京：中国金融出版社，1998.

［2］［加拿大］蒙代尔．蒙代尔经济学文集（第三卷）［M］．向松祚译．北京：中国金融出版社，2003.

［3］［美］罗伯特·默顿·索洛．增长理论［M］．冯健译．北京：中国财政经济出版社，2003.

［4］世界银行．东亚奇迹［M］．北京：中国财政经济出版社，1994.

［5］世界银行．东亚奇迹的反思［M］．北京：中国人民大学出版社，2003.

［6］张平．"外部冲击"下的经济增长和宏观政策选择［J］．经济动态，2005（4）.

［7］张晓晶，孙涛．中国房地产周期与金融稳定［J］．经济研究，2006（1）.

［8］肇越．金融资产膨胀与货币政策困境［M］．北京：社会科学文献出版社，2006.

［9］中国经济增长前沿课题组．开放中的经济增长与宏观政策选择［J］．经济研究，2004（4）.

［10］中国经济增长前沿课题组．高投资、宏观成本与经济增长的持续性［J］．经济研究，2005（10）.

［11］中国经济增长前沿课题组．干中学、低成本竞争和增长路径转变［J］．经济研究，2006（4）.

［12］Olivier Balanchard and Francesco Giavazzi. Rebalanceing Growth in China：A Therr-handed Approach［C］. Working Paper，Massacnusertts Institute of Tecononlogy Department of Economics，2006.

20 经济转型、金融扩张与政策选择[*]

——2014 年中国经济展望

张　平　苏　治

2013 年经济增长基本定局，GDP 增长为 7.6% 左右，物价在 2.6% 水平，完成了 2013 年的总体经济增长目标。2013 年的经济增长与《"结构性"减速与宏观政策选择》（张平，2012）中的判断较为一致，即经济减速不是周期性的，而是"结构性"的，是一个过程。展望 2014 年，经济继续减速挑战依然严峻，2014 年经济增长目标应该合理下调到 7%，与"十二五"规划的要求相吻合，经济实际增长预计进一步减速到 7.4% 左右。

对冲 2013 年经济增长减速仍是依靠金融数量化的方式完成的。2013 年社会融资总规模在 2012 年的 15.76 万亿元的基础上再创新高，预计 2013 年达到 17.3 万亿元，M2 增长超过 14.3%，货币释放仍是稳定经济的核心。2014 年稳定经济增长在 7.5%，仍需靠货币释放，社会融资总规模需要达到 19 万亿元的水平，新增贷款要突破 10 万亿元，还需外需继续改善，金融的全面扩张拉高经济杠杆和资产价格水平，稳定了经济，但未能有效地推动经济转型。展望未来 5 年中国潜在增长水平仍在 6%~8% 的区间运行，但从长期来看，中国经济减速具有"结构性"特征，源于发展阶段下配置资源的体制，核心要靠体制改革，消除长期政府干预资源配置累积的不稳定性因素，靠金融扩张可以对冲短期经济下滑，但难以完成结构的转型，会累积更多的不稳定性，加快金融和实体部门供给机制的体制改革，辅之以宏观稳定化政策，积极进行结构调整才能更为有效。

一、2013 年回顾与 2014 年经济展望

1. 2013 年经济增长的回顾

2013 年经济增长保持了稳定，投资和出口依然是增长积极贡献者，消费略显疲态，投资最为积极，特别是地产和基建投资快速上升弥补了因制造业投资下降的影响。出口带动源于国际经济复苏，但 2013 年上半年出口中根据海关和统计局的调研大约 1/3 的出口数据不真实，即通过假出口获取热钱流入，但在上半年 GDP 核算中没有处理，按现有的数据预测经济增长达到 7.6%，需进行核算调整。从分项来看：

（1）消费增长低迷。从零售额增长的对比来看，预计 2013 年零售增长速度为 13%，比 2012 年下降 2 个百分点。首先，制约因素收入预期下降，经济减速会直接导

---

[*]　全文发表于《经济学动态》2013 年第 11 期。

致收入预期下降,减低消费;其次,消费倾向下降,由于收入差距大、福利覆盖水平低,也导致了居民消费倾向下降;最后,高房价抑制了居民消费,而低的租价比也没有相应带来可消费的现金流(见图 1)。

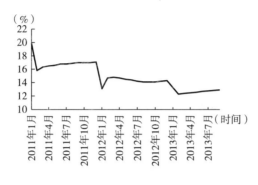

图 1　M2 累计同比

资料来源:Wind。

(2)投资靠地产和基建。2013 年全年投资增长将稳定在 2012 年 20.5%的水平上。与 2012 年 16.5%的增长速度相比,2013 年房地产开发投资增长始终保持在 20%以上的增长,预计 2013 年全年房地产开发投资增长幅度将略高于全社会固定资产投资增速。与 2012 年比,2013 年投资增长的另一大领跑者为基建投资,2012 年基建投资增长速度仅为 13.7%,而 2013 年前 9 个月达到了 23.7%,预计全年为 23%,政府为此承担的投资压力似乎越来越大。导致 2013 年投资下降的因素是制造业投资下降过快,从 2012 年的 22%直接降低到前 9 个月的 18.5%,但总体看投资趋稳(见图 2)。

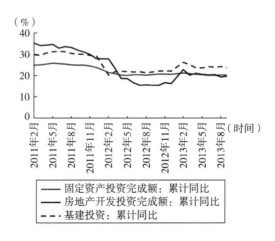

图 2　固定资产投资

资料来源:Wind。

2013 年投资保持了高速增长态势，但仍主要靠地产和基建投资，这种投资模式的可持续性一直是社会所关注的问题：一是负债率过高和投资回报率低，地方平台负债过高，风险累积，而社会投资回报率不断下降，中外企业自主投资意愿下降；二是房地产作为经济增长引擎，也受到了高房价带来的泡沫性风险。

出口下半年复苏。2013 年 1~4 月对中国香港出口大增，其增加可能与部分国内资金绕道中国香港回流内地有关，这一因素使未来的出口增加不可持续。据海关统计（见图3），1~5 月，我国进出口总值增长 10.9%，出口增长 13.5%，进口增长 8.2%；贸易顺差 808.7 亿美元，增长 1.2 倍。从 5 月开始查处假出口问题，导致 5~6 月出口低迷，当月同比甚至出现负增长，7 月开始复苏正常，9 月当月出口环比增长 8.3%，同比去年增长 5.3%。出口复苏首先依赖于欧美经济走稳带动了中国出口，圣诞采购将进一步推动 2013 年外贸复苏步伐；其次是贸易条件改善，尽管实际有效汇率和名义有效汇率双双走高（见图4），但进口原材料价格大幅下跌，贸易条件改善，出口加工企业利润回升；最后是下半年出口退税政策仍有 7000 亿元额度可供使用，出口成为 2013 年稳经济的重要工具。

但从长期来看，出口产品的价格竞争优势被削弱。BIS 公布的中国实际有效汇率和名义有效汇率自 2010 年到 2013 年 9 月，已经分别上升 17.4% 和 13.2%，这对中国的出口竞争力形成极大挑战。在未来，发达经济体主导的贸易谈判也可能成为限制中国出口扩张的重要因素：随着多哈回合谈判陷入僵局，WTO 日渐边缘化。美国、欧盟、日本等发达经济体正在小范围内筹建比 WTO 更高标准的自由贸易组织，包括《服务贸易协定》（TISA）、《双边投资协定 2012 年范本》（BIT2012）及跨太平洋战略经济伙伴协定（TPP）等，而要加入这些高标准国际自贸组织，意味着中国的银行、证券、保险、电信、邮政等高端服务业的全面开放。这些行业在加入 WTO 谈判时保留下来的一些限制外资准入的政策将被取消，人民币资本项目可兑换也将提前到来。如果中国不能顺利参与这些贸易协定，中国对外贸易尤其是服务贸易和投资将受到很多限制。

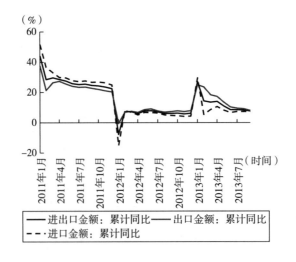

图 3 进出口

资料来源：Wind。

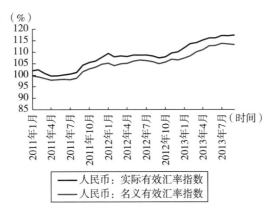

图4 实际有效汇率指数与名义有效汇率指数

资料来源：Wind。

金融持续扩张。2013 年中国金融市场波动起伏。上半年 1~4 月主要通过假出口将大量国际热钱导入国内，以获取升值和短期高利率产品回报，因此外汇占款上升较大。5 月开始查处假出口的资金套利活动，导致 5~6 月外汇占款下降。6 月 8 日到月底，上海拆借市场出现"钱荒"，拆借利率飙升，股票市场大幅下挫，金融机构同质化的严重期限错配问题暴露，而国内货币发行主要靠美元流入的创造机制也暴露出来严重弊端。其后从 8 月开始金融扩张继续进入快车道，前三个季度 M2 增长高达 14.2%，社会融资规模超过 13.95 万亿元，全年仍处在一个持续扩张的状态，社会融资规模预计全年突破 17 万亿元。

从利率市场来看（见图5、图6）：①短期资金价格高，一年期央票利率高过 4%，而 10 年期国债也仅有 4% 左右；②生产者按官方的贷款利率，加上生产者价格指数计算的实际利率接近 9%，而其他渠道的资金更贵。资产回报不足，资金价格高企，企业获利能力下降。

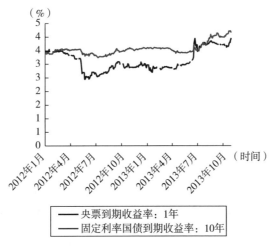

图5 长短端收益率趋同

资料来源：Wind。

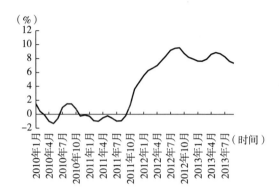

图6　生产者实际贷款利率（基准-PPI）

资料来源：Wind。

2. 2014 年展望

2014 年经济增长目标会设定在 7%，符合"十二五"规划目标，经济增长依然面临着结构减速的压力，但国际经济复苏仍在持续，而金融扩张依然，预计增长好于设定目标值，经济增长保持在 7.5% 的增长水平。物价由于 2013 年的翘尾影响非常小，尽管货币发行大，但被资产价格上涨吸收，2014 年消费物价水平预计为 2.4%，PPI 仍为负，实体经济通缩挑战依旧（见表1）。

表1　中国经济展望

主要经济指标	2012 年	2013 年前三季度	2013 年预测	2014 年预测
1. 居民消费价格（CPI）上涨率（同比,%）	2.7	2.5	2.6	2.4
2. GDP 实际增长率（同比,%）	7.7	7.7	7.6	7.4
3. 社会消费品零售总额名义增长率（同比,%）	13.0	12.9	12.8	13.0
4. 全社会固定资产投资名义增长率（同比,%）	20.6	20.2	20.1	22.0
5. 出口总额名义增长率（同比,%）	7.9	8.0	8.7	6.8
6. 进口总额名义增长率（同比,%）	4.3	7.3	7.3	5.6
7. 贸易余额（亿美元）	2311.0	1693.7	2060.5	430.1
8. M2 货币余额同比增长率（同比,%）	13.8	14.2	14.5	14.6
9. 社会融资总规模（万亿元）	15.76	14.0	17.3	19.5

二、金融扩张支撑的增长

2013 年前三个季度月累计 M2 增速达到 14.2%，已经超过央行 13% 的调控目标；累计社会融资总量同比超过 24%，6月"钱荒"后，金融扩张加速，特别是社会融资总规模在8月比7月环比翻倍，公司债、金融债、信托、票据等全面扩张，全年会突破17万亿元，M2比GDP的比重将进一步提高，金融的扩张直接推动了基建投资和房地产投资的上升，对冲了经济下滑的风险。扩张金融资源的模式是从放松金融管制入手，金融资源的动员与使用从银行的表内扩张到表外，商业银行不再为贷款规模以及存贷比所限制，利用信托等手段进行影子银行操作，再扩张到证券、保险、基金以及第三方理财自主或配合商业银行开展非标资产投融资服务[①]，但风险多为国家或政府担保，形成了非风险加强的资金收益率竞争，短期资金价格上涨迅速。

一方面，金融系统资源错配、期限错配等问题突出，资金链条在监管套利背景下不断加长，对央行的流动性政策越来越敏感，资金价格攀上新台阶；另一方面，地方政府、地产商、国企是最重要的金融资源占有者，他们的负债杠杆也在迅速上涨。中国社会科学院经济所测算表明，地方负债规模约从2010年的10.7万亿元扩张到2012年的15万亿~20万亿元规模，而企业2010年测算其负债占GDP的105%，2012年继续攀升至137%，M2/GDP预计2013年接近200%（见图7、图8）。

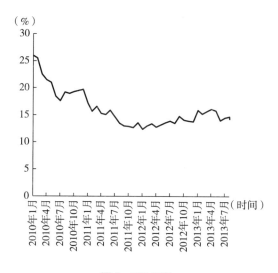

图7 M2同比

资料来源：Wind。

由于居民部门净储蓄高，汇率制度等都有效地保证了国内金融扩张，但持续的金融扩张也在不断积累着风险。我们从现金流量表、资产负债表和跨境资金流动审视一下金融持续扩张、利率和杠杆的关系。

1. 现金流量表视角

如果从现金流量表的角度考虑问题，当金融机构不断加杠杆后仍然无法满足实体

---

① 非标资产一般反映在商业银行资产负债表的"买入返售金融资产"或者"应收款项类投资"科目下，反映在社会融资总量中的"委托贷款"以及"信托贷款"。

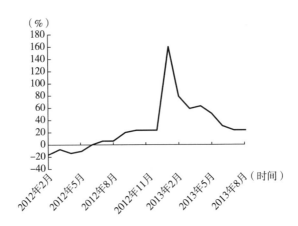

图8　社会融资总量累计同比①

资料来源：Wind。

经济的融资需求时，融资缺口问题将会对资金价格产生深远影响。一般情况下，一个经济体用于投资的资金来源应该包括企业的自由现金流（利润与折旧）以及政府的财政收入，两大资金来源无法满足的情况则需要通过融资来进行弥补。

在2013年中央政府"稳增长调结构"的基调下，固定资产投资既不可能大幅度下滑，也不可能保持前几年的增速。然而政府财政收入加速下行，虽然企业自由现金流（以利润总额为代表）有所好转，但不足以覆盖固定资产投资增速，因此在保障固定资产投资稳定在20%左右的基础上，缺乏的现金流只能依靠金融机构融资来进行获得，这也是融资需求持续高涨的主要原因，也可解释社会融资总量和货币增长迅速，流动性充足而资金价格依然高涨这一现象（见图9）。

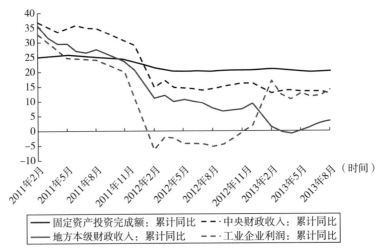

固定资产投资完成额：累计同比　　- - 中央财政收入：累计同比
地方本级财政收入：累计同比　　- - 工业企业利润：累计同比

图9　融资缺口问题

资料来源：Wind，国家统计局。

---

① 因银行承兑汇票波动较大，社会融资总量波动也较大。

2. 资产负债表视角

从资产负债表视角来看，当今中国某种程度上已经开始出现明斯基时刻的"庞氏"特征[①]。例如，在宏观层面，经济增速（名义）开始显著落后于债务增速，意味着新增收入很难用于偿付旧债的本息；在微观层面，很多企业的投入资本利润率不能覆盖利息率，要靠举新债偿付利息、交税。今年以来的货币需求部分衍生自资产负债表中无法偿还本金的债务存续要求。

这里着眼点主要是地方政府，地方政府融资在全社会融资存量的比例较高，其债务问题也将对资金成本产生深远影响，房地产的情况也是类似的。

目前除中国社会科学院经济所外，还有多口径统计地方债务规模，如2010年审计署曾做过地方政府债务调查，得出10.7万亿元的总量规模；高盛研究报告估算2012年底存量约15万亿元；目前审计署正在对地方政府债务进行新一轮审计工作。

相比经营性企业负债来说，地方政府类债务一般无法通过正常经营完成回款，依靠财政盈余来实现还款的路径也并不现实，因此借新还旧成为其实质还款路径。

地方政府的融资风险涉及三个方面：一是地方政府的杠杆比率异常高，而且涉及大量的用短期融资去支持长期项目的情况；二是地方政府的不少投资项目现金流无法覆盖资金成本；三是随着经济的增速放缓，地方政府财政收入会进一步收缩，土地收入无法持续，而政府开支具有一定的刚性，这使地方融资平台面临流动性风险和清偿力缺口。

地方政府类债务风险累积将通过多个渠道影响资金价格。一方面，由于大量的存量信贷输入地方政府融资平台，且缺乏实质性还款来源，只能借新还旧，且其对融资成本的承担能力较强，将引发挤出效应，挤占正常企业融资额度，从而推高全社会资金价格[②]；另一方面，地方政府债务规模的不透明以及还款来源的不确定性，一旦出现信用问题，对投资者的通胀预期会产生重大影响，进而推升资金价格。

目前看来，地方政府债务问题需要通过不断的庞氏融资来持续，或者通过允许违约事件的出现从而主导处理资产来进行解决，无论采取何种解决方式，未来资金价格的进一步上升或因资产负债表衰退效应，或因通货膨胀预期的增强都是难以避免的。但如果合理允许违约，并协调合理的解决机制不见得不是好的策略。

3. 金融扩张下的跨境资金流向

无论性质如何，外汇占款上升从外部支持了今年的金融扩张。然而总量的稳定甚至上升是否掩盖了资金的真实流动情况？以国债收益率为例，从短端收益率来看，第三季度美国国债扣除通胀后实际收益率在-1.0%~2.0%，而第三季度中国国债收益率扣除通胀后实际收益率为0.5%~1.0%；从长端收益率来看，第三季度十年期美国国债的扣除通胀实际收益率在1.1%~2.4%，而十年期中国国债的扣除通胀真实收益率在1.0%~1.5%，在这种情况下推测短期资金基于套息需求以及中国央行短期内对汇率担

---

① 指 Minsky（1986）所提出的从过度债务到经济、金融危机的模型中资产价格逐渐走向崩溃前的时点。

② 根据草根调研、新闻报道以及信托销售网站数据收集情况，2013年6月以来的地方融资平台信托实际融资的成本已经普遍达到11%~12%，部分甚至达到13%~14%。

保有流入的趋势，而长期资金则是流出的趋势。另一个佐证是投资回报率的崩溃，白重恩（2013）的研究计算了调整价格之后的税后投资回报率，2012年中国已经降低到2.7%的新低水平。该数据从1993年的15.67%的高水平持续下降。在2000~2008年还曾稳定在8%~10%，但金融危机之后投资回报率水平大幅下降[1]。

由此看来，当前的金融扩张并不意味着长期资金加速进入国内来支持实体经济，外汇占款供给基础货币的源头也并非贸易盈余，而是金融项目的对外负债的增加（虚假贸易跨境套息），尤其是2013年9月以来的外汇占款回升，不仅在于贸易的真实复苏，可能也与国内货币市场资金紧张套息引致资金增加密切相关。事实上，当前的资本项目管制一定意义上增加了资金外流的摩擦，对国内经济起到了稳定作用，若放开资本项目管制这一趋势则更为明显。

由此看来，2013年以来的金融扩张虽然在短期内对冲了经济下滑，却同时导致融资成本和负债水平的上升，使风险在金融体系内不断集聚。

三、金融扩张难以持续对冲"结构性"减速

金融扩张对冲了短期的经济下滑，而且有继续对冲的余地，但难以持续对冲中国经济"结构性"减速，而且金融自身会遇到不可持续性挑战。中国经济减速源于"结构性"特征，是中国经济高速增长累积下来的，公认的有以下三个基本事实：

1. 要素分配结构非均衡

在国民收入初次分配中劳动占分配份额不断下降，资本所得和政府所得不断提高，这是一个典型化的结构扭曲事实（白重恩、钱震杰，2009；张车伟、张士斌，2010），这是最为典型的结构扭曲问题。通过二元经济结构下劳动力无限供给直接压低劳动报酬，提高资本回报率。要素分配是依据要素边际产出水平定的，因此资本和劳动报酬的分配差异直接体现了二元经济结构下的劳动力供给充分，而资本稀缺，在中国改革开放高速增长的30年里，到处是招商引资，怕的是民工潮，其反映到报酬结构上就是资本份额上升，劳动份额下降。与劳动报酬一致化的生产函数，则体现为资本产出弹性高达70%，而劳动产出弹性仅仅只有30%。而发达国家，资本产出弹性一般只有30%~40%，而劳动产出弹性为60%~70%，这一要素初次分配的扭曲反映在潜在增长率上就是，投资越高则潜在增长率越高，因此投资驱动增长成为了共识，而且在赶超阶段提升资本存量规模是至关重要的（麦迪森，2010）。

但这种结构的非均衡的不可持续在2010年后不断被强化，很多研究直指其不可持续：①刘易斯拐点，而后随着出现劳工荒问题，劳动报酬比重应该上升（蔡昉、陆旸，2012）；②社会投资回报率下降，负债率过高，资金成本高于投资回报率；③不断下滑的资本产出弹性（中国经济增长前沿课题组，2011）；④世界银行2012年研究报告也表明，过高的税负已经表明通过结构扭曲增加投资的方式不可持续了。

---

① 白重恩2013年7月在中国新供给经济学小组双周学术论坛上的发言。

这些都直指要素分配结构的扭曲已经难以推动投资了，投资的边际产出以及市场力量都在改变着要素分配结构和资源分配模式。

2. 需求结构失衡

与要素分配结构非均衡高度相关的就是投资率过高，消费率过低，这一比例不仅远远高于发达国家走过的路程，也高于东亚赶超各国最高水平，尽管经验值不能论证什么，但持续的高投资率除了自身循环外，必须要有足够的外需和消费才能与其匹配，也正因如此，中国的外部失衡也是明显的，中国通过出口导向成功地发展了中国经济，但连年的外贸盈余也成为了外部失衡的一个问题。宏观经济学假定储蓄等于投资，但这是有利率出清条件的，否则两者有很大的背离，后发国家的出清条件往往是不具备的，政府又压低了居民储蓄成本，增加资金供给，而且难以提供稳定预期的公共产品，居民加大了储蓄，同时由于过低的资金成本又极大地激励了投资，再加上资本边际产出率高，投资率居高不下是非常正常的，这有助于一国的赶超。但其不可持续性的边界也是清晰的。当2008年国际金融危机后，全球再平衡，出口带动下降，消费带动不可能很快提高，投资带来的产能过剩和投资回报率下降就是必然的。开放条件下，一个国家长期投资收益低于另一个国家，而且风险更高，则资金流出是必然的，高投资率的持续性就更可疑了（中国经济增长前沿课题组，2012）。

决定投资率高低的因素很多，如城市化率，依据我们的计算到2017年城市化率达到60%后就会下降；又如落后地区缺少投资，IMF依据投资外溢效应估计投资落后地区外溢效益低，降低整体综合收益率等，当前很多地方债问题也出在回报率难以抵补资金成本；2013年6月的钱荒充分地说明了金融机构严重的期限错配，高投资率的不稳定问题越来越突出。

3. 产业结构的非均衡

中国产业结构的变动非常符合工业化的赶超特征，工业比重按不变价计算产出的占比高达66%，而服务业占比只有23%，处于高度不平衡状态。如果按当年价格占比则较为合理，农业占10%，工业占47%，服务业占比达到了43%，但就业比重依然很不均衡，农业占比高达34.8%，工业占29.5%，服务业占35.7%，产出与就业不对称，这就会导致高效率部门就业人员不足，而低效率部门就业大，收入差距和人力资本积累偏移。当前按中国的人均GDP水平，产出中工业部门占比很高，服务业比重仍较低，也是有较大的偏离的。中国制造业低就业也源于资金价格低，资本密集替代了劳动，未来随着收入水平的提高，人力资本提升，产业和就业结构服务化。

按产业的演化规律来看，结构转变受到效率提高和广义恩格尔定律的牵引。传统工业和现代工业的差别在生产方式上，同样地，传统服务业和现代服务业的差别也在生产方式上。现代生产方式的表现是生产的分工深化，获得规模化生产能力，并得到规模收益，核心是劳动效率能得到持续的提升。现代生产方式推动了产业结构的调整，从低效率的农业转向高效率的工业，从高效率的工业转向更高效率的服务业，在此过程中也推动了农业和工业发展，直到产业间效率均衡，结构稳定。生活方式则体现在广义恩格尔定律上，即从食品占消费支出比重的下降拓展到物质消费占消费支出比重的下降。因此人类需求结构会牵引着产业不断变化，服务业比重会越来越高。但在可贸易条件下，一国或一个地区供给结构不一定与需求结构完全吻合，而供给结构更多地服从效率原则（比较优势）。但从全球范围来看，广义恩格尔定律又是决定性的，服务业需求比重持续提高。

从全球经济发展规律来看：将一个国家的增长速度分解后，增长份额最大的贡献者是各国产业部门的比重和该产业部门效率变动的乘积最大的部门。如果服务业的比重持续提高，制造业比重持续下降，但服务业效率改进又慢于制造业效率变动速度，则整个经济增长速度将下降，欧美国家进入高收入水平后经济增长减速就是受到了上述规律的影响。服务业比重提高是因为受到广义恩格尔定律牵引，而服务业可贸易水平低于制造业，由规模引致的效率持续改进要低于可贸易水平高的制造业。随着全球服务贸易的加速发展，这种局面会得到改善。

综观发达国家，由于服务业占 GDP 的比重不断上升和服务业不可贸易导致的效率改进速度慢等因素降低了发达国家经济增长的速度，但也成就了它们比较均衡的经济结构。它们保持竞争优势的核心仍是服务业和制造业的效率改进，而效率改进的背后是市场激励、人力资本、企业竞争力提升，以及政府和社会协调效率改善。

中国结构的不均衡仍有很多，人们共识的城乡与区域不平衡，这与地方分权式竞争模式密不可分，不解决地方分权式竞争，很多产能过剩问题、区域封锁问题就会不断冒出来；又如政府与市场配置资源的扭曲问题、资源环境与经济发展不匹配问题、经济社会发展不平衡问题、城市化和农村土地问题等，结构不平衡问题几乎充斥了经济生活和社会生活的方方面面，这些不平衡与赶超阶段和体制相关，它们起了很好的加速作用，但随着条件的变化，其动态不可持续性越来越明显，并成为了结构性减速的原因。上述列出的三项主要与潜在产出水平计算相关，我们通过均衡结构收敛特征值设定可计算出"结构转型"直接带来的减速情景。

中国成功地通过非均衡结构配置资源的方式推动了经济高速增长，然而随着人均GDP 的增长、市场化水平的提高和国际环境的变化，非均衡结构必然要向均衡的结构转型（张平等，2011）。这一个收敛机制来自现实实践，如从何路径进行调整，也来自理论逻辑。基于经济增长的逻辑，早年卡尔多提出了"俱乐部收敛"，后来琼斯提出了劳动效率"趋同差距"的讨论，罗德里克再次探讨了"经济趋同的未来"，提出了生产率竞争收敛问题，审视了"结构主义"赶超，探讨了国家治理、产业同质化水平等多方面因素，提出了吸收创新能力等命题。而我们依据经济学的"需求偏好相似"原理，这是由瑞典经济学家林德（S. B. Linder）提出的，用国家之间需求结构相似来解释工业制成品贸易发展的理论。该理论揭示了相同收入阶段需求偏好是相似的，用于分析结构趋同特征是人类需求引致的，如恩格尔定律也是论证相同道理（上海课题，2012），这是主导结构演变的重要机制。世界银行提出的"中等收入陷阱"假说核心也是在警告赶超国家要注意赶超战略的阶段的局限性，刘世锦在此基础上提出了制度高墙，强调了国民普遍的参与性是重要的制度改进方式，实际上学者们已经越来越意识到一个最基本问题，收敛机制也具有很多的相同特征。

总之结构非均衡向均衡转变的趋同引擎归纳起来有三点：①国家的竞争来自生产效率的竞争，一国能有效地不断跟进技术前沿，并将技术和效率改善传递到全社会，则完成了内生增长，即高收入国家的俱乐部收敛；②需求偏好相似理论直接推定了结构不会持久地偏离收入水平决定的发展阶段；③结构收敛机制非常重要，仅仅是前两条并不能保证结构的收敛，做得不好反而会更加偏离，导致经济的长期停顿，注重机制改革，强调"趋同机制"的建设是最为重要的，任何一国经济增长激励的机制也会有很强的趋同性，如强调市场对资源的基础配置作用、反垄断对技术创新激励，当然各国仍有着很多非教科书的经验，但无疑很多"收敛机制"是趋同于市场激励，然而结构转型方式和路径依然是多样的。

经济转型意味着结构从非均衡转向均衡，受到"趋同"的引擎，包含三个层面的牵引，即效率扩展、结构均衡和市场激励。依据中国的趋同过程测算一个直接结果就是因结构向均衡转变导致减速，即"结构性"减速，它是与结构主义赶超的"结构"加速相对应的，结构性加速是一个较长期的调整，而不是一般性的由政策或外部冲击导致的周期性波动。在中国经济转型的大背景下，更需要的是金融发挥其配置资源的功能，而不是总量刺激需求的功能。

四、经济转型和体制选择

在经济已出现结构性减速的情况下，继续通过金融扩张以维持投资高增速来对冲宏观下滑在短期内仍然存在一定效果，然而对引致中国经济减速的结构性特征并没有改善作用，应直面经济增长的结构性下滑，动员体制转型为资源优化配置的体制，因此其选择不仅仅是短期宏观对冲政策，而是体制规则改革。

1. 政府体制转型

地方分权式竞争模式曾是我国经济赶超阶段取得成功的重要制度安排，目前却成为影响经济增长活力的结构性掣肘。而正如前文所提到的，地方分权式竞争模式所衍生的竞争性投资—GDP 体制，是产能过剩问题、区域封锁问题等的根源，甚至有学者将其总结为地方晋升锦标赛模式（周黎安，2007），当前在我国出现结构性经济减速的情况下，这样的政府体制已不适用。政府应重新思考过往的政绩考核方式，加快转变目标和职能，减少行政审批权限，平衡短期与长期利益，减少对城市建设以及经济增长的干预甚至主导，从"增长型"目标转向"服务型"目标，从对物的投资转变为对人以及市场环境的投资，引导各地制造业从劳动、资本密集型向技术、知识密集型转变，真正履行起公共财政的职能。

2. 供给机制改革

供给机制的改革对应的是过往中国所采取的以货币创造和金融扩张来扩张总需求的经济体制。供给机制的改革可从三个方面入手：一是应积极推进财税政策改革，将政府税收结构由目前以间接税（流转税）为主调整为间接税与直接税共同发展，增加居民直接纳税比例并与社会保障体系的支出直接关联，使相关财政支出透明化；二是应打破行政垄断，增加有效供给，避免由垄断和市场禁入引起的部分行业产能过剩而部门行业供给短缺的现象，鼓励民间资本进入社会供给基础设施与第三产业（如金融、医疗等现代服务业），优化产业结构；三是提升政策性金融以及福利保障供给水平，鼓励金融创新以及发展新型政策性金融体系，支持包括保障住房在内的公共产品供给以及相应的金融支持。

3. 宏观稳定政策与结构转型的平衡

在政府体制以及经济结构转型过程中，一方面，除直面经济增速的结构化下降的事实、遏制货币创造和金融扩张的冲击外，也仍应考虑到宏观经济的稳定。宏观经济政策的首要目标是保持经济运行的基本稳定、守住风险底线，坚持宏观政策稳定、微观政策放活、社会政策托底的总体思路，稳中求进和以稳促进相结合。另一方面，在维持总需求基本稳定的前提下，应考虑有效防范和化解各种矛盾与风险，尤其是地方政府所面临的债务风险以及金融机构所承担的相应风险。应通过一定的法律或规则，将地方政府融资问题列入监控，并加速理顺中央和地方债务关系，定义风险，减低债务风险的累积；推动融资权限的下放以及地方债的发行，进一步促使地方政府融资阳光化。

4. 金融体制改革

金融体制改革，本质上是通过改革货币与金融体系，提升其资源配置的作用。金融体制改革可以从三个方面入手：一是在制度安排上迫在眉睫的是进一步推进利率市场化，核心是建立存款保险制度，提升金融机构的风险定价与风险管理能力，硬化金融机构的预算软约束，从而减少套利空间，避免信用与货币在金融体系中空转、虚拟经济过度膨胀以及金融市场复杂化造成的融资成本高企、融资效率低下，降低实体经济的真实融资成本；二是应抑制金融机构的"国有化"与"行政化"色彩，逐步降低国有银行体系的市场份额，选择一两家大型国有商业银行实施民营化试点，鼓励民间资本参与现有金融机构重组改造，探索设立民间资本发起的自担风险的民营银行和金融租赁公司、消费金融公司；三是需要提升直接融资的比例，让资本市场有效地配置资源，推动企业融资方式和金融机构服务方式的创新。

参考文献

[1] 白重恩，钱震杰. 谁在挤占居民的收入——中国国民收入分配格局分析 [J]. 中国社会科学，2009（5）.

[2] 蔡昉，陆旸. 人口转变如何影响中国的潜在增长率 [D]. 工作论文，2012.

[3] 张车伟，张士斌. 中国初次收入分配格局的变动与问题——以劳动报酬占GDP份额为视角 [J]. 中国人口科学，2010（5）.

[4] 中国经济增长前沿课题组. 城市化、财政扩张与经济增长 [J]. 经济研究，2011（11）.

[5] 中国经济增长前沿课题组. 中国经济长期增长路径、效率与潜在增长水平 [J]. 经济研究，2012（10）.

［6］周黎安．中国地方官员的晋升锦标赛模式研究［J］．经济研究，2007（7）．

［7］张平．宏观政策目标、潜在增长和政策选择［M］//陈佳贵，李扬．2012 年中国经济形势分析与预测．北京：社会科学文献出版社，2011.

［8］张平，刘霞辉，王宏淼．中国经济增长前沿Ⅱ［M］．北京：中国社会科学出版社，2011.

［9］张平．"结构性"减速下的中国宏观政策和制度机制选择［J］．经济学动态，2012（10）．

［10］张平，苏治．中国经济潜在增长率下降与通缩风险//陈佳贵，李扬．2013 年中国经济形势分析与预测［M］．北京：社会科学文献出版社，2012.

［11］Worldbank. China 2030 Building a Modern，Harmonious，and Creative High-Income Society［EB/OL］．http：//www. worldbank. org，2012.

21 货币供给机制性变化与经济稳定化政策的选择[*]

张 平

改革开放以来，中国货币供给与经济增长阶段性变化有着很强的同步性特征，每个发展阶段都会赋予货币供给的特性、演进逻辑和政策性含义。随着新的发展阶段的变化，货币供给体系也要变化，货币供给体制和政策需要与经济增长阶段转换相匹配起来。

中国经济进入新常态后，最明显的同步性事实就是中国以出口导向推动经济增长的战略逐步失去了效率。2008 年国际金融危机以来贸易盈余对 GDP 的贡献从连续三年贡献超过 10%降到负贡献，2012 年双顺差结束。同年城市化率超过 50%，从城市化率的 S 形规律看，城市化率超过 50%后，城市化步伐慢慢减速，依据 S 形计算的中国城市化高速增长的转折值在 58%，预计在 2018 年后城市化步伐会逐步放慢（陈昌兵，2015）。依靠外汇占款和房地产抵押释放贷款高速增长的释放货币模式必然要发生变化。类似的同步经验性特征仍有很多，值得我们从较大的历史跨度分析货币供给与经济增长的关联性特性。理解在新的发展阶段下货币供给与经济增长的关系，为"稳中求进"的稳定化宏观政策提供一个好的经济解释与体制安排。

近年来现实的冲击已经到来，2013 年发生了"钱荒"，2015 年发生"股灾"，2015 年 8 月 11 日汇率市场化改革汇率贬值波动，2016 年初股市"熔断"，房价大涨、年末债券市场小"债灾"，金融降杠杆政策呼之欲出。2017 年第二季度重回严厉的金融分业监管和财政督察。以"通道"业务驱动的金融创新和地方产业基金、政府购买服务形成的 BT 项目和部分 PPP 等地方融资安排同样被叫停。中国档期的宏观管理体制，如央行货币供给体系、财政的分税制等沿用的是 1994 年分税制以来的宏观管理框架，新的经济发展要求新的宏观管理架构设立。与发展阶段不适应的宏观管理只能是"一放就乱"，大量的"影子银行"进行监管套利，"脱实向虚"和"高杠杆""高房价"等虚假繁荣出现；"一收就死"的特征，频出违约事件、金融体系不稳，经济向下压力大，这些都直接冲击了宏观经济的稳定性，也指向了货币供给等宏观调控体系与新的经济增长阶段的不匹配和宏观管理体系间的摩擦。

本文通过经济增长与货币供给阶段性变化的经验、逻辑和体制安排进行梳理，在大量前人研究的基础上希望能够理解经济增长阶段性变化对货币供给的影响，同时分析货币供给机制的基础性变化特征，探索开放格局下经济增长与货币供给的新关系和面临的挑战，最后给出"稳中求进"宏观目标下的中国货币供给体系和政策调整的建

---

[*] 全文发表于《经济学动态》2017 年第 7 期。

议和新宏观管理框架的探索。

一、中国经济增长与货币供给的理论与经验事实

基于增长与资本形成框架分析货币供给的分析指出"在其他条件都不变的情况下，压低企业借款利率或增加货币（信贷）供给增长率，可以促进经济增长"，并指出了其推动资本形成—增长的边界性特征（张平等，2011）。国际上基于后发国家事实对货币供给的研究最著名的是麦金农（1988）的金融深化理论，货币供给通过"信贷中介"推动一国的资本形成，从而推进经济增长。后发国家资本稀缺，资本形成是推动经济增长的根本，其原理非常简单，即中央银行进行货币供给＝银行信贷（信用创造）＝企业（非银行机构）货币需求＝投资（资本形成），投资带动经济增长。银行作为"信贷中介"是资本形成的关键，因此用 M2/GDP 来衡量金融深化。

改革开放以来，中国先以财政创造货币，通过信贷推动资本形成，货币供给增长的同时，价格大幅波动，直到货币供给模式转向后才抑制了价格大幅度上涨。货币供给模式的转变源于 1994 年人民币并轨和 1995 年商业银行体制建立后，货币供给从财政创造货币转向以出口导向为基础资产的银行货币供给体系。1995 年后 M2/GDP 上升到了 1 倍以上，到 2016 年已经达到了 2.08 倍，信贷供给大幅度提升，资本形成迅速，物价相对平稳，经济高速增长（见图 1）。

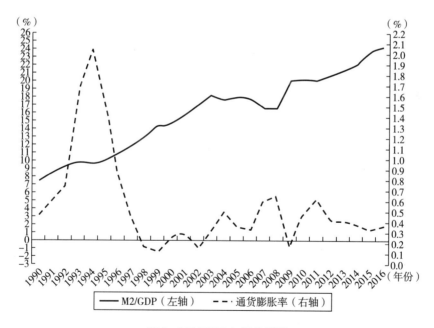

图 1 M2/GDP 与通货膨胀

资料来源：《中国统计年鉴 2016》。

中国快速增长的 M2 没有引起通货膨胀，有悖于货币理论中 M/P 的中性原理，即

货币供给过多引起通货膨胀。1995 年后，中国在 M2 大幅度提高过程中，未发生大的通货膨胀，即中国的"货币迷失"问题。理论解释非常丰富，本质上只有结合中国经济增长和体制改革，才能很好解释。如计划商品的市场化改革（易纲，2003），又如全面解释中国的信用创造的论著（李斌、伍戈，2014）等。国际上伯南克（2005）讨论中国"过度储蓄"，从另一角度解释"货币迷失"。中国以"信贷中介"加快资本积累为货币政策目标，利用比较优势推动出口导向，推动经济高速增长，而货币的稳定化目标相应要求较低。

发达国家货币模型框架原本以货币作为中性来看待，关心是 M/P，目标是货币供给与物价的关联。引入托宾的资产变量、金融结构等，分析了新因素对利率和资本的影响，但仍以货币供需对宏观波动的影响为主，而不是增长。增长是稳定化宏观目标的副产品。美国货币政策目标以泰勒规则为加权，但其本质仍是以稳定为主。2008 年国际金融危机以来，美联储主导的货币政策更是具有很强的"工具性"特征。为了解决债券市场的流动性问题，采用"量化宽松"政策，并同时承诺量化宽松货币的退出，货币释放是一个解决金融市场信息不对称的"中性"工具。而扭转交易是通过改变利率曲线，修复负债表。尽管美联储加息和缩表退出"救市"的量化宽松政策不易，但仍然进入到了加息和缩表的退出过程。

中国的货币供给是沿着后发国家的路径推进，核心是通过"信贷中介"来加快资本形成，加速增长，当然也兼顾波动，基本目标是"又快又好"。2008 年爆发国际金融危机，加大了反危机措施，并积极推动了金融监管的适度放松，允许银行提供更为广泛的金融服务，银行的理财等多种表外业务发展，信托公司非标融资和通道等金融服务，资本形成速度依然保持高速增长。随着 2012 年中国经济逐步进入"新常态"，资本—产出效率下降，资本外流、资产价格波动加剧。货币供给推动"资本形成"促增长的政策目标失去了效率，经济阶段也内生要求改变。

中国有着明确的资本形成目标，但不同发展阶段，货币供给和决定货币供给的因素是不断变化的，这些都要基于增长阶段—货币供给机制变化给予历史经验的分析。

（1）财政货币化。1978~1994 年，中国改革开放后从农村土地承包改革启动，发展乡镇企业，再到 1992 年邓小平南方谈话后的沿海开放，微观主体激活，对外的贸易逐步展开，很多计划控制的商品逐步市场定价了，到 1994 年价格双轨制（即计划价格和市场价格）统一，从而产生大量的货币需求。用简单的公式表述为货币需求＝正常货币需求+额外需求，即额外需求＝（市场价格−计划价格）×计划内商品市场化速度。市场化改革将计划产品逐步市场过程中产生的额外货币需求。这一时期，货币供给的方式仍是原有的体系，通过财政创造货币，中国人民银行、中国工商银行、中国农业银行、中国银行、中国建设银行都是财政支出的出纳，没有独立的银行体系，银行贷款一直大于存款，需要财政弥补。财政货币化导致了价格波动巨大。

改革开放后随着经济的发展，银行中已经有了大量的存款，这与 1978 年居民储蓄只有不到 3 亿元比发生了翻天覆地的变化，为银行商业化转型奠定了基础。1995 年银行法公布后，中国的银行和财政体系分离，央行和商业银行分离，现代银行体系正式建立。

（2）劳动要素货币化。1995年后中国货币供给与发展阶段相互配合，第一个阶段就是农村剩余劳动力从无价变有价，劳动要素货币化开启。中国通过劳动力比较优势获得巨大贸易盈余和FDI，双顺差推动了央行外汇占款增加，货币供给增长加快，货币供给与需求不断相互促进上升。这一阶段有两大标志：一是以1995年的《商业银行法》为起点，中国货币供给摆脱了财政"出纳"的架构，中央银行和商业银行具有了独立性特征，货币供给正常化；二是1994年人民币汇率并轨，并与1992年以来沿海对外开放相互配合，1995年后中国从长期逆差国进入到持续顺差的国家，外汇盈余持续增长，FDI加快流入。

货币供给的方式已经从一般商品市场化转向"农村剩余劳动力从无价变有价"的劳动要素货币化进程中。劳动要素货币化的深化过程，并通过出口换汇和FDI构成了货币化的循环扩张机制。按二元经济结构理论，农村是一个非货币化的部门，其剩余劳动力是"无价"的，他们已经不能增加农业产出，反而要消耗农村粮食积累，如果有一个工业化（货币化）部门吸收其劳动，就会推动剩余劳动力的货币化转换。国际货币基金经济学家Borpujari（1977）认为，货币化部门对非货币化部门的贸易需求启动了非货币化部门的货币化进程。

从中国的实践来看，工业发展，特别是外向型工业部门发展对农业部门的劳动力产生了极大需求，中国的贸易条件已经从工业农业交换贸易条件拓展到国际贸易条件。中国通过比较优势奠定了出口导向战略，农村剩余劳动力持续转移。贸易条件推动的农村劳动力从无价的农村部门转到"有价"的工业部门，本质上是农村剩余劳动要素货币化进程。

中国通过市场化和国际化的发展，大量"无价"农村剩余劳动转移到出口部门，通过比较优势创造大量外汇盈余，外汇盈余转为央行外汇占款，央行发行基础货币，增加信贷。农村剩余劳动力获得货币报酬，盈利企业获得收益扩大投资，劳动者和投资者增加货币需求。这一阶段称为农村剩余劳动力要素货币化过程的货币释放。这一进程是中国最为重要的经济增长与货币供给体制形成的历程，体现在央行资产负债表中的资产项目中的国外资产迅速增加，外汇占款占央行资产和M2的比重持续增加，M2/GDP显著提高（见图2）。出口导向型的经济发展与货币供需架构一直是中国货币化进程的主导因素。这一释放货币没有引起通货膨胀，根本原因就是"出口导向"。

（3）土地等资产货币化。1997年亚洲金融危机后，政府推动了居民住房的货币化，允许居民进行按揭买房，1999年全面启动公房改革，国土资源部于2002年5月发布第11号令，颁布实施《招标拍卖挂牌出让国有土地使用权规定》，明确规定包括商业、旅游、娱乐、商品住宅用地在内的经营性用地必须通过招拍挂方式出让。正式启动了以房地产作为资产抵押的为货币需求的新阶段。

中国土地从划拨转向21世纪的"招拍挂"的市场化行为，土地、住房、资源等资产从无价划拨变为可定价、可抵押的标准资产。以土地为代表的资产货币化提高了土地的货币需求，并参与了信用创造。土地等资产不仅需求货币，而且具有抵押性质，具有杠杆特性，这是信用创造的根本。新因素界定应该是从 2003 年正式开始的，2003 年土地市场化推动了新的货币供给的需求因素，也构成了第二阶段的主要货币供给的主要因素。

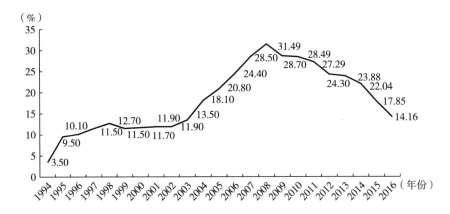

图 2　外汇占款占 M2 的比重

资料来源：《中国统计年鉴 2016》。

土地等资产货币化对货币需求影响是巨大的，体现在土地从划拨无价变有价，房屋从公房无价变有价。房地产具有抵押特性，其信用创造能力比一般商品、劳动要素高，房地产对货币需求影响着货币供给，从表 1 中可以看出，房地产开发贷款和居民个人贷款余额占 M2 的比重持续上升，而且其增长速度高于 M2 的增长，这里未包含其他非标和土地购入款等项目，从 2003 年启动，到 2016 年已经占到货币需求的 15% 的水平。

表 1　房地产贷款开发需求占 M2 的比重

年份	开发贷款和个人贷款余额（亿元）	M2（亿元）	贷款占 M2 的比重（%）
2004	23800.00	254107.0	9
2005	28491.00	298755.7	10
2006	36800.00	345577.9	11
2007	48000.00	403442.2	12
2008	49100.00	475166.6	10
2009	72878.00	610224.5	12
2010	93325.80	725851.8	13
2011	106280.00	851590.9	12
2012	113630.00	974148.8	12
2013	136000.00	1106525.0	12
2014	152000.00	1228374.8	12

续表

年份	开发贷款和个人贷款余额（亿元）	M2（亿元）	贷款占 M2 的比重（%）
2015	185000. 00	1392278. 1	13
2016	238000. 00	1550066. 7	15

资料来源：Wind。

（4）金融创新（影子银行）的货币信用创造。这一阶段是金融脱媒阶段，即通过同业、资管通道和金融产品管制放松等手段，形成了表外业务，进行脱媒活动，推动金融系统对信用创造。2008 年金融危机后，2009 年国家进行反危机的 4 万亿元刺激，推动了国内基础设施的大发展，带动了地方政府投资与城市化扩张。很多货币需求是原有信贷难以满足的，脱媒活动呼之欲出，2009 年信托公司启动了脱媒，银行通过信托的"非标业务"为地方政府和房地产提供融资。2010 年提出了"社会融资"的新货币目标，将信托贷款、票据、债券等项目纳入体系。以银行理财、同业、买入反售、信托非标为代表的金融"脱媒"活动大发展。大量的银行资金通过多个渠道进入经济体系，并分享了城市化带来的收益。货币需求来自房地产和基础设施的双扩张，城市化率到 2012 年突破 50%。城市化巨大的融资需求推动了金融创新活动。刘轶等（2016）计算了银行同业对货币供给的额外影响，认为 2010~2015 年同业，特别是买入反售额外增加 10%的货币供给。

2013 年"钱荒"后，政府加大了"买入反售"和"非标"的监管，2014 年开始了更为全面的金融产品管制放松。保监会、银监会、证监会积极出台资管产品创新政策，允许了更多的金融交叉业务，如基金子公司、保险等都可以参与通道业务。保险推出万能险等准理财产品，私募基金和互联网融资等全面兴起，股票、债券、货币市场交易火爆，波动加大，中国金融体系的"影子银行"体系确立，初步形成了以通道驱动的"金融结构"。直接表述在金融机构间交易，进行监管套利，而非优化资源配置的金融结构。

2015 年 8 月 11 日开始进行了汇率市场定价机制的改革，汇率波动开始加大，并出现了持续性外汇占款下降，同期政府推动了债务置换和国内货币资产创造减缓由外汇占款下降导致的央行资产缩表。这里包括了央行创设国内资产，如中期便利（MLF）和抵押再贷款（PSL）等，也包括进行地方债务置换，尝试公债货币化。

公债货币化是指国家为了弥补债务，让央行发行货币进行购买，公债货币化是央行货币释放的一个重要的渠道，发达国家主要是靠公债货币化推进和调整央行资产和基础货币（邓小兰，2014）。

货币供给机制再次发生根本性变化。从以出口导向推动外汇占款上升主导的货币供给，再到土地信用创造货币需求驱动货币供给，后通过"脱媒"进行金融创新，但原有的外汇占款和房地产需求带动会逐步下降或减缓，而"脱媒"只是通道驱动金融结构，对优化资源帮助不大，因此新的阶段孕育了新的货币供给机制的转变。

二、经济新常态下的货币供给机制三大转变

2012 年中国经济逐步进入新常态以来，经济增长结构性减速，以货币供给驱动资本形成推动 GDP 增长的目标越来越难以实现（刘金全等，2017）。货币供给推动经济增长，经济增长带来新货币需求的正循环模式难以持续。劳动要素货币化进程实质上在 2008 年达到高峰，外汇占款/M2 的比重达到 31.5%，而后不断下降，2015 年外汇占款额绝对额下降；2012 年城市化突破 50% 后，土地转让收入逐步下降，而以土地作为抵押的面积扩大，其金融属性更为凸显。资本形成中的长期货币需求和货币供给性的关键性要素的作用逐步减弱，2013 年金融创新推动活动，金融机构交易开始迅速攀升，与之相应的货币乘数和信用杠杆快速提升。以 2015 年 811 汇改和加入 SDR 为契机的汇率的改革，新开放格局下国际利率间传递机制也在形成。因此在新常态经济增长阶段，货币供给、信用创造和利率国际传递机制方面确实发生了根本性的变化，需要重新理解新常态下的货币供给机制的三大转变。

从央行负债表上来看，基础货币（MB，即资产负债表中的储备货币）= 国外净资产变动（NFA）+国内净资产（NDA）变动。货币供给（M2）= MB×货币乘数（m），货币乘数隐含了货币传递机制。货币受到量的影响，同时其价格对于后发国家不仅仅受到本国货币政策的影响，也受到美国等储备货币国家货币政策的影响。上述有关央行资产的变动、金融结构对货币乘数和信用杠杆的影响，以及利率的国际传递影响构成了当前新常态下的三大转变。从当前看，其转变为三大方向：一是货币当局资产项目中的外汇资产下降，反映出中国经济外向型经济推动的货币释放逐正常化，难以推动基础货币的供给；二是货币信用创造机制发生了根本性变化，从"信贷中介"转向"金融结构"的复杂的金融体系了，提高了货币乘数和信用杠杆，当然通过传统监管方式仍然可以回到信贷主导，但会导致金融的超预期收缩和巨大的金融摩擦；三是汇率和利率波动具有国际间联动的特性，中国十年期国债长期受到美国十年期国债的影响，2015 年汇率中间价改革、加入 SDR 和沪深与香港资本市场接通后，中国资本流动性加强，美国即国际储备国利率和汇率对中国的影响加大，特别是近年来美联储持续加息通过货币流动渠道直接引发了国内债券市场的异常波动，美国加息周期和缩表周期已经在推动中国资金成本持续上升，当然这里有监管原因，但无疑美国的加息和缩表对中国经济已经起到了很大的作用，中国已经加强了资本管制和汇率市场化定价的修改，希望能降低国际冲击对中国的影响。

1. 货币供给将从外汇资产推动逐步转向国内金融"便利"资产创设，脱实向虚特征明显

央行资产负债表中外汇资产对应的是中国实体经济出口和国外投资的财富累积，属于长期资产。近年来，国内资产主要是通过"对其他存款性公司债权"这一项目进行创设资产，这一部分资产来源于央行的大量创设的金融"便利"资产，主要为了金融市场交易的流动性服务，包括短期便利（SLF）、中期便利（MLF）、长期便利

（TLF）、再贷款等金融资产，这些属于短期维持流动性的金融资产，为保持金融机构间交易平稳，它与实体经济无直接关联。由于央行创设的国内部门的金融资产过于短期，只适合于短期稳定经济，无法成为经济的长期货币供给的基础。

从表2可以看出，外汇资产（NFA）从持续上升到持续下降：1994年汇率并轨后，中国进入一个双顺差的阶段，到2012年人民币双顺差才结束，2013年外汇资产占央行资产的比重高达83%，再次创历史新高，但2014年出现了季度性贸易逆差，2014年外汇资产占央行资产的比重下降，2015年人民币汇率市场化改革，人民币贬值和大规模流出，2015年初外汇资产绝对额下降，外汇资产下降直接引起了央行资产负债表的收缩，央行开始了增加国内资产的创设，2016年外汇占款占央行资产的比重持续下降，央行靠"对其他存款性公司债权"创设资产提升了2.18倍，即从2.7万亿元提高到了8.5万亿元的水平，一举将国内资产占比提升到了25%，对冲外汇资产下降，推动了央行资产的扩张，央行的货币供给已经从外汇资产推动逐步转向国内资产的创设和发行了，货币机制发生了根本的变化（肖崎、王迪，2016）。

表2 外汇占款、国内资产和央行资产增长

年份	2009	2010	2011	2012	2013	2014	2015	2016
外汇占款/总资产（%）	0.77	0.80	0.83	0.80	0.83	0.80	0.78	0.64
对其他存款性公司债权/总资产（%）	0.03	0.04	0.04	0.06	0.04	0.07	0.08	0.25
总资产增长（%）	10	14	8	5	8	7	-6	8
对其他存款性公司债权增长（%）	-15	32	8	63	-21	90	7	218

资料来源：《中国统计年鉴2016》和中国人民银行网站。

央行负债表变化的背后是中国经济发展的阶段进入新常态后的三个变化表现：一是以比较优势推动的出口导向战略结束，国际贸易盈余占GDP的比重和对经济增长拉动都低3%以下，而剩余劳动力压低工资推动的出口品比较优势已经不存在，相对应的国内教育、研发、医疗等服务质量较低，服务逆差不断加大，以贸易推动的外汇盈余提升已经结束；二是汇率升值预期转变为贬值预期，资本流入已经变为了资本流出，特别是大量投机性资本流出，导致了外汇资产下降过快，资本单向流入的时代结束；三是国内的资金回报率低于国外资产的回报率，长期投资者外流，贸易与资本项下双顺差结束。

这些都意味着持续外汇占款推动的货币机制转变为需要创设国内资产进行新的货币释放，但当前国内创设资产本质上都是为金融机构短期限用的资产，本身更多为金融机构交易用的，因此从货币供给的性质来看就有很强的脱实向虚的特征，而且这些流动性创设资产难以为中国提供长期的货币供给。

2. 中国货币供给传递或信用创造从"信贷中介"转向了以"通道"驱动的"金融结构"的中介

这一货币传递或信用创造中介的转变源于近年来中国的金融创新。在2008年国际金融危机后，2009 年中国全面推进反危机政策，4 万亿元财政刺激，配套了银行贷款、开启地方融资、发展信托业等系列融资政策，投入到基础设施和城市化中。以信托发展带动的银行"同业"的大发展，2013 年后以在"通道"驱动下的金融资管产品创新推动"影子银行"发展，通道业务和 d 同业业务的核心都是进行"监管套利"，主要将表内业务转变为表外业务，形成"影子银行"的影子部分。信贷中介模式就是金融与实体的直接交易，而中国的影子银行结构则多出了金融结构交易和新创设信用工具，金融信用中介复杂化。金融复杂化与实体经济需求多样化相关，但金融机构间交易越来越增大，推动了金融业增加值占 GDP 的比重 2016 年高达 8.4%，居全球第一，则已经自我循环发展了，与实体经济越来越远了。金融结构正从银行信贷转向以通道业务驱动的"金融结构"，金融机构交易扩张明显高于金融与实体经济的扩张，一方面推高了资金成本，另一方面金融杠杆上升迅速，从而更多资源被金融部门占用，以制造业为代表的实体经济资金成本被推高。

从社会融资结构上来看，中国 21 世纪以来信贷占社会融资结构中的比重为 90%，而后持续下降为 70% 多，2010 年降低到了 60%，2013 年最低达到 54%，而后信贷比重回升，但都低于 70%。M2 是最好的"信贷中介"指标，通过信贷形成资本，资本推动经济增长。但随着金融创新活动的加快，银行的完全信用创造的时期逐步让位"金融结构"的信用创造。

中国金融创新，提高了信用创造能力，整体金融杠杆提升。金融杠杆定义很多，简单继续沿用 M2/GDP 作为金融杠杆，2016 年金融杠杆水平也已经达到了 2.08%。殷剑峰等（2013）用信用总量计算与 GDP 之比来衡量金融杠杆，这样能比较好地反映金融结构的变化。信用总量是在贷款加国债、非金融企业债券、对其他存款性公司债权、对其他金融机构债权总和构成信用总量，2012 年计算信用总量占 GDP 为 1.94 倍，已经高于 M2/GDP 1.4 倍。用资产负债表看总体负债情况也是重要的信用指标，按国内负债水平比 GDP 比重 2015 年超过了 2.79 倍（李扬等，2015），影子银行的兴起推动了信用杠杆的持续上升，已经要高于"信贷中介"测量的 M2/GDP 了。

近年来金融创新推动了货币乘数的上升。货币乘数也在 2015 年 9 月创下金融危机后的新高 4.86，而后不断上升到 2017 年第一季度的 5.29（见图 3），达到新高，基础货币增长不快，M2 增长主要靠乘数增加。金融结构变化，特别是银行与非银行金融机构间的交易，实质上构成了信用的创造，对货币供给乘数是有着正贡献的。2014 年后银行理财，委外、非标和金融机构通道业务等相互往来和交易更为频繁，这与金融产品的创新密不可分，推动了金融交易快速增长。但这种金融结构不是配置性结构，而是以"通道"为基础的，通过相互的通道进行监管套利。

从信用的运用方来看：一是投资制造业的收益率持续下降，金融机构积极投资到城市化土地和基础建设的抵押融资的活动中获取高利润，为了逃避监管，开拓"同业"以及"通道"等业务；二是期限错配提高收益率，推动了金融资源向着长期限配置，提高资金运用的久期杠杆，如政府担保下的地方政府投资的基础设施等；三是以"通道"业务驱动下的金融活动，由于高杠杆的使用，流动性问题经常出现，银行间市场

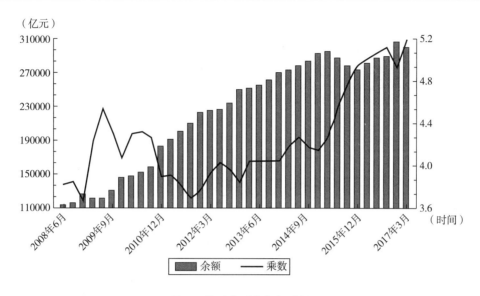

图3 基础货币余额与乘数

资料来源：Wind。

利率波动较大；四是资产全球配置逐渐增加，国内资金进行海外投资获取收益，这种国际资产的配置性需求推动了资本外流。2012年经济减速后，PPI持续通缩，原有的实体经济雪上加霜，金融更加快了脱实向虚和对外投资的步伐。

政府希望通过金融创新来推动资源配置转型，但实践结果是没有形成新的资源配置机制，只是增加了金融杠杆和金融市场的巨大的波动。2017年3月以来，金融降杠杆，金融业再次进入分业"严监管"状态，2017年3月开始银监会连续针对"三违反"（违法金融法律、违反监管规则和违反内部规章）、"三套利"（监管套利、空转套利、关联套利）和不当行为发出监管函。证监会做出了"全面禁止通道业务"，保监会停滞了具有理财性质的万能险等，金融体系向着原有格局回归。

3. 开放下的汇率—利率传递机制在形成

由于经济发展阶段发生了根本性变化，金融开放步伐也在加快，特别是以中国2016年加入IMF的SDR为契机，开始尝试汇率市场定价和资本项目开放。2015年8月11日启动了汇率市场决定中间价的机制改革，经过一揽子货币加强、填入逆调节因子等，一方面尝试市场定价，另一方面保持央行干预性。在资本项目下，推出了沪港通、深港通等项目，但加强了企业海外投资的管制，金融体系稳步开放。中国的利率与美国保持了长期的联动均衡。

从图4中可以看出，金融危机以后，全球加强了宏观政策协调，2010年后中美十年期收益率呈现明显的正相关，保持在120BP的平均利差。我们构建一个中美十年期利率回归模型：

$$CH = 0.0105166835625 + 0.00606106549607 \times US + 0.993187800908 \times CH(-1)$$

$$(2.81) \qquad (440)$$

$R^2 = 0.996$　　$DW = 1.87$

模型中 CH 表示中国十年期国债到期收益率，US 表示美国十年期到期收益率。模型通过检验，相关度达到 99.6%。做格兰杰检验：美国十年期国债到期收益率是中国十年期国债的格兰杰原因（F 检验 = 10.16）。

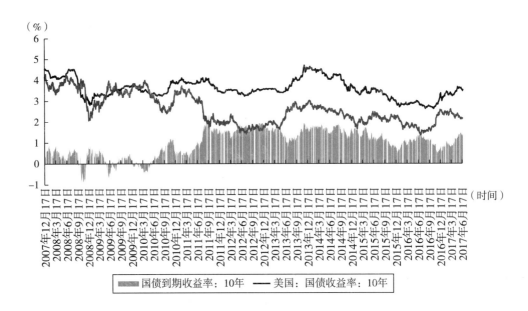

图 4　中美十年期到期收益率关联图

资料来源：Wind。

中国作为新兴市场国家，汇率稳定受到储备货币国利率政策的影响，利率保持对储备国的优势，否则会导致资金流向储备货币国，导致币值不稳定。中国受美国利率等宏观政策的影响最为明显，而且这一传递也有着稳定性特征。美国的加息已经对中国的市场利率走势有了直接冲击。首先表现为十年期国债的跟随性质，而后是上海银行间拆借利率（shibor）上升，特别是 3 个月以上期限的利率持续上升。美国十年期国债的到期收益率受到美国加息的影响，但这次更受到美联储资产负债表缩表的影响。

按美联储加息预期，到 2019 年加息最终达到 3%，加上缩表影响，2019 年十年期美国国债将在 4.5% 的水平，中国十年期国债保持与美国有 120 个 BP 的差距，就要达到5.7% 的水平，商业贷款同期限的利率水平就会同步增加至少 100 个 BP，中国长期贷款利率会在 6.7%~7% 的水平，这对中国长期限的基础设施和房地产贷款的挑战巨大。当然美国的加息和缩表预期会不断调整，但中国资金成本上升已经是不争的事实了。

三、货币供给转变与宏观稳定化目标政策选择

依据货币供给与阶段性匹配的分析来看，中国货币供给及其相应的金融体系直接

面临三大转变：

（1）央行基础货币供给的基础资产发生了根本性变化，从长期的外汇资产转为了为金融机构流动性服务的短期资产，意味着"脱实向虚"从基础货币供给就有根源性特征。新的长期货币供给的央行基础资产需要重新建立。现实就提出了"央行改表"的议题，即大幅度通过财政部创设国债的方式加快替代央行中的国外部门资产，同时增加国债短期限发行，增加流动性货币工具，转向成熟经济体的央行负债表。成熟经济体央行负债表中，国内资产占主要部分，其中国债占资产负债表的60%，国外资产占20%以下。在中国的央行资产中，外国资产占60%以上的水平，国内资产中多为央行创设的流动资产，因此开启公债货币化是该表的关键。

中国的国债和地方债等公债都与中国庞大的长期基础设施资产相匹配，因此创设公债资产为货币供给的长期资产打下了基础。当然这方面的探索需要央行与财政部的协调，财政成为创设资产方，这更需要配合财政体制的深化改革和立法体系的完善，才能有效地约束国内公债"软约算"的痼疾，否则公债货币化会加速政府负债水平和通货膨胀。

（2）金融体系复杂化后，监管相对落后，相对统一的监管体制需要明确下来。2017年证监会、保监会、银监会均自我加大监管力度，外汇局严格资本流出的窗口指导、中国人民银行推进MPA考核。但在开放和复杂金融结构的今天短期内进行调控和整顿是有一定意义的，但从根本上来看，这种方式会酝酿更大的风险。货币供给可以短期回归传统银行信贷，但这与经济的复杂性已经不匹配了，需要建立与优化配置资源相适应的新监管体制，因此扩大金融监管的范围，而不完全以纵向分业划分，才能逐步引导和形成以配置资源为导向的金融结构。

（3）金融开放下的独立货币政策目标要从"信贷中介"促进资本形成，刺激经济增长的政策目标转向以稳定经济体系、优化资源配置的目标，降低金融和经济的波动。宏观政策目标都要逐步从赶超经济阶段，以刺激经济增长的"又快又好"的目标转向"稳中求进"的成熟经济阶段的稳定化政策目标。

货币政策目标包含了阶段转换过程中直接赋予它的使命：①从增长目标逐步转向"稳中求进"的宏观稳定化目标，真正实现央行以稳定币值为导向的目标，而不是积极参与资本形成促增长的目标，特别是在开放条件下，大国独立的货币政策必须基于稳定目标才能完成应对外部风险的冲击；②平缓外部冲击，降低外汇占款对货币发行的波动影响，有步骤地将国外净资产置换为国内净资产，保持国内净资产，特别是国债的比重，增加央行操作工具的抵押物，才会平缓很多外部冲击的影响。

货币供给体系调整直接依赖于财政体系调整，依赖于新常态发展阶段下的整体宏观管理体系和政策目标转型，而不是单一货币或财政体系的改革了。1994年的分税制改革开启于中国高速工业化阶段，增值税起步于制造业，2013年服务业超过了第二产业后，到2016年增值税体系才覆盖了建筑业和服务业。分税制有力地激发了中国工业化发展的热潮，推动了地方政府的工业化竞争。以增值税为基础的分税制体系与城市化快速发展逐步不相适应。随着城市化率2012年突破50%，以"物质"对象为基础的流转税体制与城市化发展以"人"为基础的直接税体制就不相和谐。以城市化为基础的财政体系主要的税收来源以直接税为主，通过私人纳税多少直接与享受养老、医疗、教育等服务权利相匹配。明确地将纳税义务与享受公共服务的权利相关联，奠定现代城市以人为中心的税收体制。中国现有的税制与城市化的摩擦已经非常严重了，城市的税收来自企业，但城市居民痛恨企业带来的外部性问题，享受服务也和自己纳税无关联，权利和义务是完全无关的。地方政府的公共服务主要依靠卖地或土地抵押融资，而无更多的税收来源，卖地导致房价上涨，劳动等要素成本升高，去工业化加快，基于工业的流转税下降，政府更依赖于土地财政。但土地财政并非无边界的，城市化步伐放缓后，土地财政就会捉襟见肘，而城市居民抱怨房价上涨，这些不和谐情况，都源于财政体系改革和调整的滞后。

财政与金融当前的困境是因为新的宏观管理框架没有确立起来。2015年地方债置换已经开始了对央行负债表进行调整，探索公债货币化，公债货币化有利于注入"高信用"和长期限的金融安排，这将对现有的金融结构进行调整、降低金融风险是有益的。但公债货币化在现有的财政体制下，只能浅尝辄止，涉及地方政府财政"窘境"和政府"软预算"问题。地方政府的财政体制难以解决，支出主要靠"土地财政"，当土地财政失去能力后，金融负债是其解决政府支出和发展的唯一选择，这样再不断地进行"债务置换"方式的公债货币化，无疑对于经济没有更多的优化价值，反而导致地方政府的"逆向选择"。

中国在新常态下重新设计财政和金融体制已经不是一个简单的单项问题了，重新设立适应新常态的财政金融体制。系统性宏观管理框架性改革首先要从财政入手，财政税收和公共服务支出体系的改革要符合城市化达到60%的水平后的安排，即征税体制要从企业转向个人征收，间接税转向直接税，稳定城市税收，才能稳定地方公共服务支出，其预算和债务安排可以按理性预期的。在稳定税收安排后才能积极调整央行负债表，真正开启公债货币进程，同时配合监管体制改革，优化金融资源。中国已经明确了"稳中求进"的宏观稳定化政策目标，但它需要新的宏观管理框架来保证实现。

参考文献

［1］ Ben S. Bernanke. The Global Saving Glut and the U. S. Current Account Deficit ［EB/OL］. http：//www. federalreserve. gov/boarddocs/speeches/2005/200503102/default. htm.

［2］ Borpujari J. G. Production and Monetization in the Subsistence Sector with Some Implications for Financial Programming ［M］. IMF Mimeograph，1977.

［3］陈昌兵. 城市化率多重"S"型曲线估计及预测［M］//陈昌兵. 中国可持续经济增长的城市化研究. 北京：中国经济出版社，2016.

［4］邓小兰，李铮. 公债货币化对货币供应量的影响研究——基于国际面板数据［J］. 经济科学，2015（4）.

［5］李斌，伍戈. 信用创造、货币供求与经济结构［M］. 北京：中国金融出版社，2014.

［6］李扬等. 中国国家资产负债表 2015：杠杆调整与风险管理［M］. 北京：中国社会科学出版社，2015.

［7］刘金权，张都. 广义货币增长效应失灵的结构性解释［J］. 财经科学，2017（1）.

［8］刘轶，林恋，罗春蓉. 银行同业业务与"额外"货币供给创造［J］. 金融理论与实践，2016（9）.

［9］麦金农. 经济发展中的货币与资本［M］. 上海：上海人民出版社，1988.

［10］肖崎，王迪. 外汇占款下降对我国货币供给机制的影响研究［J］. 世界经济研究，2016（8）.

［11］易纲. 中国货币化进程［M］. 北京：商务印书馆，2003.

［12］殷剑峰，王增武. 影子银行与银行的影子［M］. 北京：社会科学文献出版社，2013.

［13］张平，刘霞辉，王宏淼. 金融发展与经济增长：从动员性扩张向市场配置的转变［M］//张平，刘霞辉，王宏淼. 中国经济增长前沿Ⅱ. 北京：中国社会科学出版社，2011.

22 实体与非实体经济均衡机制的逻辑与政策[*]

张 平

当每一次发生金融危机时，都要提及生产率问题，1997 年亚洲金融危机前，克鲁格曼—杨对亚洲新兴市场国家提出了全要素生产率增长缓慢质疑。1997 年亚洲金融危机后很多学者都从全要素生产率增长来讨论金融危机。2001 年互联网泡沫前，人们倾向于"新经济"，《美国总统经济报告：2001》（美国总统经济报告：2003）给出新的计算机、通信、互联网等投资和创新对劳动生产率产生了积极贡献；美国互联网泡沫后麦肯锡（戴安娜·法雷尔，2010）测算认为 ICT 行业对劳动生产率带动不强，认为"竞争比 IT 更重要"，没有特殊新经济带动，最终是互联网泡沫高估导致互联网泡沫破裂。2008 年全球金融危机以来，又出现了"戈登之谜"（R. Gordon，2016），即信息、通信带来的互联网等技术革命比工业化时期的技术革命对劳动生产率带动弱，从 1970 年后，劳动生产率明显放缓，没有带来劳动生产率的持续改善，全要素生产率增长也是持续放缓，引致经济持续增长低迷。很多人解释 2008 年金融危机是由于技术进步没有带动经济的持续改善，只能利用低利率等刺激手段来扩大需求，最后导致金融、地产等非实体经济部门发展过快，金融杠杆率和房地产负债率过高引发了美国金融危机和而后的欧债危机。生产率增长放缓一定会导致实体经济增长乏力，从而很多公司进行借贷行为，政府进行需求刺激以平稳经济。资源也会向金融、房地产等非实体部门配置，如果不能平衡好实体和非实体经济，危机风险逐步累积，直到经济体系无法承受。中国当前提出的大力发展实体经济，积极防范金融风险的"稳中求进"政策指引是前瞻性的战略思维。

生产效率一般是指劳动生产率和全要素生产率两类：一是劳动生产率增长率指单位劳动人数（时间）的产出增长率，一个最容易和最明确的度量数值，影响它的因素可分解为资本深化、人力资本、全要素生产率；二是全要素生产率（TFP）增长率，TFP 的测量是总产出减去要素（劳动、资本）投入的余值做度量，TFP 增长率受到总产出波动影响较大，稳定度差，但作为非要素投入的"配置和技术进步"效果测量当前仍然是最好的指标。文中的生产效率指标分别用这两个度量。

一般而言，生产率增长基本决定了微观经济主体竞争能力和发展空间，当劳动生产率高时，就可以降低成本，扩大规模。技术进步快可以保持高价格，同时推动成本下降，企业竞争力加强，可见劳动生产率决定了企业收入能力。放到宏观层面，国家的竞争力也来源于劳动和全要素生产率增长的能力。实体经济定义很多，传统定义为

---

* 全文发表于《社会科学战线》2018 年第 5 期。

工业，后来扩张到了服务业，相关定义和争论很多。笔者将其定义为：收入主要靠生产率提高的经济体或部门属于实体经济。非实体经济定义也很简单，即它的收入来源主要取决于价格，而非劳动生产率的增长。房地产行业最为典型，如果房子只是为住的，其行业特征是实体经济，但它的收入增长更多来自房地产价格上涨，而不是取决于该行业的服务差异，相对价格波动而言其技术进步贡献非常少了，则该行业就符号化了。金融行业也时如此，如能够通过更好的服务手段获得"配置金融资源"的收益，它的收入来自息差，背后是服务水平的高低决定，可视为实体经济。当金融进入到服务收入低于金融市场间交易收入后，其劳动生产率决定的服务收入让位于依靠市场套利获取价格波动收入时，其实体经济特性转向符号经济了。实体经济是可以符号经济化的。可见，实体和非实体经济并非严格区分的，它是由两种收入机制在微观过程中此消彼长来决定的经济特性，有的部门收入天生更多来自生产率增长，如工业部门，有的部门其禀赋特征很容易在价格波动中获益，如房地产和金融。实体经济收入来自生产效率提高，非实体经济收入来自价格波动。在中国有很多公司注册为工业企业，但其收入主要来自工业土地变性后的土地收入，则该企业不是实体企业，实体经济向非实体经济的转换过程，我们称为符号化。从大的分类来看，工业和生产性服务业、一般性服务业更接近于实体经济，而金融、房地产部门更容易倾向于非实体经济部门，我们也简单地沿用此种划分进行大类的宏观比较。

由于技术进步导致的生产率提高是一个非连续过程，生产率放缓或下降必然导致经济增长放缓或下滑，保持经济稳定，企业一般增加负债，而国家依靠需求激励，货币、财政等，政策激励特征同样具有借贷特性，用来平滑经济的波动性。宏观财政与货币政策经常在实体生产率大幅度放缓或下降后被引入，需求激励积极作用是保持经济总需求的平稳。需求激励的特性是加大货币供给，导致金融、房地产部门的兴旺，人们更多地转向金融和地产投机，获取收益。过度需求激励一方面会导致实体经济符号化；另一方面也可能破坏经济波动中蕴含的"清洁机制"，即淘汰弱者，强化竞争和技术进步的机制。新一轮的实体经济的技术进步就会被延迟，反而推动进一步的非实体经济的投机。需求激励政策看似为"大稳定"的政策，如果没有实体技术进步，那么非实体化过度发展和实体部门的不断负债，会累积出金融风险，而导致金融危机，金融危机反过来会进一步伤害实体经济。可见实体经济生产效率增长放缓或下降是金融风险累积的一个根本性原因。实体与非实体的不均衡甚至到危机仍取决于很多因素，但实体经济生产率放缓或下降依然是重要的危机解释变量。

本文不仅仅对2008年的金融危机做一个梳理和理论解释，更希望对发达国家未来和中国的转型做出方向性讨论，并提出相应的政策建议。本文安排为以下四个问题：①发达国家生产率经验化事实，发达国家经济增长率持续低迷导致了发达国家非实体化发展迅速，爆发了金融危机，而危机又反过来损害了劳动生产率改善，未来是否孕育新的增长动力，有无新机制；②关于生产率下降导致的实体和非实体的理论解释，其均衡条件是什么；③中国的生产率计算与迈向高质量发展的转型，结构转型过程中的劳动生产率放缓与房地产金融过度发展已经被政府高度认知，未来培育新动力在哪里；④若干政策思考与建议。

一、发达国家生产率下降的经验事实

戈登在 2016 年写的《美国经济增长的兴与衰 1890-2014》认为（见图 1），1890~1920 年每小时劳动生产率年增长为 1.50%，其中来自资本深化贡献近一半，TFP 贡献 30%，而教育贡献 20%，是典型的资本推动阶段；1920~1970 年劳动生产率增长为 2.82%，为 1890~2014 年最高的阶段，其中 TFP 贡献了 60% 强，而资本深化只占了 20% 多，不到 20% 为人力资本，典型的是技术进步推动；1970~2014 年劳动生产率增长率回落到了 1.62%，其中资本深化占 41%，TFP 贡献占 44%，教育占 15%，这一期间劳动生产率是靠技术进步和资本深化双推动阶段。1890~2014 年，美国劳动生产率和全要素生产率增长率最快的时代来自工业化，而信息产业对美国的劳动生产率提高没有像工业化那样有着超预期的增长效果，信息化现在看仍主要靠增加了资本支出推动。

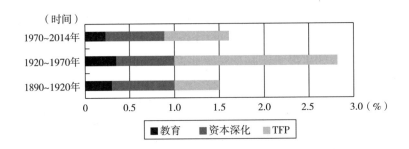

图 1 美国劳动生产率及分解因素的增长率（1890~2014 年）

资料来源：戈登（R. Gordon, 2016）。

从 1970~2014 年分三个阶段来看（见图 2），依据《美国总统经济报告：2001》《美国总统经济报告：2003》计算 1973~1995 年劳动生产率为 1.39%，1995~2000 年美国劳动生产率增长率为 3.01%，美国发展受益于新经济带动，到了 2001 年互联网泡沫后增速再次下降。而麦肯锡计算得出 1995~1999 年美国的劳动生产率提高，劳动生产率提高来自批发和零售（包括餐饮），占了 53.4%，证券经济占了 25.0%，而半导体、计算机、通信信息与通信产业（ICT）行业贡献了 27.0%，因此认为没有特殊新经济，主要是靠传统劳动密集型产业发展，当然 ICT 和相关证券投资也提升了劳动生产率增长率，他们得出了"竞争的作用比 IT 投资更大"的结论（麦肯锡，2010）。

根据美国大企业联合会的资料计算：1995~2002 年确实是一个劳动生产率增长期，2002 年互联网泡沫破灭，2002 年美国劳动生产率继续低迷，2006 年低于 1%，后 2008 年金融危机，2010 年欧债危机，持续下滑，到 2017 年均值持续才恢复到 1%。OECD 发达国家也几乎如此之趋势，不过时间并没有那么一致而已，但可以看出引发欧债危机的欧洲五国劳动生产率是率先下降的，意大利在 1995 年就开始了持续下降。

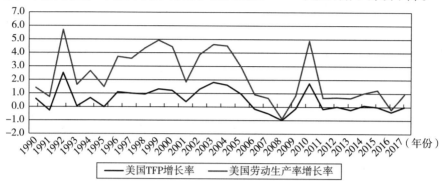

图 2　劳动生产率增长波动

资料来源：大企业联合会（The Conference Board）。

是什么导致劳动生产率持续下降，是否如此下去了，这已经构成了一个重要的经济学命题。从传统的劳动生产率框架计算来看，劳动生产率主要来自三个方面：一是人力资本；二是资本深化；三是全要素生产率。戈登进行了三者的分解。依据美国联合大企业的数据，全球劳动生产率放缓的直接原因是 TFP 增长速度放缓，2008 年后进入负增长，拖累了劳动生产率提高和经济增长（见图 3）。

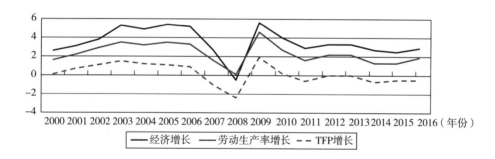

图 3　全球经济增长与劳动生产率、TFP 增长率的关系

资料来源：大企业联合会（The Conference Board）。

简单归因法不足以讨论该问题，学者提出了五个议题：一是技术创新与扩散的关系，任何经济体的技术创新是不连续的，而且创新技术一般要获得创新租金，获取技术垄断租金期间内对社会劳动生产率提高的贡献有限，只有到技术模仿和技术扩散阶段，才具有稳定的社会劳动生产率的提高。创新到扩散（模仿）才能完成劳动生产率的大幅度提高。二是结构性因素，结构服务化必然导致劳动生产率下降，因为服务业劳动生产率增长低于工业可贸易部门的劳动生产率，现在增加了互联网技术能否改变服务业的可贸易程度，来更好地提高劳动生产率。三是劳动生产率与金融危机的关系，IMF 测算表明发达经济体全要素生产率下滑可以解释发达经济体危机后 40% 的产出损失（IMF，2017）。美国布鲁金斯学会的研究也显示，即便将周期性因素很好地控制住，危机后仍出现了全要素生产率增速的下滑。四是分配问题。五是新经济的测量。这些问题都从不同的角度对劳动生产率下降做出了探讨。

第一个议题是一个技术创新到扩散的讨论，最大的特征是不连续，而且其达到扩散的点是不确定的，这就是所谓的技术进步的非连续性和不确定。1995 年 ICT 投资带动了经济的繁荣，2001 年互联网泡沫，2008 年移动互联网快速兴起，2017 年 AI 成为了技术进步的焦点，信息技术已经迭代了 20 年，而且技术革命似乎越来越接近全面爆发的临界点。一旦 AI 等进入大规模应用，劳动生产率成为了一个不必要的衡量，因为劳动者的劳动转换物质效率就变成了能源转换物质效率的能效比了，因此具有革命性特征，但这一爆发点或时间区间仍是不确定的。

第二个议题是与技术进步高度相关的对现有的技术如何进行测量，即索罗当年的疑问"到处都在用计算机了，但没有反映到效率中来"。当前这一命题有了更广泛的解释了，其中认为 ICT 等互联网推动了消费者剩余提高，但未能反映在价格中，而且共享的交易方式，优化了存量资源，并没有额外推动更大的增加值，却促进了人们的普遍使用和资源节约（Charles Hulten and Leonard Nakamura，2017）。从统计上来看，工业品和一般服务品按标准品进行价格平减，而知识密集型的服务品定价本身是按知识服务质量定价，不是标准品可平减的，这些都属于对新的技术进步和现代服务测量上的困难。

更为重要的命题是结构性特征，即服务业占优后，普遍存在着减速的特征，袁复华（2012）实证表明，一国经济结构服务化后，经济增长出现了"结构性减速"特征，服务业的劳动生产率和全要素生产率的增速普遍慢于工业生产部门。经济结构服务化转变的"结构"特征，导致了劳动生产率和全要素生产率的普遍放缓，而且是后发国家，包括中国在内的结构转型的一大挑战，而且具有非连续性特征（经济增长前沿课题组，2012~2016）。产业结构服务化后效率放缓是明显的，特别是服务业的规模效率与工业品无法相提并论。服务业往往被称为不可贸易部门，当然基于互联网后，服务业的可贸易程度大为提高，但从现在贸易角度来看，服务业的可贸易程度依然较低，规模带来的效率提升仍然较弱。

服务业的发展所需要的投资特征也是不同的，工业化的物质投资非常清晰，其投资期限与产出高度相关，而且投资多带有非体现（embodied）的技术进步，即投资先进设备，已经含有了技术进步，通过"干中学"就能推动技术进步。而服务业多依托于公共基础设施，其回报非常迂回和长期（常为跨代），因此资本形成速度和物质折旧速度也要慢和低。服务业所需的公共基础设施折旧要慢于工业化的设备投资，这就导致了资本深化效率低，但更依赖于资本深化，而且基础设施并不多地隐含技术进步，因此伴随资本深化导致的技术进步效率也低，如美国 1970~2014 年资本深化占比贡献 41%，相对而言人力资本贡献小，全要素生产率增长反而放慢。

第三个议题是产出效率与金融的关联，依据 IMF 的测算，金融危机对经济效率的停滞有着重要的作用。全球金融危机是由资产价格泡沫引发的金融危机，它直接中断了很多的企业发展，造成企业技术进步停滞。危机之后，三方面因素将导致全要素生产率增速在长时间内受到抑制：一是由于企业资产负债表薄弱，同时金融部门资产负债表恶化导致信贷环境收紧，企业投资将受到抑制。由于技术进步往往是包含在企业资本支出中的，资本支出减缓不利于生产率增长。从行业层面研究了金融危机期间各行业信贷约束与技术进步的关系。他们发现，那些信贷条件较差的行业，其生产率增长更容易受阻。二是经济和政策的不确定性加大，在一定程度上导致投资远离高风险、高收益项目，这可能进一步损害了技术进步和全要素生产率的增长。三是降低了企业的资本长期投资，而更多地进行资本操作，以稳定财务，放缓资本性支出与创新活动。

一方面，由于技术进步的不确定性和结构特征导致了全要素生产率的提高放缓；另一方面，需要宏观激励政策推动房地产、金融等领域的发展稳定经济。但一旦金融危机又导致技术进步的放缓。因此宏观政策平衡是一个最为重要的协调机制，如果激励政策过度就会导致金融风险积累过度，但如果经济不稳定，那么技术进步依然是不可能推动的。

展望未来，2017 年发达经济体进入到了经济全面复苏阶段，2018~2020 年有望延续这一复苏，资本支出也将大幅度提高，按照 IMF 的估计，劳动生产率恢复正常，依然不到 1% 的增长水平，但其对经济增长的贡献达到 45%，后发经济体的全要素生产率增长明显高于发达国家，是全球的效率改善的带动者，这也源于后发经济体正在经历工业化过程，符合生产效率加速阶段的特征。按戈登 2016 年的预测认为 1920~2014 年劳动生产率（小时产出）增长率为 2.26%，2015~2040 年增长下降到 1.20%，人均产出增长为略低一点，但趋势相同，可见生产率增长具有长期降低的趋势。当 ICT 技术进步推动了人工智能发展和基于互联网的全球服务贸易发展时，会从结构上根本改变工业化以来的生产效率改进的模式，新的效率定义、技术进步测量方式仍有待观察。

从劳动生产率的一般核算来看，按 CD 生产函数展开，两边同除劳动 L，劳动生产率增长率，即取对数做偏导后，劳动生产率的增长等于全要素生产率（TFP）增长率与资本深化增长率之和。如果分解劳动力为一般劳动力与人力资本，那么多分解出人力资本的作用。这里包括了劳动产出弹性，即劳动在要素分配中的份额，一般该值比较稳定。因此劳动生产率的增长就取决于人的素质提高，全要素生产率和资本深化。劳动生产率中指标是非常稳定的，比全要素生产率更容易计算，而且直接与劳动报酬相比，是一个宏微观最为重要的观察指标。

$$Y = AK^{\alpha}L^{1-\alpha} \qquad\qquad (1)$$

其中，A 表示全要素生产率。由式（1）可得到：

$$y = Y/L = A\ (K/L)^{\alpha} = Ak^{\alpha} \qquad\qquad (2)$$

式（2）中的 y 就是劳动生产率，对式（2）两边对数求导可得到：

$$\dot{y}/y = \dot{A}/A + \alpha\dot{k}/k \qquad\qquad (3)$$

由式（3）可知，劳动生产率增长率受全要素增长率和资本深化影响。

全要素生产率（TFP）分解方式也很多，按国际货币基金组织（IMF）的全要素生产率增长分解为，TFP = 技术进步分为企业内技术进步 + 要素配置（跨企业）的配置，企业内部技术进步＝创新+适应性技术进步；而技术进步都来自研发（无形资本）+人力资本+资本支出。

从宏观核算来看，一国劳动生产率比企业级别的劳动生产率更为复杂，它的核算涉及人口供给、劳动参与率。

$$GDP \equiv Y = \frac{Y}{L} \cdot \frac{L}{POP_L} \cdot \frac{POP_L}{POP} \cdot POP \tag{4}$$

式（4）意味着：

GDP 增长率＝劳动生产率增长率+劳动参与率增长率+劳动年龄人口占总人口比例增长率+总人口增长率

中国劳动生产率可被分解为 GDP 增长-劳动参与率-人口红利-总人口增长。

保持经济高增长，特别是人口快速增长，就会提高 GDP 增长，即使劳动生产率增长并不快。如中国从原有的农业非意愿失业人口转变为工业化部门就业人口，一方面劳动生产率提高，另一方面提高了劳动参与率，劳动参与率会快速上升，这也推动了经济增长。对发达国家而言，劳动参与率、人口红利和人口增长缓慢，人均 GDP 增速完全靠劳动生产率提高，而劳动生产率则靠技术进步+资本深化。

从宏观上来看，劳动生产率会发现有很多与微观不一样的变量，对发达国家与发展中国家其核算意义差距很大，发达国家两者接近，而后发国家劳动参与率、人口红利、产业结构变革因素、要素分配产出弹性因素，这些外生性因素对一国经济增长影响和劳动率提高影响意义很大。一国经济发展到成熟阶段，宏微观的劳动生产率影响因素是收敛的，后发国家差异很大，除了劳动生产率提高外，利用好人口红利、劳动力转移带来的比较优势等都是重要的，因此后发国家资源市场配置体制改革、对外开放引进技术、结构变革等对劳动生产率和 GDP 增长的影响是巨大的，市场竞争、结构性改革、对外开放的意义高于技术创新，但当进入相对成熟阶段，创新成为了增长的主导。

全要素生产率作为技术进步的度量，它的变化是不稳定的，而且涉及国际贸易状况，当一国技术水平与全球技术水平差距大时，主要是靠引进设备进行"干中学"的方式，属于技术扩散效应或适应性改进的技术进步，这是比较稳定的创新和发展阶段。当技术水平与国际水平接近时，自主创新的水平大幅度提高，则技术进步表现为不稳定性，技术进步的风险加大。

与技术进步冲击对应的真实周期理论（RBC）强调了技术进步（TFP）对经济体冲击引起的周期波动。然而金融危机不断，学者将金融部门纳入均衡模型中，伯南克等（Bens Bernankeetal，1999）将金融加速器理论纳入模型中，但金融加速器本质上是讲市场摩擦导致的金融自我强化（扩张和收缩）必然导致市场失去均衡。类似这样的问题在投资与储蓄的"刀锋效应"中也已经提及，即储蓄和投资并不能自动均衡，出现刀锋效应，导致储蓄和投资的冲突，这对于中国传统计划经济体系下的波动是有很好的解释的，经常会大起大落，宏观经济理论强行让它们相等，实际上有很多的不均衡。金融危机后，人们更多地从金融部门、信贷条件、金融角度引入了金融条件，如货币（信用）、债务、杠杆等冲击因素。在探讨金融周期新特征中，住房抵押贷款与住房价格上涨成为了推动经济增长的引擎，而这一事实存在于所有发达国家，包括德国的资产价格都快速上涨，重新解释了周期的新特征。学者认识到货币扩张、资产价格上涨、抵押融资杠杆、信用扩张逐步成为了发达国家的新周期特征，周期波动可能主要是房地产和信用周期波动的产物。如果结合戈登的研究可以看出，美国和其他发达经济体的基于不动产和信用杠杆作为经济驱动的新周期来自 1970 年后，即工业化带来的持续的技术进步增长下降，其间信息与通信技术进步有过几年的驱动时间，发达国家转向了双驱动的增长路径，即技术进步与信用扩张推动资产价格增长的双驱动路径。但从 20 世纪 70 年代开始，新兴市场国家、后发经济体则逐步享受到了技术扩散的价值，全球经济增长进入繁荣期。

从经济系统的角度来看，无论是技术进步引起的实体周期，还是货币（信用）—房地产引起的金融周期都有着自身的运行规律，而且内生具有不稳定特征，两者的组合更具有不连续、不均衡性和时间不一致状态，这种状态的极端方式就是金融危机。

从生产率下降到推动金融危机需连续三个环节完成：①不连续的冲突：生产率的提高是技术进步和资本深化的产物，但技术进步不是一个连续的变量，因此当技术进步放缓时，劳动生产率下降，经济增长放缓，需求政策刺激以弥补生产率下降；②不均衡资源配置的冲突，实体经济资本收益下降，导致资本流向其他非实体，如地产、金融等部门，资源偏离实体经济，进入非实体部门，主要包括房地产和金融行业，显现为不动产资产价格上涨，金融杠杆提高，房地产和金融部门投资回报明显高于实体部门，实体经济与非实体经济的资源配置失调，实体经济符号化开始，资金转向非实体经济；③时间不一致，由于技术进步与房地产、金融贴现的时间是很不一致的，前者时间长，风险度高，而后面的房地产与金融则是贴现时间短，而且有自我强化特性，导致非实体部门过高杠杆和高负债率。这三个状态的摩擦会一步一步推动金融危机，而金融危机会打断实体经济的运行，推迟技术创新步伐。供给侧效率下降确实是金融危机爆发的一个源头。当然金融监管体制，政府宏观政策调控不当等都是金融危机的来源。

各国政府多为保持经济平衡，一直寻求实体经济技术进步的不连续与需求刺激间的平衡，金融与实体经济的均衡机制确实是一个最为重要的均衡条件。现在公认的实体与金融均衡条件包括三个：①M2/GDP、负债/GDP 仍然是货币与实体关系的第一衡量，如果劳动生产率放缓，GDP 增长乏力，需要通过高杠杆模式激励经济体，货币激励周期启动，M2/GDP 比例上升，定义为经济杠杆提高，风险开始累积，一直到两者稳定或下降，货币与实体关系逐步均衡；②金融+房地产部门投资收益率明显高于实体经济的资本回报率，资金配置逐步从实体部门转向金融与地产，地产价格进一步上升，住房和金融部门逐步符号化，收入取决于价格上涨，实体经济的资金继续流向金融和地产，符号化进一步打击实体经济的技术进步资本支出，技术进步投入下降延缓创新进程；③"金融加速器"机制启动，当实体经济的净资产回报率低于融资成本，开始出现流动性风险，当市场意识到负债风险后，融资溢价，导致"资产负债表收缩"，直到市场流动性出现危机，最终导致金融危机。当然引起 2008 年金融危机更多地来自房贷—金融危机，核心是抵押贷款机制出现系统性风险，学者引入了两大机制来探讨均衡条件：一是金融市场交易是否不断放大，即金融杠杆快速上升，大量金融机构自己相互交易获取收益；二是分配机制，探讨了金融风险出现后的短板效应，即穷人还不起贷款引发的金融危机。金融危机直接又打击了实体经济，因此危机需要国家救助，进行流动性救助和稳定资产价格，以利于微观主体不会出现逆向选择，并通过降低利率，让微观主体修复资产负债表，随着经济稳定，资本支出增加，技术进步提升效率逐步见效，经济体收益率超过负债利息水平，经济开始复苏。

当前各国一方面紧紧盯住技术进步能否推动产出效率提高，另一方面紧盯资产价格、金融杠杆和信贷风险，尽力避免金融危机对实体经济的冲击，同时又要保持经济的平稳性。后发国家更需要盯住资本的国际流动性来维持自身的流动性和金融稳定管理。金融配置模式也导致了金融危机类型的不同，风险最大的一般是债权危机，如美国2008年的次贷危机，2010年的欧债危机，相应的股权金融危机往往比债权金融危机更局部化和短期，如2001年的美国互联网泡沫是另一种金融危机类型。股权危机往往是技术进步不确定性与股权投机预期回报过高和过短导致的股权异常起落传递到实体经济，导致市场剧烈波动引起的金融风险。新经济泡沫直接打击了实体经济，但也在短期内加快了技术进步的迭代，对于经济体来讲是比较良性的。随着技术进步在金融的不断激励下，迭代速度提升，创新推动经济向前发展，因此金融风险更多地关注债权危机。

二、中国的生产率的计算

从经验和逻辑的分析很清晰地表明，实体经济的劳动生产率放缓是一个重要的开关变量，但在一国达到技术进步水平与国际技术水平相当接近时，技术进步的干中学效应逐步消失，技术进步扩散带来的社会效率稳定提高阶段就慢慢结束了，取而代之的是自主创新的不稳定性和结构服务化转变同时来临，效率放缓经常会出现，因此，一方面强化竞争，获得更为强劲的技术进步，恢复实体经济生产率增长；另一方面要稳定经济，不稳定经济，技术进步进程会更弱，但均衡是很难的。

中国经济的技术进步和结构服务化直接降低了生产率，实体经济非实体化特征已经很明显，金融风险累积已经开始，要重视劳动生产率和全要素生产率放缓这一风险的挑战。

1. 金融危机后中国生产率增长出现下滑趋势

计算了1990～2016年的中国劳动生产率增长状况（见表1），可以明显看出：①1990～2007年劳动生产率持续上升，2006年、2007年劳动生产率增长率达到了10%的增长，达到了劳动生产率增长的顶峰；②2008年受金融危机的影响，劳动生产率增长率放缓，这与发达国家和世界经济体的劳动生产率放缓具有同步性特征，2016年劳动生产率增长放缓到6.450%，说明金融危机对劳动生产率的影响是明显的，具有全球性的破坏性质，中国受到的伤害比较小，仅仅是增长放缓。

表1 中国劳动生产率增长率变化 单位:%

年份	劳动生产率	劳动生产率增长率	劳动生产率增长率（平稳化）
1990	2899.55	−11.1988	6.5055
1991	3133.02	8.0518	6.8941
1992	3544.33	13.1282	7.3570
1993	3998.75	12.8212	7.7740
1994	4479.21	12.0152	8.0829
1995	4926.48	9.9854	8.2716
1996	5345.68	8.5091	8.3674
1997	5766.33	7.8689	8.4150
1998	6147.05	6.6026	8.4601
1999	6545.31	6.4789	8.5433
2000	7029.05	7.3906	8.6865
2001	7538.01	7.2408	8.8909
2002	8168.26	8.3610	9.1448
2003	8931.15	9.3396	9.4199
2004	9761.51	9.2974	9.6803
2005	10813.67	10.7787	9.8890
2006	12132.13	12.1925	10.0054
2007	13791.80	13.6800	9.9976
2008	15069.95	9.2675	9.8558
2009	16405.10	8.8597	9.6068
2010	18082.91	10.2273	9.2717
2011	19717.36	9.0387	8.8641
2012	21166.80	7.3511	8.4069
2013	22713.68	7.3081	7.9252
2014	24277.92	6.8868	7.4331
2015	25886.75	6.6267	6.9388
2016	27567.06	6.4910	6.4450

注：劳动生产率增长率的平稳化是通过 H-P 滤波法得到的，由中国社会科学院经济研究所陈昌兵计算。

资料来源：国家统计局．中国统计年鉴 2017 [M]．北京：中国统计出版社出版，2018.

2. 中国"结构服务化"放缓了劳动生产率增长

发达国家的经验证明，当一国经济结构服务化后劳动生产率增速放缓非常明显。2012 年中国服务业超过制造业，2015 年服务业占 GDP 比重超过 50%，中国经济结构服务化快速发展，劳动生产率增长率放缓不仅来自国际金融危机的冲击，还来自产业结构服务化。我们可以从产业间生产率和产业内生产率提升的角度来看，结构服务化对劳动生产率放缓的影响。

（1）产业间的效率对比。中国第二产业和第三产业劳动生产率的估算结果（见图 4）表明：服务业劳动生产率增长上升较快，但低于第二产业劳动生产率，更低于制造业。不管从名义劳动生产率，还是实际劳动生产率来看，服务业劳动生产率均低于第二产业的水平，特别是制造业。

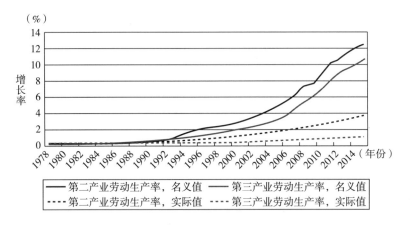

图4　第二产业和第三产业劳动生产率

资料来源：各年《中国统计年鉴》、国家统计局网站及楠玉博士计算。

（2）第二产业内部效率差异。①第二产业中建筑业劳动生产率几乎处于停滞状态；②第二产业中制造业的劳动生产率增长率持续上升；③制造业比重在第二产业中比重下降，建筑业比重持续上升，直接拉低了第二产业劳动生产率的上升（张平，2017）。

工业化时期中国最主要的劳动生产率推动来自工业化，特别是制造业的快速发展，但随着金融危机的冲击，出口下降，制造业增长放缓，而国家的宏观激励政策稳定了经济，但极大地刺激了第二产业中劳动生产率增长缓慢的建筑业和三大行业的发展，特别是金融和房地产，中国金融业占2016年GDP的比重为8.3%，一是全球G20中最高，高于欧美发达国家；二是房地产增加值上升很快，GDP的比重占6%。房地产业收入主要来自价格上涨，属于非实体部门，而金融部门看似劳动生产率提高，但很多收入来自套利，而不是服务质量提升，而且金融行业比重也已经不能再提高了。中国劳动生产率增长速度放缓有建筑业和服务业占比提升导致的结构性问题，这是典型政策激励推动的结构扭曲问题，降低了劳动生产率增长和累积了风险。

3. TFP增长减缓导致了劳动生产率下降

1978~2008年中国持续劳动生产率增长得益于资本深化，也得益于全要素生产率的提高，中国全要素生产率同样也是全球增长最快的国家。2008年以来的短期刺激政策，加速了资本深化，但资本—产出效果越来越弱，TFP增长放缓，导致了劳动生产率下降。更为严重的是其贡献率下降更多，1978~2007年是中国经济增长的高峰时期，该阶段TFP增长对总产出的贡献为23.33%，其中，1993~2007年有过35%的较高水平。但2008年之后，伴随中国经济增长放缓，全要素生产率的贡献份额下降较大，贡献为5%，增长率也放缓0.3%。

中国全要素生产率提升所面临的困境之一是：资本驱动的工业化发展模式，不具有 TFP 持续改进的内生机制。1978 年至今接近 40 年的增长中,资本要素对增长的贡献份额一直维持在 65%~90% 的水平,进一步扣除劳动投入对增长的贡献,全要素生产率对增长的贡献份额大概在 20%。中国资本驱动增长模式的典型现象有两个:①资本存量持续加速增长。资本存量在 1978~2007 年经济持续超高速增长期间,平均增速达到 11%,与发展阶段相似的任何国家相比,资本积累的平均速度都是较高的。而 2008 年之后,尽管中国经济增速出现连续减缓,但资本存量增速仍然维持在较高水平增长。②资本边际收益水平持续递减。资本边际报酬递减主要源于中国经济长期的投资依赖,同时资本收益递减和低增长的不良循环越来越明显,中国资本驱动模式的路径依赖造成的低效率问题越来越明显。资本效率(Y/K,即 GDP/投资)在 1978~2007 年平均为 0.302,而到 2008~2016 年,资本效率仅为 0.084(见表 2)。

表 2 生产函数分解及趋势预测

	1978~2007 年	2008~2016 年
潜在增长(生产函数拟合)三因素	10.03%	8.40%
资本投入(K):弹性	0.636	0.629
资本贡献份额 = ([2]×[8])/[1]	64.83%	93.67%
劳动投入(L):弹性	0.364	0.371
劳动贡献份额 = ([4]×[11])/[1]	11.84%	1.70%
tfp:增长率	2.34%	0.30%
tfp 贡献份额 = 100-[3]-[5]	23.33%	4.63%

注:①主要指标和估算方法说明:产出(Y)变量是依据以 1978 年为基期的不变价国内生产总值;劳动投入(L)变量为就业人数;资本存量(K)水平为依据 Nehru 和 Dhareshwar(1993)永续盘存法计算的以 1978 为基期的固定资产存量水平;资本产出弹性的估算则选用包含时间固定效应的面板模型。②数据来源说明:《新中国六十年统计资料汇编》、历年《中国统计年鉴》时间跨度为 1978~2016 年。

随着劳动供给要素增长速度放缓,而且转负,劳动参与率下降,劳动要素弹性提高,都会极大地降低要素投入。如果不能有效地提高创新和人力资本的效率,未来持续的实体经济生产率下降是可以预见的。

4. 实体与非实体经济均衡条件逐步被破坏

2008 年全球金融危机后,中国劳动生产率和全要素生产率放缓,同时 M2/GDP 开始持续攀升,劳动生产率提高带来的高速增长已经让位于宏观激励维持的增长。由图 5 可以看出,劳动生产率与货币激励的相互关系,在中国经济市场化改革加速的 20 世纪 90 年代,劳动生产率与货币化进程一致,21 世纪是劳动生产率快速上升期,M2/GDP 比重稳定有所下降;2007 年、2008 年劳动生产率增长率达到顶峰开始放缓,2009 年货币激励启动,M2/GDP 开始快速上升,用信用或债务指标与 GDP 相比都是一致的,劳动生产率增长率持续放缓,激励持续加强,直到 2017 年中国经济增长速度有所复苏,货币激励因素放缓,但正如前面研究所表明的 TFP 改善仍然不易,需要进一步的供给侧结构性改革才能真实地改善效率。

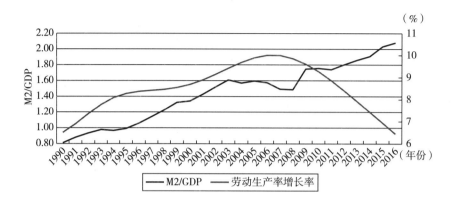

图5 劳动生产率增长率与 M2/GDP 的关系

注：图中的中国劳动生产率增长率通过 H-P 滤波法得到。

从微观来看，实体与金融均衡条件在逐步破坏：微观数据也表现得很充分（参见《上市公司蓝皮书2017》）：①上市公司中 2011 年金融业上市公司的净利润为 1.03 万亿元，占全部上市公司的比重为 52.6%，占据半壁江山，已经是相当高的比重了。2015 年、2016 年金融业上市公司实现净利润占全部上市公司的比重已经达到了 2/3，2011 年"房地产上市公司"占"非金融上市公司"净利润的比重为 8.28%，2015 年达到 12% 的水平，2016 年利润占比超过 20%，金融地产成为了中国公司 2015~2016 年公司赚钱的主要来源，2017 年依然如此，产业结构明显开始偏向金融、房地产行业，比重大幅度提高。②ROE 和 ROA 都持续下降，2015 年、2016 年 ROE 低于了资金成本，负债只能靠负债来维持，而中国外部融资成本升高和融资可获得性变差。近年来美国持续加息已经推动了中国十年期国债到期收益率持续上升，意味着外部升水，而我国 M2 增长内生性收缩（张平，2017），金融监管当局竞争性监管，金融波动性加大。金融加速机制已经开始破坏实体经济的资产负债表，特别是民营经济开始了负债收缩，银行坏账率持续上升，金融市场监管加大金融不稳定性。从理论逻辑来看，金融风险不论在金融杠杆、金融加速、脱实向虚的配置方面都已经开始累积金融风险了。未来必须在调整政策激励微观创新和劳动生产率提高上下功夫，否则需求激励政策只会导致风险的进一步积累，但从全球经验来看，不稳定的金融条件同样会破坏实体经济的效率持续提升，谨慎处置激励效率提高和降低金融风险，减低企业税负、营商成本和强化市场竞争机制、产权保护、国企改革及宏观货币和财政制度改革都是激励微观的供给侧结构性改革的重要选择。

三、实体创新与降低金融风险

实体创新驱动效率提高。从国际比较来看，中国仍处于大力发展实体阶段，特别是制造业保持较高的比例仍然是很重要的。发达国家经济成熟后，服务业比重逐步上升，但相对比较稳定，偏于制造业的德国、日本服务业比重稳定在70%，其保持着制造业的比重。东亚制造业国家服务业比重也较低，韩国一直稳定在60%，中国经济增长还没有达到成熟，即进入高收入组，服务业不必追求过快发展，特别不必要通过金融和地产比重的提高提升服务业比重，中国金融服务业比重居全球最高，对于当前中国的发展阶段已经有所脱离。保持制造业比重的核心是增加中国制造业全球竞争优势和创新能力提升，只有制造业的转型升级才能在国际上具有竞争力，才能稳定中国制造业的比重，也才能保证中国劳动生产率的增长水平。同时中国增长速度最快的"其他服务业"中包含了太多的行政化的服务体系，如科教文卫体等非市场化部分很大，服务业发展是被压抑了，服务业自身结构调整是下一阶段重要的改革部分。

逐步恢复实体和非实体经济的均衡条件，应采取六项措施：一是稳定杠杆，保持M2/GDP的比率逐步稳定，保持政府、企业、居民负债率稳定，适当降低金融杠杆；二是降低房地产和金融行业的收益率，从而降低社会总体成本；三是大力实施减税政策，特别是降低企业在社会中的税务负担过重的问题，推进基于城市化的税制体制改革（付敏杰等，2017），降低企业的税负和企业的营商成本，积极推进供给侧结构性改革，提高实体经济的生存与拓展空间，保持实体经济有序发展，遏制实体符号化趋势；四是尽量保持市场流动性，改革货币供给模式，当前国内利率跟随美国生息周期会导致外部融资升水过快，"金融加速器"的加速，因此一方面要改革汇率和货币供给模式，增加市场流动性安排，另一方面要改革债券市场，支持实体经济和地方政府债券融资的可持续性，防止外部金融冲击，化解金融风险和改革债券、股票市场融资体制；五是降低居民过度借贷购买住房，稳定房价；六是金融监管走向法制化，不要父爱主义的监管，也不要竞争性监管导致的过度抑制金融发展，过度监管和不稳定性金融政策会导致更大的金融风险。

2017年中国经济与世界同步出现经济复苏，2018年预计继续与世界同步复苏，货币和财政政策逐步应该从数量激励转向体制改革，真正意义上实现稳中求进的宏观政策目标，推动经济迈向高质量发展阶段。

参考文献

［1］Bernanke, Ben S. , Gertler, Mark, Gilchrist and Simon. The Financial Accelerator in a Quantitative Business Cycle Framework ［J］ .//J. B. Taylor and M. Woodford. Handbook of Macroeconomics, 1999, 1 (21)：1341-1393.

［2］Hulten C. R. and Nakamura L. I. Accounting for Growth in the Age of the Internet：The Importance of Output-Saving Technical Change ［Z］ . WP17-24, Federal Qeserve Bank of Philiadephia, 2017.

［3］Robert J. Gordon. The Rise and Fall of American Growth, Princeton ［M］ . NJ：Princeton University Press, 2016.

［4］Jorda O. , Schularick M. and Taylor A. M. Macrofinancial History and the New Business Cycle Facts［J］. NBER Macroeconomics Annual, 2017（31）：213-263.

　　［5］Adler, Gustavo, Duval, Romain, Furceri, Davide, Kilic Celik, Sinem, Koloskova, Ksenia and Poplawski-Ribeiro Marcos. Gone with the Headwinds：Global Productivity［J］. Staff Discussion Notes, 2017, 17（1）.

　　［6］美国政府出版公司美国总统经济报告：2001［M］. 肖琛主译. 北京：中国财政经济出版社, 2003.

　　［7］［美］戴安娜·法雷尔. 提高生产率——全球经济增长的原动力（麦肯锡全球经济研究系列之二）［M］. 朱静译. 北京：商务印书馆, 2010.

　　［8］付敏杰, 张平, 袁富华. 工业化和城市化过程中的财税体制演进：事实、逻辑和政策选择［J］. 经济研究, 2017（12）.

　　［9］经济增长前沿课题组. 中国经济长期增长路径、效率与潜在增长水平［J］. 经济研究, 2012（11）.

　　［10］经济增长前沿课题组. 中国经济增长转型的结构性特征、风险与效率提升路径［J］. 经济研究, 2013（10）.

　　［11］经济增长前沿课题组. 中国经济效率减速冲击、存量改革和政策激励［J］. 经济研究, 2014（10）.

　　［12］经济增长前沿课题组. 突破经济减速的新要素供给理论、政策与体制选择［J］. 经济研究, 2015（11）.

　　［13］经济增长前沿课题组. 增长跨越：经济结构服务化、知识过程和效率模式重塑［J］. 经济研究, 2016（11）.

　　［14］袁富华. 长期增长过程的"结构性加速"与"结构性减速"：一种解释［J］. 经济研究, 2012（11）.

　　［15］张平. 中国经济效率提升与供给侧改革——2017年经济展望［J］. 现代经济探讨, 2017（1）.

　　［16］张平. 货币供给机制变化与经济稳定化政策的选择［J］. 经济学动态, 2017（7）.

　　［17］张平. 中国上市公司发展报告2017［M］. 北京：中央文献出版社, 2017.

23　稳增长与增强金融韧性[*]

张　平　杨耀武

2019 年以来，面对复杂严峻的形势，我国主要宏观经济指标保持在合理区间，经济运行总体平稳、好于预期，取得良好开局。但也要清醒看到，我国经济仍面临不少风险和挑战。未来一段时期，主要依靠减费降税等激发市场主体活力的政策效果仍有待观察。同时，今年第三季度我国 PPI 可能转负，在防止实体经济通缩的同时，我国应抓住这一时机，加快产业重组，及时清理产业中的"僵尸企业"，激励产业创新，提升产业效率。从金融的角度来看，一方面我国需推进金融供给侧结构性改革，进一步增强金融韧性和服务实体经济能力，逐步消除金融市场恐慌情绪，提高金融市场资源配置效率；另一方面需谨防经济下行过程中，PPI 通缩累积形成债务—通缩机制，防止产生"金融加速器"效应。在推进金融供给侧结构性改革过程中，要持续增强金融韧性，并加强其他配套制度改革和政策支持。

一、2019 年我国经济增长有望保持在合理区间

2018 年，在多年少有的错综复杂的国内外环境下，中国经济依然实现了 6.6% 增长，显示出经济增长的韧性。但 2018 年 GDP 季度增速呈逐季递减之势，第四季度 GDP 增速减缓至 6.4%，表明经济面临新的下行压力。面对新形势，中央经济工作会议提出：宏观政策要强化逆周期调节，继续实施积极的财政政策和稳健的货币政策，适时预调微调，稳定总需求。

在适度增加支出、扩大基建和降低存款准备金率等一套比较均衡的宏观政策组合，及中美贸易摩擦缓和的共同作用下，2019 年第一季度，我国 GDP 实现了同比 6.4% 的增长，增速与上季度持平，但环比增速仅 1.4%，增速偏低。这说明我国经济在 2019 年虽然取得了良好的开局，但也存在下滑隐忧。从拉动经济增长的动力来看，基建和房地产投资大幅加快，外需对经济增长的贡献明显提升。第一季度，全国房地产开发和基建投资同比分别增长 11.8% 和 4.4%，分别大幅高于去年全年 9.5% 和 3.8% 的增速；货物和服务净出口对 GDP 增长的贡献率为 22.8%，比上年同期上升 42.4 个百分点。第二季度，在政策重心更多转向结构性、体制性问题的情况下，减费降税等政策措施对激发市场主体活力的效果将成为稳定我国经济增长的关键。按照增长的逻辑，预计上半年经济增速将保持在 6.4% 的水平。下半年，受减税和降费等利好因素影响，

---

[*]　全文发表于《中央社会主义学院学报》2019 年第 3 期。

预计带来更多的激励效果，但从财政总支出角度来看，政策组合依然较为均衡。预计2019 年全年经济增长有望保持在 6.4% 左右。在其他经济指标方面，预计全年 CPI 为2%，M2 的增速稳定在 8% 以上，而 PPI 可能会在第三季度开始由正转负。

二、通缩威胁

（一）当前我国的货币供给与信用收缩

2015 年"8.11 汇改"以来，人民币汇率从持续贬值转为双向波动，外汇储备从 4万亿美元左右下降到 3 万亿美元的水平，并出现了一定的资本外流压力，外汇占款持续下降。很长一段时间以来，中国的货币供给是以央行资产负债表中的外汇占款作为资产项来对应发行相应的基础货币，2013 年后外汇占款占央行资产负债的水平出现下降趋势（见表 1），2013 年为 83%，2017 年下降为 59%，2018 年进一步下降到 57%，央行的外汇资产下降直接导致央行缩表。目前央行通过两大手段来保持货币供给的基本稳定：一是不断上升的货币乘数，这是货币供给增速得以维持的重要原因。2008 年以来，我国货币乘数总体呈现上升之势，2008 年为 3.68，2009 年上升到 4 左右，2015年为了对冲基础货币发行减速，货币乘数从 2014 年的 4.18 上升到 2015 年的 5.04，2017 年在加大金融风险控制后，货币乘数从 5.45 下降到了 5.21 的水平，2018 年货币乘数再次上升，10 月达到 5.70 的新高度，全年保持了 5.52，在很大程度上使货币供给得以维持。二是央行创设资产，通过对其他存款性公司债权（主要包括 MLF 等资产）不断创设新的短期资产，以对冲外汇占款的下降。2015 年此类资产占比仅为 8%，2018年上升到了 29%。

表 1　央行资产负债表与货币供给

年份	2008	2009	2010	2011	2012	2013	2014	2015	2016	2017	2018
外汇资产/总资产（%）	72	77	80	83	80	83	80	78	64	59	57
对其他存款性公司债权/总资产（%）	4	3	4	4	6	4	7	8	25	28	29
总资产增长（%）		9.87	13.95	8.37	4.83	7.72	6.61	-6.03	8.14	5.60	2.63
M2 增长（%）	17.80	28.50	19.70	13.60	13.80	13.60	12.20	13.30	11.30	8.10	8.30
货币乘数	3.68	4.24	3.92	3.79	3.86	4.08	4.18	5.04	5.02	5.21	5.52

资料来源：央行网站。

2018 年我国 M2 增速仅为 8.3%（见图 1），低于名义 GDP 增长，呈现收缩状态。2019 年第一季度，M2 增速为 8.6%，在名义 GDP 下降较快的情况下，高于名义 GDP

增长。而第一季度货币供给加速，特别是信贷超预期发放，但这种状态能否持续，仍有待观察。从货币政策的角度来看，靠货币乘数增长和短期资产对冲长期外汇占款下降的难度越来越大。因此，汇率贬值和资本外流不仅是个外部平衡问题，还会直接引起央行货币供给的减少，形成中国货币供给的内生性收缩。

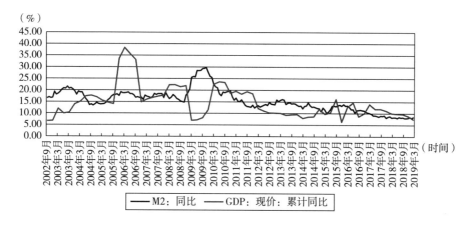

图 1　我国 M2 同比增速与名义 GDP 增速

在我国宏观杠杆率高企的情况下，货币供给的内生性收缩和宏观审慎监管体制均逐步以"降杠杆"为目标，这加大了资产价格的波动。2018 年开始出现民营企业信用债违约潮，而后传递到股权质押市场，形成了股票市场下跌与股权质押问题相互叠加，政府不得不再次出手成立纾困基金并稳定资本市场。同时，信用债与利率债的利差持续扩大，也反映了实体经济出现收缩，投资者利用利率债避险的情绪，大量上市公司和民营企业债券出现了违约。股市也因股权质押等问题而大幅下挫。加之房地产市场上的限购等政策，抑制了房地产的流动性，房地产开发、销售也遇到了很大的管制障碍，资产流动性变差。从而 2018 年信用债券、股票质押、房地产市场上的持续融资机制逐步失去功能，导致实体经济信用收缩更快于货币供给的内生性收缩。

信用扩张的机制在资产价格上涨时表现为加杠杆过程，一旦经济出现下滑，信用进入收缩阶段，特别是负债高的条件下，会通过企业资产负债表形成收缩，产生"金融加速器"效应。当资产价格下跌时，金融机构对企业信用收缩加强，企业自身看不到未来发展前景，也会自觉降低自身的负债，信用收缩被国内的学者形象比喻为"宽货币、紧信用"，进一步加强就将产生"流动性陷阱"。国内资产价格一旦下跌就需要补充抵押物，股票质押就是一个典型，当股票跌破抵押线时，就会被强制平仓或被要求增加抵押物。中国当前股票质押额超过 1.6 万亿元，股票抵押还往往造成很多公司实际控制人丧失上市公司控制权。资管新规要求，大量银行收回结构化融资，导致市场的"续借"出现危机，信用债市场违约频出，2018 年已经达到 40 多家。AA 级政府平台信用债券也很困难。当期 AA 级信用债，不论民企、上市公司和地方政府发债在很多特殊条款安排下都无法发行，实际利率水平超过 9%，债券市场上的"续借"融资能力急剧收缩。AA 级信用债与国债利率水平相差了 4~5 个百分点，从国际信用息差的标准看，息差超过 4 个百分点就说明实体经济已经处于严重的衰退，才会导致如此大的信用息差。

我国此轮信用收缩产生的原因，在很大程度上是来自监管部门对去杠杆防风险目标实施方式的大转变，从过去的"父爱主义"监管变成各机构和部门的"竞争性监管"，相互比谁监管力度大，直接引起了市场预期的不稳定。金融市场的不稳定引起实体经济的下滑。金融市场恐慌和实体经济下滑，如果相互推动，那么会引致更大的恐慌。当下，实体经济最大的问题是中小微企业、民营企业获得资金渠道不畅，再被金融市场恐慌扰动，导致融资更难，资金成本快速上升，更为严峻的是大量资金从这些有效率的企业中被抽走，企业活力持续下降。金融市场的恐慌反而推动了资金继续流向国企等有政府支持的部门寻求避险，而不是追求效率，历史经验告诉我们，每次金融恐慌都会加剧资源配置的扭曲。

（二）2019 年 PPI 将由正转负，实体经济可能进入通缩状态

2018 年底受经济增长放缓和信用不断收缩的压力，制造业 PMI 跌破枯荣线，12 月 PPI 降为 0.9%，2019 年 1~3 月累计同比涨幅仅 0.2%，呈现逐步向 0 值收敛的态势（见图 2）。2019 年，预计 PPI 在经济增速放缓和翘尾因素在 8 月转负的共同作用下将在第三季度转负，进入实体通缩状态。从波动的历史情况来看，PPI 在 2008 年全球金融危机冲击下迅速转负，2009 年国家实施四万亿元投资后 PPI 在当年 12 月由负转正，到 2011 年 7 月达到 7.54% 的峰值，此后一路下滑，到 2012 年 3 月再次转负，此轮 PPI 上涨持续了 27 个月。此后 PPI 保持负增长，直到 2016 年实施供给侧结构性改革，当年 9 月 PPI 再次由负转正，此轮 PPI 下跌持续了 54 个月。2015 年中央经济工作会议提出，2016 年的经济社会发展结构性改革任务，主要抓好"三去、一降、一补"。在供给侧改革大幅度压产能，产业并购重组加快，以及棚户区改造、房地产去库存等多重因素影响下，PPI 快速上涨；2017 年受全球经济景气回升影响，在中国经济出现回暖和去杠杆步伐加快的情况下，当年 2 月 PPI 同比上涨一度高达 7.8%；2018 年下半年受多重因素影响，我国经济增速出现下滑，PPI 也开始回落，目前 PPI 已维持正向增长 30 个月。2019 年我国经济增速存在下行压力，PPI 或将再次由正转负进入通缩轨道。反观我国前两次通缩及解决通缩的方式，会发现其呈现出不同的情景和思路。第一次通缩来自全球金融危机冲击，采取了反危机的模式，包括财政启动 4 万亿元，带动银行信贷配套，快速扩大需求等，到 2009 年 12 月在需求拉动下 PPI 转正；第二次通缩实际上是对 4 万亿元扩张需求后的再调整，因为巨大的需求拉动，把本应该在危机中调整的过剩产能和过热的房地产又激励出来，结构产能和地产严重过剩，形成了产业部门的"两高一剩"和地产库存。这本应以通缩方式进行必要的清理，但因国内事后清理能力不足，只好通过供给侧结构性改革加快压产能、去库存和国际经济复苏等方式得以解决。可以看出解决的方式一次是扩张，一次是压缩，事实证明供给侧调整可能更有效率，不必仅靠扩张加以解决。

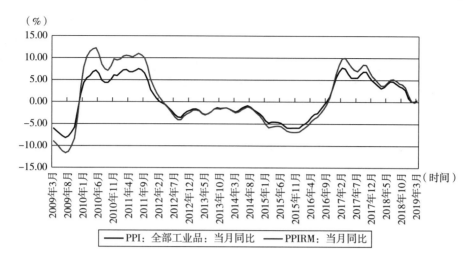

图 2　2008 年以来的我国 PPI 及 PPIRM 走势情况

　　在预计我国 2019 年将进入通缩的情况下，我们分析认为此轮通缩包含以下三方面特点：一是 2019 年 PPI 转负本质上是对前两年 PPI 过快涨幅的一种有益修正，因为上游企业 PPI 过高涨幅侵蚀了中下游企业的利润，较为温和的通缩本身具有分配校正效果；二是本轮通缩与经济增速放缓有关，但在很大程度上也受到 PPI 翘尾因素的影响，2019 年 8 月翘尾因素将转负（见图 3），预计 PPI 在今年第三季度转负概率较大，但总体不会很严重；三是 PPI 反映的主要是制造业，而制造业在我国经济中的占比在不断下降，PPI 对经济总体的影响在减弱。从以往 PPI 正负转换的过程中，可以看出我国当前最主要的问题仍是供给侧改革中的"清理机制"尚未健全，难以有效处理"僵尸企

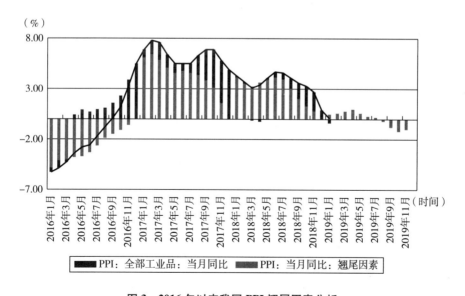

图 3　2016 年以来我国 PPI 翘尾因素分析

业"和泡沫破裂的公司，造成此类公司继续"以新还旧"，使其再次陷入扩张和"差而不倒"的状态。我国供给侧结构性改革应加快产业重组，及时清理产业中的"僵尸企业"，激励产业创新，提升产业效率。通缩时期也正是供给侧改革的关键期，但在推进改革的过程中要注重建好"清理"和"防范风险扩散"机制，并把有限的扩张重点放在补短板上来，这样才能更好地推进供给侧结构性改革，而不是重回需求扩张的刺激老路。

应该指出，对 2019 年 PPI 转负我们没有必要特别恐慌，但也要谨防经济下行周期中 PPI 通缩累积形成的债务—通缩机制，及通缩导致的实际利率上升、企业利润率下降和国家税收减少。一方面防止通缩持续恶化，另一方面利用通缩时机调整上下游利润分配不均的情况（见图 4），进一步加快产业重组步伐，持续推进供给侧结构性改革。

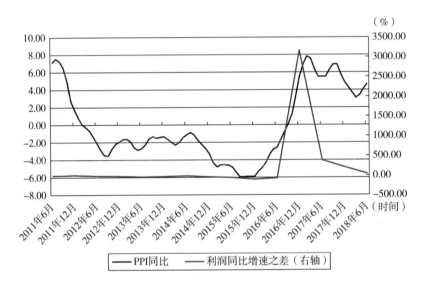

图 4　PPI 同比增长与工业行业上市公司上中下游利润同比增速之差

注：利润同比增长之差为工业行业上市公司上游和中游原材料公司扣除后利润同比增速减去中游工业品和下游公司扣除后利润同比增速。

三、双支柱政策目标与金融韧性

（一）双支柱政策目标：稳币值和资产价格

2019 年我国经济可能遇到的两大问题：一是 PPI 将大概率转入负增长，即实体部门的通缩状态，这总体上属于对前两年 PPI 上涨过快的修正，但依然要警惕实体经济受 PPI 影响，资产回报率下降，透过资产负债表引起进一步的信用收缩，并向金融部门传递风险；二是资产价格在 2018 年降杠杆过程中波动大，金融市场动荡对实体经济的信用收缩产生重要影响，因此稳定资产价格成为 2019 年首选的任务，但目前我国杠杆率总体依然较高，仍需要进行结构性降杠杆。

从中国双支柱政策框架的国际讨论来看，美国是以伯南克为代表的主张资产泡沫只能"事后清理"，而欧洲货币委员会则提出"逆风操作"，当然近年来实践中对两种操作模式也提出了新的探讨，即通过加强金融韧性，隔断实体和金融的相互传染，保护金融与实体的稳定，这就要把金融韧性作为长期金融体系建设的要点，也是宏观审慎最后着眼的目标。中国人民银行从 2015 年开始了宏观审慎监管（MPA），逐步形成了双支柱的货币政策框架，双支柱战略已经不仅停留在政策端，也包括央行和监管当局的一体化监管体制设计。2017 年运用宏观审慎政策和监管指引，把"降杠杆"作为明确目标，对中国高杠杆导致的资产价格过高进行了"逆风干预"。

2017 年下半年开始的全面收缩资产部门投资，包括银监会推出"资管新规"、银行"回表"、财政部整顿 PPP、保险公司清理万能险、国资要求降低杠杆率、环保部强化环保监察、住房部门重新定义"房子是用来住的，不是用来炒的"，在监管体系下实施了"降杠杆"目标，加之中美贸易摩擦的冲击，2017～2018 年资产价格波动较大，"逆风干预"目标从降杠杆变成了稳杠杆，特别是 2018 年下半年以来经济下滑趋势形成后，增长目标被赋予更高的权重。在 PPI 大概率转负，可能出现实体经济通缩的情况下，2019 年双支柱目标在现有经济形势下是否再次转向，成为人们关注的对象。

如果 2019 年 PPI 走弱形成新一轮的通缩，应该说是对前两年 PPI 过高上涨的一种修复，是一个比较正常的状态，但防止通缩的自我强化效应和 PPI 下降引起实体通缩对债务的影响值得关注。PPI 通缩是发展过程中产能过剩的自我清理机制，可以促进产业集中度提高和技术进步。但 PPI 持续通缩会导致"金融加速器"机制，即 PPI 下降导致资本收益率下降，隐含了风险，资本收益率下降导致资产价格下跌，而资产价格下跌导致抵押物不足，银行信贷一方面要求补足抵押物，另一方面对风险进行溢价性处理，提高利率或不再贷款，形成信用过快收缩。中国企业长期处于高负债状态，外部融资量大，在出现融资溢价后，企业再增加抵押物和提高贷款成本将很难承受，出现大量企业评估后很难再得到贷款的局面，这就会在短期内造成比较大的工商企业信贷困境，形成信用的进一步收缩，实体经济有可能出现大范围坏账，引致金融风险。因此构建 PPI 转负后的"清理机制"同时不引起"金融加速器"效应是一个重要的平衡。

PPI 可预计转负不应该作为 2019 年货币政策关注的主要指标，而应将其纳入稳增长目标之中。2019 年要在稳杠杆的同时开始有步骤地进行"事后清理"工作，清理泡沫已经破裂的企业及实体中的"僵尸企业"，从逆风干预转向积极"事后清理"和增强"金融韧性"的目标操作上来。而货币政策目标依然定义为稳定币值和稳定资产两个基础性目标。当前，总量工具不可能解决中国结构转型中的所有问题。中国仍处于发展阶段和结构调整时期，结构性因素仍然是主要问题。在稳定的基础上才能积极推进经济结构和金融体系建设在良性互动中演进。

（二）利率双轨制导致的降成本困难

当前我国金融分配体系和利率体系分割在两个不同系统中，一个是银行体系，另一个是非银行金融体系。2017 年"回表"后非金融体系资金紧张，原有的城市化配置和市场灵活配置资金受限，资金利率高企，导致信用债违约增多，形成银行与非银行金融机构的不同定价。

资金利率在银行内部也呈现出双轨制的特征，从图 5 中可以看出：一是银行贷款利率走势跟随人民银行名义利率更多于跟上市场 shibor 利率，贷款利率则按国家政策利率定价上下浮动，基本上是上浮跟随，下浮跟随少；二是 shibor 利率随市场波动而波动，与贷款利率黏性波动不一致，shibor 利率提高，差值变小，而 shibor 利率下降也不下降，因此用贷款利率与 3 个月 shibor 利率（意味着贷款与融资成本）差来衡量市场风险升贴水似乎无效，市场利率和政策利率不一致。降低资金成本，必须进一步改革才能打通"宽货币、紧信用"的梗阻，解决市场利率走低，但贷款利率并不跟随的问题。在此基础上再解决银行体系与银行体系外的利率传递机制，2018 年银行间利率走低，但银行外资金成本上升，特别是民企 2A 信用债利率不断走高，表明一般民营企业融资成本大幅度提高。

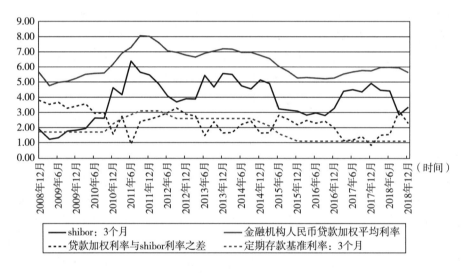

图 5　我国银行加权贷款利率、shibor 利率及存款基准利率情况

（三）增强金融韧性：强化金融机构损失吸收和服务实体经济能力

增强金融系统的韧性是货币政策、宏观审慎政策之后的第三条道路，主要是指通过提高金融中介的资源配置与风险抵御能力，来吸收经济波动。2015 年 11 月以金融稳定理事会（FSB）牵头，二十国集团出台了《处置中的全球系统重要性银行损失吸收和资本结构调整能力原则》，就总损失吸收能力（TLAC）具体标准达成一致，该新规将于 2019 年 1 月 1 日起正式实施。总损失吸收能力主要指的是全球系统重要性银行（G-SIBs）在进入处置程序时，能够通过减记或转股方式吸收银行损失的各类资本或债务工具的总和，主要用风险加权资产与最低杠杆率来进行衡量和计算。中国积极推动银行的资本补充，2018 年实行银行发永续债的方式补充银行资本金，逐步取得良好效果。2019 年央行通过央票互换（CBS）来提高永续债的流动性，增加新的央行资产。银行的资本金补充对于吸收经济波动损失非常重要。强化了金融机构的能力，有助于吸收经济波动的损失。同时，中国适时提出了金融供给侧结构性改革，强化金融机构的服务特性，增强金融机构自身能力，使金融系统从规模效率转向配置效率，逐步提高金融系统韧性，兼顾了金融体制转型与平稳发展。

2018 年推出的资管新规将于 2020 年实施，2019 年是重要的过渡期。新规统一了资管产品，并通过净值公布的方式打破刚兑，明确了反套利和杠杆限制。为中国资产管理市场统一标准打下了基础。在金融市场建设方面，中国推出了"科创板"等资本市场改革，将注册制列入试点。未来债券市场将进一步推动利率市场化改革。

总之，2019 年中国金融供给侧结构性改革顺应了全球金融改革浪潮，通过积极推动金融中介和金融市场有序发展，提升金融机构能力，以优化资源配置和吸收波动损失能力。中国金融供给侧结构性改革，涉及金融机构吸收风险和能力提升，以及跨期均衡要求的杠杆可持续和提高配置效率以更好服务于实体经济，并逐步建立危机的"事后清理"机制。这对金融体系与实体经济的良性互动和健康发展意义重大。

四、金融供给侧结构性改革与政策协调

金融供给侧改革是服务于实体经济的系统化改革，传统的金融服务体系主要是为工业化服务，强调了"低成本—规模效率"。进入基于城市化的高质量发展阶段，实体经济从工业化的规模经济转向了以城市化为基础的范围经济，而产业升级的核心也从规模扩张转向创新。人民财富增长的需求、城市中小企业发展的普惠需求、绿色发展的需求，多样化服务性的需求，这些需求都不同于工业化低成本—规模效率，强调了配置、差别定价、知识产权等无形资产抵押、直接融资等新的发展特征，需要构造更为复杂的金融服务生态体系。中国金融体系转型已经迫在眉睫，中国金融体系的很多动荡来自基于工业化和基于城市化两个不同金融体系的摩擦，来自工业化以银行信贷为基础的金融服务体系和来自城市化需求拉动的"影子银行"体系摩擦、失调与转型，这既不能回到单一为工业服务的传统银行体制，也不能放任缺少监管下的套利、刚兑、加大金融机构杠杆的不良金融行为。按中央指出的金融供给侧结构性改革方向改革，既要建立适应经济高质量发展的金融体系，也要在经济发展的基础上化解金融风险。科创板的设立已经表明中央在积极推进多层次资本市场方面迈进了一步，未来新的开放、鼓励创新、强化市场功能和加强监管，以及化解金融风险等推动金融供给侧结构性改革的举措应该还会陆续推出。在推进金融供给侧结构性改革的过程中，也需要加强其他配套制度改革和政策支持。

（一）保持流动性合理充裕，增强金融韧性

在当前情况下，我国货币政策既要防止"大水漫灌"，也要保持流动性合理充裕，使广义货币 M2 和社会融资规模增速与 GDP 名义增速相匹配，为金融供给侧结构性改

革营造良好的货币和经济环境。在保持流动性合理充裕的情况下，降低企业资金成本，必须进一步加快利率市场化改革打通"宽货币、紧信用"的梗阻，解决市场利率走低，但贷款利率并不跟随的问题。在此基础上再解决银行体系与银行体系外的利率传递机制。

在保持合理流动性的基础上，应提高金融系统的韧性。主要在以下三个方面实施：一是要继续加强监管，通过资管新规的落实，逐步统一资管产品，打破刚兑、反套利、降低金融机构的杠杆水平和金融交易频度。中国金融占 GDP 的比重已经是全球最高了，说明我国金融总量是够的，但结构失衡，金融资源使用上同业占比过高，金融机构间交易量大，金融机构杠杆率不断提升。二是增加金融机构的资本吸收能力，通过发行永续债等方式，增加银行等金融机构的资本金补充来吸收经济波动。三是强化金融机构的并购重组，提高金融机构的竞争力和创新能力。只有不断加强金融系统的韧性才能有效化解金融风险。

（二）强化中国金融机构的竞争力，稳步推进金融业对外开放

推进金融供给侧结构性改革，强化中国金融机构的竞争力，同时进一步扩大金融业对外开放，通过竞争带来实体经济和金融业的自身发展，提升金融服务实体经济的能力。当前，越来越多的中国企业走出国门，在全球市场配置和整合资源，迫切需要金融业开放步伐与之相适应。应积极支持商业银行、交易所和行业机构走出去，到"一带一路"沿线国家和地区布局设点，为跨境投融资、并购、贸易等提供支持。

同时，尽管中国等新兴市场国家经济实力不断增长，但全球金融体系和金融治理的话语权仍掌握在欧美等发达国家手中。对金融危机的反思和新兴市场国家崛起，要求重塑国际金融体系和治理格局。在我国迈向全面小康的关键时期，提升我国在国际金融体系和金融治理中的话语权，既是我国经济地位不断提升的客观需要，也是统筹利用国际国内两个市场、两种资源的必要保障。

我国金融业对外开放，还需有步骤按顺序稳妥推进。金融业对外开放应以有利于经济可持续发展、有利于防控金融风险和有利于提升金融综合服务能力为根本目标。坚持"自主开放、合作共赢"的方针，开放什么，何时开放，怎样开放，应视实体经济的需要和国内外形势而定，而不是盲目追求脱离实际的过高开放水平。金融业对外开放水平的提高不可能一蹴而就，需要积极稳妥做好相关领域改革开放的统筹配套和协调配合，平衡好开放、改革、发展和稳定之间的关系，逐步形成适应我国国情的对外开放新格局。

（三）推动市场化建设，加大证券违法犯罪成本

在加快我国高新技术成长、推动我国经济转型升级过程中，增加资本市场的包容性，推进以信息披露为核心的注册制改革非常重要。信息披露的核心是要降低投融资双方的信息不对称，在信息公开透明的情况下通过市场机制形成合理的定价，以提高金融资源的配置效率。在这一过程中，如何让证券市场参与者特别是融资者提供真实

合规的信息显得尤为重要。

当前，在相关监管部门严把审核关并加强执法的情况下，我国证券市场犯罪行为仍屡禁不止。证券犯罪与一般的违法犯罪活动不同，涉及大量投资者利益，侵害金融市场整体秩序，加大了证券投资风险，相应提高风险资产的溢价水平。其危害后果具有隐蔽性和广泛性，理应受到严厉的惩处。然而，现行法律没有充分体现这类违法犯罪行为的性质特点，对这类违法犯罪行为的处罚明显偏轻。违法成本与违法者可能获得的巨额收益以及造成的巨大社会危害极不相称。在潜在收益与潜在违法成本存在巨大差异的情况下，证券违法犯罪高发，这既有损证券市场的公信力，也妨碍资本市场相关改革的进程。在实行注册制打开前门后，投资者对欺诈发行等证券违法活动会更加猖獗不无担心，这就需要加大相关证券违法犯罪的惩处力度，真正构建起透明、高效、开放的证券市场。

参考文献

［1］ Adrian T. and H. S. Shin. Liquidity, Monetary Policy and Financial Cycles ［J］. Current Issues in Economics and Finance, 2008, 14 (1)：1-7.

［2］ Bernanke B. S. and M. Gertler. Should Central Banks Respond to Movements in Assert Prices? ［J］. American Economic Review, 2001, 91 (2)：253-257.

［3］ Bernanke B. S., M. Gertler and S. Gilchrist. The Financial Accelerator in a Quantitative Business Cycle Framework ［J］. Handbook of Macroeconomics, 1999, 1 (C)：1341-1393.

［4］ Gali J. Monetary Police and Rational Asset Bubbles ［J］. American Economic Review, 2014, 104 (3)：721-752.

［5］ Issing O. Lessons for Monetary Police：What Should the Consensus be? ［Z］. Presentation at Macroeconomic and Growth Policies in the Wake of the Crisis, a Conference Hosted by the IMF, Washington, D. C., USA, 2011.

［6］ Kunt D. and Levine. Financial Structure and Economic Growth ［M］. The MIT Press, 2001.

［7］ Midrigan V. and Daniel. Y. X. Finance and Misallocation：Evidence from Plant-level Data ［J］. American Economic Review, 2014, 104 (2)：422-458.

［8］ Taylor J. B. and Williams. J. C. A Black Swam in the Money Market ［J］. American Economic Journal：Macroeconomics, 2009, 1 (1)：58-83.

［9］ 黄益平. 破解融资难必须改革金融体系 ［J］. 中国工商时报, 2019-03-01 (3).

［10］ 谭小芬, 李源, 王可心. 金融结构与非金融企业"去杠杆" ［J］. 中国工业经济, 2019 (2).

［11］ 王一鸣. 加快建设新时代现代化经济体系 ［J］. 中国金融, 2017 (21).

［12］ 徐忠. 新时代背景下的中国金融体系与国家治理体系现代化 ［J］. 经济研

究，2018（7）．

[13] 徐忠 . 经济高质量发展阶段的中国货币调控方式转型 ［J］ . 金融研究，2018（4）．

[14] 袁富华，张平 . 经济现代化的制度供给及其对高质量发展的适应 ［J］ . 中国特色社会主义研究，2019（1）．

第四部分

政策机制

通观全球各国的政策机制，政策都是围绕"生产能无限循环下去"而操作。经济就是一个动态循环，打破了正反馈循环，意味着大的经济危机爆发，负反馈循环开始。政策当局就是要维护正反馈循环，这个循环被外部冲击、技术冲击、资产—金融加速器机制冲击，疫情冲击等，打断就需要政策当局进行跨周期救助。尽管政策立场经常在政府干预和市场主导价值观中摇摆，但真正的当政者都更接近"实用"的价值观。实用价值观的特征就是往往更关注当期利益（宏观就是稳定），对跨期和外部性等伤害均较少考量。无论是市场经济中的大而不倒，还是我们中国语境下的倒逼机制，似乎都在描述一种当期不可承受之成本。我研究宏观的政策机制是在戴园晨教授引领下开始的，当年戴老的"工资侵蚀利润"一文中精彩地分析了承包制下共同利益目标驱动下多发工资和奖金，而不顾利润和利润的再投资的机制，为当年讨论公有制体制下双膨胀的宏观问题提供了最好的微观制度性解释。而后跟随张曙光教授一起参与到宏观室的宏观形势分析课题，系统性地做宏观政策分析。张曙光老师是以制度经济学的视野重新诠释宏观的学者，他分析宏观多是从制度出发，他带着我完成了当年在《经济研究》发表的《政策性扩张和制度性收缩》（我是第二执笔人）让我获得了理解政策机制的研究奥秘，从政策机制视角去分析宏观才能更深刻地理解除了政策，政策所处制度环境同样重要，而这制度环境中最主要的一环就是宏观微观博弈是如何设置、限制和惩罚的。

本部分第24章"倒逼机制"是对中国体制多年的观察得出的一个重要的政策机制，增长是最重要的，任何经济下滑都会倒逼宏观放松，这一机制在中国呈现出一些体制特征。在财政倒逼上表现很充分，财政支出符合瓦格纳法则，福利支出占比不断提高，支出刚性会越来越强，从而倒逼经济政策的放松。从"规模—效率"工业化倒逼放松"银根"到城市化后土地财政倒逼放松"地根"，倒逼机制成为实用价值观的一个普遍性特性。综观全球，各国各有各不同的类似机制。宏观要保持"经济永远循环"就要不断降低利率和提高福利保持繁荣的实用主义政策，金融中的"大而不倒"，福利国家的"支出刚性"都是一种倒逼宏观政策放松机制的不同体现。中国的"紧一年，缓两年"在2008年危机救助中显得非常突出，2007年双膨胀引发调控，2008年操作半年后刚有成效，就改为刺激，2009 年更是四万亿元刺激，并配合金融为房地产全面融资，把原本的需要抑制的房地产价格直接激励到价格翻番。第 25 章对政策激励机制的成本加以了详尽讨论，特别是加入开放条件，出口政策激励和城市化激励已经有所冲突，文章更集中在宏观政策约束、成本等做了分析。第 26 章讨论了宏观政策的跨期性特征。第 27 章讨论了中国经济增长的结构性减速，认为中国多年靠负债扩张的方式难以持续，仅仅靠投资需求驱动是困难的，随着经济结构服务化提高，要从供给结构调整才能提高增长率，提出了供给侧改革，重点在服务业的科教文卫体等放松管制的改革。第 28 章讨论了 2016 年以后经济进入减速增长阶段，经济增长低至 7% 以下，经济增长进入新常态，更加强调了要进行减速治理，抓紧调整，提出了减速治理的原则。第 29 章再次回到宏观金融周期的研究机制，把汇率和资产价格纳入政策考核范围内，讨论了中国资产价格和汇率的一体性质，必须重视外部冲击对汇率和资产的冲击传递的政策机制。第 30 章在宏观资源配置一文中更实质性讨论了中国传统的基于出口导向的工业化的货币、金融和财政政策已经不适用于基于城市化和工业化双驱动的模式，特别是城市化的进一步发展导致了土地财政到土地金融等问题，提出了必须改变宏观资源配置的体系，在这里并没有用宏观管理体系，而是强调了中国的宏观资源的配置体系。中国的宏观管理是基于宏观资源配置而来的，宏观体系本身就是具有极强的资源配置效果，如激励出口导向的宏观资源倾向，又如激励地方推动土地财政的制度安排，激励了地方城市化的快速发展，但宏观资源配置是随现实而变化的，与相对稳定的管理体制越来越不相容，而且冲突不断，需要重新调整新的资源配置与管理体系的协调。第 31 章集中分析了中国人均 GDP 超过了 1 万美元以后，现代化中的多目标讨论，传统积极的经济激励逐步让位于五位一体的全面发展，非经济因素对现代化变革的积极意义，也积极地呼应了党的二十大提出的中国式现代化思想。

24 "倒逼机制"、增长波动和政策选择*

张　平

"紧一年，缓两年"已经成为了中国宏观经济政策与经济收缩、扩张波动关系的基本规律，1988 年因高通货紧缩一年，到 1991 年开始恢复；1993 年下半年紧缩，到 1996 年开始启动，但 1997 年遇到了亚洲金融危机，经济并没有启动起来，处于"七上八下"的增长阶段，直到 21 世纪才回到了以上的潜在增长率水平上。2007 年第三季度开始紧缩，到 2008 年第三季度又全面地放松了，经济能否完全启动不确定，但紧缩一年是中国宏观经济政策的标准。从中国宏观调控的经验来看，"紧一年"已经非常有效，经济随着宏观政策的紧缩立刻下滑，几乎经济体很难承受更长一点的紧缩了。

传统上把紧缩一年后政策必须放松的微观机理称为"倒逼机制"，主要是指由于国有企业的预算约束软化状况同传统计划体制相比并没有得到根本改观，因此，它们总是和地方政府的行政力量相融合，在货币资金获取上向国有银行不断施加压力，国有银行在存在对国有企业实行所谓倾斜政策的大背景下，通常总是要在一定程度上对国有企业的借款要求让步。当这种现象普遍化时，就会出现这样的结果国有企业向国有银行的基层行施加压力突破了基层银行的信贷配额防线，国有银行的基层行又层层向自己的上级行乃至总行提出扩张要求迫使总行增加额度甚至资金，各国有银行总行最后又向中央银行申请再贷款，迫使中央银行不得不扩张规模。这种起源于国有企业借款要求的自下而上的货币供给扩张过程，就是所谓的"倒逼机制"。

21 世纪以来随着市场经济的快速发展，国有企业、银行进行了大量的"现代企业公司治理"改革，股份化进展很快，中国微观机理也发生了很大的变化。然而在政策紧缩过程中似乎依然存在着"一紧就死"，而且也通过与以往不同的机制进行"倒逼"，迫使放松调控。理解微观的新倒逼机制的原理，才能更多地理解经济增长机制、经济政策和增长波动的关系，才能找到较好的政策目标函数，制定好相应的宏观政策，以促进经济增长的路径的转变和增长的平稳。

一、依赖于扩张激励的增长机制

在经济赶超过程中，政府通过集中资源和扭曲价格等方式补贴工业等现代部门进行发展，这是突破贫困陷阱的重要途径。政府动员资源支持企业，采用扩张性的货币、

---

*　全文发表于《经济学动态》2008 年第 11 期。

财政和贸易政策是赶超过程中发展的必由之路。政府和企业目标函数的高度一致性，即规模性的快速扩张。只有加快经济发展才能解决就业问题，社会福利才能提高，发展确实是硬道理。政府成了扩张激励的主角，采取了三项措施：一是长期采用扩张性的激励政策，直到经济过热难以承受时才会进行适当降温，保持高增长速度一直是政府宏观调控的一个重要使命；二是积极动员资源支持现代部门的扩张，政府通过举债等各种方式积极筹集资源支持增长；三是中央、地方和微观企业有着增长目标的一致性原则，中央政府、地方政府和企业都进行规模性扩张。扩张激励性政策、环境和制度性设计形成了中国经济增长的赶超性机制，增长依赖于扩张性的激励。21世纪以来，国家重新设定了"又好又快"的新增长目标，但激励性扩张的增长机制依然在锁定着增长的路径，任何紧缩效应都会产生"倒逼机制"，重新逼迫政府继续进行扩张性激励。

长期的扩张性激励在微观上表现为企业的负债—低成本规模扩张，这里包含了一系列的低成本扩张因素，但最为重要的一条就是高负债的模式，在资本投入上高负债，在其他要素投入上也是高负债，土地投入不要钱，劳动力只管生活费，未来医疗、养老等没有任何补充，水和空气可以污染，为环境负债，这些负债构成了低成本的规模扩张基础，但这些特征在突破贫困陷阱过程中可能是必须付出的代价。在20世纪八九十年代，很多企业靠政府担保负债建厂发展，乡镇企业亦是如此，而国有企业更是处于高负债，这种高负债直接拖累了四大国有银行，银行改革的第一步就是剥离坏账，上万亿元剥离的坏账就是当时企业，特别是国有企业发展的负债导致的。企业的发展直接需要国家对其资本要素投入方面进行补贴，核销坏账就是一种补贴，而且还需要需求扩张的环境。因此在20世纪这种负债—规模扩张的经济增长模式导致企业对国家紧缩政策很敏感，特别是国有企业，一般都处于高负债，一紧缩货币则企业难以运行。而一般非国有企业也处于规模扩张过程中，高度的竞争和快速的发展导致负债比例高和利润低的特点，需求持续下降也是非常难以适应的。这就是20世纪所谓"倒逼机制"的特点，即国有企业受不了，通过三角债、拖欠等方式直接传递到国有银行，再传递到中央，紧缩瓦解，新的扩张激励继续。

微观企业的不断发展也需要宏观政策不断激励，宏观政策激励的范围和程度也在不断提高。20世纪80年代靠农民的承包制和乡镇企业发展带动了经济的内需发展，调整了经济结构，奠定了中国改革和发展的基础。这一时期在宏观上则表现为货币创造的激励，直到1994年我国银行都是贷差，即银行在没有储蓄的条件下进行超额贷款以刺激经济的发展，乡镇企业和国有企业的发展在很大程度上是依靠银行负债发展起来的。

20世纪90年代出口导向的政策并配合以年汇率超贬，直接创造了外需，国家主要激励手段放在出口上。1994年人民币贬值激励出中国企业的全球竞争优势，从1994年后中国外贸持续顺差，外汇积累不断增加。在税收方面，通过所得税三减两免等措施激励外资的流入，退税激励企业出口等。1997年采取了积极的财政政策，直接改善了中国基础设施，为中国工业化和城市化大发展打下了坚实的基础。在货币创造方面，1995年结束了贷差，开始进行金融深化过程，持续保持了高比例，21世纪超过1:6的高比例，为社会经济活动提供宽松的货币条件，加上低利率，货币政策和消费信贷政策又成为了启动 21 世纪城市化大发展的基本条件。

21 世纪城市化发展一方面加速了中国发展，另一方面也加大了中国经济的整体负债水平，地方政府、房地产和家庭增加了负债。1997 年启动，银行消费信贷成为了城市化启动的根本，资金流程改变加强了资金全面动员能力，居民在消费信贷的激励下负债加入到了城市化的进程中，极大地推动了城市化的进程。2002 年地方政府加盟城市化进程，通过土地抵押进行土地开发，地方政府加速其负债，居民、地方政府的加入形成了新的负债—增长道路。

随着中国城市化的进程加快（2007 年城市化率达到 44.94%），中国的经济发生了重大的变化，城市化成为带动经济发展的主要动力，但依赖扩张政策的微观机制没有变化。从微观来看，城市化快速发展需要巨额资本投入才能支撑，从地方政府、金融机构、家庭、房地产商和与城市化发展相关的企业都因城市化的发展进行了极大的资金动员和负债。

房地产企业和银行成为了城市化的主要引擎，带动了城市化的大发展，房地产企业为了扩张，大规模举债，负债规模过大已经为世人所共识，而银行也靠着房地产、地方政府和居民的负债调整了其原有的仅给制造业贷款的结构，中长期贷款集中到了城市化中住房贷款、房地产开发贷款、政府土地抵押和基础设施建设等贷款项目上。而城市化的扩张景气激励了所有企业的规模扩张。

城市化带动了一轮高速—平稳的景气扩张周期，政府开发土地，房地产商建房，居民购买，这一循环带动了所有产业的发展。政府在此循环中获得了更多的税收，并把它投入到"公共财政"上，让城乡居民享有更好的福利安排。但这一景气周期仍然没有改变扩张性政策下的微观经济增长的机制，依然靠负债和规模扩张发展，因为这一发展路径最为有效，政府、企业都愿意沿着这一增长路径继续下去。

靠着规模扩张和负债的发展机制在中国现有的发展阶段仍有其发展的余地，但其会造成两个问题：一是扩张性的激励是有边界的，政府不断的激励会导致政府综合负债过高，即任何激励都会导致中央政府有相应的负债，如撇坏账就导致政府负担一块金融坏账留下的债务，积极财政导致了国家要发行国债，而长期拖欠的社保、环保等账依然要还，因此扩张激励不是一个可持续的政策，但它形成的增长机制却会很长时间才能转变。二是不断需要创造的规模性需求也是不可持续的。20 世纪 80 年代靠农民，90 年代靠老外，21 世纪外需仍是重要的，但主要靠房地产投资拉动的内需。城市化需要不断的资金激励才能保持持续的内需扩张，动员储蓄和负债是一个重要的选择。过去是企业高负债，现在个人、地方政府都处在高负债状态，其倒逼机制的作用会比过去的国有企业—国有银行来得更强，而不会更弱。

只要经济沿着规模—扩张和负债发展的路径增长下去，一个明显的事实就是需要扩张性的政策环境和政府继续动员扩张的资源，否则经济微观主体就会因紧缩而迅速衰退，产生出"倒逼机制"，并迫使政府继续其扩张激励。

二、政府目标转变、"福利刚性"和倒逼机制

21世纪后，政府目标也随着城市化的进展而转变，微观主体的改革也逐步到位，但依赖扩张性的增长机制并没有根本改变，其发生作用的机理有了新的变化，它与政府的目标转变和福利刚性构成了新的倒逼机制。

政府目标转变与城市化率高度相关。如在城市化水平低时，农村是自给自足的，政府从农村征税本身就是直接拿走农村的积累，政府无须返还给农村。而城市化水平高时则完全不同。城市纳税人必须享受到纳税人权利，即政府为城市居民生活进行长期安排，包括养老、就业、子女教育、公共基础设施、住房和环境等。现代政府的大量支出与纳税人需求相一致，形成了所谓财政的公共支出，这有别于低城市化条件下的政府以动员资源促进经济发展的环境，政府的目标函数中公共福利支出成为一个最重要的目标。城市化水平越高，政府福利支出这一公共目标就越强，1978年中国城市化率只有17.9%，政府集中所能用的资源用于生产建设，经济建设支出占财政支出比重高达64%，2006年城市化比例提高到了44.9%，经济建设支出比重降低了26.4%，文教、科学、卫生和社会保障支出比重在2007年超过了30%，加上行政管理支出近20%，中国财政支出体系从生产支持转向了公共支出和管理，这一转变过程是与城市化密不可分的。

从表1我们可以看到20世纪90年代中国处于低税负担阶段，从1992~1999年财政收入占GDP的比重最高值没有超过13%，平均12.24%，连续5年仅仅只有10%左右，而且那时财政对经济建设的支出占的比重都在40.97%。这是一个非常明显的低税和国家全力支持企业发展的阶段。企业低赋税，国家支持高，再加上汇率贬值，使企业的国际竞争力空前强大，这一期间也奠定了中国作为国际工厂的地位。

表1　中国财政收支结构和增长　　　　　　　　　　单位：%

年份	经济建设费	社会文教费	行政管理费	社会保障	国防	财政收入/GDP
1978	64.08	13.10	4.71	1.69	14.96	31.10
1980	58.22	16.20	6.15	1.65	15.77	25.50
1985	53.33	20.04	8.39	1.55	9.40	22.20
1990~1999年平均	40.97	25.97	14.07	3.10	9.20	12.24
2000	36.18	27.60	17.42	9.55	7.60	13.50
2001	34.24	27.58	18.58	10.51	7.68	14.90
2002	30.26	26.87	18.60	11.95	7.74	15.70
2003	28.04	26.24	19.03	10.77	7.74	16.00
2004	27.85	26.29	19.18	10.94	7.72	16.50
2005	27.46	26.39	19.19	10.90	7.29	17.20
2006	26.57	26.83	18.73	10.79	7.37	18.30

续表

年份	经济建设费	社会文教费	行政管理费	社会保障	国防	财政收入/GDP
2007						20.60
2006（2007）/1978 支出总额名义增长（倍）	15	73	143	231	18	45

资料来源：国家统计局. 中国统计摘要 2008 [M]. 北京：中国统计出版社，2008.

进入 21 世纪后，特别是 2002 年加速城市化以来，财政收入超常规增长，财政支出中的福利支出比重上升很快，2003 年以来财政收入增长率连续 5 年超过名义增长率，2007 年财政收入比上年增长 32.4%，名义 GDP 增长 17.7%，财政收入增长率超过名义 GDP14.6 个百分点，财政收入占 GDP 的比重达到了 20.6%，21 世纪以来几乎每年提高一个点，增长速度非常快。而对经济减少支出则大幅度下降，形成了 21 世纪以来的新特征。政府的目标转向公共福利支出，而对企业的支持下降，对企业的税负在增加。当前从财政收入占 GDP 的比重来计算的宏观税负，中国刚刚达到了我们现在所处的发展阶段的平均水平，即使加上社保税也在正常范围。但由于中国有很多政府隐性收费问题，因此微观的税收痛苦指数显然应该高于宏观的计算。企业将要从低税收和高国家支持的阶段转向高税收和低国家支持的阶段。

由表 2 可知，政府支出明显转向了公共福利支出，改革开放以来财政收入名义增长速度非常高，高达 45 倍，但依然大大低于社会保障（基数低，原有都是单位保障体系）支出的名义增长 231 倍，21 世纪后其占财政支出的比重提高得非常快，从 20 世纪 90 年代的 3% 逐步提高到了 21 世纪平均 10% 以上水平，而社会文教的支出速度也高达 73 倍，比重基本稳定。行政管理费用惊人的高增长，2006 年比 1978 年增长了 143 倍，而且占财政支出的比重有显著的提高，从 20 世纪 90 年代平均 14%，已经提高到了 21 世纪平均 18% 的水平，其增长以 3 倍于财政收入的速度快速攀升，已经引起了社会普遍的关注。总体上财政支出集中在社会文教、行政管理、社会保障和国防开支上，公共福利与行政管理的支出比重超过了 70%，中国的财政支出已经不是一个建设经济的财政，而是转向了现代的公共服务的财政。

表 2　2006 年财政支出分类中的中央和地方支出比重

	国家财政支出（亿元）	中央（亿元）	地方（亿元）	地方财政占比（%）
基本建设支出	439.38	1483.52	2906.86	66
城市维护建设支出	1698.69		1698.69	100
城市维护建设费	1537.45		1537.45	100
环境保护和城市水资源	161.24		161.24	100
文教、科学、卫生事业单位	7425.98	719.07	6706.91	90
教育事业费	4780.41	295.23	4485.18	94
科学事业费	483.36	315.89	167.47	35

续表

	国家财政支出（亿元）	中央（亿元）	地方（亿元）	地方财政占比（%）
卫生事业费	1320.23	24.23	1296.00	98
文体广播事业费	841.98	83.72	758.26	90
抚恤和社会福利救济费	907.68	561.00	902.07	99
社会保障补助支出	2123.90	241.20	1882.70	89
国防支出	2979.38	2947.34	32.04	1
行政管理费	3355.81	461.07	2894.74	86
教育附加支出	388.64		388.64	100
行政事业单位离退休经费	1330.20	109.40	1220.80	92

资料来源：国家统计局. 中国统计年鉴2007［M］. 北京：中国统计出版社，2007.

　　1994年分税制改革以来，中央财政收入的比重一直高于地方财政收入，但财政支出方面始终是地方远高于中央，而且中央财政支出比重呈现下降趋势，2007年中央财政支出占支出的比重为23%，低于1995年的比重25%。随着城市化、地方财政的公共支出比重占据了越来越重要的地位。从表2中可以看出，只要涉及城市公共福利支出部分都表现在地方财政开支上，城市维护、社会文教等方面地方支出占的比重都高达90%以上。城市化发展越迅速，社会福利开支水平增加越快，地方政府的财政支出比重也逐步加大。地方需要更多的资源进行统筹投入，地方政府从2002年开始了"土地财政"弥补收入来源不足，提高了本地的城市化和福利水平，也引起了中央和地方关于土地问题的矛盾。随着城市化的发展，现有的财政收入和支出的不对称性的矛盾会显得更为明显。中国21世纪以来，政府财政支出向公共福利快速转变，在转变过程中也隐含着"福利刚性"的挑战。所谓"福利刚性"，是指公共福利支出水平的不可逆性或向下很难调整，当政府承诺了较大福利开支后，此福利支出是长期有效的，不太可能降低现有的福利标准。因此各国在福利水平和能力上要进行匹配，福利水平直接受到财政收入的约束，不可能有超越发展阶段的过快"福利"能力，否则在没有改变原有收入路径条件下，政府过快的福利支出会直接导致经济增长的成本上升过快，抑制增长，反过来再制约这种转变，经济增长陷入停滞。这在拉美国家已经体现出来了，被归纳为"民粹主义的宏观范式"。

　　在一个景气周期里，企业快速增长，地方政府土地收入增加，财政收入也随着房地产、基础设施投资和企业的繁荣而快速增加，有力地支撑了财政的福利支出水平。当这一景气周期调整时，福利支出的水平是不能降低的，是有"刚性"的，但税收和土地收入会因周期调整而降低，地方财政首先会遇到很大的收支不平衡的挑战，这一挑战很快传递到中央政府。

　　1994年中国分税制改革实现统一内资企业所得税和建立统一的、以增值税为主体的流转税制改革后，税收收入是我国财政收入的主要来源，中国税收收入结构的突出表现是间接税的比重偏大，直接税的比重偏小。2007年税收收入45612.99亿元，占财政总收入的比重为 88.9%；非税收入 5691.04 亿元，占财政总收入的比重为 11.1%。在税收收入中，流转税依然是我国的主体税种，2007 年扣除出口退税后的增值税、消费税、营业税实现的收入占全部税收的 40.8%，同时，随着企业经营效益和居民收入水平的提高，所得税收入的比重也在逐年提高，2007 年企业所得税占 20%，个人所得税的比重为 7%。高速增长的税收收入与企业发展高度相关，与企业直接相关联的增值税、所得税和营业税占了 71%。当经济增长减速，特别是企业大规模关闭时，国家税收的基础受到挑战。与此同时，地方财政中的土地收入也会因房地产发展遇阻而直接从盈利变为负债。2008 年 7 月财政收入增长非常快，名义增长 16%，8 月更是增长了 10%，房地产销售和土地拍卖成交量也大幅下降，财政的挑战压力加大，直接倒逼着政府必须继续进行政策激励和动员资源刺激经济。

21 世纪以来中国高的税收增长没有使政府的综合负债下降，反而有所提高。依据测算，中国政府综合负债比例从 1997 年的 47% 上升到 81%，而综合负债内债占 GDP 的比重从 7.32% 上升到 15.78%，地方政府债务占的比重为 5.48%，社会保障金缺口占的比重为 16.45%，而相对的外债、金融或有债务都降低了，但整体负债水平已经高于国际认为的 60%～70% 的安全负债水平线（孙涛、张晓晶，2007）。中国高综合负债不断提高有两个重要原因：一是不断以政府信用提供经济增长的额外激励，如积极的财政政策，导致了国债负债比例提高，地方债务开始出现；二是靠政府信用降低了当前的社会福利支出成本，如留有较大的社保基金缺口等，这相当于先借后还。

中国当前宏观经济的调整遇到的新"倒逼机制"可能已经从传统的企业—银行的倒逼机制直接转到政府的税收—"福利行政支出刚性"的倒逼机制上了。我国当前的福利和行政管理支出水平提高得很快，但仍属起步阶段，仍有很多调整的余地，现有的情形已经令人担忧。

"拉美国家在发展过程中为了应对社会收入差距拉大趋势，多数不顾自己收入和财富能力的制约，过早地照搬发达国家已经实现的一系列的社会福利制度，想在'经济赶超'的同时，实行对发达国家的'福利赶超'，结果导致财政赤字、金融危机、经济危机，最终导致经济停滞"（樊纲、张晓晶，2008）。简言之，政府过快追求福利目标导致企业无法消化"福利"带来的成本提高、竞争力下降，经济增长很容易陷入停滞。

中国的经济增长机制仍然高度依赖政府的动员和主导，在政府目标转向福利支出的同时，仍靠"额外"的规模支出和补贴来维持原有的增长机制推动规模化的发展，如能源价格补贴、积极保留赤字财政政策、不断进行货币创造，然而这种靠原有的增长机制进行发展的宏观界限已经比较清晰地出现了约束信号，特别是在开放条件下，过度扭曲积累的宏观风险易遭到外部的冲击。

三、路径锁定和经济增长情景

倒逼机制实质上就是在不断锁定着增长路径的方向，即增长必须靠扩张激励才能实现，衰退后需更大扩张才能推动起陷入衰退的增长，依赖于扩张的增长路径就是这样形成的。

中国经济增长的 30 年，20 世纪 80 年代末受到国内农业发展衰退引起了两年的调整，而后的积极开放和扩大投资包括第一次房地产泡沫需求导致了经济的复兴，1997 年在亚洲金融危机时遇到了外需有所下降的调整，经济增长放缓的时间较长，但由于国家积极的财政和货币政策的激励，以及人民币超贬和贸易政策激励的强大比较优势，经济增长依然在世界范围内是"一枝独秀"，投资加外需成为了"九五"期间经济增长的主要动力，为 21 世纪中国城市化这一更大的经济扩张打下了基础。城市化的巨大需求激励中国经济增长保持了长周期的景气。但 2008 年的中国经济开始放缓性调整，未来需要更大的扩张才能重新启动，其难度也在加大。当前外部需求受到国际上的约束，国际经济增长放缓的事实导致中国 2009 年经济增长更不容乐观。而投资启动必须靠新的更大规模的投资拉动，这一拉动的动力仍在城市化上，这次需要一个调整期，缓两年是一个必然。

2007 年中国人均收入将接近 2461 美元，已进入中等收入国家发展的中等区间。这一区间中国经济有着继续大发展的机遇，同时也是转型的关键时期，拉美国家在 20 世纪 70 年代普遍进入到了人均 3000 美元的区域，但而后却出现了长期停滞，难以进入发达国家的行列，陷入"中等收入陷阱"。东亚四小龙超越了这一阶段，但都是小的区域和国家，大国能否超越仍是一个谜。

从国际经验来看，"使各经济体赖以从低收入经济体成长为中等收入经济体的战略，对于它们向高收入经济体攀升是不能够重复使用的，被原有的增长机制锁定则难以突破'中等收入陷阱'，一国很容易进入中等收入阶段的停滞徘徊期"（世界银行，2006）。中国高度依赖扩张激励来进行发展的模式，并不断通过"倒逼机制"来逼迫政府再次通过大规模动员和激励政策刺激经济体，尽管短期内政府仍有继续激励经济扩张的能力，但就会失去转变增长机制的时机；尽管仍会有一个发展，但很容易落入"中等收入陷阱"，出现长期增长停滞。人均 GDP 3000~5000 美元这一区间是发展和转型的关键。

突破中等收入陷阱和转变经济增长机制的国际经验有以下五个方面（马岩，2008）：①技术创新要取代规模扩张，投资的带动作用要下降；②人力资本的改善，通过人力资本完成创新活动；③让市场发挥资源配置和优化的作用，减低政府干预经济带来的扭曲来更多地优化资源配置；④保持国际竞争力，防范国际资本流动的冲击；⑤保持宏观稳定等。但这些转变的激励机制在哪？中国经济高速增长过程中政府起到了关键性的作用，赶超依赖于政府资源的集中和配置，高速增长又靠政府的扩张激励，因此转变的激励机制靠政府的行为、体制和政策转变，才能推动完成可持续增长机制的建立。

一国在现代赶超过程中，通过要素积累、投入和进行国际交换，完成"隐蔽资产"的定价、交换和财富的积累过程，完成经济的现代化。改革开放后劳动力资源从"剩余劳动力"只有消耗的无用资源状态下被动员用于生产和国际交换，中国劳动力的比较优势获取了大量的外汇收入，造就了中国的工业化的财富基础。而 21 世纪的城市化将无价土地要素重新定价，开始了中国迈向以城市化发展的现代化过程，这一发展进程仍在继续，它决定着中国仍有发展的空间。但如果仅仅靠政府干预动员资源来不断刺激经济的粗放式发展，这一锁定的增长路径就会过大地消耗掉中国已经积累的财富，让中国经济增长过早地进入停滞阶段，牺牲了中国长期的持续增长。

未来的增长情景如不过早地陷入停滞中，而按一般的经济增长发展规律，仍有巨大的发展空间。按照诺瑟姆（Ray M. Northam）的城市发展曲线，30%～70%是城市化的快速增长阶段，中国经历了第一快速发展的城市化阶段，城市化率从30%～50%，中国城市人口1996年达到30.48%，进入快速发展的阶段，特别是1997年在住房消费信贷的推动下城市化率，每年平均增长1.3个百分点，大大快于1978～1995年年均增长0.9个百分点的城市化速度。以现有的增长速度预计到2010年城市化率接近50%，准备进入下一个上升阶段，即50%～70%。第一个阶段的特点被概述为遍地开花的城市化阶段，农村居民以本地城市化为基础，各个城市的房价是普涨。而第二个阶段则是以中心大城市化为主的城市集约化发展过程，资源向中心城市及周边带动的经济圈集中，产生集聚和资源使用的规模效应，相应的服务业和制造业也向中心城市及经济圈规模化集中，而不是分散化，城市化造就的规模收益递增和资源集约效率是这一时期的经济增长特征，也是中国下一个发展阶段的动力源泉（谢文慧、邓卫，1996；周牧之，2004）。按照现有的中国人均资源水平，城市化和工业化的中后期发展必须要走向一个集约化的道路，而不是一个遍地开花的粗放式的空间和产业发展布局。

城市集约化和规模化的发展需要资源的相对集约，这将带动大城市及所在经济圈的发展，也将带动产业的集中和走技术创新发展的路。规模化导致的服务业、工业推动了就业人口向大城市集中。政府需要适应城市化发展而进行相应体制安排激励来实现这一转变。当前及中国未来发展的过程中，人口红利仍处于高峰阶段，储蓄和就业的动力强劲，政府动员资源能力强，下一阶段的扩张空间仍然很广阔，但经济增长的情景却可能完全不同。

一种增长的情景是经济增长路径被原有的粗放式增长路径锁定，政府继续过度动员和消耗资源激励粗放式的发展，但由于"福利行政支出刚性"等新制约，加之现有经济规模大，刺激力度不足，经济增长陷入激励不动的情景，经济调整周期过长，较早地进入中长期的衰退，而且这一增长模式易受外部冲击，使经济停滞的风险很高。另一种增长的情景就是通过两年的调整，国家进行有导向性的政策和体制安排进行激励，推动自身的改革和路径转换，充分利用中国的现有资源能力走一个集约发展的可持续增长道路。

四、经济增长路径转变到集约化的可持续发展道路

城市化的发展带动了政府支出目标的转变，政府福利和行政支出的刚性决定着政府现在已经难以完全靠自身的动员资源能力进行大规模的经济激励。但倒逼机制又逼迫政府进行必须不断增加负债来激励经济扩张，这一条道路是非常危险的。特别是在

开放条件下，国家综合负债风险会直接影响币值的稳定和资金流动方向，易导致外部冲击。这就必须选择新的政策激励，并借此机会打破"倒逼机制"的锁定，走一条集约化的可持续发展的道路。

新的政策激励的核心是对可集约化发展的增长进行选择性激励，同时要靠降低政府的福利行政支出，让其有弹性，关键在行政管理费的压缩上。只有这样才能既做到资源有效的激励，同时减低倒逼机制的压力。决不能再依靠政府不断增加负债来启动经济，必须进行有效的激励启动经济。主要采取以下六项措施：

（1）政府通过自我行政性改革，大幅度降低政府行政管理费用，将行政支出降低，调整"刚性"束缚。20世纪90年代中后期的"砸三铁"就是一种调整福利和行政刚性的方式。但城市化发展后，社会福利支出不可能一砸了之，而且为了社会和谐发展和人力资本积累，还要增加支出，有很大弹性余地的就是行政管理费。当前行政管理费占整个财政支出的比重接近20%，特别是地方政府的行政占用更是比较大，落后地区这一比重更高。政府过多占用社会资源，并将自己的利益"刚性化"必然会导致社会税负过重，资源分配被扭曲，有效性降低，行政资源占用过多，解决其"利益刚性"成为了当前调整经济体制和政策的重要选择。

（2）中央应建设社会保障体系的全国统一平台的法规、标准和规则。将社保、医疗、教育和文化等福利体系建立在全国性的统一平台上，让人和企业能自由地流动，而不受区划资源中社会福利差异的羁绊。鉴于中国当前社会保障体系的建立标准、法规、运行规则各自为政，分割严重而且非常不公平，中央政府应该集中在社会保障立法、标准、运行规则如转移支付准则等下大力气，增加社会保障等福利资源的平等和效率性使用。社会福利体系过多地被属地分割，福利支出安排是属地化管理的，人们只能继续出外工作、回家养老看病模式，城市化的空间布局会被区划资源分割，导致集中的城市化失败。因此加快中央建立较为统一的社会福利平台的立法、标准和规则，才能奠定城市化集约发展的基础。

（3）在税收上有减有增，保持财政收入的稳定，逐步降低政府综合负债。近年来中国持续地减税是激励发展的重要手段，应继续加快推进增值税的改革，通过转型为消费型增值税来激励中国装备制造业的发展。但减税的同时也要新开征诸如燃油税等有利于转变增长方式的税种，逼迫企业转型，同时稳定财政收入，逐步降低政府的综合负债比例，降低国家风险，抵抗外部冲击。

（4）在货币政策上要继续以保持正利率为货币政策目标，让资金的价格信号发挥作用，对保持汇率的稳定也有积极作用。而相应地在货币数量控制上可以放松管制的力度，让商业银行发挥其中介作用，给经济以适当的激励。

（5）放松管制，积极促进现代服务业发展。中国现代服务业的发展关键在于政府放松管制，金融、能源、电信和传媒等大量现代服务业处于明显的政府支持的管制和垄断中，大量垄断行业外围辅助性的中小企业基本处于在这些大型寡头企业的垄断和盘剥下生存，而这些大型垄断企业技术进步缓慢，更不会为社会就业提供任何机会。通过放松管制，包括准入标准和让市场定价等方式刺激中国现代服务业发展。

（6）发展资本市场，加大股票市场的多层次建设和金融创新，积极发展债券市场，让资本市场真正发挥出经济资源的配置功能。只有资本市场的健康发展，才能通过资本市场激励技术创新。

参考文献

［1］［美］阿兰·J. 奥尔巴克等. 公共经济学手册（第1卷）［M］//匡小平，黄毅译，郭庆旺校译. 北京：经济科学出版社，2005.

［2］樊纲，张晓晶. "福利赶超"与"增长陷阱"拉美的教训［M］//林毅夫，庄巨忠，汤敏. 以共享增长促进社会和谐. 北京：中国计划出版社，2008.

［3］马岩. 中等收入陷阱的国际比较［D］. 博士后工作论文，2008.

［4］孙涛，张晓晶. 开放视角下的国家综合负债风险与市场化分担［J］. 经济研究，2007（7）.

［5］世界银行. 中国各城市竞争力的提高［M］. 北京：中国财政经济出版社，2006.

［6］世界银行. 东亚复兴［M］. 北京：中信出版社，2006.

［7］［日］藤田昌久等. 空间经济学［M］. 梁琦主译. 北京：中国人民大学出版社，2005.

［8］谢文慧，邓卫. 城市经济学［M］. 北京：清华大学出版社，1996.

［9］周牧之. 托起中国的大城市群［M］. 北京：世界知识出版社，2004.

［10］张伦俊. 税收与经济增长关系的数量分析［M］. 北京：中国经济出版社，2006.

［11］张平，张晓晶. 经济增长、结构调整的累积效应与资本形成［J］. 经济研究，2003（8）.

［12］汪红驹，刘霞辉. 高投资、宏观成本与经济增长的持续性［J］. 经济研究，2005（10）.

［13］张晓晶，张平. 开放中的经济增长与政策选择［J］. 经济研究，2004（10）.

［14］张平，刘霞辉. 干中学、低成本竞争机制和增长路径转变［J］. 经济研究，2006（4）.

［15］张平，陈昌兵，刘霞辉. 中国经济可持续增长的机制论据、理论和政策［J］. 经济研究，2008（10）.

25 宏观政策的有效性条件、运行机制和抉择 *

张　平

面对国际金融危机的冲击，国家实施了一揽子激励政策，包括积极的财政政策和适度宽松的货币政策等，2009 年第三季度经济增长逐步回到了潜在增长率的水平之上，经济超过了 8%，全年保八，年底前通货紧缩将结束，意味着经济复苏完成。从 2008 年底和 2009 年初很多学者和机构对宏观政策的作用较为悲观，预测和推论中国宏观政策无效，而到了 2009 年下半年大量的学者和机构开始高度乐观，预测中国宏观经济政策可能过度有效，会导致经济一下子过热，无论是认为宏观政策无效还是过度有效，都给我们提出了一个基本命题，何为宏观政策有效，其目标、有效的条件、实施与退出的机制和福利效果应该如何评判与管理。

这些有关宏观政策的有效性探讨直接与一国经济的开放条件和增长的性质高度相关，只有把握住了开放的条件和经济增长的性质，依据体制机制的特征才能对当前宏观经济政策做出一个较为客观的理解和分析，从而设计出一个可行的政策干预进出机制。

本文第一部分从宏观政策的有效性与开放的关系角度，探讨开放框架下的宏观政策有效性；第二部分从增长的角度探讨宏观政策有效边界的条件，分析存在规模收益递增下的政策激励；第三部分分析当前宏观政策实施的机制和福利效果，再探索新的中央和地方的动员资源机制和其政策实施的福利效果；第四部分着重探讨宏观政策的管理，短期政策的选择和政府激励的退出。

一、宏观政策有效性和开放条件

一个开放经济体系，其很容易受到国际经济的波动冲击，国际经济增长的波动和资金的流动都直接影响着该经济体系的波动和宏观政策操作。蒙代尔依据开放中的小国模型提出了"蒙代尔不可能三角"，通过开放模型将政策的有效性引入到宏观经济政策研究中，探讨了货币政策、财政政策的有效条件。"稳定政策的效果取决于国际资本流动的程度。特别是，蒙代尔证明了汇率制度的深远重要性：在浮动汇率下，货币政策强而有力，财政政策无能为力；在固定汇率下，两个政策的效果恰好相反。"（向松祚，2008）。

中国现阶段开发的事实可能是一个混合体，既有外贸依存度高的小国模型特点，又因汇率受到干预度高经常会引起套利性的问题，同时中国又是一个大国，其发展又

　全文发表于《经济学动态》2009 年第 12 期。

可以不依赖外部，这些混合性特征构成了中国近一段政策运用效果的很多争论。2008年底和2009年初悲观判断中国宏观政策的人大多假设中国高度依赖于国际经济，因此国际经济形势好不了，中国好不了，积极的扩大内需政策可能效率不高。2009年经济复苏加快后，大家又倾向于政府只要激励，经济就能发展，外需不足也无所谓。理解中国宏观政策是否有效，必须对开放条件加以理解，分清国际扰动的特征，有的放矢地使用宏观政策组合。

中国在2005年7月21日人民币小幅升值，并改革固定汇率体制为盯住一篮子货币的浮动汇率制度，人民币开始进入升值的过程，对主要贸易顺差国美国和欧洲都是升值的。汇率升值不但没有对贸易顺差起到抑制作用，反而顺差以每年翻倍的速度增长，这是有悖经济学逻辑的。对这一现象，国外媒体和国内学者都进行了分析，认为50%~70%的贸易顺差与金融套利资金有关，不是贸易竞争力的提高导致的。

我们运用结构突变模型按季度模拟了正常贸易—技术结构条件下的贸易顺差值与因汇率变动引起的结构突变下的实际值的差距，先估计正常技术—贸易条件下的顺差值，然后根据实际值理解与模拟值的差分析升值因素引起的顺差，得出表1。可以看出2005年人民币升值后引起的结构突变，如果按照正常的技术和贸易条件，不发生结构突变，则贸易顺差是按照模拟值计算的，而实际的值远远大于模拟值，这与验证了中国贸易顺差具有很强的金融因素，而且幅度非常大，特别是2007年实际贸易顺差度远远大于模拟顺差的两倍以上，顺差中有2/3是具有金融特性的。

表1 2005~2008年季度实际贸易顺差和模拟值

时间	实际贸易顺差	模拟贸易顺差	实际贸易顺差是模拟贸易顺差的百分数（%）
2005年9月	2338.83	1459.66	160.23
2005年12月	2712.92	2500.53	108.49
2006年3月	1859.85	1313.26	141.62
2006年6月	3041.69	1754.79	73.34
2006年9月	3880.55	1794.68	216.23
2006年12月	5329.44	2971.36	179.36
2007年3月	3611.04	1601.57	225.47
2007年6月	5079.19	2070.29	245.34
2007年9月	5529.82	1952.87	283.16
2007年12月	5651.55	3409.23	165.77
2008年3月	2971.90	1886.26	157.55
2008年6月	4024.42	2413.00	166.78
2008年9月	5700.34	2403.75	237.14
2008年12月	7809.34	4414.90	176.89

注：该表由中国社会科学院经济研究所陈昌兵博士后计算，详见《中国贸易顺差的计量分析》（2009）。

这种现象直接反映在了外汇储备激增上（见表2），外汇占款直接逼迫着我国货币当局进行货币投放，尽管央行不断地对冲货币，但货币供给过多直接导致了资产价格的快速攀升，股指从 2005 年起步到 2007 年突破 6000 点，房价也同时起步，2007 年下半年物价也越过了温和通货膨胀的 5%，货币政策紧缩也难以抑制资产和物价上升，货币政策的有效性受到挑战。

但从贸易角度来看，"十五"期间的 2001～2004 年中国外贸对经济的贡献大幅度下降，年平均贡献降至 3.6%，中国经济基本靠内需，而不像"九五"期间，尽管遭受了亚洲金融危机，外需带动仍平均在 16%，1997 年外贸贡献达到 44%。2005 年人民币升值，中国贸易顺差不但没有按预期的削减，反而大幅度提高，对经济增长的贡献度一跃而起达到了 20% 上下，但正像我们计算的那样，2005 年以来的顺差包括了大量的金融现象，而不是完全的贸易竞争力提高的结果，因此我国经济对外部的依赖也就没有如此严重。如果不是升值引起的突然性变动，以 21 世纪以来的外需带动也就是在 5%～10%，这样推算下来的当前外部需求下降对经济减速贡献就要小得多。

中国 21 世纪靠城市化的带动，重振了内需，外部依赖明显低于 20 世纪 90 年代中后期，只是由于人民币升值导致的大量为套利而来的特殊"顺差"引起了中国经济看似严重的外部依赖。

表 2　GDP 贡献的分解

年份	最终消费支出		资本形成总额		货物和服务净出口	
	贡献率（%）	拉动（百分点）	贡献率（%）	拉动（百分点）	贡献率（%）	拉动（百分点）
1996	60.1	6.0	34.3	3.4	5.6	0.6
1997	37.0	3.4	18.6	1.7	44.4	4.2
1998	57.1	4.4	26.4	2.1	16.5	1.3
1999	74.7	5.7	23.7	1.8	1.6	0.1
2000	65.1	5.5	22.4	1.9	12.5	1.0
2001	50.0	4.1	50.1	4.2	−0.1	
2002	43.6	4.0	48.8	4.4	7.6	0.7
2003	35.3	3.5	63.7	6.4	1.0	0.1
2004	38.7	3.9	55.3	5.6	6.0	0.6
2005（人民币升值）	38.2	4.0	37.7	3.9	24.1	2.5
2006	38.7	4.5	42.0	4.9	19.3	2.2
2007	39.4	4.7	40.9	4.9	19.7	2.3
2008	45.7	4.1	45.1	4.1	9.2	0.8
2009（前三季度）	51.9	4.0	94.8	7.3	−46.8	−3.6

资料来源：中华人民共和国国家统计局. 中国统计年鉴 2008 [M]. 北京：中国统计出版社，2008.

2008 年 10 月美国次贷危机冲击中国时，中国政府立即使用盯死美元的近乎固定汇率的做法，外部资金流动冲击被减弱，同时采取了积极的财政提升内需，货币政策也同时由紧缩转向宽松，配合积极的财政政策，大幅度投资基础设施、社保等，其积极效果是有目共睹的，中国经济成为了世界最快实现复苏的国家，2009 年经济增长回到了潜在增长率之上，说明中国经济不是依赖于外部的，宏观政策激励内需是有效的。

但同时反思这次危机发现，对中国实体经济最大的冲击来自大宗商品价格的直接冲击，大宗商品价格在短短 2 个月内下跌均超过了 50%，石油下跌了 70%，而近年来中国对外部原材料的需求增加依赖。在突然价格崩溃的冲击下，国内企业短期内"无法定价"，对购入和卖出产品的定价完全混乱，导致维持或停产、停购现象，中国经济在 2008 年 11 月体现得最为充分，财政收入负增长，而中国财政收入是以流转税为主体的，即企业运行就收税的体制，只有停产才会导致财政收入下降如此快，起码大量的工厂被价格冲击所"恐慌"处于停产或半停产，而后才是实质上的外需订单下降等引起的出口部门的中长期衰退。中国经济已经走向了一个外向型的经济，因此它受到外部的冲击已经是多方面的，冲击也是明显的。2009 年前三个季度净出口贡献下降 3.6 个百分点拖累了中国的增长，这次与以往不同的是进口明显高于出口，刺激经济政策效果"外溢"了，与单纯的外需不足是有所不同的。从资金逻辑来看，中国在被国际金融危机冲击之前，已经是产能过剩，大量资金从实体中析出跑到了房地产和股市中，那时资产泡沫和通货膨胀已经有了很强的趋势，因此中国这次遭受外需收缩，从理论上来讲，产能更为过剩，加上政府的资金激励和国际热钱再次涌入中国套"汇率制度"的利，流动性过剩是有过之而无不及的。

当前中国宏观政策处于艰难的选择之中，以增加投资和信贷为主体的激励政策不退出，在国际套利资金蜂拥而至的条件下，国内过度宽松的流动性环境必然导致更为强烈的资产泡沫和通货膨胀预期。调整政策和开放条件成为了现阶段宏观政策的关键。

二、宏观政策有效性与增长特性

中国宏观政策激励有效性不仅和开放有关联，更与其发展阶段、增长的特性高度相关。这次国际金融危机源于发达国家的金融市场和机构发生了危机，它们最为严重的问题是信用和流动性问题，其政府实施的货币政策主要是量化式的宽松政策增加流动性，财政政策是直接采用购买公司债务等方法来担保公司信用以获得发展，仅有少量资金用于基础设施、技术改造等传统凯恩斯反周期的需求管理方法。在危机结束后其退出的机制也多是在资本市场操作，福利效果偏向了金融机构，而不是解决了更多的一般性就业。而中国则完全不同，中国积极的财政政策和适度宽松的货币政策是直接以实物为基础的，大量集中在基础设施上，因此其政策激励方向和退出完全不同于发达国家模式。面对危机各国都是依据自己的经济增长性质和处理危机的需要来做出宏观政策决策的。

中国经济已经历过两次大的调整，每次都是靠改革来创造出新的持续发展方向。20 世纪 80 年代靠农村改革，刺激了农村部门和轻工部门的发展，俗称 80 年代靠老农。到 1988 年农村部门开始衰退，经济开始进入大的调整，1991 年邓小平南方谈话，打开了开放的大门，而后土地要素的价格改革和宏观经济架构的建立，例如，分税制、汇率超贬、银行法实施等，为中国经济走向外向型经济和稳定宏观打开了大门，俗称90年代靠老外。1997年亚洲金融危机后国家采取了积极财政的政策，但更重要的是1997年国家允许住房消费信贷，1998年取消福利住房，而后银行撇账上市稳定了金融系统，并积极推进了加入WTO等开放，直接启动了21世纪以来的城市化进程。

　　2008年国际金融危机冲击时，中国正处在大规模城市化提升的阶段，经济和社会的基础建设工作正需要大的投资，国家通过积极的财政和货币政策推动经济社会的基础建设是有的放矢的。从经济理论逻辑来看，当发展过程中存在着资源的结构配置变化产生规模收益时，动员资源集中投资一般是有超额回报的。在工业化过程中，集中农业资源到工业上来，就会产生明显的赶超增长；从封闭的国家变为开放国家也可能得到全球化的收益；而城市化带来的空间集聚也会产生很大的规模效益，这些都是规模收益递增过程，有规模收益则赶超速度就会存在。

　　在结构性规模收益递增条件下，政府实施的积极宏观政策其目标依然是有其内在经济逻辑，投资对加速增长是有效的。只要增长的收益能够抵补财政成本、金融损失和经济波动福利损失则增长激励有效，但当结构收益递减或激励过度导致的上述成本无法抵补，则宏观对经济增长的激励效率下降，宏观政策的增长激励会变得无效，甚至产生很多问题。

　　发展中国家的另一个特征是宏观政策传递的不完善性，换言之，不可能仅仅靠完善的市场进行参数操作就实现宏观调控目标，而是要大量依靠数量性工具，并配合相关的动员机制才能完成宏观政策的激励和反馈。而这一机制连同增长的特性决定着宏观政策实施的目标和效果。

　　2008年中国的城市化率为46%，处在城市化的加速时期，我们依据国际城市化经验计算，按照诺瑟姆（Ray M. Northam）的城市发展S曲线，世界城市化具有明显的阶段性，可以分为三个阶段：第一个阶段城市化水平小于30%，此时城市人口增长缓慢，当城市人口比重超过10%以后城市化水平才略微提高。第二个阶段城市化水平在30%~70%，当城市人口比重超过30%城市化进入加速阶段，城市化进程出现加快趋势，这种趋势一直要持续到城市化水平达到70%才会逐渐稳定下来。第三个阶段城市化水平大于70%。此时社会经济发展渐趋成熟，城市人口保持平稳。而城市化的第二阶段又分为两大阶段，30%~50%称为"遍地开花"的城市化阶段，人们就近进城；50%~70%称为大城市化阶段，人口从中小城市向大城市转移，寻求就业机会，而大城市通过提高人口密度和基础设施的规模化运用，其集聚效率大幅度提高，促进服务业和工业化发展。

　　图1基期是1949年，我们以1978年为基期，拟合方程为 $Y=\dfrac{1}{1+4.871e^{-0.04462t}}$，经过二阶微分，不同基期模型的拐点是一致的，在2014年，增长速度开始走向平缓。

　　中国的城市化从1992才正式按市场方式开启，土地从传统体制下的无价划拨到有偿转让，土地才成为了生产要素，但购买者主要是法人，个人还不能参与这个市场，城市化一直缓慢地进行。1997年开始了住房消费信贷，1998年取消了福利住房，1999

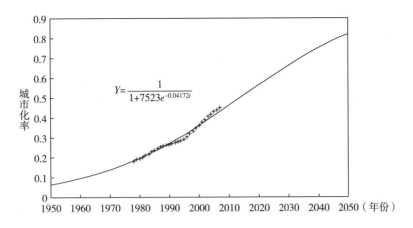

图1　中国城市化进程的模拟

资料来源：张平（2009）。

年更进一步推动住房市场化方向，极大地推动了城市化的发展，城市化呈现加速增长的态势，以1996年城市化率超过30%计算，中国城市化率水平每年平均增长1.3%。依据模型预测到2014年是这一个上升期的转折点，在此后城市化的速度逐步回落到0.8%的速度。

中国经济受到外部冲击后，积极的宏观政策激励"内需"的根本就放在城市化的再启动上，但如果宏观短期的启动经济的政策应与可持续的城市化发展的方向一致，那么宏观政策激励的短期效应就会具有长期的持续性效果，否则短期的政策对长期增长只会导致扰动。

中国处在城市化加速阶段，需要大量资金，财政和货币激励直接推动城市化规模扩张，但城市化过程也很容易引起资产泡沫。启动城市化方式有很多，一种是沿着原有的城市化的路子继续，通过扩张货币，以过剩的流动性来保持现有的房地产价格，短期内也有保增长的效应，但只会导致泡沫的更严重化，是不可持续的；另一种是政府通过这次危机调整城市化模式，就会激发出城市化的真实需求，其发展的道路是可持续的。

由于城市化推进吸引了大量的投资，而且对城市化的扩张不论在GDP、税收和土地转让金等各个方面都达到了地方的增长和福利等地方发展的目标，因此城市化的土地性扩张成为了中国当今发展的主流。而城市化最大价值是人口资源的聚集，发挥其规模效应和集聚效应，促进城市本身的持续发展，如果仅仅只是土地等的扩张，到处都是巨大而空旷的城市，以及昂贵的房价，则人口、服务业、工业都难从城市化中获得收益。

中国要尽快转变现有的"遍地开发的土地城市建设"模式，因为这种模式的集聚和规模效益低下，人口会逐步转到更有就业机会的地方发展，城市缺少了必要的吸引力，卖地难维持，而产业在城市里的持续发展力不强，提高的税收下降，另外城市维护成本高，社会保障、行政运营、地方政府负债成本等都会引起地方财政的极大压力，这种战略是难以持续的。通过这次危机和"十二五"规划要加大对城市化发展战略的调整，加快人口城市化，提高人口密度，以基础设施投资带动城市的规模化发展，从而在空间方面提升城市的集聚效率，发展城市服务业和推进工业的现代化，同时将过剩的资金运用于土地、基础设施和住房的长期开发上，这要在税收和金融方面改革和支持，从而提高社会保障性住房的比重，降低城市化的成本，吸引人的集聚。

三、宏观政策激励机制和效果

这次反危机过程中，中国宏观激励政策发挥了积极的效用，一方面说明中国政府激励政策力度大，另一方面也说明了中国经济运行体系中对激励政策的反应是非常敏感，而且是有效的。

宏观经济政策基本运行的机制由以下五个部分组成：

（1）实施的途径（或称为管道）和工具，如公开市场操作，还是信贷放松；或是财政补贴、资助还是直接投资基础设施，使用的渠道、杠杆比率和及时性都有着很大的差别，发达国家基本上采用的是间接的参数调控方式，利用公开市场操作较多，效率往往受到一定影响，但其进入与推出的机制比较清楚，如美国央行直接从市场上购买债券，注入资金，当经济和信用恢复后，它可以卖出债券回收注入的资金等。中国多年来采用的宏观激励政策均是直接的调控模式，基本上以财政直接投资为启动担保，银行信贷融资为支持的基础设施投资机会，渠道直接，见效很快，以贷款驱动货币供给的提升。

（2）激励的主体，政策可以直接激励消费者、企业或政府，如消费券直接激励的是消费者，而金融注资计划往往是相关需要救助的金融企业。中国历次宏观激励的主体也因时而变，20世纪90年代初应对经济衰退，主要是通过对外开放、提高市场化程度等改革措施来激励企业发展，配合信贷政策进行了激励；而1998年应对亚洲金融危机时主要靠中央政府直接基础设施投资，并通过开启消费信贷和取消福利住房等政策激励消费者投资购房；这次应对全球金融危机则是中央政府和地方政府首先作为财政政策的承担者，进行基础设施投资，而地方政府和国有企业承担了信贷发放的承载体，重新开启了"银政""银企"关系，由于地方政府和国企具有很强的软预算和投资饥渴症，其投资冲动是很强力的，也一直在规范"银政"和"银企"关系，甚至很多改革措施都是斩断这一关系。但面对危机时政府以此作为启动主体，其效率最高，因为他们可以不计成本进行投资，只要有银行资金供给。这次地方政府县以上建立了3800多个融资平台，中长期信贷中的大部分都是注入到这些融资平台中，形成了这一轮激励核心运作主体。

（3）宏观政策激励与资源约束，政策的激励目标是重要的，中国的激励目标就是"保八"，目标单一因此效率很高。而多年来从中央到地方政府都重视经济增长的指标，地方政府为"增长而竞争"，大型国有企业集团要争相进入500政绩都是从增长中来的，因此保增长的激励效率是非常高的，而这一激励基本上是无特殊约束的，只要可动用的资源仍然足够多，激励政策的资金量就会按保增长这一目标"倒逼"出来。中国是一个高储蓄的国家，无论是居民、企业还是政府储蓄都很高，而且外汇储备全球第一，因此可动员资源是足够的。中国动员资源的方式是政府性的，其激励政策的资源约束比较小，因此宏观激励目标与约束构造宏观效率的边界。

（4）宏观政策激励的福利效果和成本，宏观政策激励后其福利效果成为了宏观政策的重要评价和进一步实施或推出的依据。各国政府在这次危机中采取了各种救市政策，采用这些积极救助政策时需要不断向公众说明其福利效应，否则就难以得到公众的广泛支持。而大量政策退出的理由也是由于政府支出过大会导致挤出效应，政府支持会增加负债引起税率上升都会对企业产生不利影响。多年来中国是以政府代表全体利益性的资源配置结构，激励的福利效果表现为经济增长就会惠及劳动者的评价，直接对多元、开放下的多元化福利目标和激励进行了统一，提高了效率，但福利效果往往不尽如人意，受到社会性约束性较弱，其成本评估往往是要受到很多硬成本限制时才会显现，如财政危机等，很多成本会是逐步积累的。在有规模收益递增的加速赶超阶段，往往很多宏观成本都会被增长的收益抵消掉，只要存在结构性变革导致的规模收益递增，宏观总体激励政策一般是有效的。

（5）宏观政策的管理，上述的运行体系构成了宏观经济政策的激励、运行，政府的直接政策干预一定要择机退出，其设计也是重要的，这些运行构成了宏观政策的管理过程。

中国这次宏观政策的扩张已经形成了新的"倒逼"机制（张平，2008），银政、银企关系再次构成了这次倒逼机制的主体，而由于宏观政策又是直接投入到基础设施，成本约束短期并不显现的条件下，宏观政策退出是非常难的。中国处在一个具有投入规模递增的阶段，宏观政策激励的成效完全有可能抵消其成本。但值得重视的是，随着经济体量越来越大，宏观激励政策的成本会越来越高，而且其福利效果也可能进一步偏移，激励效果更有利于现有的既得利益集团，如垄断企业、行政部门和资产占有者身上，这些利益集团直接会阻碍政策的退出，这就给宏观政策退出管理提出了更大的挑战。

中国政府面对全球金融危机冲击，进行了大幅度的宏观激励，中国提出的两年4万亿元和每年5000亿元的减税计划约占每年GDP总额的7%以上，而重灾区的美国投入了占GDP的5%，欧洲和日本就更低了，而发展中国家更低，印度刺激预算只有中国的13%，中国是全球救助力度最大的国家。中国在采取了"积极财政"的同时，采取了"适度宽松的货币政策"，从中国宏观政策激励组合的历史来看，同时采取了双宽松的政策是最为积极的。政府投资直接启动了这轮反周期，而信贷快速跟进则直接推动经济的发展，信贷新增贷款预计超过9.5万亿元，而2005年前新增贷款没有超过2万亿元的，2008年如不包含最后两个月的大规模放贷刺激，新增贷款翻了一番，信贷激增直接刺激了货币供给量的增加，M2增长远超出计划的17%，达到了28%，中国经济在财政和货币双积极政策的激励下，经过了两个季度低于7%的增长后，迅速地回到了潜在增长区间7%~9.5%内，率先全球复苏。

正像图 2 所列出的，投资拉动了进口，刺激政策效应外溢，导致了净出口下降拖累了经济的正常复兴。如果投资刺激政策下降，对进口的需求也同样会下降，可能净出口也会下降，整体增长速度反而不会降，但自主的宏观政策往往是反危机采取的第一反应。当中国 2009 年保八完成后，经济已经从 2009 年第四季度开始从复苏进入扩张期，即经济在潜在增长区间运行，同时物价也转正，物价已经跟随经济增长而提高了，经济增长的自主性投资和工业扩张都明显地给了我们一个清晰的信号，而资产价格也回到了冲击前的正常水平，房地产价格上涨已经接近或超过了 2007 年泡沫高峰期的水平，经济增长正在逐步转向扩张。

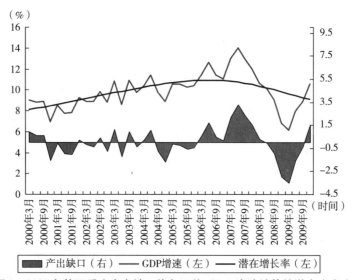

图 2　2009 年第四季度产出缺口恢复正值（HP 滤波计算的潜在生产率）
资料来源：由首都经贸大学经济学院戴磊博士依据统计局公布的季度数据计算。

我们宏观管理第一命题就是如何进行下一步的宏观激励政策调整，即流动性管理要加大力度，当然更为重要的是政策机制的调整，以现在的地方政府和大国企集团为代表的刺激主体一定会"倒逼"宽松政策持续下去，这就会导致更大的问题。

国际上对反危机政策做过很多的研究和反思，大量的文章认为政府干预应该是临时性的，过度的政府激励会带来财政的风险和很大的福利社会福利损失。一项研究表明，在危机之后的三年中，政府债务增长率达到 86%（Reinhart and Rogoff，2009），而且政府投资的挤出效应也是明显的，在危机后提高宏观税负水平对企业发展和居民就业和消费都是不利的。反思大萧条下政府过度运用问题也有很多重要的研究，认为"过度政府干预引致衰退延长，因此提高经济体的弹性，让更多的市场经济发挥作用是重要的"（张晓晶，2009）。

四、宏观政策管理重点的抉择

中国经济已经从复苏转向了扩张，而全球经济也保持了复苏的状态，中国经济面临着新的开放和发展格局，宏观政策的激励方向和政策组合应根据新的形势进行选择。短期的宏观激励重点应该从保增长的基础设施投资根本性地转移到民生、社会发展等的投资上来，并积极运用财政、货币和资本市场政策的技术性调整，管理资产价格和通货膨胀预期，增加参数调控性，协调短期激励与长期均衡增长相一致。2010 年后最为关键的是政府"退出"，让经济重新回到市场配置资源的轨道上来，政府的宏观政策目标重新回到稳定经济上来。

2010 年的短期宏观政策管理的重点有四个：

（1）根本转变宏观政策激励的重点，从见效快的基础设施投资转向民生和社会发展所需的投资上，随着城市化发展，民生和社会发展所需的投资越来越大，教育、卫生、文化、社会保障、保障性住房、劳动力市场建设、消除贫困等都是现实需求和供给最为脱节的，要加大宏观政策激励的重点，稳速增效，提高经济和社会效益。

（2）将通货膨胀和资产价格泡沫预期纳入到宏观管理中来，提高宏观政策管理水平。中国实体经济一直受到产能过剩的困扰，产能过剩导致资金正处在一个析出的阶段，大量资金转向了资产市场，2009 年又大规模增加了流动性激励，加上当前国际上发达国家套利资金的不断到来，流动性冲击会引发严重的资产泡沫和价格上涨，因此必须在此期间将流动性配置好、管理好，让流动性为我国发展服务，而不是带来"冲击"。为此，首先要继续保持现有的盯住美元的低浮动的有管理的汇率体制不变，直到货币政策完成紧缩，财政政策退出，否则货币政策紧缩是无效的；其次是针对当前的热钱过多的扰动也可效仿巴西收取托宾税，并启动货币对冲机制；最后是减少信贷增长的压力，加大资本市场融资，特别是债券市场的发展，增加地方债务发行，让地方债务透明化，也理解地方债务的风险等，通过债券和股权的融资吸收国内和国际资金，并依据市场信号加以配置，有效地配置流动性。

（3）开征物业税，加大保障性住房的供给，降低房地产泡沫产生的可能性。积极开征物业税，将政府短期卖地行为产期化，利用现有国家动员的资金较多的有利条件增加保障性住房的供给，并通过收紧房地产的金融条件，让城市化发展良性化，降低房地产泡沫产生的可能性。

（4）加大对实体经济的激励力度，走内外需并重的内生经济发展道路。短期内针对创新和规模化重组发展应给予一定的减税激励和信贷支持，特别是对就业帮助大的小型和民营企业都要有一个扶持计划，并积极推进成本正常化条件下的国际竞争，内外需并重依然是我国长期的一个重要战略选择。

为了配合中国中长期发展，特别是中国人均 GDP 超过 3500 美元，将进入到中高收入的阶段，如果过度依赖政府激励，泡沫重生，那么经济增长方式转型难度会变得更大，必须把短期的政策与长期政策有所协调，转变政策激励的重点进行转换，并同时改变政策运行机制，增加经济体的弹性，让市场积极发挥其基础性配置资源的作用。主要应采取以下四项措施：

（1）加快政府"退出"，充分发挥市场基础性配置资源的作用。政府反危机时作用重大，如果中央政府过度使用资源配置权，并逐步形成更为牢固的利益结构，宏观激励将会被不断"倒逼"，无法退出。政府无法退出会极大地干扰市场的基础性配置资源作用，而且会不断强化既得利益集团，导致经济发展和福利分享更为不均衡。政府在未来时期加快退出反危机周期是最为重要的举措，首先应该有意识地减低直接激励性政策，增加参数性激励干预；其次逐步消除既得利益的"倒逼"，改变政策的运行机制。

政府退出才能市场根据价格信号配置资源，因此政府退出的同时要下大力气改革扭曲的价格体系，如资源价格，通过正确的价格信号改变市场参与者的激励，引导资源的有效配置，从而实现结构的优化。因此要坚持市场化改革，充分发挥市场基础性配置资源的作用，加强反垄断机制的建立，特别是缩小行政垄断的范围。逐步解除要素（包括土地、能源和矿产、汇率和利率等）价格的行政管制，推进公用事业的价格市场化，让市场能有效配置资源，让微观企业能按市场信号进行理性决策，这样才能有效地消除结构失衡及其利益激励基础，建立起均衡增长的机制。

（2）将大规模投资放在提升空间集聚效应和提升产业现代化上。全球城市化发展的经验表明，一国城市化水平与单位资本 GDP 间的高度相关。原因是人口和资源的空间集聚产生了规模收益递增的效应。对于工业化的城市，聚集效应更明显，因为知识和新技术在交流、竞争和传播等方面效率更高，城市运行成本低（因公用设施密集），产出效率高。可以观察到，以东亚为主的新兴经济体走的正是以大城市圈为特征的，围绕工业化而展开城市化的路子。随着空间要素集聚水平、人口密度和规模的提高，服务业会被快速推动，使城市发展的多样性增加，服务业就业和产值占 GDP 的比重快速上升。无论是工业还是服务业其竞争力都受到城市化带来的成本上升压力，必须获得更大集聚效率才能保持产业竞争力，提高空间集聚水平、密度和规模性是发展服务业，保持产业竞争力的关键。提高人口城市化的根本是取消户籍制度，并加快配合以身份证为基础的社会保障体系，促进人口流动和集聚。

（3）扩大就业，建立社会分享机制，提升劳动力报酬，扩大居民消费需求。积极扩大就业，建立社会分享机制，提高居民收入才能从根本上解决消费投资失衡、内外需失衡的问题。中国要素收入初次分配过程中系统性低于国际水平，低于发达国家相当于我们发展时期的 20%，低于新兴市场国家 15%，中国劳动收入报酬低直接导致了中国消费率低的特征，如果劳动者报酬提升至新兴市场国家的水平，那么消费率会提高 10 个百分点，如果能加大企业的分红和保持正利率水平，中国的财富报酬也会提高，进而带动消费率，刺激消费措施和提高社会保障等方法有可能再提高消费率 3 个百分点，中国居民消费率就会从 2008 年的 36% 上升到 49%，直接会扭转消费和投资失衡的局面，扩大内需才能落到实处。

调整收入分配机制，缩小收入差距，增加就业，扩大社会保障体系的覆盖面，积极促进卫生、教育、保障性住房和公共服务的发展，实现社会的和谐化，为 2020 年全面小康打下坚实的基础。

（4）加大社会保障、劳动力市场建设等社会投资。城市化的加速发展直接提出的命题就是必须加大社会基础设施的投资，从农民变市民，社会保障体系、劳动力市场、教育、卫生和行政管理体系都要建立，这些是城市化带来的最为直接的投资需求，这些需求需要一个整体的规划性安排才能使其商业可持续，否则对后发国家负担会过重，因此"低水平、广覆盖、灵活转换"的城乡社保体系建立才能建设城乡一体化劳动力市场和社会保障的过度模式。需要政府大力进行支持和投资，中国需要资金，但更需要合理的配置资金。

参考文献

［1］Charles I. Jones and Paul M. Romer. The New Kaldor Facts：Ideas，Institutions，Population，and Human Capital ［C/OL］. Working Paper. DOI：http：//www. nber. org/papers/w15094，2009.

［2］Carmen M. Reinhart and Kenneth S. Rogoff. The Aftermath of Financial Crises ［J］. American Economic Review，American Economic Association，2009，99（2）：466-472.

［3］［美］H. 钱纳里，S. 鲁宾逊，M. 赛尔奎因. 工业化和经济增长的比较研究 ［M］. 吴奇，王松宝等译. 上海：上海三联书店，1986.

［4］向松祚. 蒙代尔不可能三角的运用和滥用 ［EB/OL］. http：//xiangsongzuo. blog. 163. com/blog/static/20738888200821293756775/.

［5］张平. "倒逼机制"下的增长收缩、扩张和政策目标 ［J］. 经济学动态，2008（12）.

［6］张平. 2009 年投资前景报告 ［M］. 北京：中国时代经济出版社，2009.

［7］张晓晶. 中国经济复苏之道：提高经济体的弹性 ［C］. "金砖四国"经济发展比较国际研讨会（社科院召开）论文集，2009.

26 稳定化政策基准、期限和激励政策组合*

张 平 付敏杰

在金融危机冲击下,各国政府纷纷采取了稳定化政策,发达国家阵营以美国的量化宽松、欧洲金融稳定基金(EFSF)为代表的稳定机制,实质以金融加速器为基础的稳定金融政策。发展中国家则纷纷采取经典凯恩斯主义的积极财政政策,如中国是以积极财政推进基础设施投资作为危机应对政策。政府的稳定政策均起到了短期化解"恐慌"风险的作用,但从稳定到常规增长的时间却越来越难以确认,美国连续推出了量化宽松Ⅰ、Ⅱ,扭转交易,甚至要推出量宽Ⅲ,理论上完美的短期稳定政策正逐步变成长期的"救市"政策。中国政府支持铁路债、允许地方试点发债等一系列举措,从某种意义上已经进入到了第二轮稳定化政策,希望通过稳定债券、股票市场等方式化解地方债务、铁路债务带来的短期现金流风险,同时加大保障性住房建设以稳定投资规模,但是保障房建设的主体地方政府却没有响应的财力。宏观稳定政策解决了短期资金需求,保持了宏观稳定,但是流动性只浮于虚拟经济和金融层面,并没有向实体经济扩散。如果没有持续的增长,稳定政策就必须长期坚持,反而会带来更大的宏观成本。当前发达国家遇到的"无就业复苏"就是对稳定政策的最大挑战,如果实体增长长期低于潜在增长率目标,失业率高居不下,必然加大财政支出救助,减少财政收入,更多和更大的债务包袱会引起更高的风险。严峻的现实意味着在寻求稳定化政策的同时,尽快地寻找可持续发展的动力是更为重要的,这样才能使一国经济回到良性循环的轨道。

当前中国经济处在一个选择的关键时刻,一方面要稳定金融,控制地方融资平台债务、地产价格下跌等引起金融风险;另一方面更要寻找如何从政府动员资源的数量性扩张转向依赖市场机制激励的经济发展的路径,这两项任务在一个充满不确定性的国际化背景下显得非常艰难。展望2012年,全球经济的需求放缓,中国的输入性通货膨胀压力会略有减轻,但同时外需不足会直接推低中国经济增长,中国当前的增长趋势已经逐季下滑,趋势不容乐观。宏观政策是否会重新回到加大数量激励的政策中,有没有转向市场引导经济内生发展的道路,是直接对中国未来可持续发展的挑战。

本文以潜在增长率变化为基准集中讨论中国的稳定化政策,并探索以市场化激励中国经济的可能性政策选择,寻找持续发展的道路。

---

* 全文发表于《经济学动态》2011年第11期。

一、稳定化政策的基准和尺度

各国的宏观稳定政策目标设定的基准都是潜在增长率（长期增长趋势），调控的重要内容是监测潜在增长率是否发生了根本性变化，并将目标增长率向以潜在增长率政策区间调整。宏观稳定化的政策就是要激励或调控经济回到潜在增长区间，并择时退出激励或调控性政策。如果是短期冲击，稳定化政策的作用是非常有效的，但是大的结构性调整，短期稳定政策会被连续使用，政策难以退出或回到中性，连续使用宏观稳定政策就会不断累积出宏观稳定政策的成本。宏观稳定化政策尺度一般由潜在增长率区间调控，但其跨期成本则要受到国家动员资源能力的限制。

从潜在增长率的尺度来看，美国、欧洲和日本等发达经济体都有专业的研究潜在增长率机构，以此定义国家的宏观政策目标区间，如美国国会预算办公室（Congressional Budget Office，CBO），其测算就成为美国总统顾问报告的保留内容，而欧盟财金事务理事会（European Commission Directorate General for Economic and Financial Affairs）、日本央行（Bank of Japan，BOJ）都进行了研究更新，成为政策目标的参考。其他理论研究也有很多，国内很多学者都对潜在增长率进行了计算。

宏观稳定政策的尺度，多是在"奥肯定律"对应的增长与就业关系和"菲利普斯曲线"对应的就业与通胀的关系基础上定义的潜在增长率，即经济增长—就业—物价三者长期均衡值。偏离均衡就可进行宏观政策调控，建构政策管理的负反馈机制，推动其走向均衡。而供给角度的潜在增长率多是基于生产函数来进行计算的，探索经济体的要素是否得到了充分利用，是否有根本性改变生产率的变量发挥作用，如2001年美国总统顾问报告用大篇幅探讨了信息技术革命是否大幅度改变生产率问题等。

美国国会预算办公室的"潜在产出"（Potential Output）界定：潜在产出是对可达GDP水平的一种估计，此时经济资源处于充分利用状态，反映了生产能力的增长状况。潜在产出是对"最大可持续产出"的一种度量，当实际GDP大于或小于潜在产出时，经济将出现通货膨胀压力或资源闲置问题。日本央行的"潜在产出"界定：在中期潜在产出代表了经济可持续增长路径；在长期潜在产出表示物价稳定的经济状态。欧盟财金事务理事会的"潜在产出"界定：潜在产出是反映经济供给能力的综合指标，经济增长可持续性、通胀趋势均可以经由这个指标进行观察，周期分析、政策制定、增长前景分析建立在潜在产出增长趋势的预测之上。这些定义都涉及潜在增长与资源利用和物价之间建立经验关系，从本质探讨两个方面的内容：①经济可持续增长状态；②与物价的均衡关系或以就业衡量的资源利用，前者是宏观的总量平衡角度，后者是供给角度。

中国潜在增长率的估计，从总量均衡角度分析大多沿着菲利普斯曲线进行实证，因为就业难以直接观察，所以基本放弃了奥肯定律，而直接从增长与物价的关系入手，建立均衡关系以理解宏观稳定政策目标。中国社会科学院经济所经济增长与宏观稳定课题组长期以来追踪潜在增长率研究，并以此构造了中国的宏观决策目标区间和分析了影响生产函数变化的关键变量，并不断地更新研究。张晓晶（2007）、张平、王宏淼（2011）、袁富华和张平（2011）都进行了更新和分析。利用扩展菲利普斯方程能很好地模拟中国宏观均衡的关系，刻画了经济增长和物价关系，并与政府宏观政策出台进行对应，经验分析是非常吻合的。

根据 1985~2011 年中国经济增长和物价的数据我们构造了简单的回归模型：

$$CPI = -9.875 + 0.288 \times CPI\ (-1)\ + 1.385 \times GDP\ (-1)\ + [MA\ (1)\ = 0.897]$$

调整 $R^2 = 0.743$，$DW = 1.82$

从表 1 中可以看出，经济增长在 7.8%~10.4% 为潜在增长的均衡区间，对应的物价水平为 0%~5%，最为安全的经济增长和物价区间多年来经验定义在 8.5%~10.0%，物价在 1%~4%。政策界限依区间而定，低于 8.5%，经济需要激励，低于 8% 就会伴随通缩，强激励，低于 7% 则认为硬着陆了，强烈刺激政策；高于两位数经济过热。现在基本上不太调整增速，但严格控制通货膨胀，通胀超过 4% 趋向 5% 宏观开始微调，超过 5%，宏观政策紧缩；通胀趋向 10% 强烈紧缩，采取冻结物价等系列行政措施。

表 1 扩展菲利普斯曲线进行模拟得出的政策均衡区间

CPI	-4	-3	-2	-1	0	1	2	3	4	5	6	7	8	9	10
GDP	5.7	6.2	6.8	7.3	7.8	8.3	8.8	9.3	9.8	10.4	10.9	11.0	12.0	12.4	13.0

注：系数对应的 t 值分别为 2.5、1.73 和 3.73。

1998~2002 年调控的"软着陆"区间是七上八下，物价低于 0，均值在 1%。21 世纪后到现在，经济增长明显加快，两位数的增长占据主要时期，实质容忍的增速高于两位数。从历史经验数据来看，一般是 GDP 过快增长总会滞后一年拉动通货膨胀。传统上过快增长经常被称为"过热"，也是调控的对象，但近年来似乎不再控制增长速度，所以"十一五"期间经济增长明显加快，如不引起通货膨胀则不控制增速。但对增长速度的下限政策比较敏感，如 2008 年中国经济增长两个季度低于 7%，强力的财政和货币政策刺激随之而启动。对物价进行高度关注，接近和超过 5%，都采取强力的管控和行政干预，2004 年、2007 年、2011 年都是如此，长期的经验构造了一个以增长下边界 7% 和通胀上边界 5% 构成的宏观政策管理目标安全区。

潜在增长率另一大研究体系主要是从生产函数的供给角度看潜在增长率的计算，有大量学者进行了这方面的研究，但缺少参数前瞻性分析，潜在增长率的研究偏于往后看，这样与总量均衡方式就有了很多雷同性，属于比较静态分析。供给函数的核心应该是分析决定潜在增长率的因素是否发生了结构性变化，其趋势如何。我们在生产函数研究中引入了一系列前瞻指标，如引入碳排放约束、人口转变和"资本和劳动产出弹性逆转"等对潜在增长率的变化情景进行模拟。

从 1992 年全面改革开放以来，中国经济波动多次，越来越平稳，最为严重的过热是 1994 年，投资拉动引起物价的上升高达 24%，而经济增速较低的区间有两个：一是 1998 年受到亚洲金融危机的冲击，经济增长七上八下，且伴随通货紧缩；二是 2008 年全球金融危机，经济增长两个季度低于 7%，但恢复较快，年度增长依然较高。从经济波动的特征可以看出，外部冲击对中国经济的减速是明显的，1998 年恢复慢，但结构调整较大，开启了城市化；2008 年恢复快，结构变革不明显。

2008 年的全球金融危机冲击，暴露了世界经济传统的分工格局已经难以为继的局面。发达国家经过这次金融冲击，已经难以成为全球的增长贡献者。发达经济体对全球经济增长的贡献从 2008 年一直滑落，按 IMF 的估计 2013 年新兴市场国家对全球的带动份额将超过发达国家。这也意味着发达国家消费和提供储备货币，中国、印度等新兴市场国家提供制造和服务品，资源国家提供资源的分工格局发生根本变化。近年来的欧债危机，美国经济可能的二次探底等的威胁，都在加速原有分工体系的解体，各国将被强制"再平衡"，这对中国这样一个出口导向的国家无疑有着重要的影响，基于全球规模制造的供给规模会下降，从国际环境层面上强化了对潜在增长率进行重估的必要性。

中国将"十二五"期间经济增长目标定在了 7%，已经有了一定的减速准备。但近年来的高速增长，特别是"十一五"期间年均增长 11.2% 的背景下，很多人认为中国经济增长潜在增长率应该提高到两位数以上，而不是下调至 7%。"十一五"期间高增长带来的高物价也是明显的：从 2006~2012 年，由于金融危机冲击导致 2009 年通货紧缩，2007 年消费物价上涨 4.8%，2008 年上涨 5.9%，2011 年消费物价水平预计 5.5%，物价调控的上限似乎也有上调压力。

未来中国的增长和物价的均衡目标，是继续用原有的稳定尺度，还是直接上调物价和增长的区间，即提高物价调控上限以扩展菲利普斯曲线的安全区域，从而利用更为宽松的政策推动高增长？宏观调控的"锚点"是否应该调整？我们认为上调潜在增长率的理由不充分。从建构稳定化的宏观经济增长来看，中国已经实施了 30 年的稳定宏观政策目标区间，继续使用显然对微观主体而言更具有可信度。稳定政策本质上就是通过架构一个负反馈的信息机制，让微观主体能理性预期，从而推动系统平稳和收敛。首先是政策当局的信誉非常重要，其次是需要工具及调控力度等相配合。如果过多地选择稳定化政策，即强调时机，就会引起宏微观的政策博弈，顺周期操作是很容易出现的。宏观政策目标稳定，有助于稳定市场预期。

当前全球经济格局大变化，稳定政策预期目标需要有更大的政策灵活空间。如果预期不能稳定，政策灵活性很快会被外部冲击扰动改变成为顺周期操作，会引起更大的经济波动。

二、宏观稳定化政策的外部扰动

稳定化政策管理的核心是构造一个政策的"理性预期"，即负反馈的机制，负反馈预期取决于规则、政府可信和政策工具配合。择机的宏观政策目标经常会导致"适应性预期"，形成正反馈机制，顺周期操作，加大波动。因此预期管理的核心就是增加预期信息量，确保政策目标区间的稳定性，使微观主体更能进行理性预期判断并进行行为自我矫正，形成负反馈，从而稳定经济。我国的周期波动的主因是投资饥渴，先导指标是信贷扩张（后扩展为社会融资总量），同步变量是GDP，滞后反应是物价。传统的调控是从投资过热入手的，物价管控是最后一步。物价回落至中性后，政策也就回到中性。但在开放的条件下有很多因素变得不可控制，2005年末中国人民币汇改后，外汇储备激增，外汇占款推动了基础货币的投放，尽管有多项对冲，货币投放依然过快。从新增贷款来看，2005年新增贷款1.7万亿元，2006年3.18万亿元；2007年已经高达3.64万亿元，2008年4.77万亿元，到了2009年9.8万亿元，2010年也几乎达到8万亿元。按社会融资总量看，2005年2.13万亿元，2009年14.12万亿元，2010年14.3万亿元的水平，2011年预计也在14万亿元的水平。货币投放必然刺激经济过热，2007年进行了政策收缩，但受到外部冲击，又转向刺激，经济经外部冲击短暂遇冷又转入了更为过热的增长状态，热钱不断涌入，货币投放一路扩张，因此仅仅单项控制物价无济于事。相反，当前经济已经出现了降温趋势，但外汇占款仍然预期升值流入加大，需要央行不断调高存款准备金率来对冲外汇占款，结果可能会导致进一步紧缩和推低增长，引发顺周期调控，而不是建构一个逆周期调控。

开放条件下顺周期扰动特性不断加强，不仅仅真实的外需，也来自商品的价格、货币、金融市场和预期冲击。反思2008年，全球金融危机能在短短几个月内导致全球经济的"突然停止"，全球化下的价格、货币和预期传递是高效的，真实需求降低往往会滞后很长时间。这种外部冲击的扰动需要稳定化政策的前瞻性加强，对先导变量要加以提前性调整，否则会加大顺周期扰动，而不是稳定经济。

建立负反馈的预期管理机制，不仅要有"通货膨胀预期管理"，也要建立相应的"景气"预期管理，让经济增长与物价能相互关联和均衡起来。中国当前的稳定政策表现出很强的单向治理的特征，缺乏相应的市场对冲机制和自动稳定机制。单向治理的特征表现为以下三个方面：①单向治理政策的自我加强性。如不断收缩贷款会导致存款减少，进一步降低了贷款能力，随着经济的不活跃，货币乘数进一步下降等。②多个部门共同单向治理的联合一致性。当前的宏观政策管理当局基本上自扫门前雪，央行主要要对冲外汇占款对货币的冲击，财政部就管收税，银监会不要出坏账、住建部控房价，发改委控物价，农业部管猪，宏观参数化条件变成了各自数量控制考核的指标。虽然各部门联合治理能很快见效，但是也很容易过头，行政干预更会扰动市场经济本身的运行秩序。③政策机制的僵硬性。局部政策的操作难以前瞻，因此政策的灵活性被部分量化的分解性所替代。这种数量化单向的治理模式应对外部不确定冲击和国内周期频繁调整显得力不从心。

当前经济波动频繁，我们刚刚稳定住物价，又要面临经济下滑的挑战，所以稳定政策的核心是要自我保持前瞻性、总体性和自我均衡调节，避免过度反应。动不动就行政化、数量化的干预会极大地扰动市场，引起更大的共振。中国的稳定化政策中的激励政策仍有余地，但其引起的宏观成本也会越来越高。仅仅靠政府扩大财政、投放货币刺激总需求扩张带动增长显然是不够的，欧美当前的危机应是对凯恩斯革命以来宏观调控成本累积的清算，值得政策管理者思考。

我国面对调低了的2012年的全球经济增长，其前瞻性政策应该有所调整，特别是降低金融风险，为市场上提供流动性，发展债券市场和多层次股票市场，推动企业转型和对中小企业救助都是有益和有能力的，但稳定政策不是万能的，其期限结构决定着宏观稳定化政策组合的成本和效果。

三、稳定政策应遵循潜在增长率变化趋势

宏观稳定政策的目的就是将波动过大的经济拉回到潜在增长均衡的区间内，而不能持续依赖稳定政策的激励机制或调控，加大经济波动。因此稳定政策是短期政策，而这一政策将沿着潜在增长率水平变化而调整。决定潜在增长率变动的核心因素是基于生产函数（供给侧）讨论的，只有进行前瞻性的潜在增长率探讨，才能理解未来增长的变化趋势和影响变化的结构因素。

生产函数表达式：$\log (Y^*) = TFP + \alpha \cdot \log (K^*) + (1-\alpha) \cdot \log (L^*)$

其中，$*$ 表示潜在变量符号，Y 是产出，TFP 是全要素生产率，K 是资本，L 是劳动供给，α 和 $1-\alpha$ 分别表示资本和劳动的产出弹性。潜在增长率测算依赖产出弹性的核算才能计算出来。

从资本和劳动的产出弹性进行国际比较来看，中国的资本和劳动的产出弹性的经验值分别为 0.6 和 0.4（张平等，2011），这与中国的要素分配份额高度一致。从 1978~2007 年劳动报酬占比一直保持在 40%，资本份额占比保持在 60%（张车伟，2009），表明中国产出要素报酬份额稳定，产出弹性没有发生大的变化。而发达国家产出弹性则与中国非常不同，如美国国会预算办公室生产函数方程：$\alpha = 0.3$，$1-\alpha = 0.7$；欧盟财金事务理事会生产函数方程：$\alpha = 0.37$，$1-\alpha = 0.63$。中国经济仍处在资本驱动的范畴，经济结构中仍以重化工等大型制造业为主体，人力资本和技术进步贡献水平较低。

从中国当前的实践来看，中国生产函数的几个重要变量仍会保持一段时间，但由于受到国际再平衡的压力、低碳和城市化的发展，中国要素弹性"结构"也在逐步转变。这直接影响了中国经济供给效率。首先是劳动供给增长的减速，劳动力价格上涨，预计到 2015 年后劳动的绝对供给量减少，劳动力供给增长缓慢会导致产出增长减速；其次是劳动市场的供需变化和政府的公共政策会牵引劳动在整个分配中的比例提高，推动劳动产出弹性逐步加大，资本产出弹性下降；再次是城市化率已经超过了 50%，产业结构变化，服务业比重不断提升，其增长的规模效应和效率会低于制造业，但就业和人力资本水平提升；复次是"全球再平衡"直接推动中国内需发展，提升消费是必然趋势。而提高居民消费的根本，就在于改变资本和劳动在分配份额的比例；最后是受到全球低碳规则的约束，在加入碳约束下中国潜在增长率年降低 1 个百分点（袁富华，2010）。

从生产函数角度来看，导致潜在增长率下降的因素较多，而继续推进经济大幅度增长的要素动力因素下降，唯一可依靠的是人力资源提升和技术进步了，但这是不易的。从需求侧来看，2008 年经济进入后危机时代，全球经济的分工和"再平衡"成为了未来较长时期的"常态"，中国经济扩张的外部压力上升，IMF 预计外部需求将降低

中国潜在增长率0.5个百分点。城市化推动的内需扩张也不是无边界的，2011年达到50%后出现减速特征，特别是对中国这样一个土地城市化远超前于人口城市化的国家，城市化带动的投资转折更会提早到来。

以上分析中国潜在增长率会进入逐步降低的过程，当期宏观稳定政策的尺度保持稳定，不是应该按照"十一五"期间借人民币升值，大幅度投放货币造就的高增长那样认识潜在增长率。

"十二五"期间的物价，从要素决定上来看，需要释放"十一五"期间经济过热累积的物价压力。从成本推动上来看，农产品价格和公共产品价格上涨是一个必然趋势，这主要是由于两个部门的劳动生产率提高速度较慢，而未来工资上涨和土地要素价格提高都会超过这两个部门的生产率提高速度。这些因素共同作用的结果，给"十二五"期间物价带来上涨压力。但"十二五"的物价区间也没有太大的调整余地，全球面临总需求下降的压力，而国内潜在增长率平稳，通货膨胀率保持原有的0%~5%的物价稳定区间应是合理区间，这有助于物价预期的管理。

宏观稳定政策应逐步依据潜在增长率变化的规律，逐步降低刺激，以适应潜在增长率的逐步下降的趋势，才能防止经济过热，保持稳定。与稳定政策的总量激励相对的是供给激励政策，需要的是结构性、体制性的改革，而不仅是总量平衡，更需要政策的组合和期限优化。

四、稳定化政策期限结构和激励政策组合

宏观经济政策是应宏观经济问题而生的，有什么样的问题，就应该寻找什么样的政策。从传导机制角度来看，形成于微观层面的宏观问题往往具有较长的期限，形成于宏观本级层面的宏观问题则具有较短的期限，形成于中观层面的问题期限居中。正是这三个层面的宏观问题成因，组合成了完整的宏观政策期限结构。

我们将期限结构定义为由不同层面的因素所累积成宏观问题的期限数量关系。研究宏观经济政策的期限结构问题，根源在于宏观经济问题的期限结构。现代经济学对于微观主体行为和对于产业结构的内涵强调就是期限结构的重要表现。期限结构暗含在所有宏观问题研究之中，尽管它本身并没有构成一个单独的研究主题，本文将其看作宏观经济问题的一种时间维度。我们认为，宏观经济问题可能更多的不是来自宏观本身层面，而更可能是由于微观和中观问题汇总而成。如果宏观政策不能对应相应宏观问题的期限结构，可能会导致宏观经济政策难以出现预期效果，或者是提前透支未来的政策效果，导致由于政策本身引发的"调控出来"的经济波动。期限错配的结果可能是延缓问题的发生，更有可能是造成在更大的宏观成本累积和由于错配而造成的新问题，最终不得不采用新的政策去对冲发生期限错配的政策。当然，由于合成法则的存在，并不是所有的微观问题和中观问题都会汇总成宏观问题，但是并不代表这些问题不存在。

形成于微观层面的宏观问题，传导路径和周期较长，使用宏观经济政策对其进行

调控时，由于涉及市场经济最深层次的微观主体偏好和行为参数（要素供给数量和组合方式）改变，往往在短期内很难见到效果，因而必须使用期限更长的政策，这符合财税政策的主要特征。解决形成于中观层面的宏观问题，往往并不需要调整市场主体的行为，而只是在保持市场主体理性决策的基础上，通过外部环境的改变使市场主体行为产生与总量经济更加相容的效果。由于不涉及微观主体行为改变和利益格局的调整，政策周期往往要短于产生于微观层面的问题，金融稳定政策往往具有这种特征。解决产生于宏观层面的宏观问题，则不改变市场主体行为改变和决定环境，因而期限要求也最短。当然，期限长短只是以现有宏观问题和宏观政策为导向的划分。随着新政策的出现，其分类的完整性有待完善。

宏观经济政策的核心是其效果，但是不同的宏观经济政策却可以实现相同效果。以长期政策来处理短期问题，马上就能够见到很好的效果，但是会对经济体产生当前不能观测到的长期成本。以往的宏观经济政策决策的核心是政策效果问题，忽视了政策期限结构这一个技术维度。例如，长期以来对于财政政策和货币政策在平抑经济周期效果上的争论，往往只是关注了何种政策更加能够在短期内见效，却忽视了这种政策本身所具有的期限问题，导致政策期限错配。

第一个期限错配的例子来自财政政策。20世纪50~60年代，已经走出大萧条的美国和西方发达国家，持续采用大量的财政政策以拉动内需和平抑短期经济波动，不断提高的边际税率和持续上升的转移支付严重地影响了劳动者的劳动供给行为，从而损害了长期增长（Romer and Romer，2010）。财政政策期限较长，主要是因为其对于微观主体行为的影响是逐步传导到位的，因而在短期内很难看到供给面发生了明显改变，这就给过度使用财政政策留下了太大空间。发达国家以财政扩张基础的需求管理政策严重忽视了微观成本，在宏观效果的掩盖下，促成了短期政策长期化，并逐步造成了政府规模的膨胀和私营部门经济效率的降低，最终导致"滞胀"出现。

第二个期限错配的例子来自金融政策。2008年金融危机以来，美国主要采用了以金融稳定为核心的量化宽松政策，成功制止了资产价格暴跌、银行倒闭和通缩的出现，但是却没有带来美国经济的快速复苏，对美国经济二次探底的讨论也从未停止。美国应对经济问题政策难以见效的根本问题在于，金融功能的顺利实现是以微观主体行为不需要改变为前提的，但是美国经济的根本问题恰恰是微观层面的过度消费问题。无就业复苏引发的愈演愈烈的"占领华尔街"运动，基本反映出了市场主体对于调整利益格局的呼声。美国当前采用财政政策才是合理选择，当务之急是找到财政政策的操作空间，但是20世纪50~60年代的财政扩张已经消耗了太多的财政救急资源。欧洲也是如此。

第三个期限错配的例子来自货币政策。长期以来，中国的M2增长率都到达GDP的两倍甚至更多，显示出货币政策操作长期化倾向。在转型经济的背景下，传统计划经济体制下的公有要素（土地、国有资产等）不可交易性导致的市场化和由于经济发展而导致的货币化和金融深化都会吸收一定的货币，从而导致单位要素产出对应的货币量基本稳定并且不会引发通货膨胀。但是随着要素市场改革和金融支持的基本完成，要素市场改革已经不会再吸收新的货币。这样保持原有的货币投放增速并以此来保持经济高速增长，必然就会引发通货膨胀，就像 2007 年以来所经历的那样。

一个理想的宏观政策组合需要充分注意到期限结构问题，合理安排不同期限的政策如何搭配（见表2）。原理上应当用长期政策解决微观导致的宏观问题，中期政策解决中观导致的宏观问题，短期政策解决纯粹的宏观问题。根据前面的分析，这三种政策分别对应财政、金融和货币政策，从而实现政策期限对应。

表2 宏观问题根源与政策期限结构

问题根源	解决问题	期限	宏观政策
微观	偏好、生产要素和技术	长	财税政策
中观	跨期金融约束	短	金融政策
宏观	总量问题、名义变量冲击	最短	货币政策

微观层面问题用长期政策——财税政策来解决。财税政策的基本核心是通过环境来改变微观主体的行为，使其在相同或者不同的偏好下，通过约束环境参数的改变，产生不同的优化结果。这种优化结果必然会带来微观主体经济利益格局的调整其至伴随财富和资源的代际转移。以财税为主体的公共资源配置，无论是税收调整，还是提供公共产品、私人产品，都会产生重要的再分配作用，过于频繁的调整财税政策，将会影响整个社会的利益格局稳定。因此，财税政策应该立足长远，切不可频繁调整，更不可朝令夕改。通过财政支出和税收政策，可以在长期中缓慢改变消费者偏好、要素供给数量和生产者技术水平，并使其反馈到宏观层面上来，从而达到预期的宏观调控效果。

中观层面问题用中期政策——金融政策来解决。金融政策的基本特征是通过工具创新来缓解约束，因而必须以微观主体行为的有效性为前提。金融政策和核心是强调在不改变微观主体行为的情况下，通过外部环境的改善来实现相应的行为效果的优化，尤其是消除资源跨期配置的障碍，加速微观主体行为效果的显现并在宏观层面上得以反馈出来。与财政政策不同，金融政策一般不涉及大规模的市场主体利益格局调整，因此期限较短。

宏观层面问题用短期政策——货币政策来解决。货币政策很少能涉及微观主体的行为动机和微观主体可支配资源的跨期配置，所以我们很难看到货币和通胀的行为人模型。货币政策有效的前提是微观行为和中观行为的合理性，强调通过货币收放，在不改变微观主体行为和资源跨期配置的条件下，实现宏观调控的预期效果，因此期限也最短。这类问题通常与价格相联系，问题的形成通常与外部冲击，尤其是外部名义冲击有关。

关于前面所说的期限混搭问题，即不同政策可以实现相同的宏观效果，本文认为期限对应是解决相应问题的最小成本方式，任何的期限错配都会推高解决问题的成本。例如，当前欧美的金融稳定政策，虽然短期救助成本低于直接的财政扩张，但是金融稳定不能从根本层面上解决微观主体的消费者过度借贷、要素供给不足和创新力度不足的问题，只能以更高的成本累积来延缓问题的爆发。这样的结果是金融稳定政策长期化运行，成本累计超过直接采用财政政策的成本。只有紧缩财政支出，实现预算平衡，改变微观主体和整个国家借钱搞福利的运转方式，实现国内利益结构的深层调整，才能真正走出债务危机。

前面关于期限结构定义和分析是以政策"零起点"为前提的，没有考虑资源约束。资源约束在一定程度上就是前面所说的资源动员能力，很多发达国家的短期政策选择都受到了明显的资源约束。资源约束只是短期存在的，主要受政治投票影响，在长期中可以通过政治改革来得到根本缓解。目前中国国内可用资源充沛，政治体制也与发达国家不同，政策制定者自由裁量的空间很大，分析中国政策不用考虑资源约束问题。针对国内的当前的宏观状况，我们提出如下短期、中期和长期的货币、金融和财政政策。这些政策是从期限结构出发的，但是政策期限错配因素的存在，很多中期问题和长期问题的解决已经迫在眉睫，主要应采取以下三项措施：

（1）货币政策回归中性，稳定市场预期。在长期的货币政策扩张之后，货币政策应当回归其短期政策的本来面目，自 2010 年 1 月以来，本轮货币政策紧缩已经接近两年，大型机构存款准备金率从 15.50% 上调到 21.50%，一年期存款利率从 2.25% 上调到 3.50%，较好地起到了控制通胀的效果。但是有三个行为需要矫正：①防止长期化倾向。本轮货币紧缩是在 2007 年紧缩基础上的延续，虽然有助于矫正货币政策长期扩张的行为，但是本轮紧缩时间已经较长，且政策操作"短、频、快"，显示出对政策力度、政策的成本和福利效果的预估不准，应当尽早回归中性以稳定市场预期。②改变操作方式。本轮调控"重数量，轻价格"的操作特征明显，共上调存款准备金率 12 次，利率 5 次，前者调整力度远远超过后者。这种调控方式弱化了市场通过价格来配置资源的基本方式，更不利于市场预期的形成。③避免非市场干预。多部门同时单向调控，"发改委约谈"等形式的行政直接干预过多，影响了市场配置资源的基本规则。

（2）改革金融体制，完成从动员性扩张向市场配置的转变。①做好稳定金融，正视城市化的融资和风险。当前地方融资平台（城投公司）所投向的项目大多数有投资额大、周期长、收益率较低，明年集中兑付时有很大的违约风险，中央政府应通过市政基建债券、信托、基金或政策性银行支持方式，化解地方债务的现金流风险。近期发改委和财政部支持铁路债，允许四个省市进行自行发地方债，已经表明了政府稳定金融的决心，这是具有前瞻性的做法。②要继续推进利率市场化改革，建立从基准利率到市场主体行为之间的缓冲地带，是市场主体通过契约方式来解决融资问题。③推动民间金融正规化，消除制度性歧视，促进直接融资，强化其促进资本形成的职能，防止民间金融转向高利贷，破坏市场经济秩序。④弱化信贷配给和窗口指导，推进调控方式常规化。稳定金融是宏观政策的当务之急，但是大多数指标表明，相对于发达经济体的债务包袱，中国宏观经济整体上是健康的，政府应该将更多的精力和资源放到长期激励上来。

（3）推进财税制度改革，促进长期增长。中国在金融危机后制造业部门利润不断摊薄，是原有市场主体粗放式增长模式和低价竞争行为难以为继的体现。应当立足于通过财税制度来实现产业升级，促进创新，才能实现经济的健康和可持续增长。①调整税制结构，提高直接税比重，控制收入分配差距。中国当前的税收结构以流转税为基础，随着城市化的发展，居民的税收和未来享受的福利在口径上要逐步匹配，税收结构应向着流转和直接税并重的结构转变。推进个人所得税综合改革，将个人的劳务所得和资产所得纳入统一征管平台，从完全分类纳税走向分类与综合相结合，降低名义税率，减少累进档次。②鼓励实体创新，促进产业升级和服务业发展。在增值税扩围后，应当逐步开始降低增值税税率，激励实体部门创新。促进地方政府通过提高城市聚集和竞争力等方式获得收益，改变过度依赖"土地财政"的行为。逐步取消福利与户籍的捆绑，建立一个广覆盖、可转换的基本社保体系。从土地城市化走向人口城市化，提高空间集聚效率，获取城市建设、管理和公共支出等方面的规模经济。国际经验表明，服务业和城市化进程、城市规模、人口密度等直接相关，调整服务业和工业结构关键在于增加空间集聚。③提高政府财政收支的透明度，在预防腐败的同时，也有助于防止类似于城投平台性质的政府隐性债务再度膨胀，使政府规模总体清晰可控，减少不可测之风险。

参考文献

［1］张晓晶．潜在增长率的测算［M］// 张平，刘霞辉．中国经济增长前沿［M］．北京：社会科学文献出版社，2007.

［2］张平，刘霞辉，王宏淼．中国经济增长前沿Ⅱ［M］．北京：中国社会科学出版社，2010.

［3］袁富华．低碳经济约束下的中国潜在经济增长［J］．经济研究，2010（8）.

［4］袁富华，张平．经济结构调整、人口结构变化及减排约束下的中国潜在增长水平研究［D］．工作论文，2011.

［5］Hara N., Hirakata N., Inomata Y., Ito S., Kawamoto T., Kurozumi T., Minegishi M. and Takagawa I. The New Estimates of Output Gap and Potential Growth Rate［Z］．BOJ，2004.

［6］Takuji Fueki，Ichiro Fukunaga，Hibiki Ichiue Toshitaka Sekine and Toyoichiro Shirota. Measuring Potential Growth in Japan：Some Practical Caveats［J］．Bank of Japan Review Series 10-E-1，2010.

［7］Arnold and Robert. CBO's Method for Estimating Potential Output：An Update［Z］．The Congress of the United States Congressional Budget Office，2001.

［8］Paper，Holtzeakin D. and Director. A Summary of Alternative Methods for Estimating Potential GDP March［Z］．2004.

［9］Denis C.，Grenouilleau D.，Morrow K. M. and Röger W. Calculating Potential Growth Rates and Output Gaps：A Revised Production Function Approach［Z］．2006.

［10］Christina Romer and David H. Romer. The Macroeconomic Effects of Tax Changes：Estimates Based on a New Measure of Fiscal Shocks［J］．American Economic Review，2010（6）：763-801.

27　后危机时代宏观政策转变：从需求扩张转向供给激励[*]

张　平

中国经济从 2010 年已经走出金融危机的冲击，进入到了复苏的轨道。2009 年反危机时期采用的"非常时期非常举措"政策逐步走向正常化，随着政策"正常化"，经济增长呈现了一个复苏高位放缓的态势，GDP 按季回落 1 个百分点，到 2011 年上半年经济增长将会放缓到 9% 左右的水平。经济增长略有回落再刺激的呼声就加大，2011 年更是"十二五"的开局年，各地方大干快上的劲头足，希望进一步扩张需求。但另一方面物价水平连月走高，10 月处在了 4.4% 的水平，2011 年第一季度物价有可能超过 5%，负利率将继续扩大，房价仍在高位，再从需求侧去激励难度加大。政府通过积极的调整结构政策希望找出另一条道路平衡增长与物价，但结构调整替代不了总量政策。实际上中国宏观经济政策必须转型，即从需求扩张转向稳定需求与供给激励相结合的总量政策，这样才能有助于经济发展方式的转变和结构调整，完成增长路径从依赖于需求扩张的规模赶超增长向依据供给激励下的内生创新增长的路径转变。

全球经济在 2008 年金融危机的冲击下和 2009 年全球政府协同救助下，走进了复苏，2010 年进入了后危机时代。后危机时代的最主要特征有两个：①世界经济多元化，高收入国家在全球 GDP 中所占比重 2009 年仍占 75%，但高收入国家对全球 GDP 增长的贡献下降迅速，2000 年发达国家对 GDP 增长的贡献份额高达 76.6%，而到了 2007 年降到了 53.1%，2008 年下降到了 20.8%，2009 年是严重的负贡献，按未来复苏的增长预测，其贡献维持在 30% 左右（IMF，2010），而新兴市场国家的份额显著上升，中国在 2010 年成为全球第二大经济体，中国、印度、巴西、俄罗斯、南非、印度尼西亚等新兴市场国家成为全球经济增长的最大贡献者；②发达国家经济增长贡献下降，但美、欧、日和英国等发达国家仍是世界储备货币的供给者。国际货币供给者与生产的贡献者在逐步分离。传统上发达国家既是经济增长的贡献者，也是国际货币供给者，而 2008 年的金融危机彻底终结了这种局面，发达国家依然是国际货币的供给者，但已经不是生产的主要贡献者，全球经济将进入持续的金融体系改革和全球经济再平衡时期。金融体系的不稳定和经济再平衡过程中的冲突，导致了后危机时代的世界经济进入到潜在增长率下降和波动加大的时代。中国作为全球第二大经济体必然是后危机时代的一个重要角色，加大力度转变增长方式和积极进行结构平衡才能应对后危机时代挑战，不主动自我调整，就很难抵御外部需求下降和热钱冲击。

---

　　* 全文发表于《经济学动态》2010 年第 12 期。

一、需求扩张政策与增长路径依赖

现代宏观经济理论和政策体系是从需求管理开始的，从大萧条到现在历经数十年的发展，宏观经济理论已经包含了需求和供给激励的大量理论阐述，但遇到经济冲击时需求管理仍是最有效的。无论是成熟经济体，还是后发国家，虽然需求管理的宏观政策产生的作用和机制是不同的，但有着相似的政策过程：①政府运用宏观稳定政策，通过国家信用降低危机冲击带来的恐慌，修复市场的信息不对称性。这次发端于美国的金融危机冲击，直接导致了全球市场的恐慌，各国政府协调一致救市，就是运用国家信用减低恐慌，让信息对称，经济得以正常运行。②刺激经济复苏，降低失业率。采用稳定化和激励政策，让经济不会迅速陷入恶性循环，这两点是政府共识和普遍采取的政策。但需求管理发生的机制滞后效应，发达国家和发展中国家是有区别的。

这次金融危机是发达国家经济的危机，从美国到欧洲已经两年多了，发达经济主要问题来自金融市场高杠杆率的崩溃，直接导致市场的严重信息不对称和信用危机，无论是以金融创新和地产泡沫为基础的美国次贷危机，还是以国家福利为基准的欧债危机，首先导致了信用危机，资本市场信息不对称，投资者进行逆向选择，违约概率和波动指数急剧上升，信贷和货币乘数急剧下降，通货紧缩，实体经济增长受到冲击。美国政府采用的是运用国家信用恢复市场信息对称，用扩大基础货币直接注入市场进行企业债购买和用财政支出补充资本金等方式挽救金融公司，恢复市场正常信用关系，希望经济恢复后，再卖掉债券或股权"退出"，将注入的货币回收"烧掉"，运用公共财政直接补贴居民，维持消费需求水平等。美欧国家救助的重点在金融市场上，主要是减低恐慌，修复信息不对称，对实体经济的救助不是重点，然而如果实体经济不恢复，金融市场难以恢复，而大量的货币退不出来，巨大的货币注入的"滞后"退出成为了后危机时代一大特征，造就了巨额"热钱"。发展中国家大多采用传统的凯恩斯的反危机方式，积极财政和宽松货币注入基础设施进行需求扩张，重点在刺激经济复苏，在实体救助，不是金融市场，以此抵御外需下降等外部冲击。由于发展中国家受到的冲击比较小，已有很多国家退出了救助政策，调整政策正常化。中国宏观政策在2010年仍然是积极的，而且是在"非常时期非常举措"扩张基数的基础上的增长，政策调整步伐基本上是按速度正常化调整，难以回到危机前正常年景的正常基数下的调整。

中国经济在强力的需求扩张刺激下，V形反转，经济增长强劲，但复苏后也出现了高位回落，略有回落人们就预期新的扩张需求的政策出台。从中国需求扩张和增长的路径来看，需求扩张大都引致"结构性"变革，包括制度和经济结构性的变革，且带来规模收益的递增。以宏观体制和市场机制建立后的1997年以来的宏观政策为例，1998年实施了积极财政推动的需求扩张，财政支出向城市基础设施投资，货币政策的低利率和扩大贷款范围从生产者扩展到了消费者，带来了城市化的快速发展，21世纪以来我们享受了城市化带来的繁荣和发展。中国需求扩张中带有明显的结构变化的含义（经济所课题组，2003）。扩张性需求大体会引致发展中国家很多隐蔽性资源的货币化和资本化，大量的货币激励往往推动了经济的快速增长，超速增长的货币被分工深化和资源重新定价等方式所吸收（经济所课题组，2007）。中国 M2 为指标的货币供给一直超过 GDP 一倍地增长，但从 20 世纪 90 年代中后期到现在再没有出现过超过两位数的通货膨胀，似乎被什么吸收了，被称为"中国之谜"。

　　这次危机使各国货币出现超常增长，广义货币 M2 占 GDP 的比重都有迅速的攀升。图 1 显示，2009 年，对国际上受金融危机冲击最严重的美国、欧洲和日本，2009 年 M2 增长都有一个快速上升，但中国似乎上升得最快，不仅达到一个历史的高点，而且在国别比较中也处在遥遥领先的位置。按照 2010 年的 M2 供给水平计算，2010 年 M2 增长达到 19%，超过了计划的 17% 的目标增长，整个经济的杠杆率（M2/GDP）会进一步提高到接近 2 的水平。如果大量货币释放，但没有新的隐蔽资产吸收，那么以货币标的商品和资产价格都会出现上涨，只是不同时期上涨的重点有所差异，"大稳定"期的美国、"泡沫期"的日本都表现在商品价格低，而房地产价格上涨快的典型事实。

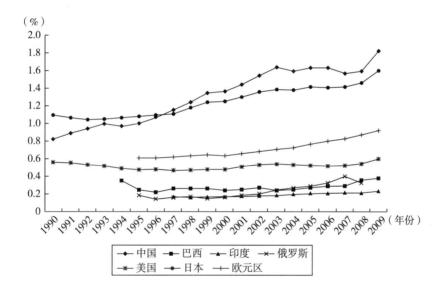

图 1　广义货币 M2 占 GDP 的比重

注：以上数据来自 OECD 宏观数据库，但其中中国 2009 年 GDP 数据来自中国国家统计局，欧元区 M2 数据来自欧洲中央银行。

　　中国的货币扩张政策引致结构变革，推动经济增长是有着积极作用的，但对增长方式转变作用不大。人们经常将结构调整和增长方式转变放在一起讨论，实际上对后发国家而言，结构调整或变革是指出现了一个超增长或超收益的部门（行业）引起人们集中各类资源投向该部门，引起结构快速变动。很多企业去获取部门或行业发展的"规模递增"效应，如在二元经济中，现代部门快于传统部门，人们大建乡镇企业，搞运输等服务业；在城市化进程中，城市房地产的投资机会成为了收益递增的区域，人们快速投资，这种需求引致的结构变革追逐的是规模收益递增，而不是转变增长方式搞技术创新。需求扩张下的微观主体行为包括三个方面：①规模扩张；②干中学的技术引进路线；③寻求融资和其他补贴因素，如返还税收等。由需求引致结构变动发展起来的经济增长方式仍是"粗放型"的，因此结构变革会引起干中学的这种体现式的技术进步，很难导致企业内涵性的技术创新活动。中国以政府为主导的产业结构干预化的发展，更是导致了结构调整下的产能普遍过剩。很多稀缺部门由于国家的管制和大企业的自然或行政垄断，稀缺不能明确显示出超额收益，很多超额收益被垄断，导致了需求扩张政策传递到微观时变得很狭窄，大量私人投资都较集中在允许投资的地方，需求扩张和产能严重过剩——相对。当产能过剩后，人们预期国家继续刺激需求。在过去的30年高速经济增长过程中，只要经济紧缩和调整时，企业或地方政府继续扩大规模，下一次需求扩张中就会胜出，这种预期每次都会实现，实践的结果一次一次证明了这一点。企业和地方政府依赖于需求扩张，需求不断扩大成为了微观主体进行投资决策的理性选择，没有人愿意转变这种依赖于需求扩张的发展。尽管中国的需求扩张政策有诱导结构变革、隐蔽资源重新定价等功能，但这是一个特定发展阶段的含义，而非永远都会有这种变革收益，当市场化、国际化和经济发展到一定阶段时，这种收益就会出现递减，需求扩张带来的特殊报酬就会消失，而有可能变为价格上涨的惩罚。

从需求管理的本质上来看，需求管理是短期的激励，是稳定政策，其机制是政府干预，长期使用需求激励，必然会导致微观主体的需求依赖，它会强化增长路径的依赖。从政府角度来看，需求管理的方式确实非常有效，经济复苏效果明显，消除波动实现稳定。2008年中国受到了外部冲击，导致外需下降，采取了扩大内需的积极财政和适度宽松的货币政策，其复苏效果是明显的，但滞后效果则是扩张了原有的增长模式，这也是由需求管理政策本身性质决定的。2007年、2008年政府针对经济过热，房地产价格和物价上涨过快，传统产能过剩等采取了货币紧缩的政策，抑制地方投资冲动等政策，希望转变增长方式，但危机的冲击导致了政府采取从紧缩转为最积极的需求扩张政策。从这一揽子刺激政策包括积极的财政政策，新发行国债1万亿元，政府承诺出资两年4万亿元来看，中国政府的财政激励规模在全球是最为积极的，占GDP比重高达13.3%，而危机发源地美国其刺激规模仅为6.8%（UN，2010）。国家2009年和2010年的适度宽松的货币政策，其实际执行的是超宽松的货币政策，新增贷款在反危机的2008年最后两个月2万亿元加上2009年的新增信贷9.6万亿元，2010年再新增信贷7.5万亿元，货币激励是非常宽松的。中国2005年前新增贷款在2万亿元以下，2006年过3万亿元，2007年过了4万亿元，2008年过了5万亿元（包括最后两个月的大幅度放款），2010年计划的7.5万亿元，加上银信合作和信托发行新增1万亿元，货币激励也是全球最大的。

2009年扩张需求的三大渠道：一是鼓励住房消费，很多政府出资希望居民买房，中央政府也把房地产看作宏观政策的手段，如降低交易税、降低按揭比例等；二是运用政府融资平台加大城市化建设，已割断多年的银政关系重新启动；三是周期性行业的投资。扩张需求管理的政策见效最快，经济复苏明显，资产价格很快就超过了前期高点。需求政策的价值在于恢复，但对原有的经济增长路径和结构调整没有发挥多少作用。相反由于过度使用需求扩张政策，或超预期扩张会导致微观主体更为相信需求扩张是政府宏观政策的常态，而会采取更规模化的扩张，认为只要经济增长下降，政府就会继续扩张需求。2009 年上半年很多居民在房价下跌中大胆举债买入，一年获得了巨大的利益，微观主体依赖于需求扩张。需求激励只要超出了稳定经济的范围，政府过多地进行相机抉择的政策，很容易让微观主体犯上需求扩张依赖症，强化了增长路径和发展方式的依赖。

二、负债表式扩张与风险累积

由于城市化的快速进展，需求扩张不是简单地表现货币发行扩张需求，而是更多地表现出了很强的微观主体主动的负债表扩张的性质。特别是在资产价格快速上升过程中，很多以土地为抵押的负债成为了一个重要的推动货币扩张的微观动机。政府、企业和个人通过负债扩大资产规模成了盈利的最大化目标，可以说资产最大化目标就是利润最大化目标。这同"资产负债表式衰退"讨论中的负债最小目标（辜朝明，2008）正好是反其道而行之。由于资产价格上涨过快，通过任何方式扩大资产都是最佳选择。其中最为直接的方法就是进行负债，而且由于资产上涨快，有足够的抵押物，负债安全对于债务人债权人都是安全的。政府和国营部门可利用获取土地与信贷的优惠和便利条件进行扩张。有能力的微观主体为了扩大资产规模，进行抵押负债，再通过融通的资金扩张资产，进行相互滚动，行之有效。个人也可根据自己的金融条件进行房地产投资。土地价格上涨意味着资产价格不断上涨，也同时扩张了负债能力，负债的水平大幅度提高。当政府征收一亩土地和七通一平后，一亩土地的成本假定为 10 万元，征地 1000 亩转变用途后，拿 200 亩到市场招拍挂，特别是通过合谋的招标者喊出标王或高价，假设为每亩 500 万元，其资产价值扩张到了 50 倍，周围相关的 800 亩土地也同样被公允估价增长 30~50 倍，其抵押负债能力大幅度提高，并可以抵押更大规模的资金来继续征更多的地，再继续上述资产负债表扩张的方式滚动开发。

土地公允估值实际上是对土地未来收益的资本化计算而来，有着巨大的时间价值和不确定性风险。土地公允估值本身带有很高的杠杆特性，特别是遇到汇率升值、低利率等因素时，其估值水平上升非常快（张平、刘霞辉，2008），再加上招拍挂等市场供求原因，土地价格含有了更多的不确定特征。

政府的征地成本大多是用土地开发成本，包括青苗费和七通一平等基础设施的投入，没有包含任何土地资本化的部分。政府是利用了两者的差值获取了大规模土地收益，即土地收益为土地资本化估值和开发成本差值。2009 年政府土地收入 1.3 万亿元，大多数省份土地基金收入占财政收入的 50% 以上，本质上是对土地资本化收益的一种剥夺。问题的另一个方面则是土地资本化是不确定的，高估的土地等资产受到利率、汇率、货币供给、税收等条件的影响会出现下跌。当以追求资产规模最大化为目标的微观主体遇到资产价格下跌时，就会出现净资产不足、负债激增等问题，负债表式衰退不可避免，日本长期衰退和这次的美国的次贷金融危机都出现了严重的资产缩水，资不抵债，引发大规模的债务危机和微观修复资产负债表。

在资产价格上涨期，土地依据公允估值抵押进行负债扩张是非常有效的，政府、企业和个人都可以普遍采取该方法，政府通过征地拿一级土地进行抵押获取贷款进行滚动开发；企业可以用厂区占地进行抵押贷款；个人可用房屋做抵押进行住房消费信贷，这样微观主体多以地产作为抵押进行负债，房地产抵押是以房地产的市场公允价值为基础的，这就无形中增加了一个时间贴现杠杆和不确定性。微观主体不断通过对资产价格上涨的学习总结，即所谓适应性的预期来看资产价格的不断上涨，则目标函数一定是资产规模最大化，提高负债杠杆比例是最佳选择。

当一个社会普遍进入到资产价格上涨阶段，特别是高增长、城市化带动和升值等多个影响资产价格上涨因素都具备时，随着资产价格的上升，经济体系也就从过去的低杠杆比例向高杠杆比例的经济资源动员模式过渡。金融机构更会起到推波助澜的作用，银行、信托、证券、保险等均以地产为标的进行大量的金融服务，为这一标的生产出足够的金融合约，即准货币，具有货币的基本属性，如有价值、可交易和流动性强等，如美国次贷抵押债券和其衍生品等，将这种金融合约生产称为货币的私人生产或影子银行发行。这种发行不是通过央行发行的货币，而是金融创新合约而产生的有类似于货币性质的准货币，这些合约以土地资产为标的是比较多的。中国当前这一发行也是巨大的，除了我们看到的一般货币供给，大量的银信合作就是一种新的货币供给或信贷模式。2010 年在新增贷款仅有 7.5 万亿元，明显低于 2009 年 9.6 万亿元的情况下，银行信托开启了银信合作，到 2010 年 8 月，银信合作和信托投资的款项高达 2 万亿元，这扭曲了信贷数据（Fitch Ratings, 2010），其中 50% 投入到了房地产，30% 投入到与土地有关的基础设施（贾玉宝等，2010）。在资产上涨期，风险是很容易被忽略的，直到资产价格下跌时，人们开始降低杠杆比例，即去杠杆化。这次美国次贷危机最基本的经验就是要降低经济体系中的杠杆比例，而中国经济正在加速提高杠杆化比例。

中国 21 世纪以来，城市化成为经济增长加速的新引擎。2005 年人民币汇率升值后，房地产价格呈现了快速上涨，货币被房地产这一市场所吸收。2008 年全球金融危机爆发后，宏观扩张政策又以房地产作为扩张的龙头，有些地方政府出台购房补贴政策，房地产成为需求扩张的核心，以土地资本化为基础的负债表式扩张是启动经济的核心，并起到了立竿见影的效果。银行没有因大幅度放款而导致坏账，反而由于抵押的标的物上涨，呈现坏账下降的良性发展。另外，政府、企业和居民负债率显著提高。政府负债余额明显增长加快，主要来自地方政府以土地为基础的负债表式扩张，导致了政府负债表的提高，2009 年中央政府 6.2 万亿元国债余额，2.64 万亿元的外债（3868 亿美元），负债占 GDP 的比重为 26%。而地方政府原来是严格不得负债的，但随着土地的运作能力加强，以土地为抵押的负债先通过地方投资公司运转，危机后形成了地方融资平台公司，根据银监会对 2009 年的估算为 7.3 万亿元，2010 年大致增加了 5000 亿左右，按政府负债计算中央加上地方负债率提高较快，从 2008 年的 22%，提升到了 2009 年的 47.8%。从地方融资平台债务分类标准来看，公共投资没有收益的由地方政府财政还；公共投资有收益的由收益部分和财政支出两部分还；商业类投资化为市场化操作。尽管清理分类没有完成，但从现有的信息披露来看，由于大量负债没有明确抵押和支出方向，60%～70%的负债属于政府财政要出资还的，应该明确属于准地方债务，这仅仅是一年新增的，就此政府负债比例也提高到了40%。与国际比较来看，负债比率不高，但提升得比较快。

国有企业也大多采取了负债表式扩张，通过上市股权和土地资产的估值，加上信贷条件，在反危机过程中进行了更为有力度的负债扩张，2009年国有企业总资产35万亿元，负债率超过60%。另一个突出的特征是居民负债水平大幅度提高，住房抵押消费信贷余额占居民储蓄的比重由2006年6月的13.55%上升到了2007年的17.00%（见图2），经2008年金融危机冲击，降低到了13.60%，而后一路攀升到2010年6月的20.00%。在居民储蓄大增的背景下，2007年前居民新增储蓄年增1万亿元，而2008年、2009年，每年新增储蓄超过4万亿元，2009年已经从2007年的17万亿元上升到了26万亿元了，同时负债水平也激增，尽管储蓄数据非常不平稳，但住房消费信贷从2009年第三季度开始大幅度增长。2010年6月住房消费信贷占消费贷款额的85%，中国居民消费信贷余额占总储蓄的余额上升到23%，如果加上所有居民户的贷款，这里包括居民经营的贷款余额，那么居民家庭债务余额占储蓄余额水平的比重为36%，净储蓄水平占居民可支配收入的比重下降。中国消费信贷比美国等发达国家仍低，但考虑到中国消费信贷发放主要针对城市居民，而我国2009年城市化率为46.6%，远低于发达国家，随着城市化速度加快，居民负债率水平提高将加快。居民负债率提高的核心原因同样是城市化过程中的房地产投资，其抵押物依然是房地产。

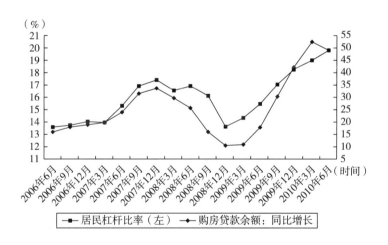

图2　居民杠杆比率与购房贷款余额同比增长

注：居民杠杆率指居民负债余额占储蓄余额的比重。

资料来源：Wind。

城市化过程中的土地资本化与征地成本差是地方政府的重要收入。而土地资产是企业、银行的重要抵押物，也是居民投资的最为重要的资产标的，因此资金在这一领域的堆积是必然的。

21世纪以来，以城市化发展和土地资本化带动的负债表式扩张推动了总需求的扩展，推动了房地产价格的快速上涨，正在不断累积着资产泡沫的风险。这种风险累积包括了很多方面：

1. 资产价格本身的调整

房地产价格是货币供应的函数，只要大量发行的货币超过了实物经济需求，人们就会用各类资产标的来吸收货币以求保值，资产标的是按投资机会收益评估的，如果资产带来收益低于无风险的国债收益时，仅仅靠获取价差就开始了累积价格本身的泡沫风险。中国2010年计算的一线城市住宅租金平均回报率已经降低到2%，低于一年期储蓄了，而二三线城市为3%~5%。如果加入物业、佣金、税收，租金回报率基本都要低于一年期存款利率水平，难有投资价值，主要是预期房价上涨获取差价了，住宅回报率正步入风险累积过程。

从刚性需求角度来看，按优惠利率计算中国的一线城市的月供收入比是全球城市中最高的，仅仅低于中国香港最高时期的月供收入比，比泡沫时期的日本、纽约、伦敦都要高一倍以上（见表1）。2010年和2007年比，利率水平降低和贷款利率优惠，已经减低了月供20%。但由于房价上涨过快，按现有的房价计算，月供收入比超过了2007年的高点，加上加息，房地产作为资产难以获利，作为居住已经难以承担了。资产价格受到利率、汇率和货币供给影响很大，如果利率水平提高，租售比就会急剧下降，收益率风险出现；而购买者则月供收入大幅度提高，形成直接的价格风险。当然由于升值加快，国际资金仍会大量涌入购买资产，有直接推动资产价格的动力，汇率贬值，相反则会大量抛售，打低价格。在开放的国际环境中，汇率决定了资本的流动方向，而汇率方向又受到国内和国际上多种因素影响，其中货币发行过多、通胀过高、国家债务危机、社会动荡等都可直接引起贬值。

表1 中国主要城市房租回报和月供收入比

主要城市	北京	深圳	上海	广州	杭州	南京	福州	武汉	长沙	合肥	成都	重庆	贵阳	长春	大连
2010年6月租金平均回报率	2%	1.5%	2%	2.5%	2%	2%	3%	4%	4%	3%	4%	5%	5%	5%	4%
2010年8月的月供收入比	131	100	126	71	81	38	69	54	43	46	54	40	81	44	65

注：①平均租金回报是根据一到三室的租金与住房均价计算出单位平方米租金收益率，租金、房屋价格、面积口径不完全统一，且未计算所得税、物业和佣金，中航证券提供计算结果；②月供收入比是一个家庭住房月供占家庭收入的比重，其计算比较复杂，首先假定家庭购买的住房为100平方米，30%首付，30年期，住房贷款利率按八五折优惠利率计算，首付已经被支付，月供主要是每个月的还款额，家庭收入则根据家计调查（杜丽虹，2010）。

资料来源：Wind、CEIC数据库。

2. 城市化进程中的房地产价格

它大量吸收了货币，导致通货膨胀不明显，但资产价格上涨对通货膨胀有着直接的滞后效益，这种滞后效益直接表现在成本推动型通货膨胀。所谓成本推动型通货膨胀，是指由于工资上涨和垄断导致价格上涨的特征，资产价格上涨会直接推动工资上涨，假定劳动力供需平衡条件下，由于房租或购房导致的月供提高都直接推动了工资水平的上涨；而与土地相关的城市基础设施也因土地价格上涨而上涨，加之供给者的垄断性质，也会推动公共品价格上涨，而基础原材料全球性的国家垄断步伐加快，原材料高价格成为一种趋势。由于中国耕地面积少，大规模的城市化对耕地的占用、农村劳动力雇佣工资、石油等上涨也会推动粮食价格的不断上升，这些与资产价格上涨关联，直接推动成本上涨，由于劳动生产率提高、市场供求关系的波动等因素，成本推动到物价上涨会有滞后，因此资产价格上涨导致成本推动的通货膨胀压力已经逐步在显现。

3. 高杠杆负债表式扩张直接累积了风险

依赖负债表式扩张推动的土地资本化和快速城市化快速提高了微观主体的负债比例，而不断提高的杠杆比率本身就是累积风险。大量的中国企业在产能普遍过剩的条件下，依靠高杠杆投机土地资产标追逐了企业的资产最大化，获取了巨额收益，这显然是不可持续的。而银行因土地资产价格上涨带来了充足的抵押，而导致银行坏账下降，银行大量的优良资产集中在房地产抵押项下，正是由于资产价格上涨，所有的金融服务机构都愿意为土地而融资，这就更加速了风险的集中度。综上所述，由于城市化和国际化步伐的加快，加上宽松的货币政策，直接推动了资产价格的上涨，而资产价格上涨的适应性预期激励了微观主体进行负债表式扩张，杠杆比例不断提高，风险开始逐步累积和集中，虽仍有余地，但当前的增长趋势是非常快的，这需要引起足够的警惕。

三、未来增长情景和外部冲击

不断需求扩张下的经济是否可以永远持续发展下去，未来它的增长情景是什么，规模增长的减速和外部冲击很容易导致这一发展进程的停滞。为了对中国未来的发展前景有一个更深入的分析，引入情景模拟的研究方法。

基于中国的总量生产函数、自然（能源和环境）约束，在不考虑外部冲击的条件下对中国2030年之前的发展前景作一个估测。

中国的总量生产函数经过多年的研究分析基本上稳定在这一比例上。一般而言，在一个大的发展条件和阶段背景下，生产函数的系数比例是相对稳定的，中国现仍处在大规模投资的城市化过程中，因此生产函数的资本与劳动比例系数在今后很长时期仍可假定为这一比例。在传统总量生产函数中没有包含环境的投入影响，但我们可以在考虑治理碳排放和污染对增长的负贡献后进行测算，以得出考虑自然约束成本的潜在经济增长率。

按照我们的计算，中国改革开放至今即1978~2008年，资本增长10.6%，劳动力增长2.2%，技术进步维持在3.3%，中国的潜在增长率保持在10.5%，与中国年均实际增长率大体是吻合的。中国经济的高速增长与体制转轨、结构转变和"干中学"机制等三方面因素高度相关联。中国对外开放激励了大量技术设备的引进，通过"干中学"机制加速了中国的技术进步，但其效应会随着一国技术进步水平与国际技术前沿距离拉近而下降（张平、刘霞辉，2008）。中国经济增长速度主要靠的是资本投入的增长，且受益于无排放约束，1978~2008年碳排放年增长贡献1.26个百分点，2000~2008年碳排放年贡献达到1.98个百分点（袁富华，2010）。人口红利带来高储蓄的资本供给和廉价劳动力持续供给也直接提升了经济增长速度。

中国经济依据上述生产函数和未来的劳动力、环保、资本供给通过一个要素投入的基准模型来分析预测（见表2）。其基本假定如下：

（1）技术进步。在此模型基准中，始终将技术进步水平保持在较高的位置，技术进步因素能否继续保持2%以上是其中的关键所在。一般而言，为获得可持续增长动力，随着制度变革、干中学、工业化的潜力下降，就要求空间结构转变和人力资本贡献的作用上升。而仅仅靠内生增长的技术进步一般为1%~1.5%以下，中国2016年以前，城市化和国际化提升都直接促进了技术进步水平，这一期间保持技术进步水平在3%；2016~2020年前仍有空间资源再配置的因素，城市化推动技术进步性收益，设定在2.7%；2020年后主要靠提高人力资本推动技术进步了，技术进步设定在2.2%的水平。

（2）劳动力投入。中国劳动力供给不是持续供给的，2015年劳动年龄峰值人口为10.2亿人（第一次峰值），劳动力总供给估算为7.9亿，而后会逐步下降，其增长率转为负值，人口和劳动力的变化是决定未来发展最为重要的，劳动力占人口的比重也从2015年开始下降，2017年后下降较为明显，人口红利的顶峰期自此结束。

表2 潜在增长率的长期预测（未考虑外部需求变动）

年份	潜在增长率	技术进步	资本（0.6）	劳动力（0.4）	能源与环境
2010~2016年	9.5	3.0	12	0.8	-1
2016~2020年	7.3	2.7	10	-1	-1
2020~2030年	5.8	2.2	8	-0.5	-1

（3）资本投入。随着人口结构转变，资本投入逐步回到中国改革开放常年的平均年增长12%的高水平。

（4）假定资本与人口的产出系数不变，即资本系数为0.6，劳动系数为0.4（见表2）。

（5）自然约束。中国经济过去因为碳排放不计入，因此每年多增长近2个百分点。依据全球和中国规划的责任，要逐步压缩，每年最少因碳排放约束会导致经济放慢1个百分点（袁富华，2010）。

1）2010~2016年：资本投入比2000~2009年年均增长12.6%略低（设为12%，对增长的贡献是12×0.6=7.2），劳动力增长为0.8%（对增长的贡献为0.8×0.4=0.32），技术进步仍然是3%，则经济增长速度为10.52%。在扣抵1个百分点的能源与环境负影响后，潜在增长率降至9.5%。

2）2016~2020年：劳动力进入负增长，资本供给逐步回到年均10%的水平，则2016~2020年经济潜在增长率回到8.3%，减去能源与环境保护1个百分点的负贡献，潜在增长率降至7.3%。但这里有一个强假设就是技术进步水平保持在2.8%。

3）2020~2030年：如果按发达国家的纯内生技术进步水平一般保持1.5%以内，国际上估计中国能保持2.2%，考虑人口转变对储蓄的影响，我们设定资本供给保持在年均8%的增长，抵扣能源与环境保护损耗1个百分点，则2020年后经济潜在增长会下降到5.8%。那时人均GDP达到10000美元，再经过10年5%左右的增长，中国就能成功超越"中等收入陷阱"，进入一个富裕国家。

中国经济增长在基准情景增长下，受到国际经济的冲击，特别是欧美经济恢复缓慢，可预计的未来2~3年美欧等发达经济体会继续保持现有的低利率水平，而美国的量化宽松的货币政策不退出，全球货币扩张，但真实需求萎缩。新兴市场国家和大宗商品市场会成为热钱的主要去处，这会推动新兴市场国家经济过热和大宗商品市场的泡沫化，对新兴市场国家的价格冲击比较严重，中国物价也会在2013年后物价水平控制目标从现在的3%为基准提高到5%为基准。

外部真实需求的下降，中国会推动国内持续的需求扩张以弥补外部需求下降，而现有的城市化步伐正好与需求扩张相配合，外部热钱也会激励货币供给持续的宽松，而微观主体继续从实业中析出资金转入到以土地为标的的资产负债表扩张，突出表现为经济增长和资产价格继续上升的格局。但如果只按适应性预期来跟随资产价格和需求扩张，则必然导致中国经济资产价格上升，负债杠杆比例加大，风险更加集中。特别是中国现有的工业和城市化发展模式都是规模导向的，城市化发展也是遍地开花的分散发展模式，挑战土地、能源和环境的约束。国内由于中部崛起导致工业转移占地和城市化占地增多，会导致稻米耕种面积减少，推动农产品价格上涨；而全国汽车大普及直接产生了对能源的过度需求。中国仅仅以需求扩张推动的生产方式继续，经济结构扭曲很快会被国际的资本流动、石油粮食等大宗商品价格冲击，可能受到资产市场对货币的吸收，通货膨胀表现不太明显，但这会进一步累积资产泡沫。而当国内通货膨胀显现时会导致全面紧缩的货币政策、连续加息周期，资产价格下降，资产负债表式扩张开始进入负债表式衰退。这种情景是现有需求扩张带动经济和资产价格上涨最容易出现的问题，导致高增长的经济出现滞胀或经济的衰退。外部冲击往往导致需求扩张方式增长路径的逆转，如美国的石油危机冲击，日本的升值冲击，当然外部冲击是因经济内部的不平衡造成的，尽早的经济内部自我调整是关键。

四、稳定需求管理，转向供给激励

20世纪30年代的大危机造就了凯恩斯以需求管理为基础的宏观经济理论与政策体系，财政政策是需求激励的核心，到了70年代滞胀打击后，以基础设施投资为激励的财政政策日渐衰落，而供给学派的减税政策成为了刺激技术创新的法宝。替代财政进行需求管理的是货币政策，以利率管理和金融创新相结合的货币政策取代财政激励，格林斯潘创造了"大稳定"期，这个大稳定的核心是保持长期较低的物价，同时也维持了低利率，促进了美国金融市场创新活动的繁荣。大量美国的准货币，如债券、股票和衍生品不断被私人公司生产出来，金融创新实质上就成为了另一种货币生产方式，有学者将这种货币供给方式归纳为"影子银行"。政府发行的货币和"影子银行"生产的货币的大量供给导致了需求的持续扩张，而且这一扩张具有全球化背景下的"规模经济"，持续性很长，表现为物价稳定、经济增长很快、资产价格上涨、资本市场活跃等。当然这种依赖于货币扩张需求的方式最终引发了美国次贷危机，造成全球经济大动荡，格林斯潘的大繁荣成为了"格林斯潘泡沫"，需求扩张的危机已经直接挑战了全球经济发展的模式和宏观管理政策，但似乎又无可替代。当全球金融危机发生后，美国主导全球刺激经济，自己不断采取"量宽"式货币扩张恢复信息对称，刺激经济复苏。而欧洲也采取了同样的方式，但很快引起了主权债务危机，现仍维持低利率进行经济激励，日本则维持零利率，主导国际货币的国家基本上一致采用了继续维持低利率，不退出"量宽"货币政策的刺激经济的做法。而新兴市场国家采用了积极财政投资基础设施进行反危机，如中国、印度等。当前很多资源国家在 2010 年纷纷退出激励，新兴市场国家纷纷加息抵抗热钱冲击带来的国内经济过热，中国则依然保持需求扩张激励，当前物价上涨的压力也越来越大。全球因这次金融危机变得更为多元和不平衡，特别是国际货币供给国与生产贡献者越来越不对称，全球不平衡和金融动荡注定要持续。

需求扩张会造成泡沫，但在现实和理论上都没有提供新的出路，因为工业化的大规模供给和需求的有限性是内在矛盾，需求管理因这一矛盾而诞生，只要全球还有规模扩张余地时，似乎这一政策还有余地，但扩张的边界越来越近了，全球的经济将进入全球化下的后危机时代，经济不平衡冲击和经济动荡将成为一种"常态"，通过不断危机来削减过剩产能和寻求新的平衡。宏观政策不仅仅是供给和需求管理侧之争了，对于发展中的中国而言，宏观政策的核心是降低外部冲击，加大供给侧政策激励，调整产业结构，自我积极平衡，改变增长的路径；不要把需求扩张的余地用完，这样才能稳定自我，适应动荡的国际环境。

政策正常化的需求管理政策是一个基本条件，正常化的过程中要忍受经济的减速，继续保持积极财政的激励，要降低货币政策的激励，特别要注重将金融创新活动中的私人货币生产纳入监控体系，否则会极大地扭曲货币政策工具。只有降低人们对需求扩张的依赖，供给政策才能有发挥的余地，才能激励增长和创新。供给政策机制发挥作用的时间经常在经济危机期，通过危机竞争力不强的企业，鼓励创新企业成长，调整产业结构和鼓励创新。

中国以货币创造需求的扩张方式已经走到了一个 M2/GDP 接近两倍的水平，需求诱导获得结构收益的规模边际收益下降，随着国际潜在增长率下降，大宗商品价格上涨，政府的宏观税负水平不断提高，明显的结构收益难以挖掘，规模收益递增的约束边界越来越近，转向供给政策是必须的选择。通过供给政策激励优化配置，推动微观主体内生创新。政府也要从干预经济的发展型政府转向公共服务型政府，如果政府继续为赶超，那么任何转向市场化激励的转变都难以完成。考虑到结构调整是"十二五"期间经济工作的重中之重，宏观调控应从总量扩张见长的需求管理让位于以结构调控见长的供给管理。政府必须降低微观主体对需求扩张政策的严重依赖，积极发挥供给政策的激励，着眼于结构优化与可持续发展。

供给管理政策的选择可包括以下三方面内容：

（1）积极推进财税改革，为企业减税，建立创新的激励机制。当前以间接税（包括增值税、营业税和消费税在内的流转税）为主税收结构，宏观税负已经高达32%，随着城市化的发展，宏观税负仍要提高，而且基本上全要由企业负担，这是不可为继的。在城市化率将近50%时，税收结构调整是最为重要的改革举措，应积极向以直接税、间接税共同发展的体制转变，通过增加直接税把居民纳税（个人所得税、不动产税等）与城市居民社会保障体系支出相联系，而不是把所有的社会保障体系支出都压在企业身上，同时要直接推动政府的支出透明化。因此在税政体制改革的大前提下，增加直接税，而对企业进行减税，给企业创新、节能减排、加速折旧和更新改造减税，鼓励企业创新和激励企业向绿色方向发展。

（2）打破垄断，优化投资结构，增加有效供给。当前在经济中，一方面存在着大量的产能过剩，另一方面也存在着供应短缺。因此，要打破垄断，加强竞争淘汰落后，这样才有利于增加有效供给。打破行政垄断，鼓励民间资本进入社会供给基础设施与第三产业，特别是金融、医疗等现代服务业，促进社会服务业的大发展，满足社会对服务业的需求，矫正经济结构扭曲。通过打破垄断，鼓励资金向优化结构方向投资，增加服务类的供给。

（3）提升政策性金融，推进保障性住房等福利性保障的供给。在进一步完善我国金融体系的过程中，要鼓励金融创新和发展新型政策性金融体系。这不仅有利于应对地方融资平台清理以及房地产调控带来的基建投资下滑问题，也有利于弥合地方在实施城市化过程中财政收入和其他资金来源难以有效支撑的问题，同时还可能为未来城市化融资以及房地产健康发展提供一个长效机制。

保障性住房建设是当前推进城市化发展的重要举措，推进保障性住房的金融支持是完善政策性金融的内容之一。20世纪大萧条之后，美国对保障性住房的金融支持包括退税，推动金融公司参与退税资本化（其融资达到30%～50%），另外，通过地方政府发债弥补投资，加上银行信贷，当然也有两房的增信等。这些政策的关键是政府让利于民。中国更是要在土地、税收优惠方面加大让利，国家政策性金融增信或适当投入资本，再推动民间金融加入才能推进保障性住房的金融支持。具体措施包括税收优惠、地方政府发债、通过金融创新鼓励民间金融参与、政策性金融增信或投入适当资本等方式为保障性住房建设提供融资支撑。只有提高保障性住房的融资和激励，才能保障人口的城市化进程稳定，这是政府最重要的目标，也是遏制资产泡沫的方式。需求政策核心应从货币扩张带动经济转向稳定币值。发达国家经济复苏回落，潜在增长率逐步下降，而新兴市场国家的GDP贡献额超过了发达国家，但国际格局的调整导致了我国外部经济环境的不稳定，直接会冲击中国的经济稳定，不仅来自贸易，而且来自金融，更通过这两个渠道危及国内经济的稳定，因此稳定币值成为了降低冲击风险的宏观政策关键举措。应采取以下两项措施：

（1）汇率机制改革。稳步增强人民币的汇率弹性，特别是适当增加货币篮子中的货币币种数量，避免钉住单一货币的风险，形成自我稳定币值的作用，推进人民币自由兑换，加快人民币国际化步伐。汇率机制改革既要应对外部压力，也要利用汇率改革机制推进国内调结构，积极实现账户的平衡。

（2）灵活的利率政策工具。中国经济的杠杆化水平提高后，微观主体将会对利率较过去有更明显的敏感特征，因此利率政策的调整会更为有效，保持灵活的利率政策工具是必要的。当前的负利率是需求扩张的根本，因此稳定币值、减低货币扩张带来的泡沫风险，要充分利用灵活的利率政策进行调整。中国作为大国，必须有独立的宏观政策，因此货币政策应该根据国内稳定币值的需要进行操作。

参考文献

［1］杜丽虹．房企稳者胜［J］．证券市场周刊，2010（37）．

［2］辜朝明．大衰退［M］．北京：东方出版社，2008.

［3］张平，张晓晶．经济增长、结构调整的累积效应与资本形成［J］．经济研究，2003（8）．

［4］汪红驹等．金融发展与经济增长：从动员性扩张向市场配置的转变［J］．经济研究，2007（4）．

［5］袁富华．低碳约束下的中国潜在经济增长［J］．经济研究，2010（8）．

［6］张平，刘霞辉．人民币升值预期与地产价格变动［M］//中国经济增长前沿．北京：社会科学文献出版社，2007.

［7］杜敏杰，刘霞辉．干中学、低成本竞争机制和增长路径转换［M］//张平，刘霞辉．中国经济增长前沿．北京：社会科学文献出版社，2008.

［8］Fitch Ratings.Chinese Banks：Inf or Med Securitisation Increasingly Distorting Credit Data IMF［J］.World Economics Outlook，2010.

28 中国经济"新常态"与减速治理[*]

——2015 年经济展望

张 平

一、2014 年经济增长的经验事实和 2015 年展望

中国经济 2012 年、2013 年 GDP 增长完成了 7.7%，2014 年前三个季度 GDP 增长达到 7.4%的水平，与我们 2014 年的预测基本一致（张平，2014），展望 2015 年的经济增长目标应下调到 7%。经济增长实际值与大多数机构预测基本为 7%。中国经济增长趋势已经明确地指向了经济增长进入了"换挡期"，即从 8～10 的高速增长阶段转向"新常态"的中高速增长阶段，其背后的逻辑基础、机理和趋势值得我们深究。

当前中国经济出现一系列新的经验事实，这些经验事实预示着中国经济发展阶段大转变的开始。

（1）高投资与经济增长减速相伴。2008 年金融危机以后，中国经济增长趋势从 2011 年开始逐年下滑，经济增长从 2011 年的 9.3%下滑到 2012 年的 7.7%、2013 年的 7.7%和 2014 年的 7.4%，而投资率从 2009 年反危机后一直处于 49%的高位水平。21 世纪以前平均在 35%～40%，2011～2007 在 40%，反危机后投资率再提高到 49%，但经济增长趋势性下滑；从货币激励来看，传统货币扩张新增长贷款，2005 年以前新增贷款都在 2 万亿元以内，2009 年反危机一年新增长贷款高达 9.6 万亿元；2010 年后央行起用社会融资总规模来观察货币扩张，2010 年和 2011 年在 14 万亿元上下，2012 年为 15.7 万亿元、2013 年为 17.3 万亿元，2014 年预计 17 万亿元，并开启了降息等货币刺激政策，货币刺激政策可谓持续加大；与投资和货币激励相配合，社会杠杆率不断攀升，以 M2/GDP 最为简单计算今年预计超过 200%，按信用总量计算 2012 年超过 200%（李扬等，2013），一个基本的事实是现有的经济增长模式下，投资已经无法拉动经济高增长了。

（2）国际贸易增长低于各国 GDP 平均增长，全球贸易红利结束。2008 年金融危机后，全球经济增长持续低迷，全球贸易增长连续多年低于各国 GDP 增长，国际分工作用减退，国际需求疲弱，全球化带来的全球贸易红利已经结束。中国贸易盈余 2011 年后占 GDP 的比重都没有超过 3%，对中国经济带的作用下降。中国 2013 年进出口世界第一，成为了世界的大国，其大国效应将直接影响世界市场的变化，但中国出口规模

---

[*] 全文发表于《现代经济探讨》2015 年第 1 期。

的上限约束越来越强。近年来随着人民币跟随美元升值，人民币有效汇率持续升高，中国低端制造的劳动力成本的比较优势丧失，高端制造因发达国家的制造业的智能化，特别是它们灵活的汇率调整重新获得竞争力，也在挤压中国制造业升级出口的上升空间。我国制造业在要素成本持续提高和创新能力提高慢的情况下，国际竞争力会不断下降，国际市场份额不仅难以提高，而且还可能会逐步下降。从服务贸易来看，中国一直是逆差国，而这正是中国消费升级的一个重要需求方面，也是未来全球贸易的新亮点，中国在这方面比较优势较低，净出口对经济的带动变得很弱，甚至出现了负带动。

（3）产业结构现代化与就业结构非现代化。从增加值上来看，中国产业结构现代化，第一产业只占我国产业结构的 10%，按可比价格低至 7%，制造业、服务业、建筑业现代部门占据了 90% 的份额。但从就业分布来看，农村劳动力占比过高，仍超 30%，尽管从 2003 年以来进城就业的人群基本上是以服务业就业为贮水池，而不是返回农村，但农村依然储备了大量的剩余劳动力。从现代部门的增加值比重来看，2013 年服务业占 GDP 的比重超过了第二产业，2014 年上半年服务业占 GDP 的比重上升到 46.6%，增长速度 8%，超过第二产业 7.4%，服务业成为了经济增长的主要驱动力。值得注意的是，第三产业的高就业降低了第三产业的劳动生产率，用经济效率减少换取就业增加是无益的，因此必须改革服务业现有体制束缚，如"科教文卫"都是事业单位，无法对市场的需求做出反应，通过事业单位改革才能提升现代服务业的比重和服务业效率，否则服务业的产业比重越高则劳动生产率就越低。

（4）价格持续走低，产出负缺口冲击。2014 年通货膨胀率已经降低到 1 的时代，而从可观察的产出负缺口就是生产者价格指数（PPI）持续 30 个月负值。从理论上来看，实际增长低于潜在增长水平，也就是说，从 2012 年开始负缺口明显出现，衡量负缺口的价格指数 PPI 从 2012 年转负到现在。从现有的国际原油价格下跌的趋势来看，2015 年 PPI 将进一步下降，持续负 PPI 实际上就是实体部门的严重通缩，必然也会拖累整体经济的复苏，进而降低总需求，推动消费者价格指数走低。

这些经验事实表明中国经增长速度"换挡"已经是明确的，即从高速转向高效，"经济结构"从非均衡赶超向较为均衡的可持续发展结构转变，更为深刻的是生产方式发生根本变化，即从追求"规模—效率"的规模化发展转向了以需求为导向的"需求—效率"发展方式。传统上我们靠政府改革形成新的发展空间、努力占据新资源和扩大产能规模，提高负债来提升企业和国家的发展。而现在经济减速、产能过剩、出厂价格通缩，腾挪空间受到挤压，规模化扩张的粗放发展阶段宣告结束，传统规模扩张模式结束，但新模式没有建立起来。

展望 2015 年，我们仅仅从 GDP 的预测角度来看，自 2012 年国家统计局公布 GDP 环比，依据环比与同比的模拟，四个季度环比连乘就基本上确定了未来的经济增长同比增速。2012 年公布以来，这些年环比的均值逐年降低（见表 1），2014 年第四季度由于政策放松推动经济维持在 7.3%，全年经济增长为 7.3% 的水平，2015 年上半年通过降息降准等激励手段，应该与 2014 年环比持平，则 2015 年经济增长速度为 7.1% 的水

平，基本态势是第一季度维持在 7.2%，如果能在第二季度加大放松力度，则第二季度
年保持 7.1% 的水平，但第三季度开始下降到 7% 以下，第四季度也与第三季度大体相
当在 7% 以下。如果刺激力度不足或有外部冲击，2015 年的经济增长在第二季度就会低
于 7%，鉴于此，预计国家增长目标应在 2015 年下调至 7%。

表 1　2014 年和 2015 年主要国民经济指标预测

主要经济指标	2014 年预测值	2015 年预测值
1. 居民消费价格（CPI）上涨率（同比,%）	2.2	1.9
2. GDP 实际增长率（同比,%）	7.4	7.1
3. 社会消费品零售总额名义增长率（同比,%）	12.2	11.5
4. 全社会固定资产投资名义增长率（同比,%）	16.2	15.0
5. 出口总额名义增长率（同比,%）	4.2	4.5
6. 贸易余额（亿美元）	2810	2910
7. M2 货币余额（同比,%）	13.1	12.5
8. 社会融资总规模（万亿元）	17	19

资料来源：国家统计局（2014）。

从物价来看，国际石油价格大幅度下跌，2015 年预测为石油价格每桶 55~65 美
元，美元指数 2015 年上升到 95，这都推动了大宗商品物价下跌，加剧了中国实体部门
的通缩，预计 2015 年生产者价格指数全年为负。而消费者指数在油价下跌和经济下行
压力下，价格指数会低于 2%，而且 2015 年翘尾因素只有 0.83，比 2014 年的 0.93 又
有所下降，预计全年将破 2%。2015 年城市居民消费物价（CPI）上涨因素主要是公共
服务部门普遍调高价格。

总之，2015 年中国的经济保持在 7% 的水平，顺利完成"十二五"期间年均增长
仍然在 7.8% 的水平，"十三五"期间完成翻两番，年增长保持在 6%~7%，年均增长
6.5%，就能实现人均 GDP 翻两番的目标。

二、中国经济的"新常态"

根据上面对 2015 年的预测，中国经济增长继续向下调整，预计经济增长速度滑落
到 7%，经济增长速度在"换挡"，把经济增长放缓看作"新常态"。"新常态"（New
Normal），顾名思义，就是指"反常的现实正逐步变为常态"，即中国当前减速调整是
依照传统高增长而言的新常态，是一个典型的过渡期，这个过渡期有着明显的时间长
度和过渡时期强烈的结构性和政策性调整特征。国际上也是如此，据统计，2002 年，
"新常态"一词在国际主流媒体中每月出现 50 次；2011 年，"新常态"一词每月出现
700 次（Pash，2011）。在国际上新常态越来越多地被定义为一个过渡性时期，其特征
包括五个：①世界经济陷入长期低迷，经济恢复较慢；②全球经济与贸易增长处于较
低的增长水平，贸易摩擦不断，贸易保护主义抬头，全球新治理架构缺位；③刺激经

济政策与"去杠杆"的并存，各国政策操作空间狭窄，但政策调整频繁；④世界各国经济增长调整阶段，经济与政策周期不同步，美国、英国退出量化刺激，而欧洲、日本加大量化刺激，世界经济摩擦动荡加大；⑤金融市场繁荣与实体经济虚弱并存，大量的失业和收入差距拉大都成为了一个新的过渡阶段特征。

中国经济"新常态"特征包括以下五个方面：

（1）经济增长减速，而减少带有明显的结构性特征，即赶超过程中的结构性加速因素，如人口红利，二元经济下的廉价劳动力，工业化发展，技术进步中的干中学效应，全球大繁荣带来的需求等积极因素逐步结束，结构性加速因素变成了减速因素。经济增长告别过去两位数高增长模式，进入中高增长阶段，官方文件对此的表述是"经济增长进入换挡期"。2001~2011 年中国经济增长率年平均值为 10.4%；从 2012 年初至 2014 年初，各个季度的 GDP 增长率都在 7%~8%，具有明显过渡期的特征。

（2）持续的经济结构调整，这一结构调整已经不是原有意义上的一二三产业的比重高低调整，而是更为广泛的经济结构的调整。首先，经济结构调整的意义在于如何重振内需，即通过内需拉动中国经济；其次，内需调整如何提升消费需求比重，其重要的内容就是要调整收入分配；再次，产业结构转型升级优化调整，持续提升产业效率；复次，区域结构调整，中国区域结构将趋向均衡发展的新常态，如京津冀经济圈、21 世纪海上丝绸之路、丝绸之路经济带和长江经济带、超大城市群等区域经济的发展为中国经济升级版提供了实实在在的发展空间；最后，要素价格初次和再分配体制调整。

（3）宏观政策频繁操作，微刺激和防范金融风险并存成为新常态，主要表现在消化前期政策过度激励带来的高杠杆和高的地方负债，同时为了保证经济增长的平稳一直将采取微刺激，本质上又在提高杠杆，这使政府宏观政策操作空间非常狭窄，但操作频繁。

（4）高成本的要素供给成为新常态。低土地成本、低劳动力成本、低环保成本、低税收成本等低成本的工业化时代已经过去，我国依靠扭曲土地成本、劳动成本和环境成本等形成的特殊优势将逐渐消失，中国经济增长的贡献者应该来自全要素生产率和人力资本的提升。这些要素供给的逆转要求必须改变要素的供给与配置机制，市场化改革才能改善供给侧，才能有效推动劳动生产率的提高和技术进步。

（5）建设市场化配置资源制度为主线的全面深化改革成为新常态。传统赶超过程中过度依赖于政府配置资源的模式让位于市场配置资源，打破政府干预配置资源成为改革的红线，这里包括大量的改革内容，如要素价格调整、国企改革、利率和汇率市场化改革、政府行政改革、事业单位分类改革、农村土地改革、城市户籍制度改革、税收财政体制改革等，这些改革将成为中国现阶段最为重要的、促高效发展转型的常态内容。

"新常态"定义很多，从原出定义的反常事实到常态这一明显的"过渡期调整"的概念。现在中国有多种定义，有政策性的，有的是经验性总结。从经济增长理论上的理解，中国的"新常态"应该理解为过渡时期的形态，即从以工业化推动的高增长阶段逐步向均衡增长阶段过渡期的一个调整状态，包含了过渡的方向、过渡的时间和持续改革三个方面。过渡的方向就是从结构性赶超向着高效均衡增长阶段转换：①二元经济结构向现代部门的过渡，即农业部门的劳动效率与现代部门的劳动效率一致，经济结构调整完全依据市场进行"出清"调整了，无须政府干预配置；中国当前完成了产业结构增加值的现代化转化，但没有完成就业配置的转化；农村劳动力完成了职业转换，变成了工人，但没有完成身份转换，不是城市的人，当前产业部门劳动效率仍有明显差距，因此中国二元结构仍处在转化中。②市场经济制度已经初步建立，但市场经济体制没有成为十八届三中全会所说的"使市场在资源配置中起决定性作用"的状态，微观国有企业的改革，事业单位、管制部门、政府行政改革任重而道远，中国持续改革是这一阶段重中之重的任务。③经济增长贡献来自全要素生产率提高和人力资源的提升，而不是要素的不断递增的投入，符合了"内生增长"，当前我国增长中最大的问题是全要素生产率贡献的不断下降，而不是提升，不能解决技术进步与人力资本作用的发挥则难以完成生产方式的转变。这三个标准是需要一段时间进行过渡的，中国当前的减速状态就是向新均衡过渡期的"新常态"，期间的改革、结构调整和政策激励是这一时期重要的方面。

比较亚洲日本和四小龙，发现各自走向均衡即高收入地区的实际过渡过程差别很大，如韩国仅仅用了 5 年的时间就完成了过渡，而且是在亚洲危机中通过强烈的市场化和结构化改革来完成调整与过渡的，而中国台湾地区过渡了 21 年才完成了高效均衡增长（史晋川，2014），因此"新常态"转向真正的"常态"即高效均衡增长路径，这完全要根据自己的调整能力，很多国家调整不当，会落入"陷阱"。

三、"新常态"下的中美经济周期不同步

中国经济正处在一个过渡期，同样美国等发达国家也处在一个调整的过渡期，这一时期都可称为"新常态"期间，但由于每个国家的新常态特征也不同，其周期阶段也不同。我们从中美经济和政策周期不同步入手，同时依据上市公司分析，讨论中国与美国微观效率的不同步，从而理解周期的不同步的经济基础，以及不同步的相互影响。

1. 中美经济周期和政策激励不同步

中美宏观周期的不同步已经有很多研究，我们在这里着重讨论四个典型不同步问题：

（1）中美经济增长周期趋势不同，截至 2014 年第三季度，中国经济季度增长仅有7.3%，低于长期的 8%~10% 的增长区间，更低于增长的计划目标，经济增长向下趋势明显，而企业利润 10 月出现了负增长，生产者价格指数持续负值，实体经济陷入通缩；而美国经济季度增长为 3.5%，高于其潜在的增长 2%~3% 的水平区间，失业率进一步下降，企业利润增长强劲，因此出现了经济周期的不同步，预计美国经济复苏继续，而中国则会进一步下调经济增长目标。

（2）中美政策工具激励方向不同步，美国正在逐步退出量化刺激，而中国正在加快量化刺激。2014年美国停止量化宽松政策，并预计2015年开始进行加息回收量化宽松，而2014年10月中国大幅度降息，开启了新一轮的货币刺激政策，前几年主要依赖于数量指标，现在采取了价格指标，预计仍然有降存降准的政策出台，可见两国的宏观政策走向出现了非常大的不一致，会导致两国汇率政策的扭曲。

（3）中美经济杠杆化方向不同，中国经济在继续增加杠杆，而美国经济正在逐步去杠杆，美国通过政府压低长期债券利率，起到了美国经济修复资产负债表的作用，并通过盈利复苏逐步在去杠杆，包括政府财政赤字的修复。中国当前由于刺激经济，仍然在加大杠杆，利率水平依然较高，特别是非金融企业与地方政府负债不断恶化，银行坏账上升，2015年财政状况将进一步变坏，这将影响中国的宏观信用水平。

（4）金融和实体经济调整的步伐加快。表现在实体经济上，中国服务业占比超过了制造业，但制造业和服务的劳动生产率都在逐步下降（张平，2014），这说明中国的产业竞争力下降。而美国基于互联网主导的全球化服务贸易大发展，并通过能源革命和信息技术主导着高端制造业，这对中国利用全球化发展是明显的挤压。在金融方面美国已经完成了产业结构的调整，金融推动了创新，而中国当前金融市场繁荣，但实体经济极其萧条，金融正在抽取实体经济的利润，而不是助推创新，金融与实体的关系调整也是不同步的。

2. 中美微观效率不同步：中美上市公司的资产回报率比较

中国与美国上市公司的收益率的比较可以理解：①收益率决定利率水平；②负债趋势，从微观上理解经济增长的不同步。首先我们分析中国上市公司的情况，通过图1可以清晰地发现上市公司的ROE运行趋势：①非金融上市公司以净资产收益率衡量的资产回报率已经持续下降，资产回报率自2007年最高峰开始下降，在2010年回升后，到2013年已经降到了9.7%。此外，从盈利能力的其他指标来看，总资产收益率ROA、近年来的销售净利率和经营利润率下降趋势也十分明显。②金融上市公司资产回报率稳定，其资产回报率的高峰出现在2004年，达到了33%，在2007年又有过次高峰23%，其后稳中趋降，但近年来仍远远高于非金融类公司。

从资产负债率指标来看，非金融企业负债率经历了不断上升的趋势，从2000年的46%上升到2013年的59%，而金融企业经历了先上升后下降的倒U形趋势，特别是从2003年之后经历不断下降的趋势，总体稳定在90%以上的水平。上市公司是中国信用等级高，而且可以通过上市和其他方式补充资本金的公司，负债率却上升都很快，可见中国的企业负债水平偏高。根据李扬等（2013）国际比较研究，中国企业负债占GDP的比重2012年达到了113%，比世界平均水平高出1倍，且超过OECD国家90%的负债阈值。因此，企业负债不断上升可能带来的经济运行风险需要引起注意。

尽管非金融企业负债率在不断攀升，却没有带来净资产收益率的持续改善，说明企业运用负债杠杆扩张效率的能力在降低。究其原因，依靠负债拉动效率的阶段正在成为历史，单纯靠扩大投资会带来越来越多的无效率投资、造成产能过剩。从表2的总资产周转率和销售净利率运行趋势就可以说明，近年来提高杠杆并没有带来企业资产运营能力改善、化解企业库存和提高产品利润率。

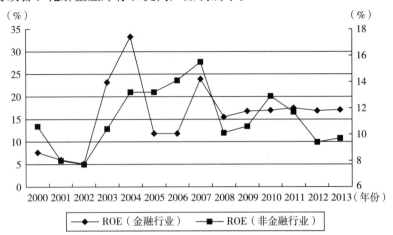

图1 非金融行业和金融行业 ROE 对比分析

表2 美国上市公司创值能力   单位：%

类别\年份	净资产收益率（ROE）	资产负债率	总资产收益率（ROA）	净资产收益率（ROE）	资产负债率	总资产收益率（ROA）
	非金融			金融		
2000	9.7	61.6	3.7	12.8	91.9	1.0
2001	1.1	62.7	0.4	8.7	92.1	0.7
2002	−1.5	65.7	−0.5	9.0	92.5	0.7
2003	11.0	63.5	4.0	12.6	92.2	1.0
2004	12.2	61.9	4.7	12.4	92.4	0.9
2005	13.8	61.7	5.3	13.2	92.6	1.0
2006	15.9	60.2	6.3	14.0	92.3	1.1
2007	15.1	60.2	6.0	10.7	93.1	0.7
2008	10.2	63.0	3.8	−4.4	93.6	−0.3
2009	12.0	60.4	4.7	4.4	91.9	0.6
2010	13.7	58.8	5.6	7.0	91.5	0.6
2011	14.2	59.7	5.7	6.5	91.4	0.6
2012	11.8	60.2	4.7	6.3	91.1	0.6
2013	12.6	59.9	5.1	7.6	90.0	0.8

资料来源：compustat 数据库，中国社会科学院经济所张鹏博士计算，转引自《中国上市公司发展报告 2014》。

综上所述，通过对资产回报率及影响因素的层层剥离分析可以发现非金融企业的高杠杆与低资产回报率之间存有内在联系。非金融企业高杠杆是依靠金融扩张和投资进行稳增长的后遗症，也是由中国以间接融资为主的金融结构所决定的，在经济高速增长的情况下并不易产生问题，然而经济减速后，各国是降低杠杆，但中国由于政府软预算约束等制度特征，当经济下滑时，不是靠削减产能、降低杠杆来调整，而是靠增加负债来进行抵抗，加剧产业调整困难。当经济持续下滑后，企业的负债一旦难以为继，部分行业和企业出现整体违约的情况，将会损害银行的资产负债表健康，进而对宏观经济产生影响并冲击金融市场，近两年出现的钢贸与铜融资困局即是典型写照；过高的债务水平甚至会令企业陷入"债务通缩"和"资产负债表"衰退。低资产收益率表面上是宏观经济减速抑或产能过剩的结果，然而全社会企业拉高杠杆也造成无法进行企业的"清洁"，即淘汰落后企业，会大量产生"僵尸企业"（Zombie firm）的累积风险。生产效率低下、赚钱能力低下的"僵尸企业"，在银行或政府帮助下继续留在市场中带来的问题就是挤占生产资源进而延迟经济整体效率提升和生产更新节奏，这是中国产能过剩又退不出来的重要原因，靠不断拉高杠杆维持现在的增长模式会造成极大的扭曲。

随着全球经济一体化的深入发展，各国的经济依赖性不断增强。资本的逐利性使其流向回报率最高的地区。美国作为世界上技术最先进、市场经济发展最完善的发达国家，其宏观经济政策的调整对各国经济产生巨大的影响，研究其上市公司资产回报率的高低可以窥见资本流动的趋势，这对于我国宏观经济的稳定和健康发展具有重要的意义。表2为我们根据美国纽交所、纳斯达克和美国证券交易所三大主板市场的上市公司财务数据计算的各年平均资产回报率及资产负债率。从资产回报率来看，由于受到9·11事件以及互联网泡沫破灭的影响，无论金融还是非金融类上市公司，净资产收益率都经历了急速下降的过程。以非金融类上市公司为例，净资产收益率由2000年的9.7%突降到2001年的1.1%，2002年资产回报率更是成为负数。而后随着美联储宽松货币政策的实施，2003年以来非金融类和金融类上市公司的净资产收益率一直分别不断上升至2006年的15.9%和14%。2008年以次贷危机为代表的全球金融危机的爆发，股市一片哀鸿，净资产收益率又经历了较大的冲击，这突出表现在金融行业，2008年金融类的净资产回报率为-4.4%。相比金融行业而言，非金融行业遭受的冲击小于金融行业，尽管净资产收益率从危机前最高峰下降了1/3，但是2008年的ROE依然高达10.2%。特别是随着奥巴马新的经济刺激计划、多轮QE的推出，美国上市公司资产回报率有所回升。2010年以来非金融类上市公司净资产收益率均值达到13.1%，这与中国不断下降的趋势形成了鲜明的对比。从资产负债率来看，美国非金融类和金融企业的资产负债率基本上在60%和90%左右变动幅度不大，并且在2008年金融危机以来非金融类上市公司的资产负债率基本上呈下降趋势，这说明在美国企业杠杆比率下降的同时却保持了公司资产回报率的回升。

从表2中我们发现一个令人担忧的事实是，2011年以来美国的资产回报率一直高于中国，美国正在实现的经济复苏进一步加大了中国国家隐性担保下的信贷扩张支持企业资产扩张难度。与中国非金融企业技术创新和相应的创值能力不足的状况不同，早在20世纪80~90年代，美国就在里根革命和ICT革命共同作用下，形成了技术创新的网络模式，有效地解决了创新市场从哪里来的难题，实现了创新专业化分工和规模经济，从而成功地消化了创新成本，并分散了风险，从而切实提高了非金融企业的创值能力。

考虑到中国已成为一个开放经济体,美国技术创新驱动的经济增长逐步恢复常态及其企业资产回报率的提高,可能导致人民币升值趋势逆转,加速资金向美国回流。这无疑会加速跨期错配风险爆发,造成国家隐性担保下的信贷扩张提前终止,迫使中国非金融企业进行去杠杆化的经济和投资收缩调整,并引发经济增速下降。很显然,中国公司资产回报下降,负债表在恶化,而美国上市公司资产盈利能力提高,资产负债表修复,其会导致利率等多方面的不同步。

上述已经说明美国在逐步走出"新常态"的调整期进入到新的稳定增长时期,而中国正处于"新常态"调整期,关键要看中国未来结构改革和调整的能力,但与美国的非同步对中国调整是一个冲击,需要认真应对。

四、"新常态"下的减速治理

中国经济"新常态"最为核心的要义就是利用好减速时期进行最为积极的结构性改革和完善市场经济体制,被称为"减速治理"。只有利用减速压力推动全面市场化改革和经济增长方式转变,才能成功跨越"中等收入陷阱",走向高效均衡的增长阶段。"减速治理"往往是人们最不愿意进行的活动,因为有太大的风险,有的国家成功,有的国家就没有完成,但没有减速期,人们又不愿意进行深刻的自我增长方式的调整和结构性改革,因此不应回避"减速治理"这一难题。

从理论上讲经济增长减速是经济体的一次大的"清洁",熊彼特称为"清洁机制",即淘汰落后企业,推动创新企业发展,但这一理论机制在现实中难以完成,特别是亚洲国家,在政府干预(支持)的赶超过程中,政府支持的项目或企业都不愿意被清洁,反而抗拒减速清洁,形成所谓政府支持的"僵尸企业",将创新企业所需资源吸入,而减低了创新活力。因此减速治理的核心就是利用"减速"重建新的增长方式和增长机制。韩国是一个"减速治理"成功的案例,在亚洲金融危机后接受了国际货币基金组织提出的一揽子改革方案,全面实现资本市场、外商直接投资和贸易自由化,成为一个近乎完全的开放经济体。在更具竞争性的市场环境下,不仅可以增加劳动力市场弹性,降低创新的劳动力成本,而且能够激励包括新建中小企业在内的不同规模企业参与技术进步,从而为创新外溢效应发挥创造了有利条件。Taegi Kim 和 Keun-Yeob Oh 运用韩国216家企业1985~2007年微观数据,证实在此期间,由研发支出水平和专利数量提高衡量的知识增长已经对韩国制造业企业全要素生产率产生显著的正效应。经过危机后的市场化改革,韩国经济增长方式转变取得了一定成效,并平稳地过渡为一个发达经济体(经济增长前沿课题组,2014)。

中国的"减速治理"包含着全面的市场化改革和现有存量的结构性调整,而且在宏观政策上要有足够的定力,让减速成为一个"清洁机制"清理"僵尸企业",鼓励创新。主要体现在以下四个方面:

(1)市场化改革重新起步。首先就是要打破政府长期通过"支持"的干预资源配置机制，让市场进行配置。政府干预的纵向资源配置体制，是中国工业化赶超的成功的经验，现实阻碍了中国经济市场化改革。转变的关键在于四点：一是政府要改革自身，转变职能，切实简政放权，彻底政企分开；二是让市场发挥决定性的作用，促进我国统一市场的尽快形成，重点解决更高层次的开放即要素市场的开放问题，解决在资本市场、人员流动、基础设施、信息等领域的割裂问题；三是打破"条块分割"的现状，纵向和横向的行政干预形成的条款分割影响资源的空间配置效率，也保护了落后，使区域间贸易量减少或者萎缩，分工无法深化，创新难以外溢；四是强化法治，完善一系列标准体系和法规来规范市场经济秩序，而其中的关键又在于政府自身要守法。

只有打破政府干预资源，中国才能进行"减速治理"。中国当前大量的"僵尸企业"仍在地方政府的支持下吸收大量的宝贵资源，降低社会的效率。在强化市场淘汰机制的同时，应尽快启动加速折旧，类似于1981年里根政府制定的《经济复兴税收法案》就提出了加速成本回收制度（ACRS）。在旧政策激励下，企业固定资产更新速度明显加快。同时提高环保标准，淘汰高污染、高耗能的产业，推动新兴产业的发展。进行工业化升级，提高工业制造业的效率，保持国际竞争优势，稳定中国工业制造业份额在35%左右的水平。

（2）存量释放，加快"科教文卫"事业单位和准事业单位的公共基础服务，如铁路、电网、供水、电、排污、地铁等全面改革，才能推动服务业发展。当前服务业发展很快，但多为效率较低的行业，制造业与服务业劳动生产率相差一倍以上。主要原因是中国现代服务业主体的一部分存在于事业单位，如科教文卫；另一部分存在着严格的管制，如电信、金融、铁路、航运以及大量的公共服务部门，如水电气供给与排污等。这些服务业部门按发达经济体计算基本占服务业价值的80%以上，而我国却长期困在事业单位和管制中，发展很慢。事业单位改革与放松管制相结合，释放出中国的现代服务业的存量，吸纳社会资源进入，才能提升服务业的效率，参与到服务业的国际竞争中，服务业存量调整至关重要。

（3）重组地方债务，配合税制改革，促进社会基础设施投资。近年来中国地方大规模举债的同时，也形成了大量重要社会基础设施的资产，按世界银行定义主要包括教育、文化、医疗保健等，短期回报低，现金流也较差，但其关乎人力资本提升的重要基础设施，是中国经济转型的根本。中央政府应该按照项目期限、收益率、项目的经济外部性和功能性特点，发行低利率的30年期以上的长期特别国债对地方社会基础设施资产进行购买，转移这部分地方政府债务，减轻地方政府的债务负担。通过税制改革，推进生产性环节的间接税制为主向消费、收入所得、财产保有环节的直接税为主转变，削弱地方政府侧重于生产性投资的税收激励，鼓励地方政府在社会基础设施方面投资。

（4）推进金融改革，积极应对国际周期不同步对中国的冲击。2014年中国随着"沪港通"、自贸区的推进，人民币自由兑换进入了一个新的阶段，2015年再开启"深港通"，个人合格投资者，即QDII2的推出，自贸区的扩大试点，技术层面的资本项下自由兑换基本完成，而同时国内推进的储蓄保险和利率市场化也同步完成，2015年底实践上已经完成了人民币自由兑换，中国将进一步融入国际化进程，但同时风险暴露加大，而中美经济周期和政策激励不同步等问题会带来冲击，这一冲击会打断很多改革进程，因此金融改革的同时防范金融风险和稳定人民币币值成为了重要的政策。

减速治理关键仍需要宏微观双重努力，宏观政策要有足够的定力，容忍经济减速，不要过度消耗政策刺激的资源，宏观政策的重点在于化解金融财政风险。微观则更需加快改革和存量调整，尽快转向高效均衡的增长阶段。

参考文献

［1］Pash and Chris. Use of the Label "New Normal" on the Rise ［J］. The Australian，2011（16）.

［2］李扬. 中国国家资产负债表2013［M］. 北京：中国社会科学出版社，2013.

［3］史晋川. 新常态下的中国宏观经济［M］//首届中国宏观经济论坛（2014）论文集. 厦门：厦门大学出版社，2014.

［4］许雄斌，张平. 中国上市公司发展报告2014［M］. 北京：社会科学文献出版社，2014.

［5］中国经济增长前沿课题组. 中国经济增长的低效率冲击与减速治理［J］. 经济研究，2014（12）.

［6］张平，苏治. 增长模式转型与政策选择［J］. 现代经济探讨，2014（1）.

29　汇率、资产价格波动与稳定政策[*]

——2019 年中国经济展望

张　平

一、2018 年中国经济增长 6.6%，2019 年预计在 6.3%

2017 年中国经济增长达到 6.9%，其中净出口贡献了 1.09 个百分点，2017 年第四季度 GDP 增长 6.8% 中，净出口有 2.5 个百分点的贡献，体现了外需对中国经济增长的强劲带动。2018 年初各类机构对 2018 年的预测普遍上调，但实际运行后，上半年由于中美贸易战的影响，我国经济增长没有能延续出口带动，反而出口拖累了经济增长，经济增长主要动力依靠内需，机构相应也调低了对中国增长的预期。从实际运行情况来看，2018 年前三个季度经济增长在外需拖累下，经济增长依然达到了 6.7%，但第三季度明显减速，同比增长为 6.5%。从经济增长的环比增长来看，第三季度环比创五年新低，为 1.6%，从现有的经济增长趋势来看，2018 年第四季度环比创新低，同比增长预计为 6.3%，2018 年全年增长 6.6%。从实体经济的前三季度指标看都是很平稳的，GDP 增长 6.7%，通货膨胀 2.1%，失业率只有 4.9%，2018 年经济增速有所放缓。

从经济增长自身运行趋势来看，我们假设情景一：2019 年保持五年环比最低增长水平，则经济增长保持 6.3% 的增长；假设情景二：按五年均创新低（见表 1），2019 年经济 6.1% 的增长水平，按此预测经济增长在 2019 年下半年增长会减缓至 6% 以下。情景二的演进主要原因有三个：一是中美贸易战的影响会在 2019 年逐步压力加大，但 G20 谈判缓和中美贸易战恶化趋势，对我国经济增长影响与今年相比，进口会增加，出口会受到抑制，净出口带动仍然会较今年再下降 0.2%，因此环比 2019 年连续三个

表 1　GDP 季度环比增长　　　　　　　　　　　　　单位：%

	2014 年	2015 年	2016 年	2017 年	2018 年	2019 年（假设）
第一季度	1.7	1.7	1.4	1.5	1.5	1.3
第二季度	1.8	1.8	1.9	1.9	1.7	1.6
第三季度	1.8	1.7	1.7	1.8	1.6	1.5
第四季度	1.7	1.5	1.6	1.6	1.4	1.4

资料来源：国家统计局网站。

---

[*]　全文发表于《现代经济探讨》2019 年第 1 期。

季度创新低的概率较大；二是中美经济周期不同步，美国等发达国家收紧流动性直接约束了中国的宏观扩张政策，中国保持结构调整是关键，也不必追求过高的增长目标；三是中国推进供给侧结构性改革是关键，但需要战略调整的时间，因此国内宏观目标主要是保持经济增长的平稳性，而非扩张，以完成三大攻坚战。中国经济会在减速中逐步进行结构和体制转型。

1. 从经济增长动力来看

（1）前三个季度消费挑大梁，占 GDP 增长的 78%，居民可支配收入实际增长 6.6% 与 GDP 增长同步，但城市居民实际增长只有 5.7%，城市居民可支配收入增长中 9% 左右需要支付住房按揭。居民基础消费占比过高，吃、住、行基础消费占了 64.9%，消费支出有很强的刚性特征，具有高收入弹性的商品和服务消费难以持续扩张，汽车今年 5 月后进入持续负增长，而教育、健康、娱乐等开支比重难以提升。

（2）固定资产投资完成额累计同比增长 5.4%，较 8 月有所回升，但仍然处于低位。固定投资中，挑大梁的仍然是政策明确要压制的房地产投资，9 月累计完成同比增长 9.9%。从房地产投资细分来看，建筑工程、安装工程、设备工器具购置全部是负的，只有土地购置费大幅增长，支撑了房地产投资的同比增速。土地购置费只是改善了地方政府的财政，而建筑工程、安装工程、设备才带动其他产业的发展。基础设施投资依然进展缓慢，基建投资增速只有 3.3%；制造业投资比较平稳。

（3）出口情况依然强劲，贸易盈余并未受到中美贸易战后出现断崖式下降，增长依然强劲，但与美国双边贸易仍然有所下降，冲击是明显的。由于全球经济总体处于经济复苏状态，对中国出口带动依然是正向多于中美贸易战负向影响。前三季度，货物进出口总额 222839 亿元，同比增长 9.9%，增速比上半年加快 2.1 个百分点。其中，出口 118585 亿元，增长 6.5%，加快 1.8 个百分点；进口 104254 亿元，增长 14.1%，加快 2.5 个百分点。进出口相抵，顺差 14331 亿元，比上年同期收窄 28.3%。我国与主要贸易伙伴进出口均实现增长，对欧盟、美国和东盟进出口分别增长 7.3%、6.5% 和 12.6%。

（4）中国调查失业率 2018 年 10 月为 4.9%，就业市场平稳。

（5）商品价格保持平稳，CPI 全年维持在 2.1% 水平，PPI 持续回落，预计年底回落到 3% 的水平，GDP 平减水平现在保持在 3%，明年预计 PPI 下半年出现负增长，重新回到实体部门的通缩状态，而 CPI 明年保持在 2.5% 以下，全年 GDP 平减指数降低到 2% 的水平。

2. 从实体经济来看

当前的最主要问题是内需不振，而不能完全归纳为外需。但中美贸易战仍然直接阻碍了中国利用全球复苏扩大出口带动，而且造成了资产市场的波动，资产市场的波动反作用于实体部门投资预期等，抑制了实体经济发展。

3. 从资产价格来看

2018 年波动剧烈，金融市场恐慌。

（1）汇率波动加大，从升值转向贬值，汇率双向波动加大，贬值预期加强。

（2）股票市场再现股灾，原因来自多方面，直接导引是股权质押引起连环反应。

（3）债券和准债券市场出现大幅度波动，在股票质押出现问题之前，债券市场中的民营企业债券违约开启，大量债券高折让，民营企业债券已经无法持续发行，引起信用债市场的"融资"能力丧失，这一信用问题传递到了上市公司的股权质押市场。

（4）财政收缩引起违约加大，民营企业近年来扩张来自 PPP 的激励，而收缩来自 PPP 的全面叫停，现在又开始重新启动，而这与财政部积极加入"去杠杆"的行列相关，加剧了资产市场的波动。

（5）住宅市场采取了"冻"的政策，价格平稳，但交易不活跃，价格折让逐步显现，特别是巨额的房企的信托非标融资、企业债券在今年年底和明年都进入峰值期，市场波动会更大。

4. 从货币供给角度来看

（1）M2 增速为 8.3%，低于名义 GDP9.7%的水平，随着外汇储备下降，央行外汇占款预计占总资产的比重降低到 53%，基础货币发行内生性紧缩，主要靠 MLF 等央行自创资产来弥补，但可持续性和宏观分配效率值得关注。

（2）信用创造和表外配置受到"去杠杆"监管的大力压缩，这也是引起资产市场波动的重要原因。10 月 31 日后去杠杆逐步进入到了稳杠杆的政策操作中，避免政策和监管的叠加效应，对保持资产市场价格稳定有一定效果。

2018 年经济增长总体表现平稳，但按季下滑趋势明显，这直接对 2019 年经济增长产生压力。当期对实体经济扰动最大的因素来自"政策"叠加效应，其中信用收缩和外部冲击导致金融市场的恐慌。金融市场恐慌反过来再收缩信用，已经引起了实体经济需求下滑和不良预期。

二、外部冲击下的汇率波动和资本外流

中国经济增长被中美贸易战扰乱，更广义地表述应该为全球经济复苏周期不同步的冲击，这里不仅仅包括贸易战，也包括经济复苏周期不同步导致的宏观政策周期不同步，如美国进入"加息周期"，美欧日各国开始回收流动性，这些外部冲击对资产市场价格产生了严重的扰动，其冲击大于实体经济。从具体的指标来看：①贸易盈余拉动经济从 2017 年贡献的 1.09 个百分点到 2018 年的前三季度的拖累经济增长-0.65 个百分点，贸易战有所缓和，但会拖累明年经济增长，经济会进一步放缓；②全球繁荣不同步，美国等发达国家处于较为强劲的复苏，去年欧洲复苏强劲，今年美国复苏强劲，而中国处于增速放缓，全球复苏的不一致，导致了美国开始货币收缩，持续加息、减税等措施推高了美元，引起全球美元回流美国，新兴市场国家被迫提高利率等措施抑制本币贬值，同时也带来了本国货币的收缩，中国出现了贬值迹象，但货币政策仍保持了独立性特征，中美短期利差出现倒挂，2 年期国债利差倒挂，10 年国债到期收益率已经缩小到 40BP 以内，这会刺激资金外流和外汇承受压力，直接引起了中国资产价格的波动。

外部冲击直接导致汇率波动成为了现实，而且这一波动伴随资金外流和外汇储备的持续下滑。从图1中可以看出五个基本特征：①人民币升值和贬值与美元指数高度负相关，即美元指数走低时，人民币升值，美元坚挺时，人民币贬值，因此美国国内政策对于美元的影响会反作用于人民币的波动；②人民币汇率贬值与3月8日中美贸易战启动有关，汇率逐步走平后缓慢贬值，6月15日对华贸易战全面开战后，人民币进入加速贬值，中美贸易战对汇率的影响是直接的；③中国的汇率的调节政策是有一定价值的，8月24日恢复调节因子后，汇率出现短暂的平稳，但没有阻止人民币贬值；④2018年中国汇率双向波动剧烈，从升值转向贬值，贬值幅度达到了9%，波动容忍度和波动范围加大；⑤货币贬值预期仍然强劲，尽管央行使用了长臂干预离岸市场，离岸市场与在岸市场价格趋于一致，但NDF早已经给出了年底汇率破7的信号，对明年市场一致预期为贬值。

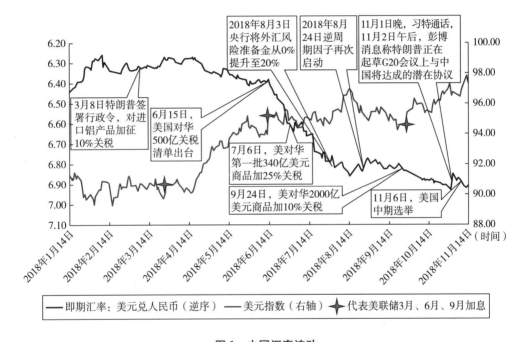

图1 中国汇率波动

回顾中国汇率改革历史就可以清晰地看出，汇率对中国经济的影响从商品到资产。1994年中国的汇率并轨，即从1994年的人民币美元汇率5.8，并轨到了人民币汇率8.7的水平，人民币汇率的波动范围也从未突破5.8~8.7的汇率范围，成为了中国汇率的历史性区间，这个区间上下经过25年考验。1994年汇率改革使中国从贸易逆差转向成为贸易盈余国，贸易盈余直到现在，可以说人民币并轨，大幅度贬值推动了中国贸易转向，变成了一个出口导向的发展战略。邓小平南方谈话以后，沿海开放直接导致的是走私，没有一点出口导向能力，严重逆差，外汇储备岌岌可危，通过汇率并轨才完成了中国出口导向战略的转变，中国比较优势得以充分体现出来。汇率定价对实体经济的影响是巨大的。2001年中国加入WTO，中国贸易占全球贸易比重日益提高，中国从全球化中获得巨大发展。2005 年受到国际上要求中国汇率市场化的压力，中国适当升值，开始了有浮动的汇率管理制度，人民币开始了持续升值，汇率升值导致中国的资产价格全面上涨，股市从破千点上涨到 2007 年的过 6000 点，房价、珠宝、字画等资产价格全面上涨，后受到美国金融危机的冲击，略调整，到 2009 年后，受到四万亿元的激励，特别是房地产价格持续上涨，人民币升值和人民币稳定是资产价格上涨的基础。2015 年 8 月 11 日再次启动中国汇率市场化改革，汇率定价从询价制改为透明定价规则，以市场定价为基准。中国 2017 年加入 IMF 的 SDR，汇率以市场为基础的透明准则让中国汇率有了与国际接轨的基础，同时中国增加了 CFETS 等一揽子贸易加权的人民币和逆调节因子稳定人民币汇率，人民币由于定价规则改变，也从盯住美元转向了与美元脱钩。2015 年 8 月 11 日汇改后，很快推出了 CFETS 的一揽子加强货币调节，2017 年中期使用逆调解因子，过滤美元扰动，2017 年停，2018 年 8 月继续使用平稳货币，汇率的市场定价因素越来越强，中国从小国模型，即自我定价不影响其他人转变为了大国模型，即中国定价影响全球。中国通过汇率改革加入 SDR，宣布了中国进入到大国行列，定价和政府干预保持汇率稳定成为了一种基准责任。

纵观中国汇率改革的历史，可以看出汇率从影响实体经济，逐步转向影响中国资产价格，其商品贸易功能逐步转变为影响中国贸易与资产新关联了。如果仅仅为了抵消美国贸易的惩罚性关税，可以加快人民币贬值，但直接会引起美国以"汇率操纵"来对中国施压，同时也会引起其他新兴市场国家的币值不稳定。中国强调的是加大双向波动性，减低汇率贬值预期，汇率温和贬值趋势仍然没有改变。

决定汇率的因素很多，最朴素的研究是购买力平价（PPP），而后推出了一系列的汇率均衡模型，如基本要素汇率（FEER）、行为均衡汇率（BEER）等模型，适用于对发展中国家的均衡汇率进行计算，模型所包含的因素主要是包括贸易条件，GDP、货币供给、财政支出、劳动生产率增长率、可贸易部门和非贸易部门的比例等计算实际有效汇率，基本上是以商品贸易为定价基础的外汇定价理论。而发达经济体的货币均为储备货币，主要靠市场交易完成，对利率和国家风险更敏感，基本上属于金融属性。汇率决定越来越复杂，因为很多国家汇率制度已经是市场决定的，因此既有贸易调节，也有金融属性，国家风险和汇率制度特性，这些构成了更为复杂的因果关系。

对于中国而言，中国的人民币汇率在 2015 年 8 月 11 日市场化改革后其决定因素已经逐步从主要基于自身贸易和国内条件属性计算的均衡汇率，转向到贸易和与发达国家的宏观金融条件相关联的混合定价体系。金融属性如中美 10 年期国债到期收益率应该保持一个均衡的利率差，国家增长前景，国家债务等国家风险水平受到了高度重视。中国依然保持了较强的资本管制制度，因为中国资本项下是非自由化的，是有管理的，货币干预是常态。从各类汇率均衡条件来看，贸易仍保持顺差，对人民币升值有支撑，很多人计算的均衡汇率也认为当前人民币均衡汇率被低估，但从资本流出和中美利差角度来看：一是资本流出加快导致了外汇储备下降；二是中美利差缩小过快，这些都是引起汇率贬值的因素。国家经济仍处于比较平稳支持汇率平稳，而债务杠杆不断升高，国家风险加大，属于贬值因素。资本管制等因素导致人民币汇率对市场供求反应较弱，对于汇率稳定有所帮助。按实体经济运行看，支持人民币稳定；按金融属性和国家风险看支持贬值；按汇率制度看保持稳定。其运营结果是今年汇率保持稳定，预计美元对人民币在 1：6.9 的水平。

从资本流向来看，贬值压力依然比较大，这里主要包括四个方面的汇率流出情况：一是贸易盈余下降，这说明出口竞争力下降和国际市场份额见顶的特征，中国也在逐步走向贸易盈余均衡；二是国内资本收益率下降，FDI 流出，中国现有的负债情况计算中国外汇负债成本高于中国外汇资产的收益，所以资本项目本身逆差就会较大，如果国际资本不再续投项目，资本大量汇回也将引起资本的流出；三是中国对外投资如"一带一路"，而民间在海外投资、居民资产多元化配置的需求和购买国际服务，如子女教育、医疗服务等，资金流出加速；四是中美利差倒挂后的资本套利流动和估值损失都引发资本的外流。中国资本流出导致外汇储备下降，外汇储备下降又会引发人们对人民币稳定性的担忧。对中国的汇率选择是非常艰难的。

从图 2 中可以看出：外汇储备持续下降依然十分值得关注，特别是近三个月来，贸易顺差保持在 300 亿美元，但外汇储备持续下降，10 月，仅仅从贸易顺差和外汇储备角度看，就有 700 亿美元流出，而且这一趋势在扩大，有汇率贬值的原因，但外汇储备的减少显示出资金外流。

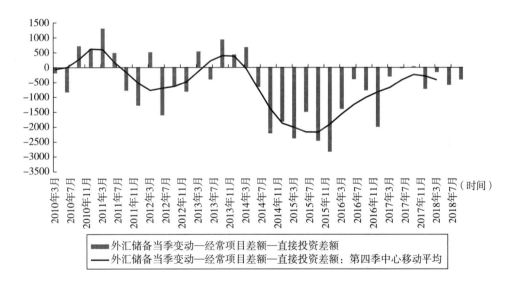

图 2 资本流出

外部冲击导致汇率波动，特别是资本流出加快和贬值倾向强化直接引起了国内资产价格稳定和宏观激励政策操作困难。这一困难将伴随国内外经济周期不同步期间不断受到冲击，预计美国加息周期到 2020 年，欧洲和日本 2019 年逐步退出量化宽松，这都对我国构成了外部宏观政策性的冲击，这与单一贸易项冲击是不同的，对我国的货币政策操作空间、产业结构调整、资产价格波动的影响要大于贸易冲击。中国人均GDP 接近 9000 美元，贸易盈余占 GDP 的比重 0.5，而国内资产 2015 年社会净资产 396

万亿元（非金融资产+对外净资产）（李扬等，2015），很多资产都有抵押融资，因此资产价格波动对经济体的影响更大。

三、货币供给抑制与资产价格波动

2015 年 8 月 11 日汇改到 2018 年的中美贸易战，汇率从持续升值转向为双向波动，并出现了贬值的趋势，外汇储备从 4 万亿元持续下降到 3 万亿元的水平，外汇占款下降。中国的货币供给是以央行资产负债表中的外汇占款作为资产项对应发行基础货币的发行，外汇占款占央行资产负债的水平从 2013 年的 83%，下降到了 2017 年的 58%，预计 2018 年下降到 55% 以下的水平，央行的资产的外汇占款下降直接导致央行缩表（张平，2017）。央行现在靠两大手段来保持货币供给：①不断上升的货币乘数，中国货币供给的增速保持的一个重要原因是依靠货币乘数。货币乘数从长期保持的 3.50 以下，2008 年为 3.68，2009 年上升到 4 左右，到 2015 年为了对冲基础货币发行减速，乘数从 2014 年的 4.18 上升到 2015 年的 5.04，2017 年加大了金融风险控制，货币乘数从 5.45 下降到了 5.21 的水平，2018 年货币乘数再次上升，10 月达到 5.70 的新高度，用于保持货币供给。②央行创造资产，为了对冲外汇占款下降，通过对其他存款性公司债权（主要包括 MLF 等资产）进行不断创造新的短期资产，2016 年从占比 8.38% 上升到了 24.65%，2017 年上升到了 28.00%，不断增加短期资产的创设（见表2）。

表 2　中国央行资产负债表与货币供给

年份	2008	2009	2010	2011	2012	2013	2014	2015	2016	2017
外汇占款/总资产（%）	72.25	76.98	79.75	82.71	80.35	83.29	80.02	78.20	63.84	59.18
对其他存款性公司债权/总资产（%）	4.07	3.15	3.66	3.65	5.67	4.14	7.39	8.38	24.65	28.00
总资产增长（%）		9.87	13.95	8.37	4.83	7.72	6.61	-6.03	8.14	5.60
M2 增长（%）	17.80	28.50	19.70	13.60	13.80	13.60	12.20	13.30	11.30	8.10
货币乘数	3.68	4.24	3.92	3.79	3.86	4.08	4.18	5.04	5.02	5.21

资料来源：央行网站。

到 2018 年 10 月 M2 增速仅有 8.3%，低于前三季度名义 GDP9.7% 的水平。2019 年 M2 继续低于名义 GDP，即从 2017~2019 年连续三年货币供给低于名义 GDP，从货币政策的角度来看，中国经济进入到通货紧缩区间，而靠乘数和短期资产也已经越来越难以对冲长期外汇占款下降。汇率贬值和资本外流不仅仅是一个外部问题，直接就引起了央行货币供给的减少，将中国带入到通缩的轨道中。

货币的持续收缩直接引起了资产价格波动，2015 年股灾，当救市第一阶段后因为 8 月 11 日汇率改革，汇率三个跌停直接导致 2015 年股市第二次大跌，可以说汇率贬值直接导致了股市的下跌。汇率贬值导致资金外流，资产价格向下压力很大。特别是汇率导致资本流出还会引起货币供给不足，更增加了对资产价格的下跌压力。2018 年开始出现了民营信用债违约潮，而后传递到股权质押市场，股权质押导致了股票市场的大跌，政府再次出手稳定资本市场。而在房地产市场上通过限购等政策，抑制了房地产的流动性，房地产开发和销售，以及转卖也遇到了很大的管制障碍，资产流动性变差。从而 2018 年在信用债券、股票质押、房地产市场上的持续融资机制逐步都失去功能。

经济下行周期本身就容易引起"金融加速器"机制（伯南克，2006；张平等，2013），即经济下滑时由于企业资产跌价，金融机构要求追加抵押物或收回贷款以防范风险，导致经济进一步收缩。经济增长的时候大家都可以加杠杆，一旦经济下滑的时候，金融加速对企业收缩更大，而且企业看不到未来发展情景，也会自觉降低自己的负债。近年来国内资产价格一下跌就需要补充抵押物，股票质押就是一个典型，当股票跌破抵押线就遇到了直接卖出或增加抵押物。中国当前股票质押额超过 1.6 万亿元，股票抵押导致很多公司实际控制人丧失上市公司控制权。而在信用债权市场上出现了金融恐慌，由于资管新规的要求，大量银行收回结构化融资，导致市场的"续借"出现危机，信用债市场违约频出，今年已经达到 40 多家。AA 级政府平台信用债券也很困难。当期 AA 级信用债，不论民企、上市公司和地方政府发债在很多私下特殊条款安排下都无法发行，实际利率水平超过 9%，债券市场上的"续借"融资能力急剧收缩。AA 级信用债与国债利率水平相差了 4~5 个百分点，按国际信用息差的标准看，息差超过 4 个百分点就说明实体经济已经处于严重的衰退，才会导致如此大的信用息差。

流动性强的资产出现了这样的问题，而房地产流动性弱也出现大量的强制拍卖住房的现象。这是自 2009 年以来不断积累的资产抵押杠杆造成的。在经济不断减速和资金供给低于名义 GDP 的收缩下，资产价格的下跌挑战很大，因此稳住资产价格不要导致"金融加速"机制已经是宏观调控的最为重要的任务。

中国经济增长减缓与金融市场恐慌的矛盾本质是金融市场本身问题引起的。特别是金融监管一时之间从过去的"父爱主义"监管变成各机构和部门"竞争性监管"，相互比谁监管力度大，直接引起了市场预期的不稳定。金融市场的不稳定也引起了实体经济的下滑。金融市场恐慌和实体经济下滑如果相互推动则会引致更大的恐慌。实体经济最大的问题是规模以下的中小微企业、民营企业获得资金渠道越来越不畅，再被金融市场恐慌扰动，导致融资难，资金成本上升快，更为严峻的是大量资金从这些有效率的企业中被抽走，企业活力在持续下降。金融市场的恐慌反而推动了资金继续流向国企等有政府支持的部门寻求安全，而不是效率了，每一次金融恐慌都会加剧资源配置的扭曲。稳定金融市场预期是当务之急。

四、提高效率与资产价格缓降的政策选择

金融恐慌来自经济减速和外部冲击，也源于监管的各个部门"竞争监管"的制度性收缩，导致短期银行和非银行机构信用过快收紧，市场恐慌。市场恐慌导致实体经

济投资预期下降，这需要下力气克服政策的短期叠加效应，稳定金融市场，保持流动性安排和依靠政府信用进行调节。从根本上来讲当前的经济增长减速和金融恐慌内生性包含着经济增长阶段转换和宏观管理框架变革（林卫基等，2018）。

中国的发展阶段和宏观管理变革的六个基本事实已经很清晰。

（1）中国从外向型发展转变为内需为主导的发展形态，因此基于外汇占款的货币发行方式需要发生变革，否则货币内生收缩是不可避免的，而且利用 MLF 等短期资产创造货币和加大乘数方式会引起经济资源配置扭曲和内生不稳定性。

（2）2019 年城市化率达到 61%，中国人均 GDP 进入到中高收入阶段，城市成为中国经济的主体力量，首先中国经济将从二元结构下剩余劳动力推动的工业化转向基于城市的服务化，经济结构服务化趋势已经明确，因此工业升级和服务业放开管制成为结构调整的主要任务。其次城市化率接近 60% 水平，消费需求取代投资需求，成为未来发展的主要动力（张平、陈昌兵，2018）。最后税收上缴和城市福利支出要匹配，基于工业化的税收—支出体制要改革。

（3）资源配置上要鼓励创新，国家干预让位于市场配置资源，包括国家干预和企业竞争中性都是现实发展最为紧要的任务，包括资本市场的地位提升、产权保护加强、政府干预资源下降，而服务上升等。

（4）从不平等的增长转向包容性增长，在财政体制上要安排税收—福利支出再分配后对收入差距有明显的抑制作用，同时要改革中央—地方财政分配体制，稳定地方财政（付敏杰、张平等，2017）。

（5）平衡实体经济和非实体经济，关键在于：①抑制资产价格上升过快；②降低杠杆率到可持续性；③提高实体经济的劳动生产率（张平，2018）。过度依赖房地产价格上涨来维持地方财政收支和稳定经济增长，导致了资产价格上涨过快，社会投资收益率下降，特别是杠杆上升很快，将杠杆稳定在可持续水平，逐步降低资产价格或提高劳动生产率，才能根本上保障杠杆的可持续。

（6）积极提高全要素生产率，中国当前全要素生产率增速下降，贡献降低，与高质量发展仍然背道而驰，这是当前经济阶段转换最不利的挑战。

中国不仅要依据经济发展阶段变化调整经济结构，同时要调整宏观管理框架，推动中国经济的稳定。面对短期外部冲击，我国也要积极应对：①继续稳定杠杆，保持 M2/GDP 的比率逐步稳定，不要再靠加杠杆来刺激经济，逐步降低杠杆率到可持续水平。②金融监管走向法制化，既不要父爱主义的监管，也不要竞争性监管，过度放纵和过度抑制都会引起金融大的波动。各个金融部门、财政部门加大了金融监管力度，导致金融市场波动和恐慌。政府职能之一是积极建立和维护统一、开放、公平、竞争的市场体系，而不是进行选择性金融政策，否则收缩和放松都会引起波动过大和资源错配。③积极保持金融市场为实体经济持续再融资的功能，防止金融风险。④保持汇率的双向波动，积极稳定汇率，汇率适当贬值对于削减资产价格和保持出口竞争力都是有意义的，但又会引起资本流出过快，必须保持在一个可控的空间进行调控，在逐步降低资产价格的同时，又要防止资本流出过快造成的资产价格大幅波动，汇率是开放体系后最为重要的宏观调控变量。

实体经济要重塑效率模式，创新驱动，效率提高才是根本，才能推动实体与金融服务的良性循环。实体经济中清理僵尸企业、深化国企改革，放松"科教文卫体"的管制、消除垄断和市场行政性分割，加强产权保护，对研发进行减税等都是供给侧结构性改革和提高效率（张平、楠玉，2018）的重要方面，创新和效率提高须靠市场激励才能完成。

参考文献

［1］付敏杰，张平，袁富华. 工业化和城市化进程中的财税体制演进：事实、逻辑和政策选择［J］. 经济研究，2017，52（12）：29-45.

［2］张平，苏治. 经济转型、金融扩张与政策选择——2014年中国经济展望［J］. 经济学动态，2013（11）.

［3］张平，楠玉. 改革开放40年中国经济增长与结构变革［J］. 中国经济学人，2018（1）.

［4］张平，陈昌兵. 加快现代化建设 实现第二个百年奋斗目标［J］. 经济学动态，2018（2）.

［5］张平. 货币供给机制变化与经济稳定化政策的选择［J］. 经济学动态，2017（7）.

［6］张平. 实体与非实体经济均衡机制的逻辑与政策［J］. 社会科学战线，2018（5）.

［7］伯南克. 大萧条［M］. 宋芳秀等译. 大连：东北财经大学出版社，2007.

［8］李扬，张晓晶，常欣等. 中国国家资产负债表2015［M］. 北京：中国社会科学出版社，2015.

［9］林卫基. 中国该如何深化改革——IMF的国际视角［M］. 北京：中信出版集团，2018.

30 宏观资源配置系统的失调与转型[*]

张　平　袁富华

一、引言

我国 20 世纪 70 年的现代化探索和发展历程大致可分为三个阶段：一是 1949~1991 年从农业社会向工业化发展的经济起飞阶段。这个时期，中国实现了工业化起飞和贫困陷阱的突破，经历了国民经济恢复、计划经济体制建立、"文革"十年、土地承包制推行和乡镇企业崛起等一系列波澜壮阔的历史事件。围绕增长潜力动员和瓶颈克服，该阶段表现出了典型的制度实验、试错、调整和适应的早期现代化特征。具体如：以计划经济为主的体制转向有计划商品经济体制；以经济计划为主的综合平衡转向经济社会多目标调控；以宏观直接管理为主转向微观积极性调动；等等。尽管变动频繁、波动较大，1953~1991 年依然实现了平均 7.5% 的经济增长速度：1953~1977 年平均经济增速为 6.5%，其间有过三个时期的负增长；改革开放后无负增长，1978~1991 年经济增速加快到 9.3%。二是 1992~2011 年以重化工业化加速为动力的走向成熟阶段。这个时期平均经济增长速度高达 10.5%，经济波动逐步降低。其间，中国初步建立市场经济体制、对外开放程度增加、资源配置体系逐步完善，实现了向中高收入水平的飞跃。在这 20 年中"三个有利"因素推动了经济持续加速：出口导向促进了资本积累；宏观体制保障了经济平稳；城市化进程进入快车道。同时，现代化的制度特征也越来越明显，以社会主义市场经济的确立为标志，资源配置方式具备了开放和市场体制基础，特别是 1994 年之后出口导向工业化体制的完善，为产业结构升级提供了制度条件。三是 2012~2035 年大众高消费阶段，以福利制度建设、人力资本提升和创新能力提高为核心目标。这个时期，中国城市化率预计从 5% 跃迁到 70% 以上。2019 年城市化率突破 60%，城市化已经成为新常态的主导趋势和核心议题。为了继续实现人均 GDP 向高收入阶段的飞跃，未来 20 多年将再次面临经济体制的转型和调整。

1949~2011 年，中国经济发展遵循了后发国家工业化道路，整体资源配置系统服务于"低成本—规模扩张"的工业化模式，国家干预主导了工业化进程（张平，2018）。2012 年以来，伴随结构性减速的经济新常态，中国开始进入以人为本的深度城市化阶段。深度城市化与工业化创新升级再度融合，成为新的发展阶段的主题，核心是规模发展让位于创新发展。深度城市化阶段的新结构特征表现为以下五个方面：

---

[*]　全文发表于《经济学动态》2019 年第 5 期。

①工业产值占 GDP 的比重下降，服务业比重不断提高，经济结构服务化格局逐步形成。这个阶段的重大变化，就是从工业化时期生产供给中心转向要素升级，工业部门发展依赖知识和创新参与全球竞争。②要素驱动的低成本工业化出现了严重的"规模收益递减"，需要新的人力资本、信息、制度等非独占性要素更新的生产函数体系，提高经济增长中的 TFP 贡献率，培育内生增长路径。③城市化规模扩张"建设周期"逐步结束，以公共服务和人的发展为中心的深度城市化格局形成——以城市基建、住房为依托的土地城市化接近尾声，财政收入中公共服务开支占比提高，公共服务均等化要求越来越强。财政转型与深度城市化互动，以便促进广义人力资本积累，提高消费结构升级带动经济发展的能力和潜力。④中国成为世界第二大经济体、第一大贸易国，在国际分工中的地位正从出口导向转向内需和创新主导的大国模式，深度融入全球化体系及相应国际收支再平衡将带来巨大外部挑战。⑤深度城市化阶段的有效运转，有赖于市场配置效率和包容性发展的相互协调，而经济发展与社会发展的同步化是大势所趋（中国经济增长前沿课题组，2012，2013，2014，2015）。

在工业化向深度城市化转变过程中，以往基于出口导向工业化发展的资源配置系统也将发生变化。特别是 2009 年经济刺激计划出台后，城市建设加速，在传统宏观管理体系的母体中已经"共生"出一个满足城市化需求的资源配置系统，即一根血脉下的两个资源配置系统——一个服务于工业化，另一个服务于城市化。银行为了满足城市化发展的大规模资金需求，形成了庞大的影子银行体系，或确切称为银行的影子——钱主要来自银行体系，但服务于市政和住房开发的城市化需求；财政更是直言不讳（传统财政就是"吃饭财政"）指出发展城市必须依靠"土地财政"，同时，空间规划优先于产业规划以推动城市化。于是，"共生"于工业化激励体制之上的第二套资源配置系统，在城市阶段开始起到主导作用，作为既成事实，它应城市需求而生。现阶段脱实向虚的问题，表明两套资源配置系统已经不能适应城市化可持续发展要求。未来转型的方向，应是顺应深度城市化和高质量发展的要求，确立以"人民为中心"的经济社会多重目标管理体制。毫无疑问，主体责任、发展目标和协调机制的重塑过程中，将会遇到各种失调和再平衡的困难。

二、工业化和城市化"共生"资源配置系统的形成机制

后发国家推行工业化的方式，本质上是一种举国体制。就中国的实践而言，无论是计划经济时期的综合平衡，还是改革开放以来的宏观调控，都严格遵循了"低成本—工业规模扩张"的逻辑，这种逻辑的本质是围绕对财政—银行系统的控制和协调，在要素价格、要素用途和产业发展上制定了一套严密的资源配置系统。为配合重化工业化加速，1994 年建立了市场化激励与出口导向相配合的管理制度，促进了出口导向工业化路径的形成。在这个管理体制下，货币政策钉住美元锁定汇率，财政政策采用"减免"和"补贴"招商引资，政府干预和金融支持的目标是促进主导产业发展。由此，农村剩余劳动力优势得到了最大限度的发挥，"低成本—出口扩张"的发展范式得

以达成。随着重化工业化的加速，1997 年之后城市化开始加速，2011 年城市化率超过了 50%，中国经济步入城市化发展阶段，预计 2019 年城市化率将突破 60%。在这个过程中，需要衍生出一套满足城市化需求的资源配置系统。

1. "共生" 资源配置系统生成的历史背景

1997 年私人按揭贷款的启动和 2002 年土地招拍挂的推行，揭开了城市化时期资金流程和管理体制历史性变迁的序幕，从低价工业化向高价城市化转型的步伐因此加快（中国经济增长前沿课题组，2003）。在这种背景下，以往基于工业化的资源配置系统亟待修正和补充，与城市化配套的资源分配系统被纳入发展议程。从总体上来看，工业化管理体制与其衍生出来的城市化资源配置系统，两者高度关联但责任主体不同。以财政—银行为主导的选择性投融资体系，一直是支撑中国工业化发展的基石，政府作为责任主体，维护着 "吃饭财政" 的功能。但是，随着城市化加速及其对资源需求的快速增加，在银行体系之外生长出来一套被称为 "影子银行" 或 "银行影子" 的配置机制（殷剑峰等，2013）。即银行体系衍生出来一个为城市化融资的新体系，游离于监管和规制之外。与此同时，为了发展城市，财政运营也向 "土地财政" 转变，新的财政主体由 "地方政府融资平台" 等公司体系承担，融资平台成为新型财政主体。由此，尽管顶层宏观管理体系没有变化，但是地方管理体系发生了根本变化。例如，资金分配的 95% 是先分到银行，影子银行实质是银行的影子，需要从银行分配资金；而财政则更有分权性倾向，地方融资平台与中央财政进一步分离，其统计口径一直争论很多，算国企还是政府，一直难以确认。

2. "共生" 体制的演化机制

工业化和城市化两套资源配置系统的目标和作用，存在本质上的不同。工业化的协调是一种纵向协调逻辑，目的是获取规模经济；城市化主导的经济体系，目的是获取范围经济，横向协调是基础。随着发展阶段的演替，两种资源配置系统将从相容逐步走向不相容。

（1）早期是工业化和城市化共生阶段，工业化集聚人口进而提高城市化。中国很多的城市都是工业城市，典型如大庆、十堰等城市。当城市化自我发展后，城市化与工业化的冲突首先来自成本。中国大规模工业化一直靠低成本，相应的管理体制也维持着这种低成本优势。但是，随着城市化集聚程度的提高和其他经济条件的变化，城市化的劳动、资金、排污等高成本反过来导致 "去工业化"（中国经济增长前沿课题组，2009），这反过来又会加剧高成本城市化。

（2）工业和服务业部门之间的协调也越来越困难。工业化时期，服务业长期作为低成本竞争的配套产业存在，由于受到工业发展回波效应的冲击，服务业一直难以提高质量和效率。但是，随着城市化加深，医疗、教育等公共服务需求迅速提高，传统体制桎梏下的服务业必将难以满足这些新需求。更为严重的是，在经济转型的新常态下，服务部门的垄断持续推高垄断租金和经济泡沫，影响了制造业和服务业的融合发展。

（3）公共福利支出与工业化税收负担不匹配。原有工业化资源配置系统在现阶段经济转型过程中造成的一个悖论是：企业高税负和公共服务提供不足并存。工业化部门承担了过高的税负，但却无法满足城市居民日益增长的公共服务需求，这是税收收支错位的必然结果（付敏杰等，2017）。

（4）时间结构导致的矛盾。土地城市化具有跨期融资的特征。滚动式的负债发展模式，一方面，导致地方债务率居高不下，地方税收难以弥补；另一方面，由于中央财政收入增长将在结构服务化过程中受到削弱，导致中央对地方财政转移支付力度减弱。另外，国家调控中针对地方的"地根"限制，也施加了更大的财政收支约束。

（5）中央地方发展目标的激励相容性受到挑战。地区发展目标已经脱离了早期GDP——增值税的激励相容特性，转而采用一些新的区域性激励因素，如土地空间优化、人口流入、公共服务配置激励因素。这将迫使城市化和工业化两个资源配置系统展开资源争夺。因此，"共生"资源配置系统必然是一个具有内在冲突的不稳定体制。两大资源配置系统的共生性很容易导致相互掣肘，造成政策操作非连贯性和资源配置的扭曲。

3. 资源配置系统演化的结构条件

与城市发展阶段特征相关联的中国宏观管理变革的现实条件也很清晰。IMF 列出了 11 项具体特征：①从外部需求转向国内需求；②从投资转向消费；③从工业转向服务业；④资源分配上，从国家导向转向市场和私人部门推动；⑤从过高的企业债务转向可持续的杠杆水平；⑥从财政债务上升（特别是地方政府债务）转向可持续的财政；⑦从金融部门自由化转向改善治理；⑧从增加要素投入转向提高生产率和鼓励创新；⑨从不平等的增长转向更加包容性的增长；⑩从高污染转向绿色增长，可持续利用能源；⑪从旧式的、间歇的政府公告，转向及时、清晰易懂的沟通（林卫基等，2018）。经济发展阶段转变与资源配置系统变化的矛盾，已经有很多文献进行了深入研究。2012 年中国经济结构性减速后，讨论集中在经济转型，但到 2015 年，宏观波动频繁，宏观学术和政策讨论聚焦于央行货币发行方式、中国财税改革、降低债务杠杆等资源配置系统的分析上。

从货币金融调控来看：①货币供给机制的变化。中国从出口导向转变为以内需为主，这是不可避免的过程，相应地，基于外汇占款的货币发行方式需要转变。因此，以往以不断提高存款准备金率对冲货币发行的政策面临挑战，以商业银行国债做抵押进行的各类便利资产创造货币模式是否可持续，已经引起了广泛关注与研究（张平，2017）。②"宏观审慎+货币政策"的双支柱的金融体系改革在 2017 年得以确认，这个框架适应了当前的经济增长阶段，把稳定资产价格作为重要目标，说明城市化推进后居民住房和金融资产配置成为不可回避的重大问题，资产价格纳入宏观监控有助于平衡实体经济和非实体经济。

从财政收支来看：①中国人均 GDP 进入到中高收入阶段，城市居民成为中国经济的主体力量，居民纳税和城市福利支出相匹配，成为城市化主导下税收与公共服务良性循环的现实基础，它有别于基于工业化的税收—支出体制。②从不平等增长转向包容性增长，财政体制上的税收—福利支出安排，应该有助于抑制居民收入差距。同时，城市化时期的宏观管理应特别注重地方财政的可持续性，改革中央—地方财政分配体制以稳定地方财政（付敏杰等，2017）。

从产业政策来看：①干预转向消除资源配置扭曲转变。工业化时期扶持幼稚产业和管制服务业价格的政策，目的是降低工业化成本；在城市化阶段，过去那种以扭曲服务业成本支持工业化的做法，已经完全不能适应服务业结构升级的要求。实际上，新常态下产业转型升级的诸多矛盾中，服务业已经成为结构扭曲的最大来源（陆江源等，2018），扭曲导致的资产泡沫若得不到有效治理，将直接拖垮工业（或称为加快"去工业化"）。因此，国家对服务业干预和管制，必须让位于市场配置。②市场激励推动创新发展。中国当前全要素生产率增速下降、贡献降低，与高质量发展背道而驰，这是当前经济阶段转换最不利的挑战，产业政策应该致力于提高全要素生产率。2018年，工业比重降低到30%左右，消费对GDP增长的贡献超过了70%，出口对增长的带动效应为负值。总的趋势是，工业化和城市化推动的投资建设周期让位于城市化过程中的居民消费带动，工业让位于服务业，出口让位于内需增长，基于城市化的宏观体制转型调整到了最重要的历史时期。

三、"共生"资源配置系统的失调与冲突

1. 互补与双轨

原则上，基于城市化的资源配置系统与基于工业化的资源配置系统，两者应该互补和协调。工业化的发展带动了城市化，地方财政以居民住房的高地价补贴工业用地的低地价，这是"互补"关系。金融也是如此，2009年后通过以信托为代表的影子银行体系的发展，一方面满足了城市化建设需求，另一方面继续服务于工业化低成本资金使用。

随着城市化对工业化的替代和工业化税收提供的不足，具有互补性的两套资源配置系统，开始发生重心转移。影子银行的膨胀推动资源配置向城市化倾斜，同时，以往那套为工业化谋求低成本扩张的配置机制失效，两种资源配置系统的目标不一致性变得越来越显著，形成了要素价格的"双轨制"。

（1）土地要素价格双轨制，即工业用地价格和城市住宅用地价格的双轨制。房地产价格上涨和劳动成本的增加与低价工业化模式的内在要求相背离。

（2）资金要素价格双轨制，金融体系中出现基于国家基准利率的存贷款利率浮动，以及基于市场利率的刚性兑付利率，资金配置机制也偏向于城市化需求的高收益部门，大规模的"套利"活动愈演愈烈。

（3）劳动要素流动一直都面临城乡分割、区域分割的阻碍，外地就业者由于高房价变得越来越难融入城市，劳动要素分割问题没有因为城市化得到缓解。

（4）公共服务与居民纳税不匹配，工业化时期产业纳税与工业发展基础设施相匹配，而城市化时期，产业税收与城市居民公共服务的责权利越来越不匹配，地方政府转向通过"土地财政"来获得公共收益，但是通过高房价把负担转移给了市民，扭曲

了公共服务与居民纳税义务的对等性原则。

"共生"资源配置的协调主体发生了变化,财政中的融资平台、金融中的影子银行、主体开发区都是新的协调主体。这些都显示出"共生"资源配置系统的协调机制出现了"失调"。新的资源配置系统以新的扭曲方式,把宏观协调的三个主体,即国家发改委、财政部和"一行两会"等金融部门,捆绑到了城市化这辆马车上。其机制是:产业—空间规划进行城市化土地的扩张,财政服务于土地的金融运营,金融服务于城市化的资金需求。这与围绕着工业化进行协调的机制有着本质差异,然而也开启了中国城市化阶段的新资源配置之路,是对工业化资源配置系统再次"双轨制"的扭曲。

2. 工业化时期资源配置系统的适应性与协调

工业化期间三个主体的协调目的,是降低工业化成本,推动工业化规模扩张:

(1) 产业政策不仅是保护和激励幼稚产业,还包含了一整套产业组织体系,用以降低工业化的土地成本、用工成本、社会保障成本、排污成本。产业政策将与工业部门相配套的社会服务部门(如科教文卫体等)定义为工业化的成本中心,保障工业劳动力再生产过程的顺畅和低成本,低价工业化的发展路径因此得以维持(中国经济增长前沿课题组,2003;刘世锦,2004)。

(2) 货币金融政策。货币政策目标是稳定币值。按 IMF 分类,这个目标是盯死美元汇率和货币供给。1994~2007 年盯住美元汇率和货币供给,通过提高存款准备金和央票圈住"货币",稳定物价;2007~2011 年单一盯住物价;2012 年专注货币供给和 2017 年开启双支柱框架,将资产价格纳入宏观目标中。货币发行体系是基于出口导向的工业化,以外汇占款为基础发行货币,保障货币体系的稳定。金融政策是以银行为主体的抵押—信贷体系,为工业化提供信贷创造,持续保持低成本的资金供给,这些政策有效地推动了中国的工业化进程。

(3) 财政政策。从根本上讲就是一个税收/生产型财政体制,政府税收来源于工业企业的流转税。1994~2016 年,中央和地方政府的税收主要来自工业企业增值税;2017 年前,地方政府也有部分税收来自营业税,即第三产业税收;2017 年增值税和营业税合并,将第二、第三产业合并为增值税。中国工业化时期的税收高度依赖于工业企业,财政支出服务于生产建设,基础设施投资多为工业部门配套,尔后才逐步转向为工业化和城市化服务。地方政府利用"三减两免"等各类税收减免和土地免费招商引资,大力发展工业企业。这个时期的税收和财政支出是相匹配的,工业部门纳税,而政府也积极服务于工业部门。

从总体来看,自中华人民共和国成立以来形成的基于工业化的资源配置系统,是一种促进工业化发展的战略组织框架。无论是改革开放前依靠计划经济进行剪刀差积累的早期工业化,还是改革开放后依靠市场经济推动的出口导向型工业化,资源配置系统基本都是遵循了传统的国家计委(后为国家发改委)—财政部—中国人民银行体制框架,目的都是稳定经济、提供低成本工业化的资金和税收、保障工业化的快速发展。这个资源配置系统使中国工业化取得了举世瞩目的成就,在全球 500 种主要工业品中,中国产量位居全球第一位的产品占了将近一半,成为全球最完善开放的工业产业体系和全球制造业的大国。

3. 新常态下旧管理体制的不适应性和冲突

中国高效率的资源配置系统取得了辉煌工业化成就，但是到2011年前后这一管理体制出现了巨大的不适应性。每一次调整资源配置方式，都是通过"规范"城市化不成熟的体制，而复归到原有工业化的"规范"体制，形成了一次又一次的"规范"冲突。如最近银行业整顿的"回表"就是一个明显的"规范"冲突。中国城市化步伐自20世纪90年代中期加速，居民参与度提高。典型如原有城市化是被政府严格控制的，城市住房实行分配体制，这有助于降低工业化的成本。1997年后，为了应对亚洲金融危机冲击、弥补多年的城市住房欠账，住房制度改革逐步深化，到2002年土地允许招拍挂后，土地要素正式进入中国经济发展的轨道中来，土地"无偿划拨"推动工业化的时代结束。2011年中国城市化率突破50%，城市主体地位确立，但是由于体制和产业转型滞后，城市化带动的经济与工业化带动的经济产生冲突，基于工业化的资源配置系统与城市化巨大需求的不协调，导致一系列扭曲和宏观政策协调机制的破损，也导致了资源配置方案的每一次调整，都希望"回到"基于工业化的老体制上去。

新旧体系的不适应还体现在方方面面。产业规划从招商引资布局转向城市空间布局，主要是扩张城区：农村土地快速转变为开发区，城市辖区快速扩张，农民就地转变为市民，通过推动土地城市化带动人口城市化。城市化不同于工业化的要求，土地不可能再免费、污染要治理、公共服务刚性需求需要满足，以前作为工业化低成本来源的公共服务，在城市化需求拉升过程中，变成了一个具有行政垄断的"高租金"的服务部门，由此，压低工业化成本的诸多组织和机制开始解体。

同时，与城市化更为密切的金融体制只好进行增量改革。为了满足城市化的需求，2009年之后，形成了一个巨大的影子银行或银行的表外业务体系。传统银行以工业企业融资为基准，缺少对土地融资和市政建设融资的渠道与方法，但是，巨大的资金需求推动了银行资金由表内转向表外。从表面上来看，这是银行体系为了绕开监管和存款准备金率的束缚，本质上是通过主动满足城市化的刚性资金需求，实现被传统体制压抑的高收益。现实情况是，表外业务和以信托为基准的影子银行体系快速发展，满足了城市化发展的巨大需求，获取了高收益。这一高收益正是针对扭曲的宏观体制管理的套利。

货币政策问题。2015年外汇占款下降后，直接引起货币收缩，当年金融波动与此有关，现阶段大量有关人民银行与财政部政策协调的讨论，也是基于这个问题的反应。金融结构发生变化后，货币供给传递发生了变化，突出体现在2012年后大量资金供给没有进入生产部门，PPI转负，实体部门进入通缩，而房地产部门的价格不断上涨。结果是，释放货币就会进一步激励资产部门，紧缩货币则实体经济通缩，调控陷入这种双目标困境。资金价格基本上是"双轨制"，国家制定了存贷款的基准利率，尽管允许上下浮动，但变动幅度很小，基本是只上不下；而市场利率以Shibor（上海银行间同业拆放利率）为基准建立，反应比较迅速。由于资金供给少、需求大，因此，价格普遍高于基准利率，形成了利率双轨体制。双轨体制反映了如下问题，在转型和城市化时期，以往基于工业化的货币金融政策体系需要进行新的改革。

"土地财政"弥补了中央和地方支出责任与税收的不对称性。地方财政如同影子银行一样，形成了体外的第二财政体系，即以土地为基础的"土地财政"体系——包括土地开发和转让收入、土地抵押获得的贷款收入、基于土地和建筑的地方融资平台所动员的财政资金力量等。地方从土地中获得的这些财政收入：一是用以弥补财税收入与公共服务支出的差距。二是要继续维持较低的工业用地价格。因此，地方政府不得不以推高住房土地价格为代价进行弥补。但是，房地产价格提升会推高租金成本，对工业发展形成挤压：工业用地不断转变为住宅用地，企业获取工业用地似乎以工业发展的名义套取土地升值的利益，这是土地"双轨制"的必然结果。三是用以推动市政建设。中国城市化的大规模资本支出是通过土地贴现获得的，地方"双财政"体系直接决定了地方财政的决策目标，导致对工业化低成本目标的偏离，经济转向了高成本的城市化发展。融资平台为主体通过高成本融资推动城市化，财政靠高地价弥补财政缺口，高成本的城市化因此成为工业化和城市化摩擦的关键。每一次政策调整都试图降低工业化成本，"规范"新的适应城市需求的资源配置系统，希望回到原有体制，这已经是不可能了。

4. 目标不一致性导致的问题

产业—财政—金融从激励工业化转向围绕土地运行后，中央的集中化协调机制让位于地方经济目标，原有的分权激励工业化特征，让位于分权维持地方城市化发展。首先，以 GDP 为导向的宏观目标与分权化的工业化发展目标是相容的，而现有国家发展的 GDP 目标与地方福利最大化（土地城市化）发展目标并不相容。其次，中央和地方原有的税收分享体系，也出现了不一致，地方财政从税收中分享的部分不断下降，而来自土地财政相关的税收和融资更大。最后，跨期平衡的调节方案，工业化时期集中于国家财政赤字和国债发行，但在城市化阶段，各个地方均具备了跨期平衡的能力和要求。土地贴现机制直接造就了两大功能——抵押负债和跨期平衡——导致杠杆率越来越高。

从体制规范的角度来看，基于工业化的资源配置系统是规范的，而"共生"的基于城市化配置资源管理体制则是不规范的，但后者已经逐步占据了主导地位。在现阶段的政策操作层面，与城市化共生的配置资源体制均成了整顿的关键——如影子银行、"土地财政"、债务杠杆等，尽管整顿和规范是必要的，但是采取抑制其发展并试图转回到工业化体系的管理体制是不可行的，也不符合经济发展规律。"共生"体制的双轨协调在现实中表现出越来越大的冲突，目标不一致、激励不相容成为矛盾焦点。因此，现实中，由政策和监管引起的波动，由市场引起的波动，以及多部门协调过程中的不一致，本质上都是双轨制协调失效的现实反应，中国需要的是真实适应城市化的资源配置的根本性转型。

四、基于城市化的资源配置系统转型

两个资源配置系统的资源争夺和机制不协调导致的经济摩擦，已经引起政府高度重视。鉴于现阶段的宏观调控仍然囿于传统工业化的资源配置机制，便不可避免地导致更为混乱的状况，这有悖于城市化发展和转型的阶段性要求。从经济阶段转换的要求来看，必须着眼于新的宏观资源配置系统的建设。原因有四个：一是发展目标已经发生从以物质生产为中心向以人民为中心的转变，生产供给导向的资源配置系统转向消费者导向的资源配置系统。在这种转换背景下，提高居民收入份额和人力资本回报率、强化消费跨期效率补偿，成为宏观调控目标的一个重要方面。二是发展机制已经发生从"低成本—规模扩张"的单一效率标准向基于"多样性—风险分散"的经济韧性标准的转变，需要构建"效率—韧性再平衡"的资源配置系统。三是激励方式已经发生从工业化产业干预向竞争性政策的转变，特别是将服务部门从管制和低效率中释放出来，以部分市场供给的方式促进服务业升级，强化创新的市场激励。四是发展战略逐渐从出口导向调整为"大国模式"，以消费需求升级为主导，提升国际分工价值链的地位，增加出口附加价值，而非补贴化发展。

为了推动发展阶段转型，资源配置系统必须以更为均衡的方式进行适应性转变，归根结底需要坚持三条：一是两套资源配置系统的冲突和矛盾，根本上来源于工业化时期以生产为中心的理论和实践。城市化时期应围绕要素升级构建新的资源配置系统，以实现协调信号的一致性、激励的一致性、主体目标的一致性，从根本上服务于以人民为中心的内需发展。二是宏观管理目标从单一效率标准转向可持续的效率—韧性均衡目标，服务于包容性增长。三是宏观资源配置应覆盖跨期均衡以缓解风险。从财政、金融和产业政策这三驾马车的功能重塑的角度来看，整合方向和机制如下：

（一）公共财政体制的财权与事权相匹配改革

1994年的税制改革是基于收入（财权）划分的改革，建立的是一套以工业发展为主的财税体制。财权集中在中央，事权在地方，中央靠转移支付来完成初步匹配，这种机制设计明显是为了大规模工业化顺畅运转。但是，受到特定发展阶段认识的局限，当时的分税制改革并没有划分事权，并导致城市化阶段财权与事权不匹配问题的发生。由于城市化快速发展，财政公共服务支出快速增长，2002年后地方政府逐步靠土地财政进行收支缺口弥补，形成了第二套财政收支系统。

中国现行的税制可概括为产业流转税制主导的"产业税制"。这种税制围绕大规模工业化建立，以企业为主要纳税人的财政收入结构，纳税人结构单一，基本负担了国家的全部税收。但是随着结构服务化的形成，工业比重持续下降，工业化税收基础逐渐减少；与此同时，城市化加速使公共财政支出增大，即使有了土地财政的补充，也难以有效缓解财政支出刚性压力。财政收支矛盾的背后，是收支主体的不匹配，财政支出越来越多地服务于城市居民，但是财政收入负担却压在企业和土地财政融资上，而中央与地方的财权和事权不匹配，进一步加剧了地方压力。

要想保持城市化新阶段的稳定发展，必须要对税制做出新的顶层设计，核心就是重新匹配财权和事权，这种重新匹配，不仅表现在财政收入和公共支出的数字匹配上，更应该体现在城市居民享受服务与纳税责任以及中央与地方事权财权的匹配上，否则会造成财税体制缺少可持续发展的韧性和合理性。因此，公共财政的改革方向应是以下四项：①从流转税为主导转向直接税和间接税的混合型框架，从单一针对企业法人征税转向对自然人和法人共同征税，逐步形成纳税人与享受公共福利相匹配的格局。②流转税征收环节上，也要仅从生产环节征收转向生产环节与消费环节共同征收，征收价外型消费税，减轻地方对土地财政的过度依赖。③财政体制的转型也意味着政府职能转变，从过去的负债发展型政府转向公共服务型政府，政府预算约束硬化。④事权和财权匹配问题在城市化发展的今天已经无法回避，城市的纳税与公共服务匹配是城市化的基本要求。中央与地方事权合理划分，中央收回需要全国统筹的事权，保障劳动要素全国统一市场的形成，形成中央和地方发展合力，以便于从整体上建立服务业和创新的良好环境。

（二）货币供给基础与金融系统韧性的改革

基于外汇占款的货币发行方式也正在逐步转变：一方面，由于 2015 年外汇占款下降，央行缩表；2016 年央行依靠"其他金融机构借款项目"，以其他金融机构的国债等抵押物发行各类短期、中期便利等，大幅度创造资产，新的资产创造占比已经逐步弥补外汇占款下降。另一方面，依靠不断提高的货币乘数来增加 M2 的货币发行，达到扩张的效果，货币乘数高达 6 倍。依据外汇占款发行货币的模式是明显的小国模式，类似于货币局制度，对于钉住汇率的货币政策体系是非常有效的。但中国现阶段出口导向型工业化逐步结束，货币发行也在逐步改变，以国债作为新的资产来源将逐步成为主要方式。通过"其他金融机构借款项目"对政府负债使用过两次，但没有成为类似于发达国家以国债为基础的央行负债表。原因很多，一个根本原因就是政府软预算、财政收支体系存在着很多非规范状态，对政府的法律规范仍然不够。发达国家的货币发行均以公债货币化为主要模式，以债券市场操作作为货币调节的主要手段。我国的国债和地方债等公债都与庞大的长期基础设施资产相匹配，因此，创设公债资产可以为货币供给的长期资产打下基础，同时也有利于推动中国债券市场的操作与统一。这方面的探索需要央行与财政部的协调，财政部成为创设资产方，更需要配合财政体制的深化改革和立法体系的完善。如果财政体制不能建立有效的自我约束的监督体制，预算软约束无法克服，采用公债货币化的货币发行机制会导致经济的波动加大，对此中国有着深刻的教训。

从城市资源配置融合的角度来看，利率双轨制和基于市场利率加刚性兑付的高成本利率体系是中国当期需要加快改革的资金价格体系，否则将加剧利率传递渠道不畅、信号扭曲、大量累积金融风险。在金融改革方面应采取以下四项措施：一是要逐步实现各类利率并轨，政府出台资管新规，逐步要求打破刚性兑付和套利、降低杠杆，这有助于金融机构降低风险和为逐步统一利率打下基础。利率并轨除了刚性兑付问题外，就是如何统一银行存贷款利率与市场基准利率的联动，不能视国家制定的存贷款基准利率是银行天生的优惠。因此，利率定价一定要以市场基准利率为基础定价，而不是依据已经实施了 70 年的中国人民银行统一定价后上下浮动，浮动的锚定需要根本改变。二是需要对货币供给渠道进行改革。现实是，央行外汇占款中90%左右贷给银行，银行再进行分配，各类贷款便利实施后，银行获得的资金依然占货币供给的90%以上，很多非银行金融机构得不到央行货币分配。这与发达国家近一半资金分配给非银行金融机构使用的情况完全不同，不利于多元化地服务于市场需求。因此，增加金融机构的多样性是增加金融业韧性的关键所在。三是在城市化阶段，建立统一的债券市场和多层次资本市场，成为越来越迫切的需求，特别是债券市场改革需要进一步加快。四是增强金融系统的韧性，即通过多样化发展金融中介，并强化金融中介的资本补充和风险防范能力，有效配置资源，吸收经济波动的损失。

（三）产业政策由干预转向竞争和创新激励

以GDP规模来衡量，2018年中国达到了美国GDP的70%，全球新增GDP的52%来自中美，中国已经成为世界第二大经济体。"大国模型"必须成为思考未来中国宏观管理的前提条件。如果说过去30年，我们更多关注的是影响中国发展的世界因素，那么面向未来，我们不仅要关注外部世界对中国的影响，更要着重考虑世界发展的中国因素。

虑及产业政策，要逐步从工业化阶段的直接干预转向城市化阶段的市场竞争。政府直接干预的产业政策，在保护幼稚产业发展过程中有积极意义，但是，干预与融入全球化的创新规则之间存在矛盾：其一，在全球竞争中，由于政府干预导致"竞争中性"机会的丧失，影响全球化竞争。其二，直接干预国内竞争也会产生不公平性，干预政策有利于集中动员资源却不利于创新激励。产业政策在发达国家依然是重要的干预工具，但更加注重产业和创新成长条件的改变，创新环境的塑造是这种干预的本质。发达国家产业政策致力于对小企业的扶持，但多集中于改善环境、降低风险方面，而不是直接用补贴的方式。特别是发展阶段进入城市化后，创新和就业都需要小企业的大发展，产业政策重点也从干预产业转型到主体开发区规划，以便为小企业发展创造条件，如在改善基础设施、金融设施、社会设施等领域加大投入。其三，政府要进一步深化改革，特别是放松行政化的管制，升级中国的服务业，自我提升营商环境，推动政府职能转变，迎接规则层面的治理参与并与国际规则对接，探索中国屹立于世界的相互融合之道。

基于城市化的宏观资源配置系统，脱胎于工业化宏观资源配置系统，经过十年的"共生"发展和试错后，应进行一揽子的资源配置机制再平衡。目前，面向城市经济社会的资源配置系统的原则、目标已经出现了条理化轮廓，但体系化建设仍然充满挑战。不论是财政、金融政策还是产业政策，都需要进行功能上的重新定位，最终目标是建立市场导向的兼顾效率与韧性的均衡配置体制，即适应城市化要求，资源配置效率要与制度韧性、制度包容性相互协调。到2030年，我国的城市化率将达到70%左右，完成城市化的加速增长阶段，未来10年是宏观资源管理体系再造的最好实践期。

五、结 论

作为本文的总结，这里继续对重构城市化时期资源配置系统的理论含义给出一个简单提示。由本文引出的更加系统的理论分析，将在后续研究中展开。正如前文所述，中国当前宏观管理中的问题，主要来自两大挑战：一是宏观资源配置部门"三驾马车"的协调（国家发改委产业政策和空间规划体系、财政部的财税体制、"一行两会"的货币金融体系），以及各个部门内部资源配置系统的协调，这需要宏观资源配置转型来完成；二是逆周期调节短期政策与宏观资源配置系统转型的协调性问题。当然，这都是供给侧结构性改革的要义所在。从本文的主旨来看，我们更加关心管理体制的韧性塑造问题，与此相关的关键理论认识是，如何让创新激励起作用，或者说，资源配置和管理体制改革，如何让创新发生？

针对创新路径的发生，前文分析暗含了一个假设，即两套资源配置系统对应着不同的创新路径和激励。中国工业化时期的政府直接干预体制，所走的创新路径是文献中所谓"干中学"与"模仿"，用更加明晰的术语来说就是"复制——以市场换技术"。这种复制的最大特征是成套引进国外技术，这种技术创新路径的好处是可以在短期内占据低成本工业品市场，局限就是容易引起过度竞争——不是技术的而是产品的竞争，且容易遇到市场饱和的冲击。现阶段中国的脱实向虚问题，即以往创新路径累积风险所致。

问题由此也更加明了。供给侧结构性改革所要求的创新，已经不是技术和产品生产的"复制"了，而是转向了以知识和高端人力资本为依托的"试错"和创新，这是主流经济学内生性增长路径的要义，因此也正好与本文城市化时期资源配置系统的构建要求相一致。不同于创新的复制路径，试错和实验只能在去中心的经济体制中发生，这是由试错本身所隐含的巨大风险所决定的。我们之所以强调城市化资源配置和管理体制的韧性，即是直接面对这一新的风险路径的形成来说的。财政—金融—产业体系的再造，目标也是集中于此。

参考文献

［1］付敏杰，张平，袁富华．工业化和城市化进程中的财税体制演进：事实、逻辑和政策选择［J］．经济研究，2017（12）．

［2］林卫基，任志清，席睿德．中国该如何深化改革：IMF 的国际视野［M］．北京：中信出版社，2018．

［3］刘世锦．我国进入新的重化工业阶段及其对宏观经济的影响［J］．经济学动态，2004（11）．

［4］陆江源等．结构演进、诱致失灵与效率补偿［J］．经济研究，2018（9）．

［5］殷剑锋，王增武．影子银行与银行的影子［M］．北京：社会科学文献出版社，2013．

［6］张平.货币供给机制变化与经济稳定化政策的选择［J］.经济学动态，2017（7）.

［7］张平.从"摸着石头过河"到"大国模型"——改革开放四十年中国宏观经济学理论演变［J］.文化纵横，2018（12）.

［8］中国经济增长前沿课题组.经济增长、结构调整的累积效应与资本形成［J］.经济研究，2003（8）.

［9］中国经济增长前沿课题组.城市化、产业效率与经济增长［J］.经济研究，2009（10）.

［10］中国经济增长前沿课题组.中国经济长期增长路径、效率与潜在增长水平［J］.经济研究，2012（11）.

［11］中国经济增长前沿课题组.中国经济转型的结构性特征、风险与效率提升路径［J］.经济研究，2013（10）.

［12］中国经济增长前沿课题组.中国经济增长的低效率冲击与减速治理［J］.经济研究，2014（12）.

［13］中国经济增长前沿课题组.突破经济增长减速的新要素供给理论、体制与政策选择［J］.经济研究，2015（11）.

31　中国经济增长路径转变中经济与非经济因素共同演进机制构建*

党的十九大报告中明确了中国全面建设小康后两步走的战略目标、阶段性特征和发展路径。党的十九大报告指出："第一个阶段，从 2020 年到 2035 年，在全面建成小康社会的基础上，再奋斗 15 年，基本实现社会主义现代化"；"第二个阶段，从 2035 年到 21 世纪中叶，在基本实现现代化的基础上，再奋斗 15 年，把我国建成富强民主文明和谐美丽的社会主义现代化强国"。2019 年中国人均 GDP 10000 美元，2020 年在全面实现小康的基础上向实现现代化迈进，到 2035 年初步实现现代化，人均 GDP 超过 2 万美元，迈入高收入国家行列。按现在的高收入组计算，人均 GDP 超过 13000 美元，将突破中等收入上限，进入高收入国家。预计中国在 2028 年前后突破中等收入阶段，进入高收入国家，再经过几年的发展，到 2035 年人均 GDP 超过 2 万美元，初步实现社会主义现代化，到 21 世纪中叶预计人均 GDP 突破 4 万美元，实现现代化强国。

党的十九大报告不仅给出了经济发展路径，更给出了经济发展新阶段的基本矛盾，新发展理念和坚持改革开放的方式方法。核心强调了发展体系围绕着以人民为中心这一根本命题。中国经济增长从物质供给转向满足人的全面发展。"必须坚定不移贯彻创新、协调、绿色、开放、共享的发展理念"，基于国家的现代化建设进程和奋斗目标提出了"全面落实经济建设、政治建设、文化建设、社会建设、生态文明建设五位一体总体布局"，政治、文化、社会、自然等非经济性因素成为了主导现代化转变的重要因素。

第一个百年目标实现的内在经济逻辑在于中国通过改革开放，实现了工业化、国际化、城市化的三重发展，GDP 高速增长。经济增长动力是中国工业化、城市化及国际化带来的"规模效率"。技术依赖于"干中学"，资本靠高储蓄和吸引外资快速积累，而农村剩余劳动力在开放中转变为了"人口红利"，创造了劳动要素的比较优势，推动了中国经济高速增长。第二个百年是中国转向现代化的阶段，人的全面发展贯穿整个发展阶段，发展路径的转向已经是必然的选择，然而转折是艰难的，高速增长意味着"规模收益递增"，经济的"正反馈机制"自我强化。转向以人的全面发展为导向的路径，经济走向均衡，"规模收益递减"，经济回馈机制减弱，需要构造非经济因素的"正反馈机制"才能打破原有增长路径依赖，转向新的发展方向和实现新的发展理念。本文依据 S 经济路径模型对未来路径预测，进行路径转变条件的经验事实实证，

---

*　全文发表于《社会科学战线》2020 年第 10 期。

提出适应增长路径转换的模式构造，引入非经济因素的"正反馈机制"克服路径锁定，通过经济与非经济因素共同演化，实现中国路径转换，迈向现代化。

一、中国长期 S 增长路径

（一）增长研究范式的转变

中国经济增长的长期路径一直是我们最为关心的命题。长期经济增长遵循着"S"形路径和发展阶段演进性特征。从工业化转向城市化的阶段性变化会引起发展动力结构、政府干预、技术进步等阶段性根本变化。技术进步中的"干中学"效应递减，低成本要素持续累积的不可持续，国际经验表明一国从工业化到城市化，从低收入迈向高收入的过程中，会出现从"结构性加速"向"结构性减速"转换与挑战。

S形曲线的增长命题涵盖了两方面的拓展：一是构造了一个依赖于时间的增长模型。该模型具有最少两期性质，即阶段性特征，一期是具有"规模收益递增"的发展阶段，受到阶段性极限限制强制转向，转到二期"规模收益递减"的发展阶段。经济发展处于"规模收益递减"阶段，能否依靠创新等新要素推动经济走向内生经济增长是不确定的，此外，跨期受到了自然条件等约束，它需要一套新发展模式。二是将"非经济"因素拓展到增长模型中。S形生产函数是从增长依赖于资本、劳动要素积累模型中拓展增加了新的规模递增要素，把社会、制度、创意、人力资本等新因素加入到了模型中，并拓展了增长从单一经济绩效目标转向了"人的全面发展"的经济社会福利目标，修补了新古典增长范式中的简化。现代经济增长模型的演变过程就是一个不断简化的过程，不包括阶段性，也不包含任何非经济性要素，是一个单调的要素积累增长模型，外生变量为技术进步和人口。内生化增长理论将人力资本内生为技术进步，作为持续推动的因素。增长模型中也没有破坏自然资源引起气候变暖的成本项目，没有两极化分裂社会的代价因素，把人类社会、意识形态、自然资源等高度复杂化过程简化为要素积累的增长模型，是永远增长的永动机模型，适合于工业化的无约束开采物质生产阶段。而用于基于人的全面发展和与自然和谐共处的现代化阶段分析是非常有局限性的。

对单一增长过程及其简化的经济学抽象作为经典分析的贡献毋庸置疑，但它难以涵盖经济真实发展的多阶段特征和阶段转换的特性，而且过度地简化掉了非经济性因素，成为了一个孤立的系统，与现实经济与社会、政治、文化、自然的融合一体的人类真实活动也越来越不相关。这些问题引起了经济学家积极进行探索，试图多方面给予拓展和丰富。马克思主义学术传统一直将经济生产方式与阶级产生相连接，形成了丰富的经济与社会互动的发展机制分析，并划分了历史发展的大阶段，指导了实践。从亚当·斯密到现代经济学者都在不断探索经济与伦理、社会等人类活动变量的互动连接的理论逻辑。阿玛蒂亚·森指出现代经济学的两个根源：一是由"边际革命"开创的经济学的"工程学"根源；二是经济与伦理学的分离。经济与社会互动的分析浩如烟海，出现了经济"嵌入"社会等理论，在心理活动的基础上拓展的行为经济学等。经济行为与人类社会、意识、道德、政治、法律等活动的互动性是现代主义的一个基准。

经济发展多阶段性的探讨，罗斯托在《经济增长理论史：从大卫·休谟至今》以经济发展阶段为基准讨论了每个经济发展阶段的"增长基本方程"，"非经济因素"和"增长阶段与极限"作为讨论的阶段的范式，并归纳了自己的发展阶段起飞、成熟技术、大众消费等。亚洲金融危机后，世界银行的"中等收入陷阱"假说再次将发展阶段研究推到了研究的重要位置。中国作为新兴市场国家如何跨越中等收入陷阱成为了研究的一个重要话题。阶段性讨论在本质上隐含了阶段性断点的可能性和演化分叉的可能性，这也是人类社会多样性特征的一个产物。

加入自然成本冲击来探讨增长模型是增长模型中增加成本项目。大自然作为复杂系统在不断被破坏累积后会"涌现"宏观现象，出现具有全球的气候灾害、缓解污染、瘟疫等性质的冲击，根本性地改变增长的技术和演进路径。工业化以来以刺激消费、增加物质消耗为基准的提升 GDP 增长的模式被温室效应不断地挑战，自然灾害损失，污染和疫情冲击等规模和频率都不断加大，已经构成了增长的损失（成本）项。古典式的自然开采—加工污染—过度消费的工业化生产与生活模式需要重新定义，超越这种增长模式为可持续增长模式。2020 年受疫情冲击，直接造成全球经济下滑，国际货币基金组织在《全球经济展望》中把全球经济预测原有预测的 3.2% 调低到 −3.0%，自然冲击对全球经济直接损失都不断加大。气候经济学被全球所接受，气候、环境、排放、循环经济等被列入全球气候协约，并深深地改变着人们的生活和生产方式。中国成为了全球巴黎气候的缔约国，减低大气污染，降低排放，循环利用物质已经成功开启了中国新的生产方式。日本提倡的"氢社会"，欧洲的"第三次产业革命"改变了生活和生产方式，利用存量进行物质循环，而非新开采物质，逐步进入到绿色平衡发展的状态，按物质测量，GDP 增长处于零增长。学者、大众、政府精英都重新讨论增长的意义，是否只有通过消耗物质提高 GDP 这唯一方式？人的福利衡量在跨越小康或进入高收入阶段后，精神享受是不是"精神收入"，能否可被核算，在自然成本冲击下，重新设置人类发展的新目标和新人类发展模式被广泛讨论。

增长路径转折是经济增长路径逐步逼近阶段性极限的特征表述，路径转折是一个过程，属必然趋势，路径转换的方向含有多种可能性，如经济学、组织学中讨论的"路径依赖"，导致路径没有成功地转换到更高的增长路径的阶段，而陷入增长困境中，称之为增长的陷阱。中国增长路径阶段性极限特征表现在六个方面：①随着人均 GDP 的增长和市场全面开放，要素价格完成了国际市场定价，基于市场规模扩张和隐蔽资源（要素）重新定价推动的规模收益递增规模效用逐步开始递减；②人口红利推动的劳动力供给的比较优势逐步消失，人口老龄化会导致人口负债；③技术进步中的模仿效率随着本国技术水平接近全球技术前沿边界，技术模仿收益下降，技术创新开发不确定性增强；④结构再配置效率下降，后发国家从传统农业转向现代化部门，从农村到城市的结构再配置效率也随着城市化率的不断提高，再配置效率递减；⑤自然成本约束明显加强，可持续发展成为增长的要求；⑥基于城市发展的社会等非经济因素推动增长向包容性增长转变。

这些新的探索增长模型和发展模式实质上就是要构造发展模式转变，推动增长路径转变，其最大的特征就是通过非经济因素的加入取得超越增长广泛民众的支持，形成"正反馈"机制，从而引导增长路径转向新的发展路径。

（二）S形增长曲线模型和2021~2050年的预测

S形曲线模型本质上就是一个人均GDP基于资本要素积累形成的增长的生产函数扩展，扩展到一个因时而变的增长路径，构成了一个逻辑曲线。依据模型和最新的数据，我们重新估计了中国长期增长曲线。1953~1978年我国人均GDP增长的波动较大，我国人均GDP大约在1984~2019年增长较大，依据1978~2019年的数据，用贝叶斯估计模型为：参数估计值可得到 α 的均值为0.00412，95%的置信区间为（0.00398，0.00420），a 的均值为86.15168，95%的置信区间为（83.98560，89.45210）；b 的均值为0.08920，95%的置信区间为（0.08270，0.09176），收敛于 $\alpha = 0.00412$，可得到 $k = 242.72$，$a = 86.1516$，$b = 0.0892$。得出如下的我国人均GDP S形增长曲线函数为：

$$y_t = \frac{242.72}{1 + 86.1516 \cdot e^{-0.0892t}}$$

1978~2019年实际的人均GDP与模拟人均GDP的可计得到方程预测误差项为 $e^2 = 7.4159$，曲线见图1，可计算的拐点为2033年，即我国人均GDP增长从高速增长转向中高速增长阶段，再转入稳定增长期，2034年以后我国人均GDP增长将进入平稳发展期。

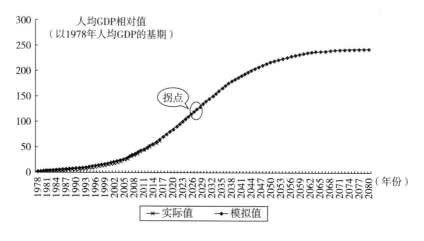

图1 实际人均GDP与模拟人均GDP

注：该模型测算由中国社会科学院经济研究所陈昌兵研究员更新计算。

根据模型的预测值，结合2019年人均GDP达到1万美元为基数，由于2020年新冠肺炎疫情的冲击，2020年只按名义增长3.5%和汇率为7计算GDP增速，而后年份假定汇率为7，并做了三个阶段的通货膨胀率假设，2021～2033年GDP平减，即通胀水平保持在2%，2030～2040年通胀降低到1.5%，2041～2050年通胀降低到1%，意味着在2050年以前中国对外保持着小幅升值的增长态势。按模型预测的人均GDP计算（见表1），到2033年，中国人均GDP达到人均2.4万美元，到2050年人均GDP达到4.1万美元，实现现代化强国。从现在到2050年决定经济的实力逐步从赶超速度向发达国家增长速度的收敛，因此财富水平的关键不是速度，而是一国经济稳定和持续增长，汇率的升值表现为经济、政治、社会多方面和谐稳定的信用性特征，降低波动，和谐和持续增长是发展的根本。

表1　中国未来增长的预测　　　　　　　　　　　　　单位：%

年份	人均国内生产年增长率	国内生产总值增长率	人口增长率	人均GDP预测（贝叶斯）以1978年为基期的实际增长
1978	10.20	11.65	1.35	
1979	6.20	7.57	1.33	9.20
1980	6.50	7.85	1.19	9.19
1981	3.80	5.14	1.38	9.18
1982	7.40	9.03	1.58	9.16
1983	9.20	10.77	1.33	9.15
1984	13.70	15.23	1.31	9.13
1985	11.90	13.51	1.43	9.11
1986	7.30	8.95	1.56	9.09
1987	9.90	11.72	1.67	9.07
1988	9.40	11.30	1.58	9.05
1989	2.60	4.21	1.51	9.02
1990	2.40	3.90	1.45	9.00
1991	7.80	9.30	1.30	8.97
1992	12.80	14.20	1.16	8.93
1993	12.60	13.90	1.15	8.90
1994	11.80	13.00	1.12	8.86
1995	9.80	11.00	1.06	8.82
1996	8.80	9.90	1.05	8.78
1997	8.10	9.20	1.01	8.73
1998	6.80	7.80	0.92	8.67
1999	6.70	7.70	0.82	8.62
2000	7.60	8.50	0.76	8.56
2001	7.60	8.30	0.70	8.49
2002	8.40	9.10	0.65	8.42
2003	9.40	10.00	0.60	8.35
2004	9.50	10.10	0.59	8.26

续表

年份	人均国内生产年增长率	国内生产总值增长率	人口增长率	人均GDP预测（贝叶斯）以1978年为基期的实际增长
2005	10.70	11.40	0.59	8.18
2006	12.10	12.70	0.53	8.08
2007	13.60	14.20	0.52	7.98
2008	9.10	9.70	0.51	7.88
2009	8.90	9.40	0.49	7.76
2010	10.10	10.60	0.48	7.65
2011	9.00	9.60	0.48	7.52
2012	7.30	7.90	0.50	7.38
2013	7.20	7.80	0.49	7.24
2014	6.80	7.40	0.52	7.10
2015	6.40	7.00	0.50	6.94
2016	6.10	6.80	0.59	6.78
2017	6.40	6.90	0.53	6.61
2018	6.30	6.70	0.38	6.44
2019	5.70	6.10	0.33	6.25
2020				6.07
2021				5.88
2022				5.68
2023				5.48
2024				5.28
2025				5.07
2026				4.86
2027				4.66
2028				4.45
2029				4.24
2030				4.04
2031				3.83
2032				3.63
2033				3.44
2034				3.25
2035				3.06
2036				2.88
2037				2.70
2038				2.54
2039				2.38
2040				2.22

续表

年份	人均国内生产年增长率	国内生产总值增长率	人口增长率	人均GDP预测（贝叶斯）以1978年为基期的实际增长
2041				2.07
2042				1.93
2043				1.80
2044				1.67
2045				1.55
2046				1.44
2047				1.34
2048				1.24
2049				1.15
2050				1.06

资料来源：国家统计局. 中国统计年鉴2019 [M]. 北京：中国统计出版社，2019.

2020年后的发展阶段从工业化以"物质"效率供给转向深度城市过程中以"人"为中心的发展阶段，即通过消费和服务提升"人"的质量，达到创新和提升效率的目的。城市化的经济体系向福利社会体系转型，为人提供高质量公共服务。中国2019年常住人口城镇化率为60.60%，户籍人口城镇化率为44.38%。随着户籍改革在2020年逐步实施推展，常住人口衡量的城市化与户籍人口衡量的城市化逐步统一，预计到2030年以常住人口衡量的城镇化率将达70%，而后城镇化率的增长进入自然增长过程，即通过城乡人口比例的自然变动来提高城镇化率。城市人口比重高于农村人口，而且年轻化程度高，预期寿命高，人口自然增长的差异来推动城镇化率，到2050年基本城镇化率也达到85%的水平。

中国第二个百年核心是基于深度城市化过程中的人的现代化，人的现代化过程中，政治、文化、社会、法律、人与自然和谐等"非经济因素"关键变量应纳入中国国家现代化构建中。

二、中国经济增长转变中的经验事实与模式演进

我们预测2033年为经济增长转折点，转折本质上是一个过程，而不是一个简单的预测时点，这个过程是一组转折性经验事实推动的转折过程。我们就这一转折过程的经验事实进行梳理，并配合发展模式的变与不变给予讨论，理解过程中的不可更改的趋势与传统模式锁定的冲突与调整。

（一）经济增长转变中经验性事实

从中国经济转折过程中我们可以看到一系列相关事实，都在揭示着"规模收益"递增过程的转变：

（1）"结构性减速"。以出口为导向的工业化推动的"规模递增"的经济赶超阶段结束。2012 年中国"结构性加速"转到"结构性减速"。工业化是中国赶超增长的第一大结构性动力，2011 年前中国工业增加值占 GDP 比重在 40% 以上，个别年份会低些，但很快就会恢复，而 2011 年后，工业占 GDP 比重系统性下降，到 2019 年下降到30%。"结构性赶超"是指从低效率的传统产业部门资源配置转到高效率现代工业化部门，通过结构性配置带来的"规模收益递增"，达到高速经济增长。完成工业化后，由于服务业规模效率低于工业部门，所以中国经济结构服务化开始加速后，经济增长因服务业比重上升逐步减缓，这与发达国家的增长历程和趋势相一致。经济结构服务化是路径转向的最重要标志。

（2）全球化市场带动的规模收益递增结束。中国通过比较优势，出口拓展全球市场到 2015 年逐步达到顶峰。中国出口占全球出口份额 2015 年达到 14%，而后略有下降，2019 年为 13% 强的水平，出口份额占全球出口份额达到极限，中国出口带动的全球市场扩展带来的"规模收益递增"趋势结束。净出口占 GDP 的比重从 2007 年的8.60%，下降到 2018 年的 0.85%，出口带动效应下降，出口导向的经济扩张结束，逐步进入以国内为主导的经济发展阶段。

（3）空间聚集获得规模收益特征预计到 2030 年前后完成。中国 2011 年城镇化率突破 50%，2019 年中国城镇化率突破 60%，空间聚集带来的规模效应推动着城市化的投资、私人住房购买和城市化建设产业带动，到 2030 年 70% 后，城市规模聚集度逐步稳定。人口城市化速度依循城乡自然人口增长而增长，而库兹涅茨的城市化阶段的"建设周期"也基本结束。2030 年后，城市人口比重高是靠城市人口比例高，年轻人多，预期寿命长的城乡人口的自然增长不断提高城市人口比重的。城镇化率的提高失去了人口转移带来的聚集效应了，相应地为人口空间聚集而大幅度投资的城市"建设周期"结束，城市化加速增长路径转向到平稳路径上。

（4）中国人口红利 2015 年结束。人口红利是中国赶超路径的重要因素之一，即劳动人口占总人口的比重，从改革开放后持续上升，但在改革开放之前，人口是负担而不是红利。后发国家人口多是贫穷因素，人口导致落后国家陷入"马尔萨斯陷阱"中。只有大量农村剩余劳动力转移到工业化进程中，而且参与到国际化分工体系，才能推动剩余劳动力的转移，化负担为红利。劳动力人口占比到 2012 年见顶，逐步缓慢回落，中国人口老龄化加快。按联合国人口预测，中人口总量到 2031 年将达到 14.6 亿的顶峰，人口增长转变为负增长，劳动供给增长率下降，65 岁人口占比接近 20%。

（5）中国的资本形成增长速度逐步下降。资本形成来自一国储蓄，包括国内投资 +净出口，中国净出口占 GDP 比重下降到了 1%，因此中国储蓄现在主要来自国内储蓄的增长，从现有的情况来看，储蓄增长率与收入增长率保持着正相关关系，随着收入增长减缓，储蓄增长减缓。另外，居民、企业、政府负债增长加速，按国家金融实验室公布的 2020 年资产负债表看，2020 年第一季度居民负债占 GDP 的 57.7%；企业负债占 GDP 的 161.1%，政府负债占 GDP 的 40.5%。净储蓄水平在持续下降，资本形成增长逐步下降。

（6）中国汇率重估带来的 GDP 高速增长到 2016 年人民币加入 SDR 后结束。中国 1994 年汇率并轨，人民币从 5.8 贬值为 8.7，中国从此开创了持续出口盈余的历史，通过压低汇率增强比较优势提升出口竞争力。随着中国贸易占全球份额的提高，汇率贬值带来的出口效应得到第一次修正，2005 年人民币持续小幅升值到 2015 年，中国 GDP 按美元计算超高速增长，包含了名义 GDP 的高速增长和汇率升值。汇率升值导致大量国际资金涌入中国，中国人民银行的货币发行是基于外汇资产的货币供给，货币供给大幅度增加。货币供给推高了中国名义 GDP 增长，每年 15% 左右，加上每年汇率升值约 3%，中国以美元计价 GDP 年均增长高达 18%，汇率升值带来了中国超高速赶超和财富效应。2015 年 8 月 11 日汇率改革，中国加入国际货币基金组织（IMF）的特别提款权（SDR）体系，汇率按市场定价原则改革，2016 年 10 月加入 SDR 体系，2017 年后人民币双向波动，直到 2020 年稳定在 7% 上下，形成比较均衡的汇率体系，但基于汇率升值带来的大幅度经济增长速度已经结束。汇率定价透明化后，中国资源（要素）价格也逐步与国际定价接轨，隐蔽资源（要素）重估结束。

（7）中国 2015 年加入《巴黎协定》，强调了中国减排的国际责任，自然约束成为了新的成本，这些基本的事实预示着阶段性发展逐步走向了极限，转折已经不可避免。

2019 年人均 GDP 超过 1 万美元，未来 15 年跨越"中等收入"阶段，达到高收入国家行列，其增长速度向发达国家收敛，规模收益逐步走向递减。增长路径转变是不以人的意志为转移的，它有其内生逻辑。它符合现代化发展的三大规律：

一是人类需求定律，经济学中的恩格尔定律、心理学的马斯洛需求层次原理等大量事实与理论都已经证明了需求定律，即随着人们收入的不断提高，人们物质消费占比不断下降，精神需求不断上升，与之匹配的就是服务业占 GDP 比重持续上升是人们需求定律所决定的。

二是它要符合广义人力资本消费—创新效率补偿的规律，精神需求的提高，必须带有广义人力资本消费的提高，从而提升人的创新能力，形成创新效率补充，否则该循环是不能持续的。

三是它符合人的全面发展规律，人们的收入—福利水平超过小康阈值后，经济体逐步进入均衡增长阶段后，经济约束逐步减弱，人的全面发展成为现代化的中心议题，大量的非经济因素是现代化体系构建的新基础。

（二）转型方向、路径依赖与模式变革

中国经济 2020 年从小康步入 2035 年的现代化国家，这意味着跨越"中等收入"进入高收入的最重要阶段，首先遇到的是经济规模收益递增的消失，经济增长放缓，路径需要转换，这一转换没有强的经济激励；其次与原有高速增长相伴的增长模式需要转变，即发展模式中的控制系统（宏观制度）的导向需要转变，重新确立激励方向和相关结构（市场结构、产权结构、生产结构、利益格局等）和动力机制（正反馈机制）的转变，才能改变路径锁定状态。中国从经济赶超模式转变为高质量发展模式，从单一物质增长转向以"人的发展"为基准，创新、协调、绿色、开放、共享和经济、

政治、文化、社会、生态的五位一体的协同发展，这是一个全新的激励目标。相应地，发展模式也要做巨大的调整，否则难以实现这一转型。在未来经济增长的基本模型中，一方面要融入更多具有规模收益递增的新要素，创意、人力资本、知识与数据等变量加入到创新变量组中；另一方面要加入非经济要素进入基本增长模型，绿色作为可持续度量变量加入，共享作为包容性变量加入。而在经济因素外，政治、文化、社会、法律等作为制度性治理变量，同样是重要的新变量加入到增长模型体系中。高质量增长模型要素组要远远高于传统的增长模型，而被解释变量则也不仅是一个 GDP，而且包含了基于人的发展的多维社会福利目标函数。增长路径的改变充满了不确定性，特别是原有的路径和模式都会阻碍这一转型。吸收超前性的意识开拓未来的方向，最终依据路径导向，积极改变发展模式，制定基于中国"人的发展"的宏观激励目标和配置体系，形成新的基于新要素的结构，建立新的非经济要素的"正反馈机制"，通过国民积极参与打破路径锁定，形成新的路径、模式（激励）的双重转换。

增长路径的转换直接涉及打破增长路径依赖和原有发展模式固定下的利益格局的锁定，否则难以转向新的发展路径，导致经济停滞。打破路径依赖锁定成为了模式转换的根本。路径依赖来自技术路径讨论，诺斯（North）将其引入经济学，逐步形成了一套制度演进的路径依赖理论。制度变迁和路径依赖理论涉及很多命题，我们从以下三大问题入手讨论制度变迁和路径依赖：①报酬递增与自我强化，报酬递增机制，该机制保证路径持续性的逻辑，经济报酬为唯一的激励手段，具有自我强化效应，并形成一个单一的追逐经济利益最大的体制格局。②制度变迁动力机制揭示了制度形成的一个最重要的基础是人们的意识形态和产权安排制度效率，"意识形态是使个人和集团行为范式呵护理性的智力成果"，通过意识形态等因素构成一组相互关联的制度体系，意识形态、政治、知识社会等大量非经济性因素引入，因此对制度的变革不简单是一个经济绩效问题，把绩效拓宽为"我把一个社会的政治和经济的制度、技术、人口统计学和意识形态都包括在内"。③路径锁定，本质上是利益格局和历史选择对现在选择的约束性。

很多学者沿着技术进步和制度变迁又做了很多探索，特别是在打破路径依赖方面的探索。打破路径依赖的相关分析直接就有，路径构造、路径依赖与路径构造相互作用，以及共同演化过程构造和挑战路径等很多讨论，并延展到微观层面。从现有的分析来看，由于规模递增因素消失导致了原有的路径需要改变，从技术进步和微观组织分析则侧重于再构造新的"规模收益递增"的路径，但这对一国的宏观经济与制度是不可行的。任何国家都不存在持续的经济规模收益递增特性，当转入规模收益递减路径后，往往是从赶超转向高质量发展阶段，狭义的增长绩效难以持续提供规模递增的回报，改变增长路径并构建新的发展模式变得非常不易，两个拓展是必需的：一是高质量转型过程中广义绩效的加入，即基于人的发展的福利目标构造；二是"正反馈"机制需要拓展到意识形态，降低交易成本的政治和法制体系构建，以及社会参与等非经济类要素的"正反馈"，形成新的发展模式。基于人的发展的高质量增长路径方向性改变和激励过程依然是可构造的，并通过使用经济奖励和惩罚来影响路径发展过程，通过非经济的多因素建立"正反馈"机制，形成经济与社会等的共同演化过程，打破原有利益锁定，形成新的模式。这一个过程保持了渐进性、正反馈、共同参与，并保证了交易成本不断下降，共享利益的帕累托改进，保持平稳增长。路径转换模式与激励的特性更多来自目标转变、激励机制改变、社会参与度推动"正反馈"，以及利益再调整打破原有利益格局的锁定，这是改变路径模式所需要的基本要素。

中国政府和学者都已经共识了高质量发展的路径转型方向，而且相关改革措施也出台了很多，但路径转型依然艰辛。赶超增长的路径依然有其增长空间，未到极限，而新增长路径更多地显示出的是均衡、可持续的增长路径，呈现的是规模收益递减特性，增长速度逐步放缓，这与"规模回报递增"的历史形成的观念和路径非常不同。新增长路径需要的是经济绩效上以创新为中心的内生增长的制度设计，需要更广泛地开放产业管制，特别是让大众参与到以人的全面发展的过程中来，形成意识形态、政治和法律制度、知识社会改造过程中的"正反馈"形成机制中来，获得经济与非经济的激励。这次转型是经济、文化、政治、社会、自然的相互作用共同演化的新转型方式，宏观资源配置和激励体制改革是推动发展模式转型的根本，通过宏观配置体制和激励目标的转变，积极提高社会参与性，形成社会正反馈机制，推动路径转向。这一个现代化转型过程也是治理现代化过程。

路径转换的另一大风险就是，由于增长的"规模收益递增"接近尾声，可用的正向经济绩效激励或分享的利益越来越少，既得利益者展开了存量博弈。第一种是透支未来，增加高负债，试图延续"规模收益递增"；第二种是保证了既得利益者的利益，强占了弱势群体的分配份额，加大分配不公和收入差距；第三种是通过更多地干预、管制等损害市场机制，设租寻租，大幅度增加交易成本，降低了制度效率。遏制传统路径依赖形成的利益锁定在微观层面要绕着以降低交易成本，不断吸收具有"规模递增性"的新要素，积极推动和深化市场配置资源改革，加强产权保护。同时要尽快建构宏观资源配置体制的改革体系，以矫正政府干预资源的行为，积极改变增长路径的导向、激励目标和增加社会等非经济因素的参与，从而消除路径依赖对新增长资源的消耗，为转型创造有利的宏观导向。

三、宏观资源配置体制改革和治理机制的建立

路径转换需构造新的目标、激励和资源分配机制，将社会等非经济因素纳入发展模式中，推动非经济因素的"正反馈"机制建立，推动路径转变。从中国现有的发展阶段来看，积极深化和推进基于产权保护的法律制度体系，降低交易成本，提高市场配置资源激励效率，激活新的生产要素融入到创新增长体系中是社会主义市场基础制度的完善过程。而强化宏观资源配置体系的转型作为该阶段转型的核心任务。中国经济已经迈入新发展阶段，宏观资源配置体系和国家治理的经济基础发生了根本的变化，1993 年以来基于工业化的宏观调控和政府治理体系经过了 27 年的实践，需要向着基于城市化发展和创新转型的思路进行重新设定和积极调整。2019 年城市化率突破 60%，

服务业占 GDP 的比重达到 53%，经济基础条件发生了深刻变化，发展的最突出特征就是要基于人的发展来推进深度城市化。通过提高高质量的公共和私人服务，服务于人的发展。人的发展是知识社会的根本，人的发展才能创新，获得创新效率，人的发展需要参与社会治理过程，这些新的属性直接要求宏观资源配置体系的转型。城市化的发展要求政府从宏观配置生产资源配置从促进生产转向公共服务，从 GDP 单一经济绩效指标转向包含有人的发展的社会福利目标。政府为人服务的属地特征决定了理顺中央与地方政府体系是公共服务体系建立的基础。基于城市化人的发展为导向的转型已经时不我待，需要建立新的宏观资源配置体系，包括财税体制、金融体制、政府治理体制和相关激励导向，以适应深度城市化发展的需求。在财税体制上，要对税收、支出、征收等各个环节进行综合改革。中国政府治理的现代化和宏观调控的稳定化需要财政体制、金融体制、政府治理的转型，让财政金融、政府治理等宏观资源配置体系服务好"人的发展"这一目标，增加激励，推动社会参与共同构建社会、意识形态、法律等非经济因素作为支持转型的"正反馈"因素。宏观资源配置体系的改革有利于厘清政府、国企边界，硬化地方政府的硬约束，明确政府公共服务为本的激励目标，并通过政府体制的转型，积极推动国企转型。重视社会治理等非经济要素体系纳入国家治理体系，推动发展模式的转型和国家治理的现代化。

中国财政、金融、政府治理宏观资源配置体系改革当务之急就是，一方面要提高国家防范系统性风险和激励经济转型的新宏观资源配置体系，保障中国经济跨入高收入和高质量的发展阶段；另一方面基于国家现代化目标完善国家治理体系，将文化、政治、法律、社会等积极转型因素平稳地与经济转型协调一致，通过非经济因素的正反馈推动经济体系进入创新、均衡的增长路径。从全球增长的一般规律来看，只要中国经济名义 GDP 增长保持高于发达国家的均值（3%）增长，保持汇率的稳定，中国与发达国家人均 GDP 就会不断收敛，成功跨越进高收入国家的行列。保持"稳中求进"，在宏观稳定的同时，进行适应发展阶段的体制改革，激励国家向高质量现代化国家转型。

（一）高质量转型下的宏观管理体制演进

改革开放后，1978~1992 年增速达到 9.3%，但价格波动大，有过三次价格超过两位数。1993~2012 年重化工业化加速阶段，经济增长高达 10.5%，通货膨胀平稳。这个时期中，中国初步建立市场经济体制、对外开放和宏观管理体系的深度调整，实现了从低收入水平向中高收入水平的飞跃。20 年高速平稳的经济增长，首先受益于改革开放，推动经济转向了出口导向的工业化；其次建立了基于出口导向工业化过程的宏观资源配置体制，保证了经济平稳；最后积极推动了城市化发展，2011 年城市化率突破 50%，中国启动了城市的大"建设周期"，1998 年、2008 年两次积极的财政政策构建了中国坚实的基础设施体系，1997 年的住房消费信贷开启，1999 年公房改造，2002年的土地招拍挂加速了城市化进程。2013~2035 年进入深度深化城市发展阶段，2019年城市化突破 60%，2020 年中国开始了户籍改革，土地要素的改革，预计中国深度城市化阶段展开于 2021 年，到 2030 年突破 70%后城市化进程平缓。城市化成为了下个阶段发展的主导力量和核心议题，为实现人均 GDP 向高收入阶段的飞跃，发展模式要积极转型。

工业化、城市化扩张转向深度城市化过程中新的路径方向和宏观资源配置体制要随阶段性发展变化而变化。以往基于出口导向工业化发展的政府治理体系和宏观管理体制也将发生变化。2002 年中国允许土地招拍挂后，经济的运行流程就发生了变化，城市建设加速，在传统宏观管理体系的母体中已经"孪生"出一个满足城市化需求的资源配置体系，即一个血脉下的两个资源配置系统——一个服务于工业化，另一个服务于城市化。2008 年反金融危机后，中国银行体系借信托通道提供大量资金给城市化发展，形成了庞大的影子银行体系，或确切称为银行的影子——钱主要来自银行体系，但服务于市政和住房开发的城市化需求；财政更是直言不讳，传统财政就是"吃饭财政"，发展城市必须依靠"土地财政"，同时，空间规划优先于产业规划以推动城市化。于是，"孪生"于工业化激励体制之上的第二套宏观管理体制，在城市阶段开始起到主导作用，作为既成事实，它应城市需求而生，但相互牵制和扭曲。宏观管理体制转型的方向，应是顺应深度城市化和高质量发展的要求，确立以"人民为中心"的经济社会多重目标管理体制。毫无疑问，在主体责任、发展目标和协调机制的重塑过程中，将会遇到更多的挑战。

（二）政府治理和宏观管理体制改革的着力点

宏观管理体制的转变与城市发展阶段特征相关联。国际货币基金（IMF）为中国宏观管理框架改革列出的 11 项阶段性评估：①从外部需求转向国内需求；②从投资转向消费；③从工业转向服务业；④资源分配上，从国家导向转向市场和私人部门推动；⑤从过高的企业债务转向可持续的杠杆水平；⑥从财政债务上升（特别是地方政府债务）转向可持续的财政；⑦从金融部门自由化转向改善治理；⑧从增加要素投入转向提高生产率和鼓励创新；⑨从不平等的增长转向更加包容性的增长；⑩从高污染转向绿色增长，可持续利用能源；⑪从旧式的、间歇的政府公告，转向及时、清晰易懂的沟通。这些评估指出了未来发展的目标、宏观资源激励方向都进行根本性改革，而不是修补。

中国政府始终保持着非常清醒的头脑，从 2012 年以来提出的新常态、供给侧结构性改革，2015 年签订《巴黎协定》，进行高质量经济增长转型，制定两步走的现代化目标，重新确立新的发展阶段的社会主要矛盾，制定了国家治理现代化体系建设。把中国经济发展与转型的目标和步骤清清楚楚地摆在全国及全世界人的眼前。中国发展路径的方向和目标是明确的。方向明确后，需要改变政府治理形态和与之相关的宏观经济资源配置与激励机制，才能激励和配置资源向正确的方向转型。

1. 政府治理和公共财政体系改革

政府治理高度密切相关的就是财政体系，两者密不可分，中国已经通过了"税收法定原则"，在国家治理层面迈出了坚实的步伐。随着城市化进程的推进，纳税规模的覆盖面越来越广，特别是户籍改革后，城市居民转化为城市纳税公民，公民成为了社会经济发展的主体，取之于民、用之于民的公共财政收支体系被纳入人大立法体系中，公民通过参与政府公共财政收支体系的决策与监督过程，逐步形成现代政府治理与公共财政体系。政府软预算约束、公共服务与纳税不匹配、公共决策与监督机制缺失等问题，都需要政府与财政体系进行调整与改革。

调整政府治理应从财政入手，一方面改革基于工业化建构的财政体系，另一方面通过立法建立规范的政府治理体系，将公民纳入国家治理过程，通过立法、公共决策与监督参与等方式完善政府治理。建立起以人民为中心的现代治理体系架构。从财政改革来看，首先就是重新建立与财权和事权匹配的财政税收体系，这种重新匹配，不仅仅表现在财政收入和公共支出的数字匹配上，更应该体现在城市居民享受服务与纳税责任，以及中央与地方事权和财权的匹配上，否则会造成财税体制缺少可持续发展的韧性和合理性。

公共财政制度改革方向应是：①从流转税为主导的税收体制，转向以直接税和间接税为双支柱的混合型框架，从单一针对企业法人征税转向对自然人和法人共同征税，逐步形成纳税人与享受公共福利相匹配的格局。②增加地方消费增值税作为地方的主税种，要从流转税征收环节入手，从生产环节和消费环节征收增值税，即从生产环节继续向企业征收税收，税率应该继续下降到9%，降低企业的增值税负担，提升企业竞争力，同时从消费环节开征价外消费型增值税，税率从1%以内的水平开启，征收的税收归地方，减轻地方对土地财政的过度依赖，同时通过提高对人的服务质量，聚集人流消费，从中获得税收收入。③强化政府预算和负债硬约束，这需要立法层面和政府监督层面的改革，当然这一改革也需要做债务的技术型处理，因为大量地方债务是因弥补地方财政缺口而累积出来的，属于中央—地方收支不匹配的产物，需要纠正过来。④中央与地方的事权和财权匹配，按服务范围与效率等原则进行中央与地方事权的合理划分，在城市化发展的今天已经无法回避了，中央与地方事权匹配多年磨合已经有很多技术性讨论了，但事权改革一直没有落实，上面请客下面买单，买单的钱要靠负债和卖地来筹集，这都是不合理的存在了。需要全国统筹的事权，如保障劳动要素全国统一市场的形成的全国统一社保问题都没有进行推进，中央和地方关系是财税改革的重点，相关划分有中国历史上积累经验，也有大量国际经验可依据，因此是决心问题，而非技术难度问题。⑤包容性、绿色发展和未来社保基金的可持续性，都在挑战当前的财政体系、收支体系和运转效率，需要纳入到新的构建财政体系中进行系统性设计和确立。

2. 货币供给体系改革

只有建立政府治理和公共财政现代体系，才能推动中国的货币供给体系和利率市场化的改革。中国基于外汇占款的货币发行方式也正在逐步转变。2013年外汇占款达到顶点后，随着2015年汇率改革，外汇占款显著下降，导致央行缩表。2016年央行依靠"其他金融机构借款项目"——以其他金融机构的国债等抵押物发行各类短期、中期便利等，大幅度创造资产，新的资产带来的货币创造占比已经逐步弥补外汇占款下降。通过不断降准提高货币乘数，以扩张 M2 的供给。以外汇占款作抵押的货币发行模式是明显的小国模型，类似于货币局制度，可稳定盯住汇率，最利于出口导向，并推动出口—货币供给的相互良性循环，形成了以出口导向为基础的货币供给体系。中国现阶段出口导向型工业化逐步结束，汇率按市场定价，货币发行的基础也发生了变化，现在通过银行的债券作为抵押再贷款的方式属于过渡模式，逐步转向以公债为资产的大国信用模型体系，国债作为新的资产来源将逐步登堂入室。国债收益率作为利率市场化和货币政策导引才是未来大国选择的方向。中国没有快速转向大国货币发行的原因很多，一个根本原因就是政府软预算，财政收支体系存在着很多非规范状态，政府治理现代化是货币转向大国模型的前提。基于公债货币供给的转型时不我待，一方面为中国长期发展筹资；另一方面也要改变中国依赖外汇资产的货币发行的格局，利于加快利率市场化建设。以国债利率为基准替代基于中期便利（MLF）利率为基准的LPR 利率的改革。政府治理和财政体制不能建立有效地自我约束的监督体制，软预算无法克服，采用公债货币化的货币发行机制会导致经济的波动加大，对此中国有着深刻的教训。

从城市发展资金需求来看，央行货币供给 90% 分给银行体系，银行再分配给非银机构绕开监管，贷款给城市发展，资金成本高、期限短，这与城市化需要低成本和长期限的资金需求完全不匹配，也是导致城市化大发展的同时负债快速增长的弊端。中国的银行体系是工业化效率发展的代表，但随着城市化发展，多样化的需求需要更多样性的金融机构满足。增加金融机构的多样性，配置的灵活性，防风险，改进金融监管效率，增强金融体系韧性。

城市化阶段，建立统一的债券市场和多层次资本市场，成为了越来越迫切的需求，特别是债券市场的改革需要进一步加快，债券市场难以统一，监管规则不统一，债券品种创新难以推出，极大地延缓了中国债券市场的发展和满足城市发展需求。

3. 政府配置资源体系的改革

中国赶超成功的重要经验之一就是政府干预资源配置，即有为政府，通过产业政策、土地政策、税收优惠政策、选择性金融政策进行工业化推动和对外积极招商引资。中央、地方政府的税收都与工业化高度相关，部委也与地方政府发展工业化纵向配置资源体系相配合，形成了一组激励相容的中央地方大力发展工业化的特征，取得突出的赶超效率。但工业化见顶后，产能过剩、过度污染和负债等问题慢慢暴露出来，中央提出了供给侧结构性改革，就是针对这些方面的改革举措。未来发展方向清晰，激励和机制并没有跟进，政府继续沿着传统配置资源体系进行推进，发达和发展区域当前最重要的任务依然是招商引资，产业链延伸发展的思路，扩大工业制造产能是各个属地工作的重点，在需求难以扩张的条件下，存量博弈，产能扩张，浪费资源。

中国政府从干预资源配置的产业政策转向激励竞争和创新激励的"创造环境"的资源配置的产业政策依然任重而道远。产业政策在发达国家是重要的功能性干预工具，注重产业和创新成长条件的改变，创新环境的塑造是这种干预的本质。发达国家产业政策致力于对小企业的扶持，但多集中于改善环境、降低风险方面，而不是直接用补贴的方式。城市化后，创新和就业都需要中小企业的大发展，产业政策重点也从干预产业发展转到主体开发区规划，为小企业发展创造条件，在改善基础设施、金融设施、社会公共服务设施等领域加大投入。

政府行政管理体制改革要加快推进，特别是以事业单位体制改革为突破口，降低科教文卫体的行政管制，这样可以有能力保障基础公共服务的质量。可以按市场需求让市场配置资源满足大众的需求，促进服务的升级，满足以人为本全面发展的需求。转变政府职能，一方面要推动立法层面去放松行政化的管制，干预资源分配；另一方面提高监管水平，不断提升营商环境质量，迎接规则层面的治理参与并与国际规则对接，探索中国屹立于世界的相互融合之道。

（三）构建社会等非经济因素的"正反馈"机制

两个宏观资源配置体系的资源争夺和激励机制不协调导致的经济摩擦，已经引起政府高度重视。鉴于现阶段的宏观调控仍然囿于传统工业化的资源配置机制，不可避免地导致混乱的状况出现，这有悖于城市化发展和转型的阶段性要求。从经济阶段转换的要求来看，必须着眼于新的宏观资源配置体系的建设，一是发展目标已经发生从物质生产为中心向以人民为中心的转变，生产供给导向的宏观管理系统转向消费者导向的宏观管理系统。这种转换背景下，提高居民收入份额和人力资本回报率、强化消费跨期效率补偿，成为宏观调控目标的一个重要方面。二是发展机制已经发生从低成本—规模扩张的单一效率标准向基于多样性—风险分散的经济韧性标准的转变，以便形成效率—韧性较为均衡的宏观资源配置体制。三是激励方式已经发生从工业化的产业干预向竞争性政策的转变，特别是将服务部门从管制和低效率中释放出来，以部分市场供给的方式促进服务业升级，强化创新的市场激励。四是发展战略逐渐从出口导向调整为"大国模型"，以内需为主，提升国际分工价值链的地位，增厚出口附加价值，而非补贴化发展。

为了推动发展阶段转型，宏观资源配置进行适应性转变，归根结底需要坚持两条：一是要逐步推动政府治理现代化，构建基于城市化发展的资源配置体制，财政、金融、产业政策两套体制并轨，完成协调、监管、配置、激励信号的一致性，实现主体目标的一致性，从根本上转变到服务以人为中心的内需发展；二是重构国家发展目标，发展目标从单一 GDP 绩效标准转向以人为中心的新的国家福利目标。包含了包容性、可持续的经济效率目标，将社会等非经济因素纳入国家福利目标体系。

经济、政治、文化、社会、绿色五位一体的新国家福利目标的实现需要一组非经济类因素参与到转型过程中，构造"正反馈"机制推动高质量发展模式的转型。国内很多研究涉及了这方面，特别是"参与促进型改革"中明确提出："以促进社会成员最大范围、最深程度、更高质量参与工业化、现代化进程为目标，着力推进香港领域改革取得突破；其要点可概括为：扩大参与机会，提升参与能力，完善鼓励创业、创新的制度和政策，创造稳定的参与预期的法制环境"。"高质量发展是一个总括性理念，经济高质量是社会高质量和治理高质量的输出"，"城市化的本质是福利社会"，其转型的核心是要发展出"知识中产阶级",知识中产阶级一个重要的角色就是参与转型,形成"正反馈"的群体理论。高质量转型需要社会成员的广泛参与,并从中获益,构造这种"正反馈"机制才能有效地推动目标、路径方向和机制的成功转型。

福山(Fukuyama)对国家治理的定义是"政府制定和执行规则以及提供服务能力。考夫曼等(Kaufmann et al.)将国家治理定义为"一国行使权力的传统和制度,包括选拔,监督和更换政府的过程;政府有效制定和执行健全政策的能力及尊重公民和国家对管理公民之间的经济和社会互动的制度的尊重"。贝斯里(Besley)简单表述为,"财政和法律"。付敏杰做了更为详尽的诠释,认为是国家财政理论与微观产权保护的"治理均衡"。

综合国家治理和公共选择理论,我们归纳梳理出国家治理体系现代化的三大支柱:一是国家能力构造,简化可归结为财政能力,即法定税收收取能力和公共服务能力,矫正外部性,如自然保护等。强调税收与公共服务能力的匹配,提供高质量的社会公共服务与社会保障,通过再分配促进帕累托改进,提升全民福利水平。二是基于法律执行的产权保护和保障市场配置资源制度有效,降低免费搭车对经济效率的瓦解,强调产权和市场制度制衡政府权力。三是社会广泛参与公共治理过程,制定社会民众参与程序、议事规则等依法行使权力的流程,保障政府取之于民用之于民,用于制衡微观市场缺陷和约束政府。三大支柱本质上都包含经济和非经济因素,经济、政治、社会、文化、法律等多重因素,需要五位一体的建设。更重要的是,要得到社会"意识形态"、最广泛阶层人口的支持和参与,形成社会"正反馈"机制,形成多因素的共同演化。从共同演化路径来看,通过法律体系建设、再分配、公共服务提高教育、医疗等质量,利于扩大知识中产阶级,达到共同富裕,获得广泛支持共同演化现代化转型路径。

四、中国现代化进程的体制改革安排的顺序

2012年以来中国不断构建高质量转型的"四梁八柱",高质量的目标从中央到地方纷纷设立,但没有宏观激励目标和与之配套的宏观资源配置体制的改革,难以推动转型,而在没有第一步转型的基础上,特别是没有社会受益者的支持,即社会等非经济因素的"正反馈"机制的逐步建立,转型往往被原有路径形成的利益格局锁定,转型难以完成。现实的体制目标是以人民为中心,提高人民的人力资本,推动知识阶层崛起,才能形成"关于人力资本消费—创新效率补偿"的正向循环。现代社会的经济、政治、文化、社会目标并非最大化经济增长速度或短期规模效率,而是努力促进经济、政治、文化和社会基础力量的基于普惠性教育为基础的知识阶层不断扩展和得到回报,并形成"正反馈"推动转型成功。

基于这样的现代化转型过程,需要对现有的体制进行改革,并安排好转型的顺序,逐步推动发展与改革的相互配合,多种体制资源的共同演化。2021~2035年最为重要的内容就是要基于城市化和后小康发展阶段的基础事实,对宏观激励目标和与之匹配

的宏观资源体系做出调整，平稳进入高收入国家。2035～2050 年全面推动国家治理的现代化。

1. 2021～2035 年：高质量转型目标函数的确立与宏观资源管理体制改革

2021～2035 年改革的重点是依据新发展阶段进行政府—宏观体系的改革，以适应新的发展阶段，并保持增长的稳定和连续，同时改革动力机制，从赶超向高质量转变。

2020 年中国及全球受到新冠病毒的肆虐，经济受创，财政收入下降，国家积极应对疫情，调高赤字，第三次发行特别国债、增加地方专项债和政策金融债的发行，给大量中小企业进行税收、社保的期限减免等；金融方面积极配合，金融杠杆不断提升，预计 2021 年中国经济增长需要在政策激励下进行灾后恢复与整固，逐步走向正常。2021 年后，中国财政和金融重整计划要提上议事日程，财政、金融重整应配合宏观经济体制改革。宏观体制改革是基于城市化基准的大国模型进行的迈向现代化国家治理下的财政框架改革、金融框架的改革和产业政策的改革。

2. 2036～2050 年：全面建构国家能力与国家治理现代化

2035 年中国人均 GDP 超过了 2 万美元，进入高收入国家，国家治理现代化成为了国家体制设计的核心任务。国家治理现代化是基于人民公共选择体系下形成的一整套公共治理机制，从而促进国家制度体系的完整与稳定，以此重新构建国家能力，形成"以人民为中心"的社会治理与国家能力构造，保障国家的持续繁荣和人民幸福，凸显社会主义国家的优势。

国家治理体系构建包括：①提高全民公共福利为目标的国家能力构造，积极提高行政和财政双重能力，服务于以人民为中心的国家发展。②基于经济、政治、法律体系建立"效率产权保护"结构，保证市场配置资源的决定性地位，推动新生产要素加入，扩展知识中产阶级在知识创新过程中获益。③国民参与公共治理过程，形成社会等非经济因素参与到路径共同演化体系中，参与式改革和演化，逐步构造一个能把国家增长红利内部化到人力资本持续提高和积累上来，推动中产阶层的不断扩大，让知识消费—创新发展—共同富裕成为正向循环。

以人民为中心的经济体系基本特征有五个：①以消费为起点，推动人的广义人力资本的持续提升，重视包容性发展，推动"知识阶层"的扩大再生产；②以"人"的要素质量提高促进创新，优化要素市场化配置与激励，提升效率；③基于城市化的社会福利体系和宏观稳定的宏观资源配置体制逐步建立，保持经济可持续和平稳发展；④形成人与自然和谐价值观；⑤构建现代治理体系，强调广泛人群"参与"的治理过程，从而构建新型国家能力。可以看出以人为中心的高质量发展转型，是一个整体性的转变，涉及经济、社会、社会参与、公共治理等新的激励命题，因此从政府及宏观资源配置体系转型入手才能把握住制度转型的根本和激励方向。

参考文献

[1] 高培勇，袁富华，胡怀国，刘霞辉. 高质量发展的动力、机制与治理 [J].
经济研究，2020（4）.

［2］张平，张自然，袁富华．高质量增长与增强经济韧性的国际比较和体制安排［J］．社会科学战线，2019（8）．

［3］张平，袁富华．宏观资源配置系统的失调与转型［J］．经济学动态，2019（5）．

［4］付敏杰．国家能力视角下改革开放四十年财政制度改革逻辑之演进［J］．财政研究，2018（11）．

［5］付敏杰，张平，袁富华．工业化和城市化进程中的财税体制演进：事实、逻辑和政策选择［J］．经济研究，2017（12）．

［6］张平．货币供给机制变化与经济稳定化政策的选择［J］．经济学动态，2017（7）．

［7］袁富华，张平，刘霞辉，楠玉．增长跨越：经济结构服务化、知识过程和效率模式重塑［J］．经济研究，2016（10）．

［8］张平，郭冠清．社会主义劳动力再生产及劳动价值创造与分享——理论、证据与政策［J］．经济研究，2016（8）．

［9］张平．中等收入陷阱的经验特征、理论解释和政策选择［J］．国际经济评论，2015（6）．

［10］张平，刘霞辉，袁富华，陈昌兵．突破经济增长减速的新要素供给理论、体制与政策选择［J］．经济研究，2015（11）．

［11］张平，刘霞辉，袁富华．中国经济转型的结构性特征、风险与效率提升路径［J］．经济研究，2013（10）．

［12］张平，刘霞辉，袁富华，陈昌兵，陆明涛．中国经济长期增长路径、效率与潜在增长水平［J］．经济研究，2012（11）．

［13］刘汉民，谷志文，康丽群．国外路径依赖理论研究新进展［J］．经济学动态，2012（4）．

［14］刘霞辉．论中国经济的长期增长［J］．经济研究，2003（5）．

［15］林卫基．中国该如何深化改革［M］．北京：中信出版社，2018.

［16］陈昌兵．加快我国现代化建设，实现第二个百年奋斗目标［M］．北京：中国社会科学出版社，2018.

［17］习近平．决胜全面建成小康社会　夺取新时代中国特色社会主义伟大胜利［M］．北京：人民出版社，2017.

［18］乔洪武．西方经济伦理思想研究［M］．北京：商务印书馆，2016.

［19］［美］W. W. 罗斯托．经济增长理论史［M］．陈春良，茹玉骢，王长刚，郑恒译．杭州：浙江大学出版社，2015.

［20］刘世锦．陷阱还是高墙［M］．北京：中信出版社，2011.

［21］张平．中国经济增长前沿［M］．北京：社会科学文献出版社，2007.

［22］［美］赫尔曼·E. 戴利．超越增长：可持续发展经济学［M］．诸大建译．上海：上海译文出版社，2001.

［23］［印］阿玛蒂亚·森.伦理学与经济学［M］.王宇，王文玉译.北京：商务印书馆，2000.

［24］Francis Fukuyama. What is Governance？［J］. Governance，2013，26（3）.

［25］Douglass C. North. Economic Performance Through Time［J］. The American Economic Review，1994（3）.

［26］Timothy Besley，Torsten Persson. Pillars of Prosperity：The Political Economics of Development Clusters［M］. Princeton University Press，2011.

后记 迎接新的宏观周期

本书越近出版之际，全球宏观形势越动荡，有更多的话题和新事实涌现，预示着基于全球化转变下的新一轮宏观周期已经来到。本书放眼到 2025 年就是希望能够看出新老宏观周期的转换。20 世纪 90 年代基于全球化推动下，全球经济进入了"高增长、低物价"，以此为基础全球各国货币信用大扩张，全球化带来的超级宏观周期将渐行渐远，这一周期的本质是"劳动—资本"分配权力偏向于资本的一场盛宴。全球大量劳动力从无价转向全球贸易交易，亚洲的中国、欧洲的前东欧廉价劳动力涌入，加上原有的日本、西欧、亚洲四小龙等形成了全球制造能力的大幅度提高，商品贸易—经济的大发展，大量制造业的劳动供给推动了经济，也压低了劳动所得份额，资本获得了更高的回报。商品的全球化规模—效率生产直接压低了全球物价，信用扩张，资本全球套取"低劳动成本"的红利。全球化带来的劳动红利作为低利率基础，被货币金融信用不断通过加杠杆扩张到房地产、资本市场等"虚拟经济"中，资产价格不断上涨。全球经济形成了全球化制造业的实体经济，与国内金融房地产主导的虚拟经济双驱动的繁荣。1991~2021 年的全球超级宏观周期在 2022 年开始转变，这一转变的五大趋势已经被观察到的，主要体现在以下五个方面：一是全球制造业主体国家老龄化越发加速，欧洲、日本、亚洲四小龙和中国均进入老龄化，全球劳动红利不再，全球商品贸易带动经济，压低物价的基础力量丧失，劳动—资本分配进入再平衡。二是通货膨胀替代通货紧缩，物价长期低于 2% 已经非常难了。展望未来的物价水平长期稳定在 3%，利率水平在此上下浮动，全球信用扩张转向信用收缩，金融—房地产等虚拟部门受到更严峻的挑战，资产重估和资本回报率持续下降是可预见的，企业降低杠杆稳定利润是关键。三是和平红利丧失，政府资本支出增加，不仅在军备开支上，而且在绿色转型、老龄化福利开支上都要增加，各国进入财政扩张，但这次政府负债扩张难以被全球化红利所吸收，债务与税收的李嘉图等价效应开启，税率提高，国内市场主体运营受到紧缩。四是绿色转型推动的可持续发展战略实施，"节约""循环利用"自然资源的馈赠成为今后各国、企业和个人的一种新价值观，以自然资源为投入的工业化制造及廉价推动的消费主义浪潮也将转变，各国都面临着付出低增长和转型的代价。好处是转型推动了可持续发展和制造业的重构，有助于推动实体经济的发展。五是全球化不断被区域联盟所替代，而新的贸易规制难以在短期内建立，地缘摩擦不断加剧，直接打击了全球贸易、技术进步与技术扩散，技术进步放缓影响全球的发展与进步。总之，从 2022 年后全球进入大调整的新时期，为转向可持续的发展阶段做调整，原有的发展路径、战略和宏观调控思路都已很难适应当今社会，新的发展阶段呼唤新的宏观管理框架的再构建。

本书以全球化带来的中国经济大调整开篇，到后记中以新的挑战开启作为展望结束，预示着宏观研究又进入了一个新的时期。在此感谢我的学生薛村博士和付敏杰博士，他们为本书的出版做了大量的工作，同时感谢为本书做出贡献的责任编辑任爱清，他们的认真工作才使本书得以顺利出版。

张　平

2023 年 1 月 16 日